Philipp Gassert, Tim Geiger, Hermann Wentker (Hrsg.)
Zweiter Kalter Krieg und Friedensbewegung

# Schriftenreihe der Vierteljahrshefte für Zeitgeschichte Sondernummer

Im Auftrag des
Instituts für Zeitgeschichte München – Berlin
herausgegeben von
Helmut Altrichter Horst Möller
Hans-Peter Schwarz Andreas Wirsching

# Zweiter Kalter Krieg und Friedensbewegung

Der NATO-Doppelbeschluss in deutsch-deutscher und internationaler Perspektive

Herausgegeben im Auftrag des Instituts für Zeitgeschichte München-Berlin und des Deutschen Historischen Instituts Washington

von

Philipp Gassert, Tim Geiger, Hermann Wentker

Oldenbourg Verlag 2011

*Bibliografische Information der Deutschen Nationalbibliothek*

Die Deutsche Nationalbibliothek verzeichnet diese Publikation in der Deutschen Nationalbibliografie; detaillierte bibliografische Daten sind im Internet über <http://dnb.d-nb.de> abrufbar.


Rosenheimer Straße 145, D-81671 München
www. oldenbourg-verlag.de



Einbandgestaltung: hauser lacour
Umschlagabbildung: Friedensdemonstration im Bonner Hofgarten mit Raketenattrappe am 22. Oktober 1983; Ullsteinbild – AP

Satz: Typodata GmbH, München
Druck und Bindung: Grafik+Druck GmbH, München

Dieses Papier ist alterungsbeständig nach DIN/ISO 9706.

ISBN 978-3-486-70413-6
ISSN 1863-3129

# Inhalt

*Philipp Gassert, Tim Geiger, Hermann Wentker*

# Zweiter Kalter Krieg und Friedensbewegung: Einleitende Überlegungen zum historischen Ort des NATO-Doppelbeschlusses von 1979

Als am 12. Dezember 1979 die Außen- und Verteidigungsminister der NATO-Mitgliedstaaten in einer Sondersitzung in Brüssel entschieden, 108 Pershing-II-Raketen und 464 bodengestützte Marschflugkörper in Europa zu stationieren und zugleich der Sowjetunion Verhandlungen über eine beiderseitige Reduzierung nuklearer Waffen anzubieten[1], da war nicht absehbar, dass diese bald „Doppelbeschluss" genannte Entscheidung in den beteiligten westlichen Ländern zu dramatischen inneren Konflikten führen würde. In der als „Frontstaat" des Kalten Krieges von einer Verschlechterung der Ost-West-Beziehungen besonders betroffenen Bundesrepublik war dieser Schritt der NATO letztlich 1982 für das Zerbrechen der sozial-liberalen Koalition mitverantwortlich und trug dazu bei, dass den Grünen 1983 der Sprung in den Bundestag glückte. Aber auch in Belgien, Dänemark, Großbritannien, Italien, den Niederlanden und den USA kam es zu erheblichen Turbulenzen, gerieten Regierungen unter Druck und machten neuen politischen Konstellationen Platz.

Der die Schlagzeilen und Abendnachrichten westlicher Medien ein gutes halbes Jahrzehnt lang immer wieder neu beschäftigende Protest gegen die Raketenstationierung, die infolge des Doppelbeschlusses drohte, war ein gesamteuropäisches, aber zugleich auch ein transatlantisches Phänomen. Darauf kann gar nicht nachdrücklich genug hingewiesen werden: Von Oslo bis Athen formierte sich eine mächtige Opposition gegen den Rüstungswettlauf, die unter dem Kollektivsingular „Friedensbewegung" in die Geschichte eingegangen ist. Die Mitgliederzahl der britischen Campaign for Nuclear Disarmament (CND) schoss von 3500 (1980) auf über 100000 (1985) hoch. In der Bundesrepublik unterschrieben 1980 mehr als 4 Millionen den „Krefelder Appell", obwohl ihn kommunistische Gruppen initiiert hatten (was rasch ruchbar wurde). Im Oktober 1981 demonstrierten 300000 Menschen in Bonn, im Londoner Hyde Park 250000. Auch in Amsterdam (400000), Brüssel (200000) und Rom (500000) kam es zu Massenprotesten. Im Juni 1982 legte eine knappe Million Protestierender New York City lahm. Auch in den folgenden Jahren waren Millionen für Proteste mobilisierbar, als aufgrund der mangelnden Fortschritte bei den Genfer Verhandlungen der Supermächte die Stationierung von Pershing-II und Cruise Missiles immer wahrscheinlicher wurde[2].

Es ist daher eine Ironie der Geschichte, dass keiner der vier Väter des Doppelbeschlusses, die amerikanischen und französischen Präsidenten Jimmy Carter und Valéry Giscard d'Estaing, der westdeutsche Bundeskanzler Helmut Schmidt und sein britischer Amtskollege, Premierminister James Callaghan, die Anfang 1979 auf der französischen Karibikinsel Guadeloupe gemeinsam die entscheidenden Weichen gestellt hatten, die Stationierung

[1] Der Beschluss enthielt unter anderem die Zusage, den „TNF-Bedarf der NATO [...] im Licht konkreter Verhandlungsergebnisse" zu prüfen, das heißt, die NATO bot implizit an, die Zahl der zu stationierenden Mittelstreckenwaffen bei einem Verhandlungserfolg zu verringern. Vgl. das Kommuniqué der Außen- und Verteidigungsminister, in: Bulletin der Bundesregierung Nr. 154/1979, S. 1409f.; AdG, 14. Dezember 1983, S. 23112–23117.

[2] Zahlen nach Lawrence Wittner, Toward Nuclear Abolition. A History of the World Nuclear Disarmament Movement, 1971 to the Present, Stanford 2003, S. 130–154 (Kapitel 7).

der Raketen noch im Amt erlebten. Ihre östlichen Kontrahenten hingegen, die Generalsekretäre von KPdSU, SED und KPČ, Leonid Breschnew, Erich Honecker und Gustav Husák, sowie die anderen Diktatoren der Warschauer-Pakt-Staaten verharrten (mit Ausnahme Polens) unbeschadet der weltpolitischen Krisen der 1970er und 1980er Jahre bis zu ihrem Tod (im Falle Breschnews) bzw. ihrer Ablösung 1989/90 weitgehend unangefochten auf ihren Posten.

Bebte in Westeuropa und Nordamerika die Straße, so blieb es östlich des „Eisernen Vorhangs" relativ ruhig – im deutlichen Kontrast zu 1968, 1956 und 1953. Das einzige Mitgliedsland des Warschauer Paktes, das Anfang der 1980er Jahre eine Protestbewegung von nennenswertem Ausmaß erlebte, war Polen. Indes hatte dort die Opposition ihren Ausgangspunkt nicht in der internationalen Situation, sondern in der gravierenden Verschlechterung der wirtschaftlichen und sozialen Verhältnisse[3]. Die Streiks, die im Herbst 1980 zur Gründung der freien Gewerkschaft Solidarność führten, legten das öffentliche Leben in der Volksrepublik vorübergehend lahm. Nur mit Mühen und unter Ausrufung des Kriegsrechts hielt sich das Warschauer Regime an der Macht. Dennoch hatte auch im Warschauer Pakt, wie die Beiträge dieses Bandes zur DDR zeigen und vermutlich entsprechende Arbeiten etwa zur ČSSR und Ungarn belegen könnten, die Kontroverse um Nuklearwaffen gesellschaftliche Folgen, deren Bedeutung wir jedoch erst allmählich abschätzen lernen[4].

Liegt möglicherweise darin eine historische Signifikanz der Debatte um atomare Waffen und den NATO-Doppelbeschluss, dass sie erneut unterstreicht (wie schon die Kontroversen um „1968" ein Jahrzehnt zuvor deutlich gemacht hatten), wie unterschiedlich die politischen Systeme in West und Ost angesichts des Zusammenbruchs der Détente und der multiplen Krisen der 1970er Jahre Dissens und Konflikt bewältigten? Trotz der verblüffenden, in der Rückschau geradezu befremdenden Schärfe und Heftigkeit, mit der der tagespolitische Konflikt in einer emotional aufgepeitschten, zu ideologischen Grundkonflikten überhöhten („lieber rot als tot", „Kriegstreiber" vs. „Moskauer Agenten" etc.) Auseinandersetzung ausgetragen wurde, bestand die westliche Allianz alles in allem diese Bewährungsprobe. Manches spricht sogar dafür, dass insbesondere in der Bundesrepublik Deutschland, anders als die Kritiker der Friedensbewegung damals befürchteten, der demokratische Grundkonsens nicht nur erhalten blieb, sondern – wenn auch modifiziert – gefestigt wurde[5]. Umgekehrt läutete die nukleare Hochrüstung keinesfalls das „Ende der Demokratie" im Westen ein, wie Gegner des Doppelbeschlusses ihrerseits in nicht selten an Hysterie

---

[3] Vgl. Timothy Garton Ash, The Polish Revolution: Solidarity. London 1983; Jerzy Holzer, „Solidarität". Geschichte einer freien Gewerkschaft in Polen, München 1985; Nicholas G. Andrews, Poland 1980–81: Solidarity versus the Party, Washington 1985; Hartmut Kühn, Das Jahrzehnt der Solidarność. Die politische Geschichte Polens 1980–1990, Berlin 1999.

[4] Für eine zeitgenössische Perspektive über die Blockgrenzen hinweg vgl. Joanne Landy, A New Goal for the Peace Movement, *New York Times*, 25.12.1988; http://www.nytimes.com/1988/12/25/opinion/a-new-goal-for-the-peace-movement.html (8.6.2010); zu Ungarn und der ČSSR vgl. Wittner, S. 216–218; Filip Bloem, Über die Unteilbarkeit von Frieden. Unabhängige Friedensgruppen und Wehrdienstverweigerung in der Tschecholsowakei, in: Horch und Guck 46 (2004), S. 47–50; Petr Blažek/Roman Laube/Filip Pospíšil, Lennonova zed' v Praze. Neformální shromáždění mládeže na Kamp 1980–1989, Prag 2003.

[5] Vgl. hierzu den Beitrag von Philipp Gassert in diesem Band; die konträre Auffassung vertritt Jeffrey Herf, War by Other Means. Soviet Power, West German Resistance, and the Battle of the Euromissiles, New York 1991.

grenzenden Szenarien und nicht weniger harschen Vorwürfen an die Adresse ihrer politischen Kontrahenten behaupteten[6].

Vielleicht unterschätzt eine derartig abgeklärt-rückwärtige Perspektive – weshalb die drei Herausgeber dieses Sammelbandes sich hinsichtlich dieser noch längst nicht erkalteten Ereignisse aus der jüngeren Zeitgeschichte durchaus nicht in allen Aspekten auf gemeinsame Positionen verständigen konnten – die wirklichen Herausforderungen, die der sowjetische Machtzuwachs seit den späten 1960er Jahren für die westlichen Demokratien bedeutete. Heute sind wir klüger, wissen um die Brüchigkeit der östlichen Diktaturen, ihre marode Wirtschaft und die keineswegs so gigantisch-bedrohliche Kampfkraft ihrer Streitkräfte, wie sie damalige westliche Beobachter perhorreszierten. Auch sehen wir im Abstand von dreißig Jahren, dass es trotz der Krise der amerikanischen Streitkräfte, die durch das Vietnamdebakel mit all seinen Folgewirkungen gedemütigt und geschwächt erschienen[7], in den 1970/80er Jahren, um die militärische Verteidigungsbereitschaft des Westens, nicht zuletzt auch der Bundeswehr selbst, nicht schlecht bestellt war.

Im Rückblick erkennen wir, dass die Furcht vor der neuerlichen Kriegskatastrophe in mancher Hinsicht unbegründet war. Zumindest lassen alle bisherigen Archivbefunde darauf schließen, dass – entgegen aller anderslautenden Propagandaparolen des Kalten Krieges – in dieser Dekade tatsächlich keiner der antagonistischen Blöcke beabsichtigte, einen gezielten oder gar von langer Hand geplanten Angriffskrieg loszutreten, um das feindliche System zu vernichten[8]. Dass solch ein angesichts der Hochrüstung der Gegenseite wahnsinniges Unterfangen unweigerlich in einem für die Menschheit (in der nördlichen Hemisphäre) tödlichen Armageddon geendet hätte, war den Entscheidungsträgern auf allen Seiten nur allzu gut bewusst. Doch – und auch diese Frage wurde schon zeitgenössisch aufgeworfen – bedurfte es wirklich einer wissentlich-willentlichen Aggressionsabsicht? Hätte ein katastrophaler Nuklearkrieg nicht auch schon durch eine Verkettung unglücklicher Umstände, technischer Defekte, menschlicher Fehlperzeptionen etc. ausgelöst werden können? Einige der auf diese Weise ausgelösten, aber zum Glück von den Verantwortlichen stets rechtzeitig als Fehlalarm erkannten Meldungen, denen zufolge die Gegenseite gerade zum Nuklearschlag angesetzt habe, sind erst später bekannt geworden; von anderen war (im Westen) schon zeitgenössisch in der Presse zu lesen[9]. Was die meisten Zeit-

---

[6] Richard Falk, Nuclear Weapons and the End of Democracy, in: Praxis International 1 (1982), S. 1–12.

[7] Zu den Auswirkungen des Vietnam-Krieges und zur Krise der US-Armee Robert Haeger, Can GIs in Europe Answer a Call to Combat?, in: *US News and World Report*, 19. 4. 1982, S. 59; Daniel J. Nelson, A History of U.S. Military Forces in Germany, Boulder 1987; Alexander Vazansky, An Army in Crisis: Social Conflicts in the United States Army, Europe and 7th Army, 1968–1975, Phil. Diss. Heidelberg 2009.

[8] In diesem Sinne schon die zeitgenössischen Ausführungen von Bundesverteidigungsminister Manfred Wörner vor der CDU/CSU-Bundestagsfraktion am 7. 6. 1983: „Die [Sowjets] wissen doch um die verheerenden Wirkungen dieser Waffen, genau wie wir. Ein Atomkrieg droht nicht, dessen bin ich absolut sicher", zit. in Andreas Wirsching, Abschied vom Provisorium. Geschichte der Bundesrepublik Deutschland 1982-1990, München 2006, S. 85.

[9] In den USA wurden beispielsweise aufgrund von Fehlermeldungen im Frühwarnsystem am 7. 11. 1979 sowie am 2. und am 6. 6. 1980 Atomalarm in den strategischen Verteidigungszentralen ausgelöst, vgl. „Zwanzig Minuten am Rande eines Atomkrieges", in: *Der Spiegel* Nr. 26/1980 (23. 6. 1980), S. 103–114; ähnliches trug sich 1983 auf sowjetischer Seite zu, vgl. Benjamin Bidder, „Der Mann, der den dritten Weltkrieg verhinderte", http://einestages.spiegel.de/static/topicalbumbackground/7601/der_mann_der_den_dritten_weltkrieg_verhinderte.html (29. 6. 2010). Vgl. ferner Vojtech Mastny, „Able Archer". An der Schwelle zum Atomkrieg?, in: Bernd Greiner/Christian Th. Müller/Dierk Walter (Hrsg.), Krisen im Kalten Krieg. Studien zum Kalten Krieg, Bd. 2, Hamburg 2008, S. 505–522.

genossen jener Jahre prägte, waren die individuellen bzw. kollektiven Erfahrungen des Zweiten Weltkrieges, die nun Handeln und politische Standpunkte beeinflussten, aber teilweise auch die Erinnerung, wie quälend langsam sich der Widerstand der Demokratien gegen Hitler und Mussolini in den 1930er Jahren formiert hatte.

***

Die vermeintlich simple Frage, worum es in der Nachrüstungskontroverse eigentlich ging, wird sich darum je nach Einstellung und Perspektive recht unterschiedlich beantworten lassen. Historiographisch lassen sich hier im Wesentlichen vier Deutungsansätze unterscheiden: Dabei sind die ersten beiden (die Denkschule des *sicherheitspolitischen Konsenses* versus die des *entspannungspolitischen Revisionismus*) stark an den zeitgenössischen Bruchlinien orientiert, während die jüngeren Ansätze der *gesellschaftsgeschichtlichen Synthese* und der *internationalistische Ansatz* weniger stark von den zeitgenössischen Debatten geprägt sind; sie bewegen sich vielmehr in dem Fragehorizont, welche Kräfte auf die Gesellschaft der Bundesrepublik bzw. der anderen westlichen Länder einwirkten, so dass sich der vehemente Ausbruch des Konflikts um den NATO-Doppelbeschluss erklärt. Zweifellos stellt diese heuristische Einteilung einer dynamischen Forschungslandschaft in „vier Schulen" ein grobes Raster und eine Verkürzung dar. Nicht alle Publikationen und Meinungen lassen sich umstandslos oder ausschließlich einer dieser Denkrichtungen zuordnen.

Die erste Forschungsrichtung, die des *sicherheitspolitischen Konsenses*, argumentiert, dass es tatsächlich darum ging, die freiheitliche und demokratische Ordnung in den westlichen Ländern gegen die reale Herausforderung der Sowjetunion und ihrer Verbündeten unter Androhung militärischer Gewalt („Abschreckung") glaubwürdig zu verteidigen, da die UdSSR ihre langfristigen ideologischen und politischen Ziele keineswegs aufgegeben hatte[10]. Diese Denkschule setzt bei den zeitgenössischen Überlegungen zur Verteidigung des Westens an, wie sie zwischen Kubakrise 1962 und der KSZE-Gipfelkonferenz 1975 in Helsinki relativ unangefochten im westlichen Bündnis vertreten wurden, seit sich Ende der 1950er Jahre auch die westdeutsche Sozialdemokratie uneingeschränkt auf den Boden der Adenauerschen Politik der Westbindung gestellt hatte. Für diese westliche Verteidigungsbereitschaft bedurfte es einer inneren Geschlossenheit und Kompromisslosigkeit gegenüber den kommunistischen Diktaturen. Ihr Leitbegriff hieß damals wie heute „Freiheit", und sie sieht sich im Nachhinein von osteuropäischen Dissidenten bestätigt, denen das zweifellos auch im Interesse der Menschen erfolgte Tête-à-Tête westlicher Politiker mit östlichen Diktatoren zutiefst widerstrebte[11].

Die zweite Forschungsrichtung des *entspannungspolitischen Revisionismus* beharrt darauf, dass es angesichts nuklearer Hochrüstung und angesichts garantierter mehrfacher wechselseitiger Vernichtungsfähigkeit nicht zielführend oder gar kontraproduktiv gewesen sei,

[10] Vgl. u.a. Herf, War by Other Means; John Lewis Gaddis, We Now Know, Rethinking Cold War History, New York 1997; Michael Ploetz, Wie die Sowjetunion den Kalten Krieg verlor. Von der Nachrüstung zum Mauerfall, Berlin 2000; Heinrich August Winkler, Der lange Weg nach Westen, Bd. II: Deutsche Geschichte 1933–1980, Bonn 2005; Detlef Junker, Power and Mission. Was Amerika antreibt, Freiburg 2003, S. 117–124; Joachim Scholtyseck, The United States, Europe, and the NATO Dual-Track Decision, in: Matthias Schulz/Thomas A. Schwartz (Hrsg.), The Strained Alliance. U.S.-European Relations from Nixon to Carter, New York 2010, S. 333–352.

[11] Timothy Garton Ash, Im Namen Europas. Deutschland und der geteilte Kontinent, München 1993, S. 410–438; Tony Judt, Geschichte Europas von 1945 bis zur Gegenwart, München/Wien 2006, S. 671–708.

erneut an der Rüstungsspirale zu drehen. Sie sieht von der sowjetischen Rüstungspolitik nicht ab, relativiert jedoch deren Bedeutung – z. T. mit der Trägheit der östlichen Apparate bzw. berechtigten Sicherheitsbedürfnissen der Sowjetunion – und hebt zugleich das dynamische Element der westlichen technischen Nuklearwaffenmodernisierungen hervor[12]. Ihr wichtigster Terminus war bzw. ist „Frieden", oft auch „Entspannung". Sie verteidigt die Berechtigung der damaligen Sorgen der Kritiker des Doppelbeschlusses und sieht sich (ebenfalls) durch das Endergebnis des Kalten Krieges gerechtfertigt: Während die Vertreter des sicherheitspolitischen Konsenses argumentieren, erst die entschiedene Zurückweisung der letzten sowjetischen Offensive gegen den Westen, also die Politik westlicher Entschlossenheit und Stärke gegen die militärische SS-20-Rüstung als politisches Erpressungspotenzial des Ostblock, habe in der UdSSR die Einsicht erzwungen, dass der Westen nicht auseinanderdividierbar und damit zu besiegen gewesen sei, reklamieren umgekehrt die Vertreter der revisionstischen Denkschule für die von ihnen favorisierte Entspannungs- und Abrüstungsstrategie das „eigentliche" Verdienst für die Überwindung des Kalten Krieges: So hätten primär die Friedensbewegung und mit ihr verbündete Intellektuelle und mediale Akteure ein Umdenken nicht nur bei dem als überzeugtem „Kalten Krieger" gestarteten amerikanischen Präsidenten Ronald Reagan bewirkt, sondern vor allem auch auf der Gegenseite. Erst durch diese „friedenswilligen" Kräfte habe die sowjetische Führung Vertrauen in die „Verlässlichkeit" und Kooperationsfähigkeit des Westens fassen können. Damit sei insbesondere dem reformwilligen KPdSU-Generalsekretär Michail Gorbatschow, dem die Überwindung des Ost-West-Konflikts letztlich zu verdanken sei, eine tragfähige Brücke gebaut und ein Weg eröffnet worden, der das Risiko für eine Überwindung der bisherigen Blockgegensätze kalkulierbar gemacht habe.

Ein dritter, jüngerer Ansatz bewegt sich jenseits der zeitgenössischen Dichotomie von „Frieden und Freiheit" der unversöhnlich aufeinander prallenden Konsensschule und der revisionistischen Richtung. Diese postrevisionistische *gesellschaftsgeschichtliche Synthese* interpretiert den Streit letztlich mit primärem Interesse an den Vorgängen innerhalb des Westens als Symptom innerer Krisenwahrnehmungen und -verarbeitungen, als quasi paradigmatisches Beispiel dafür, wie man im Westen mit fundamentalen Prozessen des Wandels in einer Ära des Umbruchs nach dem Ende des langen Nachkriegsbooms 1973/74 umging.[13] Aus dieser stark gesellschaftsgeschichtlich geprägten Sicht wurde die durch den NATO-Doppelbeschluss auf die politische Agenda gerückte „Nuklearkrise" der 1970/80er Jahre letztlich im Westen „gemacht" und ausgetragen. Die Kontroverse war weithin auf die Gesellschaft selbst bezogen und fand ihren Kristallisationspunkt im Doppelbeschluss (wie sie sich zuvor am Anti-AKW-Protest festgemacht hatte). In diesem historiographischen Narrativ geht es weniger um „Sieg oder Niederlage" im Kalten Krieg, auch nicht um „Erfolg oder Misserfolg" der Friedensbewegung bzw. der Befürworter des NATO-Doppelbeschlusses, da sich komplexe Prozesse wie der Untergang der Sowjetunion nie auf eine einzige

---

[12] Vgl. Wittner, Toward Nuclear Abolition; Raymond L. Garthoff, The Great Transition. American-Soviet Relations and the End of the Cold War, Washington, D.C. 1994, S. 752f.; Wilfried Loth, Helsinki, 1. August 1975. Entspannung und Abrüstung, München 1998, S. 191–198; Jost Dülffer, Europa im Ost-West-Konflikt 1945–1991, München 2004, S. 93.

[13] Zum gesellschaftlichen Kontext der 1970er/1980er Jahre vgl. Anselm Doering-Manteuffel, Nach dem Boom. Perspektiven auf eine Zeitgeschichte seit 1970, Göttingen 2008, Konrad Jarausch (Hrsg.), Das Ende der Zuversicht? Die siebziger Jahre als Geschichte, Göttingen 2008; Thomas Raithel/Andreas Rödder/Andreas Wirsching (Hrsg.), Auf dem Weg in eine neue Moderne? Die Bundesrepublik in den siebziger und achtziger Jahren, München 2009.

Ursache zurückführen lassen. Hier geht es stärker darum zu verstehen, warum ein von Laien schwer zu durchschauendes diplomatisches und sicherheitspolitisches Problem einen so tiefen innergesellschaftlichen Streit hervorrufen konnte[14].

Der vierte, ebenfalls jüngere *internationalistische Ansatz* liegt in seinem Fragehorizont auch jenseits der klaren zeitgenössischen Bruchlinien von „Frieden" versus „Freiheit". Auch aus dieser Perspektive, die Fragestellungen und Prämissen des politikwissenschaftlichen Realismus in der Nachfolge von Hans Morgenthau u. a. bei der Erforschung internationaler Beziehungen aufgreift, geht es weniger darum zu zeigen, wer nun den Kalten Krieg gewann und wer ihn verlor. Vielmehr steht die Frage im Zentrum, wie sehr aufgrund des Machtgefälles zu den Supermächten in europäischen Mittelmächten und nicht-nuklearen Ländern wie den Niederlanden, Belgien und insbesondere der Bundesrepublik als einem „penetrierten System" (so Wolfgang Hanrieder) Politik und Gesellschaft, in ihrer inneren Entwicklung von internationalen Konstellationen abhing und entsprechend wie beeinflussbar und druckempfindlich sie waren, so dass innere Selbstverständigungsprozesse oft von außen angestoßen wurden[15].

***

Die zeithistorische Forschung hat also begonnen, sich dieser aufregenden Phase des „Zweiten Kalten Krieges" verstärkt zuzuwenden. Mit „Zweitem Kalten Krieg" ist hier jene der dramatischen Wende von 1989/90 unmittelbar vorausgehende Dekade bis 1987 gemeint, in der es, nach dem vorübergehenden „Tauwetter" der Entspannungsära der 1960er und 1970er Jahre erneut zu einer Verschärfung des Ost-West-Konfliktes kam[16]. Wann diese Eintrübung des weltpolitischen Klimas letztlich begann, ist im Einzelnen zwar noch zu prüfen. Einiges spricht dafür, diesen Prozess noch vor 1975 einsetzen zu lassen, also vor jenem Jahr, in dem die Ära der Deténte mit der Konferenz für Sicherheit und Zusammenarbeit in Europa in Helsinki, an der sich (mit Ausnahme Albaniens) die Staats- und Regierungschefs aller 35 Staaten eines „Europas von Vancouver bis Wladiwostok" beteiligten, ihren scheinbaren Höhepunkt erreichte. Diese Zeitenwende auf 1975 zu datieren, ist jedenfalls eine europäisch dominierte Perspektive, denn aus US-Sicht hatten schon der Jom-Kippur-Krieg im Oktober 1973 mit seiner indirekten Involvierung der Supermächte, die Interventionen der Sowjetunion bzw. ihrer Stellvertreter in Afrika und Asien, wie insbesondere der Sieg marxistischer „Befreiungsbewegungen" in Mosambik und Angola 1974/75 im Zuge

[14] Vgl. u. a. Wirsching, Abschied vom Provisorium, S. 79–106; Eckart Conze, Die Suche nach Sicherheit. Eine Geschichte der Bundesrepublik Deutschland von 1949 bis in die Gegenwart. München 2009, S. 540–544; sowie in diesem Band die Beiträge von Boll/Hansen und Gassert. Siehe auch www.nuclearcrisis.org (20. 12. 2010).

[15] Vgl. Wolfram F. Hanrieder, Deutschland, Europa, Amerika. Die Außenpolitik der Bundesrepublik Deutschland 1949–1994, 2. Aufl. Paderborn 1995, S. 6; Helga Haftendorn, Deutsche Außenpolitik zwischen Selbstbeschränkung und Selbstbehauptung 1945–2000, Stuttgart 2001; Christian Hacke, Die Außenpolitik der Bundesrepublik Deutschland. Weltmacht wider Willen? Aktualisierte und erweiterte Neuauflage, Stuttgart 1997, S. 245–250; Andreas Rödder, Sicherheitspolitik und Sozialkultur. Überlegungen zum Gegenstandsbereich der Geschichtsschreibung des Politischen. In: Hans-Christof Kraus/Thomas Nicklas (Hrsg.), Geschichte der Politik. Alte und Neue Wege, München 2007, S. 95–125.

[16] Dülffer, Europa im Ost-West-Konflikt, S. 4f., spricht in einer davon abweichenden Nummerierung von einer dritten Phase des Kalten Krieges, der zuvor von zwei Phasen des Tauwetters 1955–58 bzw. der Entspannungsära ab 1962 unterbrochen gewesen sei. Natürlich kann man für die Zeit zwischen 1945/47 bis 1989/91 auch eine Einheit der Epoche (eben des Kalten Krieges) postulieren – doch selbst wer von einem solchen „Great Cold War" ausgeht, wird konzedieren müssen, dass es dabei unterschiedliche Phasen der Konfliktintensität gab.

der Dekolonisierung des ehemaligen portugiesischen Kolonialreichs und der Konflikt am Horn von Afrika 1977/78 (Äthiopien-Somalia), sowie die seit den 1960er Jahren an Fahrt gewinnende sowjetische Hochrüstung zur See zu einer nachhaltigen Kritik der Entspannung geführt. Diese Kritik bezog ihren ideologischen Impetus aus der neokonservativen Tendenzwende, die in den USA – anders als in den meisten europäischen Staaten – schon in den späten 1960er Jahren begonnen hatte[17].

Die Jahre zwischen 1975 und 1985 sind daher eine Ära, in der, wie schon einmal zwischen 1947 und 1962 (bzw. 1947-1955 und 1958-1962), ein konfrontatives Gegenüber die Weltpolitik dominierte und die Europäer in Ost und West sich nolens volens zur Anpassung an ihre jeweilige Vor- bzw. Schutzmacht gezwungen sahen. Die Westeuropäer konnten dabei nun allerdings deutlich stärker eigene Interessen verfolgen und durchsetzen. Innerhalb der Blöcke kamen den europäischen Bündnispartnern der jeweiligen Supermächte unterschiedliche Mitwirkungschancen zu. So konnte zum Beispiel im deutsch-deutschen Zusammenhang die Bundesrepublik den Kurs des westlichen Bündnisses wesentlich mitbestimmen; die DDR hingegen musste sich trotz ihrer eigenen, anders gelagerten Interessen den Vorgaben ihrer Vormacht bis zum Stationierungsbeschluss des Deutschen Bundestages 1983 unterordnen. Danach ging jedoch auch die DDR ihren eigenen Weg, indem sie, anders als von Moskau verlangt, ihren Entspannungskurs im innerdeutschen Verhältnis beibehielt. Die eigentliche Kernphase dieses erneut dramatisch zugespitzten Ost-West-Konflikts erstreckt sich vom NATO-Doppelbeschluss 1979 und dem kurz danach erfolgten, aber vermutlich nicht ursächlich damit verknüpften sowjetischen Einmarsch in Kabul[18] bis zu dem sensationellen, weil (fast alle) Mittelstreckenraketen in Europa beseitigenden INF-Vertrag von 1987. Letzterer wiederum hat, wie im Rückblick deutlich geworden ist, das Ende des Ost-West-Konfliktes eingeläutet, wodurch wiederum die glückliche Überwindung der deutschen und europäischen Spaltung ermöglicht wurde. Indes könnte als Einschnitt auch das Jahr 1984/85 genommen werden, beginnend mit dem „Reagan Reversal" vom Januar 1984, dessen triumphaler Wiederwahl im November 1984 und dem Stabwechsel in Moskau im März 1985, der mit einer Wiederaufnahme der Genfer Abrüstungsverhandlungen einherging[19]. Diese führten schon im Oktober 1986 zu dem sensationellen Treffen des sich zu-

---

[17] Vgl. David L. Chappell, The Triumph of Conservatives in a Liberal Age, in: Jean-Christophe Agnew/Roy Rosenzweig (Hrsg.), A Companion to Post-1945 America, Malden 2002, S. 303–327; zur deutschen Seite Axel Schildt, Konservatismus in Deutschland. Von den Anfängen im 18. Jahrhundert bis zur Gegenwart, München 1998, S. 247–252.

[18] Die Zusammenhänge sind bisher nicht ausreichend aufgeklärt: Artemy Kalinovsky, Decision-Making and the Soviet Afghanistan War: From Intervention to Withdrawal, in: Journal of Cold War Studies 11 (2009), H. 4, S. 50 sieht die fortgesetzte Nichtratifikation von SALT II durch den US-Kongress und die TNF-Modernisierung durchaus als Gründe der sowjetischen Entscheidung zum Einmarsch. Nicht zufällig sei die Entscheidung im Politbüro der KPdSU am selben Tag gefallen, an dem in Brüssel die Außen- und Verteidigungsminister der an der integrierten Militärstruktur teilhabenden NATO-Mitgliedstaaten den Doppelbeschluss verabschiedeten. Auch der französische Außenminister Jean François-Poncet vertritt in seinen Memoiren die These, Afghanistan sei eine sowjetische Reaktion auf den Doppelbeschluss gewesen, vgl. ders., 37, Quai d'Orsay. Mémoires pour aujourd'hui et pour demain, Paris 2008, S. 164. Der NATO-Doppelbeschluss dürfte jedenfalls die sowjetische Entscheidung erleichtert haben, weil nun nicht mehr mit gravierenden Folgen für die Beziehungen zu den USA zu rechnen und Afghanistan ohnehin seit 1978 kommunistisch regiert und somit schon zuvor im sowjetischen Einflussbereich gelegen war. Die innersowjetischen Determinanten und den Afghanistan-Einmarsch als Aspekt der Kämpfe um Breschnews Nachfolge betont Loth, Helsinki, S. 200–203.

[19] Vgl. Garthoff, Great Transition, S. 142–168; Beth A. Fischer, The Reagan Reversal. Foreign Policy and the End of the Cold War, Columbia/London 2000.

nehmend als Visionär einer atomwaffenfreien Welt entpuppenden Reagan und des dezidierten Abrüstungsbefürworters Gorbatschow in Reykjavik, wo eine Halbierung der nuklearen Arsenale besprochen wurde, was vorläufig noch an der Frage eines möglichen weltraumgestützten Raketenabwehrsystems (SDI) scheiterte.

Aus historischer Perspektive stellt sich die Frage, wie sich der Mitte der 1970er Jahre für uneingeweihte Beobachter überraschende Temperatursturz im weltpolitischen Klima erklärt, nachdem zwischen der Beinahe-Katastrophe der Kubakrise 1962 und der Unterzeichnung der KSZE-Schlussakte in Helsinki 1975 die Weltpolitik im Zeichen einer wachsenden, wenn auch insgesamt trügerischen Entspannung zwischen Ost und West gestanden hatte. Hier drängt sich denn auch eine andere Terminologie auf, lässt sich doch „Entspannung" nicht nur als „antagonistische Kooperation" (Werner Link), sondern auch als eine Fortsetzung der Systemkonkurrenz mit anderen Mitteln interpretieren. Die beiden Supermächte, dies zeigen einige der hier abgedruckten Beiträge, hielten parallel zu den erfolgreichen diplomatischen Initiativen, die z. B. zum Nichtverbreitungsvertrag von 1968 und zum SALT-I-Abkommen von 1972 führten, an weiteren militärischen Modernisierungen, vor allem ihrer Atomwaffenpotenziale, fest. Dies gilt für die amerikanische Seite ebenso wie für die sowjetische Stationierung der SS-20-Raketen.

Dieses neue sowjetische Mittelstreckensystem, das ab 1976/77 die Vorgängermodelle SS-4 und SS-5 zu ersetzen begann, stellte in der Tat eine neue strategische Dimension dar: Zum einen wurde die Reichweite erheblich gesteigert (SS-4: bis 1900 km; SS-5 bis 4100 km; SS-20: bis 5000 km), so dass ganz Westeuropa in ihren Bedrohungsradius fiel – wohlgemerkt nicht aber die USA. Dies führte zur Gefahr einer sicherheitspolitischen „Abkoppelung" der europäischen NATO-Mitglieder von der transatlantischen Schutzmacht, was der UdSSR ihrerseits Möglichkeiten zu politischen Erpressungsdrohungen gegen Westeuropa eröffnete (so die Befürchtungen vor allem Schmidts). Zum anderen aber verdreifachte sich mit der SS-20 die Zahl der nuklearen Sprengköpfe: Denn während die Vorgängermodelle einen einfachen Nuklearspengkopf auf dem Trägersystem besaßen, verfügte die SS-20 über drei Sprengköpfe. Diese waren zudem noch einzeln steuerbar (Multiple Independently targetable Reentry Vehicle, MIRV). Das heißt, mit einer Rakete konnten gleichzeitig drei verschiedene Ziele, etwa Hamburg, Dortmund und Köln, zerstört werden. Zudem war die Zielgenauigkeit deutlich erhöht worden (auf ca. 300 Meter gegenüber 2,3 km bei der SS-4). Im Gegensatz zu ihren Vorgängermodellen war die SS-20 mobil und damit weniger leicht zu orten, mithin galt sie als „unverwundbar". Hinzu kam die Nachladefähigkeit der Raketen-Launcher und die kurze Flugzeit von nur 15 Minuten zwischen Abschuss und Zieleinschlag[20].

Die Einführung dieser neuartigen sowjetischen Mittelstreckenraketen gilt daher weithin als entscheidender Stein des Anstoßes für den NATO-Doppelbeschluss. Allerdings – das rufen mehrere der vorliegenden Beiträge ins Gedächtnis, auch wenn der Befund in einschlägigen Fachpublikationen[21] keineswegs neu ist – ist auch eine in der Literatur und

[20] Vgl. Presse- und Informationsamt der Bundesregierung (Hrsg.), Aspekte der Friedenspolitik. Argumente zum Doppelbeschluß des Nordatlantischen Bündnisses, Bonn 1981, S. 48–58; Thomas Risse-Kappen, Null-Lösung. Entscheidungsprozesse zu den Mittelstreckenwaffen 1970–1987, Frankfurt 1988, S. 31.

[21] Vgl. zeitgenössisch Gert Grell, Plädoyer für Rüstungskontrolle. Zur Kontroverse um die „Nachrüstung" (HSFK-Report), Frankfurt a. M. 1981, S. 10–15; Helga Haftendorn, Das doppelte Missverständnis. Zur Vorgeschichte des NATO-Doppelbeschlusses, in: VfZ 33 (1985), S. 244–287; Leopoldo Nuti, The Origins of the 1979 Dual Track Decision – A Survey, in: ders. (Hrsg.), The Crisis of Détente in Europe. From Helsinki to Gorbachev, 1975–1985, London 2009, S. 57–71.

im öffentlichen Gedächtnis bisweilen anzutreffende ausschließliche Reduzierung auf die SS-20-Bedrohung als alleiniger Grund für den Doppelbeschluss zu verkürzt. Eine solche Sichtweise übersieht nicht minder wichtige Entstehungszusammenhänge, wie die autonomen, seit 1974 angedachten und ab 1977 in konkreten Planungsüberlegungen erörterten Bemühungen der NATO um eine Modernisierung ihrer in Europa stationierten Nuklearwaffen (Theater Nuclear Forces, TNF) und das noch immer erdrückende quantitative Übergewicht des Warschauer Pakts im konventionellen Bereich. Dass mit den SS-20-Raketen qualitativ neue Waffen disloziert wurden, denen die NATO nichts Adäquates entgegenzusetzen habe, war die nachvollziehbare Auffassung von Bundeskanzler Helmut Schmidt, die zunächst nicht von allen Verbündeten in der NATO geteilt wurde[22]. Die sowjetische Führung jedenfalls blieb, wie Gerhard Wettigs Beitrag zeigt, weiter subjektiv davon überzeugt, dass es sich bei der SS-20-Rüstung lediglich um eine Modernisierung ihrer Arsenale handelte – trotz der unübersehbaren quantitativen und qualitativen Erweiterung der sowjetischen Nuklearkapazitäten. Auch weite Teile der westlichen Friedensbewegung folgten dieser Interpretation und deuteten den NATO-Doppelbeschluss daher als einen unnötigen Aufrüstungsschritt, der den Frieden nicht sichere, sondern bedrohe[23].

Inwiefern sich aufgrund dieser neuen Erkenntnisse der Forschung nun die Vorstellung eines „Zweiten Kalten Krieges" relativieren lässt beziehungsweise ab wann die Verschärfung der Gangart zwischen den Supermächten absehbar wurde, gehört zu den Fragen, die von den Autorinnen und Autoren in diesem Band aufgeworfen, aber noch nicht abschließend beantwortet werden. So bleibt genauer zu klären, ob es eine charakteristische Abweichung der Bedrohungsperzeptionen in Deutschland bzw. Kontinentaleuropa und in den USA (und in Kanada, partiell auch in Großbritannien) gab. Wie erwähnt, geriet die Entspannungspolitik in den USA bereits Anfang der 1970er Jahre im Kontext der sich schon in den 1960er Jahren abzeichnenden konservativen „Gegenrevolution" massiv in die Schusslinie, während in der Bundesrepublik eine robustere Gangart gegenüber der Sowjetunion erst wieder gegen Ende der 1970er Jahre zunehmend eingefordert wurde, nachdem die CDU/CSU-Opposition nach heftigen Kämpfen gegen die sozial-liberale Ostpolitik ab Mitte des Jahrzehnts stillschweigend deren entspannungspolitischen Kurs akzeptiert hatte.

***

Wie und warum kam der Doppelbeschluss zustande? Auch diese scheinbar einfache Frage ist so leicht nicht zu beantworten – so werden auch hier zum Teil unterschiedliche Antworten gegeben. Schon die Auseinandersetzung um die Neutronenwaffe 1977/78 nahm einige charakteristische Merkmale des späteren Doppelbeschlusses vorweg (z.B. die Idee einer Kopplung einer Nachrüstungsdrohung als „bargaining chip" mit einem Verhandlungsangebot an den Osten) und war in den massiven Gegenreaktionen der Kritiker (in Deutschland angeführt von SPD-Bundesgeschäftsführer Egon Bahr, der von einer „Perversion des Denkens" sprach[24]) stilbildend für die spätere Debatte. Auch gibt es abweichende Auffassungen darüber, wer der „Vater des Doppelbeschlusses" gewesen ist – ein Ehrentitel, den

[22] Vgl. Klaus Wiegrefe, Das Zerwürfnis. Helmut Schmidt, Jimmy Carter und die Krise der deutsch-amerikanischen Beziehungen, Berlin 2005, S.169–179; sowie die Beiträge von Beatrice Heuser und Kristan Stoddart, Tim Geiger und Georges-Henri Soutou in diesem Band.

[23] So z.B. der ehemalige Bundeswehr-General und Mitbegründer der Grünen, Gert Bastian, Die Nachrüstungs-Lüge, in: Walter Jens (Hrsg.), In letzter Stunde. Aufruf zum Frieden, München 1982, S.27–62.

[24] Egon Bahr, Ist die Menschheit dabei verrückt zu werden?, in: *Vorwärts* vom 21. 7. 1977.

sowohl Helmut Schmidt als auch Valéry Giscard d'Estaing für sich beanspruchen. Wie wichtig war Helmut Schmidts berühmte Rede vor dem International Institute for Strategic Studies in London im Oktober 1977[25], die erst im Nachhinein zum Manifest westlicher Standhaftigkeit und „klug inszenierten Paukenschlag" (Tim Geiger) verklärt worden zu sein scheint?

Überdies wird der Gegenstand der Kontroverse unterschiedlich beschrieben. Ging es nur um die SS-20 und die Abwehr damit einhergehender perhorreszierter östlicher Drohungen und Erpressungsversuche? Oder ging es auch um den inneren Zusammenhalt des westlichen Bündnisses, auf den Schmidt (und sein britischer Kollege Callaghan) in einer Phase transatlantischer Missverständnisse ebenso sorgenvoll blickte wie seine christdemokratischen Vorgänger und Nachfolger Adenauer, Erhard, Kiesinger und Kohl? Bis zu welchem Grad war der Doppelbeschluss auch ein Versuch, die inneren Kohäsionskräfte der Allianz zu kräftigen und dem „transatlantic drift" entgegenzuwirken[26]? Für das außerhalb der militärischen Integration der NATO stehende Nichtstationierungsland Frankreich hingegen hatte der Doppelbeschluss nicht zuletzt auch die Aufgabe, das deutsche Potenzial im Rahmen des westlichen Bündnisses einzudämmen (so Georges-Henri Soutou in diesem Band) – eine Rolle, die der NATO seit jeher zugekommen war[27].

Zweifellos war der NATO-Doppelbeschluss auch eine Reaktion auf eine sowjetische Vorrüstung mit SS-20 und dem in den frühen 1970er Jahren eingeführten sowjetischen Schwenkflügelbomber Tupolew Tu-22M („Backfire"), der mit Überschallgeschwindigkeit fliegen, konventionell wie nuklear bestückbar war und dessen Kampfradius westlichen Schätzungen zufolge bis 4200 km betragen konnte[28]. In welchem Verhältnis stand dies jedoch zu anderen Tendenzen und Entwicklungen, insbesondere den erwähnten, letztlich ihrer eigenen Logik folgenden Fragen der technischen Modernisierungen, mit ihren technokratischen „Sachzwängen" und den Binnendebatten der Militärs und der zivilen Expertenstäbe? Dem Einfluss solcher Expertengruppen, aber auch des damals gerne beschworenen „militärisch-industriellen Komplexes" auf die sicherheitspolitischen Entscheidungen in der Sowjetunion und in den USA sowie in den jeweiligen Bündnissen einmal näher nachzugehen, bleibt ein Desiderat zeithistorischer Forschung. Denn nur so kann Licht in die sachlich und terminologisch öffentlich oft kaum kommunizierbaren bzw. auch bewusst abgeschirmten Arkanbereiche der Rüstungs- bzw. Abrüstungsdiskurse gebracht werden. Inwieweit wurden technische Notwendigkeiten im Zusammenhang mit der Raketenrüstung in Ost und West geltend gemacht? Wie sehr ähnelten sich hier eigentlich die sowjetischen und die amerikanischen Überlegungen?

Auch innerhalb politisch etablierter Kreise in Politik und Diplomatie – und nicht allein in der Friedensbewegung – wurde die von der Sowjetunion tatsächlich ausgehende Bedrohung unterschiedlich bewertet. Schmidt begründete die Nachrüstung damit, dass die

---

[25] Vgl. Politische und wirtschaftliche Aspekte der westlichen Sicherheit, Alastair Buchan Memorial Lecture, 28.10.1977, in: Bulletin der Bundesregierung Nr. 112/1977, S. 1013–1020. Die Rede wurde auf Englisch gehalten, Survival 20 (1978), H. 1/2, S. 2–10.

[26] Hierzu die Beiträge in Schulz/Schwartz (Hrsg.), Strained Alliance.

[27] Erinnert sei lediglich an das berühmt-berüchtigte Bonmot des ersten NATO-Generalsekretärs Lord Ismay, die NATO sei gegründet worden „to keep the Americans in, the Russians out, and the Germans down"; siehe auch Detlef Junker, Politik, Sicherheit, Wirtschaft, Kultur und Gesellschaft. Dimensionen transatlantischer Beziehungen, in: ders. (Hrsg.), Die USA und Deutschland im Zeitalter des Kalten Krieges. Ein Handbuch, Band I: 1945–1968, München 2001, S. 17–56, hier S. 37–40.

[28] Vgl. dazu http://www.fas.org/nuke/guide/russia/bomber/tu-22m.htm (30.05.2010); Auswärtiges Amt (Hrsg.), Es geht um unsere Sicherheit. Bündnis, Verteidigung, Rüstungskontrolle, Bonn 1980, S. 57.

SS-20 eine „Grauzone“ der atomaren Verteidigung schaffe, die von keinem der bestehenden Ost-West-Rüstungskontrollforen erfasst werde, d. h. weder von den amerikanisch-sowjetischen Verhandlungen über strategische Waffensysteme (Strategic Arms Limitation Talks, SALT) in Genf noch von den seit 1973 andauernden Verhandlungen in Wien zwischen NATO und Warschauer Pakt über beidseitige und ausgewogene Verminderungen konventioneller Truppen (Mutual and Balanced Forces Reductions, MBFR), und zu einer potenziellen Abkopplung Europas von der amerikanischen nuklearen Verteidigung führen könne. Diese Analyse wurde von der Carter-Administration zunächst überhaupt nicht geteilt. Da für die westliche Supermacht jenseits des Atlantik das gegnerische Arsenal von Interkontinentalraketen entscheidend war, stand Washington der sowjetischen Aufrüstung sehr viel gelassener gegenüber als Bonn[29]. Zudem hielt man dort die in den Warnrufen der Bundesregierung mitschwingende Vorstellung von einem drohenden substrategischen[30] Ungleichgewicht für überzogen, da es entsprechend dem Grundsatz der Abschreckungslogik allein auf die Gesamtwirkung des NATO-Nuklearwaffenarsenals ankomme und Ungleichgewichte auf regionaler Ebene daher letztlich ohne Bedeutung seien.

Diese gelassene Beurteilung westlicher Verteidigungsfähigkeit änderte sich in den USA erst radikal mit dem sowjetischen Überfall auf Afghanistan Ende Dezember 1979 und dem Regierungswechsel zu Ronald Reagan 1980/81. Anfangs jedenfalls war die Carter-Administration wohl mehr aus allianzpolitischen denn aus sicherheitspolitischen Gründen den zum Teil noch immer als übertrieben charakterisierten Befürchtungen eines wichtigen Verbündeten entgegengekommen. Zugleich hoffte Washington, sich 1979 mit dem energischen Vorantreiben einer westlichen „Nachrüstung“ gegen die konservative Opposition im eigenen Land abzusichern, auch um damit seit langer Zeit verfolgte Abrüstungsprojekte der eigenen politischen Agenda wie den SALT-II-Vertrag vom 18. Juni 1979 weiterverfolgen zu können. Trifft also zu, worauf Helga Haftendorn früh verwiesen hat, dass der Entscheidung der Sondersitzung der Außen- und Verteidigungsminister der NATO-Mitgliedstaaten vom 12. Dezember 1979 ein „doppeltes Missverständnis“ zugrunde lag?

Auch in Bezug auf die Folgen des NATO-Doppelbeschlusses gehen die Bewertungen auseinander, wobei hier die historische Forschung noch ganz am Anfang steht. So ist in hohem Maße umstritten, ob und bis zu welchem Grade die „harte Haltung“ der NATO mit einen oder möglicherweise gar *den* entscheidenden Beitrag dazu leistete, dass der Kalte Krieg überwunden wurde und die „Sowjetunion den Kalten Krieg verlor“ (um mit Michael Ploetz einen der Autoren dieses Bandes zu zitieren)[31]. Oder war es, wie Lawrence S. Witt-

---

[29] Vgl. das Rundschreiben des amerikanischen Außenministers Vance vom 3. 2. 1978, in dem die sowjetische Rüstung hauptsächlich als „politisches Problem“ der Deutschen und damit der Allianz charakterisiert wurde. Die SS-20 würden vermutlich nur zu einer „Redundancy“ der sowjetischen Nukleararsenale beitragen, Jimmy Carter Library, Atlanta.

[30] Symptomatisch für diese Konzeption waren auch Schmidts stete terminologische Bestrebungen, die SS-20 als „eurostrategische Waffen“ zu bezeichnen, da diese sowjetische Mittelstreckenraketen für sein Land von tödlicher, mithin aus bundesdeutscher Sicht: strategischer Bedeutung seien.

[31] Ploetz, Wie die Sowjetunion, in diesem Sinne auch Helmut Kohl, Erinnerungen, Bd. 1: 1930–1982, München 2004, S. 557. Kohl zögert nicht, den Doppelbeschluss als eine wegweisende historische Zäsur zu charakterisieren: „Die Entscheidung aller Entscheidungen auf dem Weg zur deutschen Einheit war der NATO-Doppelbeschluss, den mein Vorgänger Helmut Schmidt gegen den Willen seiner Partei auf den Weg brachte und den ich mit meiner Regierung 1983 gegen alle Widerstände in unserem eigenen Land durchsetzte. […] Ich bin zutiefst überzeugt, dass ohne den NATO-Doppelbeschluss 1989 nicht die Mauer gefallen wäre und wir 1990 nicht die Wiedervereinigung erreicht hätten. Die Welt hätte eine ganz andere Entwicklung genommen.“ Vgl. ders., Mauerfall und Wiedervereinigung, in: Die Politische Meinung 54 (2009), H. 479, S. 5–12, hier S. 9.

ner in seiner an die Sicht der Friedensbewegung anknüpfenden Interpretation betont, die Friedensbewegung, die Vertrauen zu bilden half, so dass Michail Gorbatschow zum Einlenken bereit war?[32] Oder war der sowjetische Paradigmenwechsel auf ganz andere Ursachen zurückzuführen? So hat jüngst Vladislav Zubok die interessante These vertreten, dass dieser auf die Reaktorkatastrophe von Tschernobyl im Jahr 1986 zurückgegangen sei: Erst infolge dieses Ereignisses sei es in der Sowjetunion zu „Glasnost" und zu dramatischen Änderungen (Perestroika) bei den Rüstungskontrollverhandlungen und in der sowjetischen Militärdoktrin gekommen[33].

Ist es überhaupt sinnvoll, wie bereits angesprochen, in klaren Dichotomien von Erfolg und Misserfolg zu sprechen?[34] Greifen diese, der zeitgenössischen Perspektive verpflichteten Kategorien für eine historisch kontextualisierende und damit notwendig relativierende Bewertung nicht zu kurz? Denn als ein Erfolg konnte auf der einen Seite betrachtet werden, dass die Friedensbewegung in Deutschland und Europa Millionen bewegte. Aber war es andererseits ein Misserfolg, dass sie mit ihrem eigentlichen engeren politischen Anliegen nicht durchdrang, ja, gar nicht durchdringen konnte, weil sich die Bundesrepublik ebenso wie ihre westeuropäischen Partnerstaaten angesichts der systemischen Zwänge letztlich der internationalen Konstellation anpassen musste[35]? Schmidt und seine Mitstreiter betrachteten das Zustandekommen des NATO-Doppelbeschlusses gewiss als persönlichen Erfolg; von der Notwendigkeit seiner Implementierung in *beiden* Teilen blieben sie auch in den Folgejahren überzeugt, obwohl ihnen einerseits dessen Nachrüstungsteil massive innerparteiliche Konflikte einbrachte und schließlich Rückhalt entzog, und bei ihnen andererseits – in ganz ähnlicher Weise wie in weiten Teilen der Friedensbewegung – zunehmend Zweifel aufkamen, ob die westliche Führungsmacht den von der Bundesrepublik als ebenso unverzichtbar erachteten Rüstungskontrollteil mit der notwendigen Ernsthaftigkeit verfolge. So bleibt Schmidts historische Bilanz hinsichtlich des NATO-Doppelbeschlusses von der tragischen Paradoxie überschattet, dass er wie der biblische Moses das ersehnte Ziel – größere Sicherheit für die Bundesrepublik durch Zähmung und schließlich Überwindung der sowjetischen Mittelstreckenbedrohung – eben nicht mehr selbst erreichen konnte, sondern nur aus der Ferne erleben durfte. Schließlich war der Hanseat – nicht nur, aber eben auch – in Folge der innerparteilichen und innerkoalitionären Verwerfungen über den NATO-Doppelbeschluss im sozial-liberalen Regierungsbündnis am 1. Oktober 1982 in einem konstruktiven Misstrauensvotum gestürzt worden. So musste Schmidt vom politischen Altenteil aus verfolgen, wie sein ungeliebter christdemokratischer Nachfolger Helmut Kohl 1983 zunächst gegen alle politischen Widerstände und gesellschaftlichen Proteste den von ihm eingeschlagenen Weg konsequent mit der unpopulären Nachrüstungsentscheidung zu Ende brachte – aber dafür 1987 den im Doppelbeschluss als Ideallösung angelegten und in dieser Weise wohl nur noch von wenigen erwarteten Erfolg in Form des INF-Abkommen von 1987 für sich verbuchen durfte, mit dem

[32] Wittner, Toward Nuclear Abolition; Ders., Reagan and Nuclear Disarmament, in: Boston Review (April/May 2000), http://bostonreview.net/BR25.2/wittner.html#2 (30.5.2010); David Cortright, Peace Works. The Citizen's Role in Ending the Cold War, Boulder 1993.

[33] Vladislav Zubok, A Failed Empire. The Soviet Union in the Cold War from Stalin to Gorbachev, Chapel Hill 2007, S. 288–294.

[34] In diesem Sinne auch Benjamin Ziemann, Situating Peace Movements in the Political Culture of the Cold War. Introduction, in: ders. (Hrsg), Peace Movements in Western Europe, Japan and the USA during the Cold War, Essen 2008, S. 11–38.

[35] So mit Blick auf die Bundesrepublik Rödder, Sicherheitspolitik und Sozialkultur, S. 104.

sich Amerikaner und Sowjets zum fast vollständigen Abbau ihrer Mittelstreckensysteme in Europa verpflichteten. Auch dass in der Regierung Kohl-Genscher wiederum konservative Skeptiker wie der bayerische Ministerpräsident Franz Josef Strauß oder der CDU/CSU-Fraktionsvorsitzende Alfred Dregger den INF-Vertrag keinesfalls uneingeschränkt begrüßten, sondern eher als gefährlichen amerikanischen Alleingang verurteilten, der die – den Doppelbeschluss doch mitauslösende – Gefahr einer transatlantischen Abkopplung erhöhe, gehört zu diesem abschließenden Bild voller Ambivalenzen und Grautöne.

***

Dieser Band beruht auf einer gemeinsamen Tagung des Deutschen Historischen Instituts in Washington und des Instituts für Zeitgeschichte München-Berlin, die Ende März 2009 an der Hertie School of Governance in Berlin, d. h. im ehemaligen Sitz des DDR-Außenhandelsministeriums, stattfand. Das der Tagung zugrunde liegende Konzept findet sich auch in diesem Sammelband wieder[36]. Dabei ist es ein zentrales Anliegen dieser Publikation, nicht nur die erste historische Bilanz zur Geschichte des NATO-Doppelbeschlusses vorzulegen, sondern dessen deutsch-deutsche Dimension in den größeren Kontext der jeweiligen Bündnisse zu stellen. Mit anderen Worten: die „doppelte deutsche Zeitgeschichte“[37] seit 1945 wird europäisch und transatlantisch eingebettet und kontextualisiert. Daher werden hier überblicksartige Beiträge zu Frankreich, Großbritannien, Italien, den Niederlanden, der Sowjetunion und den USA abgedruckt, während ein Beitrag zu Polen zwar geplant war, aber nicht abgeschlossen werden konnte. Ebenso wenig gelang es, einen Beitrag zur ČSSR zu rekrutieren. Zugleich versucht dieser Band, nicht nur die außen- und sicherheitspolitische Dimension aus westlicher und östlicher Sicht zu rekonstruieren, sondern er schlägt einerseits Brücken vom diplomatischen Geschehen zur „anderen Seite“, nämlich den Friedens- und Protestbewegungen, und verkoppelt andererseits Untersuchungen zur partei- und innenpolitischen Entscheidungsebene mit der „großen Politik“ der internationalen Diplomatie und Abrüstungsverhandlungen.

Auf der Basis neuester wissenschaftlicher Analysen soll hiermit ein erster Einstieg zu einem für Historikerinnen und Historiker noch relativ jungen Forschungsfeld eröffnet werden. Denn erst jetzt, mit dem Ablauf der Sperrfristen, steht die amtliche Überlieferung in den Archiven zur Verfügung. Im Hinblick auf den Forschungsstand ergibt sich ein gerade im deutsch-deutschen Verhältnis schon länger zu beobachtendes merkwürdiges Ungleichgewicht, da die archivalischen Primärquellen aus der DDR so gut wie uneingeschränkt zugänglich sind[38], während die ehemals westdeutschen Archive erst mit dem Ablauf der dreißigjährigen Sperrfrist ihre Akten freigeben. Das bedeutet auf den ersten Blick einen erheblichen Vorteil für die Erforschung des Entscheidungsprozesses in der DDR, der sich freilich durch die Art der DDR-Quellen relativiert. So handelt es sich etwa bei den Polit-

---

[36] Für die Tagungsassistenz sei hier Hannelore Georgi, Benjamin Gilde, Alexander Holmig, Ana Mariç und Laura Stapane gedankt. An der Drucklegung haben Simone Rose, Carsten Schrepper, Gabriele Tschacher und Sebastian Triesch mitgewirkt. Regina Schlemmer hat die Endfassung des Manuskripts Korrektur gelesen, Arnd Elsner die Register erstellt.

[37] Vgl. Udo Wengst/Hermann Wentker (Hrsg.), Das doppelte Deutschland. 40 Jahre Systemkonkurrenz, Berlin 2008.

[38] Eine wichtige Ausnahme sind die Akten des MfS, deren Zugänglichkeit durch das StUG geregelt ist, und die Akten des Ost-Berliner Außenministeriums, die ins Politische Archiv des Auswärtigen Amts übernommen wurden und hier, wie die Bestände des Bonner Auswärtigen Amts, der dreißigjährigen Sperrfrist unterliegen.

büroprotokollen lediglich um Beschlussprotokolle, die meist keinen Hinweis auf Debatten und Diskussionen enthalten. Auch wenn die internen Quellen zu der westdeutschen Demokratie mit ihrer Streit- und Debattenkultur für die hier interessierenden Jahre erst allmählich zugänglich werden, ist davon auszugehen, dass damit ein sehr viel farbigeres Bild der Ära Schmidt bzw. Kohl gezeichnet werden kann als dies für die letzten Jahre der DDR bereits möglich ist.

Das erste Kapitel dieses Bandes beschäftigt sich – wie könnte es angesichts der Rolle der Supermächte für Europa auch anders sein – mit den USA und der UdSSR. *Michael Ploetz* untersucht auf Basis der nun im Politischen Archiv des Auswärtigen Amts zugänglichen Akten, welche Auswirkungen die sowjetischen Rüstungsanstrengungen der 1960er und 1970er Jahre auf die amerikanische Nuklearstrategie hatten. Er unterstreicht die ambivalenten Resultate der Kubakrise 1962 mit dem stillschweigenden Abzug der Jupiter-Mittelstreckenraketen aus der Türkei, der dazu beigetragen habe, die seit dem Sputnik-Schock von 1957 innerhalb des Atlantischen Bündnisses gewachsenen Zweifel an der amerikanischen Zuverlässigkeit zu vergrößern. Dabei sei dem nuklearen Abschreckungspotenzial der NATO neben der Verteidigungs- als zweite essenzielle Funktion die Aufgabe der Bündnisintegration zugekommen – eine Einsicht, die gerade amerikanischen Politikern nicht immer hinreichend präsent gewesen sei. Erst die auf dem amerikanischen Nukleararsenal beruhende atomare Eskalationsdrohung habe den Westeuropäern Gewissheit gegeben, dass die USA die Risiken eines nuklearen Schlagabtauschs zwischen den Militärblöcken teilen würden. Da Präsident Carter – und übrigens auch dessen Nachfolger Reagan – nicht zuletzt mit Rücksicht auf ihre Wähler eine Distanz zur nuklearen Abschreckung hätten erkennen lassen, habe aufgrund der erdrückenden konventionellen Überlegenheit des Warschauer Paktes eine – auch psychologisch – schwierige Situation entstehen können. Hätten die Westeuropäer nicht mehr fest mit der amerikanischen Bereitschaft zu ihrer Verteidigung gerechnet, wären sie gegenüber der Sowjetunion erpressbar geworden. Nicht zuletzt dank der erfolgten Umsetzung des NATO-Doppelbeschlusses und der sowjetischen Invasion in Afghanistan, die im Westen ein Umdenken einleitete, sei das Moskauer Kalkül durchkreuzt worden und habe sich die Sowjetunion aufgrund ihrer fehlenden Bereitschaft zum Kompromiss im Übrigen selbst zu Tode gerüstet.

*Gerhard Wettig* wirft einen Blick hinter den „Eisernen Vorhang“ und damit in die Moskauer Schaltzentrale des östlichen Bündnisses. Auch der Sowjetunion sei es um Kriegsverhinderung gegangen: Da ihrer Doktrin zufolge der kapitalistische Klassenfeind im Westen inhärent aggressiv und jederzeit in der Lage war, einen Krieg vom Zaun zu brechen, musste er massiv abgeschreckt werden. Daher sei die nukleare Rüstung – und ganz speziell die SS-20 – als „Instrument der Kriegsverhütung“ gedacht gewesen. Dem Westen habe man signalisieren wollen, dass der Sozialismus nicht mit kriegerischen Mitteln zu beseitigen sei. Zugleich habe Moskau seine taktische Ausgangslage verbessern wollen, indem es die eigene SS-20-(Vor-)Rüstung durch Unterstützung der westlichen Protestbewegung politisch abzusichern versuchte. Alles in allem sei die sowjetische Reaktion auf den Doppelbeschluss neben einer Intensivierung der „Friedenskampagne“ doch wesentlich von den militärischen Stellen geprägt worden. Deren Forderungen folgte der von Krankheit zunehmend gezeichnete und teilweise handlungsunfähige Breschnew fast blind, ohne die Kritik von Ministerpräsident Alexej Kossygin zu beachten, der auf die Auswirkungen der exzessiven finanziellen Belastungen auf die sowjetische Wirtschaft verwiesen habe. Obwohl Reagan die UdSSR mit einem neuen Rüstungswettlauf konfrontierte, den Moskau, so der neue KPdSU-Generalsekretär Andropow, „nur verlieren konnte“, wurde die ruinöse Hochrüstungspolitik erst nach dem Tod Tschernenkos 1985 aufgegeben. Erst danach ließ sich die Sowjetunion (wie der Westen) auf die Annahme ein, dass angesichts wechselseitiger absolut garantierter Vernichtungsfähigkeit (Mutal Assured Destruction, MAD) auch die andere Seite an einer Kriegsverhinderung und Entspannung interessiert sein müsste.

Nicht weniger Rätsel als das Moskau der ausgehenden Ära Breschnew hat der Forschung lange Zeit der amerikanische Präsident Ronald Reagan aufgegeben. Der als Kalter Krieger verschriene, erzkonservative, gern mit dem Säbel rasselnde ehemalige Filmschauspieler erwies sich schon ab Mitte 1981 und dann erst recht in seiner zweiten Amtszeit ab 1985 als wahrer Friedensengel und radikaler nuklearer Abolitionist[39]. Wie *Klaus Schwabe* zeigt, sei Reagan zunächst mit dem Vorsatz angetreten, einen amerikanischen Rüstungsrückstand gegenüber der UdSSR aufzuholen. Dass er sich später zu präzedenzlosen Entspannungsschritten bereitfand, habe nicht zuletzt die Rücksicht auf die europäischen Verbündeten – allen voran die Bundesrepublik unter Schmidt und Kohl – diktiert. Reagan habe ernsthaft eine Vision weltweiter nuklearer Abrüstung entwickelt und sich damit zunehmend vom konservativen Flügel seiner Regierung abgesetzt, der sich für die von Reagan vorgeschlagene „Null-Lösung“ anfangs nur aus propagandistischen Gründen stark gemacht habe. Da diese Lösung aber die alten Befürchtungen der Abkopplung bei den Westeuropäern geweckt habe, habe sich Reagan aus Bündnissolidarität zu Zwischenlösungen bequemt und diese dann auch offensiv vertreten. Der INF-Vertrag sei ein persönlicher Erfolg für Reagan gewesen, der „mit dem taktischen Instinkt eines erfahrenen, ja durchtriebenen Politikers“ mit einer „Politik der Stärke“ den Druck auf die Sowjetunion erhöht, sich aber zugleich gegen die konservativen Falken in seiner eigenen Regierung und das sicherheitspolitische Establishment der USA abgesichert und durchgesetzt habe. Er hatte diesen Erfolg aber auch der Bereitschaft Gorbatschows zu verdanken, der sich seinerseits die Null-Lösung zu eigen machte und von der bisherigen Konfrontationspolitik abging.

***

Wie gingen nun die Regierungen der beiden deutschen Staaten mit dem diplomatischen und politischen Ringen in Moskau und Washington und den Entscheidungsprozessen in den jeweiligen Bündnissen und zwischen den Blöcken um? *Tim Geiger* analysiert den in jeder Hinsicht entscheidenden Beitrag der Regierung Schmidt-Genscher, sei doch die Bundesrepublik das „Schlüsselland“ bei der Genese und Implementierung des Doppelbeschlusses gewesen. Von Schmidt seien entscheidende Impulse ausgegangen, er habe Kassandra-gleich auf die sowjetische Aufrüstung aufmerksam gemacht. Die Bundesregierung habe entscheidend dazu beigetragen, die Idee zum *Doppel*beschluss, sprich der Verknüpfung der Modernisierungsforderung mit dem Rüstungskontrollangebot, durchzusetzen; sie habe dazu beigetragen, westeuropäische „Wackelkandidaten“ wie die Niederlande und Belgien bei der Stange zu halten. Zugleich habe die Bundesregierung aber mit den höchsten politischen Preis bezahlt, als Schmidts Kalkül angesichts der Verschärfung der internationalen Situation zunächst nicht aufzugehen schien. Dem historischen Verdienst, den Doppelbeschluss „auf sichere Gleise gesetzt“ zu haben, stand wenigstens im Falle des Kanzlers (was vermutlich auch für dessen Nachfolger Helmut Kohl galt) die Ohnmachtserfahrung gegenüber, den einmal in Gang gesetzten Prozess dann kaum mehr steuern oder beeinflussen zu können. Gleichwohl stiegen die Verantwortung und das Prestige der Bundesrepublik, die

---

[39] Vgl. Lou Cannon, President Reagan. The Role of a Lifetime, New York 1991, S. 323.

unter Schmidt die Aufnahme in den Kreis der westlichen Großmächte erreichte – ein Zugewinn an symbolischer und praktischer Macht, der auch unter Kohl erhalten bleiben sollte.

Setzte die Regierung Kohl-Genscher aus Bündnistreue nur um, was die Regierung Schmidt-Genscher auf den Weg gebracht hatte? Das zu behaupten, griffe zu kurz. *Andreas Rödder* zeichnet in seinem Beitrag ein differenzierteres Bild. So habe den Unionsparteien anfangs Fachwissen gefehlt, gerade auch im Vergleich zu den zunehmend detailsicher und schlagfertig auftretenden „Gegenexperten", die die Friedensbewegung und die Friedensforschung auffahren konnten[40]. Kohl habe dem seine relativ einfache, in den Erfahrungen der Kriege des 20. Jahrhunderts gründende und an Adenauer geschulte Vorstellung gegenübergestellt, nach der die Bundesrepublik keine Zweifel an ihrer Zugehörigkeit zur westlichen Allianz und zur westlichen Wertegemeinschaft aufkommen lassen dürfe. Habe Schmidt (sowie Genscher, und dieser auch über die „Wende" von 1982 hinaus) eine überwiegend militärstrategische Argumentation verfolgt, so habe Kohl das deutsche Interesse stärker in normative Termini gekleidet. Letztlich habe Kohls Politik auf der realistischen Einsicht beruht, dass die Bundesrepublik nur im Bündnis handlungsfähig sei und sich daher sicher im „westlichen Geleitzug" halten müsse. Erst die Forschung der nächsten Jahre kann und wird Antworten auf die hieraus resultierende Frage liefern können, ob sich Helmut Schmidt möglicherweise in höherem Maße als sein Nachfolger eben auch innerhalb der westlichen Allianz als politischer „Macher" begriff und daher den Handlungsspielraum der Bundesrepublik höher einschätzte als der letztlich noch stärker um Rücksichtnahme auf kleinere westeuropäische Partner bemühte Kohl. In einem Punkt jedenfalls weist das außenpolitische Denken von Schmidt und Kohl unstrittig eine wichtige Parallele auf, denn Befürchtungen vor einer „Abkoppelung" der amerikanischen Nuklearverteidung von Westeuropa, die schon Schmidt umgetrieben hatten, tauchten auch bei Kohl angesichts des INF-Vertrags von 1987 wieder auf.

Kam der Bundesrepublik eine herausgehobene, wenn nicht sogar die zentrale Rolle bei der Sicherstellung der Verteidigungsfähigkeit des westlichen Bündnisses zu, so nahm die DDR, wie *Hermann Wentker* herausarbeitet, eine weitaus weniger wichtige Stellung ein, wenngleich sie mehr war als ein reiner Statist. Die DDR konnte zu keinem Zeitpunkt vor 1983 das Geschehen nachhaltig beeinflussen. Weil sie trotz ihrer völligen militärischen Angewiesenheit auf die UdSSR ökonomisch zunehmend von der Bundesrepublik abhängig geworden sei, sei es für die SED von nachgerade existenzieller Bedeutung gewesen, die Entspannungspolitik fortzusetzen und den NATO-Doppelbeschluss zu verhindern. Dies gelang Honecker jedoch nicht. Als er 1979 versuchte, seine Kontakte zu Schmidt für eine Verhinderung des Doppelbeschlusses zu nutzen, wurde er von der Moskauer Führung zurückgepfiffen. Seine Idealvorstellung, die Bundesregierung zum Verzicht auf die Nachrüstung zu bewegen und gleichzeitig die ostdeutsch-sowjetische Achse unbeschadet zu erhalten, um weiterhin deutsch-deutsche Geschäfte zu betreiben, konnte er ebensowenig verwirklichen. Spätestens nach dem Wahlsieg Helmut Kohls im März 1983 konnte das SED-Regime dem Optionszwang zwischen Moskau und Bonn nicht mehr ausweichen. Trotz Zustimmung zu den sowjetischen Gegenmaßnahmen auf die Raketenstationierungen im Westen folgte Honecker Moskau jedoch nicht, als er nun zu einer starken Begrenzung der deutsch-deutschen Verbindungen aufgefordert wurde, sondern weitete diese Beziehungen

---

[40] Vgl. Ulrike C. Wasmuht, Geschichte der deutschen Friedensforschung. Entwicklung, Selbstverständnis, politischer Kontext, Münster 1998.

noch aus. Damit nahm er einen begrenzten Konflikt mit der sowjetischen Führung in Kauf und konnte die DDR so zeitweilig als „Friedensstaat" profilieren.

***

Wie reagierten die beiden deutschen Gesellschaften auf die wachsenden außenpolitischen Komplikationen? Zwar blieb es in der DDR vergleichsweise ruhig, doch diente gerade die Entspannungspolitik dem SED-Regime als Mittel der Legitimation und Stabilisierung, wie *Anja Hanisch* darlegt. Erich Honecker habe nach seinem Machtantritt 1971 gehofft, den internationalen Legitimitätszuwachs aufgrund der westdeutschen Ostpolitik und des KSZE-Prozesses in innenpolitische Stabilität umzumünzen. Vor allem setzte die SED unter Honecker aber auf sozial- und konsumpolitische Instrumente, um ihr Herrschaftssystem zu stabilisieren – zusätzlich zu den in dieser Zeit verfeinerten Repressionsmaßnahmen. An der Wende zu den 1980er Jahren zeichnete sich aber ab, dass diese Strategien aufgrund der unübersehbaren Widersprüche zwischen Anspruch und Realität scheiterten: Das Regime verlor an Legitimität anstatt sie hinzuzugewinnen. So habe sich die Entspannungsrhetorik der SED und die propagandistische Stilisierung der DDR als „Friedensstaat" in einer wachsenden Spannung zur Militarisierung der Gesellschaft (z.B. durch Einführung des Wehrunterrichts 1978) befunden. Entsprechende, vor allem kirchliche Äußerungen hätten die fehlende Legitimität auch in der Friedens- und Außenpolitik geradezu offenkundig gemacht und die offizielle Rhetorik gegen die politische Realität in der DDR gewendet. Da das Regime jedoch auch auf sozial- und konsumpolitischem Gebiet keine Möglichkeiten zum Umsteuern sah, wurden die inneren Widersprüche an der Wende zu den 1980er Jahren immer deutlicher erkennbar.

Konnte sich die Kritik an der Aufrüstung in der DDR nur sehr begrenzt und angesichts der starren gesellschaftlichen Bedingungen nur ohne politisch verändernde Gestaltungskraft artikulieren, war die Situation in der Bundesrepublik eine andere. Auch hier warf das Friedensthema – hierin durchaus vergleichbar mit der DDR – politische und gesellschaftliche Grundsatzfragen auf, wie *Philipp Gassert* in seinem Beitrag argumentiert. Die Schärfe des Streits lasse sich freilich nur dadurch erklären, dass es in der Bundesrepublik um mehr als um ein außen- und sicherheitspolitisches Problem gegangen sei. Die Kritik am NATO-Doppelbeschluss und die Aufkündigung des bis dato wenig artikulierten „sicherheitspolitischen Konsens" innerhalb und außerhalb der Friedensbewegung sei als Teil der Bewältigung der Strukturbrüche und der weltpolitischen Krisen der 1970er und 1980er Jahre zu sehen. Gassert vertritt die – unter den Herausgebern nicht unstrittige – Auffassung, dass der Grundsatzcharakter des Streits letztlich sogar zur Befestigung des freiheitlich-demokratischen Konsenses geführt habe. Bei allen antiamerikanischen Ressentiments sei die Westintegration gesichert worden, à la longue habe die Auseinandersetzung um die Nachrüstung durch die im Endeffekt erfolgreiche Einbindung dissentierender Kräfte in ein dynamisches politisches System einen Beitrag zur fortdauernden Stabilität der Bundesrepublik geleistet – ganz im Unterschied zur unbeweglich-starren DDR, wo die Friedensbewegung darum zur Unterminierung der herrschenden Ordnung beigetragen habe.

In der Bundesrepublik war der Streit um den NATO-Doppelbeschluss nicht zuletzt ein innerparteiliches Problem der SPD. Die Sozialdemokratie stürzte diese Entscheidung in die bis dahin heftigste innere Auseinandersetzung der Nachkriegszeit, so *Friedhelm Boll* und *Jan Hansen*. In diesem innerparteilichen Konflikt sei es, so argumentieren auch sie, jedoch nicht allein um eine sicherheitspolitische Richtungsentscheidung gegangen. Es seien vielmehr „auch konkurrierende Weltbilder, Bedrohungsvorstellungen und sogar Lebensentwürfe verhandelt" worden. Die Debatte habe eine außerordentliche Breite und Meinungsvielfalt erreicht. Dabei hätten vor allem junge und weibliche Parteimitglieder sich gegen die Nachrüstung ausgesprochen, während ältere Sozialdemokraten auf der sicherheitspolitischen Notwendigkeit insistiert hätten, die sowjetischen Mittelstreckenarsenale zu reduzieren. Ein anderer, auch äußerlich erkennbarer Habitus, unterschiedliche historische Erfahrungswerte, eine Prägung der Jüngeren durch den Wertewandel der 1960er und 1970er Jahre und eine aus der Vietnamkriegs-Opposition resultierende Amerika-kritische Haltung seien für die innerparteilichen Gegner des Doppelbeschlusses charakteristisch gewesen. Indes sei der NATO-Doppelbeschluss nur eine randständige Frage für den Koalitionswechsel der FDP von der SPD zur Union gewesen. Nach dem Gang in die Opposition habe allerdings die Ablehnung der Nachrüstung als einigendes Band in der SPD gewirkt und den Sozialdemokraten erlaubt, sich anschlussfähig für Anliegen und Ziele der Neuen Sozialen Bewegungen zu zeigen.

Genau daran war der neuen parteipolitischen Formation der Grünen nicht gelegen, deren entscheidende Gründungsphase der Raketenkontroverse vorausgegangen sei, wie *Saskia Richter* zeigt. Die Demonstrationen gegen den Doppelbeschluss führten aber „zur strukturellen Verankerung und zur Parlamentarisierung der Partei". Ungeachtet der Tatsache, dass sich die Milieus und Generationen übergreifende Friedensbewegung in ihrer sozialen Basis deutlich von den grünen Parteigruppierungen unterschied, wirkten die massiven Proteste von Millionen Bürgern als ein Mobilisierungsschub für die Grünen und halfen somit, dass aus der „Antipartei-Partei"[41] eine zunehmend normale parlamentarische Kraft wurde. Parteipolitischer Gewinner der Kontroverse um den Doppelbeschluss waren also eindeutig die Grünen. Die Parlamentarisierung der Protestbewegung bedeutete freilich auch eine gewisse Zähmung der alternativen Gegenkulturen der 1970er Jahre gegen Ende des darauf folgenden Jahrzehnts.

***

Zweifellos war es die Friedensbewegung, die neben dem Geschehen auf der internationalen Ebene in der Forschung bisher die größte Aufmerksamkeit auf sich ziehen konnte. Schon in den 1980er Jahren wurden zahlreiche sozialwissenschaftliche Untersuchungen publiziert, die mit dem Ressourcen-Mobilisierungsansatz zu erklären versuchten, wie breiter gesellschaftlicher Protest entsteht[42]. Nun werden erstmals historische Fragen an die Friedensbewegung gestellt, deren breites Spektrum *Helge Heidemeyer* auffächert, ohne da-

---

[41] So Petra Kellys berühmtes Diktum, vgl. ihr Interview „Wir sind die Antipartei-Partei", in: *Der Spiegel* Nr. 24/1982 (24. 6. 1982), S. 47–56, hier S. 52.

[42] Karl Werner Brand/Detlef Büsser/Dieter Rucht, Aufbruch in eine andere Gesellschaft. Neue soziale Bewegungen in der Bundesrepublik, Frankfurt a. M. 1986; Ulrike C. Wasmuht, Friedensbewegungen der 1980er Jahre. Zur Analyse ihrer strukturellen und aktuellen Entstehungsbedingungen in der Bundesrepublik Deutschland und den Vereinigten Staaten nach 1945. Ein Vergleich, Gießen 1987; Thomas R. Rochon, Mobilizing for Peace. The Antinuclear Movements in Western Europe, Princeton 1988; Alice Holmes Cooper, Paradoxes of Peace. German Peace Movements since 1945, Ann Arbor 1996; Rüdiger Schmitt, Die Friedensbewegung in der Bundesrepublik Deutschland. Ursachen und Bedingungen einer neuen sozialen Bewegung, Opladen 1990; Steve Breyman, Why Movements Matter: The West German Peace Movement and U.S. Arms Control Policy, Albany 2001; Dieter Rucht (Hrsg.), Protest in der Bundesrepublik. Strukturen und Entwicklungen, Frankfurt a. M. 2001; Andreas Buro, Friedensbewegung, in: Roland Roth/Dieter Rucht (Hrsg.), Die sozialen Bewegungen in Deutschland seit 1945. Ein Handbuch, Frankfurt a. M. 2008, S. 268–291.

bei erschöpfend alle Facetten dieses enzyklopädischen Themas behandeln zu können[43]. Ein kontrovers diskutierter Gegenstand waren im deutsch-deutschen Kontext schon zeitgenössisch die Einflüsse der DDR, die in der Zwischenzeit im Lichte der Akten des Ministeriums für Staatssicherheit gut dokumentiert sind. Hier konnte die DDR auf erhebliche und von den Mitarbeitern des MfS gebührend herausgestrichene Erfolge der „Unterwanderung" verweisen. Zugleich sei jedoch die DDR auch in Schwierigkeiten gekommen, wenn es bei internationalen Friedenskongressen regimekritischen, oppositionellen DDR-Friedensgruppen gelang, eigene Stellungnahmen zu lancieren. Bei allen Teilerfolgen sei auch angesichts des Bonner Regierungswechsels den propagandistischen und geheimdienstlichen Maßnahmen der DDR der „durchschlagende Erfolg" verwehrt geblieben.

Dass sich die „Friedensfrage" für die DDR als zweischneidiges Schwert erwies, zeigt auch der Beitrag von *Detlef Pollack*. Von einer einheitlichen Friedensbewegung in der DDR sei noch weniger als in Bezug auf die Bundesrepublik zu sprechen, wo es mit dem Bonner Koordinierungsausschuss immerhin ein Westdeutschland übergreifendes Gremium gab. Die DDR-Friedensgruppen hätten sich trotz einer gewissen Vernetzung untereinander insgesamt durch einen „niedrigen Strukturierungsgrad" und eine „schwache Mobilisierungsfähigkeit" ausgezeichnet. Die Friedensgruppen konnten zum einen auf die Widersprüchlichkeit der staatlichen Politik, deren offizielle Friedenspropaganda in eklatantem Widerspruch zur Militarisierung der Gesellschaft stand, verweisen und sich andererseits auf die Festlegungen der KSZE-Schlussakte von Helsinki in Korb 3 berufen. Ähnlichkeiten zwischen DDR-Friedensgruppen (vor allem außerhalb der Kirchen) und Teilen der westdeutschen Friedensbewegungen scheint es im Übrigen in ihrer oft fundamental modernitätskritischen Haltung gegeben zu haben.

Die Friedensbewegung überwand nicht allein die Grenze zwischen den Blöcken, sondern insbesondere auch den Atlantik, wobei sich hier – wie im deutsch-deutschen Verhältnis – durchaus markante, letztlich auch der geographischen Perspektive geschuldete Abweichungen ergaben. Indes bleiben charakteristische Gemeinsamkeiten zu verzeichnen, wie *Wilfried Mausbach* zeigen kann. Wie die westdeutsche Friedensbewegung rekrutierte sich auch die nicht weniger buntscheckige amerikanische zum einen aus den Gegenkulturen der 1970er Jahre und aus dem kirchlichen Bereich. Sie wurde partiell durch die gleichen Kontroversen wie die Auseinandersetzung um die Neutronenwaffe zum Widerstand angestachelt. Auch der Amtsantritt von Ronald Reagan habe elektrisierend gewirkt, obschon sich in der Sache später sogar eine relativ große Übereinstimmung zwischen dem Präsidenten und der Friedensbewegung ergeben hätte, während das außenpolitische Establishment und die europäischen Regierungen entsetzt bis skeptisch auf Reagans radikale Abrüstungsvorschläge reagierten. Starke Unterschiede hätten ungeachtet des engen Austauschs zwischen den Bewegungen beiderseits des Atlantik in Bezug auf den NATO-Doppelbeschluss bestanden, da in den USA die Vorstellung eines allgemeinen Rüstungsstopp („Freeze") im politischen Establishment vor allem der Demokratischen Partei Rückhalt fand, der Doppelbeschluss als ein europäisches Problem dagegen nicht recht interessierte. Letzten Endes ging also der etablierte Teil der amerikanischen Friedensbewegung nicht konform mit seinem westeuropäischen Pendant.

---

[43] So konnte etwa die Frauenfriedensbewegung in diesem Band nicht näher untersucht werden. Vgl. dazu Eva Quistorp, Frauen für den Frieden. Analysen, Dokumente und Aktionen aus der Frauenfriedensbewegung, Frankfurt a.M. 1982.

***

Die Beiträge der abschließenden, „europäischen“ Sektion dieses Sammelbandes verweisen zum einen darauf, dass Herbeiführung und Durchsetzung des Doppelbeschlusses nicht nur eine Sache der USA und der Bundesrepublik Deutschland waren. Zum anderen verdeutlichen sie den internationalen Charakter der Protestbewegung. *Beatrice Heuser* und *Kristan Stoddart* gehen überdies auf Verbindungen zwischen Imaginationen des nuklearen Todes in der Populärkultur und der Atomwaffenkontroverse ein – ein Thema von nachhaltigem Einfluss, das im Rahmen dieses Bandes leider nicht vertieft werden konnte[44]. Auch die britische Friedensbewegung hatte Wurzeln in den 1950er und 1960er Jahren, in der CND sowie im christlichen Spektrum. Einige ihrer Protagonisten hatten sich zuvor anderer „progressiver Anliegen“ angenommen, wie dem Kampf gegen das Apartheid-Regime in Südafrika, bevor die „Friedensfrage“ ins Zentrum des Interesses der Protestbewegungen gerückt sei. Im Vergleich zu Kontinentaleuropa seien im Vereinigten Königreich Modernisierungsüberlegungen des Atomwaffenarsenals angesichts der Bedeutung der nuklearen Abschreckung für die Landesverteidigung relativ unabhängig von der sowjetischen SS-20-Rüstung angelaufen, zumal theoretische Konzepte „nuklearer Eskalation“ und von „Grauzonen“ in Großbritannien anders wahrgenommen wurden als in Westdeutschland. Aus britischer Sicht erscheint es Heuser und Stoddart zufolge denkbar, dass sich der Doppelbeschluss „ohne die schlechte Öffentlichkeitsarbeit im Zusammenhang mit der Neutronenbombe, [...] nicht als so kontrovers erwiesen hätte.“

In Italien war, wie *Leopoldo Nuti* aufzeigt, der Doppelbeschluss im dreifachen Spannungsfeld der Wechselwirkungen von innenpolitischer Entwicklung, internationalem Systemdruck bzw. der Rolle Italiens in der NATO und den Langzeitwirkungen sozialer Bewegungen zu sehen. Ähnlich wie in der Bundesrepublik habe sich das italienische Interesse an der Stationierung aus der inneren Dynamik der NATO und aus Furcht vor einer Schwächung der Bindungen zwischen Washington und Europa ergeben, sei aber auch ein Vehikel für Prestigegewinn in den USA und gegenüber den europäischen Verbündeten gewesen. Für Italien habe das „Trauma“ des Ausschlusses aus den Beratungen von Guadeloupe eine besondere Rolle gespielt. Speziell müsse auch die innenpolitische Situation Berücksichtigung finden, wurde doch der Stationierungsbeschluss zum Vehikel der Aufkündigung des „historischen Kompromisses“ zwischen Christdemokraten und Kommunisten und eröffnete exorbitante Einflusschancen für die relativ kleine sozialistische Partei PSI. Wie in Deutschland sah sich auch in Italien die Regierung angesichts des Anwachsens der Friedensbewegung gezwungen, sich „mit extremer Vorsicht“ zu bewegen.

In den Niederlanden lassen sich ähnliche Mechanismen wie in Italien, Großbritannien und der Bundesrepublik beobachten. Neben Belgien waren die Niederlande das einzige NATO-Land, in dem die Friedensbewegung tatsächlich ihr politisches Ziel erreichte, die termingerechte Implementierung des Nachrüstungsteils des Doppelbeschlusses zu verhin-

---

[44] Vgl. dazu Ulrich Krökel, „Bombe und Kultur“. Künstlerische Reflexionen über die Atombombe von Hiroshima bis Černobyl, in: Michael Salewski (Hrsg.), Das nukleare Jahrhundert. Eine Zwischenbilanz, Stuttgart 1998, S. 188–216; Jerome Shapiro, Atomic Bomb Cinema. The Apocalyptic Imagination on Film, New York 2002; Scott C. Zeman/Michael A. Amundson (Hrsg.), Atomic Culture. How We Learned to Stop Worrying and Love the Bomb, Boulder 2004; Hans Krah, Weltuntergangsszenarien und Zukunftsentwürfe. Narrationen vom ‚Ende‘ in Literatur und Film 1945–1990, Kiel 2004; Gerhard Paul, Mushroom Clouds. Bilder des atomaren Holocaust, in: ders. (Hrsg.), Das Jahrhundert der Bilder, Band I: 1900 bis 1949, Bonn 2009, S. 722–729.

dern. In den Niederlanden, so der Beitrag von *Coreline Boot* und *Beatrice de Graaf*, sei, erstens, die atlantische Orientierung des außenpolitischen Establishments schon im Gefolge des Vietnamkriegs und angesichts der außenpolitischen Partizipationsforderungen der Neuen Sozialen Bewegungen der 1970er Jahre zerbrochen. Zweitens habe sich die Opposition gegen den NATO-Doppelbeschluss weniger aus antiamerikanischem Ressentiment als aus christlich inspirierter moralischer Empörung gespeist (darin vergleichbar Großbritannien und der Bundesrepublik). Drittens sei der Widerstand gegen den NATO-Doppelbeschluss auch als Aspekt parteipolitischer Manöver zu sehen, und schließlich sei viertens die von Walter Laqueur und anderen Autoren beschworene „Hollanditis" nicht auf eine kommunistische Unterwanderung zurückzuführen gewesen, obwohl die UdSSR und die DDR große Anstrengungen unternahmen, die Niederlande als vermeintlich „schwächstes Glied" aus der westlichen Phalanx herauszusprengen. Niemals redeten führende niederländische Politiker einem Austritt aus dem atlantischen Bündnis das Wort; ab 1985 seien die Niederlande vielmehr erneut zum „treuen Bundesgenossen" geworden, der aktiv die Außen- und Sicherheitspolitik der USA unterstützte.

Vermutlich dürfte in den Niederlanden wie in Italien und im Vereinigten Königreich der „Faktor Deutschland" subkutan eine Rolle gespielt haben. In Bezug auf das unter Charles de Gaulle, dem Helden der Résistance und Begründer der V. Republik, aus der Militärintegration der NATO ausgeschiedene Nichtstationierungsland Frankreich war dieser Faktor das ausschlaggebende Moment, wie *Georges-Henri Soutou* in seiner Darstellung der Politik von Valéry Giscard d'Estaing und François Mitterrand zeigt. Oberstes Prinzip der französischen Politik sei gewesen, dass die autonome französische nukleare Abschreckungsfähigkeit der Force de frappe in keiner Weise beeinträchtigt werden durfte. Man habe die von Schmidt entdeckte „Grauzone" durchaus als Problem anerkannt, aber eher als ein Vehikel der Bonner Bemühungen um mehr Mitspracherechte im Bündnis interpretiert. Dennoch war es Giscard, der zum Treffen auf Guadeloupe einlud, mit der daraus resultierenden demonstrativen Aufwertung Bonns. Und es war Mitterrand, der sich im Konflikt mit der Sozialistischen Internationale für den Stationierungsbeschluss in Bonn stark machte, weil ihm – wie auch Giscard – an der festen Einbindung der Bundesrepublik in die NATO gelegen gewesen sei. Oberstes Ziel Frankreichs in Bezug auf die Bundesrepublik sei eben immer gewesen, allen Tendenzen zur Neutralisierung einen Riegel vorzuschieben und Westdeutschland sicher im Bündnis integriert zu halten[45]. Nicht zuletzt aufgrund der „deutschen Frage" näherte sich daher Mitterand in seiner Bundestagsrede vom 20. Januar 1983 wenigstens rhetorisch dem atlantischen Bündnis wieder an. Deutlich sichtbar wird die Ambivalenz der französischen Haltung, die einerseits von Sorge vor einem neutralisierten (West-)Deutschland, andererseits von der Einsicht geprägt war, dass sich das westliche Bündnis ohne die Mitwirkung der Bundesrepublik nicht verteidigen ließ.

***

---

[45] Ein Vertrauter Mitterrands, der Internationale Sekretär der französischen Sozialistischen Partei, Jacques Huntzinger, soll 1983 geäußert haben: „[W]enn die Pershings und die Cruise Missiles vielleicht keinen anderen Sinn hätten, so doch einen, nämlich die deutsche Teilung zu vertiefen, so dass man das deutsche Problem für mindestens 20 Jahre vom Hals habe". Vgl. Willy Brandt, Gemeinsame Sicherheit. Internationale Beziehungen und die deutsche Frage, 1982–1992. Bearbeitet von Uwe Mai, Bernd Rother und Wolfgang Schmidt. Berliner Ausgabe, Bd. 10, Bonn 2009, S. 28. Vgl. ferner Willy Brandt, Erinnerungen, Berlin 1997, S. 321 (Taschenbuch-Ausgabe); Brigitte Seebacher-Brandt, Willy Brandt. München 2004, S. 37f.

Diese international vergleichenden Aspekte und Kontexte tragen dazu bei, gerade die heftigen deutschen Auseinandersetzungen in ihren oft ins Grundsätzliche gesteigerten Diskussionen über die Westbindung, die Ostfinanzierung und -unterwanderung der Friedensbewegung, den Antiamerikanismus und die Lehren der Vergangenheit historisch zu kontextualisieren. Erklärt sich die Schärfe des deutschen Streits aus der Unsicherheit über die Verankerung der Demokratie in der Bundesrepublik? Eine solche Frage lässt sich letztlich nur beantworten, wenn man die öffentlich ausgetragenen Kontroversen in Westdeutschland mit denen in den USA oder etwa in den Niederlanden vergleicht. Der Blick über den Tellerrand hilft, Elemente des Zufalls zu entdecken, der allmählichen Zuspitzung anfangs eher technischer Fragen auf politische Grundsatzprobleme, die in anderen Ländern so nicht gesehen wurden. Auch werden Paradoxien deutlich, wie die, dass beide Seiten in ihren wechselseitigen Bedrohungswahrnehmungen von der Aggressivität des Gegners ausgingen (was für sowjetische Ideologen ebenso galt wie für amerikanische neo-konservative Falken).

Indes wirft auch dieser Band vermutlich mehr Fragen auf, als er beantworten kann. Desiderata lassen sich auf drei großen Feldern benennen:

Als erste besonders schmerzhafte Fehlstelle ist der strittige Komplex der „military hard facts" hervorzuheben. Die Frage nach der östlichen Überlegenheit auf nuklearstrategischem Gebiet ist noch nicht auf Grundlage der einschlägigen Archivquellen abschließend beantwortet. Dazu muss selbstverständlich auch der Rüstungsstand im Westen beleuchtet werden, vor dessen Hintergrund hier auf eine Modernisierung der eigenen Arsenale gedrängt wurde. In engem Zusammenhang damit steht die noch genauer zu analysierende Rolle der Strategen und Rüstungsexperten in Ost wie West sowie des zwar vor allem zeitgenössisch gern beschworenen, aber quellenkritisch und aktengestützt bislang unzulänglich erforschten „militärisch-industriellen Komplexes". Auf all den genannten Feldern wird erst eine konsequente und systematische multiarchivalische und vor allem multinationale Quellenerforschung, die im Idealfall die früheren Blockgrenzen überschreiten sollte, neue Erkenntnisse ermöglichen und so die Gefahr überwinden, lediglich „alte Schlachten" zu schlagen, indem erneut die altbekannten, noch immer auf die damalige, enge eigene Perspektive verengten „Fakten" und Argumente ausgetauscht werden.

Zweitens besteht noch Forschungsbedarf im Hinblick auf die internationalen Prozesse und transnationalen Verflechtungen der Friedensbewegungen in Ost und West und die Folgewirkungen, die durch den Zweiten Kalten Krieg insbesondere in Osteuropa ausgelöst wurden. So sind, wie erwähnt, die osteuropäischen Staaten bis auf die DDR noch weitgehend terra incognita für dieses Thema. Das Gleiche gilt für die Frage, inwieweit Asien hier betroffen war. Das bezieht engere politikgeschichtliche Fragen aus dem Zentrum des Ostblocks – also beispielsweise die nach einem direkten Zusammenhang zwischen dem Doppelbeschluss und der sowjetischen Entscheidung zur Intervention in Afghanistan – ebenso ein wie die Entstehung und Bedeutung von Friedensgruppen zu Beginn der 1980er Jahre. Auch ein systematischer Blick auf die europäischen Neutralen wäre hier von besonderem Interesse, wobei zum Beispiel die Schweiz mit Österreich und Schweden mit Finnland verglichen werden könnte.

Was, drittens, die Bundesrepublik und Westeuropa betrifft, so sind ebenfalls noch lange nicht alle Fragen beantwortet. Das beginnt mit Einzelproblemen, zu denen noch keine Untersuchungen vorliegen, etwa zur Rolle der Kirchen und der Frauen in der Friedensbewegung sowie zur Haltung Genschers und der FDP in der sicherheits- und innenpolitischen Debatte. Dem Verhältnis von Friedensbewegung und Regierungspolitik, die bisher weitgehend separat erforscht worden sind, müsste überdies noch systematisch nachgegangen werden: Inwieweit wurden die Argumente der jeweiligen Gegenseite rezipiert oder auch antizipiert? Wie versuchte man, diese argumentativ abzuwehren oder „einzufangen"? Nötig ist überdies eine stärkere Einordnung der Nachrüstungsdebatte und Friedensbewegung in dreierlei Hinsicht: erstens in die Protestgeschichte der Bundesrepublik, der DDR und Westeuropas (Neue Soziale Bewegungen, „1968" und „1989"), zweitens in kulturgeschichtliche Zusammenhänge (Protestformen, Visualisierung und Repräsentationen in Musik, Film und Literatur) und drittens in den vergangenheitspolitischen Diskurs der Bundesrepublik. Hier sei nur stichwortartig an die in den damaligen Debatten immer wiederkehrende Bezugnahme auf den Zweiten Weltkrieg, auf den Holocaust, auf den (unterbliebenen) Widerstand im „Dritten Reich" und auf Hiroshima verwiesen.

Der wissenschaftlichen Debatte um NATO-Doppelbeschluss und Friedensbewegung eröffnet sich somit ein weites Feld für die künftige Forschung. Dazu soll und kann der vorliegende Sammelband einen ersten Anstoß und Impuls liefern – nicht mehr, aber auch nicht weniger.

Berlin/Augsburg, im Juli 2010 Philipp Gassert, Tim Geiger, Hermann Wentker

*Michael Ploetz*

# Erosion der Abschreckung?

## Die Krise der amerikanischen Militärstrategie am Vorabend des NATO-Doppelbeschlusses

In diesem Beitrag soll die strategische Konstellation am Vorabend des NATO-Doppelbeschlusses nachgezeichnet werden. Der Schwerpunkt liegt hierbei auf der amerikanischen Nuklearstrategie, die am Ende des Entspannungsjahrzehnts (1969–1979) von den gewaltigen Rüstungsanstrengungen des Warschauer Pakts in den 1960er und 1970er Jahren sowie dem gänzlich anderen Strategiedenken des sowjetischen Generalstabs ausgehebelt zu werden drohte. Es soll ferner demonstriert werden, dass sich der Ost-West-Gegensatz Ende der 1970er Jahre auf eine Krise zu bewegte, die ohne strategisches Gegenhandeln der westlichen Allianz zu gravierenden Veränderungen im politischen Kräfteverhältnis geführt hätte. Grundlage dieser Erörterung sind allerdings keine amerikanischen Akten, sondern Dokumente aus dem Politischen Archiv des Auswärtigen Amts. Auf diese Weise kann das Ringen um die Glaubwürdigkeit der NATO-Strategie und der diese überwölbenden amerikanischen Nuklearstrategie auf der Grundlage neuen Materials und aus der Perspektive eines der wichtigsten europäischen Bündnispartner, der Bundesrepublik Deutschland, nachgezeichnet werden.

### I. Zur Rolle der Strategien im Kalten Krieg

In seinen Erinnerungen gab der ehemalige Sowjetbotschafter in Bonn, Valentin Falin, auf die Frage nach dem Wesen des Kalten Krieges eine zugegebenermaßen radikale Antwort: „Wie wir den Kalten Krieg auch betrachten – seinem Maßstab nach hat er den ganzen Planeten umfaßt; oder gehen wir von der Mobilisierung an Menschen und Material aus – der Kalte Krieg hat mehr Ressourcen verschlungen als beide Weltkriege zusammen; oder die Opfer – auch hier hat der Kalte Krieg die Katastrophe von 1914–1918 übertroffen. Er muß als Dritter Weltkrieg bezeichnet werden, den zumindest eine Seite bis zum Endsieg geführt hat.“[1]

Den Kalten Krieg im Sinne Falins als Krieg zu denken, ist insofern nützlich, als diese Denkfigur nochmals dessen Charakter als Konfrontation zweier antagonistischer Bündnissysteme unterstreicht. Gleichzeitig bietet diese Denkfigur aber wenig Hilfe bei der Beantwortung der Frage, warum es dennoch nicht zu einem militärischen Showdown kam, sondern sich statt dessen ein beachtliches Maß an Kooperation zwischen den gegnerischen Lagern herausbildete. Im Unterschied zu den von Falin als Vergleichsmaßstab herangezogenen Weltkriegen war der Kalte Krieg eine politische Konfrontation zwischen Staaten, die über Kernwaffen verfügten, und dieser Besonderheit ist es wohl zu danken, dass aus dem Kalten Krieg nie ein heißer Krieg wurde. Die apokalyptischen Dimensionen eines mit Kernwaffen ausgetragenen Krieges ließen den großen Krieg zu einem ungeeigneten Mittel zur Fortsetzung der Politik werden.

Dass Waffensysteme, Streitkräfte und Strategien im Kalten Krieg dennoch eine zentrale Rolle spielten, ist auf den Umstand zurückzuführen, dass es militärische Kräfteverhältnis-

[1] Valentin Falin, Politische Erinnerungen, München 1993, S. 75.

se waren, die den antagonistischen Seiten politische Handlungsräume aufschlossen oder verwehrten. Dies wurde nicht zuletzt von der sowjetischen Seite klar verstanden, deren militärstrategisches Handeln darauf abzielte, die Spielräume westlicher Politik sukzessive einzuengen, um die Welt auf diese Weise „sicher" für eine Abfolge marxistisch-leninistischer Revolutionen zu machen[2]. Die Militärstrategien und -doktrinen waren in diesem Wettstreit der Optionen ein Gradmesser für die Entwicklung des militärischen Kräfteverhältnisses, mussten sie der Politik doch durch glaubwürdige Handlungsoptionen für den Ernstfall die nötige Krisenstabilität geben, um politische Auseinandersetzungen mit der Gegenseite ohne Gesichtsverlust durchstehen zu können. Angesichts des Drucks, den der militärische Aufwuchs des Warschauer Pakts seit Mitte der 1960er Jahre im Westen erzeugte, sprach der sowjetische Verteidigungsminister Marschall Andrej A. Gretschko Anfang der 1970er Jahre nicht zu Unrecht von einer „Krise der politischen und militärischen Doktrinen des Imperialismus"[3]. In dem 1976 in Ost-Berlin erschienenen Handbuch „NATO: Strategie und Streitkräfte" hieß es dementsprechend: „Das militärische Kräfteverhältnis veränderte sich rascher und tiefgreifender zugunsten der UdSSR und der gesamten sozialistischen Staatengemeinschaft, als es von den herrschenden Kreisen der USA für möglich gehalten worden war. Der damalige Vorsitzende der Vereinigten Stabschefs der US-Streitkräfte, Admiral Moorer, musste am 10. März 1971 zugeben, dass sich das Verhältnis der strategischen Kräfte der USA und der UdSSR insgesamt zugunsten der Sowjetunion verändert hatte. Bei den konventionellen Streitkräften konnten die Staaten der sozialistischen Verteidigungsgemeinschaft ihre qualitative Überlegenheit über die NATO-Streitkräfte im Bereich Europa sichern. Die Seekriegsflotte der UdSSR erreichte eine neue Qualität. Das ermöglichte es, durch die Präsenz in Krisengebieten und in wichtigen Regionen der Weltmeere die Handlungsfähigkeit der Seestreitkräfte der USA und anderer NATO-Staaten zunehmend einzugrenzen. Diese militärische Stärke des Sozialismus hat also wesentlich zur Verminderung der außenpolitischen Möglichkeiten der NATO beigetragen."[4]

In einer Situation, in der beide Konfrontationsparteien aus guten Gründen vor dem direkten Einsatz ihrer Militärpotenziale gegeneinander zurückschreckten, hatte die aus militärischer Stärke erwachsende Macht aber vor allem eine politisch-psychologische Funktion. Der ehemalige Botschafter und Abrüstungsbeauftragte des Auswärtigen Amts, Josef Holik, hat diesen Zusammenhang jüngst so beschrieben: „Wenn eine Seite hoffen konnte, den Gegner an seiner eigenen Fähigkeit zur Eskalation zweifeln zu machen, hätte sie ihre militärische Überlegenheit – auch wenn sie nur in der Perzeption des Gegners bestand – zur politischen Erpressung einsetzen können."[5] Die strategische Interaktion[6], die sich seit Mitte der 1970er Jahre zwischen der NATO und dem Warschauer Pakt um die Modernisie-

---

[2] Vgl. dazu Michael Ploetz, Breschnews Langzeitstrategie im Spiegel von SED-Dokumenten, in: Heiner Timmermann (Hrsg.), Deutsche Fragen. Von der Teilung zur Einheit, Berlin 2001, S. 53–77; ders., Mit RAF, Roten Brigaden und Action Directe – Terrorismus und Rechtsextremismus in der Strategie von SED und KPdSU, in: Zeitschrift des Forschungsverbundes SED-Staat 22 (2007), S. 117–144.

[3] Zitiert nach Militärhistorisches Institut der Polnischen Armee/Militärgeschichtliches Institut der DDR (Hrsg.), NATO: Strategie und Streitkräfte, Berlin (Ost) 1976, S. 339.

[4] Ebenda, S. 331.

[5] Josef Holik, Die Rüstungskontrolle. Rückblick auf eine kurze Ära, Berlin 2008, S. 26.

[6] Zur Anwendung des Begriffs einer strategischen Interaktion auf das Ringen um den NATO-Doppelbeschluss vgl. Jeffrey Herf, War by Other Means. Soviet Power, West German Resistance and the Battle of the Euromissiles, New York u. a. 1991, S. 1–13.

rung der westlichen Nuklearbewaffnung in Europa entfaltete, war somit eine Auseinandersetzung um die Frage, ob sich die westeuropäischen Staaten aufgrund erodierender militärischer Handlungsoptionen in einen Zustand politischer Erpressbarkeit hinein manövrieren lassen würden. Neben den sowjetischen Einwirkungsversuchen und der Fähigkeit der Westeuropäer, diesen zu widerstehen, war für den Ausgang dieser Interaktion ausschlaggebend, wie die USA als transatlantische Schutzmacht der Westeuropäer ihre strategischen Interessen und Möglichkeiten in der nuklearen Dauerkonfrontation mit der UdSSR definieren würden.

## II. Das strategische Erbe der Kubakrise

Die psychologische Bedeutung der Kernwaffen erkannte in der ersten Phase des Kalten Krieges niemand besser als der sowjetische Staats- und Parteichef Nikita Chruschtschow, der mit wüsten Drohungen, diese einzusetzen, den Zusammenhalt der westlichen Allianz aufsprengen wollte[7]. Chruschtschows Politik besaß allerdings den Schönheitsfehler, in der Welt realer militärischer Fähigkeit über kein ausreichendes Potenzial an interkontinentalstrategischen Mitteln zur direkten Bedrohung der USA zu verfügen. Den USA wiederum war die deutliche Überlegenheit ihres strategischen Kernwaffenarsenals seit den U-2-Flügen bekannt. Chruschtschows vornehmlich gegen die europäischen Verbündeten der USA gerichteten Drohungen mussten noch weitgehend ins Leere laufen, weil die westliche Vormacht über eine erdrückende Eskalationsdominanz verfügte. Der Versuch des Kreml-Diktators, das strategische Kräfteverhältnis durch die Stationierung von Mittelstreckenraketen auf Kuba zugunsten der UdSSR zu verschieben, führte schließlich zu einem spektakulären Schiffbruch. Angesichts der amerikanischen Bereitschaft, die Krise zu eskalieren, sah sich Chruschtschow zum Rückzug seiner Kernwaffen genötigt[8].

Von 1979 aus betrachtet, fiel die Bilanz der Kuba-Krise allerdings keineswegs so stark zugunsten der USA aus, wie es dies 1962 nach dem Abzug der sowjetischen Raketen den Anschein hatte. Vielmehr machte sich Ende der 1970er Jahre insbesondere bei dem NATO-Verbündeten Türkei der Vertrauensverlust bemerkbar, der aus den amerikanischen Konzessionen im Raketenpoker um die Karibikinsel erwachsen war: 1963 hatte Washington im Gegenzug zu Chruschtschows kubanischem Rückzieher die in der Türkei und in Italien stationierten amerikanischen Mittelstreckenraketen abgezogen[9]. Als der Leiter des AA-Referats „Atlantisches Bündnis und Verteidigung", Wilfried Hofmann, am 7./8. Mai 1979 in Ankara Gespräche zur Vorbereitung des anstehenden Doppelbeschluss der NATO führte, begründeten seine türkischen Gesprächspartner ihre Vorbehalte gegen die geplante Mittelstreckennachrüstung nicht zuletzt mit der Erfahrung von 1963: „Die Situation sei psychologisch dadurch vorbelastet, dass die USA nach der Kuba-Krise ihre Jupiter-Raketen

[7] Vgl. dazu Matthias Uhl, Krieg um Berlin? Die sowjetische Militär- und Sicherheitspolitik in der zweiten Berlin-Krise 1958 bis 1962, München 2008.

[8] Wladislaw Subok/Konstantin Pleschakow, Der Kreml im Kalten Krieg. Von 1945 bis zur Kuba-Krise, Hildesheim 1997, S. 372–379; William Taubman, Khrushchev. The Man and his Era, New York/London 2003, 529–577.

[9] Zu den strategischen Implikationen von Kennedys Tauschgeschäft vgl. Christian Tuschhoff, Strategiepoker. Massive Vergeltung – flexible Antwort, in: Michael Salewski (Hrsg.), Das Zeitalter der Bombe. Die Geschichte der atomaren Bedrohung von Hiroshima bis heute, München 1995, S. 167–188, hier S. 175–177.

ohne Konsultation, ja Information aus der Türkei abgezogen habe."[10] Noch drastischer drückte sich der türkische Botschafter Halefoglu aus, als er Ministerialdirektor Klaus Blech am 23. Mai 1979 in Bonn die Beweggründe seiner Regierung für deren Weigerung, neue amerikanische Mittelstreckenwaffen auf ihrem Territorium zu stationieren, darlegte: „Die Türkei werde ihre Bündnisverpflichtungen nach wie vor erfüllen, aber die Allianz könne von der Türkei nicht mehr erwarten, als sie selbst der Türkei zu geben bereit sei. Lange Zeit sei die Türkei blind loyal gewesen. Das sei nun nicht mehr der Fall. [...] Die Nuklearraketen in der Türkei seien in der Kuba-Krise Objekt eines amerikanisch-sowjetischen Tauschhandels geworden, ohne dass die türkische Regierung auch nur konsultiert worden wäre. Die Türkei wolle die Sowjetunion nicht reizen, deshalb auch nicht die chinesische Karte spielen. Sie betreibe außenpolitische Öffnung nach allen Seiten, aber nicht mehr als andere NATO-Mitglieder. Die Geschichte der Menschheit sei an einem Wendepunkt angelangt: statt Konfrontation Entspannung und Kooperation. Wenn die türkisch-sowjetischen Wirtschaftsbeziehungen sich so weiter entwickeln würden wie bisher, werde es [...] sehr schwer werden, die türkische Wirtschaft aus diesen Bindungen wieder herauszulösen. Die Schuld daran trüge der Westen."[11]

In der Tat sahen sich die NATO und die USA 1979 mit einer Glaubwürdigkeitskrise ihrer Strategie konfrontiert, die in vielerlei Hinsicht auf die strategische Führungskrise zurückverwies, die in den 1960er Jahren von der Kennedy-Administration ausgelöst und von Robert S. McNamara, Kennedys auch unter Präsident Johnson weiter amtierendem Verteidigungsminister, maßgeblich vorangetrieben worden war. McNamara, der sich 1982 öffentlich für einen Verzicht der NATO auf den Erstgebrauch von Kernwaffen aussprach und vorschlug, amerikanische Kernwaffen in Europa nur noch zur Abschreckung sowjetischer Kernwaffenschläge gegen die NATO-Verbündeten bereitzuhalten[12], hatte bereits in den 1960er Jahren das Ziel verfolgt, die Schutzfunktion der strategischen Kernwaffen der USA allein auf diese selbst zurückzunehmen und nicht mehr auf die Verbündeten zu erstrecken. Mit dem Versuch, diesen Nuklear-Isolationismus zur offiziellen Politik zu machen, war McNamara jedoch regelmäßig am Einspruch des amerikanischen Außenministeriums gescheitert[13].

McNamara berücksichtigte offenkundig zu wenig, dass neben der Verhinderung eines dritten Weltkriegs durch nukleare Abschreckung die zweite Hauptfunktion der amerikanischen Nuklearstrategie darin bestehen musste, das westliche Bündnis zusammenzuhalten. Diese Funktion war aber – zumindest aus Sicht der Westeuropäer – am besten dann gewährleistet, wenn im sowjetischen Risikokalkül ein Krieg in Europa mit einer starken Eskalationsdrohung hin zu einem allgemeinen Kernwaffenkrieg verbunden blieb. Die von McNamara in den 1960er Jahren propagierte Konventionalisierung der NATO-Strategie hätte dagegen das Risiko der UdSSR im Falle eines europäischen Krieges vermindert

[10] Vgl. Vortragender Legationsrat I. Klasse (VLR I) Hofmann an die Botschaft in Ankara, 17. 5. 1979, in: AAPD 1979, Dok. 142, S. 666–668, hier S. 667.

[11] Vgl. die Gesprächsaufzeichnung, in: Politisches Archiv des Auswärtigen Amtes (PA/AA), Referat 203, Bd. 115909.

[12] Vgl. McGeorge Bundy/George F. Kennan/Robert S. McNamara/Gerald Smith, Kernwaffen und das Atlantische Bündnis, in: Europa-Archiv 1982, D 183–198. Vgl. ferner Robert S. McNamara, The Military Role of Nuclear Weapons. Perceptions and Misperceptions, in: Charles W. Kegley Jr./Eugene R. Wittkopf (Hrsg.), The Nuclear Reader. Strategy, Weapons, War, New York 1985, S. 153–167.

[13] Vgl. dazu Gordon Barrass, The Great Cold War. A Journey Through a Hall of Mirrors, Stanford 2009, S. 181.

und die Erpressbarkeit der Europäer durch Drohungen mit dem überlegenen konventionellen Streitkräftepotenzial der UdSSR erhöht[14]. Glücklicherweise konnte sich McNamara mit seinen Vorstellungen nicht durchsetzen. Statt dessen wurde die „NATO-Krise von 1966/67“[15] durch die Verabschiedung der Strategie der flexiblen Erwiderung oder „flexible response“ (MC 14/3[16]) beigelegt, die vorsah, einer Aggression mit einer „Triade“ aus konventioneller Direktverteidigung, vorbedachter Eskalation hin zum taktischen Kernwaffeneinsatz und schließlich einer allgemeinen nuklearen Reaktion („general nuclear response“) entgegenzutreten.

Um Abschreckungswirkung auf den potenziellen Gegner zu entfalten und Zweifeln unter den NATO-Partnern an ihrer Umsetzbarkeit entgegenzuwirken, musste die Strategie der flexiblen Antwort jedoch mit einem entsprechenden Potenzial an Streitkräften und Kampfmitteln unterfüttert sein. Was den Einsatz der strategischen Kernstreitkräfte der USA zugunsten der europäischen Verbündeten anbelangte, gaben die von McNamara vorgenommenen Neudefinitionen an der amerikanischen Nuklearstrategie jedoch Anlass zu Zweifeln an der Verlässlichkeit der amerikanischen Nukleargarantien. Schließlich war es McNamara auf der interkontinental-strategischen Ebene vor allem darum gegangen, durch seine Doktrin der wechselseitig gesicherten Zerstörung einen Zustand der Stabilität zu gewährleisten, der das Risiko sowohl eines Krieges durch Fehlkalkulationen als auch des Überschwappens eines europäischen Krieges auf die USA möglichst gering halten sollte[17]. Dies hatte aber tendenziell eine Selbstlähmung des strategischen Arsenals der USA zur Folge, was wiederum den Zusammenhalt des NATO-Bündnisses gefährden musste, da zu dessen Geschäftsgrundlage das Postulat einer gleichwertigen Risikogemeinschaft zwischen Amerikanern und Westeuropäern gehörte.

Die Gefährdung des Bündnisses durch McNamaras Strategiedenken – Frankreich war im Juli 1966, unter anderem wegen seiner wachsenden Skepsis an der Verlässlichkeit der USA, sogar aus der militärischen Integration der NATO ausgeschieden – wurde indes auch in den USA kontrovers diskutiert. Der amerikanische Verteidigungsminister James R. Schlesinger nahm daher 1974/75 eine Revision der amerikanischen Nuklearstrategie vor, die schon bei einem Erstgebrauch von Kernwaffen selektive Schläge mit den strategischen Waffensystemen der USA gegen militärische Ziele in der UdSSR vorsah und dadurch wieder eine engere Koppelung zwischen den USA und dem potenziellen Kriegsschauplatz in Westeuropa bewirkte[18]. Im Auswärtigen Amt verstand man sehr wohl, dass die von Schlesinger vorgenommene Strategie-Revision erheblich mehr den Interessen der Bundesrepublik und der

---

[14] McNamaras Bemühungen um eine Denuklearisierung der NATO-Strategie stand überdies kein entsprechender Ausbau der konventionellen US-Streitkräfte in Europa gegenüber. Aufgrund des Vietnamkriegs war hier sogar ein Rückgang zu konstatieren. Vgl. dazu Edward Drea, The McNamara Era, in: Gustav Schmidt (Hrsg.), A History of NATO – The First Fifty Years, Band 3, Basingstoke/Hampshire/New York 2001, S. 183–195.

[15] Vgl. Helga Haftendorn, Kernwaffen und die Glaubwürdigkeit der Allianz. Die NATO-Krise von 1966/67, Baden-Baden 1994.

[16] Der Ausschuss für Verteidigungsplanung der NATO stimmte am 12. 12. 1967 in Brüssel der vom Militärausschuss vorgelegten Direktive MC 14/3 („Overall Strategic Concept for the Defense of the North Atlantic Treaty Organization Area“) zu. Für den Wortlaut vgl. Gregory W. Pedlow (Hrsg.), NATO Strategy Documents 1949–1969, Brüssel [1997], S. 345–370. Vgl. dazu ferner Drahtbericht (DB) Nr. 1656 des Botschafters Pauls, Brüssel (NATO), 7. 11. 1967, in: AAPD 1967, Dok. 386, S. 1497–1500.

[17] Zu McNamaras Einfluss auf die amerikanische Nuklearstrategie vgl. Lawrence Freedman, The First Two Generations of Nuclear Strategists, in: Peter Paret (Hrsg.), Makers of Modern Strategy from Machiavelli to the Nuclear Age, Oxford/New York u. a. 1991, S. 757–760.

[18] Vgl. Thomas W. Wolfe, The SALT Experience, Cambridge 1979, S. 131–153.

westeuropäischen NATO-Partner entsprach, als die von McNamara betriebene Konventionalisierung der Allianzstrategie. In einer Aufzeichnung vom 1. Juni 1977 stellte Ministerialdirektor Blech fest: „Eine ausschließlich konventionelle Verteidigung würde das Risiko des Angreifers begrenzen und die Lasten der Kriegführung im Wesentlichen den unmittelbaren Opfern der Aggression aufbürden. Nur beides, starke konventionelle Kräfte und glaubwürdige Nukleardrohung, können davor abschrecken, den Krieg noch als Mittel der Politik zu sehen. Wir sollten deshalb allen Tendenzen, den Eskalationsverbund der Triade zu lockern und die Funktion der amerikanischen strategischen Nuklearwaffen auf die Abschreckung eines Nuklearangriffs auf die USA zu reduzieren, entschieden entgegentreten. Dies muss für bündnisinterne nuklear-strategische Planung ebenso gelten wie für die öffentliche Strategiediskussion. Im ersteren Bereich sollten wir im Rahmen des Möglichen darauf hinwirken, dass die von Schlesinger eingeleiteten Änderungen der amerikanischen Zielplanungsdoktrin fortgeführt werden. Schlesinger ging es darum, durch Erweiterung und Verfeinerung der strategischen Optionen die Glaubwürdigkeit des nuklear-strategischen Einsatzes zu steigern und damit der ‚Neutralisierung' des strategischen Potenzials infolge der Parität entgegenzuwirken. In der öffentlichen Strategiediskussion sollten wir den Eindruck vermeiden, als sei die Reduzierung der Abschreckungsfunktion der amerikanischen strategischen Waffen auf die USA eine unaufhaltsame Entwicklung."[19]

Als Blech der Strategie der flexiblen Erwiderung am 26. Oktober 1978 attestierte, „durch ein Maximum an Flexibilität und Ausgewogenheit eine kontinuierliche Anpassung unserer Verteidigungsanstrengungen an eine sich verändernde Bedrohung" zu erleichtern, formulierte er die Zweifel der Bundesregierung an einer Konventionalisierung der NATO-Strategie noch drastischer als im Vorjahr: „Eine Strategie andererseits, die sich bei der Verteidigung Europas ganz oder verstärkt auf konventionelle Streitkräfte abstützen und den nuklear-taktischen und/oder nuklear-strategischen Waffen einen geringeren Stellenwert einräumen würde, verbietet sich angesichts der konventionellen Überlegenheit des Warschauer Pakts […] von selbst. Der spezifischen nuklearen Bedrohung Europas kann nur durch den glaubwürdigen Verbund von TNF (kurzer oder mittlerer Reichweite) und US-strategischem (interkontinentalem) Potenzial entgegengewirkt werden. Ohne dieses Potenzial und ohne diesen Verbund wäre der Westen, insbesondere Europa, einer nuklearen Erpressung durch die Sowjetunion ausgesetzt, wenn nicht gar ausgeliefert."[20]

## III. Präsident Carter und der fortschreitende Verfall des amerikanischen Machtprestiges

Der Umstand, dass man sich im Auswärtigen Amt 1977/78 wieder vermehrt mit der Frage der Gültigkeit der NATO-Strategie der flexiblen Erwiderung beschäftigte, war nicht zuletzt eine Folge des Regierungswechsels in Washington, der mit den Präsidentschaftswahlen vom 2. November 1976 den Demokraten James („Jimmy") E. Carter ins Weiße Haus befördert hatte. In seinen Wahlkampfreden hatte sich der ehemalige U-Boot-Kapitän Carter als Anhänger jener Doktrin der wechselseitig gesicherten Zerstörung zu erkennen

[19] Vgl. Aufzeichnung des Ministerialdirektors Blech, 1. 6. 1977, in: AAPD 1977, Dok. 141, S. 727–736, hier S. 730.

[20] Vgl. Aufzeichnung des Ministerialdirektors Blech, 26. 10. 1978, in: AAPD 1978, Dok. 327, S. 1605–1612, hier S. 1609f.

gegeben, die davon ausging, dass jeder Kernwaffeneinsatz unweigerlich zu einem totalen Nuklearkrieg eskalieren müsste und die in den vor Entwaffnungsschlägen sicheren Atom-U-Booten den eigentlich ausreichenden Kern der Abschreckung erblickte. Im Sinne des Strategiedenkens von McNamara sprach sich Carter denn auch für eine Stärkung der konventionellen NATO-Streitkräfte in Europa aus, wobei er allerdings auch an entsprechende Maßnahmen seiner Vorgänger Nixon und Ford anknüpfen konnte. Wie fremd Carter den Prämissen einer flexibel handhabbaren Nuklearstrategie gegenüberstand, verdeutlicht eine seiner Bemerkungen zu den amerikanischen Verteidigungsgarantien für Südkorea: Nach seiner Wahl wollte er von dort die taktischen Kernwaffen der US-Streitkräfte unbedingt abziehen, da diese im Falle eines Krieges sowieso nur rasch in die Hände des Gegners fallen würden[21]. In Carters Rede zur Amtseinführung wurde dessen Distanz zur nuklearen Abschreckung ebenfalls deutlich; noch für das Jahr 1977 wolle er Schritte unternehmen, um seinem höchsten Ziel, der völligen Abschaffung der Kernwaffen, näherzukommen[22].

Für die Europäer dürfte all dies nicht sonderlich verheißungsvoll geklungen haben, war ihre Sicherheit angesichts der erdrückenden konventionellen Überlegenheit des Warschauer Pakts doch in erheblichem Maße von der Glaubwürdigkeit der amerikanischen Nukleargarantien abhängig[23]. Das Feld, auf dem die Sorge der Westeuropäer vor einem Strategiewechsel Carters zuvörderst Nahrung fand, waren die SALT-Verhandlungen zwischen den USA und der UdSSR über die Begrenzung strategischer Waffen. In einem Gespräch mit dem Sicherheitsberater des amerikanischen Präsidenten, Zbigniew Brzezinski, ließ Bundeskanzler Schmidt am 3. Oktober 1978 die diesbezügliche Sorge der Bundesregierung nochmals anklingen: „Je stärker die Supermächte sich im Rahmen von SALT I und SALT II auf gegenseitige Absicherung vor Verwüstung ihrer Gebiete konzentrierten, desto stärker würden die Europäer zu Schachfiguren in diesem Spiel. Er [Schmidt] habe Zweifel, ob die Eskalation von konventionellen zu taktisch-nuklearen und schließlich zu strategisch-nuklearen Abwehrmaßnahmen heute noch volle Glaubwürdigkeit habe, weder für den Angreifer noch für den Verteidiger. Er sei auch skeptisch, ob die Führer der westlichen Länder sich wirklich einig über die derzeit gültige Strategie seien."[24]

Tatsächlich befanden sich die SALT-Verhandlungen aber bereits vor Carter auf einer schiefen Ebene, da amerikanische Fehler beim Aushandeln des SALT-I-Vertrags[25] der

[21] Zu Carters Äußerungen im Wahlkampf vgl. Brian J. Auten, Carter's Conversion. The Hardening of American Defense Policy, Columbia/London 2008, S. 81–114, insbes. S. 111.
[22] Vgl. Carters Inaugural Speech, 20. 1. 1977, in: Jimmy Carter, Public Papers 1977, S. 1–5; vgl. ferner Barrass, The Great Cold War, S. 205.
[23] Zum konventionellen Kräfteverhältnis vgl. Phillip A. Karber, Die konventionellen Kräfteverhältnisse in Europa 1965–1980, in: Uwe Nerlich (Hrsg.), Sowjetische Macht und westliche Verhandlungspolitik im Wandel militärischer Kräfteverhältnisse, Baden-Baden 1982, S. 49–133.
[24] Vgl. Gespräch des Bundeskanzlers Schmidt mit dem Sicherheitsberater des amerikanischen Präsidenten, Brzezinski, 3. 10. 1978, in: AAPD 1978, Dok. 293, S. 1451–1462, hier S. 1457.
[25] Am 26. 5. 1972 unterzeichneten der Generalsekretär des ZK der KPdSU, Breschnew, und Präsident Nixon in Moskau einen Vertrag über die Begrenzung der Raketenabwehrsysteme (ABM-Vertrag) und ein Interimsabkommen über Maßnahmen hinsichtlich der Begrenzung strategischer Waffen (SALT) mit Protokoll. Für den Wortlaut vgl. UNTS, Bd. 944, S. 4–26. Für den deutschen Wortlaut vgl. Europa-Archiv (1972), D 392–398. Dazu auch die vereinbarten und einseitigen Interpretationen zu den Verträgen, vgl. Department of State Bulletin, Bd. 67 (1972), S. 11–14. Für den deutschen Wortlaut vgl. Europa-Archiv (1972), D 398–404.
Für eine pointierte Zusammenfassung der Kritik am SALT-I-Abkommen vgl. Ulrike Schumacher, Rüstungskontrolle als Instrument sowjetischer Außenpolitik, Herford/Bonn 1984, S. 129–151.

UdSSR mit der Einführung überschwerer Interkontinentalraketen einen Modernisierungsschritt erlaubt hatten, der um so schwerer wog, als die Sowjetunion den amerikanischen Vorsprung bei der Entwicklung von individuell steuerbaren Mehrfachsprengköpfen (MIRV) weit schneller einholte, als von den Amerikanern zunächst erwartet worden war. Die UdSSR besaß dadurch die Möglichkeit, ihren Sprengkopfbestand in dem für selektive Schläge gegen das Kernwaffenpotenzial der Gegenseite besonders geeigneten Bereich der landgestützten Interkontinentalraketen stark auszuweiten. Um zu einem SALT-II-Vertrag zu gelangen, schien die Carter-Administration 1977 zur Begrenzung auch solcher Cruise Missile-Optionen bereit zu sein, die unterhalb des strategischen Bereichs lagen und aus Sicht der europäischen Bündnispartner besonders geeignet waren, die dringend notwendige Modernisierung des regionalen Kernwaffenarsenals der NATO durchzuführen. Carters Einsatz der Cruise Missiles als Verhandlungschip wog aus europäischer Sicht um so schwerer, als mit dem amerikanischen Verzicht auf die Erprobung dieser neuen Waffensysteme der Verzicht auf einen sowjetischen Modernisierungsschritt – die Ausstattung der schweren Interkontinentalraketen mit einer Vielzahl von MIRVs – erwirkt werden sollte, der in erster Linie die USA selbst bedrohte[26]. Bei ihrer Wertschätzung der Cruise Missiles konnten sich die Europäer überdies auf die Expertisen der Vorgängeradministration des Präsidenten Gerald R. Ford stützen. Auf der Ministertagung der Nuklearen Planungsgruppe vom 16. bis 18. November 1976 in London hatte der seinerzeitige amerikanische Verteidigungsminister Donald H. Rumsfeld die Cruise Missile noch ausdrücklich als überaus bedeutsames Rüstungsprojekt für das gesamte westliche Bündnis angepriesen. In seinem Fernschreiben vom 19. November 1976 hatte dies der für NATO-Fragen zuständige Referatsleiter des Auswärtigen Amts, Fredo Dannenbring, folgendermaßen wiedergegeben: „In den Mittelpunkt seiner Ausführungen stellte er [Rumsfeld] die vielseitigen Verwendungsmöglichkeiten der CMs, von denen es sowohl landgestützte wie seegestützte (SLCM ‚Tomahawk', einsatzfähig ab Oktober 1979) wie luftgestützte (ALCM) Versionen gebe. Sämtliche Versionen könnten ferner konventionell wie nuklear verwendet werden. Die weite Reichweite von ‚Tomahawk' gebe der Marine größte Flexibilität. Wenn ALCMs auf B-52/B-1 verwendet würden, handele es sich praktisch um eine strategische Waffe. In der Technologie besäßen die USA einen bedeutenden Vorsprung vor der Sowjetunion. Die Stückkosten für eine CM seien mit etwa 1 Mio. US-Dollar anzusetzen. [...] Mit Blick auf SALT müsse man sich klar sein, dass die CM in Wahrheit ein unbemanntes Flugzeug sei, jedoch billiger herzustellen, und eine erheblich größere Zielgenauigkeit besitze. Die in der CM verwirklichte Miniaturisierung und die Vielfalt der Abschussmöglichkeiten bedeuteten eine technische Revolution. Wenn man ferner die doppelte Verwendungsmöglichkeit (nuklear und konventionell) in Betracht ziehe, müsse man feststellen, dass die CMs in Wirklichkeit nicht ein System, sondern eine Kombination von verschiedenen Systemen darstellten. SALT betreffe nur interkontinentale Reichweite."[27]

Der Vertreter des britischen Außenministeriums William Wilberforce verlieh den Bedenken der Europäer hinsichtlich Carters Haltung zu den Cruise Missiles am 12. Juli 1977 bei einer Sitzung europäischer SALT-Experten Ausdruck, indem er erklärte: „Er teile die von Bundesminister Leber mit Verteidigungsminister Brown erörterte Besorgnis, dass es

---

[26] Vgl. dazu die Aufzeichnung des Ministerialdirigenten Pfeffer vom 10.8.1977, in: AAPD 1977, Dok. 212, S. 1074–1078.

[27] Vgl. Aufzeichnung des VLR I Dannenbring, 19.11.1976, in: AAPD 1976, Dok. 331, S. 1503–1507, hier S. 1506.

über Cruise Missiles zu einer Spaltung in der Allianz kommen könne, falls die USA bereit sein würden, um der für sie vorrangigen Nichtvermehrung der schweren ICBMs SS-18 willen auf Cruise Missiles-Optionen im TNF-Bereich zu verzichten, die für die Verteidigung Europas wichtig sein könnten; wenn wir unsere ‚Theater Nuclear Posture' gegenüber den Sowjets halten wollten, müssten wir unser Waffenspektrum modernisieren. Dazu wären gerade Cruise Missiles geeignet."[28] Dagegen war das amerikanische Verhandlungskalkül, das der Abteilungsleiter im State Department, Leslie H. Gelb, am 28. Juli 1977 im Ständigen NATO-Rat erläuterte, sicherlich wenig geeignet, europäische Sorgen[29] über die Zuverlässigkeit des amerikanischen Kernwaffenschirms zu besänftigen: „USA legten eindeutig Schwerpunkt auf Entwicklung von ALCM. [...] Bei SALT hätten Amerikaner Sowjets vorgeschlagen, in vorgesehenem Protokoll Teststopp zu vereinbaren, der Tests von ALCM über 2500 km Reichweite und von GLCM und SLCM über 600 km Reichweite verbiete. Eine solche Regelung gestatte es, alle für zukünftige Entwicklung von CM erforderlichen Tests durchzuführen. Dreijährige Begrenzung dieser Vereinbarung gebe außerdem genügend Zeit, um auch allianzintern alle denkbaren Optionen und Auswirkungen genau zu überprüfen. [...] Abschreckungspotenzial sei schon jetzt durch hinreichende nukleare Abdeckung wichtiger Ziele (4000 Ziele im Bereich der N[icht]S[owjetischen] W[arschauer]-P[akt]-Staaten und der drei westlichen sowjetischen Militärbezirke) gewährleistet. Da es im militärischen Sinne keine Lücke in der Verteidigung gebe, sei es politisch gefährlich, unter Hinweis auf SS-X-20 und Backfire von einer Kapazitätslücke zu sprechen. Darüber hinaus seien CM keine militärische Antwort (counterforce) gegen sowjetische SS-X-20 und Backfire. Für ein neues Waffensystem bestehe nicht ohne weiteres ein militärisches Bedürfnis."[30]

Zu den Zweifeln an der amerikanischen Verhandlungsführung bei SALT traten 1978 massive Zweifel an der charakterlichen Verlässlichkeit des amerikanischen Präsidenten. Unter dem Eindruck internationaler, zu einem nicht unwesentlichen Teil von der UdSSR und ihren Stellvertretern orchestrierter Proteste entschloss sich Carter unvermittelt dazu, die Entscheidung über die Produktion der für den Gefechtsfeldeinsatz in Europa bestimmten Neutronenwaffe fallen zu lassen[31]. Damit kündigte er einseitig den in der westlichen Allianz mühsam erzielten Kompromiss über Produktion und Dislozierung dieser für den taktischen Einsatz gegen sowjetische Panzerverbände bestimmten Waffe auf und nahm dabei eine Brüskierung eines seiner wichtigsten Verbündeten, des Bundeskanzlers Schmidt, in Kauf[32]. In einem Gespräch mit dem deutschen NATO-Botschafter Rolf Pauls resümierte General Alexander Haig, der amerikanische Oberbefehlshaber der NATO-Streitkräfte in Europa, am 5. April 1978 den fatalen Eindruck, den Carters jäher Sinneswandel bei ihm

---

[28] Vgl. Aufzeichnung des VLR I Andreae, 14.7.1978, in: AAPD 1977, Dok. 140, S. 726, Anm. 13.

[29] Mit der Begrenzung der Reichweite von Cruise Missiles akzeptierten die USA beim SALT-II-Abkommen eine Vertragslogik, die auf spätere Abkommen in für die europäische Sicherheit negativer Weise präjudizierend wirken musste. Vgl. dazu Uwe Nerlich, Politische Symbolik der Einigung oder effektive Beschränkung: Das Beispiel des SALT-II-Abkommens, in: ders. (Hrsg.), Sowjetische Macht und westliche Verhandlungspolitik, S. 367–388.

[30] Vgl. DB Nr. 933 des Gesandten Boss, Brüssel (NATO), 28.7.1977, in: AAPD 1977, Dok. 212, S. 1075, Anm. 10.

[31] Vgl. dazu Volker Matthée, Die Neutronenwaffe zwischen Bündnis- und Innenpolitik. Eine Studie über die Verknüpfung nationaler und allianzinterner Willensbildungsprozesse, Herford/Bonn 1985, S. 175–178 sowie den Beitrag von Tim Geiger in diesem Band.

[32] Zur Unterrichtung der Bundesregierung durch die Carter-Administration vgl. AAPD 1978, Dok. 92–97.

hinterlassen hatte: „Er sei tief schockiert. Er sei zu dem ganzen Komplex von der US-Regierung nicht konsultiert worden. Am Donnerstagabend vergangener Woche habe Verteidigungsminister Brown ihn telefonisch von der Entscheidung des Präsidenten unterrichtet. Er habe sofort erklärt, dass er diese für falsch halte und habe das begründet. Am Samstag vergangener Woche habe ihn hoher Funktionär der amerikanischen Regierung, der um Anhalten bzw. Revision der Entscheidung des Präsidenten bemüht war, angerufen. Daraufhin habe er mit Brown telefoniert und ihn gefragt, ob er es für hilfreich halte, wenn er, Haig, sich mit einem nachdrücklichen Appell an den Präsidenten wende. Brown habe das verneint. [...] Sonntagabend habe er eine nicht auf [den stellvertretenden amerikanischen Außenminister Warren] Christopher zurückgehende Information erhalten, dass die deutsche Regierung auf die präsidentielle Wendung einigermaßen gelassen reagiert habe. Er habe dieser Information misstraut und sich Montag erneut an Brown gewandt mit dem Hinweis, dass die US-Regierung den Bundeskanzler und seine Regierung in eine unmögliche Situation bringe. [...] Welche Gedanken er sich in den letzten Tagen gemacht habe, könne ich mir wohl vorstellen. Aber er meine, er müsse jetzt durchhalten, um Schaden abwenden zu helfen. In erster Linie beschäftigten ihn jetzt die bedrückenden politisch-psychologischen Auswirkungen auf das Bündnis und die Öffentlichkeit, erst in zweiter Linie die militärisch-waffentechnischen Nachteile."[33] Die politisch-psychologische Niederlage, die das westliche Bündnis durch Carters Wankelmut in der Debatte um die Neutronenwaffe erlitten hatte, wurde vom Generalsekretär des ZK der KPdSU, Breschnew, auf der Tagung des Politischen Beratenden Ausschusses des Warschauer Pakts am 22./23. November 1978 in Moskau bezeichnenderweise als Ansporn für weitere Kampagnen gegen die Militärpolitik der NATO gepriesen[34].

Am 31. Mai 1978 suchte Bundeskanzler Schmidt dem Leiter der amerikanischen Rüstungskontroll- und Abrüstungsbehörde, Paul C. Warnke, nochmals vor Augen zu führen, welches psychologische Risiko die Allianz einging, wenn der Aufwuchs des sowjetischen Mittelstreckenpotenzials an SS-20-Raketen und Backfire-Bombern weiterhin weder durch eine Modernisierung des westlichen Mittelstreckenpotenzials ausgeglichen noch durch Rüstungskontrollverhandlungen eingehegt werden würde. Dabei verwies Schmidt auf die Erfahrungen aus der Kubakrise, deren Auflösung unter dem Vorzeichen eines für den Westen sehr viel günstigeren Kräfteverhältnisses gestanden hatte: „Der Bundeskanzler erläuterte, dass er mit Sorge daran denke, dass in der Zeit nach 1985 in der Sowjetunion eine neue Führungsgeneration die Verantwortung übernommen haben werde. Sollte es dann zu einer Konfrontation und zu einer Krise wie über Kuba kommen, müsse man davon ausgehen, dass bis dahin die Ungleichgewichtigkeit bei den Mittelstrecken[waffen] in das Bewusstsein der Bevölkerung eingedrungen sein werde und dass damit die Gefahr groß sei, dass eine Krisensituation gegen den Westen ausgenutzt werde. [...] In Kuba sei es nicht zum Konflikt gekommen, weil die Sowjetunion verstanden habe, dass die Vereinigten Staaten stärker seien, und weil Kennedy bereit gewesen sei, zuzulassen, dass die Sowjets ihr Gesicht wahrten. Wenn der Gedanke der Parität in das Bewußtsein der Öffentlichkeit gedrungen sei, werde die Bereitschaft zur Übernahme eines Risikos ebenfalls abnehmen."[35]

---

[33] Vgl. DB Nr. 370 des Botschafters Pauls, Brüssel (NATO), 5. 4. 1978, in: AAPD 1978, Dok. 103, S. 499f.
[34] Vgl. Michael Ploetz/Hans-Peter Müller, Ferngelenkte Friedensbewegung? DDR und UdSSR im Kampf gegen den NATO-Doppelbeschluss, Münster 2004, S. 133.
[35] Vgl. Aufzeichnung des Botschafters Ruth, z. Z. Washington, 31. 5. 1978, in: AAPD 1978, Dok. 172, S. 861–864, hier S. 862f.

Trotz der erheblichen Friktionen, die sein Verhandlungsansatz bei SALT zunächst im westlichen Bündnis hervorrief, gelang es Carter doch noch, am 18. Juni 1979 einen einigermaßen respektablen SALT-II-Vertrag mit der UdSSR abzuschließen, der auch mit Unterstützung durch die westeuropäischen NATO-Verbündeten rechnen konnte. Vorbedingung für die europäische Zustimmung war allerdings Carters Bereitschaft, das eurostrategische Ungleichgewicht im Bereich der Mittelstreckenwaffen durch eine entsprechende Nachrüstung auszugleichen. Auf Wunsch der Bundesrepublik wurde die Modernisierungsentscheidung aber um ein Verhandlungsangebot an die Sowjetunion ergänzt, welches dafür sorgen sollte, dass auch der Bereich der eurostrategischen Kernwaffen in den Prozess einer kooperativen Rüstungssteuerung zwischen Ost und West überführt werden würde. Auf Seiten der Carter-Administration hatte man mittlerweile verstanden, dass sich die NATO in dieser Frage keine weitere Niederlage im Stil des Neutronenwaffendebakels leisten konnte. Der amerikanische Verteidigungsminister Harold Brown malte auf der Ministertagung der Nuklearen Planungsgruppe der NATO am 24./25. April 1979 in Homestead/Florida aus, was die westliche Allianz im Falle eines Scheiterns ihrer Modernisierungsentscheidung zu gewärtigen habe: „Die USA seien bereit, die Führungsrolle zu übernehmen, könnten jedoch ohne kollektive Entscheidung im Bündnis nicht vorgehen. Die Sowjetunion, die für das Entstehen und dramatische Verschärfung der Disparität im LRTNF-Bereich verantwortlich sei, werde eine Propaganda-Kampagne ohne Vorbild entfachen, um die Modernisierung zu verhindern. Wenn ihr dies gelänge, stünde die NATO nach 1985 bald ohne jedes überlebensfähige System von LRTNF da. Dies aber würde die Natur des Bündnisses und seine Effektivität grundlegend wandeln. Es gelte daher, die Öffentlichkeit mit dem Faktum vertraut zu machen, dass das sowjetische LRTNF-Potenzial durch Rüstungskontrolle nicht zu beseitigen sei und daher einer gewissen, quantitativ geringeren Entsprechung bedürfe. [...] Wenn sich das Bündnis dennoch 1979 der Entscheidung entziehe, gerate die Produktion unaufholbar in Verzug."[36]

Während Carter nunmehr für den SALT-II-Vertrag mit der Zustimmung der Europäer rechnen konnte, waren in den USA selbst die Zweifel am gesamten SALT-Prozess soweit angewachsen, dass die Ratifizierung des Vertragswerks durch den amerikanischen Senat mit einem erheblichen Unsicherheitsfaktor behaftet war. Dass die Zweifel an SALT bis tief in die Carter-Administration hineinreichten, erfuhr der Mitarbeiter im Planungsstab des Auswärtigen Amts, Konrad Seitz, auf einer streng vertraulichen Tagung zur Rüstungskontrolle, die vom 30. Juli bis 3. August 1979 in Aspen/Colorado stattfand und amerikanische Sachverständige von innerhalb und außerhalb der Administration zusammenbrachte. In seinem Bericht notierte Seitz: „Die Tagung war geprägt von einer Grundstimmung der Enttäuschung über die SALT-Politik und der Skepsis über den Fortgang dieser Politik. Die Vertreter der Administration gaben zwar eine insgesamt positive Beurteilung, aber diese war – im deutlichen Unterschied zu den sich selbstsicher gebenden öffentlichen Erklärungen – in Molltönen gehalten: SALT II habe auf die strategische Stabilität nur einen ‚marginalen Effekt'; die SALT-Debatte im Senat werde auch bei einer Ratifizierung zu einer Verschlechterung des amerikanisch-sowjetischen Verhältnisses führen."[37]

Die Kritiker des SALT-Prozesses kamen in ihrer Analyse sogar zu dem Schluss, dass dieser eher den strategischen Interessen der UdSSR als denen der USA gedient habe. Zu der

---

[36] DB Nr. 1001 des Botschafters Pauls und des Generalinspekteurs Jürgen Brandt, 26.4.1979, in: AAPD 1979, Dok. 113, S. 498–505, hier S. 503.

[37] Aufzeichnung des VLR I Seitz, 14.8.1979, in: AAPD 1979, Dok. 230, S. 1099–1104, hier S. 1100.

Diskussion, die hier wegen ihrer höchst aufschlussreichen Einblicke in die amerikanische „strategic community" wiedergegeben werden soll, hielt Seitz ferner fest: „Die amerikanische Rüstungskontrollpolitik hatte vor allem drei Motive: Erstens: Sie wollte zur Stabilität der Abschreckung beitragen. Zweitens: Sie wollte auf die sowjetische Außenpolitik mäßigend einwirken. (In Kissingers Konzept war SALT als zentraler Pfeiler der Entspannung gedacht.) Drittens: Sie wollte ein kostspieliges Wettrüsten vermeiden. Diese Erwartungen – darüber bestand Einigkeit – haben sich im Wesentlichen nicht erfüllt: Erstens: Die SU sei nicht auf das Konzept der Stabilität der Abschreckung eingeschwenkt: Sie hat auch nach dem ABM-Abkommen große Mittel in Forschung und Entwicklung für ein Raketenabwehrsystem investiert; sie hat mit hoher Priorität die Verteidigung gegen strategische Bomber ausgebaut; sie hat eine Zivilverteidigung entwickelt; sie hat ein Counter-force-Potenzial disloziert, das einen Erstschlag gegen die amerikanischen ICBM ermöglicht; sie arbeitet an einem Anti-Satelliten-System, mit dem sie das amerikanische Aufklärungs- und Kommunikationssystem ausschalten könnte."[38]

Auf amerikanischer Seite begann man nun wieder stärker, den konfrontativen Charakter des sowjetischen „Kampfes für den Frieden" ins Auge zu fassen: „Einige Teilnehmer vertraten die Ansicht, die SALT-Politik sei für die SU vorwiegend ein Instrument einer auf Machtvergrößerung ausgerichteten Gesamtpolitik: Die Forderung nach Abrüstung war von Anfang an, seit 1917, ein wichtiges Instrument der sowjetischen Politik gewesen. Die Abrüstungsagitation sollte nach dem Zweiten Weltkrieg die Verteidigungsanstrengungen des Westens schwächen. In den 60er Jahren habe die SU dann erkannt, dass mit Agitation alleine die Verteidigungsprogramme des Westens nicht zu blockieren seien. Sie habe sich auf konkrete Rüstungskontrollverhandlungen eingelassen. Das Ziel sei unverändert geblieben (Sonnenfeldt). Der technologische Gigant USA sollte durch Beruhigungstabletten lethargisch gehalten und die amerikanischen Forschungs- und Entwicklungsanstrengungen so begrenzt werden, dass die SU damit Schritt halten könnte (Scowcroft). Hauptziel der sowjetischen SALT-Politik sei es gewesen, durch Verbesserung des Ost-West-Klimas die westlichen Rüstungsanstrengungen zu dämpfen und es der SU zu ermöglichen, im strategischen Bereich aufzuholen. Dies habe Breschnew erreicht. Durch den bilateralen SALT-Prozess auf der einen Seite und den Aufbau einer sowjetischen konventionellen und nuklearen Überlegenheit in Europa auf der anderen Seite seien darüber hinaus ernste Spannungen in der westlichen Allianz erzeugt worden."[39]

Gemessen an den ursprünglichen Zielen der amerikanischen Politik konnten die Ergebnisse der SALT-Verhandlungen kaum mehr als Erfolge gewertet werden: „SALT hat nicht zu einer Transformation der amerikanisch-sowjetischen Beziehungen geführt. Die Carter-Administration hält es für unrealistisch, SALT als Druckmittel für eine außenpolitische Mäßigung der SU verwenden zu wollen (‚linkage'). [...] Selbst in der Frage des Einsparungseffekts ist die Beurteilung von SALT nicht eindeutig: [...] SALT habe übereilte Waffenentscheidungen verursacht (so jetzt die Entwicklung mobiler MX-Raketen). Das Denken in asymmetrischen Gleichgewichten sei durch ein Denken ersetzt worden, das auf Zahlengleichheit in den Waffensystemen gerichtet sei. Dies hätte Zahlen und Kosten in die Höhe getrieben. [...] SALT und Verteidigungsstrategie: SALT habe die politischen Energien auf sich gezogen und habe dazu beigetragen, dass man sich nicht genügend auf

---

[38] Ebenda, S. 1100.
[39] Ebenda, S. 1101.

die Fragen der Verteidigungsstrategie konzentriert habe. SALT habe zudem dem Aufbau einer rationalen Verteidigungsstruktur geschadet."[40]

Wie Seitz weiter berichtete, betrachteten die amerikanischen Diskussionsteilnehmer die sowjetische Nuklearstrategie als eine Kriegsführungsstrategie, die gewährleisten solle, „dass die SU im Ernstfall einen Atomkrieg siegreich beenden kann". Kennzeichen dieser Strategie seien: „maximale Bedrohung der amerikanischen strategischen Systeme und andererseits Schutz der Menschen wie der Industrien gegen gegnerische Atomschläge". Nach Ansicht der amerikanischen Experten verfolgte die Sowjetunion eine solche Strategie nicht nur, weil sie darin die beste Verteidigung sah, sondern weil sie „zugleich die wirksamste Abschirmung lokaler Konflikte gegen den Einfluß der amerikanischen strategischen Waffen" versprach. McNamaras Strategie, einen großen Krieg durch wechselseitig gesicherte Zerstörung abzuschrecken, wurde nunmehr als Irrweg betrachtet, weil sie wenig Handhabe bot, um „den Gegner in einer Krise von militärischem Eingreifen abzuschrecken". Nach Ansicht einiger Kritiker war es daher an den USA, von der sowjetischen Strategie zu lernen und Krisenstabilität „durch eine konsequente Kriegsführungsstrategie, die auf eine siegreiche Beendigung eines Nuklearkriegs gerichtet ist", zurückzugewinnen.[41]

Es war bezeichnend für die Glücklosigkeit Carters, dass er einen erfolgreichen Abschluss des SALT-II-Vertrags erst zu einem Zeitpunkt erreichte, da der gesamte SALT-Prozess in den USA mehr und mehr als Synonym für amerikanische Schwäche aufgefasst wurde. Die auch in den USA vorhandenen Zweifel an Carters Führungsfähigkeit mussten durch diese Verkettung weitere Nahrung erhalten. Im Spätsommer 1979 suchte die Carter-Administration diesem Teufelskreis durch eine reichlich bemüht wirkende Konfrontation mit der UdSSR zu entkommen. Gegenstand der Krise waren Nachrichtendienstberichte über die Stationierung eines sowjetischen Motorschützenregiments in einer Stärke von etwa 2000 Mann auf Kuba. Wie der bundesdeutsche Gesandte in Washington, Dannenbring, am 7. September 1979 von einem Vertreter des amerikanischen Militärnachrichtendiensts (DIA) erfuhr, hatte Washington diesbezügliche Informationen ganz bewusst an die Presse durchsickern lassen: „Präsident Carter soll seit einiger Zeit gewillt gewesen sein, Kuba als Testfall für den Entspannungswillen der Sowjetunion zu nutzen."[42] Premierministerin Thatcher berichtete Helmut Schmidt am 31. Oktober 1979, ihr sei im Vorfeld von amerikanischer Seite zugetragen worden, „Carter werde möglicherweise eine Krise herbeiführen, um zu zeigen, dass er mit einer Krise kühl und beherzt umzugehen verstehe"[43]. Carters Beharren darauf, dass die Stationierung sowjetischer Kampftruppen auf Kuba eine ernste Angelegenheit sei, führte zwar in der Folge zu mehreren Gesprächen des amerikanischen Außenministers Cyrus R. Vance mit dem sowjetischen Botschafter in Washington, Anatolij Dobrynin, und schließlich sogar mit dem sowjetischen Außenminister Andrej Gromyko. An dem Sachverhalt selbst änderte dies indes nichts, so dass Carter schließlich einen Rückzieher machen und sich mit Breschnews Erklärung zufrieden geben musste, bei den Truppen handele es sich um Ausbildungseinheiten. Der Leiter des Sowjetunionreferats im AA,

[40] Ebenda, S. 1101f.
[41] Ebenda, S. 1102.
[42] DB Nr. 259 des Gesandten Dannenbring, Washington, 7. 9. 1979, in: AAPD 1979, Dok. 259, S. 1284–1288, hier S. 1287.
[43] Gespräch des Bundeskanzlers Schmidt mit Premierministerin Thatcher, 31. 10. 1979, in: AAPD 1979, Dok. 314, S. 1594–1606, hier S. 1600.

Alexander Arnot, zog am 15. Oktober 1979 eine niederschmetternde Bilanz: „Die Kuba-Affäre ist der spektakulärste, aber nicht der erste Fall, in dem Carter die Kraftprobe mit Moskau suchte und dabei unterlag [...]. Die sowjetischen Zweifel an Carters politischen Fähigkeiten müssen jetzt in einem Maße zugenommen haben, dass er vermutlich nicht mehr als ebenbürtiger politischer Partner eingestuft wird. [...] Am gravierendsten ist der Moskauer Zugewinn an Selbsteinschätzung im Verhältnis zu den USA. Die SU hat sich bis in die 70er Jahre gegenüber den USA als ‚Weltmacht zweiter Klasse' gefühlt und daraus [...] einen Anerkennungsdruck abgeleitet, der das sowjetisch-amerikanische Verhältnis beeinflusste. In sowjetischer Sicht hat erst die Unterzeichnung von SALT II im Juni d.J. den vollen Durchbruch zur verbrieften Parität mit den USA gebracht. Jetzt sieht sich die SU bereits einen Schritt weiter: Sowjetische Hartnäckigkeit hat amerikanisches Einlenken bewirkt. Die Gefahr besteht, dass diese neue Erfahrung die sowjetische Führung zu mehr Risikobereitschaft im Umgang mit den USA ermutigt und dass amerikanische Warnungen vor einer Eskalation ignoriert werden, weil sie dieses Mal ungestraft ignoriert werden konnten."[44]

Wie wenig der Kreml mittlerweile glaubte, Carter respektieren zu müssen, wurde nach dem Ende Dezember 1979 erfolgten sowjetischen Einmarsch in Afghanistan deutlich. Als Carter Breschnew über den „heißen Draht" von seiner Sorge hinsichtlich des sowjetischen Vorgehens in Kenntnis setzte und einen Truppenabzug forderte[45], war es Breschnew, der als Ankläger agierte und Carter beschied, er solle durch Beendigung der ausländischen Einmischung in Afghanistan die Voraussetzung für den Abzug der sowjetischen Truppen schaffen[46]. Dass Carter hierauf den SALT-II-Vertrag vom Ratifikationsverfahren zurückzog[47], war noch eine vergleichsweise gelinde Konsequenz, da der Vertrag nach dem sowjetischen Fait accompli ohnehin nicht mehr mit einer Ratifizierung durch den amerikanischen Senat rechnen konnte. In der angespannten Situation nach der sowjetischen Intervention in Afghanistan war es ironischerweise der rüstungskontrollpolitische Teil des NATO-Doppelbeschlusses, der dafür sorgte, dass die USA und die UdSSR ab 17. Oktober 1980 in Genf wieder Gespräche über eine Kontrolle der Kernwaffenrüstung aufnahmen. Zu diesem Zeitpunkt waren die Tage von Carters Präsidentschaft aber bereits gezählt.

## IV. Worte als strategische Handlungen: Der sowjetische Nervenkrieg beginnt

Der Verteidigungsminister der DDR, Armeegeneral Heinz Hoffmann, erläuterte 1976 in einem programmatischen Beitrag für das SED-Theorieorgan *Einheit*, wie überlegene mili-

---

[44] Aufzeichnung des VLR I Arnot, 15. 10. 1979, in: AAPD 1979, Dok. 295, S. 1471–1474, hier S. 1473f.

[45] Vgl. das Schreiben Carters an Breschnew, 28. 12. 1979, in: http://www.margaretthatcher.org/document/187A40C513434673B8E0309C165887FC.pdf (20. 5. 2010).

[46] Vgl. das Schreiben Breschnews an Carter 29. 12. 1979, in: http://www.margaretthatcher.org/document/8490EE61C7B84A018B22B1029DA8CF20.pdf (20. 5. 2010). Vgl. ferner Wladimir Bukowski, Abrechnung mit Moskau. Das sowjetische Unrechtsregime und die Schuld des Westens, Bergisch Gladbach 1996, S. 387f.; Henry S. Bradsher, Afghan Communism and Soviet Intervention, Oxford/New York 1999, S. 101f.; Raymond L. Garthoff, Détente and Confrontation. American-Soviet Relations from Nixon to Reagan, Washington D.C. 1985, S. 949f.

[47] Vgl. das Schreiben Carters an den Mehrheitsführer im amerikanischen Senat, Byrd, 3. 1. 1980, in: Public Papers, Carter 1980, S. 12.

tärische Macht auch in Friedenszeiten zur Durchsetzung politischer Ziele Verwendung finden könne: „Auch jene Formen des Einsatzes der Streitkräfte, die nach Clausewitz ‚in bloßer Bedrohung des Gegners und in einem Subsidium des Unterhandelns' bestehen, sind ihrem Wesen nach Fortsetzung der Politik mit gewaltsamen Mitteln."[48] Als sich im Laufe des Jahres 1979 der Doppelbeschluss der NATO immer deutlicher abzeichnete, ging die sowjetische Außenpolitik in dem von Hoffmann skizzierten Sinn tatsächlich zu einer „Fortsetzung der Politik mit gewaltsamen Mitteln" über, indem sie drohend die Notwendigkeit sowjetischer Gegenmaßnahmen und die Möglichkeit eines neuen Weltkriegs in den Raum stellte. Bei seinen Versuchen, die Militärpolitik des gegnerischen Bündnisses zu torpedieren, knüpfte der Kreml überdies deutlich vernehmbar an die Rhetorik der Chruschtschow-Ära an. Der stellvertretende Leiter des AA-Referats „Sowjetunion", Eberhard Heyken, stellte dazu am 31. August 1979 fest: „Die sowjetischen Medien wenden sich zur Zeit immer massiver gegen die Pläne des westlichen Bündnisses für eine TNF-Modernisierung. Die Kritik an diesen Plänen hat sich in den zentralen sowjetischen Medien (Zentralpresse, TASS, Radio Moskau) in diesem Monat derart verstärkt, dass bereits von einer massiven Kampagne – vergleichbar der Anti-Neutronenwaffen-Kampagne des Vorjahres – gesprochen werden kann. [...] Die Bundesrepublik Deutschland erscheint [...] als Befürworter der TNF-Modernisierung. Dementsprechend haben die Warnungen an die deutsche Adresse besonders massiven Charakter. Im Einzelnen: Erstmalig in einem Kommentar des ZK-Mitarbeiters Portugalow am 9. August, und seitdem mehrfach wiederholt, wird die Bundesrepublik als ‚nukleare Geisel der USA' apostrophiert; mehrfach wird die Warnung ausgesprochen, eine konzentrierte Dislozierung eurostrategischer Waffen auf unserem Gebiet würde dazu führen, dass die Bundesrepublik ‚wie ein Magnetfeld Gegenschläge anzieht'; darüber hinaus wird ausgeführt, es sei naiv anzunehmen, dass der Warschauer Pakt einer Implementierung der jetzt diskutierten TNF-Pläne ruhig zusehen werde. Vielmehr: ‚die UdSSR wird gezwungen sein, Maßnahmen zu ergreifen, die ihre Sicherheit und die ihrer Verbündeten garantieren' [...]. Die Bundesrepublik wäre in diesem Fall für den Warschauer Pakt ‚eine Quelle erhöhter Gefahr'."[49]

Im beginnenden sowjetischen Nervenkrieg hatte naturgemäß auch die DDR-Führung ihren Part. Am 12. Oktober 1979 war es Erich Honecker, der den Ständigen Vertreter der Bundesrepublik in Ost-Berlin, Günter Gaus, darauf hinwies, dass „in den letzten Jahren die Entspannung ins Stocken geraten" sei, „weil sie nicht auf militärischem Gebiet ergänzt worden sei". Honecker mahnte nachdrücklich einen Verzicht auf die geplante Nachrüstung der NATO an, da sonst „die Situation zwischen den Weltblöcken ‚außer Kontrolle' geraten könne". Dies verband Honecker geschickt mit dem Hinweis auf die Konfliktpotenziale in einer für den Westen vitalen Krisenregion: „In diesem Zusammenhang wies Honecker warnend und kritisch auf ‚Äußerungen bestimmter Politiker und Kräfte des Westens über etwaige amerikanische Einsatztruppen in Erdölgebieten' hin. Die DDR werde mit ihren Verbündeten alle Anstrengungen unternehmen, dass sich keine Lage entwickle, in der die Kontrolle nicht gewährleistet sei. Dazu aber sei es, wie er wiederholen müsse, nötig, initiativ zu werden in Abrüstungsfragen'. Gerade den beiden deutschen Staaten müsse

[48] Heinz Hoffmann, Streitkräfte in unserer Zeit, in: Einheit (1976), H. 3, S. 354–363, hier S. 356; vgl. auch Michael Ploetz, Wie die Sowjetunion den Kalten Krieg verlor. Von der Nachrüstung zum Mauerfall, Berlin/München 2000, S. 147.
[49] Vgl. die Aufzeichnung des VLR Heyken, in: PA/AA, Referat 201, Bd. 120234.

es klar sein, dass im Falle eines Atomkriegs ,weder die DDR noch die BRD überleben' würden."[50]

Besonders schrill äußerte sich am 6. November 1979 der sowjetische Botschafter in Bonn. Wladimir Semjonow wies Außenminister Hans-Dietrich Genscher auf die wachsende Gefahr eines regionalen Schlagabtauschs hin, die seiner Meinung nach eine Folge der kurzen Flugzeit der von den USA zur Stationierung vorgesehenen Mittelstreckenwaffen war: „Die Sowjetunion sei durch die gemeinsame Anzahl der globalen und regionalen Waffen, die alle amerikanische Waffen seien, bedroht. Man müsse sich die Ungleichheit bei den MIRV-Sprengköpfen vorstellen, hinzu komme nun noch eine bestimmte Menge anderer Waffen mit kürzerer Flugzeit. Dies erinnere an die Lage von 1962. [...] Man könne die Angelegenheit auch umkehren. Angenommen es käme zu einem Schlagabtausch auf regionaler Ebene. Dann könnten die beiden Seiten immer noch miteinander reden. Aber es könne passieren, dass das regionale Element nicht mehr existiere. Dann gebe es nur noch das globale Element. Guderian habe in seinen ,Erinnerungen eines Soldaten' davon gesprochen, dass es ihm gleichgültig sei, ob im nächsten Weltkrieg die Amerikaner oder die Russen gewinnen würden. Ihn beunruhige aber, dass der nächste Krieg wie eine Dampfwalze mehrfach über Deutschland hinwegrollen würde. Es würde keine Deutschen mehr geben. Deshalb möge der nächste Krieg woanders, jedenfalls nicht auf deutschem Boden stattfinden. Er meine, dass Guderian hier logisch denke."[51]

Neben derlei Einschüchterungsrhetorik lockten die Sowjets aber auch mit dem Zuckerbrot von grundlegend verbesserten Beziehungen. Einem bundesdeutschen Diplomaten gegenüber bezeichnete der ehemalige sowjetische Botschafter in Bonn und nunmehrige stellvertretende Leiter der Abteilung für internationale Information beim ZK der KPdSU, Falin, am 19. September 1979 „die deutsch-sowjetischen Beziehungen als nicht schlecht. Er wies darauf hin, dass Elemente in Erscheinung träten, von denen man nicht wisse, ob sie in der Zukunft eine positive oder negative Wirkung haben würden. [...] Die Sowjetunion wolle die Zusammenarbeit mit der BR Deutschland intensivieren, ohne dass die Zusammenarbeit gegen die Interessen anderer westlicher Länder gerichtet sei. Die Sowjetunion arbeite nicht auf eine Auflösung der Bindungen der BR Deutschland mit dem Westen hin, selbst wenn diese Bindungen nicht immer positiv zu bewerten seien. Der Sowjetunion schwebe eine Politik des Gleichgewichts der BR Deutschland zwischen West und Ost vor. Die Politik der Bundesregierung sei mit einem hin- und herschwingenden Pendel zu vergleichen. Zur Zeit neige sich das Pendel in Richtung einer Komplizierung der Lage in Europa."[52] Für den Fall, dass die NATO ihre Modernisierungspläne verwirklichen sollte, stellte Falin eine „Verlangsamung von Verhandlungen in anderen Bereichen" in Aussicht.

---

[50] DB Nr. 903 des Staatssekretärs Gaus, Ost-Berlin, an Bundeskanzler Schmidt, 12. 10. 1979, in: AAPD 1979, Dok. 291, S. 1441–1451, hier S. 1445f. Honeckers Logik war in der Tat bestechend: Die Schwächung der westlichen Position im Mittleren Osten, die durch den Zusammenbruch des Schah-Regimes im Iran eingetreten war, machte demnach eine Schwächung der westlichen Position in Europa erforderlich, um die Gefahr einer amerikanischen Intervention am Persischen Golf zu vermindern. In der Bundesrepublik machte sich allerdings nicht zuletzt die Wochenzeitschrift *Der Spiegel* genau diese Logik zu eigen. Vgl. dazu den Sammelband mit den diesbezüglichen Spiegel-Artikeln: Wilhelm Bittorf (Hrsg.), Nachrüstung. Der Atomkrieg rückt naher, Reinbek 1981.

[51] Gespräch Genschers mit Semjonow, 6. 11. 1979, in: AAPD 1979, Dok. 320, S. 1641–1660, hier S. 1650f.

[52] Aufzeichnung des VLR Heyken, 21. 9. 1979, in: AAPD 1979, Dok. 275, S. 1349f., hier S. 1349.

Kleinere NATO-Staaten forderte der Kreml aber noch sehr viel unumwundener dazu auf, ihre Bündnisbeziehungen zu überprüfen und über eine „special relationship" mit der UdSSR nachzudenken. So war dem Staatssekretär im norwegischen Verteidigungsministerium, Johan Jørgen Holst, bei seinem Besuch vom 13. bis 19. Februar 1979 in Moskau der Marsch in die Neutralität nahegelegt worden: „Sowjetische Gesprächspartner hätten zunächst deutlich Kritik an norwegischer Außen- und Sicherheitspolitik geübt. Dabei seien insbesondere Einsatz von Bundeswehreinheiten bei NATO-Manövern in Norwegen, Einführung der Navigationssysteme Loran C und Omega, die Beteiligung an AWACS, die beabsichtigte Einlagerung von schwerem Gerät (‚prestocking') sowie norwegische Marinebesuche in Spitzbergen zur Sprache gekommen. Gesprächspartner hätten NATO-Mitgliedschaft Norwegens als überflüssig bezeichnet, da von der SU keine Bedrohung ausgehe. Norwegen solle sich an den neutralen Ländern Schweden, Schweiz, Österreich und insbesondere an Finnland, das für Lage der SU großes Verständnis aufbringe, ein Beispiel nehmen."[53]

Man kann also sagen, dass es der UdSSR am Vorabend des NATO-Doppelbeschlusses um nichts Geringeres als eine Revolution in den diplomatischen Beziehungen ging: Der Bundesrepublik bot Falin eine Position der Äquidistanz zwischen Ost und West an, und die Norweger sahen sich aufgefordert, dem Beispiel Finnlands zu folgen. Grundlage dieser diplomatischen Offensive war ein sowjetisches Militärpotenzial, dass seit Mitte der 1960er Jahre zielstrebig ausgebaut worden war, um den Erfordernissen einer offensiven Blitzkriegsstrategie in Europa gerecht zu werden. Die NATO-Staaten hingegen sahen sich aufgefordert, den weiteren Verfall der materiellen Grundlagen ihrer Militärstrategie hinzunehmen und dafür jeweils in Sonderbeziehungen mit der UdSSR einzutreten. Hinter den sowjetischen Aufforderungen, die Entspannung unumkehrbar zu machen und durch eine militärische Entspannung zu ergänzen, stand ein hegemoniales Projekt, welches die militärstrategische Parität mit den USA zunächst zur Grundlage für eine politische Parität in den Beziehungen beider Mächte zu den westeuropäischen Verbündeten der USA machen wollte.

## V. Fazit

In seiner 1981 erschienen Analyse der „Militärische[n] Optionen von NATO und Warschauer Pakt in Mitteleuropa" skizzierte Karl-Peter Stratmann, ein Mitarbeiter der Stiftung Wissenschaft und Politik, den möglichen Zerfall des westlichen Bündnisses, falls es unter den Vorzeichen einer erdrückenden Überlegenheit des Warschauer Pakts in Europa und der interkontinental-strategischen Parität der Supermächte zu einem amerikanisch-sowjetischen Zusammenstoß in den Erdölregionen am Persischen Golf kommen sollte: „Wenn die europäischen Verbündeten unter diesen Umständen aus Sorge um ihre eigene Sicherheit die sowjetische Definition des Konflikts als eine bilaterale und regional begrenzt zu haltende Auseinandersetzung übernähmen und den USA ihre Unterstützung verweigerten, so hätte dies voraussichtlich weitreichende Folgen: Entweder müssten die Amerikaner im ‚Management' des lokalen Konflikts eine Niederlage hinnehmen, um einen Zerfall der NATO zu vermeiden. Oder sie müssten bei Eskalation der Krise mit einer politisch wider-

[53] Vgl. DB Nr. 267 des Gesandten Pfeffer, Brüssel (NATO), 1. 3. 1979 über die Unterrichtung des Ständigen NATO-Rats durch Norwegen, in: AAPD 1979, Dok. 62, S. 280–283, hier S. 280f.

strebenden und nur eingeschränkt handlungsfähigen Allianz die überlegene Militärmacht des Warschauer Pakts in Europa konfrontieren. In diesem Fall wären dramatische Erfolge der sowjetischen nuklearen Krisendiplomatie bei dem Versuch, NATO-Staaten durch Ultimaten und Sicherheitsgarantien zur Neutralität zu bewegen oder sogar auf die eigene Seite zu ziehen, nicht ausgeschlossen."[54]

Das von Stratmann skizzierte Krisenszenario war 1981 allerdings bereits insofern gegeben, als der Gegenstand der Krise nicht ein amerikanisch-sowjetisches Aufeinandertreffen im Nahen Osten, sondern die Debatte um die Strategie der NATO und die Modernisierung ihrer Nuklearstreitkräfte in Europa war. Durch die Entspannungspolitik und Rüstungskontrollverhandlungen der 1970er Jahre war der UdSSR ein indirektes Mitspracherecht in den Debatten über die Militärpolitik der westlichen Allianz zugewachsen, welches sie auch unterhalb der diplomatischen Ebene durch die Mobilisierung von Protestbewegungen für den so genannten „Friedenskampf" geltend zu machen verstand[55].

Das hegemoniale Projekt der UdSSR war allerdings ohne Mithilfe von Seiten ihrer Gegner zum Scheitern verurteilt. Tatsächlich verstärkten sich bereits unter der Carter-Administration die Tendenzen zu einer westlichen Gegenmobilisierung. Zu nennen sind hier das Langfristige Verteidigungsprogramm der NATO vom Mai 1978, der NATO-Doppelbeschluss vom 12. Dezember 1979 und die 1980 verabschiedete Presidential Directive 59 (PD 59)[56], die an die Schlesinger-Doktrin anknüpfte und die Abkehr der USA von McNamaras nuklear-strategischem Isolationismus nochmals bestätigte. Die auf einem gemeinsamen Risiko gründende Sicherheitsgemeinschaft der NATO blieb somit erhalten; und die materiellen Grundlagen der NATO-Strategie der flexiblen Erwiderung wurden soweit gestärkt, dass für die UdSSR ein Angriff auf Westeuropa wegen des damit verbundenen unkalkulierbaren Eskalationsrisikos weiterhin kein Mittel zur Fortsetzung der Politik sein konnte. Und weil die UdSSR somit letztlich über kein rationales Konzept zum militärischen Gebrauch ihrer Hochrüstung verfügte, stand diese auch nicht als glaubwürdiges Erpressungsinstrument zur Verfügung. Der Kreml hatte sich strategisch gründlich verkalkuliert: Anstatt politischen Nutzen aus seinen Streitkräften zu ziehen, sah er sich in den 1980er Jahren mit den dramatischen wirtschaftlichen Folgen einer gigantischen Fehlinvestition konfrontiert. Die 25 bis 30 Prozent des Bruttoinlandsprodukts, die die UdSSR laut Wjatscheslaw Daschitschew Mitte der achtziger Jahre ins Militär investierte[57], haben sicherlich das ihre zum ökonomischen und politischen Bankrott des Sowjetstaats beigetragen.

[54] Karl-Peter Stratmann, NATO-Strategie in der Krise? Militärische Optionen von NATO und Warschauer Pakt in Mitteleuropa, Baden-Baden 1981, S. 235f.

[55] Vgl. dazu Ploetz, Wie die Sowjetunion den Kalten Krieg verlor; ders./Müller, Ferngelenkte Friedensbewegung?

[56] Für die Presidential Directive 59 betr. „Nuclear Weapons Employment Policy" vom 25. 7. 1980 vgl. http://www.fas.org/irp/offdocs/pd/pd59.pdf (20. 5. 2010). Vgl. ferner Martin Kahl, Abschreckung und Kriegführung. Amerikanische Nuklearstrategie, Waffenentwicklung und nukleare Rüstungskontrolle von Kennedy bis Bush, Bochum 1994, S. 392–403.

[57] Vgl. Wjatscheslaw Daschitschew, Moskaus Griff nach der Weltmacht. Die bitteren Früchte hegemonialer Politik, Hamburg/Berlin/Bonn 2002, S. 45.

*Gerhard Wettig*

# Sowjetische Euroraketenrüstung und Auseinandersetzung mit den Reaktionen des Westens

## Motivationen und Entscheidungen[1]

### I. Sowjetische Leitvorstellungen

Richtschnur des sowjetischen Denkens und Handelns zu Fragen der Sicherheit gegenüber dem Westen war stets die Vorstellung, dass die Sicherheit „zuverlässig" gewährleistet sein müsse. Das als „Imperialismus" bezeichnete westliche System war nach Aussage der marxistisch-leninistischen Ideologie grundsätzlich aggressiv, mithin zur Entfesselung des Krieges gegen das sozialistische Lager bereit. Die UdSSR war zwar als wesensmäßig „friedliebende" Macht bemüht, diesen Kriegswillen durch Gegenvorkehrungen zu „zügeln", konnte ihn jedoch nicht generell beseitigen[2]. Als der Vorsitzende des Ministerrats, Georgij Malenkow, 1954 erklärte, ein Krieg im nuklearen Zeitalter drohe die Weltzivilisation zu vernichten[3], machte er sich der ideologischen Häresie schuldig. Der Sozialismus war nach marxistisch-leninistischer Lehre zum weltgeschichtlichen Sieg vorherbestimmt. Angesichts der dem Westen zugeschriebenen Neigung zum Krieg war, wenn man die Feststellung stehen ließ, mit der Existenz des eigenen Systems zugleich dessen universale Mission in Frage gestellt. Das war aus der Sicht des Kremls nicht akzeptabel. Der Sozialismus durfte unter gar keinen Umständen möglicher Vernichtung ausgesetzt sein. Dies war eine entscheidende Begründung für die Amtsenthebung Malenkows Anfang 1955[4]. Fortan hieß es, in einem Krieg würde nur der Westen zugrunde gehen, der Sozialismus dagegen triumphieren.

Wie ließ sich aber praktisch gewährleisten, dass die Sowjetunion angesichts der angenommenen Kriegsbereitschaft der anderen Seite keinesfalls von Vernichtung bedroht war? Die Führung in Moskau suchte das zunächst auf politischem Wege zu gewährleisten. Seit dem Zweiten Weltkrieg ging es ihr stets darum, in Europa nur solche Staatengruppierungen zuzulassen, welche die UdSSR ein- und die USA ausschlossen, mithin durch Herstel-

---

[1] Nachdem ich bereits an anderer Stelle die sowjetische Sicherheitspolitik der Jahre 1969 bis 1983 in ihrer Komplexität und Vielgestaltigkeit detailliert dargestellt habe – vgl. Gerhard Wettig, Entspannung, Sicherheit und Ideologie in der sowjetischen Politik 1969 bis 1979, in: Militärgeschichtliche Zeitschrift 68 (2009), S. 75–116; Gerhard Wettig, Die Sowjetunion in der Auseinandersetzung über den NATO-Doppelbeschluss 1979–1983, in: VfZ 57 (2009), S. 217–259 – wird diese hier nur knapp skizziert.

[2] Hierzu näher Gerhard Wettig, Sicherheitspolitische Leitvorstellungen, in: Gerhard Wettig in Zusammenarbeit mit Phillip A. Petersen und John G. Hines, Sicherheit über alles! Krieg und Frieden in sowjetischer Sicht, Köln 1986, S. 11–58.

[3] Vojtech Mastny, NATO in the Beholder's Eye, Working Paper Nr. 35, Cold War International History Project, Woodrow Wilson Center, Washington 2002, S. 46.

[4] Vgl. Protokoll der Diskussion auf dem Plenum des ZK der KPdSU, 31. 1. 1955, Cold War International History Project. Virtual Archive, Collection Post-Stalin succession struggle, in: http://wilsoncenter.org/index.cfm?topic_id=1409&fuseaction=va2.document&identifier=5034F088-96B6-175C-93E71A1546F7BEEF&sort=Collection&item=Post%20Stalin%20succession%20struggle (20. 5. 2010) (mit Quellenangabe RGASPI, f. 2, op. 1, d. 127, o. Bl.); Beschluss des Plenums des ZK der KPdSU, 31. 1. 1955, in: Stiftung Archiv der Parteien und Massenorganisationen der DDR (SAPMO), DY 30/3534, Bl. 23–26 (russ.), 18–22 (dte. Übers.); Protokoll der Sitzung des Präsidiums des ZK der KPdSU, 8. 2. 1955, in: Stenogramma zasedanija partijnoj gruppy Verchovnogo soveta, 8. 2. 1955, in: Istočnik, 6/2003, S. 29–37 (mit Quellenangabe RGASPI, f. 52, op. 1, d. 285, Bl. 1–34).

lung von Dominanz die Möglichkeit einer Konfrontation von vornherein zu verhindern. Das Bemühen scheiterte, als sich die Amerikaner Mitte 1947 mit dem Marshall-Plan für den Wiederaufbau der Länder engagierten, die außerhalb des sozialistischen Lagers geblieben waren. In dieser Verletzung des Sicherheitsinteresses sah Iossif Stalin eine politische Kriegserklärung, die er mit einem militant-feindlichen Kurs beantwortete. Westeuropa schloss sich in der Folgezeit mit den USA zum atlantischen Bündnis zusammen, das der Kreml weder durch propagandistisches Ausspielen der deutschen Karte noch – seit Februar 1954 – durch die Forderung nach einem System der kollektiven Sicherheit erschüttern konnte. Ende der 1960er Jahre jedoch schien die sich im Westen verbreitende Entspannungstendenz eine Aussicht auf Auflösung der NATO zu bieten, sobald die vertraglichen Bindungen im April 1969 ausliefen. Die militärische Intervention des Warschauer Pakts in der Tschechoslowakei im August 1968 belebte jedoch die Sorge vor der „Bedrohung aus dem Osten". Die Notwendigkeit der atlantischen Allianz stand für ihre Mitglieder nicht mehr in Frage; das Gegeneinander der Bündnisse blieb bestehen.

Es war kein Zufall, dass die UdSSR nunmehr von der politischen zur militärischen Strategie überging. Die Möglichkeit dazu bot sich, weil das Instrumentarium der Rüstung inzwischen hinreichend entwickelt worden war. An der Wende von den 1960er zu den 1970er Jahren wurden die Arbeiten an der Rakete mit kontinentaler Reichweite SS-20 (RS 10 „Pionier") begonnen. Die neue Waffe hatte drei unabhängig voneinander ins Ziel zu bringende Kernsprengköpfe und ließ sich aus bereit stehenden Depots nachladen. Damit vervielfachte sich das Potenzial. Noch wichtiger war der Qualitätszuwachs. Die mittlere Genauigkeit von 250 bis 300 m erlaubte es, die nuklearen Ladungen von je einer halben Megatonne auf Punktziele zu richten, mithin „gehärtete" Anlagen zu vernichten. Sogar von Standorten östlich des Ural aus ließ sich ganz Europa erreichen. Da die SS-20 auf Fahrzeugen montiert war, die ihre Positionen rasch verändern konnten, war eine Zielerfassung durch den Gegner in Echtzeit – und damit eine Ausschaltung durch dessen Raketen – nicht möglich. Der Feststoffantrieb ermöglichte eine Lagerung des Treibstoffs auf sehr lange Zeit und, von vorbereiteter Stellung aus, einen Abschuss innerhalb von fünf bis acht Minuten. Aus dem Marsch heraus waren 40 bis 60 Minuten nötig. Die subglobale kontinentale Reichweite von 4500 km nahm die USA von der Bedrohung aus, der Europa und Asien ausgesetzt waren[5]. Dadurch wurde die neue Rakete zu einer Waffe, die darauf abzielte, das NATO-Prinzip der für allen Verbündeten unteilbaren Sicherheit aufzuheben, mithin Westeuropa vom Abschreckungsschutz der Vereinigten Staaten abzukoppeln[6].

Wie der sowjetische Verteidigungsminister intern erklärte, sollte die SS-20, der kein auch nur annähernd gleichwertiges System im Westen gegenüberstehe, im Kriegsfall alle militärisch bedeutsamen NATO-Ziele zu Land und Wasser mit einem einzigen Schlag ver-

---

[5] Hierzu näher Erhard Forndran/Gert Krell (Hrsg.), Kernwaffen im Ost-West-Vergleich. Zur Beurteilung militärischer Potenziale und Fähigkeiten, Baden-Baden 1984, S. 506–509 (Tabelle); Boris E. Tschertok, Raketen und Menschen, Bd. 3: Heiße Tage des kalten Krieges, Klitzschen 2001, S. 536f.

[6] Die sowjetische Seite machte verschiedentlich gegenüber amerikanischen Gesprächspartnern geltend, dass ihr Land von der SS-20 nichts zu befürchten habe. Mit der Geschichte vom Bären (den USA) und dem schutzsuchenden Häschen (den westeuropäischen Verbündeten), das dieser aus dem Fenster warf, als er Schwierigkeiten bekam, gab der sowjetische INF-Unterhändler Julij Kwizinskij seinem amerikanischen Gegenüber Paul Nitze zu verstehen, dass die vorgesehene Stationierung der Raketen in Westeuropa seinem Land nicht nütze, sondern im Gegenteil seine Sicherheit gefährde. Darum solle Washington lieber darauf verzichten, vgl. John Barry, Geneva behind closed doors, in: *The Times* vom 31. 5. 1983.

nichten und dadurch den Widerstand auf dem europäischen Gefechtsfeld augenblicklich ausschalten[7]. In Moskau hieß es, ein Krieg könnte nur als überfallartiger Angriff[8] des Feindes entstehen. Aus dieser ideologisch feststehenden These folgte, dass die UdSSR nur dann sicher war, wenn sie die Fähigkeit besaß, einer Aggression, sobald konkrete Vorbereitungen zu erkennen seien, durch einen vorwegnehmenden Angriff zuvorzukommen und den Feind in Europa und/oder Asien sofort zu „zerschlagen“, also zu entwaffnen und auszuschalten, bevor er seinerseits in Aktion treten konnte. Wenn das so schnell geschah, dass den USA keine Zeit blieb, an einen Einsatz ihrer Interkontinentalraketen zu denken, war die Existenz nicht mehr gefährdet. Denn waren die europäischen Verbündeten der Amerikaner erst einmal militärisch – und, wie nach Lage der Dinge zu erwarten war, auch physisch – erledigt, dann konnten sie nichts mehr zu deren Rettung unternehmen. Elementare Vernunft würde sie davon abhalten, sich auf ein nukleares Duell mit der UdSSR einzulassen, das nur noch zu wechselseitiger Vernichtung führen konnte.

Der sowjetischen Seite ging es nicht darum, einen derartigen Krieg zu führen. Die SS-20 war vielmehr als Instrument der Kriegsverhütung gedacht. Sie sollte den Westen ein- für allemal von der Aussichtslosigkeit der Kriegsabsicht überzeugen, die man ihm zuschrieb. Auch die rabiatesten „Militaristen“ im „imperialistischen Lager“ sollten erkennen, dass sie die sozialistischen Staaten keinesfalls mit Mitteln des Krieges liquidieren könnten und sie alle darauf gerichteten Absichten fallen lassen müssten. Zugleich sollte der Umstand, dass dem Westen die Waffen aus der Hand geschlagen sein würden, die bisherigen Hindernisse für den „sozialen Fortschritt“ in der Welt aus dem Weg räumen, denn dann läge die militärische Macht diesseits des Atlantik und des Pazifik nur noch bei der UdSSR. Insbesondere die Regierungen in Westeuropa würden sich dann zu politischer Anpassung veranlasst sehen. Das entsprach nach Moskauer Ansicht dem vorherbestimmten Lauf der Geschichte, der auf eine Ausbreitung des sozialistischen Einflusses ausgerichtet war.

Die Abschreckungs- und Einschüchterungsabsicht, die der Einführung der SS-20 zugrunde lag, machte es nicht zwingend erforderlich, dass die Sowjetunion im Krieg von der Fähigkeit zur sofortigen totalen Vernichtung Westeuropas Gebrauch machte. Dagegen sprach nicht nur, dass der Sieg dann kaum positiven Gewinn brachte, sondern auch die Überlegung, dass der anschließend vorgesehene militärische Stoß in die Tiefe des gegnerischen Stoßes wegen der radioaktiven Verseuchung und der völlig zerstörten Infrastruktur größte Probleme bereiten würde. Der von Hans und Michael Rühle vertretenen These, dass der Kreml gleich zu Anfang sein gesamtes subinterkontinentales Nuklearpozential habe einsetzen wollen[9], ist vor allem von Siegfried Lautsch aufgrund des Einblicks widersprochen worden, den er als Beteiligter an der Planung der 5. Armee der NVA hatte[10].

[7] Information über die während des Manövers „Sapad-81“ vorgeführten Komplexe der strategischen Angriffskräfte der UdSSR. Geheime Kommandosache (persönlich), in: Bundesarchiv-Militärarchiv Freiburg, VA-01/32241, Bl. 209–212.

[8] Der russische Terminus *napadenie* hat die doppelte Bedeutung von „Überfall“ (was dem eigentlichen Wortsinn entspricht) und „Angriff“.

[9] Hans Rühle/Michael Rühle, Warschaupakt plante nuklearen Überfall auf Westeuropa. Pläne eines präemptiven Krieges im Spiegel freigegebener Ostblock-Dokumente, 13. 09. 2008, in: http://www.nzz.ch/nachrichten/international/die_schweiz_waere_spaeter_behandelt_worden_1.830359.html (20. 5. 2010).

[10] Siegfried Lautsch, Zur operativen Einsatzplanung der 5. Armee der NVA im Rahmen einer Front der Vereinten Streitkräfte der Warschauer Vertragsorganisation in den 1980er Jahren, in: Rüdiger Wenzke (Hrsg.), Die Streitkräfte der DDR und Polens in der Operationsplanung des Warschauer Paktes, Potsdam 2010, S. 35–49, 55–59.

Lautsch bestätigt zwar uneingeschränkt, dass die sowjetische Führung bei Anzeichen für Kriegsvorbereitungen der NATO vorwegnehmend einen „Gegenangriff“ einleiten wollte, ehe der Gegner handeln könne, glaubt aber, dass sich die Offensive zunächst auf konventionell-militärische Operationen beschränken sollte. Nur falls die andere Seite zu Kernwaffen greife oder die eigene Front ins Wanken gerate, habe man an eine dosierte, am jeweiligen Erfordernis orientierte Eskalation gedacht[11].

## II. Die Ausgangspositionen beim Streit um die Euroraketen

Seit 1973 wurde die SS-20 getestet. Nach dem erfolgreichen Abschluss dieser Phase begann Anfang 1977 die Stationierung. Die neuen Raketen ersetzten die zu Beginn der 1960er Jahre eingeführten, militärisch völlig ineffizienten und recht unzuverlässigen SS-4 und SS-5. Wie es offiziell hieß, war das eine routinemäßige Modernisierungsmaßnahme, die nichts am bestehenden Kräfteverhältnis ändere. Da 333 SS-20 vorgesehen waren, die an die Stelle der über 700 veralteten Systeme treten sollten, blieb sogar noch Raum für die spätere Behauptung, dass die UdSSR einseitig abrüste. Der erste westliche Staatsmann, der erkannte, dass die Abkopplung Westeuropas vom Schutz der amerikanischen Abschreckung drohte, war Bundeskanzler Helmut Schmidt[12]. Er verlangte von den USA, sie müssten sich in den laufenden Rüstungskontroll-Verhandlungen mit der UdSSR für die Aufrechterhaltung des nuklearen Gleichgewichts auf dem europäischen Schauplatz einsetzen und auf der Beseitigung der SS-20 bestehen. Präsident Jimmy Carter war dazu nicht bereit. Er wollte die schwierigen Gespräche über strategische Rüstungsbegrenzung (SALT II) nicht zusätzlich mit einer Frage belasten, die, wie er meinte, die Sicherheit der Vereinigten Staaten nicht betraf. Tatsächlich ging es jedoch um die politischen Grundlagen der NATO, die für die Sicherheit seines Landes von entscheidender Wichtigkeit waren.

Schmidt fand Unterstützung beim französischen Staatspräsidenten Valéry Giscard d'Estaing und beim britischen Premierminister James Callaghan. Durch ihr gemeinsames Drängen sah sich schließlich Carter Anfang 1979 veranlasst, auf das Verlangen nach Herstellung eines „eurostrategischen Gleichgewichts“ einzugehen. Er war jedoch nach wie vor nicht gewillt, von der UdSSR eine Lösung des Problems im Rahmen des SALT-II-Vertrags zu fordern, der inzwischen kurz vor dem Abschluss stand. Er bot den drei verbündeten Regierungschefs bei einer Zusammenkunft auf Guadeloupe an, der SS-20 durch eine Dislozierung entsprechender amerikanischer Raketen in Westeuropa zu begegnen. Das widersprach deren Vorstellungen, die auf Abrüstung statt Aufrüstung ausgerichtet waren. Carter ließ sich nicht von seinem Konzept abbringen. Da seine Gesprächspartner jedoch auf seine Bereitschaft angewiesen waren, blieb ihnen zuletzt nichts anderes übrig, als sein Anerbieten anzunehmen. Sie erreichten lediglich, dass parallel zur Entwicklung und Pro-

---

[11] Hans und Michael Rühle machen geltend, bei verschiedenen Manövern habe „Rot“ (das für die östliche Seite stand) sogleich voll mit allen Kernwaffen zugeschlagen, und weisen auf die Kommandostabsübung „Burja“ im Herbst 1961 als Beispiel hin. Dabei bleibt außer Betracht, dass die UdSSR unter Chruščëv ein anderes Konzept hatte als in den siebziger und achtziger Jahren. Der Wert des Zeugnisses von Siegfried Lautsch wird durch den – von Rüdiger Wenzke in der Einleitung zu seinem Sammelband auf Seite 10 hervorgehobenen – Tatbestand relativiert, dass die sowjetische Seite ihre genauen strategischen Vorstellungen auch gegenüber den Verbündeten zu verbergen suchte und diese zu Planungen veranlasste, die nicht miteinander übereinstimmten.

[12] Siehe den Beitrag von Tim Geiger in diesem Band.

duktion der Raketen die Anbahnung von Verhandlungen der USA mit der UdSSR über einen SS-20-Verzicht vorgesehen wurde. Wenn diese zum Erfolg führten, sollte die Gegenstationierung entfallen[13].

Der Kompromiss stellte die westeuropäischen Führer nicht zufrieden und belastete sie mit innenpolitischen Problemen. Die Vorbereitung der „Nachrüstung", welche die Bedrohung durch die SS-20 abwehren sollte, würde vier Jahre beanspruchen. Diese lange Zeit, während welcher der Beschluss über die Stationierung der amerikanischen Gegenraketen ausdrücklich noch rückgängig gemacht werden konnte, bot der Sowjetunion Gelegenheit zur Mobilisierung der Öffentlichkeit im Westen. Schmidt war in einer besonders schwierigen Lage, denn in seiner Partei, der SPD, war die rüstungsfeindliche Stimmung weit verbreitet. Überdies erinnerte er sich daran, dass die – zur Brechung der sowjetischen Panzerüberlegenheit vorgesehene – Neutronenwaffe von Carter fallen gelassen worden war, nachdem er diese in der Bundesrepublik mit großer Mühe innenpolitisch durchgesetzt hatte. Das Zurückweichen des amerikanischen Präsidenten war in Moskau als Erfolg der eigenen Propaganda verbucht worden[14]. Das ermutigte zur Fortsetzung der Kampagne für die Abrüstung des Westens, die man nach der Konferenz über Sicherheit und Zusammenarbeit in Europa (KSZE) eingeleitet hatte. Demnach war die NATO verpflichtet, der 1975 erreichten „politischen Entspannung" die „militärische Entspannung" folgen zu lassen. Die Öffentlichkeit wurde dazu aufgerufen, die angebliche Aufrüstungspolitik des westlichen Bündnisses zu verhindern. Die geplante Aufstellung amerikanischer Raketen in Westeuropa lieferte nunmehr ein zugkräftiges Thema.

Die sowjetische Führung rechnete zuversichtlich damit, durch Appelle an das westliche Publikum die einseitige Stationierung der SS-20 durchsetzen und alle Gegenmaßnahmen verhindern zu können. Der nukleare Status quo, so hieß es in Moskau, dürfe nicht durch zusätzliche Systeme in Frage gestellt werden. Damit wurden nicht nur die bis Ende 1979 aufgestellten etwa 90 SS-20-Startgeräte, sondern auch alle weiter vorgesehenen Raketen dieses Typs gerechtfertigt. Der sowjetischen Propaganda zufolge, war – freilich nur mit Blick auf den Westen – jede Rüstung als solche auf die Entfesselung von Krieg ausgerichtet und gefährdete damit den Frieden. Die Frage, welchem Zweck welche Waffe dienen sollte, war tabu. Jeder Verzicht auf (westliche) Rüstung diente demnach dem Frieden, während jedes Mehr an Rüstung auf Seiten der NATO als Schritt mit dem Ziel und der Wirkung anzusehen war, Krieg zu entfesseln. Demnach war die erklärte westliche Absicht, eine Option der Kriegführung auszuschalten, von vornherein Heuchelei, sofern von ihr überhaupt Kenntnis genommen wurde. Die Forderung nach einem Zustand militärischen Gleichgewichts, in dem sich die Fähigkeiten wechselseitig neutralisierten, beantwortete die UdSSR mit der nicht näher begründeten Behauptung, diese Balance sei bereits hergestellt und würde durch die geplanten amerikanischen Raketen zerstört werden. Der Kreml, der schon vorher gegenüber den Westeuropäern betont hatte, dass die neuen Systeme der USA auch sie bedrohten[15],

[13] Vgl. Klaus Wiegrefe, Das Zerwürfnis. Helmut Schmidt, Jimmy Carter und die Krise der deutsch-amerikanischen Beziehungen, Berlin 2005, S. 162–164, 252–257. Zum Gipfel auf Guadeloupe mit teils abweichender Bewertung vgl. auch die Beiträge von Tim Geiger, Beatrice Heuser/Kristan Stoddart und Georges-Henri Soutou in diesem Band.

[14] B. N. Ponomarëv während einer Beratung mit leitenden SED-Funktionären am 3.–5. 7. 1979, in: Michael Ploetz, Wie der Kreml den Kalten Krieg verlor, Berlin 2000, S. 137.

[15] So etwa der Erste stellvertretende Leiter der Internationalen Abteilung des ZK der KPdSU, Wadim Sagladin, in: „Unsere Raketen zielen nicht auf Bonn." Die sowjetischen Westpolitiker Sagladin und Falin über Breschnews Abrüstungsofferte, in: *Der Spiegel* vom 5. 11. 1979, S. 52.

machte sich 1980 die These des „Stern"-Reakteurs Wolf Perdelwitz voll zu eigen, die Nuklearrüstung der NATO sei von der Absicht bestimmt, einen auf Europa begrenzten Kernwaffenkrieg zu ermöglichen. Die Vereinigten Staaten suchten die gegenseitige Vernichtung der UdSSR und Westeuropas herbeizuführen, um ihre Weltherrschaft durchzusetzen[16]. Diese ungeheuerliche Anklage fand vielfach Glauben und trug zur Emotionalisierung der Protestbewegung erheblich bei.

Im Kreml war man sich bewusst, dass die eigenen Anhänger und „Verbündeten" nur eine kleine Minderheit unter den westlichen Rüstungsgegnern bildeten. Man erkannte jedoch, dass sich der Protest durch nur wenige zuverlässige Aktivisten in die gewünschte Richtung lenken ließ. Ihnen gab der Umstand, dass alle mitwirkenden Gruppen unabhängig von der Zahl ihrer Mitglieder und Anhänger je einen Vertreter in die Aktionskomitees der Friedensbewegung entsandten, aufgrund der Vielzahl der kommunistischen Tarn- und Filialorganisationen ein Übergewicht. Zudem wurde, wenn Beschlüsse anstanden, den Opponenten ihrer Vorschläge das Erfordernis des „Minimalkonsenses" entgegengehalten. Wolle man Abrüstungsschritte durchsetzen, müsse man der Linie folgen, die von allen befürwortet werde, und von Forderungen absehen, auf die man sich nicht einigen könne. Da nur der Kampf gegen die westlichen Raketen generell gebilligt werde und die Frage strittig sei, ob man gerechterweise auch von der UdSSR etwas verlangen dürfe, müsse man sich auf Ersteres beschränken. Die prosowjetischen Kräfte besaßen überdies einen enormen Vorsprung an organisatorischer Erfahrung; nur sie verfügten über die nötigen Finanz- und Kaderressourcen und gewannen nicht zuletzt auch durch die Einheitlichkeit ihrer politischen Ausrichtung bei allen Aktionsbeschlüssen entscheidendes Gewicht[17]. Nachdem sich die Führung im Kreml seit langem auf Abrüstungskampagnen vorbereitet hatte, um die Regierungen des Westens, vor allem der ausschlaggebenden Bundesrepublik, durch öffentlichen Druck zu „militärischer Entspannung" zu veranlassen, wussten ihre Gefolgsleute zudem, wie sie die Aufmerksamkeit des Publikums auf die westlichen Raketen zu lenken und als deren Zweck die Verwendung für einen beabsichtigten Krieg glaubhaft zu machen hatten.

Die NATO-Planer suchten die Gegenrüstung zur SS-20 so zu strukturieren, dass sie der sowjetischen Seite die Hoffnung auf einen entwaffnenden Erstschlag gegen Westeuropa nahm, der seine Ziele vor Abfeuern einer Antwortsalve erreichen und ausschalten würde. Deshalb legten sie Wert auf eine besonders rasche Einsatzbereitschaft der neuen Systeme

---

[16] Jeffrey Herf, War by Other Means. Soviet Power, West German Resistance, and the Battle of the Euromissiles, New York/Toronto 1991, S. 118f. Vgl. Wolf Perdelwitz, Wollen die Russen Krieg?, Hamburg 1980; Wolf Perdelwitz/Heiner Bremer, Geisel Europa, Berlin (West) 1981.

[17] Axel Minrath, Der Friedenskampf. Die DKP und ihre Bündnispolitik in der Anti-Nachrüstungsbewegung, Köln 1986; Udo Baron, Kalter Krieg und heißer Frieden. Der Einfluss der SED und ihrer westdeutschen Verbündeten auf die Partei „Die Grünen", Münster 2003, S. 37–133; Gerhard Wettig, High Road – Low Road. Diplomacy and Public Action in Soviet Foreign Policy, Washington/DC 1999, S. 88–93; Fritz Vilmar, Was heißt hier kommunistische Unterwanderung?, Frankfurt a. M./Berlin (West)/Wien 1981, S. 140–152; Drucksache 9/466, Deutscher Bundestag, 9. Wahlperiode, 22. 5. 1981, Antwort der Bundesregierung auf eine Kleine Anfrage, S. 2. Zur operativen und finanziellen Abhängigkeit der DKP und ihrer Hilfsorganisationen von Moskau und Ost-Berlin vgl. Michael Roik, Die DKP und die demokratischen Parteien 1968–1984, Paderborn 2006, S. 73–96. Der Gründer der westdeutschen Filialorganisation Bund der Deutschen, Wehrmacht-Oberst a. D. Josef Weber, lenkte die prosowjetischen Kräfte in der Friedensbewegung, entschied über die Verwendung der von östlicher Seite zur Verfügung gestellten Ressourcen und erhielt 1985 für seine Verdienste den Internationalen Lenin-Friedenspreis der UdSSR.

und auf die Platzierung vieler von ihnen in gefährdeten Positionen, die im Kriegsfall wegen des bald zu erwartenden feindlichen Zugriffs einen sofortigen Abschuss erforderten. Zugleich sollte der UdSSR klar gemacht werden, dass man keine Fähigkeit zum entwaffnenden Erstschlag anstrebte. Die Pershing-II, die ihre Ziele in weniger als einer halben Stunde erreichen konnte, wurde auf eine relativ geringe Zahl und auf eine Reichweite begrenzt, die einen Einsatz gegen die militärischen und politischen Kommandozentralen ausschloss. Die Marschflugkörper, die diese zu erreichen vermochten, gestatteten aufgrund ihres langsamen Fluges sowohl Schutz- und Evakuierungsmaßnahmen als auch rechtzeitig geführte nukleare Gegenschläge. Ein „Enthauptungsschlag", der die UdSSR lahm lege, ehe sie ihrerseits agieren könne, war damit von vornherein ausgeschlossen[18]. Die mit dieser Planung beabsichtigte Botschaft der Zurückhaltung kam freilich nicht an: In Moskau glaubte man, dass die Pershing-II eine weit größere Reichweite habe und gegen die sowjetischen Zentren gerichtet sei, mithin einen Erstschlag in Aussicht stelle[19].

## III. Reaktion auf den NATO-Doppelbeschluss

Der Doppelbeschluss der NATO vom 12. Dezember 1979 sah Verhandlungen mit der UdSSR über einen wechselseitigen Euroraketenverzicht vor und legte für den Fall, dass dabei kein Ergebnis erzielt würde, die Stationierung der ins Auge gefassten Systeme in Westeuropa fest. Kurz zuvor hatte die sowjetische Führung bereits zu erkennen gegeben, dass sie sich nicht darauf einlassen wollte. Außenminister Andrej Gromyko hatte in Bonn erklärt, die UdSSR werde nur dann verhandeln, wenn der Westen vorher keinen Beschluss gefasst habe. Im vorangegangenen Sommer war zudem Bundeskanzler Schmidt mit dem Versuch gescheitert, um den Preis ganz erheblicher Zugeständnisse eine Übereinkunft herbeizuführen. Sein „privat", ohne Wissen der Verbündeten unterbreitetes Anerbieten, ein begrenztes SS-20-Arsenal der UdSSR ohne Gegenrüstung zu akzeptieren, war auf keinerlei Interesse gestoßen[20]. Offensichtlich dachte man im Kreml nicht an das geringste Entgegenkommen. Vermutlich bestärkte die weitgehende Konzessionsbereitschaft desjenigen Politikers, den man als Schlüsselfigur des westlichen Widerstands betrachtete und für besonders wichtig hielt, weil er an der Spitze des für die Durchführung des NATO-Vorhabens entscheidenden Landes stand, die Verfechter des sowjetischen Rüstungsprogramms in der Zuversicht, sich uneingeschränkt durchsetzen zu können.

Den harten Kern bildeten Verteidigungsminister Dmitrij Ustinow, der KGB-Vorsitzende Jurij Andropow und der Chefideologe Michail Suslow. Ihre sehr engen und vertrauensvollen Verbindungen zu KPdSU-Generalsekretär Leonid Breschnew, von dessen Votum die

---

[18] Vgl. Paul H. Nitze, From Hiroshima to Glasnost. A Memoir, New York 1989, S. 367–369; Wiegrefe, Das Zerwürfnis, S. 257–259; Gerhard Wettig, Die Instrumentalisierung von Bedrohungsvorstellungen und Streitkräftedaten im INF-Bereich, in: Forndran/Krell, Kernwaffen im Ost-West-Vergleich, S. 339–414, hier S. 364f.

[19] Vgl. Aleksej Arbatov, Voenno-strategičeskij paritet i politika SSA, Moskau 1984, S. 196.

[20] Gespräch des Bundeskanzlers Schmidt mit dem sowjetischen Ministerpräsident Kossygin und Außenminister Gromyko in Moskau, 25. 6. 1979, in: AAPD 1979, Dok. 188, S. 905–918, insbes. S. 915f.; G. M. Kornienko, Cholodnaja vojna. Svidetel'stvo eë učastnika, Moskau 2001, S. 289f.; Sergej F. Achromejew/G. M. Kornienko, Glazami maršalla i diplomata, S. 43f. (Ausführungen Kornienkos). Im deutschen Protokoll, das vermutlich als Grundlage für die Unterrichtung der Verbündeten diente, ist nur von der sich stellenden Alternative, nicht aber von Schmidts eigenmächtigem Angebot die Rede.

Entscheidungen letztlich abhingen, verliehen ihnen in dieser Frage entscheidenden Einfluss. Gromyko sah sich dadurch veranlasst, sich auf ihre Seite zu schlagen. Sehr wichtig waren zudem die Militärs. Sie verteidigten ihre Fachkenntnisse als Geheimwissen gegen alle Außenstehenden. Die politische Führung nahm keinen Einblick in die Einzelheiten der Rüstungs- und Strategiefragen, sondern verließ sich auf ihr Urteil und folgte ihren Empfehlungen. Breschnew akzeptierte stets, was sie im Namen der sowjetischen Sicherheit forderten. Die exzessiven finanziellen Belastungen, die das mit sich brachte, waren nicht im Sinne des Vorsitzenden des Ministerrats, Aleksej Kossygin, der für das Funktionieren der Wirtschaft zu sorgen hatte; doch war diesem wegen seines schlechten persönlichen Verhältnisses zum Parteichef von vornherein die Möglichkeit genommen, seine Prioritäten durchzusetzen. Die unnachgiebige Haltung in der Euroraketenfrage widersprach zwar dem grundsätzlichen Friedens- und Verständigungswillen Breschnews, doch führte dessen fortschreitende Krankheit dazu, dass er inzwischen weithin auf die Einflüsterungen seiner Umgebung angewiesen war und an wichtigen Angelegenheiten gar nicht erst beteiligt wurde[21].

Am Tag des NATO-Doppelbeschlusses legte die sowjetische Führung die Leitlinien der Kampagne fest, die unter der Parole der „militärischen Entspannung" gegen das westliche Nachrüstungsvorhaben eingeleitet wurde[22]. Dem lag sowohl die Einschätzung zugrunde, dass Schmidt innenpolitisch verwundbar sei, als auch die Erwartung, dass Carter einknicken werde, wenn man ihn mit starkem Widerstand in den westlichen Ländern konfrontiere. Der Kreml ließ eine Serie von Zusammenkünften folgen, um Gefolgsleute im Westen zu instruieren und die dortige Öffentlichkeit zu mobilisieren[23]. Wie man ihr gegenüber erklärte, galt es, jetzt zu handeln, um die Vernichtungsgefahr von Europa abzuwenden, die von den US-Raketen drohe[24]. Zentrale Bedeutung maß der Kreml dem

---

[21] Vgl. dazu Aleksandr G. Savelyev/Nikolay N. Detinov, The Big Five. Arms Control Decision-Making in the Soviet Union, Westport/CN, London 1995, S. 17-20, 25, 27f., 33f., 35f.; A. M. Aleksandrov-Agentov, Ot Kollontaj do Gorbačëva. Vospominanija diplomata, sovetnika A. A. Gromyko, pomoščnika L. I. Brežneva, Ju. V. Andropova, K. U. Černenko i M. S. Gorbačëva, Moskau 1994, S. 236–238, 248f., 264–270; Achromeev/Kornienko, Glazami maršalla i diplomata, Moskau 1992, S. 18–23, 29 (Ausführungen Achromeevs), 37f. (Ausführungen Kornienkos); A. S. Černjaev, Moja žizn', moë vremja, Moskau 1995, S. 287, 292, 296, 308; K. N. Brutenc, Tridcat' let na Staroj Ploščadi, Moskau 1998, S. 146, 164–166; Anatolij Gromyko, Andrej Gromyko. Vospominanija i razmyšlenija, Moskau 1997, S. 51–56.

[22] O provedenii Vsesojuznoj konferencii stronnikov mira (Auszug aus Protokoll No. 185 des ZK-Sekretariats), 29. 11. 1979, in: Rossijskij gosudarstvennyj archiv novejšej istorii (RGANI), fond 89, opis' 31, delo 23, o. Bl.

[23] Archivy Kremlja i Staroj Ploščadi. Dokumenty po „Delu KPSS", Novosibirsk 1995, S. 112 (Angaben zu den Dokumenten 1290 und 1291), 118 (Angaben zu Dokument 1371), 121 (Angaben zu Dokument 1408), 127 (Angaben zu den Dokumenten 1483 und 1485), 128 (Angaben zu den Dokumenten 1500 und 1502); O porjadke izdanija zakrytogo „Informacionnogo bjulletenja CK KPSS (po meždunarodnym delam)" (Auszug aus Protokoll Nr. 201 des ZK-Sekretariats), 12. 3. 1980, in: RGANI, 89, 31, 35, o. Bl.; O provodenii vstreči sekretarej CK bratskich partij po meždunarodnym voprosam (Auszug aus Protokoll Nr. 214 des ZK-Sekretariats), 9. 4. 1980, in: RGANI, fomd 89, opis' 31, delo 39, o. Bl.; Ploetz, Wie die Sowjetunion den Kalten Krieg verlor, S. 215, 217–220 (Ausführungen Šapošnikovs und Ponomarëvs); Michael Ploetz/Hans-Peter Müller, Ferngelenkte Friedensbewegung? DDR und UdSSR im Kampf gegen den NATO-Doppelbeschluss, Münster 2004, S. 203f., 221f.; Sowjetische Friedenskampagne in Europa, in: IPZ-Informationen (Organ zur Verbreitung von Erkenntnissen westlicher Aufklärungsdienste), Nr. K/9 (Dezember 1982), S. 77. Bestätigung der Zielangabe durch den stellv. Leiter der Internationalen Abteilung des ZK der KPdSU, V. Zagladin, in: *Der Spiegel* vom 8. 6. 1981, S. 119.

[24] Vgl. Gerd Prokot, Den entspannungsfeindlichen Kräften gilt es eine Abfuhr zu erteilen, in: *Neues Deutschland* vom 19. 12. 1979; Günter Drefahl (Präsident des Friedensrates der DDR), Koordinierte

„antiimperialistischen Bündnis" mit den Sozialdemokraten bei. In diesen sah man zwar nach wie vor Feinde im „internationalen Klassenkampf", doch bis auf weiteres hatte das Bestreben Vorrang, die angestrebte Anti-Raketen-Bewegung vom kommunistischen Ruch zu befreien und eine breite Front zur „Verteidigung des Friedens" aufzubauen[25]. Der Erfolg der Bemühungen in der Bundesrepublik als dem ausschlaggebenden Land blieb zunächst hinter den Wünschen der Moskauer Führung zurück. Erst das „Krefelder Forum" am 15. Dezember 1980, das ein Vertrauensmann sehr geschickt als scheinbar nicht-kommunistische Veranstaltung organisiert hatte, brachte die erhoffte Wende. Der von ihm verbreitete Aufruf „Der Atomtod bedroht uns alle – keine Atomraketen für Europa!" fand größte Resonanz[26]. Für diejenigen, die dem „Krefelder Appell" misstrauten, weil ihn vielfach Personen unterschrieben hatten, die als Unterzeichner prosowjetischer Stellungnahmen bekannt waren, wurde im Dezember 1980 ein „Bielefelder Appell" mit gleicher Ausrichtung in Umlauf gebracht[27].

Schmidt bemühte sich Mitte 1980 ein weiteres Mal um eine Übereinkunft mit der UdSSR – mit noch weitergehenden Zugeständnissen, doch wieder vergeblich. Er hielt es aber für einen wichtigen Erfolg, dass er seine Moskauer Gesprächspartner davon überzeugen konnte, es liege nicht in ihrem Interesse, Verhandlungen mit den USA über die Euroraketen weiterhin kategorisch abzulehnen[28]. Seine Annahme, im Kreml einen Haltungswandel bewirkt zu haben, ging freilich völlig fehl[29]. Die sowjetische Führung vereinbarte zwar Vorgespräche mit Washington, leitete diese jedoch vorerst nicht ein. Sie setzte vielmehr darauf, durch Fortschritte der Kampagne in der Bundesrepublik den erhofften Durchbruch zu erreichen. Vor allem die Entwicklungen in der SPD bestärkten sie in dieser Erwartung. Schmidts vertraulich gestellte Frage an die sowjetische Führung, ob es denn in ihrem wohlverstandenen Interesse liegen könne, dass ihre Unterstützung für die Opponenten der NATO-Raketen die sozialdemokratisch geführte Bundesregierung zu Fall bringe und die Macht in Bonn den Unionsparteien überantworte, blieb ohne Wirkung. Im Kreml sah man erwartungsvoll dem Tag entgegen, an dem der Bundeskanzler als Urheber des Widerstands gegen die SS-20 von der politischen Bühne verschwinden werde, und war

---

Aktionen der Völker gegen den NATO-Konfrontationskurs (Zusammenfassung von Ausführungen auf der erweiterten Tagung des Präsidiums des Friedensrats der DDR am 31. 1. 1980), in: Horizont 13 (1980), H. 6, S. 3.

[25] Vgl. Ploetz, Wie der Kreml den Kalten Krieg verlor, S. 209–211.

[26] Vgl. Rudolf van Hüllen, Der „Krefelder Appell", in: Jürgen Maruhn/Manfred Wilke (Hrsg.), Raketenpoker in Europa. Das sowjetische SS-20-Abenteuer und die Friedensbewegung, München 2001, S. 216–253; Udo Baron, Das KOFAZ, die „Grünen" und die DKP in der Friedenskampagne, in: ebenda, S. 93–99, 202–215; Michael Ploetz, Die Rolle des DDR-„Friedensrates" in der Kampagne, in: ebenda, S. 254–269; Gottfried Linn, Die Kampagne gegen die NATO-Nachrüstung. Zur Rolle der DKP, Bonn 1983, S. 76–78.

[27] Vgl. Ploetz, Die Rolle des DDR-„Friedensrates", S. 263; van Hüllen, Der „Krefelder Appell", S. 245.

[28] Gespräch des Bundeskanzlers Schmidt und des Bundesaußenministers Genscher mit dem Generalsekretär des ZK der KPdSU, Breschnew, Ministerpräsident Kossygin und Außenminister Gromyko in Moskau, 30. 6. 1980, in: AAPD 1980, Dok. 192; Gespräch Schmidt und Genschers mit Breschnew, Kossygin und Gromyko am 1. 7. 1980, in: ebenda, Dok. 193. Vgl. Helmut Schmidt, Menschen und Mächte, München 1988, S. 110–117, 120–124; Kornienko, Cholodnaja vojna, S. 299f. Die geheimen Einzelheiten der Moskauer Gespräche, in: *Die Welt* vom 7. 7. 1980.

[29] Vgl. Tagebucheintragung von W. S. Semjonow, 2. 7. 1980, wiedergegeben in: Forum für osteuropäische Ideen- und Zeitgeschichte 8 (2004), H. 2, S. 231–266, hier S. 259.

davon überzeugt, dass dann die Gegner der Nachrüstung die Macht in Bonn übernehmen würden[30].

## IV. Dunkle Wolken am sowjetischen Horizont

Carter hatte in Moskau auch nach der 1979 einsetzenden amerikanischen Aufrüstung als schwacher Gegner gegolten, mit dem man fertig werde. Sein im November 1980 gewählter Nachfolger Ronald Reagan machte dieser Zuversicht ein Ende. Seine scharf antisowjetische, militante Rhetorik weckte Ängste, und das massiv gesteigerte Verteidigungsbudget nötigte die UdSSR zu einem anstrengenden Rüstungswettlauf, dem sie je länger, desto weniger gewachsen war. Die Männer im Kreml, die sich zuvor im Besitz der stärkeren Militärmacht gesehen hatten, sahen ihren Vorteil schwinden und mit der Aussicht auf wirtschaftlichen Zusammenbruch konfrontiert. Auch die wachsenden Schwierigkeiten in der lange als sowjetische Domäne betrachteten Dritten Welt führten sie auf den neuen Präsidenten zurück. Reagans Anordnung von Anfang August 1981, die von Carter aufgegebene Produktion der Neutronenwaffe wieder aufzunehmen, verstärkte die Befürchtungen[31]. Als er im März 1983 die Strategische Verteidigungsinitiative (SDI) ankündigte, erreichte die Sorge den Höhepunkt. Die Amerikaner schienen auf dem Weg zu einer qualitativ neuen Militärtechnik zu sein, die dauernde Überlegenheit gewährleiste. Andropow, der nach Breschnews Tod im November 1982 an die Spitze von Partei und Staat getreten war, sah sein Land in großer Gefahr und stellte sich die bange Frage, ob sie sich eine einseitige global-strategische Unverwundbarkeit verschaffen könnten, welche die UdSSR wehrlos machen würde[32]. Insgesamt entstand der Eindruck, Reagan sei von Hass gegen die Sowjetunion erfüllt und suche ihr die Verbündeten abspenstig zu machen und das sozialistische System zu liquidieren. Zu diesem Zweck wolle er die materiell-technische Überlegenheit seines Landes voll zur Geltung bringen, vielleicht sogar einen Krieg beginnen[33]. Noch als Chef des KGB hatte Andropow einen überfallartigen Kernwaffenangriff befürchtet und die Organe der Auslandsaufklärung angewiesen, ihr Bemühen primär auf die Feststellung von Anzeichen dafür auszurichten[34].

---

[30] Die Frage wurde in Schmidts Auftrag vom DGB-Vorsitzenden Heinz-Oskar Vetter während eines Gesprächs im Kreml gestellt. Die sowjetische Führung reagierte überrascht und gab die Erwartung zu erkennen, dass nach Schmidts Sturz die Raketengegner das Heft in die Hand bekommen würden. Als Hinweis vgl. Die Situation ist ernst, in: *Frankfurter Allgemeine Zeitung* vom 14.10.1981; Schmidt, Menschen und Mächte, S. 127.

[31] Ausführungen von Marschall N.V. Ogarkov auf einer Tagung der Generalstabschefs des Warschauer Pakts (nach DDR-Wiedergabe), 8.–10.9.1982, in: Vojtech Mastny/Malcom Byrne (Hrsg.), A Cardboard Castle? An Inside History of the Warsaw Pact 1955–1991, Budapest, New York 2005, S. 466–468.

[32] Vgl. Vojtech Mastny, „Able Archer". An der Schwelle zum Atomkrieg?, in: Bernd Greiner/Christian Th. Müller/Dierk Walter (Hrsg.), Krisen im Kalten Krieg, Bonn 2009, S. 514f.; Oleg Grinevskij, Perelom. Ot Brežneva k Gorbačëvu, Moskau 2004, S. 25–29; Aleksandrov-Agentov, Ot Kollontaj do Gorbacëva, S. 281f. Vgl. Achromeev/Kornienko, Glazami maršalla i diplomata, S. 29f. (Ausführungen Achromeevs).

[33] Vgl. Anatoly Dobrynin, In Confidence. Moscow's Ambassador to America's Six Cold War Presidents (1962–1986), New York 1995, S. 478, 495f., 502f.; Andropow im Gespräch mit Erich Mielke, 11.7.1981, in: Ploetz, Wie die Sowjetunion den Kalten Krieg verlor, S. 91–96.

[34] Vgl. Ben B. Fischer, A Cold War Conumdrum. The 1983 Soviet War Scare. An Intelligence Monograph, Langley/VA: Center for the Study of Intelligence, September 1997, S. 5–17; Christopher Andrew/Vasili Mitrokhin, The Sword and the Shield. The Mitrokhin Archive and the Secret History of

Die sowjetische Führung wusste der Herausforderung durch Reagans Politik nicht anders als durch zusätzliches Rüsten zu begegnen, obwohl sie damit die ohnehin schon erheblichen ökonomischen Probleme vergrößerte. Sie wollte unter allen Umständen ein militärisches Übergewicht der Amerikaner verhindern[35], diese aus Europa drängen und sich die dominierende Position auf dem Kontinent verschaffen[36]. Verstärkte Polemik sollte die Verbündeten der USA gegen diese aufbringen. Dabei war es von Nutzen, dass Reagans harte Haltung gegenüber der UdSSR sowie seine Aufrüstungsmaßnahmen in der Öffentlichkeit, vor allem in Westeuropa, Sorge hervorriefen, denn verschärfte Spannungen und drohende Konfrontationsaussichten wurden allgemein gefürchtet. Durch gezieltes Schüren dieser Ängste suchte der Kreml einen Keil in die atlantische Allianz zu treiben. Der US-Präsident war aber ein starker Gegner im Ringen um die Gunst des Publikums. Als nach seinem Amtsantritt die sowjetische Führung endlich bereit war, mit den seit langem zugesicherten Vorgesprächen und Verhandlungen über die Euroraketen Ernst zu machen, spielte er als seinen Trumpf die Forderung nach einem beiderseitigen Totalverzicht auf Euroraketen aus[37]. Da die UdSSR das ablehnte, bekamen die westlichen Regierungen ein zugkräftiges Argument in die Hand, wieso der NATO-Doppelbeschluss nötig sei, während sich in die Reihen der Protestbewegung Unsicherheit verbreitete. Es kostete der östlichen Seite einige Zeit und Mühe, bis sie die Raketengegner im Westen weithin zu der Ansicht bringen konnten, der Vorschlag des Präsidenten sei nichts als Heuchelei.

Insgesamt verschärfte sich die östliche Polemik gegen das Raketenvorhaben des atlantischen Bündnisses. Die Kampagnen zielten in erster Linie darauf ab, die Vereinigten Staaten als Kriegshetzer und Entspannungsfeind zu diskreditieren. Die Euroraketenverhandlungen gerieten vor diesem Hintergrund zu einer veritablen Propagandaschlacht, in der es darum ging, den Gegner ins Unrecht zu setzen. Wie Andropow intern betonte, galt es, das SS-20-Arsenal als Kern der strategischen Streitkräfte und als „Bollwerk der Sicherheit des gesamten sozialistischen Lagers" zu verteidigen, zugleich aber die Verwirrung des Publikums dadurch zu überwinden, dass man die „wirkliche Bedeutung" der beiderseitigen Standpunkte ins rechte Licht rücke[38].

Inzwischen war in der Bundesrepublik eine weitere unerwartete Herausforderung entstanden. Bundeskanzler Schmidt verlor aufgrund des schwindenden Rückhalts in der SPD am 1. Oktober 1982 sein Amt, und sein Nachfolger wurde kein linker bzw. pazifistischer Politiker, sondern der Führer der CDU/CSU-Opposition, Helmut Kohl. Daraufhin begann man in Moskau daran zu zweifeln, ob sich die SS-20 ohne westliche Gegenstationierung durchsetzen lasse[39]. Der neue Regierungschef stützte sich – anders als sein Vorgänger – auf Parteien, die einhellig für die Aufstellung der NATO-Raketen eintraten, und brauchte keine Rücksicht auf widerstrebende Kräfte im eigenen Lager zu nehmen. Darum blieb das

---

the KGB, New York 1999, S. 213; Vladislav Zubok, A Failed Empire. The Soviet Union in the Cold War from Stalin to Gorbachev, Chapel Hill 2007, S. 271f.; Ustinow gegenüber Marschall Kulikow, 14. 6. 1982, in: Mastny/Byrne (Hrsg.), A Cardboard Castle?, S. 464f.

35 Vgl. D. Ustinov, Otvesti ugrozu jadernoj vojny, in: *Pravda* vom 12. 6. 1982; D. Ustinov, Otstojat' mir, in: *Pravda* vom 22. 6. 1981.

36 Vgl. Andropow auf der Tagung des Politischen Beratenden Ausschusses des Warschauer Pakts in Prag, 4./5. 1. 1983, in: Mastny/Byrne (Hrsg.), A Cardboard Castle?, S. 475–478.

37 Zu Reagans Null-Lösungsangebot vgl. auch den Beitrag von Klaus Schwabe in diesem Band.

38 Andropow auf der Tagung des Politischen Beratenden Ausschusses des Warschauer Pakts in Prag, 4./5. 1. 1983, in: Mastny/Byrne (Hrsg.), A Cardboard Castle?, S. 474–476.

39 Vgl. Julij A. Kwizinskij, Vor dem Sturm. Erinnerungen eines Diplomaten, Berlin 1993, S. 312–316.

sowjetische Bemühen ohne Erfolg, Bonn zum Haltungswechsel zu bewegen[40]. Auch die Hoffnung, das Votum des Volkes werde in den „Raketenwahlen" vom März 1983 gegen Kohl und seine Koalition ausfallen, erfüllte sich nicht. Der Sieg des neuen Bundeskanzlers festigte die Verhältnisse für die Verfechter der NATO-Nachrüstung. Der Kreml scheiterte auch mit dem Versuch, Kohl bei dessen Moskau-Besuch Anfang Juli 1983 umzustimmen. Der westdeutsche Gast zeigte sich zwar an guten Beziehungen zur UdSSR interessiert und zeigte sich zu Entgegenkommen in Nebenfragen bereit, blieb aber im Blick auf die vorgesehene Raketenstationierung hart. Die sowjetische Seite kam auch dann nicht weiter, als sie von werbender Überredung auf kaum verhüllte Drohungen umschaltete[41].

## V. Festhalten an der Maximalposition

Der sowjetische Generalsekretär war sich bewusst, dass sein Land am Ende seiner Kräfte war. Sollte er daraus die Konsequenz ziehen, auf das Maximalziel der dominierenden Position in Europa zu verzichten, um mit dem Westen zu einer Einigung zu gelangen? Er war zwar an verbesserten Beziehungen zu den USA interessiert[42], hielt aber an der bis dahin verfolgten Ambition weiter fest in der Hoffnung, die Anti-Raketen-Bewegung in der Bundesrepublik, die inzwischen gewaltig angeschwollen war und die SPD voll erfasst hatte, werde die NATO an der Stationierung hindern[43]. Die sowjetische Seite wollte auch deswegen keine wesentlichen Zugeständnisse machen, weil die Kader des „Friedenskampfes" im Westen auf eine unnachgiebige Linie eingeschworen worden seien und nicht durch einen Haltungswechsel desavouiert werden dürften[44]. Weiterhin lag der Gedanke nahe, sie müsse gerade deswegen, weil sie sich in einer Position der Schwäche befinde, alle Anstrengungen auf die Erzielung eines Durchbruchs richten, um wieder in die Vorhand zu kommen. Die Ideologie bestärkte sie in dem Willen, die bisherige Linie fortzusetzen: Reagan, so war aus Moskau zu vernehmen, suche mit seiner Politik die „Gesetze der historischen Entwicklung [hin zum Sieg des Sozialismus] zu bekämpfen" und auf jede nur mögliche Weise „weitere Verluste für das kapitalistische System zu verhindern"[45]. Dem westlichen Versuch,

---

[40] Zu Gromykos Auftreten in Bonn Mitte Januar 1983 siehe Stichworte zur Sicherheitspolitik (hrsg. vom Presse- und Informationsamt der Bundesregierung), 1983, H. 2, S. 18–27.

[41] Vgl. die Angaben zu Dokument 1911 und 1912, in: Archivy Kremlja, S. 160; Stellungnahmen von N. A. Tichonov und H. Kohl (mit kleinen Auslassungen), 4. 7. 1983, in: *Pravda* vom 5. 7. 1983; Gespräch J. V. Andropov-H. Kohl (mit kleinen Auslassungen), 5. 7. 1983, in: *Pravda* vom 6. 7. 1983; Harte und klare Aussprache in Moskau. Vage Drohungen Andropows mit Gegenmaßnahmen, in: *Frankfurter Allgemeine Zeitung* vom 6. 7. 1983; Helmut Kohl, Erinnerungen 1982–1990, München 2005, S. 148–151.

[42] A.S. Černjaev, Na Staroj Ploščadi. Iz dnevnikovych zapisej, in: Novaja i novejšaja istorija, 1/2005, S. 102.

[43] Andropov auf der Tagung des ZK der KPdSU, 14. 6. 1983, in: Plenum Central'nogo komiteta KPSS 14–15 ijunja 1983 goda, Moskau 1983, S. 129f. In gleichem Sinne A. A. Gromyko auf der Tagung des Politischen Konsultativkomitees des Warschauer Pakts, 6./7. 4. 1983, in: Ploetz/Müller, Ferngelenkte Friedensbewegung?, S. 158–161.

[44] Ausführungen von M. A. Suslov im Politbüro der KPdSU, 19. 12. 1981, zitiert von Mark Kramer, Poland 1980–1981, in: Bulletin of the Cold War International History Project, 5 (Spring 1995) Poland 1980–1981, S. 137.

[45] Vgl. ebenda; Mark Kramer, Jaruzelski, the Soviet Union, and the Imposition of Martial Law in Poland. New Light on the Mystery of December 1981 (Dokumentenwiedergabe mit Einführungstext), in: Bulletin of the Cold War International History Project, 11 (Winter 1998), S. 5–14.

den vorherbestimmten Gang der Geschichte zu verändern, konnte nach amtlicher Überzeugung kein dauernder Erfolg beschieden sein.

Andropow meinte zudem, wenn sich die UdSSR weiter um die „Beseitigung der nuklearen Bedrohung" bemühe, erwerbe sie ein „gewaltiges politisches Kapital", das ihr selbst dann zugute kommen müsse, wenn die atlantische Allianz ihre Raketen durchsetzen sollte. In diesem Fall wäre sie auch in der Lage, in geeigneter Weise zu reagieren[46]. Die nukleare Bedrohung, um deren Ausschaltung es ging, konnte in der ideologischen Wahrnehmung des KPdSU-Generalsekretärs nur von den Raketen auf westlicher Seite ausgehen, denn die SS-20 diente der friedlichen, auf die Verhütung eines „imperialistischen" Angriffskriegs ausgerichteten Politik der Sowjetunion. Er kalkulierte zwar die Möglichkeit der Stationierung im Westen ein und kündigte für diesen Fall Gegenmaßnahmen an, glaubte aber, der Bundesregierung könne es angesichts der gewaltig angeschwollenen Anti-Raketen-Bewegung kaum gelingen, die Verwirklichung des NATO-Beschlusses durchzusetzen.

Den Druck der Öffentlichkeit auf Bonn suchte die UdSSR vor allem durch heftige Polemik gegen die USA zu steigern. Die bis dahin nur inoffiziell vorgetragene Anklage, mit der Nachrüstung wolle Reagan die Fähigkeit zum entwaffnenden Erstschlag gewinnen, um die Sowjetunion siegreich angreifen zu können, wurde nunmehr in aller Form von Andropow selbst erhoben[47]. Die Bundesregierung wurde in der verschärften Kampagne als Komplize gebrandmarkt. Westeuropa, vor allem Westdeutschland, würde sich dem Inferno des Kernwaffenkrieges ausliefern, wenn es die Stationierung der amerikanischen Raketen nicht verhindere[48].

In den Kreisen der Protestbewegung machte diese Darstellung von höchster Seite großen Eindruck. In Publikationen aller Art bis hin zu Kinderbüchern[49] wurden die Schrecknisse der drohenden Vernichtung breit ausgemalt, die zu totaler Zerstörung und zum „nuklearen Winter" mit der Auslöschung allen Lebens führen würden. Die Sowjetunion sparte nicht mit direkten militärischen und politischen Drohungen. Die Kommandostabsübungen „Sojus-82" und „Sojus-83" demonstrierten die Gefahren für Westeuropa im Falle einer Konfrontation mit der UdSSR: Der Warschauer Pakt würde, wenn der Angriff des Westens (der gemäß ideologischer Prämisse allein einen Krieg auslösen konnte) bevorstand, diesen nicht abwarten, sondern bei den ersten Anzeichen den Gegner sofort nuklear vernichten, bevor dieser seinerseits handeln könne, und in die Tiefe seines Territoriums vorstoßen[50].

Zugleich suchte sich die UdSSR als die Seite zu präsentieren, die allein zu Entgegenkommen bereit sei, während die Vereinigten Staaten jedes vernünftige Einvernehmen verhinderten. Der Kreml hielt jedoch in Wirklichkeit voll an seiner Maximalposition fest. Gromyko lehnte die Anregung seines Unterhändlers Julij Kwizinskij empört ab, eine Verringerung des – inzwischen für einen entwaffnenden Erstschlag gegen Westeuropa weit

[46] Andropov auf der Tagung des Politischen Beratenden Ausschusses des Warschauer Pakts in Prag, 4./5.1.1983, in: Mastny/Byrne (Hrsg.), A Cardboard Castle?, S. 472–479.

[47] Otvety Ju.V. Andropova na voprosy korrespondenta „Pravdy", in: *Pravda* vom 27.3.1983.

[48] In diesem Sinne etwa die Aussage von Parteichef Breschnew, „Versetzen Sie sich einmal in unsere Lage..." Staats- und Parteichef Breschnew über die politische Situation vor seinem Besuch in Bonn, in: *Der Spiegel* vom 2.11.1981, S. 81.

[49] Vgl. als Beispiel das mehrfach preisgekrönte Buch von Gudrun Pausewang, Die letzten Kinder von Schewenborn oder ... sieht so unsere Zukunft aus?, Ravensburg 1983. Zur „nuclear scare" siehe auch den Beitrag von Philipp Gassert in diesem Band.

[50] Mastny, „Able Archer", S. 513f.; Mastny/Byrne (Hrsg.), A Cardboard Castle?, S. 480; Bundesministerium der Verteidigung (Hrsg.), Militärische Planungen des Warschauer Paktes in Zentraleuropa. Eine Studie, Bonn Februar 1992, S. 3–5; Grinevskij, Perelom, S. 70–72.

mehr als ausreichenden – SS-20-Arsenals zu erwägen, um eine Aussicht auf Übereinkunft am Verhandlungstisch zu haben und die Öffentlichkeit vom Verständigungswillen Moskaus zu überzeugen. Man habe noch nie auf Verteidigungswaffen verzichtet[51]. Um gleichwohl den vorgeblichen Willen zur Verständigung zu unterstreichen, ließ Andropow im August 1983 ein Konzessionspapier ausarbeiten, stimmte aber dessen diplomatischer Verwendung erst zu, als man ihm versichert hatte, dass Washington den Vorschlag mit völliger Sicherheit zurückweisen werde[52]. Alles propagandistische Bemühen zielte darauf ab, die westdeutschen „Friedenskämpfer" in ihrem Widerstand gegen die NATO-Stationierung zu bestärken und ihnen weitere Anhänger zuzuführen. Seit Ende des Frühjahrs 1983 bereiteten Ausschüsse der Protestbewegung in der Bundesrepublik Widerstands- und Blockadeaktionen mit dem Ziel vor, die Aufstellung der Raketen durch physische Einsätze zu verhindern[53].

## VI. Die Entscheidung im Herbst 1983

Andropow scheint sich im Spätsommer 1983 nicht mehr ganz sicher gewesen zu sein, ob er an der unnachgiebigen Haltung uneingeschränkt festhalten sollte. In der Folgezeit verharrte jedoch die sowjetische Politik in völliger Unbeweglichkeit. Aufgrund einer rasch fortschreitenden Krankheit konnte er selbst nicht handeln und sein Vertreter, ZK-Sekretär Konstantin Tschernenko, besaß in auswärtigen Angelegenheiten keinerlei Kompetenz. Als daher im Herbst 1983 die Euroraketenfrage in die akute Phase trat, war der Kreml unfähig zu neuen Entscheidungen. Zudem absorbierte der Abschuss eines südkoreanischen Verkehrsflugzeugs am 1. September, das versehentlich in den Luftraum der UdSSR geraten war, wochenlang die Aufmerksamkeit. In der Weltöffentlichkeit war ein Sturm der Empörung losgebrochen, der noch an Heftigkeit zunahm, als Tschernenko kein Wort der Entschuldigung fand und jedes Fehlverhalten in Abrede stellte[54]. Die Moskauer Führung suchte aus der Defensive herauszukommen und verstärkte deshalb die Polemik gegen die NATO-Raketen. Die Drohung mit den Gegenmaßnahmen wurde schärfer. Zugleich bemühte sie sich, in den Verhandlungen mit den USA den Eindruck von Kompromissbereitschaft zu erwecken. Wie es Gromyko für notwendig erklärt hatte,[55] konzentrierte sich die Propaganda besonders auf die Öffentlichkeit der Bundesrepublik[56]. Nachdem der Kreml

---

[51] Kwizinskij, Vor dem Sturm, S. 312–316.

[52] Ebenda, S. 329f.

[53] Linn, Die Kampagne, S. 51–56; Minrath, Der Friedenskampf, S. 116–129; Bundesministerium des Innern (Hrsg.), Linksextremistische Einflüsse auf die Kampagne gegen die NATO-Nachrüstung, Bonn 1983, S. 10–19; Linksextremistische und sicherheitsgefährdende Kampagnen innerhalb der Kampagne gegen die NATO-Nachrüstung, hier: Aktionsplanung Sommer und Herbst 1983, Stand: 20. Juni 1983 [hektographierter Bericht auf der Basis westdeutscher Geheimdienstinformationen]; DKP beherrscht Planungen für die „Friedenswoche", in: *Die Welt* vom 6. 10. 1983.

[54] Aleksandrov-Agentov, Ot Kollontaj do Gorbacëva, S. 330f.; Achromeev/Kornienko, Glazami maršalla i diplomata, S. 48–51 (Ausführungen Kornienkos); Dobrynin, In Confidence, S. 535–537.

[55] Vgl. Ploetz/Müller, Ferngelenkte Friedensbewegung?, S. 169–174; Kommuniqué der Tagung der Außenminister des Warschauer Pakts in Sofia, 14. 10. 1983, in: *Izvestija* vom 15. 10. 1983; Ronald D. Asmus, Soviet Bloc Intensifies Campaign Against Euromissiles. Radio Free Europe Research, RAD Background Report 241, 17. 10. 1983.

[56] Siehe unter anderem Sokratit' jadernye vooruženija v Evrope! Press-konferencija v Moskve, in: *Izvestija* vom 15. 9. 1983; Juri Andropow antwortet auf Schreiben von BRD-Bundestagsabgeordneten,

verlautbart hatte, er könne nur so lange verhandeln, wie nicht stationiert werde, hieß es, eine Übereinkunft sei bald zu erwarten. Diese Chance dürfe die westdeutsche Seite nicht durch eine vorherige Aufstellung der amerikanischen Raketen zerstören. Andernfalls komme es sofort zum Abbruch der diplomatischen Gespräche, dem neben den angekündigten Gegenmaßnahmen auch eine politische „Eiszeit" folgen würde[57].

Seit September 1983 schürten die sowjetischen Medien die Kriegsangst. Wie es scheint, wollte die Führung die Bevölkerung auf einen möglichen militärischen Konflikt vorbereiten, der, wie Andropow und nervöse Funktionäre seiner Umgebung befürchteten, akut drohte. Als die NATO Anfang November so wie jedes Jahr in einer Kommandostabsübung den Einsatz der Kernwaffen simulierte, erschienen auf sowjetischen Monitoren Signale, die anscheinend fünf Minuteman-Raketen im Anflug zeigten. Nach Minuten höchster Anspannung kam der zuständige Oberst zu dem Schluss, die Zahl sei zu gering, als dass es sich wirklich um einen Angriff handeln könne. Der für diesen Fall vorgesehene präemptive Gegenschlag wurde nicht in Gang gesetzt[58].

Angesichts der erfolglos geführten Verhandlungen in Genf leitete die NATO in der zweiten Novemberhälfte die Stationierung der amerikanischen Raketen ein. In der Bundesrepublik kam es zu Protest- und Widerstandsaktionen von bis dahin unvorstellbarem Ausmaß. Die Gegner beherrschten mit ebenso zahlreichen wie massenhaften Aktionen überall im Lande die öffentliche Szene und blockierten mit Sitzstreiks sowohl die Stationierungsorte als auch das Verteidigungsministerium. Nur durch den Einsatz von Hubschraubern konnten die Raketen an die vorgesehenen Stellen transportiert und die Arbeit der militärischen Leitung mühsam aufrechterhalten werden. Zunächst schien die Bundesregierung angesichts des überwältigend starken Widerstands in einer hoffnungslosen Lage zu sein. Trotzdem gaben Bundeskanzler Helmut Kohl und seine Mitstreiter nicht nach. Als der kritische Moment überstanden war, verlor die Protestbewegung in kurzer Zeit ihren Elan und brach auseinander. Als kein Erfolg mehr winkte, erlahmte auch das Interesse im Kreml. Die Quellen der materiellen Unterstützung versiegten, und der Minimalkonsens überbrückte nicht mehr die internen Differenzen unter den Raketengegnern.

## VII. Folgewirkungen

Der Versuch, die Sicherheit der UdSSR in einem Nuklearkrieg dadurch zu gewährleisten, dass eine unwiderstehliche militärische und politische Dominanz in Europa errichtet wur-

in: *Neues Deutschland* vom 21.9.1983; Zajavlenie Ju.V. Andropova, in: *Pravda* vom 29.9.1983; G. Vasil'ev, Rakety „ograničënnoj voiny". K komu nužny „Peršingi" i „Tomagavki", in: *Pravda* vom 30.9.1983; Ostanovit' ugrozu jadernoj vojny v Evrope, in: *Pravda*, 13.10.1983; „Die Deutschen müssen die Folgen tragen". Andropow-Berater Georgij Arbatow über die Nachrüstung und die Weltpolitik nach dem Jumbo-Abschuss, in: *Der Spiegel* vom 24.10.1983, S.154–161; Otvety Ju.V. Andropova na voprosy gazety „Pravda", in: *Pravda* vom 27.10.1983; Otvet Ju.V. Andropova na obračenie III Meždunarodnogo kongressa „Vrači mira na predotvraščenie jadernoj vojny", in: *Pravda* vom 30.10.1983. Um den autoritativen Charakter zu betonen, erfolgten viele dieser Stellungnahmen in Andropovs Namen, obwohl der schwer erkrankte Generalsekretär daran nicht beteiligt war.

[57] Vgl. Samjatin: Stationierung heißt Aus für Genf, in: *Die Welt* vom 13.10.1983.

[58] Mastny, „Able Archer", S.516–519. Fischer, A Cold War Conundrum, S.24–31, geht auf den Vorfall ausführlich ein und führt die Tatsache, dass es zu keinem sowjetischen Gegenschlag kam, auf Einsicht höheren Orts zurück. Seine Darstellung ist hinsichtlich des Inhalts und der Umstände der Fehlinformation auf sowjetischer Seite weniger präzise, so dass seine Interpretation weniger überzeugt.

de, war gescheitert. Es dauerte einige Monate, bis man sich in Moskau darüber klar wurde, wie auf die westliche Raketenstationierung zu reagieren sei. Anscheinend hatte man trotz allen Alarmzeichen weiter mit dem Sieg gerechnet und sich nicht auf die Möglichkeit des Scheiterns eingestellt. Die angekündigten militärischen Gegenmaßnahmen, die, wie sich zeigte, in einer Vorverlegung von Systemen kürzerer Reichweite nach Ostmitteleuropa (einschließlich der DDR) bestanden, wurden zwar sofort durchgeführt, aber damit war nichts gewonnen, weil die neuen amerikanischen Raketen trotzdem die Erstschlagsfähigkeit der SS-20 konterten. In politischer Hinsicht fand man im Kreml lange Zeit zu keinem Entschluss. Von der „Eiszeit", die man der Bundesrepublik angedroht hatte, war zunächst keine Rede. Vielmehr bemühte sich die sowjetische Führung in der ersten Zeit geradezu um Bonn, bevor sie zu Beginn des Frühjahrs 1984 auf einen antiwestdeutschen Kurs umschwenkte. Der damit eingeleiteten politischen Blockade fehlte freilich das Moment, das für die Bundesregierung entscheidend wichtig war: Die DDR konnte auf die ökonomischen und finanziellen Vorteile einvernehmlicher Beziehungen zur Bundesrepublik nicht verzichten und scherte daher aus der Ablehnungsfront aus, auf die der Kreml die Staaten des Warschauer Pakts zu verpflichten suchte[59].

Nach Andropows Tod Anfang 1984 setzte sein Nachfolger Tschernenko die Hochrüstung fort und trieb die UdSSR damit weiter in den wirtschaftlichen Ruin. Im März 1985 starb auch er, und Michail Gorbatschow trat an die Spitze von Partei und Staat. Der neue Generalsekretär war von Anfang an bestrebt, die belastenden militärischen Ausgaben durch Vereinbarungen mit den USA über wechselseitige Rüstungsbegrenzung zu reduzieren. Ihm wurde klar, dass dies eine grundlegende Korrektur der bisherigen Sicherheitspolitik erforderte. 1986 rückte er vom Konzept der „zuverlässigen Verteidigung" ab, die auch im Fall eines Nuklearkriegs realisiert werden müsse, und richtete die Streitkräfte auf das Prinzip einer „ausreichenden Verteidigung" aus[60]. Die UdSSR war nunmehr genauso wie die NATO bereit, sich darauf zu verlassen, dass angesichts der gemeinsamen, nicht abwendbaren Existenzbedrohung durch die Kernwaffen auch die andere Seite einen derartigen Konflikt vermeiden wolle. Demnach kam es nur noch darauf an, dass die eigenen militärischen Fähigkeiten dem potenziellen Gegner die Vernichtung vor Augen stellten, auf die er sich im Kriegsfall gefasst machen musste. Die eurostrategischen Arsenale waren dazu nicht erforderlich.

Erst die sicherheitspolitische Umorientierung, die Gorbatschow seinem Land verordnete, erlaubte es, hinsichtlich der SS-20 und der amerikanischen Gegenraketen zu einem Einvernehmen zu gelangen: Im Dezember 1987 vereinbarte er mit Reagan mit dem INF-Abkommen einen vollständigen wechselseitigen Verzicht.

---

[59] Vgl. dazu den Beitrag von Hermann Wentker in diesem Band.

[60] Vladislav Zubok, A Failed Empire. The Soviet Union in the Cold War from Stalin to Gorbachev, Chapel Hill/NC 2007, S. 291-296. Vgl. Lautsch, Zur operativen Einsatzplanung der 5. Armee der DDR, S. 49-55; Frank Umbach, Das rote Bündnis. Entwicklung und Zerfall des Warschauer Paktes 1955-1991, Berlin 2005, S. 347-385.

*Klaus Schwabe*

# Verhandlung und Stationierung: Die USA und die Implementierung des NATO-Doppelbeschlusses 1981–1987

Der NATO-Doppelbeschluss vom 12. Dezember 1979 und mehr noch seine Folgen markieren den entscheidenden Meilenstein der internationalen Beziehungen auf dem Wege zu der großen Wende von 1989/90 und zum Ende des Kalten Krieges. Die NATO hatte sich damit auf ein zweifaches Vorgehen festgelegt: einerseits auf amerikanisch-sowjetische Abrüstungsverhandlungen im Bereich von Mittelstreckenraketen (INF, auch „Euromissiles“ genannt mit einer Reichweite 1000 bis 4500 km), anderseits für den Fall, dass diese fehlschlugen, auf die Stationierung von amerikanischen Mittelstreckenraketen in Europa. Im Endergebnis hat der Doppelbeschluss zu beidem geführt – erst 1983 zur geplanten Stationierung von INF-Raketen und dann 1987 zu dem INF-Vertrag, der zweiten großen nuklearen amerikanisch-sowjetischen Rüstungskontrollvereinbarung aus der Zeit des Ost-West-Konfliktes und der erste Abrüstungsvertrag, mit dem sich die beiden Supermächte verpflichteten, ihre Mittelstreckenraketen weltweit abzubauen und zu vernichten, um damit der Entspannungspolitik zum Durchbruch zu verhelfen.

Ein paradoxer Gang der Ereignisse! Einer scheinbar dramatischen Zuspitzung des Kalten Krieges folgte ein entscheidender Schritt zu dessen Beilegung im Einvernehmen zwischen den beiden Protagonisten. Im Folgenden soll der Anteil der Vereinigten Staaten an dieser Entwicklung nachgezeichnet werden. Dabei stellen sich mehrere Fragen: Mit welcher außen- und rüstungspolitischen Konzeption haben sich die USA unter der Administration des Präsidenten Ronald Reagan 1981 auf die INF-Verhandlungen eingelassen? Welches Ergebnis strebte die amerikanische Regierung mit den Verhandlungen an? Wieweit hat der Gang der Verhandlungen die amerikanischen Zielvorstellungen bestätigt oder widerlegt? Worin liegt schließlich der Beitrag der USA am Zustandekommen des INF-Vertrages von 1987?

## I. NATO-Doppelbeschluss und amerikanische Verhandlungsinitiative

Der NATO-Doppelbeschluss wurde bereits in der Ära des Präsidenten Jimmy Carter gefasst[1]. Wesentliche Grundpositionen für die von den USA im Auftrage der NATO zu führenden Verhandlungen waren dort bereits festgelegt worden. Dazu gehörte an erster Stelle das gleichzeitige Nebeneinander einer Weiterentwicklung der amerikanischen Mit-

---

[1] Die reiche deutsch- und englischsprachige wissenschaftliche Literatur stammt hauptsächlich aus den letzten beiden Dekaden des 20. Jahrhunderts: Karla Hannemann, Der Doppelbeschluss der NATO. Genese, Motive und Determinanten einer umstrittenen bündnispolitischen Entscheidung. Dissertation Universität München, München 1987; Stephan Layritz, Der NATO-Doppelbeschluss. Westliche Sicherheitspolitik im Spannungsfeld von Innen-, Bündnis- und Außenpolitik. Frankfurt a. M. 1992; George L. Rueckert, Global Double Zero. The INF-Treaty from its Origins to its Implementation, Westport 1993; Thomas Risse-Kappen, Null-Lösung. Entscheidungsprozesse zu den Mittelstreckenwaffen 1970–1987, Frankfurt a. M. 1988; Lothar Rühl, Mittelstreckenwaffen in Europa. Ihre Bedeutung in Strategie, Rüstungskontrolle und Bündnispolitik, Baden-Baden 1987; Ernst-Christoph Meier, Deutsch-amerikanische Sicherheitsbeziehungen und der NATO-Doppelbeschluss, 2 Bde., Rheinfelden 1986.

telstreckenwaffen mit Verhandlungen, die mit der UdSSR mit dem Ziel einer Reduzierung des Arsenals der sowjetischen Mittelstreckenraketen vom Typ SS-20 zu führen waren[2]. Einigkeit innerhalb der NATO bestand auch bereits in der Absicht, die Modernisierung der nuklearen Mittelstreckenwaffen – man sprach auch von „Nachrüstung" – unabhängig vom Gang der anvisierten amerikanisch-sowjetischen Rüstungskontrollverhandlungen voranzutreiben und für den Fall mangelnder Fortschritte mit dem Ende des Jahres 1983 einen Termin zu setzen für die Stationierung von 108 der treffsicheren und deshalb von den Sowjets besonders gefürchteten neuen amerikanischen ballistischen Mittelstrecken-Flugkörpern vom Typ Pershing-II und von 464 bodengestützten Marschflugkörpern, um so die UdSSR kompromissbereiter zu machen[3]. Auch die sowohl vom sozialdemokratischen Bundeskanzler Helmut Schmidt als auch von der FDP zur Diskussion gestellte so genannte Null-Lösung, das heißt ein Verzicht der NATO auf die Stationierung der Mittelstreckenwaffen unter der Bedingung, dass die UdSSR ihre bereits aufgestellten SS-20-Raketen aus Europa wieder abzog und zerstörte, wurde bereits erwogen, wenn auch nicht formell beschlossen [4].

Zwei weitere verfahrenstaktische Festlegungen der NATO, die den späteren Gang der Verhandlungen wesentlich beeinflussen sollten, gehen gleichfalls auf die Zeit vor dem NATO-Doppelbeschluss zurück. Zum einen sollten die Nukleararsenale Großbritanniens und Frankreichs, nicht zuletzt wegen ihres kontinentalstrategischen Charakters, aus den amerikanisch-sowjetischen Verhandlungen ausgeklammert werden. Frankreich, das auf die Unabhängigkeit seiner Nuklearstreitmacht pochte, hatte diesen Vorbehalt ausdrücklich zur Bedingung für seine Zustimmung zum Doppelbeschluss gemacht[5]. Davon abgesehen, waren die Nuklearwaffen Frankreichs und Großbritanniens nur zur Verteidigung dieser beiden Länder gedacht und konnten deshalb Mängel in der nuklearen Verteidigungsfähigkeit der Bundesrepublik nicht wettmachen[6]. Zum anderen einigte sich die NATO auf eine inhaltliche Eingrenzung der ersten Verhandlungsrunde: Hier sollte ausschließlich über Mittelstreckenraketen und Marschflugkörper mit einer Reichweite von 1000 bis 4500 km gesprochen werden, vorerst aber nicht von Nuklearwaffen-mitführenden Flugzeugen, erschienen doch konkrete Ergebnisse nur in einem derart verengten Verhandlungsfeld als aussichtsreich[7]. Schon dieser erste Meinungsaustausch im Vorfeld des NATO-Doppelbeschlusses machte deutlich, dass es hier in erster Linie um ein Bündnisproblem innerhalb der NATO ging – nämlich um die im Kern politische Frage, ob das westliche Verteidi-

---

[2] Layritz, Der NATO-Doppelbeschluss, S. 68f., 89.

[3] Die Staats- und Regierungschefs der USA, Frankreichs, Großbritanniens und der Bundesrepublik einigten sich schon am 5./6. Januar 1979 in Guadeloupe auf diese Zeitgrenze, die mit der erwarteten Fertigentwicklung der Pershing-II zusammenfiel. Vgl. Rühl, Mittelstreckenwaffen in Europa, S. 203; Hannemann, Der Doppelbeschluss der NATO, S. 72; Layritz, Der NATO-Doppelbeschluss, S. 69, 88, 139.

[4] Helmut Schmidt, in: SPD-Bundesvorstand (Hrsg.), Parteitag der SPD vom 3. bis 7. Dezember 1979, Bd. 2, Bonn 1979, S. 1243; Layritz, Der NATO-Doppelbeschluss, S. 61,102; Rühl, Mittelstreckenwaffen, S. 290.

[5] Hannemann, Der Doppelbeschluß der NATO, S. 72. Die UdSSR legte sich auf diese Bedingung erst im Sommer 1980 fest, nachdem sie zuvor einem bilateralen Verhandlungsrahmen den Vorzug gegeben hatte, vgl. Layritz, Der NATO-Doppelbeschluss, S. 168, sowie die Beiträge von Georges-Henri Soutou und Beatrice Heusser/Kristan Stoddart in diesem Band.

[6] Gerhard Wettig, Die Sowjetunion in der Auseinandersetzung über den NATO-Doppelbeschluss 1979–1983, in: VfZ 57 (2009), S. 217–259, hier S. 239.

[7] Layritz, Der NATO-Doppelbeschluss, S. 89.

gungsbündnis imstande war, zu einer effektiven umfassend-gemeinsamen und nach allen Seiten hin glaubwürdigen Sicherheits- und Abschreckungspolitik zu finden oder nicht. Erst in zweiter Linie standen konkrete Fragen der militärischen Strategie zur Entscheidung an.

Die Tatsache, dass die US-Regierung dann am 18. November 1981 aus dem Munde ihres neu gewählten Präsidenten Ronald Reagan der Sowjetregierung „guten Glaubens" Abrüstungsverhandlungen für Mittelstreckenraketen anbot[8], nimmt sich vor dem Hintergrund von dessen außenpolitischen Leitvorstellungen eigenartig aus. Schließlich hatte er sein Amt mit dem Vorsatz angetreten, energisch aufzurüsten und damit den amerikanischen Rückstand gegenüber der UdSSR aufzuholen, in den die USA in der vorausgegangenen Dekade geraten zu sein schien. Mit dieser Zielvorgabe war bei ihm für eine Fortführung der Détente- und Rüstungsbegrenzungspolitik seines Vorgängers eigentlich kein Platz[9].

Im Laufe des Jahres 1981 fand sich Reagan jedoch bereit, amerikanisch-sowjetische Abrüstungsverhandlungen über in Europa stationierte Mittelstreckenwaffen wiederaufzunehmen, obwohl deren militärischer Wert unter den Experten strittig war. Er tat dies nicht von sich aus, sondern folgte nachdrücklichen Vorstellungen seiner Berater: Diese warnten vor einem Bruch zwischen den USA und ihren westeuropäischen Verbündeten – nicht zuletzt der Bundesrepublik –, falls die USA die *Nachrüstungs*komponente des NATO-Doppelbeschlusses verwirklichten, ohne seine abrüstungspolitische *Verhandlungs*komponente vorher getestet zu haben – im Klartext: falls sie Pershing-II-Raketen in der Bundesrepublik stationierten, ohne vorher zumindest den Versuch von Verhandlungen mit der UdSSR über eine beiderseitige Begrenzung der Zahl von Nuklearraketen mittlerer Reichweite unternommen zu haben[10].

Doch Reagan ging noch weiter, indem er den Sowjets die pazifistisch klingende „Null-Lösung" anbot: „The United States is prepared to cancel its deployment of Pershing-II and ground-launched cruise missiles if the Soviet Union will dismantle their SS-20, SS-4 und SS-5 missiles. This [...] would be a giant step for mankind."[11] Der Präsident bettete seinen Vorschlag damit in die langfristige Vision einer weltweiten nuklearen Abrüstung ein. Er bekannte sich zugleich zu einem Konzept, von dem einige westdeutsche SPD-Politiker ihre Zustimmung zu einer Stationierung der Pershing-II in der Bundesrepublik abhängig machten[12]. In der anfänglichen weltpolitischen Grundausrichtung Reagans ergab sich daraus eine anscheinend unüberbrückbare Spannung zwischen dem Streben nach einer Politik der Stärke und der Hoffnung auf Entspannung und eine von Nuklearwaffen freie

---

[8] Ronald Reagan, Remarks to Members of the National Press Club on Arms Reduction and Nuclear Weapons, 18. 11. 1981, in: http://www.reagan.utexas.edu/archives/speeches/1981/111881a.htm (29. 5. 2010).

[9] Thomas Risse-Kappen, Null-Lösung. Entscheidungsprozesse zu den Mittelstreckenwaffen 1970–1987. Frankfurt a. M. 1988, S. 79; Ernst-Otto Czempiel, Machtprobe. Die USA und die Sowjetunion in den achtziger Jahren, München 1989, S. 134–137; Wilfried Loth, Helsinki, 1. August 1975. Entspannung und Abrüstung, München 1998, S. 209.

[10] Vgl. Maynard W. Glitman, The Last Battle of the Cold War. An Inside Account of Negotiating the Intermediate Range Nuclear Forces Treaty, New York 2006, S. 49f.; ferner Paul Nitze, From Hiroshima to Glasnost. At the Center of Decision. A Memoir, New York 1989, S. 369.

[11] Reagan, Remarks, 18. 11. 1981, S. 4.

[12] Michael Broer, Zwischen Konsens und Konflikt. Der NATO-Doppelbeschluss, der INF-Vertrag und die SNF-Kontroverse, in: Detlef Junker (Hrsg.), Die USA und Deutschland im Zeitalter des Kalten Krieges. Ein Handbuch, Bd. 2. 1968–1990, Stuttgart 2001, S. 234–244, hier S. 239.

Welt[13]. Damit stellt sich die Frage: Wo sprach der authentische Reagan – in seinen brüskierenden Ausfällen gegen die UdSSR als ein „evil empire" oder in seinen Abrüstungsinitiativen?

## II. Die „Null-Lösung" der Regierung Reagan

Ein Blick auf die Entstehung des amerikanischen Null-Lösungsvorschlages kann zu einer Antwort auf diese Frage verhelfen, gibt er doch Auskunft über das *Ergebnis*, das die Reagan-Administration für die INF-Verhandlungen mit den Sowjets ursprünglich angesteuert hat. In der Umgebung des im November 1980 neu gewählten Präsidenten wurde über dieses Thema monatelang erbittert gerungen. Interna über diese Auseinandersetzungen wurden innerhalb weniger Jahre bekannt, so dass die maßgeblichen Darstellungen – vor allem die des TIME-Redakteurs Strobe Talbott – über sie schon in den 1980er Jahren berichten konnten[14]. Die Hauptbefürworter einer Null-Lösung fanden sich paradoxerweise nicht so sehr unter den gemäßigt konservativen als vielmehr unter den entschieden sowjetfeindlichen neokonservativen Beratern des Präsidenten. Rüstungspolitisch erstrebten diese die Wiedergewinnung eines amerikanischen Übergewichts gegenüber der Sowjetunion und damit die Wiederherstellung einer glaubwürdigen westlichen Abschreckung. Zu ihnen gehörten an erster Stelle der Secretary of Defense Caspar Weinberger und sein Anhang, dort vor allem sein Einmann-„brain trust", der Assitant Secretary of Defense for International Security Policy, Richard Perle – ein höchst kompetenter außen- und innenpolitischer Stratege.

Perle und Weinberger machten sich für die Null-Lösung vor allem aus propagandistischen Gründen stark: Es war, so machten sie geltend, ein für jedermann verständliches radikales Konzept, es kam den Wünschen der amerikanischen „Peaceniks" und links stehenden NATO-Kritiker in Europa entgegen und neutralisierte so die Wirkung ihrer Friedenskampagnen, und es sicherte Amerika bei Verhandlungen mit der UdSSR die Initiative[15]. Sollte die sowjetische Regierung die Null-Lösung etwa billigen, hätte sich das militärische Kräfteverhältnis in Europa entscheidend zugunsten der Vereinigten Staaten verschoben. Mit einer derartigen Zustimmung, mit der die UdSSR in den Abbau sämtlicher ihrer bereits stationierten SS-20-Raketen eingewilligt hätte, rechnete Perle allerdings kaum; ja man kann sagen, dass er es bis zur Stationierung der Pershing-II-Raketen in Europa von vornherein auf einen Misserfolg der Verhandlungen angelegt hat – ein taktisches Ziel, das ihm auch eine Reihe der Berater Reagans unterstellten[16]. Die Null-Lösung war für Perle und seine Anhänger Kalte-Krieg-Führung mit anderen Mitteln[17]. Um einen Kom-

[13] Besonders Reagans zweiter Außenminister George Shultz war von der Ehrlichkeit von Reagans Vision zutiefst überzeugt. Seit der Entscheidung für ein Weltraum-gestütztes Raketenabwehrsystem (SDI) habe der Präsident auf einen Ersatz der nuklearen Abschreckung durch diese neue Verteidigungswaffe gesetzt, vgl. George P. Shultz, Turmoil and Triumph. My Years as Secretary of State, New York 1993, S. 360, 376, 466, 505, 509, 700–703, 762f., 770–775.

[14] Strobe Talbott, Deadly Gambits. The Reagan Administration and the Stalemate in Nuclear Arms Control, New York 1984, S. 56–66; Strobe Talbott, The Master of the Game. Paul Nitze and the Nuclear Peace, New York 1988, S. 169–172; Glitman, The Last Battle of the Cold War, S. 54–56.

[15] Risse-Kappen, Null-Lösung, S. 120.

[16] So Talbot, The Master of the Game, S. 170.

[17] Talbot, Deadly Gambits, S. 59f., 69, 77f.; Risse-Kappen, Null-Lösung, S. 101.

promiss und damit einen Teilerfolg der geplanten Verhandlungen auszuschließen, war er bemüht, den amerikanischen Forderungskatalog mit zusätzlichen Bedingungen zu erweitern – strikten Vereinbarungen für eine gegenseitige Kontrolle der Null-Lösung, der tatsächlichen Zerstörung der sowjetischen SS-20 nach Vertragsabschluss und vor allem der Einbeziehung von Mittelstreckenraketen kürzerer Reichweite in das Abrüstungsprogramm (die so genannte „doppelte Null-Lösung") [18].

Mit seinem letzten Begehren kam Perle zwar nicht durch, wohl aber mit seinen Vorstellungen für die Taktik, die die USA bei den allfälligen Verhandlungen anzuwenden hätten: Die Null-Lösung sollte danach nicht etwa als ein amerikanischer Verhandlungsvorschlag dienen, der dann im Zuge sowjetisch-amerikanischer Beratungen abgeändert werden konnte, sondern der UdSSR als nicht verhandlungsfähiges amerikanisches Paket vorgelegt werden, das sie entweder ganz annehmen oder ganz ablehnen musste[19].

Gegen eine derart ultimative Taktik liefen Vertreter des State Department, unter ihnen der für Europa zuständige stellvertretende Staatssekretär Richard R. Burt, vergeblich Sturm. Sie drängten auf Zwischenlösungen, die beiden Seiten eine reduzierte Zahl von Mittelstreckenraketen belassen hätte. Die Null-Lösung in der Art, wie sie Perle und Weinberger befürworteten, lief auch der erklärten Absicht der NATO zuwider, mit Hilfe der angestrebten Vereinbarung mit der UdSSR keine Null-Lösung, sondern gemeinsame Obergrenzen für Mittelstreckenraketen einzuführen, das heißt ein Minimum von Mittelstreckenraketen in Mitteleuropa zu belassen, um den Eindruck einer Abkoppelung Europas von den USA zu vermeiden[20]. Der Disput zwischen Entspannungsanhängern und -gegnern innerhalb der Regierung Reagan sollte bis zur Unterzeichnung des INF-Abkommens 1987 anhalten[21].

Trotz der Einwände vor allem des State Departments stellte sich Reagan hinter das von Perle und Weinberger befürwortete Maximalprogramm mit dem einen nicht ganz unwichtigen Vorbehalt, dass er den Ausdruck „Ultimatum" dann doch vermieden sehen wollte[22]. Mit einem derartigen Verhandlungskonzept war das Scheitern der von Reagan angebotenen INF-Verhandlungen – vor der Aufstellung der Pershing-II – vorprogrammiert[23]. Die Regierung Reagan hat mit ihrem ursprünglichen Null-Lösungsvorschlag den Sowjets im November 1981, jedenfalls bis zum Zeitpunkt der Stationierung der amerikanischen Pershing-II, also nur Scheinverhandlungen oder doch keine echten Verhandlungen mit dem Ziel eines wechselseitigen Entgegenkommens angeboten[24].

---

[18] Caspar W. Weinberger, Fighting for Peace. Seven Critical Years in the Pentagon, New York 1990, S. 337.

[19] Talbot, Deadly Gambits, S. 61–63.

[20] Ebenda, S. 71; Broer, Zwischen Konsens und Konflikt, S. 237; Helga Haftendorn, Deutsche Außenpolitik zwischen Selbstbeschränkung und Selbstbehauptung. 1945–2000, Stuttgart 2001, S. 282.

[21] Keith L. Shimko, Images and Arms Control. Perceptions of the Soviet Union in the Reagan Administration, Ann Arbor 1994, S. 81.

[22] Talbot, Deadly Gambits, S. 72–82.

[23] So auch die Meinung zahlreicher Berater, vgl. Talbot, Deadly Gambits, S. 62.

[24] Reagan beschrieb diese Haltung mit den Worten: „We have to prove to the Soviet Union we are prepared to match them in such weapons or they won't even negotiate. Pretend to negotiate – yes. Make any headway – no. They have such an edge on us now we have no choice but to rearm. As their superiority grows so does the danger of confrontation." Reagan an Ann Landers, 20. 5. 1982, in: Kiron K. Skinner/Annelise Anderson/Martin Anderson (Hrsg.), Reagan. A Life in Letters, New York 2003, S. 406. Ähnlich das Verdikt von McGeorge Bundy: „Predictably unacceptable in the Kremlin", in: McGeorge Bundy, Danger and Survival. Choices about the Bomb in the First Fifty Years, New York

Die Verhandlungen sollten vielmehr primär anderen Zwecken dienen. Vorrangig war die Wiederherstellung eines Gleichgewichts der militärisch-nuklearen Stärke zwischen West und Ost. An zweiter Stelle stand eine politisch-psychologische Absicht: Die amerikanische Verhandlungsführung sollte bei den europäischen Regierungen und der gegen die NATO-Nachrüstungspläne agitierenden Protestbewegung beiderseits des Atlantiks den Eindruck einer entspannungsfreundlichen Kompromissbereitschaft erzeugen, dem von der Sowjetregierung inszenierten Protest gegen die Stationierung der Pershingraketen so den Wind aus den Segeln nehmen und die sowjetischen Hoffnungen auf eine Ablehnung des NATO-Doppelbeschlusses durch knieweich gewordene westeuropäische Regierungen durchkreuzen. Da für die Sowjetführung eben dieses letzte politische Ziel im Vordergrund stand, erhoffte sie ebenso wenig wie die Reagan-Administration einen konkreten Verhandlungserfolg im Sinne eines echten Kompromisses – was die Moskauer Propaganda nicht davon abhielt, ihrerseits den USA mangelnde Kompromissbereitschaft zum Vorwurf zu machen[25]. Die von der Reagan-Administration entwickelte Verhandlungskonzeption verfolgte schließlich einen politisch-taktischen Zweck: Sie sollte Zeit gewinnen helfen bis zu dem Moment, an dem die amerikanischen Mittelstreckenraketen aufgestellt waren und die USA in die Lage versetzten, der UdSSR bei weiteren Verhandlungen aus einer Position der Stärke entgegenzutreten. Nur so, glaubte die Regierung Reagan, konnte der Westen eines Tages die Null-Lösung ohne Abstriche und damit eine effektive Abschreckung der UdSSR in Europa durchsetzen[26].

Diese Politik akzeptierte die Persönlichkeit, die Reagan mit den INF-Verhandlungen mit der sowjetischen Seite betraut hatte, nur mit Vorbehalt: Paul Nitze, der altgediente und hoch angesehene Sicherheitsexperte, der sich zuletzt als Kritiker des SALT-II-Vertrages einen Namen gemacht und sich damit dem Präsidenten empfohlen hatte. Die engen Kontakte zur Regierung Schmidt, über die er verfügte, hatten ihn von der Notwendigkeit überzeugt, die NATO-Sicherheitspolitik vor der Weltöffentlichkeit durch eine ernsthafte Verhandlungsbereitschaft zu legitimieren. Für den Fall, dass ein Übereinkommen mit den Sowjets nicht zustande kommen und dann vereinbarungsgemäß die vorgesehenen Pershing-II-Raketen und Marschflugkörper aufgestellt würden, rechnete er nur dann mit der Solidarität der europäischen NATO-Partner, wenn Amerika zuvor in den INF-Verhandlungen alle Möglichkeiten für ein Abkommen zur Rüstungsbegrenzung mit der UdSSR ausgeschöpft hätte. Er wurde damit der wichtigste amerikanische Regierungsvertreter, der ernsthaft auf einen Erfolg der INF-Verhandlungen mit der UdSSR hinarbeitete[27].

Doch innerhalb der US-Regierung bildete er eine Ausnahme. Die offizielle amerikanische Taktik gab der Stationierung von Mittelstreckenwaffen in Westeuropa im Vergleich zu

---

1990, S. 569; ferner Beth A. Fischer, The Reagan Reversal. Foreign Policy and the End of the Cold War, Columbia/London 2000, S. 28; Raymond L. Garthoff, Détente and Confrontation. American-Soviet Relations from Nixon to Reagan, Washington 1985, S. 1024, mit dem Zusatz: „with the likely significant exception of the President himself"; Broer, Zwischen Konsens und Konflikt, S. 239; oder Samuel F. Wells, Reagan, Euromissiles and Europe, in: W. Elliott Brownlee/Hugh Davis Graham (Hrsg.), The Reagan Presidency. Pragmatic Conservatism and Its Legacies, Lawrence 2003, S. 136.

[25] Wettig, Die Sowjetunion in der Auseinandersetzung über den NATO-Doppelbeschluss, S. 227, 240f.; Jeffrey Herf, War By Other Means. Soviet Power, West German Resistance, and the Battle of the Euromissiles, New York 1991, S. 156.

[26] So auch Czempiel, Machtprobe, S. 168–172.

[27] Talbott, Deadly Gambits, S. 52–55, 63, 82 ; Talbott, The Master of the Game, S. 172; Nitze, From Hiroshima to Glasnost, S. 369, 372, 374; David Callahan, Dangerous Capabilities. Paul Nitze and the Cold War, New York 1990, S. 419f.; Risse-Kappen, Null-Lösung, S. 87, 97.

einer amerikanisch-sowjetischen Verhandlungslösung fürs Erste eindeutig den Vorzug. Ein Stagnieren der Verhandlungen nahm die Reagan-Administration gern in Kauf. Das zeigten auch die verhandlungstaktischen Instruktionen, die für die amerikanische Delegation zu gelten hatten. Danach mussten erstens die beiderseitigen Rüstungspotenziale tatsächlich vermindert werden; zweitens hatten sich die amerikanischen rüstungspolitischen Vorschläge allein an den Erfordernissen der nationalen Sicherheit der USA zu orientieren, nicht an ihrer Kompromissfähigkeit; drittens wurde auf jede Rückfallposition für den Fall eines Stagnierens der Verhandlungen vorerst verzichtet; viertens durften neu entwickelte Waffensysteme wie die MX-Rakete oder eine Weltraum-gestützte Raketenabwehr nicht als Tauschobjekte für mögliche sowjetische Konzessionen verwendet werden[28].

In der geheimen Hoffnung auf eine Ergebnislosigkeit der INF-Verhandlungen stand die sowjetische Seite der amerikanischen nicht nach. Der sowjetischen Führung kam es zu allererst darauf an, die Dislozierung amerikanischer Mittelstreckenraketen in Europa um jeden Preis zu hintertreiben. Dabei baute sie ganz auf die Massenbewegung, die sie – in der Bundesrepublik mit Hilfe der DKP – gegen die amerikanischen Nachrüstungspläne und die proamerikanischen europäischen Regierungen mobilisiert hatte[29]. Schon um ihre „fortschrittlichen" Anhänger in Westeuropa – nicht zuletzt aus den Reihen westdeutscher Sozialdemokraten – nicht zu enttäuschen, meinte sie, die von Reagan befürwortete Null-Lösung auf keinen Fall akzeptieren zu können[30].

## III. Diplomatisches Schachspiel und Massenprotest: Die Durchsetzung des Nachrüstungsbeschlusses der NATO

Die amerikanisch-sowjetischen INF-Rüstungsbegrenzungsverhandlungen begannen am 30. November 1981 in Genf. Schon der erste amerikanische Vorschlag, der auf eine Null-Lösung hinzielte, basierte auf dem Prinzip gleicher Obergrenzen für Euro-Raketen und unbedingter Gegenseitigkeit der Rüstungsbeschränkungen[31]. Aus sowjetischer Sicht war dies in jedem Fall ein schlechtes Geschäft, muteten die USA der UdSSR doch einen Abzug ihrer SS-20-Raketen zu, während die USA nur auf die Fortentwicklung ihrer noch gar nicht einsatzfähigen Pershing-II-Raketen zu verzichten brauchten. Nach sowjetischen Berechnungen bestand zwischen den Atomarsenalen der Westmächte und denen der Sowjetunion in Europa ein Gleichgewicht, das die Null-Lösung – das heißt der Abzug der SS-20 – aufgehoben und durch ein strategisches Übergewicht der NATO ersetzt hätte. Die UdSSR wäre bei der Stationierung der Pershing II Raketen bei einem nuklearen Erst-

[28] Christian Tuschhoff, Der Genfer „Waldspaziergang" 1982. Paul Nitzes Initiative in den amerikanisch-sowjetischen Abrüstungsgesprächen, in: VfZ 38 (1990), S. 298.

[29] Vgl. dazu Michael Ploetz/Hans-Peter Müller, Ferngelenkte Friedensbewegung? DDR und UdSSR im Kampf gegen den NATO-Doppelbeschluß, Münster 2004; Michael Roik, Die DKP und die demokratischen Parteien 1968–1984, Paderborn 2006.

[30] Wettig, Die Sowjetunion in der Auseinandersetzung über den NATO-Doppelbeschluss, S. 225–230, 236f., 240; Gerhard Wettig, Origins of the Second Cold War. The last Soviet Offensive in the Cold War. Emergence and Development of the Campaign against NATO Euromissiles, 1979–1983, in: Cold War History 9 (2009), S. 90–98.

[31] Die UdSSR zog eine numerisch gleiche Rüstungsbegrenzung vor, da sie bei gleichen Obergrenzen auch nach einer Aufstellung von Pershing-II-Raketen erheblich mehr Raketen hätte beseitigen müssen als die USA. Dazu Helga Haftendorn, Sicherheit und Entspannung. Zur Außenpolitik der Bundesrepublik Deutschland 1955–1982, Baden-Baden $^{2}$1986, S. 263.

schlag der USA – und Moskau unterstellte Reagan derartige Absichten – ohne die Möglichkeit eines wirkungsvollen atomaren Gegenschlages geblieben. Es bedurfte also gar nicht der zusätzlich von der Regierung Reagan gestellten Bedingungen – die Ausklammerung von Nuklearwaffen-tragenden Flugzeugen und U-Booten, der so genannten „Forward Based Systems" (FBS) sowie der nuklearen Arsenale der europäischen Westmächte aus den Verhandlungen sowie die Einbeziehung *aller* (also auch der in Asien stationierten) mobilen sowjetischen SS-20-Raketen –, um für die Sowjetregierung die Null-Lösung unannehmbar zu machen[32]. Freilich wusste die Sowjetführung ebenso wie die amerikanische Regierung, dass sie den Anschein von Verhandlungsbereitschaft aufrechterhalten musste.

Bei Lichte besehen, waren dies freilich alles „Trockenübungen", weil die USA sich weiter weigerten, die Nukleararsenale Großbritanniens und Frankreichs in die Verhandlungen mit einzubeziehen. Die Regierung Reagan hatte dafür gute Gründe; denn sie fürchtete mit Recht, letztlich den Zusammenhalt der NATO zu gefährden, wenn sie sich auf diese sowjetische Forderung einließe, ihre NATO-Verbündeten über deren Kopf hinweg vor vollendete Tatsachen stellte und damit brüskierte. Auch der Bundesregierung gegenüber fühlte sie sich verpflichtet, entweder den NATO-Nachrüstungsbeschluss inhaltlich durchzusetzen oder aber, wenn dies nicht gelang, Ende 1983 zur Stationierung der Pershing-II-Raketen zu schreiten. Für die beteiligten NATO-Regierungen ging es hier auch um die Glaubwürdigkeit der westlichen Abschreckung gegenüber den nicht nuklearbewaffneten Bündnismitgliedern, also nicht zuletzt der Bundesrepublik, für die allein die USA geradestanden, da die nuklearen Arsenale der europäischen Mächte nur für deren eigne nationale Selbstverteidigung gedacht waren[33].

Obwohl der Verlauf der Genfer Verhandlungen an der Unüberbrückbarkeit der beiderseitigen Standpunkte keinen Zweifel ließ, bemühten sich doch beide Seiten, mit Rücksicht auf die Öffentlichkeit den Anschein prinzipieller Konzessionsbereitschaft zu wahren. In diesem Sinne war schon Reagans Null-Lösungsangebot ein geschickter Schachzug gewesen. Die UdSSR versuchte, diesen zu parieren, indem sie – wie von Breschnew bereits im März 1981 auf dem Parteitag der KPdSU angekündigt – für die NATO und die UdSSR ein Moratorium anbot – das heißt die Herabsetzung von deren Bestand an Mittelstreckenraketen auf ein langfristig verbindliches Minimum – um damit den Rüstungswettlauf „einzufrieren"[34]. Zu diesem Zweck mussten zunächst einmal gemeinsame Kriterien für die Zählung der beiderseitig verfügbaren Mittelstreckenraketen gefunden werden. Diese Bemühungen scheiterten schon anfangs an der unterschiedlichen numerischen Gewichtung jeder einzelnen Rakete: Während die Sowjets von der Zahl der Trägersysteme ausgingen, betrachteten die amerikanischen Unterhändler die Zahl der nuklearen Gefechtsköpfe als

---

[32] Rühl, Mittelstreckenwaffen, S. 262–265; Loth, Helsinki, S. 208; Risse-Kappen, Null-Lösung, S. 106; Wettig, Die Sowjetunion in der Auseinandersetzung über den NATO-Doppelbeschluss, S. 238–241; Wettig, Origins of the Second Cold War, S. 94.

[33] Glitman, Last Battle, S. 61–67; Wettig, Origins of the Second Cold War, S. 95. Frankreich widersetzte sich schon vor dem NATO-Doppelbeschluss energisch jeder Einbeziehung seines Atomwaffenarsenals in Rüstungskontrollvereinbarungen der Supermächte. Vgl. pars pro toto die Aufzeichnung des MDg Pfeffer vom 11. 9. 1978 über die französisch-westdeutschen Abrüstungskonsultationen am 8. 9. 1978 in Paris; in: AAPD 1978, Dok. 259. Paris erreichte auf dem Weltwirtschaftsgipfel in Williamsburg (30. 5. 1983) eine Erklärung, die eine Einbeziehung der Atomwaffen dritter Staaten aus den Genfer Verhandlungen noch einmal ausdrücklich ausschloss, vgl. Loth, Helsinki, S. 228.

[34] Wettig, Origins of the Second Cold War, S. 96.

Maßstab, von denen jede sowjetische Rakete drei trug[35]. Aus amerikanischer Sicht liefen schon deshalb alle sowjetischen Rechenkunststücke auf ein „Einfrieren“ nicht des Wettrüstens, wohl aber der sowjetischen nuklearen Überlegenheit in Europa hinaus und waren damit unannehmbar[36]. Im Kern fuhren sich die Verhandlungen aber an der Weigerung der UdSSR-Vertreter fest, einer auch nur begrenzten Stationierung der amerikanischen Pershing-II zuzustimmen. Aus amerikanischer Sicht verweigerten die Sowjets damit den USA ihre Anerkennung als europäische Militärmacht[37].

Während die sowjetisch-amerikanischen INF-Verhandlungen stagnierten, kündigte der sowjetische Unterhändler Julij A. Kwizinskij für den Sommer 1982 eine Überprüfung der sowjetischen Verhandlungsposition an. Für den amerikanischen Chefunterhändler Paul Nitze kam diese Ankündigung der Androhung einer Verhärtung der sowjetischen Haltung gleich. Ein Scheitern der Verhandlungen und ein Sieg der Abrüstungsgegner in der Regierung Reagan waren abzusehen. Er selbst wäre dann gescheitert. Gleichzeitig stand er aber auch unter dem Eindruck von Warnungen von westdeutschen Persönlichkeiten – von Helmut Schmidt bis zu Politikern, die keineswegs nur aus den Reihen der SPD stammten. Innerhalb der SPD hatten die Opponenten der Reaganschen Rüstungspolitik auf dem Münchener SPD-Parteitag Ende April 1982 ihren wachsenden Einfluss geltend gemacht. Dem Beispiel von Egon Bahr folgend, waren sie so weit gegangen, sich mit einer sowjetischen Hauptforderung – der Einbeziehung der britischen und französischen Nuklearwaffen in die Genfer Verhandlungen – zu identifizieren[38]. Mit Recht befürchteten der westdeutsche Kanzler und seine Anhänger deshalb, dass die öffentliche Protestbewegung und die innerparteiliche Kritik die Regierung Schmidt in wachsende Erklärungsnot bringen würden, wenn sich die amerikanischen Unterhändler in Genf nicht bewegten. Gäbe es bei den INF-Verhandlungen keine Fortschritte, dann könnte die Nachrüstung schließlich ihre politische Unterstützung in der Bundesrepublik, wenn nicht in ganz Westeuropa, verlieren. Die beschlossene Stationierung von Mittelstreckenraketen im Herbst 1983 wäre dann politisch nicht mehr durchsetzbar[39]. Das war fast eine Drohung. Das Prestige der Vereinigten Staaten und der Zusammenhalt des westlichen Bündnisses standen auf dem Spiel. Angesichts dieser drohenden Vertrauenskrise entschloss sich Nitze, in aller Vorsicht von sich aus die Initiative zu ergreifen[40].

Vorweg sondierte er andeutungsweise bei den europäischen Hauptverbündeten und nahm Rücksprache bei den Militärexperten seiner Delegation. In Washington verständigte er sich nur mit seinem Vorgesetzten, Eugene Rostow, dem Direktor der Arms Control and Disarmament Agency (ACDA). Dieser billigte Nitzes Initiative, weil er eine sowjetische Ablehnung erwartete und sich daraus propagandistische Vorteile für die USA erhoffte. Mitte

[35] Rühl, Mittelstreckenwaffen, S. 262f., 266–271, verfolgt diese Rechenspiele, auf die hier nicht eingegangen werden kann, bis in alle Einzelheiten.
[36] Wettig, Origins of the Second Cold War, S. 97.
[37] Glitman, The Last Battle, S. 65–68.
[38] Herf, War By Other Means, S. 149f., 153f. Vgl. auch den Beitrag von Friedhelm Boll und Jan Hansen in diesem Band.
[39] Callahan, Dangerous Capabilities, S. 430; Tuschhoff, Der Genfer „Waldspaziergang“, S. 302, 326; Glitman, The Last Battle of the Cold War, S. 73f.
[40] Nitze, From Hiroshima to Glasnost, S. 374, 390–395; Talbott, Deadly Gambits, S. 115, 163–170; ferner – auch zum Folgenden Tuschhoff, Der Genfer „Waldspaziergang“, S. 301f. Auch in den USA erhoben sich gewichtige Stimmen, so die George F. Kennans, gegen die Nachrüstung, vgl. Haftendorn, Sicherheit und Entspannung, S. 255.

Juli 1982 traf sich Nitze daraufhin mit seinem sowjetischen Verhandlungspartner Kwizinskij zu einem Vieraugengespräch in freier Natur außerhalb Genfs, um mit diesem Möglichkeiten eines Kompromisses auszuloten. In diesem wenige Monate später in den Medien viel diskutierten „Waldspaziergang" beabsichtigte er, mit Kwizinskij einen Vorschlag auszuhandeln, den jeder von ihnen seiner Regierung als Ergebnis eines rein persönlichen Meinungsaustausches unterbreiten sollte. Falls ihre vorgesetzten Stellen nicht von vornherein ablehnend reagierten, sollte darüber über einen halboffiziellen „back-channel" weiter beraten werden[41].

Der Kompromissvorschlag, den Nitze seinem sowjetischen Verhandlungspartner vorlegte, gab die Null-Lösung, wie sie in Washington verstanden wurde, auf: Als die wichtigste amerikanische Konzession bot er der UdSSR einen Verzicht auf die Stationierung der Pershing-II an. Während der gesamten sowjetisch-amerikanischen INF-Verhandlungen bis Ende 1983 sollte dies das einzige Mal bleiben, dass ein US-Vertreter an dieser entscheidenden Stelle der UdSSR entgegenkam. Einen Verzicht auf die Nachrüstung insgesamt meinte Nitze freilich nicht; denn bei der geplanten Stationierung der langsameren amerikanischen Marschflugkörper sollte es durchaus bleiben, auch wenn diese auf eine Höchstzahl von 75 Cruise Missile-Abschussrampen (mit 300 Sprengköpfen) begrenzt werden sollten. Als weiteres Entgegenkommen bezog Nitzes Vorschlag Nuklearwaffen-bestückbare Flugzeuge in den Katalog der zu begrenzenden Trägerwaffen ein. Als Gegenleistung sollte die UdSSR ihre östlich des Ural stationierten SS-20-Raketen ebenfalls auf 75 Systeme (mit 225 Sprengköpfen) reduzieren und die Zahl der in der asiatischen Sowjetunion östlich des achtzigsten Längengrades befindlichen SS-20-Systeme auf 90 begrenzen sowie darüber hinaus die britischen und französischen Nuklearwaffen aus den Verhandlungen weiterhin ausklammern[42].

Ähnlich wie Rostow verfolgte Nitze mit diesem Angebot drei Ziele: Zum einen sprach er seinem Vorschlag echte Erfolgschancen zu, zum anderen hätten die USA mit diesem Kompromissangebot unübersehbar ihren ehrlichen Verhandlungswillen demonstriert und für den Fall eines Misserfolges zum dritten die Schuld der UdSSR zuschieben und der europäischen Protestbewegung den Wind aus den Segeln nehmen können[43]. Gewiss war es ein hoher verhandlungstaktischer Preis, den die US-Regierung dafür zu zahlen hatte: Anders als Reagan und seine Berater wollte es Nitze auf keinen Abbruch der Verhandlungen ankommen lassen, der dann zur Aufstellung der Pershing-II geführt und Amerika in die Lage versetzt hätte, aus einer Position der Stärke heraus weiter zu verhandeln.

Dieser verhandlungstaktische Gesichtspunkt lieferte den Gegnern von Nitzes Initiative in Washington, an erster Stelle wieder Perle und dem Pentagon, ihr wichtigstes Argument. Seine Initiative erschien als „appeasement" und wurde schließlich, ohne dass eine sowjetische Reaktion bekannt geworden wäre, abgelehnt. Die Regierung Reagan wollte sich nicht mit dem Anschein eines fortbestehenden sowjetischen Monopols im Bereich der SS-20-Mittelstrecken-Raketen abfinden. Sie fürchtete, jedes Einlenken würde die Westeuropäer verunsichern und die Stationierung der amerikanischen Mittelstreckensysteme noch frag-

[41] Eugene V. Rostow, A Breakfast for Bonaparte. US National Security Interests from the Heights of Abraham to the Nuclear Age, Washington 1992, S. 423f.

[42] Tuschhoff, Der Genfer „Waldspaziergang", S. 306–312; Nitze, From Hiroshima to Glasnost, S. 376–384; Talbott, The Master of the Game, S. 174–179; für die sowjetische Sicht Julij A. Kwizinskij, Vor dem Sturm. Erinnerungen eines Diplomaten, Berlin 1993, S. 291–306. Auch für Kwizinskij war die Öffentlichkeitswirkung der sowjetischen Kompromissbereitschaft entscheidend, vgl. S. 306–315.

[43] Tuschhoff, Der Genfer „Waldspaziergang", S. 305, 312–316.

licher machen[44]. Reagan selbst wollte nicht einsehen, weshalb die schnelleren und damit offensiv einsetzbaren sowjetischen SS-20-Raketen gegenüber den langsameren und damit ausschließlich defensiv verwendbaren Cruise Missiles in Europa stationiert bleiben sollten[45]. Rostow musste seine energische Befürwortung der im „Waldspaziergang" gefundenen Kompromissformel mit der Ungnade Reagans und seiner Entlassung bezahlen. Wollte er sich dafür revanchieren, indem er diese bis dahin streng geheim gehaltenen Vorgänge Anfang Januar 1983 in die Presse durchsickern ließ? Er ließ damit die Ernsthaftigkeit der Verhandlungsbereitschaft der Reagan-Administration fraglich erscheinen. Der Präsident selbst sah sich Ende Februar 1983 bohrenden Fragen der Presse ausgesetzt[46]. Bemerkenswerterweise hielt Reagan aber an Nitze als Leiter der US-Delegation bei den Genfer Verhandlungen fest, obwohl dieser sich öffentlich weiter für ein ergebnisorientiertes und flexibles Verhalten gegenüber der UdSSR einsetzte[47].

Wie sich erst später herausgestellt hat, waren die gegen die Regierung Reagan gerichteten Vorwürfe kaum berechtigt; denn auch die sowjetische Regierung hatte den „Waldspaziergangs"-Kompromiss bereits Anfang August, das heißt noch früher als Reagan und unabhängig von dessen negativer Entscheidung, als unausgewogen verworfen. Die sowjetische Führung lehnte weiter jede Stationierung auch nur einer einzigen Pershing-II-Rakete oder eines einzigen Marschflugkörpers in Europa ab. Davon abgesehen wollte der neue sowjetische Staats- und Parteichef Juri Andropow die gegen die NATO-Nachrüstung gerichtete Protestbewegung nicht im Stich lassen[48]. Damit hatte sich Nitzes Initiative erledigt. Hatte er eine Vertrauenskrise bei den europäischen NATO-Verbündeten abwenden wollen, so musste er erleben, dass sein geheimer Alleingang bei seinen NATO-Partnern nach deren Unterrichtung eher Misstrauen erregte[49]. Im Oktober 1982 sickerten erste Gerüchte über den Waldspaziergang in die Presse[50]. Die Hoffnung Rostows, die öffentliche Wahrnehmung der Rüstungskontrollpolitik der Reagan-Regierung positiv beeinflussen zu können, erfüllte sich nicht[51]. Im Gegenteil! Die Legende von einer von der Reagan-Administration verpassten Chance, zu einem Abkommen mit der UdSSR zu gelangen, das die Stationierung der Pershing-II-Raketen unnötig gemacht hätte, hielt sich hartnäckig und gehörte vor allem in der Bundesrepublik – und dort besonders in der SPD – zum Standardrepertoire der Protestbewegung gegen die Stationierung von Mittelstreckenwaffen[52]. Die Sowjets wollten mit Hilfe der weiteren Verhandlungen an erster Stelle die

---

[44] Ebenda, S. 313–321; Nitze, From Hiroshima to Glasnost, S. 394.

[45] Talbott, The Master of the Game, S. 177.

[46] Shultz, Turmoil and Triumph, S. 161f.; Talbott, Deadly Gambits, S. 167f.; Public Papers of the Presidents of the United States: Ronald Reagan 1983, Bd. 1 (künftig: Reagan, Public Papers), Washington 1985, S. 278.

[47] Callahan, Dangerous Capabilities, S. 437, 439–442.

[48] Nitze, From Hiroshima to Glasnost, S. 388f.; Kwizinskij, Vor dem Sturm, S. 307–318. Danach bestand in der sowjetischen Militärführung auch keine Bereitschaft zu einer Reduktion der SS-20, vgl. Wettig, Origins of the Second Cold War, S. 98.

[49] Risse-Kappen, Null-Lösung, S. 112f. Formell unterrichtet wurde erst die westdeutsche Nachfolgeregierung unter Helmut Kohl, nachdem die Abrüstungsgegner in der US-Regierung eine Geheimhaltung gegenüber der Regierung Schmidt durchgesetzt hatten, vgl. Tuschhoff, Der Genfer „Waldspaziergang", S. 324–326; Helmut Schmidt, Menschen und Mächte, Berlin 1987, S. 293.

[50] Rostow hatte die britische und die französische Regierung informiert, vgl. Talbott, Deadly Gambits, S. 148.

[51] Talbott, Deadly Gambits, S. 148–151; Glitman, The Last Battle of the Cold War, S. 78.

[52] Meier, Deutsch-amerikanische Sicherheitsbeziehungen, Bd. 2, S. 558–564.

westliche Öffentlichkeit für sich gewinnen. Die USA sollten für die Stagnation des Ost-West-Dialogs über die nukleare Abrüstung verantwortlich gemacht und der Protestbewegung in den westlichen Metropolen damit Argumente zugespielt werden[53]. Natürlich blieb auch die amerikanische Regierung bei den weiteren Genfer Verhandlungen bis zur Dislozierung der Pershing-II bemüht, vor der Öffentlichkeit der Sowjetunion die Verantwortung für das Ausbleiben von Fortschritten bei den Genfer Verhandlungen zuzuschieben.

Obwohl gescheitert, sollte der „Waldspaziergang" für die amerikanische Verhandlungsführung nicht folgenlos bleiben: Er hatte die amerikanische Regierung mit allem Nachdruck nochmals an den propagandistisch-ideologischen Aspekt der Nachrüstungsdebatte und an die Empfindlichkeit der Westeuropäer gegenüber jedem amerikanischen Alleingang erinnert. Damit trug der „Waldspaziergang" im ersten Quartal des Jahres 1983 dazu bei, in Washington einen folgenreichen Prozess des Umdenkens in Gang zu bringen, an dessen Ende eine einschneidende Korrektur der amerikanischen Verhandlungsstrategie stand.

Angekündigt hatte sich diese Wendung schon unmittelbar nach Nitzes geheimem Treffen mit Kwizinskij: Im Nachklang zur regierungsinternen Debatte über Nitzes Alleingang fasste eine Präsidenten-Direktive als eventuelle Alternative zur Null-Lösung für die Genfer Verhandlungen eine Rückfallposition ins Auge. Danach sollten, falls sich die Null-Lösung als unerreichbar erwies, beiden Seiten eine herabgesetzte Höchstzahl von Mittelstreckenraketen belassen werden[54]. Vom State Department unterstützt, warb Nitze weiter für eine flexiblere Position: „A considerable percentage of European public opinion is not satisfied with our zero-zero position and would be satisfied with an outcome that left us with zero on our side […] The prime U.S. interest has to be maintaining the alliance. There is no point in deployment at the expense of the solidarity of the alliance."[55] Zu Anfang des Jahres 1983 konnte er sich dabei auf die beiden wichtigsten amerikanischen Verbündeten in Europa berufen: die Bundesrepublik und Großbritannien. Die seit dem 1. Oktober 1982 amtierende neue westdeutsche Regierung Kohl-Genscher zeigte sich zwar öffentlich mit der Politik der Reagan-Administration solidarisch. Vertraulich verwandte sie sich aber für eine Zwischenlösung als Alternative zu der als kaum erreichbar erscheinenden Null-Lösung. Dahinter stand ihre Sorge vor einem totalen Raketenabzug der USA aus Europa und damit deren Abkoppelung von der Alten Welt, wie der NATO-Doppelbeschluss sie gerade hatte vermeiden wollen. Die Bonner Vorsicht war auch innenpolitisch verständlich, standen doch Wahlen bevor, von deren Ausgang die Zustimmung des Bundestages zur Stationierung der Pershing-II-Raketen abhing, nachdem die SPD endgültig zu den Nachrüstungsgegnern übergeschwenkt war[56]. Reagans engste europäische Verbündete, die britische Premierministerin Margaret Thatcher, befürwortete ein Zwischenabkommen sogar öffentlich[57]. Derartige Appelle konnten nicht wirkungslos bleiben, zumal auch in Reagans eigenem Lande die Kritik an der amerikanischen Verhandlungsführung anwuchs. Das State Department, das sich schon 1981 gegen die Null-Lösung als einzig wünschbares Verhandlungsziel gewandt hatte, konnte sich davon nur bestätigt fühlen[58].

---

[53] Glitman, The Last Battle of the Cold War, S. 79.
[54] National Security Decision Directive 86, 28.3.1983, in: http://www.fas.org/irp/offdocs/nsdd/nsdd-086.htm (29.5.2010), zitiert bei Talbott, The Master of the Game, S. 177.
[55] Talbott, Deadly Gambits, S. 163; Shimko, Images and Arms Control, S. 158f.
[56] Talbott, Deadly Gambits, S. 163–176; Nitze, From Hiroshima to Glasnost, S. 390–392; Layritz, Der NATO-Doppelbeschluss, S. 286f., 295–300, 314–317; Talbott, The Master of the Game, S. 178.
[57] Talbott, Deadly Gambits, S. 172f.
[58] Talbott, Deadly Gambits, S. 171–173, 178f.

Reagan, seinerseits verunsichert, stimmte Anfang Februar 1983 einer Mission seines Vizepräsidenten George H. Bush nach Europa zu, der sich für das weitere Vorgehen in Genf um einen engen Schulterschluss mit den NATO-Verbündeten bemühen sollte[59]. Der Präsident selbst erklärte am 22. Februar, dass die amerikanischen Vorschläge bei den Genfer Verhandlungen von den Sowjets nicht einfach akzeptiert oder verworfen zu werden brauchten[60]. Als nicht verhandlungsfähig erklärte er allerdings vier „Kriterien“: eine Gleichheit von Rechten und zu akzeptierenden Rüstungsbegrenzungen; keine Kompensationen für die britischen und französischen Nuklearstreitkräfte; die gegenseitige Überprüfbarkeit der Abrüstungsmaßnahmen und schließlich Begrenzungen der sowjetischen Mittelstreckenraketen auch im Fernen Osten[61].

Die Regierung erlebte eine Neuauflage des von der Vorgeschichte des Null-Lösungsvorschlags her bekannten Disputs zwischen Fürsprechern einer unilateral-konfrontationsbereiten und Verteidigern einer flexibleren amerikanischen Verhandlungsstrategie. Dabei gewannen die Anhänger eines Interimsabkommens einen neuen Trumpf, da sich die Regierung Kohl auch nach gewonnener Bundestagswahl weiter für eine Zwischenlösung aussprach, die der Bundesrepublik die problematische Null-Lösung und damit die Gefahr einer Denuklearisierung der gesamten NATO-Verteidigung in Europa ersparen würde[62]. Dieses Mal behielten die Fürsprecher größerer diplomatischer Flexibilität die Oberhand. In Anlehnung an die Haltung der neuen Bonner Regierung und nach eingehender Konsultation mit den übrigen NATO-Partnern tat Reagan am 30. März den entscheidenden Schritt: In einer Ansprache bot er den Sowjets ein „Interimsabkommen“ an, nach dem die USA „ihre geplante Stationierung von Pershing-II-Raketen und Marschflugkörpern erheblich reduzieren würden, vorausgesetzt die UdSSR täten dasselbe in gleichem und globalem Umfange mit den Gefechtsköpfen ihrer INF-Raketen“[63]. Reagan verzichtete damit auf eine Festlegung auf eine Null-Lösung als allein wünschbares Endziel der INF-Verhandlungen und stellte in Aussicht, dass die Pershing-II nicht unbedingt in gleicher Zahl wie die Gesamtheit der sowjetischen SS-20-Raketen aufgestellt werden müssten[64]. Bei einer derartigen Zwischenlösung müsste die UdSSR freilich sowohl die Stationierung einer militärisch effektiven Restzahl von Pershing-II-Raketen in Europa als auch, als Endergebnis, ein globales sowjetisch-amerikanisches Rüstungsgleichgewicht zugestehen. Wie sich bald herausstellte, war Moskau dazu nicht bereit[65].

Aus der Perspektive der Reagan-Administration bildete dieser Schritt verhandlungsstrategisch dennoch einen neuen Ansatz, der das spätere so genannte „Reagan-Reversal“[66], das heißt den Schwenk des Präsidenten von einer Konfrontations- zu einer Entspannungs-

---

59 Reagan, Public Papers 1983, Bd. 1, S. 24, 474.

60 Zitiert bei Talbott, Deadly Gambits, S. 176: Amerika verhandle „in good faith in Geneva, and ours is not a take-it-leave-it proposal“ [d. h. die Null-Lösung].

61 Talbott, Deadly Gambits, S. 176.

62 Talbott, Deadly Gambits, S. 177–179; Meier, Deutsch-amerikanische Sicherheitsbeziehungen, Bd. 2, S. 563f.

63 Reagan, Public Papers 1983, Bd. 1, S. 474. Vgl. auch Layritz, Der NATO-Doppelbeschluss, S. 324–328; Risse-Kappen, Null-Lösung, S. 114f.

64 Talbott, Deadly Gambits, S. 180f.; Shultz, Turmoil and Triumph S. 271, auch 160–164; 351; Shimko, Images and Arms Control, S. 159f.

65 Glitman, The Last Battle of the Cold War, S. 84f.; Talbott, The Master of the Game, S. 178; Talbott, Deadly Gambits, S. 155f.

66 Vgl. dazu die Arbeit von Beth A. Fischer, The Reagan Reversal. Foreign Policy and the End of the Cold War, Columbia 1997.

politik gegenüber der Sowjetunion, vorausahnen ließ. Gewiss war dies kein ideologischer Gesinnungswandel, hatte Reagan doch nur wenige Wochen zuvor noch die Formel vom „evil empire" geprägt[67]. Sein Entgegenkommen war vielmehr taktischer Art: Aus dem ursprünglichen Bestehen der US-Regierung auf einer Null-Lösung wurde das Angebot einer Zwischenlösung, das Raum ließ für Verhandlungen und auf jeden Fall für eine Verringerung der in Europa zu stationierenden Pershing-II-Raketen. Nach den prompt negativen sowjetischen Reaktionen erwartete Washington freilich nach wie vor keinen baldigen Verhandlungserfolg[68].

Welche Gründe hatten zu dieser wichtigen Änderung geführt, für die der Präsident, glaubt man seinen Selbstzeugnissen, persönlich die Urheberschaft beanspruchte, um damit die Ehrlichkeit seines Verhandlungswillens öffentlichkeitswirksam zur Schau zu stellen[69]? Wie bereits gezeigt, bildete sie sein Echo auf den durch sowjetische Scheinkonzessionen immer wieder neu angefachten europäischen Massenprotest sowie auf die besorgten Vorstellungen der Verbündeten. Reagan hatte offensichtlich eingesehen, dass ein starres Festhalten an der Null-Lösung Öffentlichkeit und Politiker in Europa gegen seine Abrüstungskonzeption eingenommen und damit sowohl die Stationierung der Pershing-II-Raketen als auch die Aussicht auf einen schließlichen Verhandlungserfolg gegenüber der UdSSR aufs Spiel gesetzt hätte. Eine solche Entwicklung wollte Washington verhindern. Vielmehr galt es, durch ein höheres Maß an Flexibilität größere Glaubwürdigkeit gegenüber der Öffentlichkeit und dadurch eine Stärkung all der Kräfte in Europa zu erzielen, die den NATO-Doppelbeschluss trugen[70].

Ohne dass der dokumentarische Nachweis im Einzelnen heute schon geführt werden kann, darf man annehmen, dass es noch zusätzliche Gründe gab, die die US-Regierung zu ihrer Selbstkorrektur bewogen haben dürften. Zum einen mochte sie erwartet haben, dass sie die Regierung Kohl, wenn sie sich auf eine Zwischenlösung einließ, nicht in dem Maße verunsichern würde wie die innenpolitisch weitaus stärker bedrängte Regierung Schmidt[71]. Gegenüber dem neuen Bundeskanzler war sie auch im Festhalten an einer Null-Lösung nicht in gleicher Weise im Wort wie zuvor gegenüber Schmidt. Andererseits war die vorgezogene Bundestagswahl am 6. März 1983 zugunsten der Anhänger einer Nachrüstung ausgefallen und hatte damit eine erste Voraussetzung für Verhandlungen aus einer Position westlicher Stärke geschaffen. Meinte die Regierung Reagan vielleicht, aus dieser verstärkten Position heraus einen Ausgang der Genfer Verhandlungen riskieren zu können, der die amerikanischen Maximalziele nicht erreichte?

Ähnliches könnte man aus dem Umstand schlussfolgern, dass Reagans Kurskorrektur nur eine Woche nach der Bekanntgabe des Projekts einer Weltraum-gestützten Raketenabwehr (SDI) erfolgt ist. Hatte sich damit nicht auch die amerikanische Ausgangsposition für die Genfer Verhandlungen verbessert? Vor allem für Reagan bestand ein unmittelbarer Zusammenhang zwischen dem SDI-Projekt und verstärkten Bemühungen um Abrüstungsverhandlungen, da SDI die Aussicht eröffnete, dass kein atomarer Flugkörper mehr in den

---

[67] Ebenda, S. 96.

[68] Shultz, Turmoil and Triumph, S. 271, 349, 351.

[69] The Reagan Diaries, bearb. von Douglas Brinkley, New York 2007, S. 138 (18. 3. 1983); Reagan, Public Papers 1983, Bd. 1, S. 949 (29. 6. 1983); Reagan Public Papers 1983, Bd. 2, S. 1288 (12. 9. 1983), 1318 (21. 9. 1983), auch S. 1344, 1351 (Rede vor UN, 26. 9. 1983).

[70] The Reagan Diaries, S. 152 (12. 5. 1982); Glitman, The Last Battle of the Cold War, S. 82f.; Shultz, Turmoil and Triumph, S. 371.

[71] Risse-Kappen, Null-Lösung, S. 114f.

amerikanischen Luftraum eindringen konnte und so in den Augen des Präsidenten die problematische strategische Doktrin der gegenseitigen nuklearen Abschreckung obsolet machte. Dies ließ auch auf eine Erleichterung der atomaren Abrüstungsbemühungen hoffen[72].

Bei aller Flexibilität wich aber auch Reagans Angebot vom 30. März 1983 von zwei Grundsätzen nicht ab: Erstens musste die sowjetische Führung, wenn sie die Null-Lösung verwarf, der NATO die Stationierung einer militärisch effektiven Zahl von Pershing-II-Raketen zugestehen, und zweitens musste auch jedes interimistische Verhandlungsergebnis zu einem Rüstungsgleichgewicht zwischen der UdSSR und den USA führen[73]. Da die UdSSR auf einem völligen Stationierungsverzicht seitens der USA bestand, war das Scheitern auch der letzten Verhandlungsrunden vor der geplanten Stationierung der amerikanischen Mittelstreckenraketen vorprogrammiert.

Es würde zu weit führen, die Zahlenspiele zu referieren, mit denen in den weiteren Verhandlungen bald die eine, bald die andere Seite die Öffentlichkeit von ihrer Verhandlungsbereitschaft zu beeindrucken suchte. In enger Abstimmung mit den Verbündeten schlugen die USA am 22. September vor, nicht alle im Fernen Osten stationierten sowjetischen Mittelstreckenraketen für die Berechnung einer numerischen Parität an diesen Waffen mit einzubeziehen. Zudem waren die USA jetzt bereit, für „bestimmte Typen" von vom Lande aus operierenden Flugzeugen Begrenzungen zu akzeptieren. Um die Bedeutung dieser Konzessionen zu unterstreichen, trug sie Reagan sogar vor der Vollversammlung der UN vor[74].

Die UdSSR lehnte dieses Angebot ab und unterbreitete ihrerseits mehrere Vorschläge zur Herabsetzung der Raketenzahlen. In den letzten Wochen vor der Abstimmung im Bundestag verlegte sie sich auf gezielte Fehlinformationen an die Adresse der europäischen NATO-Mitglieder, um diese „ins Wanken zu bringen"[75]: Einerseits signalisierte sie ein Entgegenkommen bei der Mitveranschlagung der britischen und französischen Nuklearарsenale, andererseits erweckte sie den Eindruck, als seien die USA selbst von dem Stationierungsbeschluss abgerückt[76].

Die europäischen Regierungen ließen sich davon nicht beeindrucken. Man musste sich damit abfinden: Zwischen der Entschlossenheit der USA und ihrer Verbündeten, Ende November 1983 Pershing-II-Raketen und Marschflugkörper zu stationieren, und dem Willen der UdSSR, eben dieses zu verhindern, gab es ebenso wenig einen Kompromiss wie zwischen dem sowjetischen Bestehen auf einer weiteren Stationierung von SS-20-Raketen in Europa und der amerikanischen Weigerung, den Sowjets ein derartiges Monopol zuzugestehen[77].

---

[72] Fischer, The Reagan Reversal, S. 103f.
[73] Glitman, The Last Battle of the Cold War, S. 84f.
[74] Glitman, The Last Battle of the Cold War, S. 88f.; Meier, Deutsch-amerikanische Sicherheitsbeziehungen, Bd. 2, S. 574.
[75] Kwizinskij, Vor dem Sturm, S. 346.
[76] Dieses letzte sowjetische Manöver, der so genannte „Parkspaziergang" von Nitze und Kwizinkij, gaukelte mit dem Vorschlag, auf beiden Seiten 572 Raketenköpfe zu beseitigen, das Bild einer weitgehenden sowjetischen Konzessionsbereitschaft vor, besaß aber keine haltbare inhaltliche Bedeutung, sondern diente nur dem taktischen Zweck, die europäischen NATO-Staaten umzustimmen, vgl. Kwizinskij, Vor dem Sturm, S. 346. Ferner Meier, Deutsch-amerikanische Sicherheitsbeziehungen, Bd. 2, S. 584–590; Nitze, From Hiroshima to Glasnost, S. 397f.; Glitman, The last Battle of the Cold War, S. 90–94.
[77] Nitze, From Hiroshima to Glasnost, S. 373, 389.

Begleitet von letzten sowjetischen Scheinkonzessionen und der gleichzeitigen Drohung, bei einer Stationierung der Pershing-II ihrerseits verstärkt aufzurüsten, erreichte die öffentliche Auseinandersetzung um die NATO-Nachrüstung in der Bundesrepublik vor dem auf den 22. November angesetzten Votum des Bundestages ihren Höhepunkt. Unter dem Einfluss der sowjetischen Deutung der Genfer Verhandlungen schwand in der SPD der letzte Glaube an die Ehrlichkeit des amerikanischen Verhandlungswillens[78]. Reagan seinerseits sprach der UdSSR, die die pazifistisch gesonnene Protestbewegung im Westen anfachte, in ihren Grenzen aber keinen Protest duldete, jede Glaubwürdigkeit ab[79]. Die Mehrheit des deutschen Bundestages hielt dem Druck des Massenprotestes stand: Am 22. November 1983 billigte sie gegen die Stimmen von SPD und Grünen die Nachrüstung mit Pershing-II-Raketen und folgte damit den Parlamenten Italiens und Norwegens. Schon am Folgetag begann die Stationierung der Pershing-II in Westdeutschland, die die Disparitäten in der Zahl der im NATO-Bereich und auf dem Gebiet des Warschauer Paktes aufgestellten Mittelstrecken-Trägersysteme freilich nur langsam verringerte[80]. Wie zuvor angedroht, verließ die UdSSR sämtliche Genfer Verhandlungen, also nicht nur jene über die Mittelstreckenraketen (INF), sondern auch die über Interkontinentalsysteme (START). Diese Entscheidung erwies sich als eine längerfristige Weichenstellung: Fortan erschien der west-östliche Meinungsaustausch über Mittelstreckenraketen in engem Zusammenhang mit den beiden anderen Abrüstungsvorhaben. Darüber hinaus kündigte die Sowjetregierung weitere Schritte zur eigenen Aufrüstung an, zu denen in Europa die Stationierung weit reichender taktischer Atomraketen auf dem Territorium der DDR und der ČSSR gehörte[81]. Auch im kulturellen Bereich fror die UdSSR ihre Beziehungen zu den USA ein. Die sowjetische Führung bewies damit ein letztes Mal ihre Fehleinschätzung der politisch-psychologischen Stimmung in der Bundesrepublik; beraubten derartig militante Drohgebärden doch die sowjetische Friedenspropaganda jeder Glaubwürdigkeit. Man darf annehmen, dass auch aus diesem Grunde die Protestkampagne der westdeutschen Nachrüstungsgegner binnen kurzem in sich zusammenbrach[82].

## IV. Der Weg zum Washingtoner INF-Abkommen

Die USA und ihre NATO-Verbündeten hatten einen entscheidenden politischen Sieg errungen: Zumindest vom Verfahren her gesehen, war es gelungen, dem sowjetischen Ge-

[78] Willy Brandt erklärte am 22. 10. 1983, dem Tage an dem insgesamt etwa 1 Million Westdeutsche demonstrierten, in Bonn vor 300 000 Protestlern, dass „mächtigen Leuten" die Aufstellung der Pershing-Raketen wichtiger sei als der Abbau der SS-20, zit. bei Andreas Rödder, Sicherheitspolitik und Sozialkultur. Überlegungen zum Gegenstandsbereich der Geschichtschreibung des Politischen, in: Hans-Christof Kraus/Thomas Nicklas (Hrsg.), Geschichte der Politik, München 2007, S. 95; Meier, Deutsch-amerikanische Sicherheitsbeziehungen, Bd. 2, S. 559f.

[79] Reagans Rede vom 22. 10. 1983, in: Reagan, Public Papers 1983, Bd. 2, S. 1497.

[80] Im Juli 1984 standen 98 NATO-Mittelstrecken-Raketen (einschließlich französischer) und Marschflugkörpern 467 entsprechende sowjetische Flugkörper gegenüber. Die Stationierung von allein 108 amerikanischen Pershing-II-Raketen in der Bundesrepublik war geplant. Ähnliches galt für Kurzstreckenraketen und taktische Nuklearwaffen, vgl. Fredrick Zilian, Jr., Gleichgewicht und Militärtechnologie in Mitteleuropa, in: Detlef Junker (Hrsg.), Die USA und Deutschland im Zeitalter des Kalten Krieges, Bd. 2, S. 255; Shultz, Turmoil and Triumph, S. 347.

[81] Meier, Deutsch-amerikanische Sicherheitsbeziehungen, Bd. 2, S. 591.

[82] Ebenda, S. 594; Loth, Helsinki, S. 229.

genspieler die Verantwortung für das Scheitern der Genfer Verhandlungen zuzuschieben und ihn so ins Unrecht zu setzen[83]. Mehr noch: Wie im State Department triumphierend festgestellt wurde, hatte die NATO ihre Handlungsfähigkeit bewiesen und durch die laufenden gegenseitigen Konsultationen ihre innere Festigkeit erhöht. Der Druck des Massenprotestes war gewichen. Europa hatte sich an Amerika wieder „angekoppelt"[84]. Wenn jetzt die Stationierung der Pershing-II-Raketen begann, hatte die Regierung Reagan das verhandlungsstrategische Ziel erreicht, auf das sie seit 1981 hingearbeitet hatte: Sie hatte mit dem Stationierungsbeginn Tatsachen geschaffen, die sie als Trumpf in die Verhandlungen einbringen konnte. Die UdSSR auf der anderen Seite, so war Reagan immer schon überzeugt gewesen, konnte nur verhandeln oder musste sich auf ein Wettrüsten mit den USA einlassen, das sie nur verlieren konnte[85]. Die amerikanischen Wähler hatten Präsident Reagan 1984 mit überwältigender Mehrheit in seinem Amt bestätigt. Auf dieser Grundlage konnten die USA mit der UdSSR über einen beiderseitig ausgewogenen Abbau von Mittelstreckenraketen, jetzt aus einer Position der Stärke heraus, verhandeln.

Diese neue Lage muss man im Blick behalten, um den Strategiewechsel Reagans gegenüber der Sowjetunion beurteilen zu können – das in der Literatur so genannte „Reagan Reversal". Da die UdSSR weitere Verhandlungen verweigerte, fiel die Initiative den USA zu. Reagan bot am 16. Januar 1984 in einer Ansprache an das amerikanische Volk über die amerikanisch-sowjetischen Beziehungen weitere Abrüstungsverhandlungen, ja einen umfassenden weltpolitischen Dialog mit der UdSSR an. Sein Redetext zeigte, dass dies für ihn mehr als ein bloßer propagandistischer Trick war, ließ er doch die ideologischen Gegensätze, die Amerika vom sowjetischen Russland trennte und die er in keiner Weise abstritt, hinter den jetzt einzig wichtig erscheinenden Aspekt der bilateralen Beziehungen zurücktreten: das „gemeinsame lebenswichtige Interesse" an der Vermeidung eines Krieges und die Beseitigung der Risiken, ob nun eines technischen Zwischenfalls oder einer Fehleinschätzung, die zu dessen Ausbruch führen könnten; denn ein derartiger nuklearer Konflikt „könnte sehr wohl der letzte der Menschheit sein". Reagan wiederholte nicht nur sein Angebot einer Null-Lösung für Mittelstreckenraketen, sondern ging noch weiter, indem er verkündete: „My dream is to see the day when nuclear weapons will be banished from the face of the Earth."[86] Wie er auch der Sowjetführung versicherte, stand dahinter die Hoffnung auf eine umfassende Verbesserung der amerikanisch-sowjetischen Beziehungen. Hier richteten sich die Hoffnungen des State Department auf einen Führungswechsel im Kreml, der angesichts des Gesundheitszustands Juri Andropows und des Alters seines Nachfolgers Konstantin Tschernenko absehbar erschien[87].

Wieder stellt sich die Frage: Meinte es Reagan mit dieser neuen Selbstverpflichtung zu einer Politik der Entspannung ernst? Zeitzeugen wie sein zunehmend einflussreicher, auf Ost-West-Entspannung hinarbeitender Außenminister George Shultz bejahen diese Frage[88]. Tatsächlich öffnete sich der Präsident mehr und mehr für die Argumente der

83 Glitman, The Last Battle of the Cold War, S. 96f., 100.

84 Meier, Deutsch-amerikanische Sicherheitsbeziehungen, Bd. 2, S. 595.

85 Reagan an Admiral M. Bayne, 12. 9. 1983, in: Skinner (Hrsg.), Reagan, Letters, S. 410; Reagan an W. Buckley, 5. 5. 1987, in: ebenda, S. 419.

86 Reagan, Public Papers 1984, Bd. 1, Washington 1986, S. 40–44, Zitat S. 42 u. 44.

87 Beth A. Fischer, Reagan and the Soviets. Winning the Cold War, in: Brownlee/Graham (Hrsg.), The Reagan Presidency, S. 119.

88 Shultz, Turmoil and Triumph, S. 349, 360, 376. Vgl. für das Folgende: Fischer, The Reagan Reversal, S. 32–35, 104–115, 121–136.

Fürsprecher eines amerikanisch-sowjetischen Ausgleichs im State Department. Seine noch weiter reichende Vision rief freilich selbst in der Regierungsbürokratie ungläubiges Kopfschütteln hervor[89]. Doch dieser Strategiewechsel hatte für ihn eine persönlich-moralische Seite. Die Doktrin der Abschreckung mit der Gewährleistung gegenseitiger Vernichtung („mutual assured destruction") im Kriegsfalle hatte ihm nie wirklich eingeleuchtet[90]. Atomwaffen hielt er letztlich für unmoralisch; sein Gewissen machte aus ihm einen „radikalen Atomgegner"[91]. Bestärkt hatte ihn in seinem Horror vor einem Atomkrieg eine Art nuklear-militärisches „Erweckungserlebnis", das ihm gegen Ende des Jahres 1983 widerfuhr. Zum einen hatte er den Film „The Day After" gesehen, der drastisch die Zerstörungen schilderte, die Amerika nach einem atomaren Angriff erleiden konnte. Zum anderen hatte er sich zum ersten Mal über die Furcht erregenden Atomkriegspläne des Pentagon informieren lassen[92]. Ohne zu erkennen, dass damit der Rüstungswettlauf mit der UdSSR einen neuen Impuls erhalten würde, klammerte er sich an die Illusion, dass eines Tages das von ihm ins Leben gerufene Weltraum-gestützte Abwehrsystem (SDI) einen atomaren Schlagabtausch verhindern werde. Doch bis dahin drohten Fehleinschätzungen. Das hatte Ende November 1983 die sowjetische Reaktion auf das NATO-Manöver „Able Archer 83" gezeigt. Zu seiner Überraschung nahm er aus Geheimdienstberichten zur Kenntnis, dass die Sowjetführung seinen Friedensbeteuerungen nicht glaubte und ihm einen atomaren Erstschlag zutraute. Auch dieses Missverständnis machte eine weiter entgegenkommende Haltung der USA gegenüber der UdSSR erforderlich. Außer der überaus günstigen Verhandlungsposition, in der sich die USA nach dem Beginn der Raketenstationierung befanden, gab es also eine Reihe von Gründen für ein nun ernst gemeintes und vorbehaltloses Verhandlungsangebot an die Sowjetführung. Reagan betrachtete die politische und militärische Lage der USA und der NATO als stabil genug, um den Weg weiter zu beschreiten, den er im März 1983 mit seinem Interimsvorschlag betreten hatte. Im Zeichen der beginnenden Kampagne für seine Wiederwahl übernahm er die Rolle eines Vorkämpfers für eine dauerhafte Entspannung im Kalten Krieg, die ihm menschlich ohnehin viel näher lag[93].

---

[89] Garthoff, Détente and Confrontation, S. 142f.; Shultz, Turmoil and Triumph, S. 466.

[90] Fischer, The Reagan Reversal, S. 78, 103–108, 121.

[91] „...a romantic, a radical, a nuclear abolitionist", so Talbott nach Wells, Reagan, Euromissiles and Europe, in: Brownlee/Graham (Hrsg.), The Reagan Presidency, S. 140. Im Rückblick schrieb Reagan: „Yet there were still some people in the Pentagon who claimed a nuclear war was ‚winnable'. I thought they were crazy.", zit. in: James Mann, The Rebellion of Ronald Reagan. A History of the End of the Cold War, New York 2009, S. 42; Shultz, Turmoil and Triumph, S. 505.

[92] Fischer, The Reagan Reversal, S. 114, 120.

[93] Reagan zeigte sich zutiefst erschüttert von Geheimdienstinformationen, nach denen das NATO-Manöver „Able Archer" die Führung der UdSSR mit einer panikartigen Furcht vor einem nuklearen Überfall der USA erfüllt habe. Diese Einsicht habe ihn überzeugt, dass die Supermächtebeziehungen einschneidender Verbesserung bedürften: Fischer, The Reagan Reversal, S. 132–137; Shultz, Turmoil and Triumph, S. 704–707. Vgl. ferner den Eintrag in Reagans Tagebuch vom 18. 11. 1983: „I feel the Soviets are so defense minded, so paranoid about being attacked that without being in any way soft on them we ought to tell them, no one here has any intention of doing anything like that. What the h[el]l they got what anyone would want. George [Shultz] is going on ABC right after its big Nuclear bomb film...We know it's ‚anti-nuke' propaganda but we're going to take it over & say it shows why we must keep on doing what we're doing" (The Reagan Diaries, S. 199). Ob tatsächlich eine Kriegsgefahr wegen „Able Archer" bestand, wird inzwischen bezweifelt, vgl. z. B. Vojtech Mastny, „Able Archer". An der Schwelle zum Atomkrieg? in: Bernd Greiner/Christian Th. Müller/Dierk Walter (Hrsg.), Krisen im Kalten Krieg, Bonn 2009, S. 505–522, inbes. S. 517–519. Vgl. daneben auch die START-Verhandlungen

Trotz hinhaltenden Widerstandes im Pentagon setzte Reagan in den Folgemonaten seine entspannungsbegeisterte Redekampagne fort. Auch öffentlich bezeichnete er einen Atomkrieg jetzt als nicht gewinnbar[94]. Alle sowjetischen Vorwürfe, die USA strebten nach militärischer Überlegenheit, wies er zurück. Dabei verhehlte er nicht, dass er die neu gewonnene militärische und politische Stärke Amerikas als realistischen Ausgangspunkt für Verhandlungen betrachtete. Auch seinen ideologischen Feldzug gegen die sowjetische Weltmacht verfolgte er mit dem Ruf nach globaler Unterstützung aller antikommunistischen „Freiheitskämpfer" – von Polen über Afghanistan bis nach Nicaragua – weiter und gab ihm gar das Etikett einer „Reagan-Doktrin". Mit diesem Seiltanz kam er natürlich auch Erfordernissen des Präsidentschaftswahlkampfes nach. Hier musste er sich einerseits gegen die Vorwürfe seines Rivalen Mondale wehren, der ihn für den Frost in den Beziehungen zur UdSSR verantwortlich machte. Andererseits durfte er aber auch die rechts-republikanischen Anhänger einer weiter harten Politik gegenüber der Sowjetunion nicht enttäuschen[95].

Die sowjetische Seite – seit Anfang Februar 1984 unter Konstantin Tschernenko – hielt nur wenige Monate an ihrer anfänglichen Absicht fest, die Abrüstungsverhandlungen nur bei einer Rückgängigmachung der Pershing-II Aufstellung wieder aufzunehmen [96]. Schon im Juni zeigte sie Interesse an Verhandlungen über eine dauerhafte Entmilitarisierung des Weltraums. Sie brachte damit Reagans Plan für eine weltraumgestützte Raketenabwehr, den sie als Demonstration technischer Überlegenheit der USA besonders fürchtete, auf die Tagesordnung der Abrüstungsverhandlungen[97]. Reagan weigerte sich zwar, auf sein rüstungspolitisches Lieblingsprojekt zu verzichten, stimmte aber einem Dialog über mögliche Begrenzungen für im Weltraum einsetzbare Waffensysteme zu. Als Bedingung forderte er allerdings gleichzeitige Verhandlungen für Mittel- und Langstreckenraketen[98]. Doch erst im Herbst 1984, nachdem amerikanische Vertreter auch in Gespräche über das Verbreitungsverbot von Atomwaffen eingewilligt hatten, kamen Vorgespräche in Gang. Daran anknüpfend trafen sich Shultz und der sowjetische Außenminister Gromyko im Januar 1985 in Genf und erzielten eine Vereinbarung, nach der am 12. März 1985 formelle Abrüstungsverhandlungen im Bereich von Fernraketen (START), Mittelstreckenraketen (INF) und einer außerirdischen Raketenabwehr (SDI) wieder aufgenommen werden sollten, um ein Wettrüsten im Weltraum zu verhindern[99].

Dieser Termin fiel fast genau mit der Übernahme der Führung der UdSSR durch Michael Gorbatschow (am 11. März 1985) zusammen. Mit dem Angebot eines sechsmonatigen Moratoriums für die Aufstellung weiterer SS-20-Mittelstreckenraketen in Europa entriss dieser dem amerikanischen Präsidenten bereits einen Monat später die Initiative für die Rüstungsbegrenzungsgespräche[100]. Andererseits nahm er eine Einladung Reagans zu

über eine Begrenzung der Interkontinentalraketen: Talbott, The Master of the Game, S. 180; Ronald Reagan, An American Life, New York 1990, S. 588–591; Fischer, The Reagan Reversal, S. 20f., 115–138; Garthoff, Détente and Confrontation, S. 139.

[94] Garthoff, Détente and Confrontation, S. 152.

[95] Ebenda, S. 154, 161, 163, 167, 172, 202.

[96] Shultz, Turmoil and Triumph, S. 470; Garthoff, Détente and Confrontation, S. 174.

[97] Ebenda, S. 158, 165; Shultz, Turmoil and Triumph, S. 467.

[98] Ebenda, S. 158f.

[99] Garthoff, Détente and Confrontation, S. 165, 191, 197; Shultz, Turmoil and Triumph, S. 519.

[100] Das Politbüro beschloss im April 1985 formell die Fortführung der Genfer Gespräche, vgl. Garthoff, Détente and Confrontation, S. 203, 213f.

einem inhaltlich offenen Gipfeltreffen an. Am 12. März 1985 nahmen die Delegationen der USA und der UdSSR die im November 1983 abgebrochenen Abrüstungsgespräche wieder auf. Sie umfassten die gesamte Thematik, wenn auch über Fernraketen, Mittelstreckenraketen und SDI in gesonderten Kommissionen verhandelt werden sollte. Entsprechend der Genfer Vereinbarung vom 8. Januar betrachteten Teile der amerikanischen Delegation und die sowjetische Seite die Verhandlungsthematik als ein geschlossenes Ganzes, das den Weg zu einem „Grand Compromise" ebnen sollte. Für einige Berater wie Shultz und Nitze bedeute dies, dass die USA auf eine überstürzte Verwirklichung des technisch ohnehin noch nicht ausgereiften SDI-Projekts verzichten und die UdSSR als Gegenleistung den Amerikanern bei den Rüstungsbegrenzungsverhandlungen entgegenkommen und so den Weg frei machen würde für ein Übereinkommen über die Begrenzung von Mittel- und Interkontinentalraketen[101]. Doch blieb dieses Konzept innerhalb der amerikanischen Experten kontrovers. Besonders Maynard W. Glitman, der als Nachfolger Nitzes neu ernannte Chefunterhändler für die INF-Verhandlungen, sah eine Paketlösung in einem umgekehrten Licht: Er fürchtete eine sowjetische Hinnahme des SDI-Projektes, wenn sich die USA im Austausch dafür auf Konzessionen für den INF-Bereich einließen – ein Verhalten, das Spannungen innerhalb der NATO auslösen und erneut europäische Abkoppelungsängste wecken würde. Er drang deshalb auf getrennte Verhandlungen in seinem Zuständigkeitsbereich des Mittelstreckenraketenabbaus und setzte diesen Standpunkt Schritt für Schritt zunächst gegenüber seinen regierungsinternen Kritikern und dann vor allem gegen Einwände der sowjetischen Seite durch. Ein Stagnieren der INF-Verhandlungen, so hielt er seinen Gegenspielern vor, weil Streitpunkte in den beiden anderen Bereichen nicht beseitigt waren, würde beide Seiten dem Vorwurf aussetzen, die Verhandlungen nicht ehrlich zu führen[102]. Wie erinnerlich, hatten ähnliche Überlegungen schon 1981 dazu geführt, dass zunächst getrennte INF-Verhandlungen aufgenommen wurden. Nach einigem Schwanken nahm die sowjetische Seite durch eine am 7. Februar 1986 abgegebene Erklärung Gorbatschows ihre Bedenken gegen eine Entkoppelung der INF-Verhandlungen zum ersten Male, freilich nur vorläufig, zurück. Erst erheblich später, im Februar 1987, machte der sowjetische Parteichef diese Entscheidung endgültig[103].

In die INF-Verhandlungen im engeren Sinne traten die USA mit derselben Alternativzielsetzung ein, die für sie beim Verhandlungsabbruch im November 1983 gegolten hatte: entweder weltweite Beseitigung der INF-Waffen (das heißt die Null-Lösung) oder aber ein Interimsabkommen über für beide Seiten gleiche, möglichst niedrige Grenzen für die Zahl ihrer Mittelstreckenraketen. Die Sowjets konterten zunächst mit der Forderung nach einem Wiederabzug der bereits stationierten Pershing-II-Raketen[104]. Unter diesen Bedingungen kam Bewegung in die Verhandlungen erst durch weitere sowjetische Konzessionen. Gorbatschow gab am 3. Oktober 1985 zu verstehen, dass Fortschritte bei den INF-Verhandlungen nicht unbedingt Ergebnisse bei den Besprechungen über das SDI-Projekt voraussetzen müssten. Wichtiger vielleicht war noch seine Ankündigung, dass die Nuklearwaffen Frankreichs (und damit auch Englands) in die laufenden INF-Verhandlungen nicht

---

[101] Talbott, The Master of the Game, S. 211, 214, 232, 253–256; Shimko, Images and Arms Control, S. 161.
[102] Glitman, The Last Battle, S. 114–119.
[103] Ebenda, S. 119; Talbott, The Master of the Game, S. 274.
[104] Glitman, The Last Battle, S. 121.

unbedingt einbezogen werden müssten, sondern dass darüber gesondert verhandelt werden könnte. Der sowjetische Parteichef hatte damit die Aussicht auf eine Beseitigung des entscheidenden Hindernisses eröffnet, an dem sich die INF-Verhandlungen von Anfang an immer wieder festgefahren hatten. Kam es ihm nicht mehr darauf an, so durfte man in Washington fragen, die NATO-Mächte gegeneinander auszuspielen? Allerdings schlug er gleichzeitig eine Verminderung der Zahl der sowjetischen SS-20-Raketenwaffen auf 243 (mit zusammen 729 Sprengköpfen) vor. Diese Zahl entsprach der Summe der Großbritannien und Frankreich verfügbaren Sprengköpfe und brachte so indirekt die Nuklearwaffenarsenale der europäischen Westmächte wieder in die Verhandlungen ein. Ließ sich Amerika auf diesen Vorschlag ein, dann konnte dies auf den Abzug der bisher stationierten Pershing-II-Raketen hinauslaufen[105]. Die sowjetische Regierung besserte dieses Angebot dann im Spätsommer 1986 nach, als sie ihre Zustimmung für eine zeitbegrenzte Stationierung von 120 amerikanischen Marschflugkörpern (jedoch keiner Pershing-II) in Aussicht stellten – das heißt in etwa eine Regelung, wie sie Nitze beim Waldspaziergang vorgeschlagen hatte. Die USA reagierten mit einem Gegenvorschlag, nachdem beide Seiten ihre Raketenköpfe auf 420 bis 450 zu reduzieren hätten[106].

Das war noch kein wirklicher Durchbruch; denn für Gorbatschow blieb ein eigenes Entgegenkommen im Bereich der Raketenabrüstung weiter an amerikanische Zugeständnisse im Zusammenhang mit SDI verbunden. Hier war Reagan nur zu einer begrenzten Konzession bereit: Er erklärte, sich zunächst auf die weitere Erforschung der Möglichkeiten von SDI zu konzentrieren und vor einer Stationierung dieses Abwehrsystems möglicherweise noch einmal mit der sowjetischen Führung zu verhandeln[107]. Auch von der Möglichkeit eines gemeinsam betriebenen SDI-Systems sprach er[108]. Doch über das Projekt als solches ließ er nicht mit sich reden. Dies bewies auch das erste Gipfeltreffen mit dem neuen sowjetischen Parteichef, das vom 19. bis 25. November 1985 in Genf stattfand. Indem sich beide Seiten zusicherten, nicht auf militärische Überlegenheit hinzuarbeiten und gleichzeitig alles zu tun, um einen Krieg zu vermeiden, den keine Seite gewinnen würde, trugen sie zu einer deutlichen politischen und persönlichen Klimaverbesserung bei. In der Substanz hatten sich die Standpunkte zwar kaum angenähert, auch wenn Gorbatschow andeutete, dass er ein Verhandlungsergebnis akzeptieren könnte, das sämtliche auf Europa gerichtete SS-20-Raketen beseitigen würde. Von der Pentagon-Lobby bestärkt, weigerte sich Reagan seinerseits standhaft, Gorbatschow an der Stelle Konzessionen zu machen, die für diesen ausschlaggebend war – nämlich als Gegenleistung für sowjetische Konzessionen in den Abrüstungsverhandlungen in irgendwelche Abstriche am SDI-Projekt einzuwilligen. Gorbatschow musste erkennen, dass dieses Vorhaben den Angelpunkt für Reagans persönliche Vorstellungen über eine internationale Abrüstung bildete[109]. Als besonders problematisch erschienen widersprüchliche Äußerungen der US-Regierung zu der sowjetischen Forderung, dass das SDI-Projekt nicht im Widerspruch zu den Bestimmungen des ABM-Vertrags von 1972 über die Begrenzung der beiderseitigen Raketenabwehrsysteme stehen

[105] Gorbatschow hatte der US-Regierung diese Vorschläge am 27. 9. übermittelt. Im Juni 1986 bot er auch eine Entkoppelung der INF-Verhandlungen von den Verhandlungen über die Interkontinentalraketen an, vgl. ebenda, S. 122f.; Loth, Helsinki, S. 235, 239f.

[106] Glitman, The Last Battle, S. 124f.; Rueckert, Global Double Zero, S. 63.

[107] Talbott, The Master of the Game, S. 284.

[108] Reagan an W. Buckley, 5. 5. 1987, in: Skinner (Hrsg.), Reagan, Letters, S. 419; Reagan an L. Beilenson, 16. 10. 1986, in: ebenda, S. 429; Nitze, From Hiroshima to Glasnost, S. 427.

[109] Garthoff, Détente and Confrontation, S. 237–243; Rueckert, Global Double Zero, S. 61.

dürfe. Wie strikt der ABM-Vertrag in diesem Punkte ausgelegt werden durfte, wurde auch in Washington heftig debattiert[110].

Trotz der lediglich atmosphärischen Erfolge des Genfer Gipfels sah Gorbatschow in ihm doch die Wiederaufnahme des Dialogs zwischen den Supermächten auf einer Ebene von gleich zu gleich[111]. Reagan kehrte begeistert heim, hätte Gorbatschow doch privat angedeutet, dass man sogar über die weltweite Beseitigung *aller* Atomwaffen sprechen könnte. Weniger sanguinisch, sagte Außenminister Shultz jetzt immerhin bessere Chancen für die Verwirklichung der Null-Lösung voraus. Beide waren sich einig, dass das SDI-Projekt das entscheidende Druckmittel darstellte, das die Sowjets zu einem Entgegenkommen in der Abrüstungsfrage veranlassen könnte[112].

Nach wie vor mit dem Ziel einer Verhinderung des SDI-Projektes vor Augen, aber gewiss auch ehrlich überzeugt von der Interdependenz der modernen Welt und dem gemeinsamen Interesse der Weltmächte an der Verhinderung von Kriegen, ging der sowjetische Parteichef am 16. Januar 1986 mit neuen, weitreichenden Abrüstungsvorschlägen an die Öffentlichkeit wieder in die Offensive[113]. Er versicherte, dass das Problem der Überprüfung der beiderseitigen Abrüstungsmaßnahmen – auch einer Prüfung vor Ort – für den Fortgang der Genfer Verhandlungen kein Hindernis mehr darstellen dürfe. Sensationell war, dass er sich als erster sowjetischer Politiker für eine bis 1989 zu verwirklichende Null-Lösung im Mittelstreckenbereich als Ziel der laufenden INF-Verhandlungen aussprach – freilich immer noch unter der Bedingung, dass die Regierung Reagan SDI aufgab[114]. Seit Sommer 1986 stand Reagan zusätzlich unter dem Druck des von den Demokraten kontrollierten Kongresses, der mit der Einstellung weiterer Geldbewilligungen für das SDI-Projekt drohte, falls die Reagan-Administration dieses in einer Weise weiter betrieb, die den ABM-Vertrag verletzte[115].

Die amerikanische Seite reagierte im Februar mit Vorschlägen für eine effektiv kontrollierte phasenweise Reduzierung der INF-Raketen, in die sie jetzt auch INF-Raketen geringerer Reichweite miteinbezog, um eine Verifizierung aller Abrüstungsmaßnahmen im Mittelstreckenbereich zu erleichtern. Im Jahre 1989 sollte dieser Prozess zu einer globalen doppelten Null-Lösung führen[116].

Die öffentliche Wirkung, die der sowjetische Parteichef mit seinem Null-Lösungs-Angebot erzielte, entsprach freilich nicht dessen erst nachträglich erkennbarer Tragweite, weil er es mit der Forderung nach einem amerikanischen Verzicht auf die Weltraumrüstung sowie nach einem Einfrieren der atomaren Bewaffnung der beiden westeuropäischen Mächte koppelte[117]. Er nahm damit sein bereits erwähntes schon im Oktober 1985 gemachtes Angebot, das unbedingte Junktim zwischen den Verhandlungen über SDI und

---

110 Garthoff, Détente and Confrontation, S. 229f.

111 Ebenda, S. 247.

112 Ebenda, S. 265; Reagan an L. Beilenson, 16. 10. 1986, in: Skinner (Hrsg.), Reagan, Letters, S. 429.

113 Garthoff, Détente and Confrontation, S. 259.

114 Talbott, The Master of the Game, S. 248, 291, 304f., 359; Garthoff, Détente and Confrontation, S. 253. Gorbatschow forderte freilich gleichzeitig ein Einfrieren der britischen und französischen Atomwaffenbestände und brachte diese damit doch wieder in den Kontext der Verhandlungen, vgl. Rueckert, Global Double Zero, S. 62. Reagan zeigte sich besonders durch das sowjetische Entgegenkommen in der Kontrollfrage beeindruckt, vgl. Reagan Rede vom 7. 5. 1986, in: Reagan, Public Papers 1986, Bd. 1, S. 571.

115 Talbott, The Master of the Game, S. 248, 304f., 359.

116 Rueckert, Global Double Zero, S. 62f.

117 Loth, Helsinki, S. 238.

die Mittelstreckenraketen aufzuheben, wieder zurück[118]. Am Verhandlungstisch wurde im August 1986 klar, dass die sowjetische Führung nun endgültig nur noch *amerikanische* Pershing-II-Raketen (und nicht mehr auch britische oder französische Nuklearsysteme) meinte, wenn sie eine gemeinsame Verringerung der beiderseits in Europa stationierten Mittelstreckenraketen auf 100 vorschlug. Sie hatten damit die Stationierung der Pershing-II-Raketen indirekt anerkannt[119]. Der sowjetische Parteichef begleitete diese Konzessionen mit weiteren Angeboten, zum Beispiel zu erweiterten Verhandlungen über die Begrenzung konventioneller Streitkräfte in Europa[120].

Mit diesen Fortschritten waren noch längst nicht die letzten Hürden auf dem Wege zu einem Vertrag auf der Basis der Null-Lösung im Mittelstreckenraketenbereich genommen. Sowjetische SS-20-Raketen waren auch in Asien stationiert. U.a. das mit den USA verbündete Japan sah diese als Bedrohung an. Die USA hatten deshalb schon in der ersten Verhandlungsphase vor der Aufstellung der Pershing-II auf eine *globale* Begrenzung (oder Abschaffung) der Mittelstreckenraketen gedrängt. In der zweiten Genfer Verhandlungsrunde hatten die sowjetischen Vertreter Diskussionen zu dieser Frage zunächst abgelehnt, obwohl die USA einer Globallösung auch wegen deren besserer Überprüfbarkeit entschieden den Vorzug gaben. Gorbatschow hatte im Juni 1986 lediglich ein Einfrieren der Zahl sowjetischer in Asien stationierter Raketen angeboten[121]. Eine Lösung dieses Problems konnte erst auf höchster Ebene gelingen.

Die Gelegenheit dazu bot das zweite „Interims"- Gipfeltreffen zwischen Gorbatschow und Reagan, das am 11. und 12. Oktober 1986 in Reykjavik stattfand[122]. Die Regierung Reagan hielt das Angebot einer Herabsetzung der Zahl der Sprengköpfe von Mittelstreckenraketen für jede Seite auf 200 bereit. Zur Überraschung der amerikanischen Unterhändler ging der sowjetische Parteichef aber erheblich weiter. Er unterbreitete ein ganzes Paket von Konzessionen für weitgehende Rüstungsbegrenzungen, zu denen auch eine Ratifizierung des Test Ban Treaty, strenge Kontrollen über die Einhaltung der vereinbarten Abrüstungsmaßnahmen und ein Einfrieren der beiderseitigen Bestände an INF-Raketen geringerer Reichweite gehörten. Vor allem aber stimmte er für Europa einer verbindlichen Null-Lösung für die Mittelstreckenraketen zu, für Asien bot er eine Begrenzung der beiderseitigen Arsenale an Mittelstreckenraketen auf je 100 an, das heißt, dass 100 sowjetische SS-20-Raketen in Asien verbleiben sollten, die USA dafür aber das Recht erhielten, dieselbe Zahl von Pershing-II-Raketen im Westen ihres Territoriums (außer Alaska) aufzustellen. Von den britisch-französischen Nuklearwaffen und den zuvor gleichfalls strittigen vorgeschobenen amerikanischen Atombombern war nicht mehr die Rede[123]. Damit schien der entscheidende Durchbruch für die Vereinbarung eines Abkommens zur Verwirklichung der Null-Lösung gelungen zu sein[124]. Ja, Gorbatschow ging so weit, die Beseitigung

---

118 Ebenda, S. 240; Garthoff, Détente and Confrontation, S. 279.
119 Glitman, The Last Battle, S. 152f.
120 Garthoff, Détente and Confrontation, S. 275.
121 Loth, Helsinki, S. 239; Glitman, The Last Battle, S. 153; Talbott, The Master of the Game, S. 339.
122 Garthoff, Détente and Confrontation, S. 285–290.
123 Loth, Helsinki, S. 242; Rueckert, Global Double Zero, S. 69. Die UdSSR hatte bereits auf einem amerikanisch-sowjetischen Vorbereitungstreffen im August 1986 in Moskau auf eine Berücksichtigung Großbritanniens und Frankreichs verzichtet, vgl. Glitman, The Last Battle, S. 152f.
124 Vgl. den Bericht des US-Außenministers, in: Shultz, Turmoil and Triumph, S. 762–764. Hauptexperte für Abrüstungsfragen auf amerikanischer Seite war wieder Paul Nitze, vgl. auch Raymond L. Garthoff, The Great Transition. Soviet-American Relations and the End of the Cold War, Washington D. C. 1994, S. 283–287.

aller strategischen Nuklearwaffen in einem Zeitraum von zehn Jahren anzubieten. Reagan übertrumpfte ihn mit dem Vorschlag, in dieser Frist alle Atomwaffen abzuschaffen. Auch diesem ehrgeizigen Vorhaben stimmte Gorbatschow zu[125].

Trotzdem blieben alle wohl klingenden Absichtserklärungen, auf die sich Reagan und Gorbatschow bei ihrem Treffen geeinigt hatten, nur auf dem Papier stehen. Dies lag an dem Hauptziel, das Gorbatschow mit seinen weit gehenden Angeboten in Reykjavik weiterhin beharrlich verfolgte – an dem Ziel, als Gegenleistung für seine Konzessionen in einer Paketlösung die Suspendierung des amerikanische SDI-Programms durchzusetzen, auch wenn sein Vorschlag jetzt die Fortsetzung reiner Laborforschungen zuließ. Reagan wollte sein Lieblingsprojekt weiterhin entwickeln und testen lassen. Die von Gorbatschow geforderten Einschränkungen wären für ihn auf den Tod seines Vorhabens hinausgelaufen. Weiterhin war er entschlossen, Amerika die SDI-Option zu erhalten, um den Angriff eines atomar bewaffneten Drittstaats – „another Hitler" – abweisen zu können. Außenminister Shultz seinerseits sah in SDI das Druckmittel, mit dem allein die UdSSR zum Festhalten an ihrer Abrüstungspolitik veranlasst werden konnte[126]. Obwohl Reagan noch den Vorschlag einbrachte, nach Ablauf einer Frist von zehn Jahren alle offensiven ballistischen Raketen zu beseitigen, so dass das SDI-Projekt nicht mehr als Abwehr gegen die UdSSR gerichtet sein konnte, erwies sich der zwischen ihm und dem sowjetischen Parteichef verbleibende Gegensatz über die Zukunft des SDI-Projektes als unüberbrückbar. Die Konferenz endete ohne unmittelbar greifbare Ergebnisse.

Für die vertragliche Festlegung der Null-Lösung für Mittelstreckenraketen hatte dieses Gipfeltreffen dennoch die wesentliche Vorarbeit geleistet. Reagan blieb optimistisch. Seit dem Genfer Gipfel hatte sich sein Verhältnis zu Gorbatschow ständig verbessert. Er glaubte weiter an sein Charisma in der persönlichen Begegnung mit dem sowjetischen Parteichef und wies das Pentagon an, die Tragweite einer Abschaffung aller ballistischen Raketen zu untersuchen[127]. Gorbatschow seinerseits erklärte sich am 28. Februar 1987 verbindlich bereit, ein gesondertes INF-Abkommen abzuschließen, das innerhalb von fünf Jahren zu einer Zerstörung der sowjetischen und amerikanischen Mittelstreckenraketen verpflichtete. Am 4. März 1987 legte die amerikanische Delegation einen revidierten Vertragsentwurf vor. Dieser sah auch Begrenzungen im Bereich von Mittelstreckenraketen kürzerer Reichweite (das heißt zwischen 500 und 1000 km, so genannte „SRINF") vor. Dem stimmte die sowjetische Regierung bei einem Treffen zwischen den beiden Außenministern in Moskau im April 1987 ebenso zu wie dem amerikanischen Wunsch, auf die ihr für eine Stationierung in Asien vorläufig zugestandenen 100 Mittelstreckenraketen zu verzichten. Sie akzeptierte damit die *globale* Abschaffung aller Mittelstreckenraketen (höherer Reichweite). Zur Bedingung für diese weitere Konzession machten die sowjetischen Unterhändler indessen die Einwilligung in die doppelte Null-Lösung, das heißt die Beseitigung aller Raketen auch kürzerer Reichweite (unter 1500 km) – in Europa waren dies die Pershing-1a bzw. die SS-12 und SS-23. Das Ergebnis lief auf die „doppelte" Null-

---

[125] Garthoff, The Great Transition, S. 288.

[126] Shultz, Turmoil and Triumph, S. 770, 772, 775; Talbott, The Master of the Game, S. 325, 337.

[127] „Never in the history of the Soviet Union", erklärte er, „has a Soviet leader ever publicly proposed eliminating weapons they already have. And this Soviet leader has [done]... So, I continue to be optimistic", zit. in: Betty Gladad, Jean A. Garrison, Ronald Reagan and the Intermediate Nuclear Forces Treaty. Whatever happened to the ‚Evil Empire', in: Eric J. Schmertz (Hrsg.), President Reagan and the World, Westport 1997, S. 99; Talbott, The Master of the Game, S. 325, 337; Garthoff, Détente and Confrontation, S. 279; Mann, The Rebellion of Ronald Reagan, S. 116.

Lösung hinaus, die in der US-Regierung schon 1981, vor dem Beginn der INF-Verhandlungen, erwogen worden war[128].

Diese doppelte Null-Lösung warf freilich ein Problem auf, das zwar in Reykjavik bereits angesprochen worden war, das jetzt aber die Verhandlungen erneut ins Stocken zu bringen drohte. Wenn Reagan und Gorbatschow schon in Reykjavik von einer totalen Abschaffung aller ballistischen Raketen gesprochen und damit auch die taktischen Atomwaffen gemeint hatten, zeichnete sich die Möglichkeit einer völligen Denuklearisierung Europas ab. Die UdSSR hätte damit über den Umweg der Abrüstung erreicht, was ihrer Kampagne gegen die Aufstellung von Pershing-II-Raketen nicht gelungen war: Die europäischen NATO-Länder – zu allererst die Bundesrepublik – hätten nach dem Abzug aller amerikanischer Atomwaffen den übermächtigen konventionellen Streitkräften der UdSSR ohne amerikanischen Schutz gegenübergestanden. Diese Aussicht löste sofort vehemente Proteste der europäischen NATO-Verbündeten aus, die die Grundlagen der NATO-Strategie der Abschreckung gefährdet sahen[129]. Die amerikanischen Unterhändler bestanden auf jeden Fall auf einer im Ergebnis gleichmäßigen Reduzierung der Mittelstreckenraketen kürzerer Reichweite auf beiden Seiten[130].

Von dieser Erweiterung der Verhandlungsmaterie war in erster Linie die Bundesrepublik Deutschland betroffen – und damit erneut das leidige Problem einer Einbeziehung von Drittstaaten in das INF-Abkommen aufgeworfen: Für die USA war dies mit Rücksicht auf die europäischen Westmächte eine Prinzipienfrage. Die UdSSR hatte in Genf im April 1987 einen INF-Vertragsentwurf vorgelegt, der Bestimmungen für die Beseitigung der in Westdeutschland stationierten Pershing-1a-Raketen mitsamt ihren Sprengköpfen enthielt. Sie machte den Abschluss des INF-Vertrages von der deutschen Zustimmung zu dieser Regelung abhängig. Die Regierung Kohl blickte mit Sorge auf die sich abzeichnende Denuklearisierung Westeuropas; innerhalb der CDU/CSU-FDP-Regierungskoalition war die Gesamtthematik heftig umstritten. Erst nach einigem Zögern stimmte deshalb die Bundesregierung zwar der doppelten Null-Lösung zu (die ja nur die beiden Supermächte betraf), drängte aber gleichzeitig auf eine Reduzierung von bodengestützten nuklearen Systemen bis zur geringsten Reichweite (also auch von „taktischen" Nuklearwaffen, die im Kriegsfall zuerst auf deutschem Boden eingesetzt worden wären) sowie den Abbau konventioneller Truppen und wollte die 72 in deutschem Eigentum befindlichen amerikanischen Pershing-1a- Raketen (kürzerer Reichweite) bis dahin behalten. Sie hatte sie käuflich erworben, während die zugehörigen nuklearen Sprengköpfe unter gemeinsamer amerikanisch-deutscher Kontrolle standen („double key system"). Unter erheblichem sowjetischem und amerikanischem Druck stehend, gleichzeitig aber auch darauf bedacht, sich nicht dem sowjetischen Vorwurf auszusetzen, er verfolge atomare Ambitionen für die Bundesrepublik, gab Kohl Ende August nach und sagte von sich aus den Abbau der Pershing-1a zu, sobald sich die beiden Weltmächte über die Beseitigung aller Mittelstreckenraketen geeinigt hätten[131]. Da-

128 Rueckert, Global Double Zero, S. 70f.; Glitmann, The Last Battle, S. 181.

129 Shultz, Turmoil and Triumph, S. 766; Glitmann, The Last Battle, S. 158–168, 170f., 179; Garthoff, The Great Transition, S. 290. Margaret Thatcher, die britische Premierministerin, setzte danach mit einer direkten Intervention bei Reagan durch, dass die NATO die Gültigkeit der „deterrence" ausdrücklich bestätigte, vgl. Geoffrey Smith, Reagan and Thatcher, New York 1991, S. 218–225.

130 Glitmann, The Last Battle, S. 176.

131 Die USA verpflichteten sich zur Beseitigung der zugehörigen Sprengköpfe, vgl. Glitmann, The Last Battle, S. 185–188; Nitze, From Hiroshima to Glasnost, S. 443; Haftendorn, Deutsche Außenpolitik, S. 299–302; Rueckert, Global Double Zero, S. 72–75.

mit erübrigte sich auch eine Einbeziehung der Bundesrepublik als Drittstaat in den Text des zweiseitigen INF-Vertrages. Anders als die Bundesregierung es gefordert hatte, blieben indessen taktische Nuklearwaffen, das heißt Kurzstreckenraketen mit einer Reichweite bis zu 500 km (genannt SNF), nicht zuletzt auf amerikanischen Wunsch aus dem INF-Vertrag ausgeklammert[132]. Auf einem Treffen in Reykjavik am 12. Juni 1987 einigte sich die NATO endgültig auf eine globale Null-Lösung für Mittelstreckenraketen kürzerer und längerer Reichweite. Sämtliche auszumusternde Raketen waren zu zerstören. Die UdSSR stimmte dem zu[133].

Im Herbst 1987 kam auch ein Konsens über ein Problem zustande, mit dem sich die amerikanischen und sowjetischen Unterhändler seit dem Genfer Gipfeltreffen befasst hatten – ein Verfahren für eine effektive Vor-Ort-Überprüfung der Einhaltung des INF-Vertrages, das auch Produktionsbetriebe mit einschloss und auf dem die amerikanische Seite als Voraussetzung für einen Vertragsabschluss immer bestanden hatte. Die sowjetische Seite fand sich schließlich mit der fortdauernden Stationierung amerikanischer seegestützter Marschflugkörper ab[134].

Auf der amerikanischen Seite begünstigte die eigene Innenpolitik die letzte Verhandlungsphase. Der seit 1986 von den Demokraten beherrschte amerikanische Senat kürzte die Finanzierung des SDI-Projektes um ein Drittel und verweigerte gleichzeitig alle Mittel für Testvorhaben, die gegen eine restriktive Auslegung des ABM-Vertrages verstießen. Wegen des Iran-Contra-Skandals kompromittiert und innenpolitisch bedrängt, strebte Reagan jetzt mit aller Energie einen Erfolg seiner Entspannungsoffensive an, um sein Ansehen wiederherzustellen. Unter seinen sicherheitspolitischen Beratern gewannen die „Tauben", das heißt die Anhänger seiner Rüstungskontrollpolitik, zu guter Letzt die Oberhand[135].

Damit stand dem endgültigen Text des INF-Vertrages und somit der doppelten Null-Lösung für Mittelstreckenraketen nichts mehr im Wege. Blieb nur die Kontroverse um Reagans SDI-Projekt, die bei dem Gipfel von Reykjavik konkrete Beschlüsse verhindert hatte. Unter dem Eindruck von Berichten über praktische Fortschritte bei der Verwirklichung des SDI-Projektes hatte Gorbatschow in einer Fernsehansprache am 28. Februar 1987 auch an dieser Stelle ein sowjetisches Einlenken erhoffen lassen, entkoppelte er doch den Abschluss eines INF-Vertrages von allen übrigen anstehenden Rüstungsbegrenzungsproblemen. In den Folgemonaten drängte er indessen weiter auf ein amerikanisch-sowjetisches Übereinkommen über „strategische Offensivwaffen" im Weltraum, das die Entwicklung dieser neuen Waffe auf jeden Fall hinauszuschieben versprach. Als Kriterien für die rechtliche Beurteilung von SDI galten bekanntlich die Bestimmungen des zwischen den USA und der UdSSR 1972 abgeschlossenen Vertrages über eine beiderseitige Begrenzung von Antiraketensystemen (ABM). Eine strikte Auslegung dieses Vertrages hätte nur Forschungsarbeiten in diesem Bereich gestattet. Unter dem Einfluss des Pentagon berief sich Reagan indessen auf eine weiterreichende Interpretation, die zum Beispiel auch Tests zur Erprobung der neuen Waffe erlaubt hätte. Die Diskussion zwischen der UdSSR und den USA einerseits und zwischen der Regierung Reagan und der anwachsenden inneramerika-

132 Mann, The Rebellion of Ronald Reagan, S. 238–240; Glitmann, The Last Battle, S. 188.
133 Rueckert, Global Double Zero, S. 75.
134 Glitmann, The Last Battle, S. 207–211; Loth, Helsinki, S. 246; Garthoff, The Great Transition, S. 306; Rueckert, Global Double Zero, S. 61, 63, 73.
135 Klaus Schwabe, Weltmacht und Weltordnung. Amerikanische Außenpolitik von 1898 bis zur Gegenwart. Eine Jahrhundertgeschichte, Paderborn 2007, S. 406–408.

nischen Kritik andererseits über die Rolle des SDI-Projekts für das Abrüstungsvertragswerk bewegte sich im Rahmen dieser kontroversen Deutungen des ABM-Vertrages[136]. Obwohl dieser Streitpunkt offen geblieben war, bestand Gorbatschow schließlich nicht mehr auf einem völligen Verzicht auf SDI und willigte Mitte September 1987 vorbehaltlos in seine Teilnahme an einem dritten Gipfeltreffen mit dem amerikanischen Präsidenten ein[137].

Dieses fand vom 7. bis 12. Dezember 1987 in Washington statt. Hier zeichnete sich auch eine weitere Verständigung über Abrüstungsmaßnahmen für Interkontinentalraketen ab. Eine vertraglich verbindliche Einigung über die Zukunft des SDI-Projekts wurde mit Hilfe eines Formelkompromisses vertagt[138]. Dafür unterzeichneten die beiden Staatsoberhäupter am 8. Dezember in einer feierlichen Zeremonie im Weißen Haus den INF-Vertrag[139].

Der Washingtoner Vertrag wurde mit Recht als historisch gefeiert: Zum ersten Male hatten sich die beiden Hauptprotagonisten im Kalten Krieg auf die tatsächliche Zerstörung einer ganzen Klasse von Nuklearwaffen geeinigt. Gleichfalls zum ersten Male willigte die UdSSR in Kontrollverfahren ein, mit denen die Einhaltung der Vertragsbestimmungen wirkungsvoll überprüft werden konnte. Erstmals ließen sich die Sowjets auf eine numerisch asymmetrische Rüstungsbeschränkung ein, das heißt sie stellten dreimal so viele Sprengköpfe außer Dienst wie die USA – wenn auch das qualitative Gleichgewicht in etwa erhalten blieb[140]. Für Reagan bildete der Vertrag eine persönliche Rechtfertigung für seine Abrüstungspolitik und seine Initiative für eine Null-Lösung im Mittelstreckenbereich. Die Dynamik der Rüstungsbegrenzungsverhandlungen und der Prozess der Entspannung konnten nur noch schwer angehalten werden, nachdem der Vertrag von Washington beides international legitimiert hatte.

## V. Bilanz: Der amerikanische Beitrag zum INF-Vertrag

Um die Rolle der USA bei den INF-Verhandlungen insgesamt würdigen zu können, kehren wir zu den eingangs gestellten Fragen zurück. Welches Ergebnis hatte die amerikanische Regierung bei diesen Verhandlungen angestrebt? Wieweit hat der Gang der Auseinandersetzung die amerikanischen Zielvorstellungen bestätigt oder widerlegt? Worin liegt schließlich der Beitrag der USA zum Zustandekommen des INF-Vertrages von 1987?

Die Zielvorstellungen der Regierung Reagan für die 1982 beginnenden INF-Verhandlungen lassen sich schwer auf einen Nenner bringen. Gewiss war die Null-Lösung das Fern-

136 Dazu Nitze, From Hiroshima to Glasnost, S. 403f., 413–417, 443–445. Nitze als leitender Abrüstungsbeauftragter im State Department koordinierte die Verhandlungen innerhalb der Reagan-Administration und mit den sowjetischen Vertretern.

137 Den Anlass lieferte ein Besuch des neuen Außenministers der UdSSR, Eduard Schewardnadse, vgl. Garthoff, The Great Transition, S. 229f., 233, 237, 243f., 279f., 324; Reagan, An American Life, S. 693; Talbott, The Master of the Game, S. 361, 363–368.

138 Gorbatschow gewährte dem Präsidenten für die Weiterentwicklung von SDI bis zu seiner Stationierung de facto freie Hand, ohne freilich von dem sowjetischen Rechtsanspruch abzugehen, nach dem sich die Entwicklung im Rahmen des ABM-Vertrages vollziehen müsse. Tat sie dies nicht, behielt sich die UdSSR Gegenmaßnahmen vor. Es bleibt die Frage, ob es Gorbatschow primär auf den Abschluss von Abrüstungsverträgen an sich ankam oder ob er die Herausforderung durch SDI nicht mehr so ernst nahm, nachdem auch der US-Kongress dessen Fortentwicklung enge Grenzen gesetzt hatte.

139 Loth, Helsinki, S. 246f.; Garthoff, The Great Transition, S. 326–328. Die Uhrzeit 13.45 hatte sich die Präsidentengattin von ihrem Astrologen empfehlen lassen.

140 Risse-Kappen, Null-Lösung, S. 125.

ziel. Doch die unmittelbare und ursprüngliche Absicht, die Reagan verfolgte, war taktischer Art: Er wollte die Stärke und Funktionsfähigkeit der NATO nach den Rückschlägen, die diese unter seinem Vorgänger Carter erlitten hatte, wiederherstellen und durch die Stationierung der Pershing-II vor aller Welt demonstrieren. Nachdem dies gelungen war, gewannen die INF-Verhandlungen für Reagan eine wachsende inhaltliche Bedeutung. Es kam ihm jetzt immer mehr darauf an, die Menschheit seiner Vision einer atomwaffenfreien Welt etwas näher zu bringen und gleichzeitig die Gefahr eines „heißen" Krieges mit der UdSSR so weit wie möglich auszuschalten. Dass es dem Präsidenten damit ernst war, zeigte seine Bereitschaft, den Protest aus dem Kreis seiner konservativen Anhänger wie Caspar Weinberger in gleicher Weise in Kauf zu nehmen wie die beißende Kritik, die ihm aus den Reihen des sicherheitspolitischen Establishments um Henry Kissinger, ihrem „Oberguru", und Expräsident Richard Nixon entgegenschallte[141].

Mit dem INF-Vertrag hatten sich die Zielvorstellungen der Reagan-Administration in erstaunlicher Weise erfüllt. Aus einer Position der Stärke heraus war es ihr gelungen, ein Abkommen auszuhandeln, das durch seine drastischen Abrüstungsbestimmungen die Gefahr eines Nuklearkrieges in Europa und weltweit erheblich verminderte – ein Erfolg, den sie noch vergrößerte, indem sie sicherstellte, dass der INF-Vertrag die vorläufige Weiterentwicklung des SDI-Projekts nicht behinderte und auch die Fortführung von Reagans weltweiter Kampagne zur Bekämpfung mehr oder weniger kommunistischer Regime von Lateinamerika bis Polen nicht in Frage stellte. Es war der Reagan-Administration gelungen, die militärische Wirkung der weltweiten Rivalität zwischen beiden Supermächten weitgehend zu neutralisieren und damit Bedrohungsängste zu beseitigen, die eine aggressive sowjetische Führung hätte instrumentalisieren können. Gorbatschow verzichtete darauf und verlieh dem Wettbewerb zwischen USA und UdSSR einen vorwiegend wirtschaftlichen und politischen Charakter. In diesen Bereichen aber waren die Vereinigten Staaten, wie Reagan mit Recht erwartete, ihrem sowjetischen Rivalen eindeutig überlegen. Hier liegt die Bedeutung des INF-Vertrages für die Vorgeschichte der großen Wende von 1989/90.

Im Rückblick erscheint der Verhandlungserfolg in Washington weitgehend als das Verdienst Michael Gorbatschows. Zweifellos hat dieser durch sein Entgegenkommen entscheidend dazu beigetragen, dass die zweite Verhandlungsrunde schließlich zur Unterzeichnung des INF-Vertrages geführt hat. Dazu wäre es zweifellos nicht gekommen, wenn Gorbatschow sich nicht zuerst auf dem Gipfeltreffen in Reykjavik Anfang Oktober 1986 die Null-Lösung zu eigen gemacht und vor allem wenn er auf das Junktim zwischen amerikanischem Entgegenkommen beim SDI-Projekt und dem Abschluss des INF-Vertrages im Februar 1987 nicht verzichtet hätte.

Dennoch – diesen Erfolg hätte es ohne die Beiträge der Regierung Reagan zu den Verhandlungen gleichfalls nicht gegeben: Mit dem Ziel einer Null-Lösung setzte Reagan zunächst einmal den Verhandlungsrahmen fest. Wenn er im März 1983 die Alternative eines Interimsabkommens akzeptierte und damit eine flexiblere, multilateral besser abgesicherte Verhandlungsführung einleitete, stellte er den Zusammenhalt der NATO sicher und wirkte zugleich dem Einfluss der Protestbewegung entgegen. Indem der Präsident nach dem sowjetischen Auszug aus den Abrüstungsverhandlungen die Einladung zu deren Fortführung aufrechterhielt, schuf er die Voraussetzung für die schließlich erfolgreiche zweite Phase der Genfer Verhandlungen.

---

[141] Vgl. Mann, The Rebellion of Ronald Reagan, S. 232–345.

Man darf aber auch nicht übersehen, dass Reagan sich nicht gescheut hat, als Trumpf in der diplomatischen Auseinandersetzung mit der UdSSR die Macht der amerikanischen Weltmacht einzusetzen. Nur indem er seine Drohung einer Dislozierung der von den Sowjets militärisch sehr ernst genommenen Pershing-II verwirklichte, hat er nach allem, was wir wissen, auf der sowjetischen Seite den Denkprozess ausgelöst, der zu den entscheidenden Konzessionen Gorbatschows geführt hat. Eine gleiche Funktion erfüllte die Ankündigung des SDI-Projektes, das der Sowjetführung ebenfalls ein Einlenken nahe legte, um diesen abermaligen Triumph der amerikanischen Hochtechnologie abzuwenden. Bei alledem hielt Reagan seinen Druck auf den Ostblock mit dem Ziel einer Liberalisierung aufrecht und stellte auch dadurch eine größere Verhandlungsbereitschaft auf der sowjetischen Seite her, die sich unter Gorbatschow ja selbst zu einem Primat der Reformpolitik zulasten einer Fortführung des Wettrüstens entschieden hatte[142].

Es ist eine eigenartige Vermischung visionärer Fernziele mit einer nüchtern-realistischen Propaganda- und Verhandlungstaktik, die den amerikanischen Beitrag zu dem Erfolg der INF-Verhandlungen ausmacht. Reagan hatte sich dem Traum verschrieben, dem zahlreiche seiner Vorgänger seit Woodrow Wilson angehangen hatten – dem Traum von einer fernen Zukunft, in der sich die internationalen Beziehungen ohne Anwendung von Gewalt entwickeln würden. Er hat diese Vision mit dem taktischen Instinkt eines erfahrenen, ja durchtriebenen Politikers verknüpft und so einen wichtigen Teilerfolg seiner Abrüstungspolitik errungen.

---

[142] John L. Gaddis, The United States and the End of the Cold War. Implications, Reconsiderations, Provocations, New York 1992, S. 130–133.

*Tim Geiger*

# Die Regierung Schmidt-Genscher und der NATO-Doppelbeschluss

Der NATO-Doppelbeschluss ist in Deutschland neben dem „Deutschen Herbst" sicher das Ereignis, das am häufigsten mit der Regierung von Bundeskanzler Helmut Schmidt und Außenminister Hans-Dietrich Genscher assoziiert wird. Der wichtige Beitrag der sozial-liberalen Bundesregierung an dieser Entscheidung hat entsprechend früh das Interesse der politikwissenschaftlichen wie zeithistorischen Forschung auf sich gezogen[1]. Doch erst jetzt steht mit Ablauf der 30-Jahres-Sperrfrist für staatliches Schriftgut dafür der Fundus amtlicher Quellenüberlieferung zur Verfügung. Der nachstehende Beitrag stützt sich primär auf die Überlieferung im Politischen Archiv des Auswärtigen Amts bzw. die darauf beruhende Edition „Akten zur Auswärtigen Politik der Bundesrepublik Deutschland" (AAPD)[2]. Standen in der Forschung bisher die westdeutsch-amerikanischen bzw. -sowjetischen Beziehungen im Fokus des Erkenntnisinteresses, soll im Folgenden das Agieren der Bundesregierung stärker im gesamteuropäischen Kontext analysiert werden. Dabei ist zunächst auf die Perzeption der Bedrohung durch sowjetische Mittelstreckenwaffen in der Bundesrepublik und Schmidts häufig als Initialzündung des Doppelbeschlusses bezeichnete Rede vor dem International Institute for Strategic Studies einzugehen, dann auf die Neutronenwaffen-Kontroverse als missglückten Quasi-Probelauf. Im dritten Abschnitt geht es um den Weg zur Verabschiedung des Doppelbeschlusses, bevor im nächsten Schritt Bonns Beitrag zu dessen Implementierung bis zum Ende der Regierung Schmidt skizziert wird.

---

[1] Vgl. Helga Haftendorn, Das doppelte Mißverständnis. Zur Vorgeschichte des NATO-Doppelbeschlusses, in: VfZ 33 (1985), S. 244–287; dies., Deutsche Außenpolitik zwischen Selbstbeschränkung und Selbstbehauptung 1949–2000, Stuttgart 2001; Lothar Rühl, Mittelstreckenwaffen in Europa. Ihre Bedeutung in Strategie, Rüstungskontrolle und Bündnispolitik, Baden-Baden 1987; Thomas Risse-Kappen, Null-Lösung. Entscheidungsprozesse zu den Mittelstreckenwaffen 1970–1987, Frankfurt a. M./New York 1988; ders., Die Krise der Sicherheitspolitik. Neuorientierung der Entscheidungsprozesse im politischen System der Bundesrepublik Deutschland, Mainz 1988; Susanne Peters, The Germans and the INF Missiles. Getting their Way in NATO's Strategy of Flexible Response, Baden-Baden 1990; Herbert Dittgen, Deutsch-amerikanische Sicherheitsbeziehungen in der Ära Helmut Schmidt. Vorgeschichte und Folgen des NATO-Doppelbeschlusses, München 1991; Jeffrey Herf, War by other Means. Soviet Power, West German Resistance, and the Battle of the Euromissiles, New York 1991; Stephan Layritz, Der NATO-Doppelbeschluß. Westliche Sicherheitspolitik im Spannungsfeld von Innen-, Bündnis- und Außenpolitik, Frankfurt a. M. 1992; Andreas Rödder, Sicherheitspolitik und Sozialkultur. Überlegungen zum Gegenstandsbereich der Geschichtsschreibung des Politischen, in: Hans-Christof Kraus/Thomas Nicklas (Hrsg.), Geschichte der Politik. Alte und Neue Wege, München 2007, S. 95–125; Joachim Scholtysek, The United States, Europe and the NATO Dual-Track Decision, in: Matthias Schulz/Thomas A. Schwartz (Hrsg.), The Strained Alliance. U.S.-European Relations from Nixon to Carter, New York 2010, S. 333–352.

[2] Die im Auftrag des Auswärtigen Amts vom Institut für Zeitgeschichte München-Berlin herausgegebenen AAPD erscheinen seit 1994 alljährlich exakt nach Ablauf der amtlichen Sperrfrist. Sie sind damit international die schnellste, zeitnächste und kontinuierlichste diplomatische Edition.

## I. Die Modernisierung des NATO-Mittelstreckenarsenals und die sowjetische Bedrohung

Bereits die zeitgenössischen politikwissenschaftlichen Studien haben treffend herausgearbeitet, dass der Doppelbeschluss aus zwei ursprünglich voneinander unabhängigen Entwicklungssträngen hervorgegangen ist[3]. Zum einen erörterte die NATO bereits seit Anfang der 1970er Jahre eine Modernisierung ihres Streitkräftepotenzials, und zwar sowohl im konventionellen Bereich als auch in dem der taktischen Nuklearwaffen (Theater Nuclear Forces, TNF). Gemäß dem Harmel-Bericht von 1967, dass Sicherheit auf Verteidigung und Entspannung beruhen müsse, sollte auch im Jahrzehnt der Détente die westliche Verteidigungsfähigkeit und damit die friedenssichernde Abschreckungswirkung in vollem Umfang erhalten bleiben. Im Kontext der damit einhergehenden Modernisierungsbestrebungen sind die 1977 beschlossene (aber fast nirgends erreichte) dreiprozentige Steigerung der nationalen Verteidigungsausgaben[4] und das Langfristige Verteidigungsprogramm (Long-Term Defence Program, LTDP) der NATO von 1978[5] zu nennen. Auf diese verstärkten Verteidigungsmaßnahmen wurde dann von Seiten des Ostblocks regelmäßig verwiesen, um eine angebliche „Aufrüstung“ des Westens zu belegen[6]. Tatsächlich fürchtete die NATO eine ständig fortschreitende Entwertung ihrer bislang weitgehend auf Flugzeuge gestützten taktischen Nuklearkomponente durch die verbesserte Flugabwehr des Warschauer Pakts und setzte daher ihre Hoffnungen auf die technisch neuen, von See, Luft und Boden abfeuerbaren, den feindlichen Radar gleichsam unterfliegenden Marschflugkörper, die Cruise Missiles.

Der zweite, bekanntere Entstehungsstrang des Doppelbeschlusses ist die Reaktion auf die massive Rüstung der UdSSR im nuklearen Mittelstreckenbereich. Seit 1975 verwiesen Experten der „strategic community“ und der damit befassten Ministerien auf diese wachsende Bedrohung: Da war der neue nuklear bestückbare Überschallbomber Tupolew TU-22M, im NATO-Jargon „Backfire“ genannt, vor allem aber die rapide wachsende Zahl

---

[3] Vgl. Josef Joffe, Von der Nachrüstung zur Null-Lösung, in: *Die Zeit* vom 27.11.1981, S. 17. Zum Folgenden Haftendorn, Doppeltes Mißverständnis, S. 244–253; Risse-Kappen, Null-Lösung, S. 18–29; Leopoldo Nuti, The Origins of the 1979 Dual Track Decision – a Survey, in: ders. (Hrsg.), The Crisis of Détente in Europe, London/New York 2009, S. 57–71.

[4] Vgl. „Ministerial Guidance 1977“ des Ausschusses für Verteidigungsplanung (DPC) der NATO, 17./18.5.1977, in: Europa-Archiv 1977, D 349–352; Aufzeichnung (Afz.) VLR I Dannenbring, 20.5.1977, in: AAPD 1977, Dok. 123, S. 631–636; Afz. Ministerialdirektor (MD) Klaus Blech, 1.6.1977, in: ebenda, Dok. 141, S. 727–736.

[5] Präsident Carter hatte auf der NATO-Ratstagung der Staats- und Regierungschefs am 10./11.5.1977 in London die Ausarbeitung eines Langfristigen Verteidigungsprogramms angeregt, vgl. Carter, Public Papers 1977, S. 848–852. Das DPC der NATO legte am 18./19.5.1978 in Brüssel fest, das LTDP solle den Rahmen für eine umfassende Verteidigungsplanung schaffen. Vgl. Europa-Archiv 1978, D 474; DB Nr. 593 Botschafter Rolf Pauls, Brüssel (NATO), 19.5.1978, in: AAPD 1978, Dok. 153, S. 744–752. Auf der NATO-Ratstagung der Staats- und Regierungschefs am 30./31.5.1978 in Washington wurde eine Reihe von Maßnahmen als Aktionsprogramm bestätigt, das dazu beitragen sollte, das Verteidigungspotenzial des Bündnisses den Erfordernissen der 1980er Jahre anzupassen. Vgl. Europa-Archiv 1978, D 483–486; DB Nr. 591 von Pauls, 18.5.1978, in: AAPD 1978, Dok. 152, S. 737–743.

[6] Pars pro toto Gespräch Schmidts mit SED-Politbüromitglied Günter Mittag, 17.4.1980, in: Heinrich Potthoff (Hrsg.), Bonn und Ost-Berlin 1969–1982. Dialog auf höchster Ebene und vertrauliche Kanäle. Darstellung und Dokumente, Bonn 1997, S. 504–515, hier S. 509. Schmidt relativierte, angesichts der Umsetzungsprobleme rate er, „das NATO-Langzeitprogramm von 1978 nicht so wichtig zu nehmen.“ Ebenda, S. 510.

sowjetischer SS-20-Raketen[7]. Im Unterschied zu den Vorgängermodellen SS-4 und SS-5 war die SS-20 eine mobile, damit nahezu unverwundbare, treffsichere, die Warnzeit auf wenige Minuten verkürzende, bis 5000 km reichende Waffe mit jeweils drei einzeln steuerbaren Atomsprengköpfen (MIRV). Für die UdSSR war die SS-20 lediglich eine „Modernisierung", für den Westen dagegen eine qualitativ entscheidende Veränderung im militärischen Gleichgewicht. Zudem fiel die SS-20 durch das Raster bestehender Ost-West-Rüstungskontroll-Foren. Sie wurde weder erfasst von MBFR, den Wiener Verhandlungen von NATO und Warschauer Pakt über ausgewogene Reduzierungen konventioneller Streitkräfte, noch von SALT, den amerikanisch-sowjetischen Verhandlungen über strategische Waffen[8]. Die SS-20 fiel vielmehr in einen nicht erfassten Zwischenbereich, für den sich das Schlagwort „Grauzone" einbürgerte.

Der seit jeher an Sicherheitsfragen interessierte Helmut Schmidt[9] wies die USA frühzeitig auf diese Problematik hin. Doch weder die Ford-[10] noch die Carter-Administration machten sich die Forderung des Bundeskanzlers nach Einbeziehung der sowjetischen Mittelstreckensysteme in die laufenden SALT-Verhandlungen zu eigen, um nicht die jahrelangen Gespräche durch Einführung eines neuen Problembereichs zusätzlich zu verkomplizieren[11].

Aus westdeutscher Perspektive verschärfte jedoch gerade die sich abzeichnende SALT-Einigung auf eine strategische Parität der Supermächte die „Grauzonenproblematik". Das

---

[7] Vgl. Bundesministerium der Verteidigung (Hrsg.), Weißbuch 1975/76. Zur Sicherheit der Bundesrepublik Deutschland und zur Entwicklung der Bundeswehr, [Bonn] 1976, Ziff. 56; Afz. VLR I Fredo Dannenbring, 6.8.1976, in: AAPD 1976, Dok. 259, S. 1188–1190. In allgemein gehaltener Form formulierte das Kommuniqué der Ministersitzung der Nuklearen Planungsgruppe (NPG) am 14./15.6.1976 in Brüssel „concern at the continuing increases in the military strength of the Warsaw Pact Forces beyond levels justified for defensive purposes and at the resulting effect on the strategic balance between East and West, particularly in regard of Europe." Vgl. NATO Final Communiqués 1975–1980, Brüssel o.J., S. 52.

[8] Strittig blieb dabei die Definition strategischer Waffen: Während die USA darunter Interkontinentalwaffen verstanden, hielt die UdSSR alle Systeme für strategisch, die eine Supermacht direkt bedrohten. Daraus resultierte ihre Forderung nach Einbeziehung der amerikanischen Forward Based Systems (FBS), die in westlichen Kategorien vor allem atomwaffenfähige Mittelstreckenflugzeuge waren, insbesondere in Großbritannien stationierte amerikanische F-111 und (veraltete) britische Vulcan-Bomber.

[9] Vgl. Hartmut Soell, Helmut Schmidt, Bd. 1: Vernunft und Leidenschaft 1918 bis 1969, München 2003, S. 247–260, 280–311, 324–358, ders., Schmidt, Bd. 2: Macht und Verantwortung. 1969 bis heute, München 2008, S. 13–116; Detlef Bald, Politik der Verantwortung. Das Beispiel Helmut Schmidt. Der Primat des Politischen über das Militärische 1965–1975, Berlin 2008.

[10] Schmidt reklamiert, Präsident Gerald Ford habe ihm am 29.5.1975 in Brüssel ausdrücklich versprochen, die sowjetische SS-20- und Backfire-Rüstung in die SALT-II-Verhandlungen einzubeziehen: „Wir haben jene Übereinstimmung damals nicht aktenkundig gemacht; angesichts unseres persönlichen Vertrauensverhältnisses schien uns dies nicht nötig zu sein." Vgl. Helmut Schmidt, Menschen und Mächte, Berlin 1987, S. 210. Tatsächlich findet sich dieser Passus nicht in der sonst weitgehend deckungsgleichen Gesprächsaufzeichnung, vgl. AAPD 1975, Dok. 138, S. 627–635. Risse-Kappen, Null-Lösung, S. 34, hat zutreffend angemerkt, dass die Verhandlungsführung der Ford-Administration jedenfalls keine Berücksichtigung dieser, die Gespräche mit der UdSSR erheblich verkomplizierenden Frage erkennen lässt.

[11] Keine der beiden Supermächte hatte Interesse daran, die SALT-Verhandlungen durch eine Ausdehnung auf Mittelstreckenwaffen weiter zu verkomplizieren, zumal die UdSSR westliche Rufe nach Einbeziehung der SS-20 mit der Forderung nach Einbeziehung amerikanischer FBS und der britischen bzw. französischen Drittstaatensysteme konterte. Entsprechend replizierte der sowjetische Außenminister Andrej Gromyko am 22.11.1979 in Bonn auf Vorhaltungen über die Nichtbehandlung der SS-20 in SALT II, dann hätten die Verhandlungen „nicht acht, sondern 15 Jahre gedauert", in: AAPD 1979, Dok. 343, S. 1759–1770, hier S. 1766.

Übergewicht der UdSSR im konventionellen und Mittelstreckenbereich fiel dadurch erst recht ins Gewicht. Angesichts einer befürchteten Lücke im Eskalationskontinuum der NATO sah die Bundesregierung die Glaubwürdigkeit der Strategie der „flexible response“ und damit die für Bonn lebenswichtige Abschreckungswirkung gen Osten bedroht. Da die SS-20 zwar Westeuropa, nicht aber die USA erreichte, fürchtete der Bundeskanzler eine Abkoppelung des strategischen US-Arsenals von der Verteidigung Europas. Die SS-20 könnte dann von Moskau zur politischen Erpressung Westeuropas missbraucht werden.

Diese auch vom SPD-Verteidigungsminister Georg Leber mehrfach geäußerten Bedenken wiegelte die amerikanische Regierung mit der Beschwichtigung ab, Abschreckung und militärischer Schutz würden auch nach einem SALT-II-Abkommen ausreichend erhalten bleiben[12]. Auf die politische Agenda rückte das „Grauzonenproblem“ erst durch Schmidts Rede vor dem International Institute for Strategic Studies (IISS) am 28. Oktober 1977 in London. Rückblickend gilt die IISS-Rede daher vielen „als die eigentliche Geburtsstunde des so genannten Doppelbeschlusses“[13]. Doch die Vorstellung eines lang geplanten, klug inszenierten Paukenschlags ist falsch.

Schmidts Londoner Auftritt fand zu einem Zeitpunkt statt, als in der Bundesrepublik der linksextremistische Terror der Roten Armee Fraktion (RAF) seinen Zenit erreicht hatte. Am 18. Oktober hatte die GSG-9 in Mogadischu die entführte Lufthansa-Maschine „Landshut“ befreit, hatten die in Stammheim inhaftierten RAF-Führungskader Selbstmord begangen bzw. war am 19. Oktober der entführte Präsident des Bundesverbands Deutscher Arbeitgeber und des Bundesverbands Deutscher Industrie, Hanns-Martin Schleyer, ermordet worden. Das Krisenmanagement dieses „Deutschen Herbsts“ hatte bis dahin die Aufmerksamkeit der Regierung absorbiert[14]. So war die Rede aus Textbausteinen mit bekannten, von Schmidt schon mehrfach vorgetragenen Gedanken erstellt worden. Der Kanzler selbst sah den Text erst beim Flug nach London durch[15].

Im sicherheitspolitischen Teil seiner primär Fragen der Weltwirtschaft gewidmeten Rede erinnerte Schmidt daran, dass das politisch-militärische Gleichgewicht die Grundlage jeder Entspannungspolitik sei. Diese Balance werde durch den ungezügelten Aufwuchs sowjetischer Mittelstreckensysteme bedroht, während sich gleichzeitig durch SALT II künftig die strategischen Potenziale der Supermächte neutralisieren würden. Damit verschärfe sich für Europa die Bedeutung der Ost-West-Disparitäten auf nukleartaktischem und konventionellem Gebiet. Schmidt forderte daher, die Wiener MBFR-Verhandlungen voranzubringen, und führte mit Blick auf SALT aus: „Eine auf die Weltmächte USA und Sowjetunion begrenzte strategische Rüstungsbeschränkung muss das Sicherheitsbedürfnis der westeuropäischen Bündnispartner gegenüber der in Europa militärisch überlegenen Sowjetunion beeinträchtigen, wenn es nicht gelingt, die in Europa bestehenden Disparitäten

[12] Vgl. Afz. VLR I Dannenbring, 19. 11. 1976, zur NPG-Tagung vom 16.–18. 11. 1976, in: AAPD 1976, Dok. 331, S. 1503–1507; Afz. ders., 15. 6. 1977, zur NPG-Tagung am 8./9. 6. 1977, in: AAPD 1977, Dok. 155, S. 807–810.

[13] So Schmidt, Menschen und Mächte, S. 230.

[14] Vgl. dazu Tim Geiger, Die „Landshut“ in Mogadischu. Das außenpolitische Krisenmanagement der Bundesregierung angesichts der terroristischen Herausforderung, in: VfZ 57 (2009), S. 413–456.

[15] Entwürfe für den sicherheitspolitischen Teil der Rede hatten der Leiter des Planungsstabs im BMVg, Walter Stützle, und der Leiter des außenpolitischen Büros im Kanzleramt, Jürgen Ruhfus, geliefert. Vgl. Haftendorn, Mißverständnis, S. 259f., Anm. 36; dies., Sicherheit und Stabilität. Außenbeziehungen der Bundesrepublik zwischen Ölkrise und NATO-Doppelbeschluß, München 1986, S. 15; Jürgen Ruhfus, Aufwärts. Erlebnisse und Erinnerungen eines diplomatischen Zeitzeugen 1955–1992, Sankt Ottilien 2006, S. 197.

parallel zu den SALT-Verhandlungen abzubauen. Solange dies nicht geschehen ist, müssen wir an der Ausgewogenheit aller Komponenten der Abschreckungsstrategie festhalten. Das bedeutet: Die Allianz muss bereit sein, für die gültige Strategie ausreichende und richtige Mittel bereitzustellen und allen Entwicklungen vorbeugen, die unserer unverändert richtigen Strategie die Grundlage entziehen können."[16] Selbstkritisch merkte der Kanzler an, die Europäer hätten es versäumt, deutlich genug „zu Beginn der SALT-Gespräche die enge Verbindung zwischen der Parität auf dem strategisch-nuklearen Gebiet einerseits und dem taktisch-nuklearen und konventionellen Sektor andererseits" herauszustreichen. Schmidt forderte also, die NATO dürfe in keinem Bereich der NATO-Triade (konventionelle und nukleare taktische bzw. strategische Bewaffnung) die Entstehung von Disparitäten hinnehmen, wenn die Glaubwürdigkeit der „flexible response" und damit das Abschreckungsprinzip erhalten bleiben sollten. Den Weg zur notwendigen Wiederherstellung des Gleichgewichts habe er, so Schmidt weiter, bereits beim NATO-Gipfel der Staats- und Regierungschefs im Mai dargelegt: entweder massive westliche Aufrüstung oder eine beidseitige Abrüstung, „um so zu einer niedrigeren Gesamtstärke" zu kommen[17]. Schmidt ließ keinen Zweifel, dass er den Reduktionsansatz bevorzuge.

In der zeitgenössischen Presse fand die Rede, in der nirgends explizit die Begriffe Mittelstreckenwaffen oder Cruise Missiles fielen, wenig Echo[18]. Zum Startschuss für den NATO-Doppelbeschluss wurde sie erst, weil der Kanzler beim anschließenden Dinner sehr viel expliziter das amerikanische Versäumnis kritisierte, die SS-20 in SALT einzubeziehen. Amerikanische Teilnehmer der geladenen „strategic community", insbesondere Helmut Sonnenfeldt, der Berater des ehemaligen Außenministers Henry A. Kissinger, sorgten dafür, dass Schmidts Gravamina in Washington die Runde machten. Erst diesem Umweg über die USA verdankt die Londoner Rede ihre Berühmtheit[19]. Selbst im Bonner Auswärtigen Amt wurde man offenbar erst durch Berichte aus Washington auf die IISS-Rede aufmerksam, als der dortige Botschafter Berndt von Staden drei Wochen später berichtete, dass der stellvertretende Sicherheitsberater des amerikanischen Präsidenten, David Aaron, mitgeteilt habe, Carter „habe die Londoner Rede des Herrn Bundeskanzlers mit großer Aufmerksamkeit gelesen"; zudem habe Sicherheitsberater Zbigniew Brzezinski erwähnt, dem Weißen Haus liege „auch eine Aufzeichnung über die Gespräche vor, die außerhalb der eigentlichen Konferenzsitzung geführt worden sind"[20]. Um nähere Informationen ge-

[16] Vgl. Politische und wirtschaftliche Aspekte der westlichen Sicherheit, Alastair Buchan Memorial Lecture Schmidts, 28.10.1977, in: Bulletin der Bundesregierung Nr. 112/1977, S. 1013–1020, hier S. 1015 (das folgende Zitat ebenda). Die Rede wurde auf Englisch gehalten, vgl. dafür Survival 20 (1978), H. 1/2, S. 2–10.

[17] Vgl. Schmidt im NATO-Rat der Staats- und Regierungschefs, 10.5.1977, in: Bulletin der Bundesregierung Nr. 51/1977, S. 467–472. Ferner DB Nr. 1075 MD Blech, z. Z. London, 11.5.1977, in: AAPD 1977, Dok. 121, S. 624–627.

[18] Vgl. Soell, Schmidt, Bd. 2, S. 710; Christoph Bertram, damals IISS-Leiter, konstatiert, 1977 hätten primär Schmidts Ausführungen zum Terrorismus interessiert, vgl. ders., So war das, in: Helmut Schmidt. Würdigungen, Essays und Glückwünsche zum 90. Geburtstag, H. 1, Der Staatsmann (Beilage zu *Die Zeit* vom 11.12.2008), S. 42.

[19] Vgl. Bertram, So war das, S. 42; Haftendorn, Sicherheit, S. 29 sowie Ruhfus, Aufwärts, S. 197, der nicht unbedingt überzeugend noch telefonische Reaktionen in der Nacht der Rede erinnert, diese aber allesamt amerikanischer Provenienz zuweist. Klaus Wiegrefe, Das Zerwürfnis. Helmut Schmidt, Jimmy Carter und die Krise der deutsch-amerikanischen Beziehungen, Berlin 2005, S. 178f., gibt zu bedenken, dass Schmidt auch gegenüber Sonnenfeldt laut dessen Zeugnis vage und ausweichend geblieben sei.

[20] DB Nr. 4087, 17.11.1977, PA/AA, VS-Bd. 11382 (220); B 150, Aktenkopien 1977.

beten, konnte Staden nur mitteilen, dass Brzezinski eine Bitte um Einsichtnahme in die Unterlagen abgelehnt und Aaron „keine kritische Reaktion“ habe erkennen lassen[21]. Auch Botschafter Ruete in London, der erst jetzt auf Aufforderung ausführlicher über den Auftritt des Kanzlers berichtete, blieb im Vagen.[22] Rückblickend jedoch wurde Schmidts IISS-Rede zum Manifest verklärt, in dem erstmals ein westlicher Regierungschef öffentlich auf das Problem der sowjetischen Mittelstreckensysteme hingewiesen und in nuce das spätere Zweigleisigkeits-Prinzip vorformuliert habe[23]. Zunächst freilich schob sich ein drängenderes sicherheitspolitisches Problem in den Vordergrund: die Kontroverse um die Neutronenwaffe.

## II. Die Neutronenwaffen-Kontroverse: ein missglückter Probelauf mit Präjudizwirkung

Die Neutronenwaffe (Enhanced Radiation Weapon, ERW), war eine Weiterentwicklung herkömmlicher taktischer Nuklearwaffen, die eine geringere Hitze- und Druckwelle sowie weniger Strahlungsrückstand aufwies. Darum galt sie in Militärkreisen als sinnvolle Verbesserung im taktischen Einsatz und wurde für das dicht besiedelte Mitteleuropa als eine höchst effektive Anti-Panzer-Waffe gegen die befürchteten massierten Panzerverbände des Warschauer Pakts betrachtet[24]. In der Öffentlichkeit dagegen war die Neutronenwaffe hochumstritten: Der Bundesgeschäftsführer der SPD, Egon Bahr, als einer der Architekten der „Neuen Ostpolitik“ noch immer eine einflussreiche Stimme, hatte sie im Juli 1977 als „Perversion des Denkens“ gebrandmarkt, denn die Neutronenbombe töte Menschen, lasse aber Sachen unbeschädigt[25]. Die Neutronenwaffe wurde rasch zum Kristallisationspunkt der Anti-Nuklear- und Friedensbewegung – in der Bundesrepublik wie in anderen Staaten Westeuropas und in den USA[26].

Präsident Carter ließ all das nicht unbeeindruckt. Am 23. November 1977 teilte er Schmidt mit, die USA würden die Neutronenwaffe nur dann produzieren, wenn die Westeuropäer, voran die Bundesrepublik, zu deren Schutz die Neutronenwaffe diene, vorab ihre Bereitschaft verkünden würden, sie auf ihrem Territorium zu stationieren[27]. Der Bun-

---

[21] Vgl. DB Nr. 4133 des Botschafters von Staden, Washington, 21. 11. 1977; PA/AA, VS-Bd. 11382 (220); B 150, Aktenkopien 1977.

[22] Ruete erwähnte, beim Dinner, dessen Teilnehmer er auflistete, seien „einige politische Probleme in Frage und Antwort erörtert“ worden: „Eine Aufzeichnung über dieses Gespräch gibt es nach Aussage des Direktors des Internationalen Instituts für strategische Studien nicht.“ Seinen Bericht über Schmidts Rede stellte Ruete unter den Vorbehalt, dass er wegen des zeitlichen Abstands „mit allen Vorbehalten der Ungenauigkeit und Unvollständigkeit übermittelt wird“. Vgl. DB Nr. 2497 vom 23. 11. 1977; PA/AA, VS-Bd. 530 (014); B 150, Aktenkopien 1977.

[23] Vgl. Risse-Kappen, Null-Lösung, S. 35.

[24] Vgl. Afz. von AA und BMVg, 1. 9. 1977, in: AAPD 1977, Dok. 232, S. 1144–1153; DB Nr. 243 Botschafter Pauls, Brüssel (NATO), 13. 9. 1977, in: ebenda, Dok. 243, S. 1191–1196.

[25] Vgl. Egon Bahr, Zu meiner Zeit, München 1996, S. 496–498; ferner Soell, Schmidt, Bd. 2, S. 713; Kristina Spohr Readman, Germany and the Politics of the Neutron Bomb, 1975–79, in: Diplomacy and Statecraft 21 (2010), S. 259–285.

[26] Vgl. Lawrence S. Wittner, Toward Nuclear Abolition. A History of the World Nuclear Disarmament Movement 1971 to the Present, Stanford 2003, S. 22–27; Wiegrefe, Zerwürfnis, S. 182–188 sowie den Beitrag von Philipp Gassert in diesem Band.

[27] Vgl. das im DE Nr. 1942 MD Blech an Botschafter Berndt von Staden, Washington, am 25. 11. 1977 übermittelte Schreiben Carter an Schmidt, in: PA/AA, VS-Bd. 11382 (220), B 150, Aktenkopien 1977.

deskanzler wiederum wollte sich nicht die Verantwortung für eine derart gravierende Rüstungsentscheidung zuschieben lassen. Zum einen zeichneten sich in seiner Partei massive Widerstände gegen die Neutronenwaffe ab[28]; zum anderen drohte dies Bonn noch stärker in den Fokus östlicher Propaganda-Kampagnen zu rücken, die nach Kräften die weitverbreiteten Vorbehalte in den westlichen Gesellschaften gegen die nukleare Vernichtungsgefahr anheizten[29]. Zudem befürchtete Schmidt, die Neutronenwaffe erhöhe die Gefahr einer Abkoppelung der strategischen Systeme der USA von Europa und könne einen neuen Rüstungswettlauf einläuten. Der liberale Koalitionspartner teilte diese Vorbehalte nicht in gleicher Weise, wie am 9. November 1977 die Sitzung des Bundessicherheitsrats als zuständigem Ausschuss des Bundeskabinetts verdeutlichte[30]. Gleichwohl konnte die Bundesrepublik als Nicht-Atomwaffen-Staat[31] die westliche Vormacht nicht aus ihrer politischen Führungsverantwortung entlassen. Entsprechend dilatorisch fiel Schmidts Antwort aus: Unverbindlich hieß es, man müsse die Neutronenwaffenoption glaubwürdig offen halten, um ihr verhandlungspolitisches Gewicht rüstungskontrollpolitisch nutzen zu können[32].

Am 20. Januar 1978 legte der Bundessicherheitsrat Eckpunkte der westdeutschen Haltung zur Neutronenwaffe fest, die später nur unwesentlich modifiziert für den NATO-Doppelbeschluss übernommen wurden[33]: Erstens müsse die Entscheidung über die Herstellung der ERW, also die nukleare Produktionsentscheidung, allein von amerikanischer Seite getroffen werden; als kernwaffenloser Staat könne die Bundesrepublik daran nicht mitwirken. Im Falle der Produktionsentscheidung solle die neue Waffe zweitens als Verhandlungsmaterial, als „bargaining chip", in Rüstungskontrollverhandlungen mit dem Osten eingespeist werden. Dabei war sich die Bundesregierung zunächst noch nicht schlüssig, welche konkreten östlichen Rüstungszugeständnisse für einen westlichen Verzicht auf die Neutronenwaffe eingehandelt werden sollten. Während das Auswärtige Amt dazu neigte, SS-20-Raketen als sowjetische Gegenleistung einzufordern, präferierten Kanzleramt und Verteidigungsministerium Reduzierungen bei der quantitativ weit überlegenen Panzerwaffe des Warschauer Pakts; mit dem Einbringen der Neutronenwaffe wäre jene „Option III" erweitert worden, mit der die NATO im Dezember 1975 einige US-Nuklearkomponenten in die Wiener MBFR-Verhandlungen eingebracht hatte[34]. Als sich Washington

---

[28] Symptomatisch dafür war der Verlauf des SPD-Parteitags vom 15. bis 19. 11. 1977 in Hamburg. Vgl. Anton Notz, Die SPD und der NATO-Doppelbeschluss. Abkehr von einer Sicherheitspolitik der Vernunft, Baden-Baden 1990, S. 20.

[29] Vgl. Michael Ploetz, Wie die Sowjetunion den Kalten Krieg verlor. Von der Nachrüstung zum Mauerfall, Berlin, München 2000, S. 132–134; Afz. MDg Franz Pfeffer, 11. 1. 1978, in: AAPD 1978, Dok. 6, S. 48–54.

[30] Vgl. AAPD 1977, Dok. 318, S. 1524–1534, bes. S. 1529f. Der damalige sicherheitspolitische Sprecher der FDP-Bundestagsfraktion schreibt Genscher sogar anfänglichen Enthusiasmus für die Neutronenwaffe zu, vgl. Jürgen Möllemann, Klartext. Für Deutschland, München 2003, S. 73.

[31] 1954 hatte die Bundesrepublik in den Pariser Verträgen auf die Produktion atomarer, biologischer und chemischer Waffen verzichtet, aber erst am 25. 5. 1970 den Atomwaffensperrvertrag vom 1. 7. 1968 unterzeichnet und ihn 1975 ratifiziert.

[32] Vgl. Schreiben Schmidts an Carter, 9. 12. 1977, in: PA/AA, VS-Bd. 10337 (201), B 150, Aktenkopien 1977.

[33] Zum BSR-Beschluss vom 20. 1. 1978 vgl. Schreiben des Staatssekretär (StS) Günther van Well an MD Ruhfus, Bundeskanzleramt, 30. 1. 1978, in: PA/AA, VS-Bd. 10578 (201), B 150, Aktenkopien 1978; Regierungserklärung, 13. 4. 1978, in: Bulletin der Bundesregierung Nr. 34/1978, S. 321–326; Risse-Kappen, Null-Lösung, S. 41.

[34] Vgl. Gespräch StS van Well mit stellvertretendem amerikanischen Sicherheitsberater Aaron, 30. 1. 1978, in: AAPD 1978, Dok. 23, S. 138–143, hier S. 141.

schließlich für die SS-20-Variante entschied[35], wurde diese Variante vom Bundessicherheitsrat ebenso akzeptiert, obwohl die ERW an sich speziell als Gegengewicht zur östlichen Panzerüberlegenheit entwickelt worden war[36].

Weiter legte der Bundessicherheitsrat fest, dass sich die Bundesrepublik nur dann zur Stationierung der Neutronenwaffe auf ihrem Territorium bereit erklären werde, wenn zuvor entsprechende Beratungen in der NATO erfolgt seien – dies sollte jeden Anschein eines Bonner Alleingangs oder von amerikanisch-westdeutschem Bilateralismus ausschließen – und entsprechende Abrüstungsverhandlungen mit der UdSSR gescheitert seien. Um ausreichend Zeit für Verhandlungen zu gewährleisten, sollte die Dislozierung (sofern dann noch nötig) frühestens zwei Jahre nach Bekanntgabe der amerikanischen Produktionsentscheidung erfolgen. Zur Haupthürde wurde jedoch das Postulat, die Neutronenwaffe nicht allein in der Bundesrepublik, sondern in weiteren europäischen NATO-Staaten zu lagern.

Der Hauptgrund, eine Sonderstellung der Bundesrepublik unbedingt zu vermeiden und auf dem Prinzip der Nichtsingularisierung zu insistieren, lag, wie der Kanzler wiederholt darlegte, in der deutschen Geschichte. Gerade Westdeutschlands zunehmende politische, wirtschaftliche und militärische Stärke wecke im Ausland Neid und Erinnerungen an die NS-Vergangenheit. Hinzu komme die geopolitische Verletzlichkeit, auch die Auswirkungen der deutschen Teilung, die Bonns besonderes ostpolitisches Interesse an einem guten Verhältnis zur UdSSR und ihrem Machtbereich begründeten. „Überspitzt gesagt", so Schmidt zum Sicherheitsberater des amerikanischen Präsidenten, Zbigniew Brzezinski, „habe die Bundesrepublik die beiden schwachen Stellen Berlin und Auschwitz."[37] Aus dieser Konstellation resultierte die Bedingung, dass die Bundesrepublik auch nicht indirekt neben Frankreich, Großbritannien und den USA zur Quasi-Atommacht heranreifen dürfe. Vielmehr müsse ihr Nicht-Nuklearwaffen-Status, ihr Non-User-Status, klar gewahrt bleiben.

Als weiterer Pferdefuß erwies sich aus amerikanischer Perspektive das Insistieren der Bundesregierung auf vertraulicher Behandlung ihrer konditionierten Zusage, von der öffentlich kein Gebrauch gemacht werden sollte. Damit wurde der Carter-Administration genau jenes Argument verwehrt, das ihr innenpolitisch die Durchsetzung der Rüstungsentscheidung hätte erleichtern können: die Rechtfertigung mit entsprechenden Wünschen der europäischen Verbündeten[38].

Diese reagierten – allenfalls mit Ausnahme Großbritanniens[39] – noch verhaltener als die Bundesregierung. Norwegen und Dänemark beharrten auf ihrer traditionellen Haltung, keinerlei Einlagerung von Atomwaffen auf ihrem Territorium zu dulden. Auch in den Niederlanden, Belgien und Italien zeichnete sich keine Bereitschaft zur Aufnahme ame-

---

[35] Vgl. DE Nr. 900 MD Blech, 21. 2. 1978, in: AAPD 1978, Dok. 55, S. 284–286, hier S. 285.

[36] Vgl. DE Nr. 1257 VLR I Dannenbring, 14. 3. 1978, in: AAPD 1978, Dok. 77, S. 380–383, hier S. 381. Im Ständigen NATO-Rat legten die USA dar, der MBFR-Rahmen sei zu kompliziert und langdauernd, vgl. DB Nr. 230 Botschafter Pauls, Brüssel (NATO), 24. 2. 1978, in: AAPD 1978, Dok. 62, S. 321–323.

[37] Gespräch, 3. 10. 1978, in: AAPD 1978, Dok. 293, S. 1451–1462, hier S. 1460. Auf das Dialektik-der-Macht-Argument, dass die historisch belastete Bundesrepublik trotz bzw. wegen ihrer gewachsenen Stärke verwundbarer als zuvor sei, rekurrierte Schmidt wiederholt, vgl. Soell, Schmidt, Bd. 2, S. 730.

[38] Vgl. Wiegrefe, Bündnis, S. 197.

[39] David Owen berichtet, die zustimmende Linie von Premierminister Callaghan und Verteidigungsminister Mulley habe sich durchgesetzt, trotz der in der Labour Party starken antinuklearen Strömung und obwohl er als Außenminister gegen die Neutronenwaffe gewesen sei, vgl. ders., Time to declare, London 1991, S. 379f.

rikanischer ERW ab[40]. Mitte März 1978 einigte man sich gleichwohl auf ein Verfahren, um das Problem zu umschiffen: Noch vor Ostern sollten die USA im Ständigen NATO-Rat ihre an ein gleichzeitiges Rüstungskontrollangebot gegenüber dem Osten gekoppelte ERW-Produktionsentscheidung bekannt geben; die Bündnispartner würden diese begrüßen, allen voran die Bundesrepublik, die dabei ihre bekannten Forderungen zu Protokoll geben würde; zugleich sollten die Verbündeten ihre Bereitschaft zur Dislozierung ausdrücken, falls Rüstungskontrollgespräche scheitern sollten. Der ganze Vorgang sollte qua „silent procedure" erfolgen, d.h. die Entscheidung sollte als angenommen gelten, wenn niemand offen widersprach. Mit mehr war angesichts der Haltung der Skandinavier und der Benelux-Staaten schwerlich zu rechnen[41].

Die auf den 20. März angesetzte Sitzung des NATO-Rats wurde jedoch auf amerikanischen Wunsch kurzfristig auf unbestimmte Zeit verschoben[42]. Der Grund dafür, über den man Bonn auch auf Nachfrage im Dunkeln ließ[43], war eine auch für Carters Mitarbeiter bestürzende Kehrtwende des Präsidenten[44]. Carter hatte sich aus moralischen Skrupeln, angesichts der massiven gesellschaftlichen Widerstände in den USA und in Westeuropa, aber auch angesichts der damit zusammenhängenden zögerlich-widerstrebenden Haltung der Verbündeten nun gegen die Produktion der Neutronenwaffe entschieden, da ihm weiter ungewiss erschien, ob die neuen Waffen am Ende in Europa stationiert werden könnten.

Für die Bundesregierung, die am 30./31. März 1978 durch den stellvertretenden amerikanischen Außenminister Warren Christopher unterrichtet wurde[45], war die abrupte 180-Grad-Wende ein Schock. Schließlich hatte sie für ihren bisherigen, Carters vermeintlichen Wünschen entgegenkommenden Kurs außen- wie innenpolitisch, vor allem gegenüber ihrer eigenen parteipolitischen Anhängerschaft, erhebliche Mühen und Risiken auf sich genommen[46]. Nun stand sie düpiert da.

Außenminister Hans-Dietrich Genscher vermochte bei einer Sondermission am 4. April in Washington weder Carters Entscheidung zu revidieren noch die entstandene transatlantische Kluft zu kitten. Vielmehr glaubten beide Seiten danach erst recht, die andere sei schuld am entstandenen Fiasko. Die Amerikaner erklärten, angesichts der ablehnenden Haltung der übrigen Kontinentaleuropäer sei das Pochen der Bundesrepublik auf Nichtsingularisierung ein Problem. Vergeblich versuchten sie dem Außenminister eine verbind-

[40] Vgl. DB Nr. 230 Botschafter Pauls, Brüssel (NATO), 24. 2. 1978, in: AAPD 1978, Dok. 62, S. 321–323.

[41] Vgl. DE Nr. 1257 VLR I Dannenbring, 14. 3. 1978; DE Nr. 1343 MD Blech an StäV bei NATO, 17. 3. 1978, in: AAPD 1978, Dok. 77, 82, S. 380–382, 395–399; Hans-Dietrich Genscher, Erinnerungen, Berlin 1995, S. 405.

[42] Vgl. DE Nr. 332 VLR Hofstetter an Botschaft in Washington, 23. 3. 1978, in: PA/AA, VS-Bd. 10575 (201), B 150, Aktenkopien 1978.

[43] Im Telefonat mit Genscher verschwieg Außenminister Cyrus Vance die wahren Gründe, vgl. Afz. VLR I Lewalter, 20. 3. 1978, in: PA/AA, VS-Bd. 14074 (010), B 150, Aktenkopien 1978; a.A. Genscher, Erinnerungen, S. 405.

[44] Vgl. Jimmy Carter, Keeping Faith. Memoirs of a President, Toronto/New York/London/Sydney 1982, S. 226f.; Zbigniew Brzezinski, Power and Principle. Memoirs of the National Security Adviser 1977–1981, New York 1983, S. 304f.; Cyrus Vance, Hard Choices. Critical Years in America's Foreign Policy, New York 1983, S. 94f.

[45] Vgl. Gespräche Christophers mit Genscher, 30. 3. 1978, bzw. mit Schmidt in Hamburg, 31. 3. 1978, in: AAPD 1978, Dok. 91–93, S. 454–475.

[46] Dem US-Botschafter Walter Stoessel erklärte Schmidt am 4. 4. 1978, für das Einvernehmen mit den USA habe er sein Verhältnis zum SPD-Vorsitzenden Brandt und SPD-Fraktionsvorsitzenden Wehner gefährdet. Vgl. AAPD 1978, Dok. 94, S. 476–478, hier S. 476.

liche Antwort zu entlocken, ob das Nichtsingularisierungspostulat bereits mit der Stationierungszusage Großbritanniens erfüllt sei. Genscher erklärte, diese entscheidende Frage erst mit dem Kanzler erörtern zu müssen[47]. Anderentags ließ das Auswärtige Amt mitteilen, die Bundesregierung insistiere auf einem weiteren kontinentaleuropäischen Land[48]. Die Carter-Administration glaubte daher, Bonn schraube nachträglich die Anforderungen hoch, um den USA den Schwarzen Peter zuzuschieben; die Bundesregierung verstecke sich hinter den kleinen europäischen Verbündeten[49]. Umgekehrt blieb die US-Seite hinsichtlich der britischen Stationierungsbereitschaft bewusst vage; nur Verteidigungsminister Harold Brown ließ erkennen, dass aus geographischen Gründen nur eine ERW-Dislozierung bei der britischen Rheinarmee in Frage komme – was einer ausschließlichen Stationierung in Deutschland gleichkam[50]. Vor allem aber blieb das Faktum einer abrupten, unangekündigten Kehrtwende, die auf dem Rücken engagierter Verbündeter ausgetragen wurde, und das Vertrauen in die Berechenbarkeit, Verlässlichkeit und Führungskompetenz der US-Administration nachhaltig erschütterte[51]. Das ohnehin seit langem zerrüttete Verhältnis zwischen Carter und Schmidt sollte sich davon nicht mehr erholen. Das Neutronenbomben-Fiasko, so konstatierte Frankreichs Staatspräsident Valéry Giscard d'Estaing, wurde für Schmidt „fast zur Obsession"[52]. Auch andere westliche Politiker, die sich freilich weniger stark exponiert hatten, reagierten entsetzt[53].

Erst in dieser Situation, als beiderseits des Atlantik lautstark Amerikas Führungsfähigkeit angezweifelt wurde, entschloss sich die Carter-Administration, nun auf die Rufe der Europäer nach Marschflugkörpern als Gegengewicht zu den SS-20 einzugehen. Schließlich ließ sich zu Recht monieren, dass mit der Neutronenwaffe ein geplanter Verhandlungschip für Abrüstungsgespräche über die sowjetischen Mittelstreckenwaffen gestrichen worden war. Zudem stärkten die Klagen der Westeuropäer über Washingtons unzureichende Behandlung der „Grauzonenproblematik" zunehmend das wachsende Lager der SALT-Kritiker in den USA. Die Carter-Administration handelte daher primär, um das erschütterte Vertrauen in ihre Handlungs- und Führungsfähigkeit wiederherzustellen[54]. Die seit Sommer 1978 von ihr energisch vorangetriebene TNF-Modernisierung war insofern zu-

---

[47] Vgl. Genschers Gespräche mit Außenminister Vance, Präsident Carter und Verteidigungsminister Brown, alle 4.4.1978, in: AAPD 1978, Dok. 95–97, S. 478–485, besonders S. 483, 485.

[48] Vgl. DE Nr. 389 StS van Well an Botschafter von Staden, Washington, 5.4.1978, in: PA/AA, VS-Bd. 10576 (201), B 150, Aktenkopien 1978.

[49] Vgl. DB Nr. 1371 Botschafter von Staden, Washington, 12.4.1978, in: AAPD 1978, Dok. 114, S. 541–545, hier S. 543. Carter notierte nach dem Gespräch mit Genscher, es sei offenkundig, „that the Germans are playing footsie with us on the E[nhanced]R[adiation] weapons", Keeping Faith, S. 227; Wiegrefe, Zerwürfnis, S. 199. Ähnlich bescheinigte der sowjetische Parteichef Breschnew der Bundesregierung, sie habe versucht, „sich die N[eutronen]W[affe] aufzwingen zu lassen und die Schuld für deren Dislozierung in die Schuhe der USA oder gar der Sowjetunion zu schieben", vgl. Gespräch mit Schmidt, 5.5.1978, in: AAPD 1978, Dok. 136, S. 656.

[50] Vgl. Gespräch Genscher-Brown, 4.4.1978, in: AAPD 1978, Dok. 98, S. 485. Carters Notiz vom 23.3.1978 zum Gespräch mit Callaghan deutet in die Richtung, dass britischerseits keine Neutronenwaffenstationierung auf eigenem Territorium erwogen wurde, vgl. Carter, Keeping Faith, S. 227.

[51] Die Episode, dass Carter beim Gespräch am 4.4.1978 Bundeskanzler Bruno Kreisky aus dem neutralen Österreich jenen europäischen NATO-Verbündeten zurechnete, die eine ERW-Stationierung abgelehnt hätten, und auf Vances korrigierenden Hinweis trotzig beharrt habe, Kreisky sei jedenfalls Sozialdemokrat, dürfte diese Wahrnehmung weiter abgerundet haben, vgl. Genscher, Erinnerungen, S. 408.

[52] Valéry Giscard d'Estaing, Macht und Leben. Erinnerungen. Frankfurt a. M./Berlin 1988, S. 116.

[53] Vgl. DB Nr. 370 Botschafter Pauls, Brüssel (NATO), 5.4.1978, in: AAPD 1978, Dok. 103, S. 498–500.

[54] Vgl. Wiegrefe, Zerwürfnis, S. 253f.; Risse-Kappen, Null-Lösung, S. 50.

allererst ein politischer Akt, um die Kohäsion der Atlantischen Allianz wiederherzustellen. Militärisch hielt Washington eine „Nachrüstung" im Mittelstreckenbereich noch immer nicht für zwingend geboten.

Diese Zweifel an der militärischen Notwendigkeit der Nachrüstung teilten in der Bundesrepublik neben Vertretern der Friedensbewegung etliche Sicherheitspolitiker, gerade in der SPD[55], aber auch die Regierungen in London und Paris. Bei Gesprächen mit der Bundesregierung in Chequers sprach die britische Regierung im Frühjahr 1978 zwar nur zurückhaltend von Bewertungsunterschieden hinsichtlich der von der sowjetischen SS-20-Aufrüstung ausgehenden Gefahr[56]. Deutlicher wurde London gegenüber den USA. In Washington verschwiegen die Briten zwar nicht ihre Beunruhigung über die sowjetische Rüstung, doch stand für sie fest: „the FRG has overreacted to the situation, particularly with respect to their ‚drive' to get negotiations on gray area systems."[57]

In Frankreich, bei dem in Zeiten erhöhter transatlantischer Spannungen die westdeutschen Kanzler seit Konrad Adenauer traditionell Anlehnung und intensivierte europäische Kooperation suchten, fand die Bundesregierung trotz Schmidts engem, freundschaftlichen Verhältnis zu Giscard d'Estaing noch weniger Unterstützung. Zum einen war Paris seit 1966 aus der integrierten Militärstruktur der NATO ausgeschieden, zum anderen galt Frankreichs Hauptsorge dem Erhalt der eigenen unabhängigen Nuklearstreitmacht. Paris ging aber zutreffend davon aus, dass die UdSSR im Falle der von der Bundesrepublik so forcierten Einbeziehung von Mittelstreckensystemen in die Rüstungskontrollgespräche der Supermächte auf einer Einbeziehung der Nukleararsenale der beiden westeuropäischen Drittstaaten in diese Verhandlungen bestehen werde. Insofern blieb Frankreich für Bonn in dieser zentralen sicherheitspolitischen Frage ein zögerlicher und wenig kooperativer Partner[58].

Doch nun ging es für die NATO und ihre Führungsmacht USA um ein Manifest politischer Handlungsfähigkeit. Anders formuliert: Gerade weil die Neutronenwaffen-Diskussion im Fiasko endete, bestand in der Frage der TNF-Modernisierung nun ein Zwang zum politischen Erfolg.

## III. Der Weg zum NATO-Doppelbeschluss 1978/79

Helga Haftendorn hat treffend ein transatlantisches „Missverständnis" diagnostiziert, dass die USA den Ruf der Europäer, allen voran des Bundeskanzlers, nach einem Abbau der

[55] Vgl. Ausführungen des sicherheitspolitischen Sprechers der SPD-Bundestagsfraktion, Alfons Pawelczyk, in: Deutscher Bundestag, Stenographische Berichte, 8. Wahlperiode (WP), 83. Sitzung, 13. 4. 1978, S. 6511–6517 bzw. 141. Sitzung, 8. 3. 1979, S. 11119–11127; Horst Ehmke, Mittendrin. Von der Großen Koalition zur Deutschen Einheit, Berlin 1994, S. 305; Risse-Kappen, Null-Lösung, S. 53, 58.

[56] Vgl. Deutsch-britisches Regierungsgespräch in Chequers, 24. 4. 1978, in: AAPD 1978, S. 587–597, hier S. 591.

[57] Vgl. Fernschreiben Nr. 258185 State Department an die US-Botschaft in London, 11. 10. 1978. betr. anglo-amerikanische Abrüstungsgespräche, in: http://www.gwu.edu/~nsarchiv/nukevault/ebb301/doc03.pdf (12. 5. 2010).

[58] Beschönigend sprach Schmidt am 17. 6. 1978 bei Italiens Ministerpräsident Giulio Andreotti davon, es gebe in Paris offenbar „kein klares Konzept für die Grauzone mit den Mittelstreckenraketen", vgl. AAPD 1978, S. 946–959, hier S. 952. Bei den deutsch-französischen Abrüstungskonsultationen waren Bewertungsunterschiede unübersehbar, vgl. Afz MDg Pfeffer, 11. 9. 1978, in: AAPD 1978, Dok. 259, S. 1304–1307. Giscard d'Estaing war sich mit Premierminister Callaghan am 24. 11. 1978 in Paris einig, die Einbeziehung ihrer nationalen Nuklearsysteme in SALT abzulehnen, vgl. Valéry Giscard d'Estaing, Le pouvoir et la vie, Bd. 2: L'affrontement, Paris 1991, S. 364.

sowjetischen Überlegenheit im Mittelstreckenbereich einseitig als Forderung nach mehr amerikanischen Nuklearwaffen interpretiert hätten[59]. Tatsächlich hatte die Bundesregierung immer ihre Präferenz für einen Abrüstungsansatz betont, ohne die Aufrüstungsalternative allerdings auszuschließen. Das versuchte Helmut Schmidt im Mai 1978 dem Generalsekretär der KPdSU, Leonid Breschnew, bei dessen Bonn-Besuch nachdrücklich zu verdeutlichen, indem er das Problem der Mittelstreckensysteme in den Mittelpunkt rückte[60]. Zwar betonten beide Seiten in der Gemeinsamen Deklaration vom 6. Mai 1978, niemand solle militärische Überlegenheit anstreben, da „annähernde Gleichheit und Parität zur Gewährleistung der Sicherheit ausreichen“[61], doch ging der sowjetische Mittelstreckenaufwuchs durch das SS-20-Programm unvermindert weiter.

Nach dem Neutronenbombendebakel glaubte die amerikanische Regierung, jetzt zum Handeln gezwungen zu sein, zumal Schmidt weiter auf die durch die sich abzeichnende SALT-II-Vereinbarung verschärft zu Tage tretenden Disparitäten im konventionellen und Mittelstreckenbereich hinwies. Wie Brzezinski Ende Mai 1978 einräumte, sei dem Präsidenten „die Tatsache des sowjetischen Übergewichts“ in diesen Bereichen „erst jetzt voll in das Bewusstsein“ gedrungen[62].

Die Arbeiten in der mit der Modernisierung des westlichen Mittelstreckenpotenzial befassten High Level Group (HLG)[63] hatten sich unterdessen dahingehend konkretisiert, dass sich ein Konsens über die Notwendigkeit eines „evolutionary upward adjustment“ herauskristallisierte. Dabei sollte zwar kein militärisches Gegengewicht zu den SS-20, sehr wohl aber eine unter Abschreckungsgesichtspunkten glaubwürdige Gegendrohung aufgebaut werden mit Systemen, die zum Teil auch von Westeuropa aus sowjetisches Territorium erreichen sollten[64]. Diesen Weg als Lösungsansatz für die durch die Neutronenwaffenkrise zusätzlich verschärften nuklearen Probleme der Allianz voranzutreiben, drängte sich für die US-Regierung förmlich auf. Sicherheitsberater Brzezinski unternahm Anfang Oktober eine entsprechende Erkundungstour nach Bonn, London und Paris. Seinem Vorschlag, der sowjetischen Mittelstreckenüberlegenheit eine „high visibility response“ in Form landgestützter Cruise Missiles und eines Reichweiten-„upgrading“ von bereits in der Bundesrepublik stationierten Pershing-I-Raketen entgegenzusetzen, hielt Schmidt entgegen, die Bundesrepublik präferiere eine seegestützte Cruise Missiles-Lösung. Explizit warnte der Bundeskanzler, für die UdSSR sei es unannehmbar, dass sie von westdeutschem Boden aus durch Pershing-Raketen nuklear bedroht werden könne[65]. Auch auf der Ministerkonferenz der Nuklearen Planungsgruppe der NATO am 18./19. Oktober 1978 in Brüssel trieben die USA nun die TNF-Modernisierung energisch voran. Wie der Leiter des NATO-Referats im Auswärtigen Amt, Fredo Dannenbring, notierte, geriet die Bundesrepublik dabei in eine exponierte Lage: „Zwar haben alle Verbündeten die einschlägigen NPG-

[59] Vgl. Haftendorn, Mißverständnis; Andreas Rödder, Die Bundesrepublik Deutschland 1969-1990, München 2004, S. 139.
[60] Vgl. AAPD 1978, Dok. 136, S. 651–662, bes. S. 661; Schmidt, Menschen und Mächte, S. 91–94.
[61] Vgl. Bulletin der Bundesregierung Nr. 44/1978, S. 429f.
[62] Vgl. Afz. MD Ruhfus, Bundeskanzleramt, 30. 5. 1978 über Schmidts Gespräch mit Brzezinski am Vortag in Washington, in: PA/AA, VS-Bd. 11107 (204), B 150, Aktenkopien 1978.
[63] Die HLG war zunächst eine (Task Force 10) von 10 Arbeitsgruppen, die im Zuge des 1977 auf dem Londoner NATO-Gipfel initiierten und ein Jahr später in Washington beschlossenen LTDP eingerichtet und der NPG unterstellt wurde. Vgl. Henry H. Gavin, The History of the Euromissiles, 1. 9. 2003, in: http://www.worldsecuritynetwork.com/showArticle3.cfm?article_id=9148 (12. 5. 2010).
[64] Vgl. Haftendorn, Mißverständnis, S. 263–266; Nuti, Origins, S. 64f.
[65] Vgl. AAPD 1978, Dok. 293, S. 1451–1462, hier S. 1458; Brzezinski, Power and Principle, S. 294.

Empfehlungen aus verteidigungspolitischer Sicht mitgetragen, aber es war bereits erkennbar, dass sie dabei, vielleicht mit Ausnahme Großbritanniens, die USA und die Bundesrepublik möglichst allein vorangehen lassen wollen, da sie die politischen und finanziellen Belastungen fürchten."[66]

Wie der Planungsstabchef im Auswärtigen Amt, Klaus Kinkel, diagnostizierte, saß die Bundesregierung in einer selbst gestellten Falle: Entziehe sie sich der gerade auch innerhalb der Koalitionsparteien umstrittenen Mitwirkung an der TNF-Modernisierung, desavouiere sie sich damit außenpolitisch, nachdem Bonn beständig die Grauzonenproblematik aufgeworfen und entsprechenden Handlungsbedarf eingefordert habe. Trage die Bundesregierung hingegen die Nachrüstung mit, was militärisch sinnvoll und rüstungskontrollpolitisch opportun sei, um entsprechendes Verhandlungspotenzial gegenüber der UdSSR aufzubauen, riskiere sie angesichts der Widerstände in den Koalitionsparteien ihre innenpolitische Basis[67]. Als Ausweg blieb nur die Koppelung der beiden Ansätze für ein militärisches Gleichgewicht. Daher signalisierte die Bundesregierung, die NATO solle auf der einen Seite die Dislozierung moderner Mittelstreckenwaffen ankündigen, ihren Umfang aber auf der anderen Seite davon abhängig machen, wie weit bei vorausgehenden Abrüstungsverhandlungen eine Einigung erzielt werde. Bonn wollte beides: Modernisierung *und* Abrüstung – gleichzeitig und gleichgewichtig[68].

Gestalt gewann dieser Ansatz beim Treffen des amerikanischen Präsidenten Carter, des französischen Staatspräsidenten Giscard d'Estaing, des britischen Premierministers James Callaghan und des Bundeskanzlers auf der französischen Karibikinsel Guadeloupe am 5./6. Januar 1979: Erstmals saß die Bundesrepublik vollkommen gleichberechtigt am Konferenztisch der drei westlichen Nuklearmächte. Dies verdeutlichte eindrucksvoll das politische Gewicht, das sie inzwischen international erreicht hatte. Auch wenn Frankreich offiziell als Gastgeber fungierte und die USA das Treffen praktisch arrangiert hatten, ging der Impuls für den Vierer-Gipfel – was wenig bekannt ist – von Schmidt aus, der den USA signalisiert hatte, die bisherige Abstimmung über Strategiefragen auf der Ebene der Außenministerien reiche nicht aus; man brauche einen Vierer-Gipfel der Staats- und Regierungschefs[69]. Entsprechend informell in engstem Kreise, d.h. ohne Minister und Beamte, nur eskortiert vom engsten außenpolitischen Berater, erörterten die vier Staatsmänner aktuelle Fragen der Weltpolitik: Es ging dabei keineswegs allein um Verteidigungs- und Rüstungskontrollfragen – erörtert wurden vielmehr auch die Rolle der Volksrepublik China im Ost-West-Kräftespiel, Energie- und Wirtschaftsfragen, die Konflikte im Nahen, Mittleren und Fernen Osten und im südlichen Afrika. Gleichwohl rückte die Sicherheitspolitik besonders ins Zentrum[70]. Nachdem Schmidt in diesem Bereich immer zum Handeln ge-

[66] Afz. VLR I Dannenbring, 24.10.1978, in: AAPD 1978, Dok. 322, S. 1587–1590, hier S. 1588.

[67] Vgl. Afz. MD Kinkel, 12.10.1978, in: AAPD 1978, Dok. 308, S. 1516–1520.

[68] Vgl. Gespräch MD Blech mit Aaron in Washington, 12.10.1978, in: AAPD 1978, Dok. 307, S. 1513–1516.

[69] Vgl. Gespräch Schmidt-Brzezinski, 3.10.1978, in: AAPD 1978, Dok. 293, S. 1451–1462, hier S. 1457. Brzezinski erkundigte sich daraufhin bei Callaghan am Rande des Labour-Parteitags in Blackpool vom 2.–6.10.1978 nach dessen Bereitschaft zu solch einem Treffen, vgl. James Callaghan, Time and Change, London 1987, S. 541. Schmidt wiederholte seine Anregung im Telefonat mit Carter am 5.10.1978, vgl. PA/AA, VS-Bd. 14072 (010); B 150, Aktenkopien 1978; Wiegrefe, Zerwürfnis, S. 261f.

[70] Obwohl auf Drängen Giscard d'Estaing kein Protokoll der Unterhaltungen geführt wurde, lässt sich die Konferenz gut rekonstruieren. Zum einen liegen ausführliche Memoirendarstellungen vor, vgl. Schmidt, Menschen und Mächte, S. 231–234; Giscard d'Estaing, Le pouvoir et la vie, Bd. 2, S. 368–385; Callaghan, Time and Change, S. 541–550; Carter, Keeping Faith, S. 234f.; Brzezinski, Power

drängt und von den USA Führungsverantwortung eingefordert hatte, erstaunte es, dass er alles andere als enthusiastisch auf Carters Ankündigung reagierte, die USA seien bereit, Marschflugkörper in Europa als Gegengewicht zu den SS-20 zu dislozieren. Schmidt verwies vielmehr auf daraus resultierende massive innen- und außenpolitische Konfliktfelder für die westeuropäischen Staaten und wiederholte die von der Neutronenwaffendiskussion bereits bekannten deutschen Vorbedingungen. Im Laufe der Gespräche kristallisierte sich zwischen Carter und Giscard d'Estaing, die eine Modernisierung des NATO-Nuklearpotenzials durch die Dislozierung neuer weitreichender amerikanischer Mittelstreckenwaffen (Long Range Theater Nuclear Forces, LRTNF) in Westeuropa für unausweichlich hielten, sowie Schmidt und Callaghan, die diesen Schritt mit Blick auf die damit einhergehenden innenpolitischen Verwerfungen und entspannungspolitischen Belastungen gerne vermeiden wollten, die Struktur eines Doppelbeschlusses heraus: ein Rüstungskontrollangebot, dessen Durchschlagskraft durch eine beim Scheitern drohende TNF-Modernisierung erhöht werden sollte.

Diese Weichenstellung in Richtung Doppelbeschluss sollte gleichwohl nicht als definitive, geschweige denn operative Entscheidung missverstanden werden; Vorstellungen eines linearen Dreischnitts IISS-Rede – Guadeloupe-Treffen – Doppelbeschluss[71] sind zu verkürzt, denn das präjudizierende Ergebnis von Guadeloupe fand keinesfalls nur positive Resonanz. Aufsehen erregte der SPD-Fraktionsvorsitzende Herbert Wehner mit Äußerungen, die Rüstungspolitik der UdSSR sei keineswegs Ausdruck einer aggressiven Politik, sondern eher defensiv und Ausdruck der Moskauer Bedrohungsparanoia. Man brauche keine Stationierung von Mittelstreckenwaffen, sondern Fortschritte bei MBFR, was aber durch die Blockadehaltung des Auswärtigen Amts verhindert würde. Insofern sei es unredlich, wenn die Opposition und Außenminister Genscher in Rüstungsfragen einseitig die UdSSR auf die Anklagebank setzen würden. Diese Attacke auf den Koalitionspartner war ein deutliches Warnsignal an die Regierung, sich im Bereich der TNF-Modernisierung nicht zu sehr zu exponieren[72]. Daher insistierte die Bundesregierung Anfang Februar gegenüber Brzezinskis Stellvertreter David Aaron bei dessen Konsultationsreise durch Westeuropa in Sachen TNF-Modernisierung auf der unverzichtbaren Koppelung mit einem gleichzeitigen Rüstungskontrollangebot[73]. Entsprechend der in Guadeloupe vorgezeichneten Lösungsformel wurde mit tatkräftiger Unterstützung der Briten auf deutsche Initiative in der NATO neben der High Level Group, deren Arbeit sich schon weit konkretisiert hatte[74], eine ebenfalls unter US-Vorsitz tagende, diesmal aber den Außenministerien zugeordnete Expertengruppe für Abrüstungsfragen gebildet, die „Special Group"

---

and Principle, S. 279f.; Ruhfus, Aufwärts, S. 216f.; zum anderen wurden aus dem Gedächtnis Aufzeichnungen erstellt, vgl. Afz. MD Ruhfus, in: AAPD 1979, Dok. 2–5, S. 5–35. Ferner den Bericht des britischen Cabinet Secretary John Hunt vom 11. 1. 1979, in: http://www.margaretthatcher.org/document/ACCDD7C85E0F4928A2A91C89BED62D92.pdf (12. 5. 2010).

[71] So z. B. Edgar Wolfrum, Die geglückte Demokratie. Geschichte der Bundesrepublik Deutschland von ihren Anfängen bis zur Gegenwart, Bonn 2007, S. 385.

[72] Vgl. Herbert Wehner, Deutsche Politiker auf dem Prüfstand, in: Die Neue Gesellschaft 24 (1979), H. 2, S. 92–94; in: AAPD 1979, Dok. 119, Anm. 3; Werner Link, Außen- und Deutschlandpolitik in der Ära Schmidt 1974–1982, in: ders./Wolfgang Jäger, Republik im Wandel 1974–1982. Die Ära Schmidt, Stuttgart/Mannheim 1987, S. 303; Soell, Schmidt, Bd. 2, S. 733f.

[73] Vgl. Afz. VLR I Klaus Citron, 7. 2. 1979, in: AAPD 1979, Dok. 31, S. 137–145.

[74] Bei der NPG-Ministersitzung am 24./25. 4. 1979 in Homestead präsentierte die HLG bereits konkrete Empfehlungen, vgl. DB Nr. 1001 Botschafter Pauls und Generalinspekteur Brandt, 26. 4. 1979, in: AAPD 1979, Dok. 113, S. S. 498–505, hier S. 503f.; Haftendorn, Mißverständnis, S. 274–276.

(SG)[75]. Bonn nahm wesentlichen Anteil daran, dass die Arbeit beider Gruppen eng verzahnt und aneinander gekoppelt blieb – ohne Vorrang in die eine oder andere Richtung.

Retardierend warnte die Bundesregierung vor zu schneller, unwiderruflicher Festlegung bei der TNF-Modernisierung und stellte die Opportunität der von den USA gewünschten Entscheidung vor Jahresende in Frage. Das schürte unter den Verbündeten Zweifel an Bonns Standfestigkeit[76], zumal die SPD ihrem Kanzler nur erkennbar widerstrebend folgte[77]. SPD-Politiker – neben Schmidt und Verteidigungsminister Hans Apel vor allem die Sicherheitspolitiker Egon Bahr, Horst Ehmke und Alfons Pawelczyk – brachten hartnäckig eine seegestützte Cruise Missiles-Lösung ins Spiel[78]. Dahinter stand die Hoffnung, so im Sinne einer breitestmöglichen Verteilung der Bündnislasten die zögernden Benelux-Staaten[79], eventuell sogar die skandinavischen NATO-Partner zum Mitziehen zu bewegen[80] und zugleich die Zahl der in Deutschland zu stationierenden Systeme reduzieren zu können[81].

[75] Vgl. DE Nr. 591 Botschafter Ruth, z. Z. Washington, 13. 2. 1979; Afz. MD Blech, 21. 2. 1979; DE Nr. 1135 Blech an StäV bei NATO, 5. 3. 1979, sowie DE Nr. 1787 Ruth an dies., in: AAPD 1979, Dok. 38, 45, 65, 101, S. 169–177, 200–202, 291 f., 449–453. Die Arbeit von HLG und SG wurde sachlich und personell eng verflochten, vgl. Afz. Ruth, 10. 5. 1979, in: PA/AA, B 150, Aktenkopien 1979. Vgl. ferner „Briefing Paper" für CIA-Chef Stanfield Turner zur NSC-Sitzung am 12. 4. 1979, in: http://www.gwu.edu/~nsarchiv/nukevault/ebb301/doc07.pdf (12. 5. 2010).

[76] Vgl. Afz. VLR I Hofmann, 13. 7. 1979 betr. britischer Zweifel, in: PA/AA, Ref. 201, Bd. 120234; DE Nr. 1359 Botschafter Herbst, Paris, 30. 4. 1979, in: AAPD 1979, Dok. 119, S. 530–532. Carter unterstrich am 1. 6. 1979 im Schreiben an Schmidt, eine Entscheidung sei vor Jahresende notwendig, um diese aus dem Bundestags- bzw. Präsidentschaftswahlkampf 1980 herauszuhalten, in: http://www.margaret thatcher. org/document/45D543E924774350A3F2E543CFA9365F.pdf (12. 5. 2010).

[77] Bahr erklärte am 16. 5. 1979 bei einem SPD-Führungstreffen im Kanzleramt, die TNF-Modernisierung nicht mittragen zu können; sie zerstöre die Entspannungspolitik und lasse die SPD die Wahlen verlieren. Brandt blieb unverbindlich, Wehner stumm, vgl. Hans Apel, Der Abstieg. Politisches Tagebuch eines Jahrzehnts 1978–1988, Stuttgart 1990, S. 82 f., Ehmke, Mittendrin, S. 308; Bahr, Zu meiner Zeit, S. 508 f.

[78] Vgl. Afz. VLR I Hofmann, 27. 4. 1979, in: AAPD 1979, Dok. 114, S. 505–509, hier S. 506 f.; DB Nr. 568 Pauls, 14. 5. 1979, ebenda, Dok. 138, S. 647–650, hier S. 648; Schmidt an Carter, 19. 5. 1979, ebenda, Dok. 147, S. 685–690, hier S. 689; Gespräch Schmidt-Brown, 6. 6. 1979, ebenda, Dok. 175, S. 842–846, bes. S. 844, Afz. VLR Hofstetter, 18. 7. 1979, ebenda, Dok. 210, S. 1023–1028; Apel, Abstieg, S. 77; Ehmke, Mittendrin, S. 309.

[79] Vgl. Gespräch Schmidts mit Belgiens Ministerpräsident Martens, 12. 6. 1979, in: AAPD 1979, Dok. 176, S. 847–852, hier S. 850 f. Zu Belgien vgl. Vincent Dujardin, From Helsinki to the Missiles Question. A Minor Role for Small Countries? The Case of Belgium (1973–1985), in: Nuti (Hrsg.): Crisis of Détente, S. 72–85. Zu den Niederlanden Ruud van Dijk, Explaining Dutch Reservations about NATO's Dual Track Decision, http://www.wilsoncenter.org/index.cfm?topic_id=1409&fuseaction=topics.publications&doc_id=606479&group_id=13349 (12. 5. 2010) sowie den Beitrag von Coreline Boot und Beatrice de Graaf.

[80] Ministerpräsident Anker Jørgensen erklärte Schmidt am 18. 8. 1979, Dänemark schließe für sich auch eine seegebunde CM-Lösung aus, vgl. AAPD 1979, Dok. 232, S. 1107–1122, hier S. 1108. Am 12. 7. 1979 hatte Ministerpräsident Oldvar Nordli den Kanzler wissen lassen, dass Norwegen uneingeschränkt am atomwaffenfreien Status festhalte, vgl. AAPD 1979, Dok. 209, S. 1016–1022, hier S. 1017.

[81] Hoffnungen der Bundesregierung auf eine Dislozierungsbereitschaft der südosteuropäischen NATO-Staaten zerschlugen sich rasch: Die Türkei wollte die Beziehungen zum Nachbarn UdSSR nicht überstrapazieren und verwies auf die schlechten Erfahrungen mit US-Mittelstreckenwaffen Ende der 1950er Jahre, die nach der Kubakrise 1962 einseitig ohne Konsultation abgezogen worden seien, vgl. DE Nr. 2432 VLR I Hofmann an Botschaft in Ankara, 17. 5. 1979, in: AAPD 1979, Dok. 142, S. 666–668. Das 1974 wegen des Zypernkonflikts aus der Militärintegration der NATO ausgeschiedene Griechenland bemühte sich derweil vergeblich um Wiedereingliederung in die Allianz und kam so als Stationierungsland nicht in Betracht, vgl. Gespräch Schmidts mit Ministerpräsident Konstantinos Karamanlis, 20. 10. 1979, in: ebenda, Dok. 300, S. 1497–1506, hier S. 1502.

Gegen die Seeoption sprachen jedoch die geringere militärische Effektivität, höhere Kosten und vor allem der geringere Abschreckungseffekt, da die politische Signalwirkung weit hinter einer Landstationierung mit ihren möglichen Folgewirkungen im Ernstfall zurückblieb[82]. Mit gutem Grund fürchtete Washington, die Westeuropäer wollten diese Option als Schlupfloch missbrauchen, um sich vor einer Raketendislozierung in ihrem Land zu drücken[83]. Wie US-Verteidigungsminister Brown am 10. August 1979 Genscher wissen ließ, hätten die USA dem Kanzler dargelegt, dass eine Seeoption „die Skandinavier nicht hereinbringen würde, sondern die Beneluxländer hinaus. Denn die Beneluxländer würden sich dann ebenfalls auf die seegestützte Lösung zurückziehen und erklären, dass dies ihr Beitrag sei."[84]

Das Auswärtige Amt akzeptierte das amerikanische Insistieren auf Festlandstationierung deutlich schneller und williger als das Bundesverteidigungsministerium und Kanzleramt[85]. Wiederholt zeichnete sich die paradoxe Situation ab, dass das Auswärtige Amt stärker mit militärischen Argumenten die Notwendigkeit einer TNF-Modernisierung zur Sicherung des nuklearen Eskalationskontinuums vertrat, während die Hardthöhe stärker auf Rüstungskontrollaspekte und die politische Verhandlungsoption setzte[86]. Im Grunde spiegelte dies die unterschiedlichen Prioritäten der beiden Koalitionsparteien SPD und FDP wider.

Trotz dieser Nuancen verfolgte die Bundesregierung eine kohärent-stringente Politik. Offen und deutlich kommunizierte sie der Sowjetunion und den osteuropäischen Staaten, dass die NATO definitiv eine Nachrüstungsentscheidung treffen werde, falls die SS-20-Aufrüstung ungebremst fortdauere[87]. Aber ihre Warnrufe bei der sowjetischen Führung, die Schmidt nochmals persönlich in Moskau auf dem Weg zum Weltwirtschaftsgipfel in Tokio vortrug, verhallten ohne erkennbaren Widerhall. Auch Bonns intensive Bemühungen, warnend auf osteuropäischen Staaten wie Polen[88], Ungarn[89], Rumänien[90] und die DDR[91] einzuwirken, damit diese ihre Blockvormacht zu einem Politikwechsel bewegen sollten, der die anrollende westliche Nachrüstung ausbremsen könnte, brachten keine greifbaren Ergebnisse.

---

[82] Vgl. Afz. MDg Dröge, 19.11.1979, in: PA/AA, Ref. 201, Bd. 120236; Presse- und Informationsamt der Bundesregierung (Hrsg.), Aspekte der Friedenspolitik. Argumente zum Doppelbeschluß des Nordatlantischen Bündnisses, Bonn 1981, S. 60–62.

[83] Vgl. Afz. VLR I Hofstetter, 18.7.1979 betr. Aaron-Besuch in Bonn am 16.7.1979, in: AAPD 1979, Dok. 210, S. 1023–1028, besonders S. 1026; DB Nr. 2663 Botschafter von Staden, Washington, 25.7.1979 betr. Gespräch Schmidts mit Brzezinski am Vortag, in: ebenda, Dok. 215, S. 1042–1044.

[84] DB Nr. 2850 Flottillenadmiral Seizinger, Washington, 11.8.1979, in: AAPD 1979, Dok. 225, S. 1078–1081, hier S. 1079.

[85] Vgl. Gespräch Genscher-Carter, 9.8.1979, in: AAPD 1979, Dok. 218, S. 1052–1055, besonders S. 1053f.

[86] Vgl. Haftendorn, Mißverständnis, S. 271; Apel, Abstieg, S. 84 und passim.

[87] Vgl. Gespräch Schmidt-Ministerpräsident Kossygin und Außenminister Gromyko am Moskauer Flughafen, 25.6.1979, in: AAPD 1979, Dok. 188, S. 905–918; Gespräch Genscher-Gromyko in New York (VN), 26.9.1979, in: ebenda, Dok. 281, S. 1377–1382; Genscher, Erinnerungen, S. 415.

[88] Vgl. Gespräche Schmidt-Erster Sekretär des ZK der PVAP, Gierek, 17./18.8.1979, in: AAPD 1979, Dok. 236, S. 1138–1150.

[89] Vgl. Gespräche Schmidt-Erster Sekretär des ZK der USAP, Kádár, 4./5.9.1979, in: AAPD 1979, Dok. 251, 255, S. 1233–1244, 1259–1266.

[90] Vgl. Gespräch Genscher-Präsident Ceauşescu, 12.10.1979, in: AAPD 1979, Dok. 290, S. 1428–1440.

[91] Vgl. Telefongespräch Schmidt-Honecker, 28.11.1979, in: Potthoff (Hrsg.), Bonn und Ost-Berlin, S. 469–481.

Als Breschnew am 6. Oktober 1979 in Ost-Berlin verspätet einige sowjetische Abrüstungszugeständnisse ankündigte – freilich nur im konventionellen Bereich, über einen Stopp der SS-20-Aufrüstung schwieg er sich aus – und Gespräche anbot, falls die NATO auf Nachrüstung verzichte[92], wurde dies angesichts des offensichtlichen Ansatzes von Zuckerbrot und Peitsche primär als Störmanöver gewertet[93]. Um jedoch auch seitens der Allianz jene Gesprächs- und Kooperationsbereitschaft zu signalisieren, die er Breschnew in einem Schreiben Mitte November trotz bzw. gerade wegen der bevorstehenden NATO-Entscheidung erneut zugesichert hatte[94], forderte der Kanzler, im NATO-Kommuniqué müsse das sowjetische Angebot konkret aufgegriffen werden[95]. Dem verdankt sich das Kuriosum, dass so ausgerechnet Breschnew als einziger Politiker namentlich im NATO-Doppelbeschluss erwähnt ist[96]. Auch der Bonn-Besuch des sowjetischen Außenministers Ende November konnte die NATO-Entscheidung nicht mehr stoppen. Im Gegenteil: Gromykos in seltsamem Kontrast zu den sachlich geführten Gesprächen[97] stehende Drohung in der Abschlusspressekonferenz, ein NATO-Beschluss bedeute das Ende der Ost-West-Verhandlungen[98], steigerte wie die voll einsetzende Propagandakampagne des Ostblocks lediglich die westliche Entschlossenheit.

Mantragleich und damit in hohem Maße berechenbar hatte die Bundesregierung auch im Westen ihre bekannten Forderungen vorgetragen, seitdem sich nach Guadeloupe die Entscheidung zur TNF-Modernisierung der NATO stetig konkretisierte. Dazu gehörte die Forderung nach einer gemeinsamen Bündnisentscheidung, um die Einheit der NATO zu demonstrieren und ein desintegratives Auseinanderfallen in Ländergruppen mit unterschiedlichem verteidigungspolitischem Status zu verhindern – auch wenn die neuen Systeme nur bei einigen Partnern stationiert würden. Weitere Elemente dieses cantus firmus waren das Insistieren, TNF-Modernisierung und Rüstungskontrollangebot erkennbar auf-

---

[92] Europa-Archiv 1979, D 556–565; vgl. Helga Haftendorn, Sicherheit und Entspannung. Zur Außenpolitik der Bundesrepublik Deutschland 1955–1982, Baden-Baden 1983, S. 597. Breschnew verkündete den Abzug von 20 000 Sowjetsoldaten und 1000 Panzern aus der DDR, die Rückverlegung der Mittelstreckenwaffen hinter den Ural (deren Reichweiten aber noch immer ganz Westeuropa abdeckten), vertrauensbildende Maßnahmen wie verlängerte Manöverankündigungsfristen mit niedrigerer Ankündigungsschwelle. Für Länder, die keine Nuklearwaffen auf ihrem Territorium stationiert hätten, stellte er eine sowjetische Sicherheitsgarantie in Aussicht.

[93] Vgl. für die Reaktion der NATO DB Nr. 993 Gesandter Pfeffer, Brüssel (NATO), 8. 10. 1979, in: AAPD 1979, Dok. 287, S. 1407–1412; für die Reaktion der Bundesregierung Afz. MD Blech bzw. Botschafter Ruth, beide 6. 10. 1979; Rede Schmidts in Nürnberg, 7. 10. 1979, alle in: PA/AA, Ref. 201, Bd. 120235; Afz. Abt. 2, 15. 10. 1979, in: AAPD 1979, Dok. 296, S. 1474–1485; Runderlaß VLR Heyken, 29. 10. 1979, in: PA/AA, Ref. 213, Bd. 133143. SED-Generalsekretär Honecker zog beim westdeutschen Ständigen Vertreter Günter Gaus am 12. 9. 1979 prompt Parallelen zu den Stalin-Noten, bei denen der Westen 1952 ebenfalls leichtfertig ein entscheidendes Gesprächsangebot der UdSSR ausgeschlagen habe, vgl. ebenda, Dok. 291, S. 1441–1451, hier S. 1445.

[94] Vgl. DE Nr. 5800 StS van Well an Botschaft Moskau, 16. 11. 1979, in: AAPD 1979, Dok. 337, S. 1714–1717. Schmidt hatte Breschnew bereits am 11. 10. 1979 seine Sicht dargelegt, vgl. Soell, Schmidt, Bd. 2, S. 739, obwohl die AA-Führung gegen solch ein rechtfertigendes Schreiben votiert hatte, vgl. Afz. VLR von Nordenskjöld, 4. 9. 1979, in: AAPD 1979, Dok. 253, S. 1250–1253, hier S. 1253.

[95] Vgl. Afz. Botschafter Ruth, 6. 12. 1979, in: PA/AA, VS-Bd. 11325 (220), B 150, Aktenkopien 1979.

[96] Vgl. Ziff. 9 NATO-Doppelbeschluss, 12. 12. 1979, in: Bulletin der Bundesregierung Nr. 154/1979, S. 1409f.

[97] Zum Besuch vom 21.–24. 11. 1979, in: AAPD 1979, Dok. 341–344, S. 1740–1784; Genscher, Erinnerungen, S. 416.

[98] Für Gromykos Pressekonferenz am 22. 11. 1979 vgl. die „Konsekutiv-Übersetzung“ des Bundespresseamts, in: PA/AA, Ref. 213, Bd. 133136; ferner Afz. LR I Barker, 24. 11. 1979, Ref. 201, Bd. 120236.

einander bezogen, gleichrangig und gleichzeitig, uno actu, festzuschreiben und aus allianz- und entspannungspolitischen Gründen den Non-User-Status und die Nichtsingularisierung der Bundesrepublik zu wahren.

Letzteres war umso wichtiger, da die Sowjetunion selbst durch die neuen Marschflugkörper und die ballistische Pershing-II-Rakete nun direkt von westdeutschem Boden aus atomar bedroht wurde. Und ausgerechnet die Pershing-II, die Moskau wegen ihrer Flugzeit von nur wenigen Minuten als besonders bedrohlich empfand, war aufgrund ihrer begrenzten Reichweite von 1800 bis 2000 km nur in der Bundesrepublik stationierbar[99]. Diese technisch bedingte Ausnahme vom Nichtsingularisierungsprinzip wollte die Bundesregierung wenigstens durch eine umso ostentativere Betonung ihres Non-User-Status kompensieren. Darum sollte die Bundeswehr nicht einmal zur Bewachung in die Nähe der Pershing-II kommen, um die amerikanische Alleinverfügung glasklar zu machen[100].

Italiens Bereitschaft zur Aufnahme von Cruise Missiles befreite die Bundesrepublik aus dem Dilemma einer Singularisierung. Das Mitwirken dieser weiteren Nichtnuklearmacht war für Bonn politisch wichtiger als die nie fragliche Dislozierungsbereitschaft der Nuklearmacht Großbritannien[101]. Dass sich Rom für diesen durchaus nicht erwartbaren Schritt entschloss, dürfte zwar primär auf Italiens Gleichrangigkeitsbestreben zurückgehen, um nicht wieder wie in Guadeloupe bei wesentlichen Führungsentscheidungen der westlichen Allianz übergangen zu werden oder gar die NATO zu einem primär deutsch-amerikanischen Bündnis verkommen zu lassen[102]. Gleichwohl dürfte diese Entscheidung durch die intensiven Gespräche der Bundesregierung mit italienischen Politikern wesentlich mitbeeinflusst worden sein[103].

---

[99] Bei einer weiteren Europatour präsentierte der stellvertretende US-Sicherheitsberater Aaron die amerikanischen Überlegungen für einen Mix von bodengestützten Cruise Missiles (GLCM) und Pershing-II. Für die Bundesrepublik waren 108 Pershing-II und 28 GLCM-Werfer à 112 Nuklearsprengköpfe vorgesehen. Vgl. Afz. VLR Hofstetter, 18.7.1979, in: AAPD 1979, Dok. 210, S. 1023–1028, hier S. 1024. Auf Drängen der Bundesregierung wurde ihr GLCM-Anteil reduziert, vgl. DB Nr. 3314 Botschafter von Staden, Washington, 19.9.1979, in: PA/AA, VS-Bd. 10551 (201); AAPD 1979, Dok. 268, S. 1323, und Großbritannien zugeschlagen. Am Ende übernahm die Bundesrepublik alle Pershing-II sowie 96 GLCM-Flugkörper, Großbritannien 160 GLCM, Italien 112, Belgien und die Niederlande 48, vgl. Haftendorn, Mißverständnis, S. 276.

[100] Vgl. Afz. MD Ruhfus, Bundeskanzleramt, 14.9.1979, in: AAPD 1979, Dok. 1322–1328, hier S. 1323. Die entsprechende Klarstellung in der HLG fand wenig Zustimmung der Allianzpartner, vgl. Afz. MDg Dröge, 12.9.1979, in: PA/AA, VS-Bd. 10551 (201), B 150, Aktenkopien 1979.

[101] Vgl. Afz. MD von Staden, 21.11.1980 betr. Gespräch Schmidt-Carter am Vortag, in: AAPD 1980, Dok. 335.

[102] Vgl. Gespräch von Ministerpräsident Cossiga mit seinem niederländischen Kollegen van Agt, 15.10.1979, in: http://www.wilsoncenter.org/topics/va2/docs/Doc5_VanAgtCossigaOct131979.pdf (12.5.2010) bzw. den Beitrag von Leopoldo Nuti.

[103] Vgl. Gespräch Schmidts mit amtierendem Ministerpräsidenten Andreotti in Rom, 10.7.1979, in: AAPD 1979, Dok. 206, S. 1001–1008. Außenminister Vance teilte Genscher am 9.8.1979 mit, Andreottis Haltung sei positiv, sofern es keine weiteren Gipfeltreffen à la Guadeloupe gebe, vgl. ebenda, Dok. 219, S. 1056f. Allerdings blieben Zweifel, ob diese Haltung einen Regierungswechsel überdauere, vgl. Gespräch Genscher-Brzezinski, 10.8.1979, in: ebenda, Dok. 221, S. 1060–1065, hier S. 1061. Ferner Gespräche Schmidts mit Cossiga, 9.10.1979, bzw. mit Pertini, 19.9.1979, in: ebenda, Dok. 272, 288, S. 1337–1342, 1413–1425. Das BMVg vermerkte, Italiens Mitarbeit in der HLG sei aufgrund fehlender politischer Weisungen „ausgesprochen restriktiv" gewesen. In der Regierungskoalition komme der Sozialistischen Partei besondere Bedeutung zu, und insofern einer positiven Beeinflussung des sozialistischen Staatspräsidenten Pertini durch den Kanzler, vgl. Afz. Oberstleutnant im Generalstab Camp, 14.9.1979, in: PA/AA, Ref. 201, Bd. 120234.

Um einen von allen Partnern getragenen NATO-Beschluss zustande zu bringen, bemühte sich Bonn intensiv um die Niederlande und Belgien, die angesichts starker innenpolitischer Widerstände und prekärer Regierungsmehrheiten als Wackelkandidaten galten. Auf allen staatlichen, parlamentarischen und parteipolitischen Kontaktebenen warb Bonn dort für den Doppelbeschluss[104]. Gegenüber niederländischen Gesprächspartnern argumentierte Außenminister Genscher, objektiv gesehen könne eine TNF-Modernisierung keinem NATO-Staat so schwer fallen wie der Bundesrepublik angesichts der Teilung der Nation und eines von Sowjetarmeen umschlossenen Berlin. Gleichwohl sei die Bundesregierung von der Notwendigkeit dieses Schrittes überzeugt. Zu der von allen gewünschten Abrüstung sei die UdSSR leider nur über diesen Umweg zu bewegen. Moskau sei nur dann verhandlungsbereit, wenn der Westen ein entsprechendes Drohpotenzial in die Waagschale werfen könne. Einseitiger Rüstungsverzicht sei dagegen nutzlos und kontraproduktiv, wie sich beim amerikanischen Verzicht auf den B-1-Bomber oder die Neutronenwaffe gezeigt habe, die von der UdSSR ohne Gegenkonzessionen eingestrichen worden seien. Statt des von den Niederlanden geforderten Junktims an eine vorige SALT-II-Ratifizierung[105] werde vielmehr umgekehrt ein TNF-Modernisierungsbeschluss die ungewiss gewordene Billigung des Abkommens im amerikanischen Senat erleichtern. Gerade wer ein deutsches Übergewicht in Europa fürchte, müsse aktiv daran mitwirken, dass die Bundesrepublik nicht einziges Stationierungsland bleibe, und durch einen Akt der Solidarität die Einheit der NATO als Ganzes stärken[106].

Es war auch ein Verdienst dieses hartnäckigen Werbens und eines zwischen Washington, Bonn und London eng abgestimmten Handelns angesichts ständig neuer niederländischer, belgischer und skandinavischer Einwände[107], dass *alle* an der Militärintegration beteiligten NATO-Mitglieder, d.h. auch Den Haag und Brüssel trotz ihres Vorbehalts, erst später endgültig über die Dislozierung von Marschflugkörper auf ihrem Boden zu entscheiden, am 12. Dezember 1979 dem Doppelbeschluss zustimmten und so die erforderliche einheitliche Bündnisentscheidung ermöglichten[108].

Faktisch war Westdeutschland damit genau in jene herausgehobene Führungsrolle hineingewachsen, die die Bundesregierung explizit immer hatte vermeiden wollen. Aber da Paris wegen Nichtteilnahme an der integrierten NATO-Militärstruktur ausfiel, London als Nuklearmacht in einer anderen Liga spielte und die Bundesrepublik nun einmal das öko-

[104] Vgl. Gespräch Genscher-niederländischer Außenminister van der Klaauw, 13.8.1979, in: AAPD 1979, Dok. 228, S. 1086–1091; Gespräch StS van Well-Berater des niederländischen Außenministeriums, F.A.M. Alting van Geusau, 13.9.1979, in: PA/AA, Ref. 201, Bd. 120234; Telefonat Schmidt-Ministerpräsident van Agt, 7.11.1979, in: AAPD 1979, Dok. 322, S. 1658–1660, Gespräch Schmidt-PvdA-Vorsitzender den Uyl, 9.11.1979, in: PA/AA, B 150, Aktenkopien 1979; Afz. MD von Staden, Bundeskanzleramt, 11.12.1979, in: AAPD 1979, Dok. 371, S. 1884–1887; Apel, Abstieg, S. 90.

[105] Vgl. DB Nr. 918 Botschafter Pauls, Brüssel (NATO), 12.9.1979, in: AAPD 1979, Dok. 264, S. 1305f.

[106] Vgl. Gespräch Genscher-CDA-Fraktionsvorsitzender Lubbers, 6.9.1979, in: PA/AA, Ref. 201, Bd. 120235.

[107] Am 7.12.1979 reisten der niederländische Ministerpräsident van Agt und Außenminister van der Klaauw sowie eine dänische und norwegische Regierungsdelegation nach Washington, um weitere substanzielle Verbesserungen im Rüstungskontrollteil des Doppelbeschlusses zu erreichen, vgl. Afz. Ministerbüro, 7.12.1979, in: PA/AA, Ref. 010, Bd. 178803; Botschafter Ruth hielt am folgenden Tag die Unterrichtung über die Washingtoner Verhandlungen fest, über die die USA exklusiv nur Bonn und London vorab unterrichteten, vgl. PA/AA, VS-Bd. 11325 (220), B 150, Aktenkopien 1979.

[108] Vgl. DB Nr. 1371 Botschafter Pauls, Brüssel (NATO), 12.12.1979, in: AAPD 1979, Dok. 373, 375, 376, S. 1892–1894, 1899–1905.

nomisch, militärisch und politisch stärkste Land Westeuropas war, dem als Frontstaat besonders an einer intakten NATO lag, war diese Entwicklung zu einem, wie es US-Präsident George Bush zehn Jahre später einmal nennen sollte, „partner in leadership" wohl unvermeidbar[109].

## IV. Ringen um die Implementierung des NATO-Doppelbeschlusses 1980–1982

Exakt eine Woche nach Verabschiedung des NATO-Doppelbeschlusses erinnerte Schmidt den wegen der unübersehbaren Verschlechterung des Ost-West-Klimas nach Bonn geeilten polnischen Außenminister Emil Wojtazek daran, dass Bonn seit langem vor Gegenmaßnahmen gewarnt habe, falls der sowjetische Mittelstreckenaufwuchs fortdauere. Mit der Beteuerung, der Allianzbeschluss sei den „Deutschen nicht leichtgefallen", kündigte der Kanzler jedoch die ungetrübte Fortsetzung der Entspannungspolitik an. Bonn sei es zu verdanken, dass die westliche Nachrüstung mit einem ernsten Verhandlungsangebot gekoppelt sei, das auf beiderseitige Abrüstung abziele. Wenn die UdSSR Teile der SS-20 abbaue, sei im Idealfall sogar denkbar, dass keine westlichen Systeme stationiert werden bräuchten[110]. Ähnlich argumentierte die Bundesregierung auch gegenüber anderen östlichen Gesprächspartnern, bei denen sie stets mahnte, die drei bis vier Jahre bis zur möglichen Stationierung noch zu produzierender US-Raketen nun für erfolgreiche Rüstungskontrollgespräche zu nutzen[111].

Doch die sowjetische Afghanistan-Invasion 14 Tage nach dem Doppelbeschluss beendete die Dekade der Détente. Vor dem Hintergrund der forcierten sowjetischen Rüstungspolitik, der Einmischung in diverse Konflikte Afrikas und ab Herbst 1980 eines steigenden Drucks auf Polen interpretierten die USA die Intervention in Afghanistan als Beweis für einen ungebremst aggressiven sowjetischen Expansionismus. Die seit November 1979 ohnehin durch die Geiselnahme ihrer Botschaftsangehörigen in Iran gedemütigte Carter-Administration reagierte mit einer dezidierten Abkehr von der Entspannungspolitik: Sie verhängte harsche Sanktionen gegen die UdSSR und setzte am 3. Januar 1980 die SALT-II-Ratifizierung im Senat aus[112]. Damit brach der Rahmen für die Verhandlungskomponente des Doppelbeschlusses weg: Nach Inkrafttreten des SALT-II-Abkommens hätten sich – als SALT III – schließlich unmittelbar Rüstungskontrollgespräche auch über Mittelstreckensysteme anschließen sollen.

Die Bundesrepublik stand vor dem Dilemma, aufgrund ihrer sicherheitspolitischen Abhängigkeit von der westlichen Supermacht deren antisowjetische Wende zumindest teilweise mitvollziehen zu müssen – nolens volens und oft, wie beim Boykott der Olympischen

---

[109] Vgl. Apel, Abstieg, S. 90; ähnlich der Staatsminister im Bundeskanzleramt, Hans-Jürgen Wischnewski, in: Detlef Nakath/Gerd-Rüdiger Stephan (Hrsg.), Die Häber-Protokolle. Schlaglichter der SED-Westpolitik 1973–1985, Berlin 1990, S. 202. Für die Rede Bushs in Mainz, 31.5.1989, vgl. Europa-Archiv 44 (1989), D 356–361.

[110] Vgl. Afz. MD von Staden, Bundeskanzleramt, 19.12.1979, in: AAPD 1979, Dok. 386, S. 1937–1945.

[111] Vgl. Gespräch Schmidts mit ungarischem Stellvertretenden Ministerpräsidenten Marjai, 28.11.1979, in: AAPD 1979, Dok. 353, S. 1811–1814; Gespräch Genschers mit sowjetischem Botschafter Semjonow, 21.12.1979, in: ebenda, Dok. 388, S. 1949–1956.

[112] Vgl. zum Gesamtkontext Fred Halliday, The Making of the Second Cold War, London $^{2}$1989; Wilfried Loth, Helsinki 1. August 1975. Entspannung und Abrüstung, München 1998, S. 199–230; Bernd Stöver, Der Kalte Krieg 1947-1991. Geschichte eines radikalen Zeitalters, Bonn 2007, S. 410–436.

Sommerspiele in Moskau, wider besseres Wissen. Denn anders als die USA wertete die sozial-liberale Bundesregierung das zurückliegende Entspannungsjahrzehnt keineswegs als Misserfolg. Helmut Schmidt ließ daher den für DDR-Wirtschaftsfragen zuständigen ZK-Sekretär Günter Mittag am 17. April 1980 wissen, er habe der amerikanischen Regierung, die sich um ihre 50 in Teheran gefangen gehaltenen Botschaftsangehörigen sorge, erklärt, dass er als Bundeskanzler seit Jahren für Millionen von deutschen Geiseln Sorge trage – für die von der Sowjetunion bedrohten Bundesbürger wie für die direkt im sowjetischen Machtbereich lebenden DDR-Bürger und für die Volksdeutschen in Osteuropa[113]. Die durch die Ostpolitik erzielten Erfolge, die mühsam errungenen „kleine Schritte" und „humanitären Erleichterungen" zur Linderung der deutschen Teilung, wollte die Bundesregierung nicht einem neuen Kalten Krieg opfern, ebenso wenig ihre erweiterten politischen und wirtschaftlichen Handlungsspielräume[114].

Insofern betrieb die Bundesregierung konsequent eine „Politik der Schadensbegrenzung". Als Mittler und Dolmetscher versuchte sie, den Supermächte-Dialog in einer Phase sich rapide verschlechternder Ost-West-Beziehungen wieder in Gang zu setzen. Dabei stand sie vor dem Problem, Abrüstungsgespräche herbeiführen zu wollen, an denen sie selbst nicht beteiligt war und auf die sie nur indirekt einwirken konnte, bilateral oder im NATO-Rahmen, insbesondere über die maßgeblich auf ihr Betreiben gebildete „Special Consultative Group" (SCG)[115].

Beide Supermächte hatten an dieser Vermittlung jedoch zunächst wenig Interesse, zumal Moskau hoffte, die in der Bundesrepublik wie in anderen westlichen Staaten rasch an Bedeutung gewinnende Friedensbewegung könne die Nachrüstung zu Fall bringen. So verweigerte die UdSSR Verhandlungen, bevor nicht SALT-II ratifiziert und der NATO-Doppelbeschluss zurückgenommen sei. Wie der über Bonner Interna stets wohlinformierte Leiter der Westabteilung des ZK der SED, Herbert Häber, konstatierte, herrschte daher im Frühjahr 1980 der Eindruck vor, die Bundesregierung habe die Wirkung des Doppelbeschlusses falsch eingeschätzt: „Schmidt sei zu selbstsicher in dem Glauben gewesen, dass der Westen mit der UdSSR nach dem Beschluss weiter verhandeln könne, als sei nichts geschehen."[116]

Ermuntert durch zahlreiche Signale und Bitten osteuropäischer Staaten, für den Erhalt der Détente zu sorgen, regte der Kanzler im April 1980 in SPD-Veranstaltungen unter dem Stichwort „Friedenspolitik"[117] einen temporären Dislozierungsverzicht für Mittelstreckenwaffen an. Die so gewonnene Zeit solle für Verhandlungen zugunsten beiderseitiger Be-

[113] Vgl. Gespräch Schmidt-Mittag, 17.4.1980, in: Potthoff (Hrsg.), Bonn und Ostberlin, S. 507, bzw. Afz. über Mittags Besuch, Bericht im SED-Politbüro am 22.4.1980, in: Detlef Nakath/Gerd-Rüdiger Stephan (Hrsg.), Von Hubertusstock nach Bonn. Eine dokumentierte Geschichte der deutsch-deutschen Beziehungen auf höchster Ebene 1980–1987, Berlin 1995, S. 44.

[114] Zu den Versuchen, die deutsch-deutsche Entspannungspolitik im verschärften Ost-West-Konflikt zu erhalten, vgl. aus Sicht der DDR den Beitrag von Hermann Wentker; ferner Oliver Bange, „Keeping détente alive", Inner-German relations under Helmut Schmidt und Erich Honecker, 1974–1982, in: Leopoldo Nuti (Hrsg.), The Crisis of Détente in Europe, London/New York 2009, S. 230–243; Heinrich Potthoff, Im Schatten der Mauer. Deutschlandpolitik 1961 bis 1990, Berlin 1999, S. 155–201.

[115] Vgl. Afz. Botschafter Ruth, 30.08. bzw. 23.10.1979, in: AAPD 1979, Dok. 248, 306, S. 1216–1219, 1546–1552. Zur Konstituierung der SCG DB Nr. 117 Ruths, z.Z. Brüssel, 25.1.1980, in: AAPD 1980, Dok. 28.

[116] Afz. Häbers über BRD-Besuch vom 2.–8.3.1980, in: Nakath/Stephan (Hrsg.), Häber-Protokolle, S. 224.

[117] Helmut Kohl spottet rückblickend, im Bundestagswahlkampf 1980 habe es keine Außenpolitik, nur noch „Friedenspolitik" gegeben, vgl. ders., Erinnerungen 1930–1982, München 2004, S. 547.

grenzung auf niedrigerem Niveau genutzt werden. Der Westen laufe damit kein Risiko, da eine Überlegenheit der Sowjetunion in diesem Bereich bereits existiere und so wenigstens nicht wöchentlich größer werde[118]. Diese Forderung ließ sich als einseitiges Moratorium zulasten der sowjetischen Rüstung interpretieren, aber auch als ein beidseitiges Einfrieren (Freeze) des ungleichen Status quo. Jedenfalls drohte mit diesem unabgesprochenen Vorstoß die im Doppelbeschluss fixierte Einheit von Stationierungs- und Rüstungskontrollentscheidung aufgeweicht zu werden[119]. Das Auswärtige Amt fürchtete darum Irritationen in den USA und in jenen NATO-Staaten, die nur mit Schwierigkeiten den Bündniskonsens mittrugen. Zudem erhalte Moskau das kontraproduktive Signal, dass der Doppelbeschluss vielleicht doch nicht implementiert werde[120]. Ähnlich ablehnend reagierten der Koalitionspartner FDP und die CDU/CSU-Opposition[121].

Nach Demarchen von Amerikanern und Briten, die insbesondere die Negativauswirkungen auf Belgien hervorhoben, wo an sich die endgültige Entscheidung über die Implementierung des Doppelbeschlusses anstand[122], ruderte Schmidt zurück. Er stellte klar, er habe nur an einen verifizierbaren Dislozierungs-, nicht an einen Produktionsstopp gedacht. Betroffen seien daher nur sowjetische, nicht amerikanische Systeme. Die Bundesregierung stehe uneingeschränkt zum Doppelbeschluss[123].

In den USA grassierte gleichwohl die Furcht, die Bundesregierung gerate ins Wanken und bringe damit den ganzen Doppelbeschluss zum Einsturz. Misstrauisch beargwöhnt wurde daher die fast zeitgleich angekündigte Kanzler-Reise nach Moskau. Wie würden die Westeuropäer reagieren, wenn Schmidt mit neuen Vorschlägen zurückkäme[124]? Als Schmidt Anfang Juni die Entspannungssehnsüchte seiner Partei bediente und seine in der US-Presse prompt zum Freeze entstellte Moratoriumsidee wiederholte[125], sandte Carter ein in hartem Ton gehaltenes und umgehend der Presse zugespieltes Schreiben, um ein für allemal klarzustellen, dass Washington jedes Aufweichen des Doppelbeschlusses ablehne[126].

---

118 Vgl. Rede Schmidts am 11. 4. 1980 vor Hamburger SPD-Parteitag, in: http://library.fes.de/cgi-bin/digibert.pl?id=002414&dok=26/002414 (12. 5. 2010), bzw. am 12. 4. 1980 in Essen.

119 Vgl. Soell, Schmidt, Bd. 2, S. 750; Risse-Kappen, Null-Lösung, S. 81. Wiegrefe: Zerwürfnis, S. 355f. führt Schmidts Vorstoß auch auf vorangehende sowjetische Signale über den „Geheimkanal" zurück.

120 Vgl. Afz. Botschafter Ruth, 15. 4. 1980, in: AAPD 1980, Dok. 111; Afz. des MDg Dröge, 16. 4. 1980, PA/AA, VS-Bd. 10370 (201), B 150, Aktenkopien 1980.

121 Vgl. Was Schmidt in Hamburg wirklich sagte, *Die Welt* vom 19. 4. 1980, S. 5.

122 Vgl. Afz. Botschafter Ruth, 16. 4. 1980, bzw. von VLR I Citron, 22. 4. 1980, in: AAPD 1980, Dok. 113, 126. Belgiens Außenminister Henri Simonet ließ wissen, die Äußerungen trügen zur weiteren Komplizierung der Lage bei, vgl. Afz. Abteilung 220, 18. 4. 1980, in: PA/AA, VS-Bd. 11343 (220), B 150, Aktenkopien 1980.

123 Vgl. Ausführungen Schmidts vor Landespressekonferenz in Düsseldorf, 17. 4. 1980, in: Afz. Ref. 220, 18. 4. 1980, in: PA/AA, VS-Bd. 11343 (220), B 150, Aktenkopien 1980; Telefonat Schmidt – Carter, 15. 4. 1980, in: AAPD 1980, Dok. 110; Schmidt, Menschen und Mächte, S. 252f., Carter, Keeping Faith, S. 536.

124 Vgl. Brzezinski, Power and Principle, S. 308; Gespräch Schmidt-US-Senator Joseph Biden, 11. 6. 1980, in: PA/AA, B 2 (Ref. 014), Bd. 246.

125 Vgl. Rede Schmidts beim außerordentlichen SPD-Parteitag in Essen, 9. 6. 1980, in: AAPD 1980, Dok. 175; zur Wiedergabe in der amerikanischen Presse vgl. DB Nr. 2301 des Gesandten Dannenbring, Washington, 10. 6. 1980, in: PA/AA, Ref. 010, Bd. 178796.

126 Vgl. Schreiben Carter an Schmidt, in: DB Nr. 1316 des VLR I Höynck, Bundeskanzleramt, an AA, 12. 6. 1980, in: PA/AA, VS-Bd. 14087 (010), B 150, Aktenkopien 1980; Afz. VLR I Citron, 13. 6. 1980, in: AAPD 1980, Dok. 170. Ferner Berndt von Staden, Eiszeit und Tauwetter. Diplomatie in einer Epoche des Umbruchs. Erinnerungen, Berlin 2005, S. 178; Carter, Keeping Faith, S. 536; Brzezinski, Power and Principle, S. 309.

Der Kanzler empfand dies als ebenso unverdiente wie unangemessene „Demütigung“ und als Beleg für seinen Verdacht, die USA würden zulasten des Rüstungskontrollteils einseitig die TNF-Modernisierung akzentuieren[127]. In einer konfrontativen Aussprache am Vorabend des Weltwirtschaftsgipfels in Venedig am 22./23. Juni 1980 hielt Schmidt daher in einer 45-minütigen Standpauke (dabei war ihm nur eine Stunde Gesprächszeit eingeräumt worden) dem Präsidenten dessen gesamtes „Sündenregister“ an Unzuverlässigkeiten, politischen Kehrtwenden, Konsultationsversäumnissen und Fehlentscheidungen vor. Schmidt stellte klar, dass er Zweifel an seiner Worttreue als persönliche Beleidigung empfinde; er sei mit dem Doppelbeschluss „politisch verheiratet“ und werde „ihn nicht aufgeben“[128]. Als Ergebnis des Treffens, das Carter als „the most unpleasant personal exchange I ever had with a foreign leader“[129] beschrieben hat, erhielt Schmidt den Auftrag, in Moskau zu eruieren, ob die Sowjetunion trotz ausstehender SALT-II-Ratifizierung zu neuen Abrüstungsverhandlungen bereit sei.

Tatsächlich ergaben die Gespräche Schmidts und Genschers in Moskau, dass die UdSSR ihre bisherige Blockadehaltung aufgab und Verhandlungsbereitschaft über Mittelstreckensysteme erkennen ließ[130]. Allerdings bestand die UdSSR auf ihrer bislang bei SALT vergeblich erhobenen Forderung nach Einbeziehung aller aus ihrer Sicht strategischen Faktoren, mithin auch der amerikanischen Forward Based Systems (FBS), also von bereits in Europa stationierten Mittelstreckensystemen. Die FBS-Problematik und der einsetzende US-Wahlkampf verzögerten eine Gesprächsaufnahme. Die Ende Oktober 1980 in Genf begonnenen amerikanisch-sowjetischen Vorgespräche blieben ohne Substanz, da Carter kurz darauf abgewählt wurde[131].

Der Übergang zu Ronald Reagan verschärfte für die Bundesregierung den Spagat zwischen einer entspannungsskeptischen US-Administration, die vor einer harten antisowjetischen Rhetorik und Politik nicht zurückschreckte, und steigendem gesellschaftlichen Druck durch die rasant an Umfang und Bedeutung gewinnende Friedensbewegung. Zusehends zerbröckelte der sicherheitspolitische Konsens in den Regierungsparteien[132]. Mit den Bundestagswahlen am 5. Oktober 1980 vollzog sich in der SPD-Fraktion ein Linksrutsch. Bereits im Frühjahr 1981 wurde laut über ein Ende der sozial-liberalen Regierung spekuliert. Wie Häber notierte, schrecke die FDP vor einem Koalitionswechsel zur CDU/CSU nur zurück, weil die Liberalen mehr Schwierigkeiten für ihre Sozial- und Sicherheitspolitik erwarteten, falls eine aus den Fesseln der Regierungsverantwortung befreite SPD ihrer pazifistischen Grundströmung freien Lauf lassen könne[133]. Zunehmend kritisierten

---

[127] Vgl. die recht einseitige Darstellung bei Schmidt, Menschen und Mächte, S. 254–256 (Zitat 256); ferner Soell, Schmidt, Bd. 2, S. 755; Schreiben Schmidt an Carter, 16. 6. 1980, in: AAPD 1980, Dok. 175.

[128] Schmidt, Menschen und Mächte, S. 257; zum Gespräch ebenda, S. 255–262; Staden, Eiszeit und Tauwetter, S. 179f.; für das deutsche Gesprächsprotokoll vgl. Afz. MD von Staden, Bundeskanzleramt, 22. 6. 1980, in: AAPD 1980, Dok. 182, für das amerikanische, http://www.margaretthatcher.org/document/1C6C76656BC34ADCA3217AF1D80097DF.pdf (12. 5. 2010).

[129] Carter, Keeping Faith, S. 537. Brzezinski spricht von „a particularly nasty meeting in which the testy German chancellor came close to being abusive“. Vgl. ders., Power and Principle, S. 461.

[130] Vgl. Schmidt, Menschen und Mächte, S. 108–125; AAPD 1980, Dok. 192–195 sowie den Beitrag von Gerhard Wettig in diesem Band.

[131] Vgl. Rühl, Mittelstreckenwaffen, S. 242–247.

[132] Vgl. Link, Außen- und Deutschlandpolitik, S. 337–341; Risse-Kappen, Null-Lösung, S. 88–106.

[133] Vgl. Afz. Häbers vom 24. 2. 1980, in: Nakath/Stephan (Hrsg.), Häber-Protokolle, S. 259.

Sozialdemokraten eine zu große Konzessionsbereitschaft Schmidts gegenüber einer vermeintlich allein auf Amerika fixierten Politik Genschers[134].

Umgekehrt hielt der Außenminister die intensiven Bemühungen des Kanzlers um Moskau für Anbiederung und dessen Umgang mit Washington für rüpelhaft[135]. Genscher teilte nicht Schmidts Antipathie gegen Carter – schon nach dem Showdown in Venedig hatte Genscher sich bei Carter von Schmidts Auftritt distanziert[136] – und erst recht nicht die wachsende Amerika-Kritik in weiten Teilen der SPD. Zunehmend profilierte sich der Vizekanzler als Hüter der atlantischen Bindung und ließ keinen Zweifel an der Bereitschaft zur Nachrüstung aufkommen. Es verwundert daher nicht, dass Genscher besonders im Fokus östlicher Propagandakampagnen stand und ihm vorgeworfen wurde, die Nachrüstung „als eine Art Privathobby" zu betreiben[137].

Dabei gab es auch bei den Liberalen beachtliche Widerstände gegen den Doppelbeschluss. Im Vorfeld der großen Massendemonstration der Friedensbewegung am 10. Oktober 1981 im Bonner Hofgarten solidarisierten sich 50 Bundestagsabgeordnete der SPD, also rund ein Viertel der Fraktion, mit der von ihrer Regierung abgelehnten Veranstaltung, aber eben auch 15 FDP-Abgeordnete – immerhin rund ein Drittel der Fraktion[138]. Und das, obwohl auch bei der FDP die Unterstützung für den NATO-Doppelbeschluss innerhalb der Bundestagsfraktion deutlich stärker ausgeprägt war als in der Partei selbst.

Um die wachsenden innerparteilichen Widerstände gegen die Nachrüstung zu domestizieren, verknüpften im Mai 1981 Kanzler wie Vizekanzler ihr politisches Schicksal öffentlich mit dem NATO-Doppelbeschluss. Schmidt drohte am 16./17. Mai bei SPD-Veranstaltungen, er werde zurücktreten, falls Parteianträge angenommen würden, durch die die Zustimmung zum Doppelbeschluss in Frage gestellt werde[139]. Genscher verkündete dasselbe 14 Tage später beim FDP-Bundesparteitag in Köln[140].

Außenpolitisch konnte die Bundesregierung als Erfolg verbuchen, dass die Reagan-Administration sich Mitte November 1981 als Zielvorgabe für die am Monatsende beginnen-

---

[134] Vgl. *Spiegel*-Interview mit Willy Brandt, 18. 5. 1981; in: ders.: Die Entspannung unzerstörbar machen. Internationale Beziehungen und deutsche Frage 1974–1982, bearb. von Frank Fischer, Bonn 2003, S. 308.

[135] So der frühere FDP-Bundesgeschäftsführer Günter Verheugen, Der Ausverkauf. Macht und Verfall der FDP, Reinbek bei Hamburg 1984, S. 116.

[136] Vgl. http://www.margaretthatcher.org/document/1C6C76656BC34ADCA3217AF1D80097DF.pdf (12. 5. 2010); Carter, Keeping Faith, S. 537.

[137] Vgl. Gespräch Genschers mit norwegischem Außenminister Frydenlund, 21. 11. 1979, in: AAPD 1979, Dok. 340, S. 1730. Da Genscher lange als strikter Antikommunist galt, verstieg sich Breschnew 1976 bei Honecker zur Aussage: „Wenn ich Genscher sehe, wird mir übel. Dieser Mann ist mir widerlich. Honecker: Genscher ist ein richtiger SA- und SS-Typ. Breschnew: Als ich ihn in Helsinki [beim KSZE-Gipfel 1975] sah, dachte ich, er ist ein richtiger SS-Typ. Der würde uns glatt aufhängen." Siehe Hans-Hermann Hertle/Konrad J. Jarausch (Hrsg.), Risse im Bruderbund. Die Gespräche Honecker-Breschnew 1974 bis 1982, Berlin 2006, S. 127.

[138] Vgl. Apel, Abstieg, S. 183; Soell, Schmidt, Bd. 2, S. 843.

[139] Vgl. Schmidt, Menschen und Mächte, S. 292; Auszug aus Schmidts Rede auf SPD-Landesparteitag in Wolfratshausen, in: Alfred Mechtersheimer (Hrsg.), Nachrüsten? Dokumente und Positionen zum NATO-Doppelbeschluss, Reinbek bei Hamburg 1981, S. 133. Intern deutete der Kanzler schon vor dem Berliner SPD-Parteitag Rücktrittsdrohungen im Fall einer Ablehnung des Doppelbeschlusses an, vgl. Afz. MD Ruhfus, Bundeskanzleramt, 9. 11. 1979, in: AAPD 1979, Dok. 322, S. 1658 Anm. 3; Hans-Jochen Vogel, Nachsichten, Meine Bonner und Berliner Jahre, München/Zürich 1996, S. 111f.

[140] Vgl. Genschers Rede, 29. 5. 1981, in: Mechtersheimer (Hrsg.), Nachrüsten?, S. 170; Verheugen, Ausverkauf, S. 76. Genscher hatte Lubbers am 6. 9. 1979 mitgeteilt, bei einer Ablehnung der TNF-Modernisierung würde er zurücktreten, vgl. PA/AA, Ref. 201, Bd. 120235.

den Genfer Verhandlungen über Mittelstreckenwaffen – nun „Intermediate-Range Nuclear Forces" (INF) genannt – die doppelte „Null-Lösung" zu eigen machte: Angeboten wurde der völlige Verzicht auf Pershing-II und Cruise Missiles, falls die UdSSR ebenfalls alle Mittelstreckenraketen verschrotten würde[141]. Auf diese Option hatte Bonn lange vergeblich gedrängt[142]. Mit einer Realisierbarkeit der Null-Lösung rechnete damals kaum jemand. Aber allein, dass zwei Jahre nach Verabschiedung des Doppelbeschlusses endlich die dort anvisierten Rüstungskontrollgespräche begannen, war der Bundesregierung auch angesichts zunehmender Proteste der Friedensbewegung hochwillkommen. Bei Breschnews letztem Bonn-Besuch Ende November 1981 drängte die Bundesregierung, die Sowjetunion möge das Null-Lösungsangebot ernst nehmen; dies sei keine amerikanische Finte, sondern eine von und mit der Bundesrepublik entwickelte ernsthafte Option. Kein Zweifel ließ sie zudem, dass es beim Ausbleiben einer Supermächtevereinbarung ab 1983 zur Dislozierung der US-Raketen in Europa kommen werde. An diesem Grundaxiom, so die vergebliche Mahnung, werde *jede* Bundesregierung festhalten[143].

Mit Aufnahme der Genfer Verhandlungen war die katalytische Dolmetscherfunktion der Bundesregierung ausgeschöpft. Die inhaltliche Ausgestaltung der INF-Gespräche blieb den Supermächten allein überlassen. Zudem begann die wachsende Absetzbewegung weiter Teile der Kanzlerpartei vom Doppelbeschluss Bonns außenpolitische Handlungsfähigkeit zu lähmen. Bezeichnendes Indiz für den durch diesen innenpolitischen Erosionsprozess mitbedingten Bedeutungsverlust der SPD-FDP-Regierung war, dass sie im Sommer 1982 von Washington nicht mehr über die berühmt gewordene „Waldspaziergang"-Formel unterrichtet, geschweige denn konsultiert wurde[144]. Von dieser Initiative für einen weitreichenden Abbau der INF-Potenziale beider Supermächte, den die Unterhändler Paul Nitze und Julij Kwizinskij ausgearbeitet hatten, erfuhr Helmut Schmidt erst, als Moskau und

---

141 Vgl. Josef Holik, Die Rüstungskontrolle, Rückblick auf eine kurze Ära. Berlin 2009, S. 51 sowie den Beitrag von Klaus Schwabe.

142 Vgl. Rühl, Mittelstreckenwaffen, S. 289–296; Risse-Kappen, Null-Lösung, S. 98, 104. Die Bundesregierung hatte sich intern, u. a. im BSR am 21. 9. 1979, für die Aufnahme eines Passus in den Doppelbeschluss ausgesprochen, der einen vollständigen Verzicht auf westliche TNF-Modernisierung bei erfolgreichen Rüstungskontrollverhandlungen ermöglichen sollte, vgl. AAPD 1979, Dok. 268, S. 1324 Anm. 8. Allianzpolitisch konnte sich Bonn hier das noch stärkere niederländische Drängen zu Nutze machen, vgl. Apel, Abstieg, S. 90; DE Nr. 5485 StS van Well an StäV bei NATO, 30. 10. 1979, in: AAPD 1979, Dok. 313, S. 1590–1593, hier S. 1592f. Schmidt trat am 13. 11. 1979 in einer kurz darauf veröffentlichten Rede in der SPD-Fraktion bzw. am 4. 12. 1979 beim Berliner SPD-Parteitag öffentlich für diese als „theoretischen Fall" bzw. „ideal" bezeichnete westliche Null-Option ein, vgl. ebenda, Dok. 323, S. 1664, Anm. 16; SPD-Bundesvorstand (Hrsg.), Parteitag der Sozialdemokratischen Partei Deutschlands vom 3. bis 7. Dezember 1979 in Berlin, Bd. 1: Protokoll der Verhandlungen, Bonn 1979, S. 193; Ehmke, Mittendrin, S. 312. Die Forderung nach einer doppelten Null-Lösung, d. h. auch einen gänzlichen Systemverzicht auf Seiten der UdSSR, wurde im Mai 1980 von Genscher postuliert, vgl. Genscher, Erinnerungen, S. 420, und am 7. 6. 1980 auf dem Freiburger FDP-Parteitag erstmals als Wahlprogramm festgeschrieben, vgl. Risse-Kappen, Null-Lösung, S. 99.

143 Vgl. Schmidt, Menschen und Mächte, S. 126; Genscher, Erinnerungen, S. 424.

144 Die Waldspaziergangsformel vom 16. 7. 1982 sah eine Beschränkung beider Seiten auf je 75 Mittelstreckensysteme in Europa vor, für die UdSSR zudem 90 auf asiatischem Territorium. Das lief auf einen Abbau bereits stationierter sowjetischer Raketen und für die USA eine deutlich geringere Dislozierung bei vollständigem Verzicht auf Pershing-II hinaus, vgl. Julij A. Kwizinskij, Vor dem Sturm. Erinnerungen eines Diplomaten, Berlin 1993, S. 317; Christian Tuschhoff, Der Genfer „Waldspaziergang" 1982. Paul Nitzes Initiative in den amerikanisch-sowjetischen Abrüstungsgesprächen, in: VfZ 38 (1990), S. 289–328.

Washington den Vorschlag verworfen hatten und der CDU-Vorsitzende Helmut Kohl bereits im Bonner Kanzleramt residierte[145].

## V. Resümee

Die Rolle der Regierung Schmidt-Genscher beim NATO-Doppelbeschluss lässt sich abschließend wie folgt bewerten:

1. Die Bundesrepublik war zweifellos ein Schlüsselland bei Genese und Implementierung des Doppelbeschlusses. Geopolitisch lag sie als Frontstaat des Kalten Krieges an der Schnittstelle der feindlichen Blöcke und damit im Fadenkreuz der sowjetischen (Nuklear-) Kriegsplanungen. Auf ihrem Boden befand sich die größte Verdichtung atomarer Waffen der NATO[146]. Nur hier erfolgte die Dislozierung jener Pershing-II-Raketen, die die Sowjetunion aufgrund der extrem kurzen Flugzeiten ihrerseits als tödliche Bedrohung empfand.

2. Der NATO-Doppelbeschluss ist mit keinem anderen Politiker so untrennbar verbunden wie mit Helmut Schmidt, der darum im öffentlichen Bewusstsein als Initiator des Doppelbeschlusses gilt[147]. In der Tat gingen vom Bundeskanzler entscheidende Impulse aus: Frühzeitig wies er Kassandra-gleich auf den massiven Aufwuchs sowjetischer Mittelstreckensysteme hin und drängte auf Gegenmaßnahmen – am besten durch Abrüstung, notfalls aber auch durch westliche Aufrüstung. Auch wenn sich kontrafaktische Fragen für Historiker verbieten, bleibt die Überlegung, welche Entwicklung die Geschichte genommen haben könnte, wenn Ende der 1970er Jahre ein Politiker das Kanzleramt innegehabt hätte, der nicht in demselben Maße an Strategiefragen interessiert und mit einem so robusten Selbstvertrauen auch gegenüber den USA ausgestattet gewesen wäre wie Helmut Schmidt, ein spannendes Gedankenexperiment.

3. Die Bundesregierung trug entscheidend dazu bei, dass die Entscheidung des erweiterten NATO-Ministerrats tatsächlich zum *Doppel*beschluss wurde. Sie achtete sorgfältig darauf, dass nicht nur eine TNF-Modernisierung beschlossen, sondern diese Ankündigung an ein substanzielles Rüstungskontrollangebot gekoppelt wurde, das der Gegenseite einen von ihren Konzessionen abhängigen weitreichenden Verzicht auf die Nachrüstung anbot.

---

[145] Die Waldspaziergangsformel wurde durch den Abrüstungsexperten John Newhouse im Februar 1983 öffentlich. Vgl. Soell, Schmidt, Bd. 2, S. 915; Schmidt, Menschen und Mächte, S. 293, 333; Hans Apel, „Wir sind nicht der 51. Staat der USA", in: *Der Spiegel* vom 31. 10. 1983, S. 28. Derzeit nicht zu klären ist, wann die Unterrichtung der Bundesregierung stattfand – vor dem Wechsel zur christlich-liberalen Koalition, wie Genscher, Erinnerungen, S. 423 reklamiert, oder danach, so Tuschhoff, Waldspaziergang, S. 323. Nitze konsultierte vorab den westdeutschen Abrüstungsbeauftragten Friedrich Ruth, vgl. Holik, Rüstungskontrolle, S. 51 f. Möglicherweise war also das FDP-geführte AA unterrichtet, das sozialdemokratische Kanzleramt aber nicht. Trotz ihrer persönlichen Freundschaft verschwieg US-Außenminister George Shultz Schmidt Ende Juli 1982 jedenfalls den „Waldspaziergang", vgl. Schmidt, Menschen und Mächte, S. 199.

[146] Vgl. Wolfgang Weber (Hrsg.), Die Streitkräfte der NATO auf dem Territorium der BRD, Berlin (Ost) 1986, S. 83.

[147] Früh schrieb sich Schmidt selbst eine „Vaterschaftsrolle" zu, vgl. Gespräch mit US-Verteidigungsminister Brown, 4. 6. 1980, in: PA/AA, VS-Bd. 14087 (010), B 150, Aktenkopien 1980; Apel, Abstieg, S. 192; ferner Kohl, Erinnerungen 1930–1982, S. 554. Treffend das Diktum von Rühl, Mittelstreckenwaffen, S. 227, Schmidt könne als Wegweiser, nicht aber als Urheber oder Verfasser des Doppelbeschlusses gelten.

1987 erzielte dieser Ansatz mit dem INF-Abkommen verspätet einen durchschlagenden Erfolg. Das essenzielle Interesse der Deutschen, gerade angesichts der Teilung der Nation eine aktive Entspannungs- und Ostpolitik fortzuführen, machte die Bundesrepublik zum entscheidenden Anwalt der Parallelität und Gleichrangigkeit beider Doppelbeschlusshälften. Obwohl das Postulat der Nichtsingularisierung zu ihrem politischen Leitmotiv wurde, nahm die Bundesregierung eine herausragende Führungsrolle wahr. In einem in der Endphase sehr engen Schulterschluss mit den USA[148] und Großbritannien trug sie entscheidend dazu bei, zögernde Bündnispartner ins Boot zu holen. So half sie, Kohärenz, Funktionsfähigkeit und Glaubwürdigkeit der Atlantischen Allianz sicherzustellen.

4. Für die Regierung Schmidt-Genscher wurde der Doppelbeschluss zum Schicksal. Über dieses außenpolitische Manifest entfremdete sich die stark von entspannungspolitischen Konzeptionen geprägte SPD von ihrem Kanzler bzw. vertiefte sich die Kluft zur FDP so weit, dass die Koalition zerbrach[149]. Die sicherheitspolitischen Differenzen waren dabei zwar keineswegs der einzige oder gar alleinentscheidende, aber eben doch *ein* wesentlicher Grund für die „Wende" hin zur christlich-liberalen Regierung[150]. Gleichwohl bleibt es das historische Verdienst der Regierung Schmidt-Genscher, den NATO-Doppelbeschluss auf sichere Gleise gesetzt und ihn bis zum eigenen Ende entschlossen und zielstrebig durch alle Stürme nationaler wie internationaler Anfechtungen gesteuert zu haben.

5. Wem dies zu sehr nach triumphalistischer Ex-post-Perspektive klingt, kann dem eine stärker dem Horizont der Miterlebenden verhaftete Interpretation des Scheiterns entgegensetzen. Denn die paradox klingende, ganz der interessengeleiteten Realpolitik verhaftete Konzeption, gewünschte Rüstungskontrollerfolge mittels Aufrüstungsandrohung erzwingen zu wollen, war entgegen dem dahinterstehenden Kalkül bereits wenige Wochen nach Verabschiedung des Doppelbeschlusses mit „Afghanistan" und dem drohenden Kollaps der Détente grandios gescheitert. Stattdessen hatte die Bundesregierung einen gefährlichen Ball ins Spielfeld der Supermächte geworfen, ohne fortan Spielregeln oder Spielverlauf entscheidend bestimmen zu können. Trotz aller Einwirkungsversuche von der Seitenlinie aus musste sie erleben, wie ab 1980 durch den verschärften Wettbewerb der Blockführer zunehmend die für Bonn so wertvollen Ergebnisse der Entspannungspolitik zertrümmert zu werden drohten. Als am 19. November 1983 auf dem Kölner SPD-Parteitag nur noch 13 Parteifreunde dem gestürzten Altkanzler die Treue hielten, während die überwältigende Mehrheit der 400 Delegierten nun gegen eine Raketenstationierung votierte, bzw. als wenige Tage später gemäß dem christdemokratisch-liberalen Bundestagsbeschluss trotz aller Proteste und Sitzblockaden die US-Raketen in Europa stationiert wurden und der Osten mit der Stationierung zusätzlicher Raketen in der DDR und ČSSR antwortete, war von einem Sieges- oder Triumphgefühl gewiss nicht die Rede. Es war eben alles andere als gewiss, dass nur vier Jahre später ausgerechnet der stramme Antikommunist Reagan trotz „Star-Wars"-Plänen und „Evil-Empire"-Rhetorik mit dem neuen, reformfreudigen Sowjetführer Michail Gorbatschow das INF-Abkommen als ersten wirklichen Abrüs-

---

[148] Vgl. Telefongespräch Schmidt-Carter, 21.9.1979, in: AAPD 1979, Dok. 274, S. 1345–1348, hier S. 1348. Soell, Schmidt, Bd. 2, S. 742 urteilt, die Übereinstimmung zwischen Weißem Haus und Kanzleramt sei „in der Ära Carter nie so groß wie während der Herbstmonate 1979" gewesen.

[149] Zur Haltung der SPD vgl. insbesondere den Beitrag von Friedhelm Boll und Jan Hansen.

[150] Vgl. Andreas Wirsching, Abschied vom Provisorium. Geschichte der Bundesrepublik Deutschland 1982–1990, München 2006, besonders S. 19–21; Eckart Conze, Die Suche nach Sicherheit. Eine Geschichte der Bundesrepublik Deutschland von 1949 bis in die Gegenwart, München 2009, S. 504–514.

tungsvertrag des Kalten Krieges erzielen würde[151]. Durch die darin besiegelte „doppelte Null-Lösung" wurden letztendlich all jene, die Jahre zuvor so heftig umstrittenen amerikanischen und sowjetischen Mittelstreckensysteme abgebaut und verschrottet.

[151] Vgl. dazu Svetlana Savranskaya/Thomas Blanton (Hrsg.), The Reykjavik File, National Security Archive E-Book 203, http://www.gwu.edu/~nsarchiv/NSAEBB/NSAEBB203/index.htm (12.5.2010); siehe auch die Beiträge von Klaus Schwabe und Wilfried Mausbach in diesem Band.

*Andreas Rödder*

# Bündnissolidarität und Rüstungskontrollpolitik

## Die Regierung Kohl-Genscher, der NATO-Doppelbeschluss und die Innenseite der Außenpolitik

Als der Hubschrauber des Bundeskanzlers am Samstag, dem 22. Oktober 1983 vom Park des Bonner Kanzleramts aus nach Ludwigshafen abflog, bat Helmut Kohl den Piloten, wie er sich erinnert, „noch eine Schleife über Bonn zu ziehen. Dort demonstrierten an diesem Tag fast 300000 Menschen gegen den NATO-Doppelbeschluss. Wenn Sie da sitzen, fragen Sie sich ja schon – hast Du Recht, und alle diese Unrecht?"[1] Nicht dass Kohl diesem Gedanken ernsthaft weiter gefolgt wäre; zweifelsohne aber stellte der Vollzug des NATO-Doppelbeschlusses in seinem zweiten, dem Stationierungsteil, gegen die gewaltig artikulierten innenpolitischen Widerstände, eine außen- und innenpolitische Herausforderung ersten Ranges für die Regierung dar, die zu diesem Zeitpunkt seit gut einem Jahr im Amt war.

Den NATO-Doppelbeschluss hatte sie von der Regierung Schmidt geerbt, während sich weite Teile der SPD an den Stationierungsteil nicht mehr gebunden sahen. Sie glaubten zu erkennen, wie es der SPD-Vorsitzende Willy Brandt an jenem 22. Oktober im Bonner Hofgarten formulierte, „daß sie an der Nase herumgeführt worden seien, weil in Genf kein politischer Wille zu einer Einigung deutlich werde. Mächtige Leute hätten sich in den Kopf gesetzt, die Aufstellung von Pershing-Raketen sei wichtiger als der Abbau der SS-20; dazu müsse man nein sagen."[2]

Die Unionsparteien hingegen hatten sich seit 1979 eindeutig für den NATO-Doppelbeschluss ausgesprochen und Bundeskanzler Helmut Schmidt gegen die wachsende Mehrheit seiner eigenen Partei grundsätzlich unterstützt. Dasselbe galt für die FDP, und dieser sicherheitspolitische Riss mitten durch das Regierungsbündnis markierte eine der beiden Konfliktlinien, an denen die sozial-liberale Koalition im Herbst 1982 zerbrach. Schmidt hatte diesen Bruch unterdessen öffentlichkeitswirksam als „Verrat" der Freien Demokraten inszeniert, und so fanden sich die Liberalen mit der „Wende" und vor den Neuwahlen unvermittelt im Kampf um ihr parlamentarisches und politisches Überleben wieder.[3]

Zu dieser innenpolitischen Konstellation kamen, als Rahmenbedingung für die Regierung Kohl/Genscher, die äußeren Gegebenheiten hinzu. Das westliche Bündnis befand sich, zumal seit dem Debakel der Neutronenbombe 1977/78, in einer veritablen Krise. Die Bedeutung des NATO-Doppelbeschlusses reichte daher weit über militärstrategische und rüstungskontrollpolitische Sachfragen hinaus: Es ging um die Grundsatzfrage der Glaubwürdigkeit[4] des Bündnisses – zum einen gegenüber der Sowjetunion, gegen die perzipier-

---

[1] Zit. nach Bettina Vestring, Nachgesang auf das System Kohl, in: *Berliner Zeitung* vom 1. 4. 2005.

[2] Zit. nach Archiv der Gegenwart 53 (1983), S. 27113.

[3] Vgl. dazu Wolfgang Jäger/Werner Link, Republik im Wandel 1974–1982. Die Ära Schmidt (Geschichte der Bundesrepublik Deutschland 5/II.), Stuttgart 1987, S. 201–263; Hans-Otto Kleinmann, Geschichte der CDU, Stuttgart 1993, S. 441–460; Johannes Merck, Klar zur Wende? Die FDP vor dem Koalitionswechsel in Bonn 1980 bis 1982, Berlin 1989.

[4] Zu den Problemen der „Glaubwürdigkeit" im Zeitalter der atomaren Abschreckung und ihrer Logik vgl. nach wie vor die klassische Studie von Raymond Aron, Frieden und Krieg. Eine Theorie der Staatenwelt, Frankfurt a. M. 1986 [zuerst Paris 1962], bes. S. 470–513; Henry A. Kissinger, Die Vernunft der Nationen. Über das Wesen der Außenpolitik Berlin 1994, S. 788–790, 827–830 und 863–869; Harald Biermann, John F. Kennedy und der Kalte Krieg. Die Außenpolitik der USA und die Grenzen der Glaubwürdigkeit, Paderborn 1997, S. 11–13.

te Bedrohung eines neu erwachten sowjetischen Expansionismus; zum anderen aber auch nach innen: Es ging um den Zusammenhalt und die Handlungsfähigkeit der NATO. Und daher traten auch innere Inkonsistenzen des Doppelbeschlusses – der inhärente Konflikt einerseits zwischen den Zielen militärtechnischer Modernisierung vorhandener Arsenale und militärstrategischer Gewährleistung des so genannten Eskalationskontinuums, die eine Stationierung voraussetzten, und andererseits den rüstungskontrollpolitischen Zielen, die auf die Verhinderung einer Stationierung hinausliefen[5] – hinter den politischen Schulterschluss zurück.

Als sich im Laufe des Jahres 1983 mehr und mehr abzeichnete, dass die mit dem Doppelbeschluss angekündigte Stationierung von Mittelstreckenwaffen erfolgen würde, befand sich die Bonner Regierung inmitten der Spannung von äußerem Bündniszwang und inneren Forderungen. Denn in der erhitzten Öffentlichkeit lehnte nicht nur die Friedensbewegung, sondern auch – so ermittelten es jedenfalls die Demoskopen – eine Mehrheit der Bevölkerung den Vollzug der Stationierung ab[6].

Ihren Höhepunkt erreichte die Auseinandersetzung in der Bundesrepublik im Herbst 1983. Vom 15. bis 22. Oktober veranstaltete die Friedensbewegung ihre „Aktionswoche", die am 22. Oktober mit der Massendemonstration im Bonner Hofgarten, auf der auch Willy Brandt sprach, mit weiteren Großveranstaltungen vor allem in Hamburg und West-Berlin und mit einer 108 Kilometer langen Menschenkette zwischen Stuttgart und Neu-Ulm endete. Die endgültige politische Entscheidung über den Vollzug der Stationierung fiel gut vier Wochen später im Deutschen Bundestag; voraus gingen ihr Parteitage der CSU, der FDP, der Grünen und insbesondere der Sonderparteitag der SPD, auf dem nur noch 13 weitere Delegierte – gegen 400 – mit Helmut Schmidt stimmten. Der Bundestag hingegen unterstützte am 22. November mit 286 gegen 225 Stimmen „die Entscheidung der Bundesregierung, entsprechend ihrer Verpflichtung aus dem zweiten Teil des NATO-Doppelbeschlusses fristgerecht den Beginn des Stationierungsprozesses einzuleiten." Tags darauf brach die sowjetische Seite die Genfer INF-Verhandlungen ab und abermals drei Tage später trafen die ersten Teile der amerikanischen Mittelstreckenraketen in Deutschland bzw. auf Sizilien ein[7]. Die Stationierung hatte begonnen.

Die Debatte um die Stationierung der 464 amerikanischen Cruise Missiles und 108 Pershing-II in der Bundesrepublik war eine der schärfsten sicherheitspolitischen Kontroversen ihrer Geschichte. Dabei ging es „um zentrale Orientierungen der westdeutschen Außen- und Sicherheitspolitik, um Bedrohtheitswahrnehmungen, um das Verhältnis von Abschreckung und Entspannung sowie um die Rolle von Nuklearwaffen in der Sicherheitspolitik."[8] Das Interesse der Forschung richtete sich bislang in erster Linie auf die Genese des NATO-Doppelbeschlusses, auf die Friedensbewegung und die Endphase der Regierung Schmidt/Genscher. Der Vollzug der Stationierung findet hingegen weit we-

---

[5] Vgl. Thomas Risse-Kappen, Null-Lösung. Entscheidungsprozesse zu den Mittelstreckenwaffen 1970–1987, Frankfurt a. M. 1988, S. 19–32 und 74–77.

[6] Vgl. Thomas Risse-Kappen, Die Krise der Sicherheitspolitik. Neuorientierungen und Entscheidungsprozesse im politischen System der Bundesrepublik Deutschland 1977–1984, Mainz 1988, S. 197–199; Allensbacher Jahrbuch der Demoskopie 8 (1978–1983). München 1983, S. 632–636 und 638–646.

[7] Vgl. Archiv der Gegenwart 53 (1983), S. 27112–27114, 27192–27198 (dort S. 27198 das Zitat aus der Entschließung des Bundestages), 27200f. und 27213.

[8] Risse-Kappen, Null-Lösung, S. 214.

niger Aufmerksamkeit. Allgemein wird angenommen, dass die Regierung Kohl/Genscher, als sie den Stationierungsteil des Doppelbeschlusses vollzog, ganz aus „Bündnistreue"[9] handelte. Dies wird im Folgenden keineswegs widerlegt; wohl aber sollen, vor allem im Hinblick auf die Bundestagsfraktionen, deren Beratungen aufschlussreicher sind als die der Parteigremien, Positionen und Orientierungen der regierenden Koalitionsparteien CDU/CSU und FDP in jenen grundlegenden Fragen im Schnittfeld von internationalem Staatensystem, Regierungspolitik und gesellschaftlicher Protestbewegung[10] spezifiziert und differenziert werden.

## I. Kohl und die Unionsparteien: Westbindung und Bündnissolidarität

Wenn in den Fraktionssitzungen der CDU/CSU im Deutschen Bundestag außen- und sicherheitspolitische Themen auf der Tagesordnung standen, dann hielten sich die Wortmeldungen in engen Grenzen. Als Helmut Kohl beispielsweise in der ersten Fraktionssitzung nach der Sommerpause am 6. September 1983 die historische Bedeutung der bevorstehenden Auseinandersetzungen um den NATO-Doppelbeschluss beschwor, äußerten sich die Abgeordneten zu wirtschafts- und sozialpolitischen Themen, auch zum Milliardenkredit an die DDR, nicht ein einziger aber zum NATO-Doppelbeschluss und zur Sicherheitspolitik[11].

Dieser Diskussionsmangel paarte sich mit Argumentationsverlegenheit. Während sich weite Teile der Friedensbewegung ein hohes Maß an detaillierter sicherheitspolitischer Expertise verschafft hatten, gestand der Vorsitzende der CDU/CSU-Bundestagsfraktion Alfred Dregger ein: „Unser Nachholbedarf für eine geistige Offensive ist groß und beträchtlich."[12] Dies hatte auch mit einem Generationenbruch zu tun: Die Riege der christdemokratischen Außen- und Sicherheitspolitiker, die noch die Debatten der 1960er Jahre und die Kontroverse um die Ostpolitik bestimmt hatte, war seit 1969 aus dem Amt und weithin aus dem Parlament ausgeschieden oder hatte sich – mit Ausnahme von Franz Josef Strauß, der allerdings in der Debatte um die Stationierung keine herausragende Rolle spielte – aus den meinungsbildenden Diskussionen zurückgezogen und war nur partiell durch neue Köpfe ersetzt worden. Zu den sicherheitspolitischen Experten der neuen Generation zählte insbesondere Manfred Wörner, der mit dem Regierungswechsel von 1982 zum Bundesminister der Verteidigung ernannt worden war und der fest zum NATO-Doppelbeschluss stand.

---

[9] So zum Beispiel Christian Hacke, Die Außenpolitik der Bundesrepublik Deutschland. Weltmacht wider Willen? Aktualisierte Ausgabe, Frankfurt a. M. 1997, S. 284f. und 330; Wolfram Hanrieder, Deutschland, Europa, Amerika. Die Außenpolitik der Bundesrepublik Deutschland 1949–1989, 2. Aufl. Paderborn 1995, S. 97; oder Tim Matthias Weber, Zwischen Nachrüstung und Abrüstung. Die Nuklearwaffenpolitik der Christlich Demokratischen Union Deutschlands zwischen 1977 und 1989, Baden-Baden 1994, S. 401 und 408.

[10] Für eine Konstellationsanalyse vgl. Andreas Rödder, Sicherheitspolitik und Sozialkultur: Überlegungen zum Gegenstandsbereich der Geschichtsschreibung des Politischen, in: Hans-Christof Kraus/Thomas Nicklas (Hrsg.), Geschichte der Politik: Alte und neue Wege, München 2007, S. 95–125, hier S. 95–106.

[11] Archiv für Christlich-Demokratische Politik, Sankt Augustin (ACDP) 08-001, 1071/1, 10/10; vgl. auch die Fraktionssitzung vom 27. 9. 1983, in: ACDP 08-001, 1071/1, 10/12. Vgl. insgesamt Weber, Zwischen Nachrüstung und Abrüstung, S. 169–193.

[12] Protokoll der Fraktionssitzung vom 6. 9. 1983, in: ACDP 08-001, 1071/1, 10/10, S. 4; vgl. auch die Fraktionssitzung vom 14. 6. 1983, in: ACDP 08-001, 1070/2, 10/8, S. 3.

Eine Diskussion über die inhärenten Probleme des NATO-Doppelbeschlusses oder auch über grundlegende Fragen der Logik der Abschreckung fand in der Breite von Fraktion und Partei vor diesem Hintergrund nicht statt. Stattdessen scharten sie sich hinter der politischen Führung, der die entscheidende Bedeutung zukam[13]. Ganz im Zentrum stand Helmut Kohl, der im Laufe des Jahres 1983 gegenüber der Fraktion erkennbar aus der Rolle des Oppositionsführers in die des Bundeskanzlers hineinwuchs. Die außenpolitische Tragweite des NATO-Doppelbeschlusses, gerade seines nachrüstungspolitischen zweiten Teils, stand ihm deutlich vor Augen, und so schwor er die politische Gefolgschaft immer wieder durch grundsätzliche programmatische Appelle, die sich deutlich von den üblichen Wortbeiträgen in den Fraktionssitzungen abhoben, auf seine Linie ein[14].

Kohl verfügte über ein im Grunde einfaches, aber eben deshalb eindeutiges und hoch funktionsfähiges politisches Koordinatensystem, das eine Welt vermaß, von der er ein grundsätzlich positives Bild besaß. Seine Eckpunkte waren Westbindung und europäische Einigung, die Offenheit der deutschen Frage, die Förderung der Familie und die Hebung des geschichtlichen Bewusstseins[15]. So verfolgte er auch in der Stationierungsfrage eine kohärente und – entgegen der Anwandlung im Hubschrauber – nicht in Zweifel gezogene Argumentation, die sich auch in der internen und der öffentlichen Rede nicht unterschied. Kohl verkörperte das Selbstverständnis der westorientiert-antikommunistischen Bundesrepublik in ihrer christdemokratischen Prägung. Es war für ihn „*die* zentrale Aussage der deutschen Außenpolitik: daß wir Teil des Westens sind, der westlichen Wertegemeinschaft in der Allianz der NATO und selbstverständlich in der Allianz der europäischen Gemeinschaft."[16] Die Westbindung war für Kohl essenzielle Grundlage und oberster Bezugspunkt seiner Außenpolitik.

Diese Überzeugungen wurzelten in einem ebenso vagen wie weit gespannten und höchst präsenten Verständnis von „der Geschichte", aus dem heraus Kohl die „geschichtliche Stunde" und ihre „historische Bedeutung" beschwor: „Was jetzt hier schief geht, geht schief für den Rest des Jahrhunderts", mahnte er die Unionsfraktion schon ein Jahr vor der Regierungsübernahme. „Ich habe [...], weil ich hier einen Vortrag halten will, gerade jetzt noch einmal die Vorgeschichte des Ersten Weltkrieges betreffend Wien und den dortigen k.u.k-Bereich studiert. Wenn Sie einmal nachlesen aus den Akten, was seit 1895 dort falsch gemacht wurde, kommen Sie eben zu dem Datum: 1914. Und die Leute wollten das Beste; die wollten auch den Frieden. An ihrer subjektiven Gesinnung war überhaupt nicht zu zweifeln. Und dennoch ist aus ihrem subjektiven Fehlverhalten dann das große Desaster des Ersten Weltkrieges mit den schrecklichen Folgen [...] herausgekommen."[17]

---

[13] Vgl. Weber, Zwischen Nachrüstung und Abrüstung, S. 408.

[14] Vgl. das Protokoll der Fraktionssitzung vom 26. 4. 1983, in: ACDP 08-001, 1070/2, S. 29.

[15] Vgl. Andreas Wirsching, Abschied vom Provisorium. Geschichte der Bundesrepublik Deutschland 1982–1990, München 2006, S. 25; vgl. auch Stefan Fröhlich, „Auf den Kanzler kommt es an": Helmut Kohl und die deutsche Außenpolitik. Persönliches Regiment und Regierungshandeln vom Amtsantritt bis zur Wiedervereinigung, Paderborn 2001, S. 138–141, und Andreas Rödder, Helmut Kohl, in: Bundeskanzleramt/Haus der Geschichte der Bundesrepublik Deutschland (Hrsg.), Die Bundeskanzler und ihre Ämter, Heidelberg 2006, S. 132–147, bes. S. 132–135.

[16] Protokoll der Fraktionssitzung vom 11. 12. 1984, in: ACDP 08-001, 1073/1, 10/52, S. 8 (Hervorhebung im Original).

[17] Protokoll der Fraktionssitzung vom 29. 9. 1981, in: ACDP 08-001, 1065/1, 9/23, S. 8.

Kohls außenpolitische Vorstellungen gründeten in der Erfahrung der Kriege und der Zerstörung im 20. Jahrhundert und der Mission ihrer Überwindung, vor allem in Westeuropa. „Nie wieder Krieg", war die Räson der Bundesrepublik, für Kohl allerdings nicht mit jener pazifistischen Grundierung, wie sie in der gebrannten Generation der Soldaten und unter den Gegnern der Wiederbewaffnung in den 1950er Jahren verbreitet war und wie sie in der Friedensbewegung wieder auflebte. Ihrem historischen Argument, jede Rüstung habe zur Anwendung dieser Waffen geführt und erhöhe somit die Kriegsgefahr, setzte Kohl den alten Lehrsatz entgegen: *si vis pacem, para bellum* – wenn Du den Frieden willst, dann bereite Dich für den Krieg.

Kohls Argumentation war mithin eine wesentlich historische, nicht in erster Linie eine militärstrategische, wie sie Helmut Schmidt mit dem Argument der „Ankoppelung" im „Eskalationskontinuum" verfolgte. Zugleich setzte Kohl auch in historischer Perspektive auf die möglichst feste sicherheitspolitische und militärische Einbindung der Bundesrepublik in den Westen, in der Tradition Konrad Adenauers und mit Bezug auf einen historisch etwas zurechtgerückten Gustav Stresemann: „Wenn wir jetzt unter dem Druck dieser Entscheidungen, die bevorstehen, wieder in eine Diskussion kommen wie in den frühen zwanziger Jahren, wo damals Gustav Stresemann in Locarno den Versuch unternommen hat, die Westbindung des Deutschen Reiches aus der Ambivalenz zwischen Ost und West herauszubekommen, und wo ja vorher der Rapallo-Vertrag war, und wo kurzsichtige Leute – nicht Briand, aber andere [...] – in Paris das zerstört haben, das darf sich nicht wiederholen."[18] Es sei, so betonte Kohl nicht nur einmal, die „wirkliche Essenz des alten [...] Gustav Stresemann [...], daß wir eine West-Orientierung brauchen"[19].

An dieser Leitlinie seiner Regierungspolitik ließ Kohl keinen Zweifel. In seiner ersten Regierungserklärung als Bundeskanzler am 13. Oktober 1982 machte er programmatisch klar: „Fundament deutscher Außen- und Sicherheitspolitik sind das Nordatlantische Bündnis und die Freundschaft und Partnerschaft mit den Vereinigten Staaten von Amerika." Und noch fundamentaler: „Das Bündnis ist der Kernpunkt deutscher Staatsräson."[20] Aus dem Primat der Westbindung folgte, gerade in der wieder aufgeflammten Ost-West-Krise nach dem Ende der Entspannung, das Postulat der unverbrüchlichen Loyalität zur NATO und insbesondere zu den USA: „Wir werden die deutsch-amerikanischen Beziehungen aus dem Zwielicht befreien, die Freundschaft bekräftigen und stabilisieren", bekannte Kohl nicht nur gegen die von Schmidt abgefallene SPD, sondern auch gegenüber der Ost-West-Diplomatie seines Vorgängers am Ende seiner Kanzlerschaft[21], die ihm ebenso fremd blieb wie Schmidts nüchterne Skepsis auch gegenüber der US-Regierung[22]. Zwar war auch Kohl bewusst: „Die Amerikaner machen ihre Interessenlage, und wir machen unsere Interessenlage."[23] Trotz mancher operativer Unterschiede aber war er grundsätzlich von

[18] Protokoll der Fraktionssitzung vom 26. 4. 1983, in: ACDP 08-001, 1070/2, 10/3, S. 29.

[19] Protokoll der Fraktionssitzung vom 7. 6. 1983, in: ACDP 08-001, 10/7, S. 16.

[20] Verhandlungen des Bundestages, 9. WP, Stenographische Berichte Bd. 122, S. 7220 (dort auch das nächste Zitat).

[21] Vgl. Kohls Äußerungen in den Fraktionssitzungen am 26. 4. und am 7. 6. 1983, in: ACDP 08-001, 1070/2, 10/3, S. 28, und 10/7, S. 15.

[22] Vgl. Helga Haftendorn, Deutsche Außenpolitik zwischen Selbstbeschränkung und Selbstbehauptung 1945–2000, Stuttgart 2001, S. 290; Klaus Wiegrefe, Das Zerwürfnis: Helmut Schmidt, Jimmy Carter und die Krise der deutsch-amerikanischen Beziehungen, Berlin 2005, S. 376–379; Hartmut Soell, Helmut Schmidt. Bd. 2: 1969 bis heute: Macht und Verantwortung, München 2008, S. 751–761.

[23] Kohl gegenüber der Fraktion am 6. 9. 1983, in: ACDP 08-001, 1071/1, 10/10, S. 11.

der Identität der deutschen und der amerikanischen bzw. atlantischen Sicherheitsinteressen überzeugt.

Bedingungslos unterstützte Kohl die Regierung Reagan und ihre Verhandlungen in Genf. Er sei ganz sicher, dass die US-Regierung „das Menschenmögliche versuchen wird, in Genf zu einem Abschluss zu kommen", wobei er schon im Frühjahr 1983 wenig Hoffnungen auf eine Verhandlungslösung und erst recht nicht auf eine doppelte Null-Lösung setzte[24]. Als die Verhandlungen dann auf ihr absehbares Scheitern zuliefen, ließ die Unionsführung keine Kritik an der amerikanischen Verhandlungsführung aufkommen und schwor stattdessen die Truppe ein: „Wir haben nicht den geringsten Grund, etwa den Vorwurf einzustecken und hinzunehmen, daß die Amerikaner nicht seriös verhandeln."[25]

Diese Loyalität stellte freilich keine unreflektierte idealistische Nibelungentreue dar – Kohl warnte auch vor anbiederndem Pro-Amerikanismus und unterschied „Freundschaft" von „Gefolgschaft"[26] –, sondern war, auf normativ-ideologischer Grundlage, interessengeleitete Realpolitik. Sie beruhte auf der realistischen Einsicht, dass die Bundesrepublik als abhängige Mittelmacht im Staatensystem nur im Falle der Übereinstimmung mit ihren Bündnispartnern politisch handlungsfähig war, internationale Isolierung hingegen ihre Spielräume massiv einengte[27]. Entsprechende Anpassungen an die internationalen Rahmenbedingungen, in diesem Falle an die Entspannung, hatte die sozialdemokratische Regierung zu Beginn der 1970er Jahre mit der Ostpolitik geleistet, während sich die SPD zehn Jahre darauf der abermaligen Anpassung an die neuerlich gewandelten internationalen Umstände weitgehend verweigerte.

Kohl sah seine Aufgabe darin, die bundesdeutsche Außenpolitik auf dem Kurs des westlichen Geleitzuges im „zweiten Kalten Krieg"[28] zu halten. Und dazu hatte die Bundesrepublik – „ob es uns passt oder nicht, das Kernstück dieser NATO"[29] – ihren Beitrag zu leisten. Die Stationierung der atomaren Mittelstreckenraketen geschehe nicht aus „Hurra-Patriotismus", sondern als „bittere Pflicht"[30], als bundesdeutscher Beitrag zur überlebensnotwendigen Geschlossenheit des Westens. Es ging ihm zuallererst um Berechenbarkeit – „eines der wichtigsten Güter" in der Außenpolitik[31] – und Verlässlichkeit der Westdeutschen, denen von außen die Frage gestellt werde: „Steht Ihr, oder steht Ihr nicht?"[32] *Tertium non datur.*

Dahinter stand zugleich eine streng dichotomische Auffassung der Staatenwelt im „klaren Schwarzweiß-Raster des Kalten Krieges", in dem sich christdemokratische Kanzler

---

[24] Protokoll der Fraktionssitzung vom 26.4.1983, in: ACDP 08-001, 1070/2, 10/3, S.27.

[25] Kohl vor der Fraktion am 8.11.1983, in: ACDP 08-001, 1071/1, 10/15, S.21; vgl. auch Dreggers Äußerungen vor der Fraktion am 27.9.1983, in: ACDP 08-001, 1071/1, 10/12, S.6.

[26] Kohl vor der Fraktion am 8.11. und am 6.9.1983, in: ACDP 08-001, 1071/1, 10/15, S.25, und 10/10, S.11.

[27] Zur Unterscheidung zwischen autonomen und strukturell abhängigen Mitgliedern des Staatensystems vgl. Haftendorn, Deutsche Außenpolitik (wie Anm. 22), S.13; vgl. auch Andreas Rödder, Westbindung und transatlantische Allianz – ein Relikt des Kalten Krieges?, in: Thomas Hertfelder/Andreas Rödder (Hrsg.), Modell Deutschland. Erfolgsgeschichte oder Illusion? Göttingen 2007, S.139–154, bes. S.143–148.

[28] Fred Halliday, The Making of the Second Cold War, London 1983.

[29] Kohl in der Fraktionssitzung vom 27.9.1983, in: ACDP 08-001, 1071/1, 10/12, S.18.

[30] Kohl in der Fraktionssitzung vom 6.9.1983, in: ACDP 08-001, 1071/1, 10/10, S.10.

[31] Kohl in der Fraktionssitzung vom 11.12.1984, in: ACDP 08-001, 1073/1, 10/52, S.8.

[32] Kohl gegenüber der Fraktion am 27.9.1983, in: ACDP 08-001, 1071/1, 10/12, S.18.

„wohler [fühlten] als im komplizierten Netz eines multipolaren Entspannungssystems."[33] Dies manifestierte sich in einem monolithischen Bild des Kreml, dessen ungebrochenes operatives Ziel auf Unionsseite – wenn auch in unterschiedlich drastischer Ausprägung – darin gesehen wurde, „die Hegemonie über Europa zu gewinnen."[34] Diese Bedrohungsperzeption gründete zum einen auf einer erfahrungsgestützten realistischen Sichtweise der internationalen Beziehungen, die sich wiederum in der Einschätzung niederschlug, „daß die Sowjetunion dann, wenn sie sieht, die Deutschen stationieren, [...] bereit sein wird, einen Schritt zu tun"[35].

Zum anderen war die Perzeption der kommunistischen Gefahr aus Moskau eine hoch ideologisch aufgeladene Angstvorstellung; jedenfalls war es aus dieser Perspektive völlig undenkbar, dass die sowjetische Führung zur selben Zeit tatsächlich den Zustand der eigenen Schwäche reflektierte und im Zusammenhang der polnischen Krise von 1981 intern sogar die Möglichkeit eines partiellen Rückzugs aus ihrem Imperium, in diesem Fall aus Polen, zumindest zur Diskussion gestellt hatte[36]. Auch wenn diese Sicht der Sowjets nicht auf die bundesdeutschen Unionsparteien beschränkt war – das westliche Bündnis allgemein wähnte die kommunistischen Bewegungen allerorten auf dem Vormarsch[37] und die Russen, wie Raymond Garthoff einmal sagte, drei Meter groß[38] –, so kommt darin doch eine Verbindung von zwei sehr unterschiedlichen Sicht- und Argumentationsweisen zum Ausdruck, wie sie für die Unionsparteien seit den 1950er Jahren symptomatisch war: ein nüchtern-rationaler Zugang, der streng (völker-)rechtlich oder hart realpolitisch vorging, überlagerte sich mit einer hoch emotionalisierten, ideologisch aufgeladenen und angstbesetzten Betrachtungsweise, die zuweilen – wenn etwa Franz Josef Strauß den Atomwaffensperrvertrag von 1968 als „neues Versailles [...] von kosmischen Ausmaßen"[39] bezeichnete – jenseits realistischer Verhältnismäßigkeiten lag[40].

---

[33] Hacke, Außenpolitik, S. 274.

[34] Dregger in der Fraktionssitzung vom 6. 9. 1983, in: ACDP 08-001, 1071/1, 10/10, S. 4.

[35] Kohl vor der Fraktion, 26. 4. 1983, in: ACDP 08-001, 1070/2, 10/3, S. 27; vgl. auch seine Äußerungen in der Fraktionssitzung vom 6. 9. 1983, in: ACDP 08-001, 1071/1, 10/10, S. 21.

[36] Vgl. die Äußerungen des KGB-Vorsitzenden Juri Andropow im Politbüro der KPdSU am 10. 12. 1981: „Wir haben nicht vor, Truppen nach Polen zu entsenden. Das ist die richtige Position, und daran müssen wir bis zum Ende festhalten. Ich weiß nicht, wie sich die Dinge in Polen entwickeln werden, aber selbst wenn Polen unter die Kontrolle von *Solidarność* gerät, dann ist es eben so. Und wenn sich die kapitalistischen Staaten auf die Sowjetunion stürzen – sie haben sich bereits auf eine Reihe von politischen und ökonomischen Sanktionen verständigt –, wird das sehr bedrückend für uns sein. Wir müssen uns zuallererst um unser Land und um die Stärkung der Sowjetunion kümmern. Das ist unsere Hauptlinie." Protokoll der Sitzung des Politbüros der KPdSU vom 10. Dezember 1981, zit. nach Mark Kramer, Soviet Deliberations during the Polish Crisis, 1980–1981. Cold War International History Project, Special Working Paper No. 1. Washington 1999, Dok. 21, S. 165 (das gesamte Dokument S. 157–170, dort in engl. Übersetzung, hier eigene Übersetzung ins Deutsche); Auszüge des Protokolls, in: Vojtech Mastny/Malcolm Byrne (Hrsg.), A Cardboard Castle? An Inside History of the Warsaw Pact 1955–1991, Budapest 2005, Dok. 94, S. 456–461, das Zitat S. 459.

[37] Vgl. Kissinger, Vernunft der Nationen, S. 847.

[38] Dem Verfasser sei nachgesehen, dass er die Fundstelle des Zitats verlegt hat. Vgl. aber sinngemäß Raymond Garthoff, Détente and Confrontation. American-Soviet Relations from Nixon to Reagan, Washington DC 1985, S. 1068–1089.

[39] So jedenfalls die nicht dementierte Überlieferung des *Spiegel* vom 20. 2. 1967, S. 25.

[40] Vgl. dazu Andreas Lutsch, Die Bundesrepublik Deutschland und ihre außenpolitischen Verantwortungsträger im Übergang zur Entspannungspolitik. Wahrnehmungen, Positionen und Entscheidungen anhand der Auseinandersetzung um den Atomwaffensperrvertrag (1965–1969), Magisterarbeit Mainz 2009, S. 84–92 und 133f.

## II. Genscher und die FDP: Abschreckung und Rüstungskontrolle

Gegenüber dem Motiv der Bündnissolidarität war das Element der Rüstungskontrollpolitik für Kohl und für die Unionsparteien von nachrangigem Interesse[41], wie überhaupt weiter reichende konzeptionelle Perspektiven und Szenarien des internationalen Wandels keine Rolle spielten. Hier lag der zentrale Unterschied zur FDP. Der kleinere Koalitionspartner stellte den Außenminister, und Genschers Verbleib im Amt bzw. seine Wiederkehr nach kurzem Intermezzo in den letzten beiden Wochen der Regierung Schmidt signalisierte außenpolitische Kontinuität über die „Wende" von 1982 hinweg. Da die Freien Demokraten durch die Turbulenzen des Regierungswechsels jedoch in einen politischen Überlebenskampf gerieten, zumal sich Teile des linken Flügels von der Partei abspalteten und zur SPD übertraten, war die Sicherheitspolitik bis Ende 1982 zunächst kein Thema für die Liberalen. 1983 entspann sich innerhalb der nach den Wahlen vom 6. März geschrumpften Fraktion indessen eine deutlich regere Debatte, als es in der Unionsfraktion der Fall war.

Die FDP sah sich dabei als die eigentliche Partei des NATO-Doppelbeschlusses, wie Genscher im Juni 1983 vor der liberalen Bundestagsfraktion formulierte: „[N]achdem der damalige Bundeskanzler Schmidt westliche Nachrüstung bei weitreichenden nuklearen Mittelstreckenraketen im Jahre 1978 [sic] gefordert hat, war es die FDP, die auf ihrem sicherheitspolitischen Kongress in Münster im April 1979 die Notwendigkeit eines Verhandlungsangebots herausgestellt hat. Diese Forderung wurde vom Kabinett und vom Bündnis übernommen. Die FDP hat somit den *Doppel*beschluss entworfen und für seine Durchsetzung gesorgt."[42]

Als einzige Partei, so ihre Selbstdarstellung, stehe die FDP konsequent zur Logik des NATO-Doppelbeschlusses in seinen beiden Teilen, zu Abschreckung und Verteidigung einerseits, Rüstungskontrolle und Abrüstung andererseits[43], für Westbindung *und* Entspannung, und für Kontinuität in der sicherheitspolitischen Tradition des Harmel-Berichts: Die FDP habe, so abermals Genscher, als einzige Partei „die ‚Kontinuität' ihrer Sicherheitspolitik nicht geändert" – „während [die] CDU/CSU gegen [die] Entspannungspolitik war und von uns dorthin geführt wurde, hat [die] SPD die Linie der Verteidigungspolitik verlassen. Die gleichwertigen Elemente von Entspannungspolitik/Rüstungskontrolle einerseits und Abschreckungs-/Verteidigungsfähigkeit andererseits kommen auch im Doppelbeschluss zum Ausdruck, gegen dessen Abrüstungsteil Strauß noch heute ist und aus dessen Nachrüstungsteil die SPD nunmehr ausgestiegen ist."[44] Mit ihrem Bekenntnis zu Entspannung und ostpolitischer Kontinuität sowie zum NATO-Doppelbeschluss in beiden Teilen positionierte sich die FDP programmatisch zwischen Unionsparteien und Sozialdemokraten.

Von der Union unterschied sie, dass ihr Rüstungskontrolle als eigener Wert, als autonomes Ziel und nicht nur als Mittel der Außen- und Sicherheitspolitik galt. Dementsprechend betonten die Liberalen auch, als sich die bevorstehende Stationierung abzeichnete, stets den rüstungskontrollpolitischen Teil des Doppelbeschlusses, den sie in den Kontext

---

41 Vgl. Fröhlich, Kanzler, S. 140.

42 Protokoll der FDP-Fraktionssitzung vom 8. 6. 1983, in: Archiv des Liberalismus, Gummersbach (AdL) 41–79, Bl. 44 (Hervorhebung im Original).

43 Vgl. FDP-Fraktionsvorsitzender Wolfgang Mischnick in der Fraktionssitzung vom 8. 6. 1983, in: AdL A41–79, Protokoll der Fraktionssitzung vom 8. 6. 1983, S. 2.

44 Protokoll der FDP-Fraktionssitzung vom 20. 11. 1983, in: AdL A41–79, S. 2.

der allgemeinen Verhandlungsinitiativen von der KSZE über START bis zu MBFR einbetteten. Das Motiv der Rüstungskontrolle wog für die FDP mindestens gleich schwer wie militärisches Gleichgewichtsdenken und sollte nach Möglichkeit Vorrang besitzen, wurde jedenfalls deutlich höher veranschlagt als auf Seiten der Union. Auch Bündnisloyalität als Beweis für Berechenbarkeit und Verlässlichkeit der deutschen Außenpolitik spielte auf liberaler Seite eine Rolle, war doch die Frage der Stationierung „längst über die sicherheitspolitische Bedeutung im engeren Sinne hinaus zu einer Frage der Handlungsfähigkeit und des Selbstbehauptungswillens des westlichen Bündnisses geworden“[45]. Allerdings besaß das Moment der Bündnissolidarität für die Liberalen nicht in dem Maße einen Eigenwert, wie dies auf Seiten der Union der Fall war.

Bis zum Schluss hielten sie an der – politisch bereits offenkundig obsolet gewordenen – Forderung der „doppelten Null-Lösung“ fest, und auch als sich die Union bereits mit der Stationierung abgefunden hatte, hofften Genscher und der FDP-Fraktionsvorsitzende Wolfgang Mischnick zumindest noch auf eine Zwischenlösung. Dabei kamen in der FDP durchaus kritische Stimmen auf, die den ernsthaften Verhandlungswillen der US-Regierung bezweifelten. Genscher hielt unterdessen ein „gesundes Misstrauen“ gegenüber den USA zwar für berechtigt, öffentliche Kritik an den USA jedoch für schädlich[46]. Schließlich nahmen die Freien Demokraten die Stationierung notgedrungen, aber als stets reversibel hin: „Jede Rakete, die stationiert wird, kann beseitigt werden, wenn es zu einem konkreten Verhandlungsergebnis kommt, das dies zulässt.“[47]

Zugleich herrschte bei den Liberalen die Auffassung, dass die sowjetische Führung eine Vor- bzw. Überrüstung betrieben und sich in den Genfer Verhandlungen kaum bewegt habe. Und es entsprach einer viel mehr realistischen als idealistischen Sichtweise, wenn sie annahmen, dass der Kreml erst bei glaubwürdig angedrohter oder vollzogener Stationierung zu entsprechenden Verhandlungen bereit sein würde. Wenn Wolfgang Mischnick davon ausging, die Festigkeit des Westens ändere „das Verhalten der Sowjetunion im Sinne von Kompromissbereitschaft“, und wenn Josef Ertl vom rechten Parteiflügel für „Standfestigkeit und Wachheit auf der Grundlage des Gleichgewichts“ plädierte, weil das Verhalten einer totalitären Macht wie der UdSSR nicht mit dem einer Demokratie gleichgesetzt werden dürfe[48], dann hob sich dies vom Denken und von der Sprache der Sozialdemokraten oder gar der Friedensbewegung deutlich ab. Wenn Genscher betonte, „wer nicht nachrüsten will, der darf keinen Zweifel an seiner Entschlossenheit zur Nachrüstung lassen“[49], dann entsprach dies eben jener Maxime, die auch Kohl verfolgte: *Si vis pacem, para bellum.*

Es waren nur einzelne Stimmen vom verbliebenen linken Parteiflügel, die die Logik der atomaren Abschreckung in Frage stellten, wenn etwa Burkhard Hirsch warnte: „Wett rüsten mache [...] die Lage immer gefährlicher.“[50] Grundsätzlich akzeptierten die Freien

[45] Genscher auf dem 34. Bundesparteitag der FDP am 18./19. 11. 1983 in Karlsruhe (Anträge, Änderungsanträge, Dringlichkeitsanträge, Beschlüsse, Reden), S. 18; vgl. auch sein Interview mit dem Süddeutschen Rundfunk (SDR), in: fdk (freie demokratische korrespondenz) Nr. 180 vom 30. 10. 1982, S. 2, sowie NATO-Brief 3/4 (1983) vom 4. 11. 1983, S. 3ff.
[46] FDP-Fraktionssitzung vom 8. 6. 1983, in: AdL A41–79, S. 3f.
[47] Genscher auf dem 34. Bundesparteitag der FDP am 18./19. 11. 1983 in Karlsruhe (Anträge, Änderungsanträge, Dringlichkeitsanträge, Beschlüsse, Reden), S. 18.
[48] Protokoll der Fraktionssitzung vom 8. 6. 1983, in: AdL A41–79, S. 5 (Mischnick) und S. 8 (Ertl).
[49] fdk Nr. 182 vom 3. 11. 1982.
[50] Protokoll der Fraktionssitzung vom 8. 6. 1983, in: AdL A41–79, S. 4, das folgende Zitat von Mischnick, ebenda, S. 5.

Demokraten die nukleare Logik – „die auf Gleichgewicht basierende Abschreckung" habe, so hielt der Fraktionsvorsitzende dem Einwand Hirschs entgegen, „bisher den Frieden bewahrt" –, allerdings nur als Transitorium: Genscher etwa betonte vor der Fraktion, dass die Bündnisstrategie zwar „den Frieden gesichert habe, Abschreckung aber nicht die letzte Antwort sein, jedoch abgelöst werden könne, wenn [ein] entsprechendes System des Vertrauens errichtet sei. In diese Richtung müssen wir unsere Außenpolitik fortentwickeln."[51] Die liberalen Szenarien künftiger Sicherheitspolitik waren, bei aller realpolitischen Grundierung, offener und trugen idealistischere Züge, waren jedenfalls weniger der realistischen Schule verpflichtet und weniger monolithisch-dichotomisch angelegt als die Perzeptionen und Perspektiven auf Seiten der Union.

## III. Konsens und Differenzen in der Koalition

Zwischen den Koalitionsparteien der Regierung Kohl/Genscher bestand Einigkeit über den NATO-Doppelbeschluss und insbesondere über die Unausweichlichkeit der konsequenten Anwendung seines zweiten, des Stationierungsteils. Konsens bestand über die Notwendigkeit einer Politik der „Berechenbarkeit" und „Verlässlichkeit" innerhalb des westlichen Bündnisses sowie einer Politik der Glaubwürdigkeit und der Stärke gegenüber der Sowjetunion.

Auf dieser gemeinsamen Grundlage setzten die Koalitionspartner allerdings unterschiedliche Akzente, die jeweils realpolitische und idealistische Elemente umfassten. Die Unionsparteien handelten in erster Linie aus einer Bündnissolidarität mit der NATO und den USA heraus, die auf dem Primat der Westbindung beruhte und einer Sicherheitspolitik des Gleichgewichts im Rahmen einer streng antikommunistischen Ost-West-Dichotomie verpflichtet war. Die Liberalen dachten weniger scharf dichotomisch und suchten vielmehr Westbindung *und* Entspannung, Gleichgewicht *und* Rüstungskontrollpolitik, Abschreckung *und* Abrüstung zu verbinden, zumal sie die Logik des Kalten Krieges nur als ein Transitorium auf dem Weg zu einer multilateralen Ordnung auf der Grundlage gegenseitigen Vertrauens ansahen.

In der polarisierten Konstellation und unter dem konkreten Entscheidungsdruck des Jahres 1983, auf internationaler und auf nationaler Ebene, erwuchsen daraus keine akuten Spannungen zwischen den Koalitionspartnern. Vielmehr vermochten sie ihre Positionen in der Sprachformel „Frieden schaffen mit immer weniger Waffen" zu integrieren. Freilich waren damit außen- und sicherheitspolitische Differenzen angelegt, die sich dann in den späten 1980er Jahren im Zusammenhang des INF-Abkommens und der SNF-Kontroverse, angesichts der amerikanischen Vorwürfe des „Genscherismus" und schließlich im Rahmen der Wiedervereinigung entluden.

## IV. Innere Frontstellung: Regierungskoalition und Friedensbewegung

In der Kontroverse um den NATO-Doppelbeschluss überlagerten sich, zumal in der Bundesrepublik, die internationale und die innenpolitische Ebene. Dort herrschte gerade

---

[51] Protokoll der Fraktionssitzung vom 20. 11. 1983, in: AdL A41-79, S. 4.

zwischen Union und Friedensbewegung, der treibenden Kraft gegen die Stationierung, polarisierte Verständnislosigkeit. „90% der Diskussion", so berichtete der CDU-Abgeordnete Horst Günther der Fraktion im Juni 1983 vom Evangelischen Kirchentag in Hannover, „liefen unter den drei großen Buchstaben ‚R' ab, nämlich: Rüstung, Raketen und Reagan!" Dort hatte er an einem interfraktionellen Stand „Christen im Parlament" die Erfahrung gemacht: „Das Schlimme, [...] das wir aufarbeiten müssen, ist die Tatsache, daß man unseren Argumenten und unserer Politik schlechthin [...] einfach keinen Glauben schenkt!"[52]

Gegenüber den hoch ideologisierten Positionen der Friedensbewegung, die zugleich mit detaillierter militärtechnischer und sicherheitspolitischer Expertise unterlegt wurden, war die argumentationsverlegene Unionsmehrheit hinter der entschlossenen Führung Kohls kaum kampagnefähig. Allein CDU-Generalsekretär Heiner Geißler suchte die direkte Auseinandersetzung mit der Friedensbewegung, indem er für die Befürworter des NATO-Doppelbeschlusses „mindestens denselben Anspruch auf Moralität und auf Sittlichkeit" beanspruchte – und die Friedensbewegung auf ihrem eigenen, moralischen Feld frontal angriff, indem er das traditionell linke Argument der nationalsozialistischen Herrschaft (Joschka Fischer etwa warnte vor einem „atomaren Auschwitz") umbog und direkt gegen sie wendete: „Der Pazifismus der 30er Jahre, der sich in seiner gesinnungsethischen Begründung nur wenig von dem unterscheidet, was wir in der Begründung des heutigen Pazifismus zur Kenntnis zu nehmen haben, dieser Pazifismus der 30er Jahre hat Auschwitz erst möglich gemacht."[53] Diese argumentative Offensive, die übrigens zu einem Eklat mit den Oppositionsparteien führte, blieb allerdings die Ausnahme in einer Konfrontation, die zwischen Befürwortern und Gegnern des NATO-Doppelbeschlusses in polarisierter Sprach- und Verständnislosigkeit ausgetragen wurde.

Unterdessen war die Union im Besitz von Macht und – gerade durch die vorgezogenen Bundestagswahlen vom 6. März 1983 – Mandat für ihre Politik. Daran machte Kohl auch keinerlei Abstriche. Er sah Union und Bundesrepublik durch die Friedensbewegung herausgefordert. Das Gesetz des Handelns dürfe nicht auf „die Straße" übergehen. Zugleich entwickelte er bei aller Anspannung aber auch eine gewisse, seinem Weltbild entsprechende Gelassenheit, zeitgenössisch übrigens mehr als in seinen Erinnerungen: „Wenn die Leute partout auf der Straße sitzen wollen – dann lassen wir sie sitzen" – amüsierte er sich im September 1983 im Vorfeld der großen Aktionen der Friedensbewegung. „Es wird aus vielen Anlässen Verkehr umgeleitet, dann kann man den Verkehr auch um Leute herumleiten, die da sitzen wollen. Die Jahreszeit ist ja vielleicht so, daß das Sitzen dann nicht mehr ganz so komfortabel ist."[54]

Eine andere Rolle spielte der Fraktionsvorsitzende Alfred Dregger, aber dies war nicht nur eine Frage der Rolle, sondern auch des allgemeinen Politik- und Gesellschaftsverständnisses, das sich in entsprechenden Sprachbildern niederschlug. Die Friedensbewegung sei „im Ergebnis eine ‚Unterwerfungs-Bewegung'"[55], durchsetzt von „Drahtziehern"

[52] Protokoll der Fraktionssitzung vom 14. 6. 1983, in: ACDP 08-001, 1070/2, 10/8, S. 18f.

[53] Verhandlungen des Deutschen Bundestages, 10. Wahlperiode, 13. Sitzung (15. 6. 1983), Bd. 124, S. 755; vgl. auch Wirsching, Abschied vom Provisorium, S. 97f. (dort S. 97 auch das Zitat von Joschka Fischer).

[54] Kohl in der Fraktionssitzung vom 6. 9. 1983, in: ACDP 08-001, 1071/1, 10/10, S. 13; vgl. auch die Passage in den Erinnerungen 1982–1990, München 2005, S. 191–202.

[55] Protokoll der Fraktionssitzung vom 11. 11. 1983, in: ACDP 08-001, 1071/1, 10/13, S. 6.

und „Helfershelfern" Moskaus[56], so beschrieb Dregger die in der Tat erhebliche materielle Förderung aus dem Osten[57] in einer durchgängig militärisch imprägnierten Diktion, jedenfalls in einem spürbar patriarchalisch-autoritären Tonfall. Selbst in dem Versuch, Verständnis für die „Mitläufer" zu formulieren – es handele sich um „junge sympathische Menschen", die „desinformiert" seien und aus „Bedürfnis nach idealistischer Emotion" auf die Straße gingen[58] –, wird das Unverständnis für das Andere um so deutlicher sichtbar.

Dies galt für die Union –, zumal für die Kriegsgeneration, der Alfred Dregger angehörte, ebenso wie für die skeptische Generation, zu der Helmut Kohl zählte –, es war aber auch in der nach dem Regierungswechsel verbliebenen FDP verbreitet: Auch dort war von „Merkmalen psychologischen Terrors" und von Elementen die Rede, „die an das Vorgehen der Nationalsozialisten erinnern."[59] Zwischen Regierung und Friedensbewegung lag in der Tat ein tiefer und lange Zeit unüberbrückbarer, nicht nur sicherheitspolitischer, sondern auch gesellschaftlicher Graben, der zugleich die gesamte politische Kultur der Bundesrepublik durchzog. Die politische Integration der Protestbewegungen in den 1980er und 1990er Jahren war angesichts der hoch polarisierten Kontroverse um den NATO-Doppelbeschluss keineswegs eine Selbstverständlichkeit. Aber sie war zugleich Teil eines allgemeinen Stimmungswandels in der Bundesrepublik, der sich in den 1980er Jahren vollzog: von der allgemeinen Krisenstimmung zu Beginn des Jahrzehnts hin zu einem neuen Optimismus im Zeichen von neuen Technologien, Massenwohlstand und der Auflösung des Ost-West-Konflikts an seinem Ende[60], als sich bürgerliche und linke Positionen in der spät-altbundesrepublikanischen Erzählung vom „Modell Deutschland" und seiner „Erfolgsgeschichte"[61] trafen.

## V. Entscheidungen und Konsequenzen

Ihren Höhepunkt erreichten die Friedensbewegung und die gesellschaftlich-politischen Spannungen mit der so genannten „Aktionswoche" Ende Oktober 1983, der vier Wochen später die zweitägige Debatte im Bundestag folgte. Ihre Bedeutung sei nur mit der Entscheidung zum NATO-Beitritt und zur Wiederbewaffnung 1955 zu vergleichen, schwor Dregger die Union in angespannter Atmosphäre ein[62]. Phänomenologisch ähnelte das Procedere mehr noch den Notstandsgesetzen von 1968: Auch hier setzte die Entscheidung des Bundestages den Schlusspunkt, nach dem die Protestbewegung ohne ihr *issue* verblieb.

In den Regierungsfraktionen machte sich spürbare Erleichterung breit, diesen Kraftakt gestemmt zu haben. Erfreut stellten die Abgeordneten fest, „daß wir alle etwas selbstbewusster geworden sind in diesen zwei Tagen."[63] Ein Jahr später bilanzierte Kohl vor der

[56] Protokoll der Fraktionssitzungen vom 25.10. und vom 14.6.1983, in: ACDP 08-001, 1071/1, 10/14, S.45, und 1070/2, 10/7, S.20.
[57] Vgl. hierzu den Beitrag von Helge Heidemeyer in diesem Band.
[58] Protokoll der CDU/CSU-Fraktionssitzung vom 25.10.1983, in: ACDP 08-001, 1071/1, 10/14, S.46.
[59] FDP-Fraktionssitzung vom 20.11.1983, in: AdL, A41-78, S.7.
[60] Vgl. Wirsching, Abschied vom Provisorium, S.434–444.
[61] Vgl. Andreas Rödder, Das „Modell Deutschland" zwischen Erfolgsgeschichte und Verfallsdiagnose, in: VfZ 54 (2006), S.345-363, hier S.345f.
[62] Protokoll der CDU/CSU-Fraktionssitzung vom 21.11.1983, in: ACDP 08-001, 1071/1, 10/16, S.2.
[63] Protokoll der CDU/CSU-Fraktionssitzung vom 23.11.1983, in: ACDP 1071/1, 10/17 (MdB Hans Stercken).

CDU/CSU-Bundestagsfraktion, die Entscheidung für die Stationierung habe „unsere Reputation überall in Ost und West gestärkt" und die internationale Position der Bundesrepublik als eines berechenbaren und verlässlichen Partners gefestigt[64]. War dies die Bilanz der Kontroverse um den NATO-Doppelbeschluss? Oder hatten, wie manche zeithistorischen Einschätzungen besagen, die Auseinandersetzungen um den NATO-Doppelbeschluss den sicherheitspolitischen Konsens über die Legitimität und die Strategie der Abschreckung in Deutschland letztlich zerstört[65]?

Ob der Kraftakt von 1983 wiederholbar gewesen wäre, ist eine spekulative Frage, die nichtsdestoweniger als kontrafaktische Überlegung hilfreich ist. Zunächst ist als Ergebnis festzuhalten, dass die Kontroverse um die Stationierung – als größte außenpolitische Kontroverse nach der Wiederbewaffnung und höchstens noch der Ostpolitik – den bündnispolitischen Ernstfall und mithin einen signifikanten Testfall darstellte. Dass der Zwang zur äußeren Anpassung über inneren Protest obsiegte – in diesem wie übrigens auch in den beiden anderen Fällen –, deutet auf eine strukturelle Substanz und nicht auf eine Ausnahme hin. Nicht anders erging es der Bundesrepublik bei der Kontroverse um Reagans SDI (Strategic Defense Initiative[66]) und schließlich mit dem INF-Abkommen vom 8. Dezember 1987, das dem Grunde nach ebenjene Lücke im Eskalationskontinuum und somit die Gefahr der transatlantischen „Abkopplung" wieder auftat, die Helmut Schmidt 1977 beklagt und zum Ausgangspunkt für den NATO-Doppelbeschluss gemacht hatte – nur war das Abkommen von 1987 angesichts der neuen Entspannung unter Michail Gorbatschow und der beiderseitigen Abrüstung viel weniger umstritten. Im Kern aber blieb der Bundesrepublik auch hier nur Anpassung.

Freilich soll die Aussage vom Vorrang des Systemzwangs nicht auf eine statische Systemtheorie hinauslaufen. Zugleich ist vielmehr die historisch-empirische Komponente der Wandelbarkeit von Verhältnissen zu berücksichtigen. Die Bundesrepublik und die Regierung Kohl/Genscher hatten durch den Kraftakt der Stationierung in der Tat an Gewicht im Bündnis gewonnen, wie sich an zwei weiteren und ebenfalls signifikanten Fällen zeigte. Im Streit um die Modernisierung der atomaren Kurzstreckenraketen 1988/89, die nur Raketen mit einer innerdeutschen Reichweite betreffen sollte, widersetzte sich die Bundesrepublik erstmals dem Automatismus nuklearer Logik. In dieser Kontroverse ging es auch um die Position der Bundesrepublik im Bündnis, die sich nicht mehr einfach anpassen wollte[67]. Der Konflikt wurde nicht mehr ausgetragen, weil die Entscheidung im Mai 1989 vertagt wurde und wenige Monate später alles anders kam als gedacht. Der zweite Fall betraf die Wiedervereinigung: Den innerwestlichen Widerständen gegen die deutsche Vereinigungspolitik hielt Kohl immer wieder seine Loyalität in der Stationierungskrise entgegen – und trieb mit sanftem, aber deutlichem Nachdruck die Dividende der Bonner Bündnistreue von 1983 ein, die auf diese Weise ihren Anteil am Ergebnis von 1990 hatte.

Was sich unterdessen nach 1983 in der Bundesrepublik auflöste, war vor allem das öffentliche Interesse an Außenpolitik. Nie wieder wurde über die Sicherheitspolitik des

---

64 Fraktionssitzung vom 11. 12. 1984, in: ACDP 08-001, 1073/1, 10/52, S. 8.

65 Vgl. Wirsching, Abschied vom Provisorium, S. 105f., auch Eckart Conze, Die Suche nach Sicherheit. Eine Geschichte der Bundesrepublik Deutschland von 1949 bis in die Gegenwart, München 2009, S. 544.

66 Vgl. dazu den Beitrag von Klaus Schwabe in diesem Band.

67 Vgl. dazu Hans-Dietrich Genscher, Erinnerungen, Berlin 1995, S. 581–622.

Landes so kontrovers und fundamental gestritten wie in der Auseinandersetzung um den NATO-Doppelbeschluss – nicht einmal, als das Land schließlich tat, abermals unter dem Zwang der internationalen Systemanforderungen, was die Friedensbewegung um jeden Preis hatte vermeiden wollen: als Deutschland wieder Krieg führte.

*Hermann Wentker*

# Zwischen Unterstützung und Ablehnung der sowjetischen Linie: Die DDR, der Doppelbeschluss und die Nachrüstung

In dem Drama, das sich um Entstehung, Formulierung und Umsetzung des NATO-Doppelbeschlusses in Europa abspielte, fiel der DDR keine Hauptrolle zu. Sie war, anders als die Bundesrepublik, nicht im Stande, das Geschehen nachhaltig zu beeinflussen. Sie musste sich vielmehr – wie alle anderen Ostblockstaaten auch – der sowjetischen Linie unterordnen und konnte genauso wenig wie die Sowjetunion die Stationierung der Mittelstreckenwaffen in Westeuropa verhindern. Gleichwohl war sie mehr als nur ein Statist oder gar ein Claqueur, wenn man nach den Auswirkungen des Doppelbeschlusses auf das sowjetische Vorfeld fragt. Denn das Drama um den Doppelbeschluss trug, so die These der folgenden Ausführungen, maßgeblich zu einer Verschiebung der Prioritäten der ostdeutschen Außenpolitik bei.

Um dies näher zu erläutern, ist zunächst ein Blick auf die ostdeutsche Interessenlage zwischen 1979 und 1983 notwendig. Denn erst vor diesem Hintergrund lassen sich, zweitens, die ostdeutschen Ansätze, im Herbst 1979 den Doppelbeschluss zu verhindern, besser verstehen. Drittens geht es um das mehrgleisige Vorgehen der DDR gegen den Doppelbeschluss zwischen 1980 und 1982/83, bevor, viertens, die vorsichtigen Absetzbewegungen der DDR von der sowjetischen Linie bereits im Verlauf des Jahres 1983 skizziert werden. Dass die DDR die sowjetische Reaktion auf den Nachrüstungsbeschluss des Deutschen Bundestages vom 22. November 1983 zwar mittrug, aber keineswegs bereit war, den von Moskau verlangten Kurs in den deutsch-deutschen Beziehungen einzuschlagen, behandelt der fünfte und letzte Abschnitt.

## I. Die ostdeutsche Interessenlage 1979–1983

Die ostdeutsche Staatsräson gebot einerseits unbedingte Gefolgschaftstreue gegenüber der Sowjetunion, die dafür die Existenz der DDR notfalls militärisch garantierte und diese bis zu einem gewissen Grade alimentierte, und andererseits Abgrenzung gegenüber der Bundesrepublik, da die Ostdeutschen sich stets an den westdeutschen Verhältnissen orientierten[1]. Doch wurde beides seit den 1970er Jahren immer mehr in Frage gestellt. Die Sowjetunion erwies sich als unzuverlässiger Lieferant von Rohstoffen und Lebensmitteln und erhöhte die blockinternen Preise, insbesondere für Rohöl, das die DDR raffinierte und zu Weltmarktpreisen weiterverkaufte. Die zunehmenden deutsch-deutschen Kontakte, gerade auf wirtschaftlichem Gebiet, konterkarierten das Prinzip der Westabgrenzung. Insgesamt verschoben sich die Gewichte im Beziehungsparallelogramm der DDR: Aufgrund nachlassender Unterstützung aus der Sowjetunion wurden die deutsch-deutschen Beziehungen in ökonomischer Hinsicht immer wichtiger – zumal die DDR unter Honecker darauf setzte, Legitimität durch den Ausbau des Sozialstaats zu erzeugen. Ende 1981, als die sowjetische der ostdeutschen Führung mitteilte, dass sie ab dem folgenden Jahr die Rohöllie-

[1] Vgl. dazu Hermann Wentker, Die Staatsräson der DDR, in: Günther Heydemann/Eckart Klein (Hrsg.), Staatsräson in Deutschland, Berlin 2003, S. 153–157.

rungen von 19 auf 17 Mio. Tonnen jährlich kürzen werde[2], trat hier eine Zäsur ein: Denn damit wurde die DDR wirtschaftlich geradezu abhängig von der Bundesrepublik, was 1983 und 1984 die vom bayerischen Ministerpräsidenten Franz Josef Strauß vermittelten Milliardenkredite verdeutlichten[3]. Um sowohl ihre Beziehungen zur Sowjetunion als auch die zur Bundesrepublik unbeschadet zu erhalten, war die DDR auf eine Fortsetzung der Entspannungspolitik unbedingt angewiesen. Dem stand die weltpolitische Entwicklung dieser Jahre freilich entgegen.

## II. Die ostdeutschen Versuche zur Verhinderung des NATO-Doppelbeschlusses

Als der DDR-Staatsratsvorsitzende Erich Honecker am 9. Januar 1981 dem künftigen ostdeutschen Botschafter in Moskau, Egon Winkelmann, seine mündlichen Instruktionen erteilte, ereiferte er sich nachträglich über das Verhalten der „Freunde" Ende 1979: „Wir haben ihre [d. h. die sowjetischen] Friedensinitiativen begrüßt, genutzt haben sie nichts. Sie sind schuld, dass der SPD-Parteitag in Westberlin den Raketenbeschluss gefasst hat. Schmidt wollte mit mir diese Frage diskutieren. Wäre diese Unterredung zustande gekommen, wäre dieser Beschluss nicht durchgekommen. Sie haben gedroht, ich soll mich nicht mit Schmidt treffen. So ein Quatsch! Der ganze Zirkus wäre weggewesen, wenn ich mich in einer Nacht mit Schmidt getroffen hätte. Die Schuld liegt eindeutig bei ihnen."[4] Aus diesen Äußerungen geht nicht nur die maßlose Selbstüberschätzung Honeckers hervor, sondern auch, dass er den NATO-Doppelbeschluss am liebsten verhindert hätte. Wenngleich die Sätze nicht im Archiv, sondern lediglich in den Erinnerungen Winkelmanns überliefert sind[5], kommt ihnen eine hohe Plausibilität zu. Denn bereits in seiner Unterredung mit Leonid Breschnew am 4. Oktober 1979 entgegnete Honecker auf die Aufforderungen des KPdSU-Generalsekretärs, die Kanäle gegenüber der Bundesrepublik zu verengen, dass es ihm wichtig erscheine, „auf die Bonner Regierung Einfluß zu nehmen, die Aktivität zur Aufstellung neuer atomarer Waffen in der Bundesrepublik einzustellen"[6]. Honecker wollte also die Möglichkeiten, die sich der DDR boten, offensiv nutzen, während Breschnew auf Abgrenzung und Druck auf Bonn setzte.

Ungeachtet der Einwände Breschnews, schlug Honecker Bundeskanzler Helmut Schmidt am 28. November telefonisch vor, sich mit ihm noch vor der Sondersitzung der Außen- und Verteidigungsminister der NATO am 12. Dezember zu treffen. Dabei stellte er sich hinter die Initiative des dänischen Außenministers Anker Jørgensen, der für eine Verschiebung des Beschlusses um sechs Monate plädiert hatte. Obwohl Schmidt damit nicht übereinstimmte und zunächst ein so kurzfristig angesetztes Treffen ablehnte, griff er den

---

[2] Niederschrift des Gesprächs zwischen Erich Honecker und Konstantin Russakow, ZK-Sekretär der KPdSU am 21. 10. 1981 (Auszug), in: Andreas Herbst/Gerd-Rüdiger Stephan/Jürgen Winkler (Hrsg.), Die SED. Geschichte – Organisation – Politik. Ein Handbuch, Berlin 1997, S. 752–755.

[3] Vgl. Hermann Wentker, Außenpolitik in engen Grenzen. Die DDR im internationalen System 1949–1989, München 2007, S. 398–410, 421–428, 477–486, 500–506.

[4] Egon Winkelmann, Moskau, das war's. Erinnerungen des DDR-Botschafters in der Sowjetunion 1981 bis 1987, Berlin 1997, S. 20. Der SPD-Parteitag fand vom 3.–7. 12. 1979 in West-Berlin statt.

[5] Winkelmann gibt Honeckers Worte der eigenen Aussage zufolge so wieder, wie er sie mitstenographiert hatte, vgl. ebenda, S. 15.

[6] Stenographische Niederschrift der Zusammenkunft Honeckers mit Breschnew, 4. 10. 1979, in: Stiftung Archiv der Parteien und Massenorganisationen der DDR im Bundesarchiv (SAPMO), DY 30/2378, Bl. 73f., 89 (hier das Zitat).

Gedanken schließlich doch auf und stimmte im weiteren Verlauf des Telefonats einem informellen Kurztreffen am Sonntag, dem 2. Dezember, zu[7]. Auf sowjetische Anweisung hin ließ Honecker den Termin jedoch platzen. Am 4. Dezember lieferte der sowjetische Außenminister Andrej Gromyko im Gespräch mit Honecker die Begründung nach: Breschnew und das Politbüro seien der Meinung, „dass die Idee eines Treffens im Prinzip erhalten bleiben sollte, ein Stattfinden zum jetzigen Zeitpunkt sei aber ein großes Geschenk für die andere Seite"[8]. Honecker strebte nun für Ende Februar 1980 ein Gipfeltreffen mit Schmidt an, wurde aber Ende Januar erneut von der sowjetischen Seite zurückgepfiffen. Der für Außenpolitik zuständige ZK-Sekretär Hermann Axen vertrat bei einem Moskau-Aufenthalt am 23. Januar gegenüber dem sowjetischen Chef-Ideologen Michail Suslow die Auffassung des SED-Politbüros, der zufolge das Arbeitstreffen von Honecker und Schmidt durchgeführt werden solle, „um dabei Druck auf die Regierung der BRD auszuüben". Am nächsten Tag antwortete Boris Ponomarjow im Auftrag des KPdSU-Politbüros, dass er ein baldiges Treffen für „nicht zweckmäßig" halte, da dieses „eher für Schmidt günstig" sei[9]. Nach dem Willen der sowjetischen Führung sollte die DDR, wie Gromyko seinem ostdeutschen Amtskollegen Oskar Fischer am 20. Februar nahelegte, „in unserem Sinne" Druck auf die Bundesrepublik und Frankreich ausüben, um diese zur Aufhebung des NATO-Doppelbeschlusses zu veranlassen. Nur zu diesem Zweck sollte die DDR weiterhin ihre Verbindungen zur Bundesrepublik nutzen. Im Übrigen schärfte Gromyko Fischer ein: „Im Vorgehen gegenüber der BRD sei eine ständige Abstimmung notwendig. Die BRD wolle die DDR aufweichen."[10]

Die sowjetische Führung wollte keine ostdeutschen Alleingänge in Richtung Bonn zulassen, da dies möglicherweise ein Entgegenkommen suggeriert hätte und ihrem Konzept widersprach, Druck auf die Bundesrepublik auszuüben. Überdies war sie misstrauisch angesichts der ostdeutschen Politik gegenüber der Bundesrepublik: Bereits im Verlauf der 1970er Jahre hatte sie mehrfach registriert, dass Ost-Berlin gegenüber Bonn einen Sonderweg eingeschlagen und sich um sowjetische Einwände wenig geschert hatte[11]. Das durfte angesichts des NATO-Doppelbeschlusses nicht passieren, so dass Breschnew Honecker bereits am 4. Oktober 1979 ermahnte: „Es ist wichtig, dass alle sozialistischen Bruderländer in dieser Frage eine einheitliche Front bilden. Eine große Rolle spielt hierbei natürlich die Position der Deutschen Demokratischen Republik."[12] Breschnew und Honecker waren

---

[7] Telefonat H. Schmidt-Honecker am 28. 11. 1979, in: Heinrich Potthoff, Bonn und Ost-Berlin 1969–1982. Dialog auf höchster Ebene und vertrauliche Kanäle. Darstellung und Dokumente, Bonn 1997, S. 469–481, hier 475–481. Das Telefonat führte immerhin dazu, dass Schmidt in seiner Rede auf dem SPD-Parteitag am 4. 12. 1979 erklärte, er werde demnächst auch Honecker besuchen, in: AAPD 1979, Dok. 379, S. 1917, Anm. 17.

[8] Vgl. Karl-Heinz Schmidt, Dialog über Deutschland. Studien zur Deutschlandpolitik von KPdSU und SED (1960–1979), Baden-Baden 1998, S. 328, 319f., das Zitat S. 319. Zu dem Gespräch vgl. auch Gerhard Wettig, Die Sowjetunion in der Auseinandersetzung um den NATO-Doppelbeschluss, in: VfZ 57 (2009), S. 217–259, hier S. 225f.

[9] Vgl. Michael Ploetz/Hans-Peter Müller, Ferngelenkte Friedensbewegung? DDR und UdSSR im Kampf gegen den NATO-Doppelbeschluss, Münster 2004, S. 212; Benno-Eide Siebs, Die Außenpolitik der DDR 1976–1989. Strategien und Grenzen, Paderborn u. ö. 1999, S. 183f. (an beiden Stellen auch das Zitat).

[10] Vgl. ebenda, S. 170 (erstes Zitat); Ploetz/Müller, Ferngelenkte Friedensbewegung, S. 144 (zweites Zitat).

[11] Vgl. Wentker, Außenpolitik in engen Grenzen, S. 402–406.

[12] Stenographische Niederschrift der Zusammenkunft Honeckers mit Breschnew, 4. 10. 1979, in: SAPMO, DY 30/2378, Bl. 76.

sich folglich weniger im Ziel, die westliche Nachrüstung zu verhindern, als in der Methode uneinig: Während Breschnew dazu in der Geschlossenheit des Warschauer Pakts die unerlässliche Voraussetzung sah, da nur so möglichst heftiger Druck auf die Bundesrepublik ausgeübt werden konnte, wollte Honecker seine Kontakte zu Schmidt nutzen und sah sich auch persönlich düpiert, als dieser Vorschlag von den „Freunden“ zurückgewiesen wurde. Hinzu kam eine unterschiedlich gelagerte Motivation: Der Sowjetunion ging es primär um die Beibehaltung ihrer nuklear-strategischen Überlegenheit auf dem Gebiet der Mittelstreckenwaffen, der DDR hingegen darum, eine Konfrontation sowohl mit der Sowjetunion als auch mit der Bundesrepublik zu vermeiden.

## III. Honeckers dreigleisiges Vorgehen 1980–1983

Nachdem die NATO den Doppelbeschluss verabschiedet hatte, verengte sich der Spielraum für Ost-Berlin. Da der Doppelbeschluss nicht automatisch die Nachrüstung implizierte, blieb jedoch noch etwas Zeit, in der Honecker versuchen konnte, dem Optionszwang zwischen Kooperation mit Bonn und Gefolgschaftstreue gegenüber Moskau zu entkommen. Dazu bot sich ein dreigleisiges Vorgehen an. Erstens unterstützte er öffentlich und nichtöffentlich den sowjetischen Standpunkt und passte sich an die Wendungen der sowjetischen Politik an. Auf der Warschauer Tagung des Politischen Beratenden Ausschusses der Warschauer Vertragsorganisation am 15. Mai 1980 stieß er in dasselbe Horn wie Breschnew, als er den Doppelbeschluss als Erpressungsversuch des Westens gegenüber dem Osten bezeichnete, mit dessen Realisierung „die Möglichkeiten für den Kernwaffeneinsatz durch die NATO-Streitkräfte in Westeuropa gegen die Staaten des Warschauer Vertrages beträchtlich erweitert“ würden. Der Bundesrepublik unterstellte er in diesem Zusammenhang zwar, dass sie ihren „revanchistischen Zielen“ gegenüber dem Ostblock näherkommen wolle, ging aber nicht so weit wie Breschnew, der ausdrücklich vor den „ernsten und zutiefst negativen Folgen für die BRD“ bei der Stationierung amerikanischer Raketen warnte[13]. Breschnew spielte damit auf die „Nach-Nachrüstung“ an, die er für den Fall der Stationierung von westlichen Mittelstreckenwaffen bereits am 6. Oktober 1979 öffentlich angekündigt hatte[14]. Die Unterstützung der sowjetischen Linie fiel Honecker sehr viel leichter, als die sowjetische Führung ihre zunächst eingenommene Haltung aufgab, mit dem Westen erst verhandeln zu wollen, wenn der Nachrüstungsbeschluss vom Tisch sei. Dies geschah im Zuge des Moskau-Besuchs von Helmut Schmidt am 1. Juli 1980, als sich Breschnew ohne Vorbedingungen zu Verhandlungen bereit erklärte[15]. Honecker hatte kurz vor der Tagung in Warschau Schmidt bei ihrem Zusammentreffen in Belgrad anlässlich der Beerdigung des jugoslawischen Präsidenten Josip Broz Tito am 8. Mai 1980 in seinem Bestreben, nach Moskau zu fliegen, bestärkt. Im Hinblick auf die Nachrüstung hatte er damals gesagt: „Man solle vorher verhandeln, ehe man rüste [sic]. Auch bei diesem Punkt empfehle er dem Bundes-

---

[13] Rede Honeckers, in: http://www.php.isn.ethz.ch/collections/colltopic.cfm?lng=en&id=18305&navinfo=14465 (25. 8. 2009), Bl. 247f.; Rede Breschnews, in: ebenda, Bl. 216.

[14] Breschnews Rede, in: DDR-UdSSR. 30 Jahre Beziehungen. 1949 bis 1979. Dokumente und Materialien, Berlin (Ost) 1982, hier S. 58.

[15] Zu dem Treffen, vgl. Hartmut Soell, Helmut Schmidt. 1969 bis heute. Macht und Verantwortung, Stuttgart 2008, S. 761–768 bzw. den Beitrag von Tim Geiger in diesem Band. Wettig, Sowjetunion, S. 232–235, betont, dass dies nicht die Bereitschaft der Sowjetunion zu einem Entgegenkommen in der Sache implizierte.

kanzler, mit Generalsekretär Breschnjew [sic] zu sprechen."[16] Sowohl in dem Telefonat mit Schmidt am 30. Oktober 1981 als auch in seinen Unterredungen mit dem Bundeskanzler am Werbellinsee am 11. Dezember blieb Honecker zwar bei der sowjetischen Position; gleichwohl kam sein bei beiden Gelegenheiten geäußerter Wunsch nach ernsthaften und ergebnisorientierten Verhandlungen der beiden Supermächte (die am 30. November 1981 in Genf aufgenommen wurden), sicher von Herzen[17].

Doch die SED-Führung unterstützte nicht nur die sowjetische Position auf der internationalen und der deutsch-deutschen Ebene; sie versuchte, zweitens, in Übereinstimmung und in Koordination mit der Sowjetunion, auf die Friedensbewegung in der Bundesrepublik und in anderen westlichen Staaten einzuwirken. Dabei wollte sie sich als intime Kennerin der westdeutschen „Szene" profilieren, die überdies mit ihren Verbindungen in die entsprechenden Kreise in der Bundesrepublik über offene oder verdeckt arbeitende Agenten – als Beispiele seien hier die DKP oder die Grünen genannt – direkten Einfluss auf die Friedensbewegung ausüben konnte. Auch auf die SPD, in der der Rückhalt für den zweiten Teil des Doppelbeschlusses immer mehr zurückging[18], versuchte Ost-Berlin in seinem Sinne einzuwirken. Durch die anwachsende Friedensbewegung und die Massendemonstrationen in Westeuropa – insbesondere in der Bundesrepublik – sahen sich die sowjetische und ostdeutsche Führung in ihrem Vorgehen bestätigt[19].

Drittens war Honecker darauf bedacht, mit der Bundesrepublik in möglichst gutem Einvernehmen zu bleiben. Er betonte immer wieder gegenüber Schmidt, alles tun zu wollen, „damit die internationale Krise nicht auf die Beziehungen zwischen ihren beiden Staaten durchschlage"[20]. Da er mit dem Bundeskanzler in dieser Hinsicht übereinstimmte, konnten weiterhin Abmachungen und Vereinbarungen mit der Bundesrepublik geschlossen und dabei auch millionenschwere Projekte auf den Weg gebracht werden. So verständigten sich beide Staaten am 30. April 1980 über den Autobahnausbau zwischen Wartha und Eisenach, den Ausbau des Mittellandkanals und Baumaßnahmen an der Eisenbahn – die westdeutsche Seite sagte dazu rund 500 Mio. DM zu[21]. Ein weiteres Indiz für die Fortsetzung des deutsch-deutschen Entspannungskurses durch Honecker war, dass dieser trotz zweimaliger Verschiebung einer Spitzenbegegnung mit Schmidt das Besuchsprojekt beharrlich und mit Erfolg weiterverfolgte. Die Eintrübung des deutsch-deutschen Verhältnisses durch die Erhöhung der Zwangsumtauschsätze am 9. und die Geraer Forderungen am 13. Oktober 1980[22] war auf die polnische Krise zurückzuführen, in der sich Honecker zu

---

[16] Gespräch Schmidt-Honecker, 8. 5. 1980, in: Potthoff, Bonn und Ost-Berlin, S. 525.
[17] Telefonat Schmidt-Honecker, 30. 10. 1981, in: ebenda, S. 625–627; Gespräch Schmidt-Honecker, 11. 12. 1981, in: ebenda, S. 653–661.
[18] Vgl. dazu den Beitrag von Friedhelm Boll und Jan Hansen in diesem Band.
[19] Vgl. dazu Ploetz/Müller, Ferngelenkte Friedensbewegung, passim; Wettig, Sowjetunion, S. 230–232; zur Haltung der SPD vgl. den Bericht Häbers über ein Gespräch mit Günter Gaus an Honecker, 24. 9. 1982, in: Detlef Nakath/Gerd-Rüdiger Stephan (Hrsg.), Die Häber-Protokolle. Schlaglichter der SED-Westpolitik 1973–1985, Berlin 1985, S. 347. Darin heißt es: „Gaus ist der Meinung, dass die Chance besteht, die SPD Schritt um Schritt gegen die Verwirklichung des Raketenbeschlusses in Stellung zu bringen."
[20] Gespräch Schmidt-Honecker, 8. 5. 1980, in: Potthoff, Bonn und Ost-Berlin, S. 516. Damit knüpfte er ausdrücklich an Worte Schmidts an.
[21] Vgl. Wentker, Außenpolitik in engen Grenzen, S. 421 f.
[22] Honecker forderte damals von der Bundesrepublik, die DDR-Staatsbürgerschaft anzuerkennen, die Zentrale Erfassungsstelle in Salzgitter aufzulösen, die Ständigen Vertretungen in Botschaften umzuwandeln und dem Grenzverlauf der Elbe „entsprechend internationalem Recht" – also in der Mitte

einer zeitweiligen Forcierung seines Abgrenzungskurses gegenüber der Bundesrepublik und Polen genötigt sah. Durch eine Reihe von Gesten in Richtung Bonn im Winter 1980/81 machte Honecker jedoch deutlich, dass er den Gesprächsfaden zur Bundesregierung nicht abreißen lassen wollte[23].

Die Idealvorstellung, die Honecker mit Hilfe seiner Politik zu verwirklichen hoffte, lässt sich wie folgt umreißen: Im Einvernehmen mit Moskau sollte die Bundesrepublik dazu bewogen werden, auf die Nachrüstung zu verzichten. Dazu war weiter anhaltender Druck der Friedensbewegung auf die Bundesregierung ebenso erforderlich wie ein Abrücken der SPD vom Nachrüstungsteil des Doppelbeschlusses. Gleichzeitig mussten die Sozialdemokraten weiterhin Regierungspartei bleiben, da nur so aus Parteipolitik Regierungspolitik werden konnte. Wenn dies gelang, konnten sowohl die deutsch-deutschen Beziehungen weitergeführt als auch der enge Schulterschluss mit Moskau erhalten werden.

Bis zum Sommer 1982 konnte sich Honecker im Hinblick auf die Entwicklung in der Bundesrepublik insgesamt auf gutem Wege sehen. Störfeuer kam jedoch aus den eigenen Reihen und aus Moskau. Im SED-Politbüro gab es mit Erich Mielke, Willi Stoph und Werner Krolikowski Gegner der deutsch-deutschen Verständigungspolitik, die Honecker in Moskau anzuschwärzen versuchten. Krolikowski warf Honecker in diesem Zusammenhang eine „unverantwortliche doppelgesichtige Zick-Zack-Politik“ vor, und Mielke meinte, dieser spiele „nach beiden Seiten“: Trotz der mit den Geraer Forderungen eingeschlagenen schärferen Gangart gegenüber Bonn habe sich dieser „nicht um ein Deut“ geändert[24]. Doch an eine Absetzung Honeckers dachte die sowjetische Führung nicht; sie verlangte lediglich drei Mal den Rücktritt Günter Mittags, konnte sich damit beim SED-Generalsekretär jedoch nicht durchsetzen[25]. Schwerer wog für Honecker die Warnung Breschnews, sich nicht zu sehr mit der Bundesrepublik einzulassen. Auch bei der Begegnung der beiden Parteichefs auf der Krim im August 1981 betonte Breschnew zwar die „notwendige[] Abgrenzung der sozialistischen DDR von der kapitalistischen BRD“, fügte aber hinzu: „Es wäre aber unvernünftig, die BRD den Amerikanern auszuliefern. Man muss mit der gegenwärtigen Regierungskoalition arbeiten.“[26] Honecker konnte also im Einvernehmen mit Moskau das Gipfeltreffen mit Schmidt im Dezember desselben Jahres vorbereiten. Bei dem Krimtreffen ein Jahr später hingegen prallten ihre konträren Meinungen hinsichtlich des deutsch-deutschen Verständigungskurses aufeinander. Breschnew sprach sich für „eine härtere Sprache mit Schmidt“ aus; ein neues Treffen Honeckers mit dem Bundeskanzler kam für ihn daher nur „bei gebührender Festigkeit eurerseits in prinzipiellen Fragen“ in Betracht. Honecker hingegen sah die Fragilität der Bonner Koalition: Bis zu den für 1984 zu erwartenden Neuwahlen werde diese zwar bestehen, danach aber wohl keine Mehrheit mehr haben. Daher sprach er sich dafür aus, alles für deren Fortbestand zu tun und „wei-

---

des Talwegs – zuzustimmen: Auszug aus der Rede Honeckers vom 13.10.1980 in: Bundesministerium für innerdeutsche Beziehungen (Hrsg.), Innerdeutsche Beziehungen. Die Entwicklung der Beziehungen zwischen der Bundesrepublik Deutschland und der Deutschen Demokratischen Republik 1980–1986. Eine Dokumentation, Bonn 1986, S. 74–77, hier S. 77.

[23] Vgl. Wentker, Außenpolitik in engen Grenzen, S. 422–427.

[24] Notizen Krolikowskis, 16.12., 13.11.1980, in: Peter Przybylski, Tatort Politbüro. Die Akte Honecker, Berlin 1990, S. 342, 347.

[25] Vgl. Wentker, Außenpolitik in engen Grenzen, S. 402.

[26] Niederschrift über das Treffen Breshnew-Honecker, 3.8.1981, in: Hans-Hermann Hertle/Konrad Jarausch (Hrsg.), Risse im Bruderbund. Die Gespräche Honecker-Breshnew 1974 bis 1982, Berlin 2006, S. 202, 204.

terhin die abgestimmte Linie fort[zu]setzen, die BRD im Sinne der friedlichen Koexistenz, Rüstungsbegrenzung und Abrüstung sowie des Ausbaus gleichberechtigter, gegenseitig vorteilhafter Beziehungen zu beeinflussen". Er ging nur insofern auf Breschnews Wünsche ein, als er bereit war, seinen für 1982 vorgesehenen Besuch „vorläufig in das Jahr 1983 zu verlegen"[27]. Damit, so kalkulierte Honecker vermutlich, käme er immer noch rechtzeitig, um den für Herbst dieses Jahres zu erwartenden Stationierungsbeschluss zu verhindern.

## IV. Beginnende Absetzbewegungen der DDR im Jahre 1983

Seit dem Herbst 1982 wurde es immer unwahrscheinlicher, dass die DDR ihr Hauptziel – Verhinderung der Nachrüstung unter Beibehaltung der guten deutsch-deutschen Beziehungen – würde erreichen können. Bereits am 13. September unterrichtete Kanzleramtsminister Hans-Jürgen Wischnewski Honecker über den Zustand der sozial-liberalen Koalition. Auf ausdrückliche Weisung von Schmidt gab er „ein ungeschminktes Bild der Koalitions-Situation", die einen vorzeitigen Regierungswechsel wahrscheinlich mache. Honecker bot zwar an, Schmidt zu unterstützen, indem man bei den Verhandlungen über das deutsch-deutsche Kulturabkommen die umstrittene Frage des preußischen Kulturbesitzes ausklammere; im Hinblick auf den Mindestumtausch zeigte er sich jedoch intransigent. Was die im Fall eines Regierungswechsels drohende Stationierung von Mittelstreckenwaffen in der Bundesrepublik betraf, könne er sich „sehr schwer vorstellen, dass sich im Schatten solcher Raketen gutnachbarliche Beziehungen entwickeln können"[28]. Honecker versuchte also einerseits, mit Zugeständnissen Schmidt an der Macht zu halten; andererseits drohte er mit einer Verschlechterung der deutsch-deutschen Beziehungen im Fall einer Stationierung von Mittelstreckenwaffen, um die Bundesregierung zu Zugeständnissen in dieser Frage zu bewegen. Doch seine Bemühungen waren vergeblich.

Denn am 1. Oktober 1982 sprach der Deutsche Bundestag Helmut Schmidt sein Misstrauen aus und wählte den CDU-Vorsitzenden Helmut Kohl zum neuen Bundeskanzler. Die Bundestagswahlen vom 6. März 1983 bestätigten die neue christlich-liberale Regierungskoalition. Wenngleich die ostdeutsche Führung sowohl vor als auch nach der „Wende" in Bonn etliche Signale empfing, denen zufolge die neue Bundesregierung in den deutsch-deutschen Beziehungen auf Kontinuität Wert legte, war ihr doch klar, dass sich „die Chancen für die Nichtstationierung neuer amerikanischer Mittelstreckenwaffen in der BRD [...] mit dem Wahlsieg der CDU/CSU verschlechtert" hatten[29]. Gleichzeitig wurde die finanzielle Situation der DDR immer prekärer. Neben der Kürzung der Rohöllieferungen machte ihr seit Ende 1981 vor allem der Kreditstopp gegenüber den Ostblockländern zu schaffen: Ohne westliche Kredite drohte die Zahlungsunfähigkeit. Seit Mitte

[27] Niederschrift über das Treffen Honecker-Breshnew, 11. 8. 1982, in: ebenda, S. 249, 254f.
[28] Vermerk über das Gespräch Honecker-Wischnewski, 13. 9. 1982, in: Detlef Nakath/Gerd-Rüdiger Stephan (Hrsg.), Von Hubertusstock nach Bonn. Eine dokumentierte Geschichte der deutsch-deutschen Beziehungen auf höchster Ebene 1980–1987, Berlin 1995, S. 82–90, die Zitate S. 83, 85f.
[29] Rede Axens auf der Konferenz der Sekretäre für ideologische und internationale Fragen der ZK der Bruderparteien sozialistischer Länder, 14./15. 3. 1983, in: SAPMO, DY 30 IV 2/2.035/24, Bl. 31–71, hier 42; ähnlich auch Außenminister Fischer auf der Konferenz der Außenminister des Warschauer Pakts am 6./7. 4. 1983, zit. bei Ploetz/Müller, Ferngelenkte Friedensbewegung, S. 161. Auch die sowjetische Führung begann seit der Wahl von Kohl zum Bundeskanzler am Sieg ihrer Politik zu zweifeln: vgl. Wettig, Sowjetunion, S. 244.

1982 gab es Sondierungen über einen Milliardenkredit aus der Bundesrepublik, im Mai und Juni 1983 wurde der Kredit zwischen dem Leiter des Bereichs Kommerzielle Koordinierung (KoKo) im DDR-Außenhandelsministerium, Alexander Schalck-Golodkowski, und dem bis dahin als strammen Antikommunisten geltenden Franz Josef Strauß ausgehandelt[30].

Die DDR war folglich noch stärker als zuvor gezwungen zu lavieren. Auf der Konferenz der Außenminister der Warschauer-Pakt-Staaten Anfang April und auf der Konferenz der Generalsekretäre am 28. Juni 1983 bekundeten Fischer bzw. Honecker Übereinstimmung mit dem sowjetischen Kurs und priesen sich nochmals als diejenigen an, die mit Hilfe der Friedensbewegung am ehesten Druck auf die Bundesregierung ausüben könnten. Honecker erklärte überdies seine Bereitschaft, „auf dem Territorium der Deutschen Demokratischen Republik entsprechende Raketensysteme als Gegengewicht zu den amerikanischen Mittelstreckenraketen zu stationieren"[31].

Doch die Solidaritätsbekundungen Honeckers mit der sowjetischen Linie waren, wie Werner Krolikowski Ende März nach Moskau meldete, nicht aufrichtig. Beim Rundgang über die Leipziger Frühjahrsmesse habe der SED-Generalsekretär am Stand von Mannesmann „die Stirn gehabt, einfach die demagogische Losung von Kohl zu übernehmen: ‚Frieden schaffen mit immer weniger Waffen.' " Mit keinem Wort habe er jedoch gegen die geplante Nachrüstung und die Ablehnung der schwedischen Initiative zur Schaffung einer atomwaffenfreien Zone in Mitteleuropa durch Kohl Stellung genommen, sondern sich lediglich zur Fortsetzung des deutsch-deutschen Verständigungskurses bekannt. Außerdem habe er – ohne vorherige Absprache im Politbüro – „seinen bevorstehenden Besuch in der BRD angekündigt". Honecker, so die vermutlich richtige Schlussfolgerung Krolikowskis, wolle „die BRD noch vor der Stationierung der amerikanischen Mittelstreckenraketen im Herbst besuchen, weil es danach nicht mehr geht". Das deutsch-deutsche Verhältnis sei Honecker aufgrund der Verschuldung der DDR bei der Bundesrepublik und der wirtschaftlichen Abhängigkeit von Bonn sehr viel wichtiger als die Treue zum außenpolitischen Kurs der Sowjetunion. „EH", so Krolikowski weiter, „hält viele allgemeine Friedensreden, in denen er sich über die Dinge zu stellen versucht, sich ungenügend in unsere Front einreiht und noch ungenügender die Front des Feindes angreift und bekämpft." Bei Honeckers Moskaubesuch Anfang Mai müsse dieser daher „auf eine ganz klare außenpolitische Position" verpflichtet werden[32].

Am 28. April 1983 sagte Honecker zwar seinen Besuch in der Bundesrepublik ab[33]. Kurz darauf teilte DDR-Unterhändler Wolfgang Vogel dem Ständigen Vertreter der Bundesrepublik in Ost-Berlin, Hans Otto Bräutigam, mit, die DDR-Führung habe sich inzwischen darauf eingestellt, dass die Stationierung im Herbst 1983 beginnen werde, und dass

---

[30] Vgl. dazu zuletzt Manfred Kittel, Franz Josef Strauß und der Milliardenkredit für die DDR 1983, in: Deutschland Archiv 40 (2007), S. 647–656. Aufgabe der KoKo war vor allem die Beschaffung von Devisen; sie wurde von der gleichnamigen Arbeitsgruppe im MfS eng kontrolliert; sowohl Schalck als auch sein Stellvertreter waren auch hochrangige MfS-Offiziere im besonderen Einsatz.

[31] Vgl. Ploetz/Müller, Ferngelenkte Friedensbewegung, S. 161, 165f., das Zitat S. 166.

[32] Notiz von Werner Krolikowski, 30.3.1980, in: Przybylski, Tatort Politbüro, S. 352–355. Zu dem Besuch Honeckers auf der Leipziger Messe vgl. auch Hans Otto Bräutigam, Ständige Vertretung. Meine Jahre in Ost-Berlin, Hamburg 2009, S. 306, dem auch auffiel, dass Honecker „einen Wahlslogan der Christdemokraten" aufnahm.

[33] Vgl. Innerdeutsche Beziehungen, S. 28. Der angegebene Grund für die Absage waren Irritationen über den Tod des Transitreisenden Rudolf Burkert am Grenzübergang Drewitz am 10.4.1983.

diese Entscheidung durch die DDR nicht mehr beeinflusst werden könne. Honecker hatte, wie Bräutigam wenig später erfuhr, einen Tag vor der Absage mit dem sowjetischen Botschafter in Ost-Berlin, Pjotr Abrassimow, gesprochen. Bräutigams plausibler Meinung zufolge verfolgte Honecker damit das Ziel, kurz vor seinem Moskaubesuch „ein Zeichen [zu] setzen […], das die Sowjets von ihm erwarteten."[34]

Der Besuch Honeckers in Moskau vom 3. bis 7. Mai 1983 brachte wieder einen äußerlichen Schulterschluss zwischen der sowjetischen und der ostdeutschen Führung. Um Moskau milde zu stimmen, wurde vorab im *Neuen Deutschland* ein einseitiger, offiziöser Artikel „Zu den Beziehungen zwischen der DDR und der BRD" veröffentlicht, in dem mit der westdeutschen Politik hart ins Gericht gegangen wurde[35]. Darauf bezog sich auch Honecker, als er in den offiziellen Gesprächen mit der sowjetischen Führung am 3. Mai verkündete: „Im Schatten neuer amerikanischer Raketen können keine gutnachbarlichen Beziehungen zwischen der DDR und der BRD gedeihen."[36] In dem „Vieraugengespräch" zwischen Jurij Andropow und Honecker am Tag darauf ermahnte der KPdSU-Generalsekretär, den „Kampf gegen die Militarisierung" im Westen weiterzuführen, auch wenn es zur Stationierung komme. Dieser Kampf lohne sich, denn damit würden Washington und Bonn gezwungen, „über den Preis der Stationierung nachzudenken, darüber ob bei einer solch großen Ablehnung in der Öffentlichkeit sich die Stationierung lohnt". Nachdem Honecker tags zuvor bereits angedeutet hatte, dass sich die Nachrüstung im Westen negativ auf die deutsch-deutschen Beziehungen auswirken werde, machte er nun einen halben Rückzieher, indem er darlegte, dass „eine Konfliktsituation zwischen der DDR und der BRD der Bewegung gegen die Raketen nicht förderlich" sei[37]. Andropow ließ diese Äußerung unwidersprochen, so dass sich Honecker befugt sehen konnte, die deutsch-deutschen Beziehungen weiterhin als blockübergreifende Friedenskoalition zu präsentieren.

Bereits zwischen 11. und 17. April hatte der SED-Generalsekretär die in Ost-Berlin stattfindende Karl-Marx-Konferenz, zu der sich 145 Repräsentanten kommunistischer, sozialistischer und sozialdemokratischer Parteien und Befreiungsbewegungen (darunter auch Wilhelm Bruns von der Friedrich-Ebert-Stiftung als Vertreter der SPD) eingefunden hatten, genutzt, um die DDR als Friedensstaat zu profilieren: „Frieden und nochmals Frieden ist die oberste Maxime unserer Politik." Honecker bezeichnete es dort „als ein Gebot der Stunde […], dass alle politischen und gesellschaftlichen Kräfte, die den Frieden aufrichtig wollen, ungeachtet unterschiedlicher politischer Programme, weltanschaulicher Positionen und religiöser Bekenntnisse, über Klassenschranken, über Trennendes hinweg zusammenwirken, um die Völker vor der Katastrophe eines Nuklearkrieges zu bewahren."[38] Das, was er hier so wortreich ausgeführt hatte, wurde von ihm später, insbesondere im

[34] Bräutigam, Ständige Vertretung, S. 309.

[35] Abgedruckt in: Innerdeutsche Beziehungen, S. 138–141.

[36] Niederschrift der offiziellen Gespräche der Partei- und Staatsdelegation der DDR und der UdSSR, 3. 5. 1983, in: SAPMO, DY 30/11359 (o. Pag.).

[37] Zit. nach Michael Ploetz, Wie die Sowjetunion den Kalten Krieg verlor. Von der Nachrüstung zum Mauerfall, Berlin/München 2000, S. 274f., die Zitate S. 275. Auch für Mary M. Mckenzie, International Change, Domestic Politics and the Inter-German Relationship: A Level-of-Analysis Comparison of the Two German States, 1982–1989, phil. Diss. Santa Barbara 1994, S. 220, wurden mit dem Moskaubesuch Honeckers die sowjetisch-ostdeutschen Differenzen unübersehbar.

[38] Vortrag Honeckers, in: *Neues Deutschland* vom 12. 4. 1983, S. 4. Ronald D. Asmus, Bonn and East Berlin: The Politics of German Unity and Partition, phil. Diss. Johns Hopkins University 1993, S. 235f., sieht in diesem Vortrag das erste Zeichen einer Absetzbewegung von Moskau zur Wahrung ostdeutscher Interessen.

deutsch-deutschen Dialog, als „Koalition der Vernunft" bezeichnet[39]. Auffällig war, dass die KPdSU der Konferenz von Anfang an misstrauisch gegenüberstand und keine Spitzenfunktionäre dafür nach Ost-Berlin entsandte. Insbesondere die blockübergreifende Friedensrhetorik Honeckers bestätigte das Misstrauen der sowjetischen Führung, die darin eine „Kollaboration mit dem imperialistischen Klassenfeind" sah. Scharfe politisch-ideologische Angriffe an die Adresse der SED von Seiten der KPdSU-Sekretäre für Außenpolitik (Konstantin Tschernenko), für Ideologie (Grigori Romanow) und Rüstung (Michail Simjanin) folgten[40].

Honeckers „Koalition der Vernunft" war gewiss kein Konzept für eine die Blöcke übergreifende alternative Sicherheits- und Gesellschaftspolitik, sondern ein taktisch motivierter, temporärer Zusammenschluss aller „friedliebenden" Kräfte, der die unabhängigen Friedensgruppen in der DDR nicht umfasste[41]. Der Slogan richtete sich indes nicht nur gegen die amerikanische „Politik der Stärke"[42], sondern auch gegen die sowjetische Position. Besonders gut eignete er sich für die deutsch-deutsche Kommunikation, die Honecker im zweiten Halbjahr 1983 verstärkte. In einem Brief an Bundeskanzler Kohl vom 5. Oktober 1983 legte er seine Auffassung dar, „dass sich alle, die das Abgleiten der Menschheit in eine nukleare Katastrophe verhindern wollen, zu einer Koalition der Vernunft zusammentun sollten, um beruhigend auf die internationale Lage einzuwirken und nichts unversucht zu lassen, eine neue Runde des atomaren Wettrüstens zu verhindern". Das Schreiben, das am 10. Oktober im *Neuen Deutschland* veröffentlicht wurde, endete mit der Feststellung, dass ein „atomwaffenfreies Europa [...] letzten Endes das Ziel der europäischen Völker [sei]. Wir schließen uns im Namen des deutschen Volkes an."[43] Gerade der letzte Satz sorgte im Westen für einiges Aufsehen: Ausgerechnet Honecker, der in der DDR-Verfassung von 1974 alles „Deutsche" getilgt hatte, gab nun vor, im Namen des ganzen deutschen Volkes zu sprechen! Die Wortwahl verweist freilich eher auf den taktischen Versuch, an die auch in der Bundesrepublik aufkeimenden, vor allem in der SPD zu findenden, auf „gemeinsame Sicherheit" ausgerichteten gesamtdeutschen Stimmungen[44] anzuknüpfen, als auf einen Wandel der deutschlandpolitischen Zielsetzungen Ost-Berlins. In seiner ebenfalls veröffentlichten Antwort vom 24. Oktober verband Kohl zwar geschickt Frieden, Freiheit und Einheit im Sinne der bundesdeutschen Außen- und Deutschlandpolitik, griff aber den von Honecker „gewählten Begriff einer notwendigen Koalition der Vernunft gerne auf" und fuhr fort: „Mein ganzes Bemühen und mein ganzer Einsatz sollen dieser Vernunft in allen Bereichen zum Durchbruch verhelfen."[45] Wenngleich also die

---

[39] Anders als Jens Kaiser, Zwischen angestrebter Eigenständigkeit und traditioneller Unterordnung. Zur Ambivalenz von sowjetischer und DDR-Außenpolitik in den achtziger Jahren, in: Deutschland Archiv 24 (1991), S. 478–495, hier S. 484, behauptet, sprach Honecker auf der Konferenz noch nicht expressis verbis von der Schaffung einer „weltweiten Koalition der Vernunft und des Realismus". Das Zitat ist weder im Abdruck der Rede Honeckers im *Neuen Deutschland* noch in der von Kaiser angeführten Broschüre enthalten.

[40] Vgl. Jens Kaiser, Eigenständigkeit, S. 484f., das Zitat S. 484; Fred Oldenburg, Das Dreieck Moskau–Ost-Berlin–Bonn 1975–1989. Aus den Akten des SED-Archivs, Köln 1994, S. 17; Siebs, Außenpolitik, S. 241–244.

[41] So zutreffend Siebs, Außenpolitik, S. 244f.

[42] So irrtümlich Ploetz, Honeckers Siegeszuversicht, Die marxistisch-leninistische Strategie im Friedenskampf der frühen achtziger Jahre, in: Deutschland Archiv 31 (1998), S. 947–961, hier S. 956.

[43] Honecker an Kohl, 5. 10. 1983, in: Innerdeutsche Beziehungen, S. 154f., das Zitat S. 154.

[44] Vgl. die SPD-Wahlkampfparole „Im deutschen Interesse" von Anfang 1983. Dazu Frank Fischer, „Im deutschen Interesse". Die Ostpolitik der SPD von 1969 bis 1989, Husum 2001, S. 12, Anm. 14.

[45] Kohl an Honecker, 24. 10. 1983, in: Innerdeutsche Beziehungen, S. 158–160.

beiden deutschen Regierungen etwas Unterschiedliches darunter verstanden, eignete sich der Begriff besonders gut dazu, um trotz zunehmender Ost-West-Spannungen deutsch-deutsche Gemeinsamkeiten zu demonstrieren.

## V. Der Nachrüstungsbeschluss und seine Folgen für die DDR

Ungeachtet dieser Betonung der deutsch-deutschen Gemeinsamkeiten rückte im Herbst 1983 der Zeitpunkt für den Beschluss des deutschen Bundestages über die Frage immer näher, ob in der Bundesrepublik Mittelstreckenraketen vom Typ Pershing-II und Marschflugkörper stationiert werden sollten. Trotz des absehbaren Abrückens der SPD von einer (zögerlichen) Zustimmung hin zur Ablehnung der Nachrüstung war unübersehbar, dass die Nachrüstungsbefürworter im bundesdeutschen Parlament über die absolute Mehrheit verfügten. Für die DDR-Führung stellte sich daher die Frage, wie Moskau auf diese neue Lage ab November reagieren würde. Seit dem 28. Mai 1983 war lediglich klar, dass die Sowjetunion gemäß dem Politbürobeschluss vom 12. Mai in diesem Falle operativ-taktische Raketen in die DDR und die ČSSR verlegen und Marschflugkörper in den europäischen Teil der Sowjetunion verbringen würde[46]. Doch welchen politischen Kurs wollte die sowjetische Führung in dieser Frage einschlagen?

Darüber gab es in Moskau offensichtlich keine Klarheit. Als der Leiter der Westabteilung des ZK der SED, Herbert Häber, am 4./5. Oktober 1983 in der sowjetischen Hauptstadt mit Wadim Sagladin, dem Ersten Stellvertretenden Leiter der Abteilung für Internationale Verbindungen beim ZK der KPdSU, konferierte, unterrichtete er diesen zunächst über die SED-Aktivitäten in der Bundesrepublik. Am 5. Oktober warf Sagladin schließlich die Frage auf: „Was müssen wir tun, wenn Genf ohne Ergebnis zu Ende geht und mit der Raketenstationierung begonnen wird? Soll alles so fortgesetzt werden wie bisher – wenn nicht, was soll sich ändern? Er befasse sich mit dieser Frage und sagte: Wir haben noch keine genauen Vorstellungen, was dann politisch geschehen soll." Das war ein Offenbarungseid der sowjetischen Führung. Deren völlige Konzeptionslosigkeit in dieser Frage war offensichtlich. Häbers Antwort war vorsichtig – er sei eigentlich nicht kompetent, darauf eine Antwort zu geben. Im übrigen riet er im Falle des Scheiterns der Genfer INF-Verhandlungen vor allem zu propagandistischen Maßnahmen, die die Schuld des Westens anprangern und die Friedensbewegung im Westen weiter stützen sollten[47]. Auch im Dezember konnte die sowjetische Führung auf die Frage: „Aber wie geht es weiter?" keine substanzielle Antwort geben. Anatoli Tschernjaew, Mitglied der internationalen Abteilung des ZK der KPdSU notierte nach einer Beratung der Abteilung, dass man sich dort auch weiterhin auf Propagandaformeln beschränkte[48]. Honecker musste aus der Information Häbers entnehmen, dass Moskau in dieser Frage offensichtlich noch völlig unentschlossen

[46] Vgl. Julij A. Kwizinskij, Vor dem Sturm. Erinnerungen eines Diplomaten, Berlin 1993, S. 322, 325; siehe auch Wettig, Sowjetunion, S. 252.

[47] Information über ein Zusammentreffen von Häber mit Sagladin, 4./5. 10. 1983, in: Nakath/Stephan, Die Häber-Protokolle, S. 366–369, das Zitat S. 367.

[48] Anatolij Tschernjaew, Mein deutsches Tagebuch. Die deutsche Frage im ZK der KPdSU (1972–1991), Klitzschen 2005, 7. 12. 1983, S. 191–193. Dass die Sowjetunion im Dezember noch unentschieden war, vermittelte auch der sowjetische Gesandte in Ost-Berlin, Valentin Koptelzew, vgl. Bräutigam, Ständige Vertretung, S. 323f.

war; die Führungsschwäche der Sowjetunion unter dem schwer kranken Breschnew-Nachfolger Andropow trat für ihn deutlich zutage.

Nur kurz nach seinem Moskau-Aufenthalt unternahm Häber eine einwöchige Reise in die Bundesrepublik, um sich mit zahlreichen Politikern von CDU, CSU, FDP, SPD und den Grünen auszutauschen. Dabei konnte Häber bestätigen, was in Ost-Berlin schon lange vermutet wurde: Die SPD werde auf ihrem Parteitag im November die Stationierung „mit einer starken Mehrheit" ablehnen, die Vertreter der Regierungsparteien gingen indes „von einem Beginn der Stationierung der neuen USA-Atomraketen Ende November" aus. Über diese bekannten Informationen hinaus erfuhr Honecker jedoch Folgendes: „Überall stößt man bei den Gesprächen auf den Begriff von der ‚Schadensbegrenzung', um die es jetzt gehe." Vertreter der Bonner Regierungsparteien gingen davon aus, dass die wechselseitige Interessenlage der Bundesrepublik und der sozialistischen Staaten einen „Bruch" in den beiderseitigen Beziehungen nicht zuließe; der baden-württembergische Ministerpräsident Lothar Späth versprach in diesem Zusammenhang sogar, auch gegen den Willen der USA die Wirtschaftsbeziehungen „auf jeden Fall fort[zu]setzen". Nur die SPD-Vertreter gingen von einer Verschlechterung der deutsch-deutschen Beziehungen aus und warfen der Kohl-Regierung hier Illusionismus vor[49].

Diese Informationen spielten aller Wahrscheinlichkeit nach eine zentrale Rolle für Honeckers Reaktion auf den Nachrüstungsbeschluss des Bundestages vom 22. November 1983. Aufgrund der sowjetischen Konzeptionslosigkeit glaubte Honecker, hier ungestraft einen Sonderweg einschlagen zu können. Dieser zeichnete sich bereits seit Ende Oktober in der Innenpolitik, in Gesprächen mit ausländischen Politikern und öffentlichen Äußerungen ab. Äußerst bemerkenswert war die Tatsache, dass das *Neue Deutschland* am 22. Oktober den Brief einer ostdeutschen evangelischen Kirchengemeinde an Honecker abdruckte, in dem diesem zwar für sein Engagement einschließlich seines Eintretens für den schwedischen Vorschlag einer atomwaffenfreien Zone gedankt, gleichzeitig aber zu einseitiger Abrüstung aufgefordert wurde. Darunter befand sich das Schreiben einer westdeutschen Kirchengemeinde mit einer Erklärung „für Frieden und gegen Massenvernichtungsmittel in Ost und West"[50]. Indem diese beiden Briefe abgedruckt wurden, modifizierte die DDR-Führung, die 1981/82 massiv gegen die unter dem Motto „Schwerter zu Pflugscharen" stehende kirchliche Friedensarbeit vorgegangen war[51], ihre bisherige Praxis,

---

[49] Information über einen Aufenthalt Häbers in der Bundesrepublik vom 9. bis 16. 10. 1983, in: Nakath/Stephan, Die Häber-Protokolle, S. 369–385, die Zitate S. 371, 370, 373. Honecker hatte bereits in seinem Gespräch mit Schmidt am 5. 9. 1983 seine eigene Bereitschaft bekundet, „die deutsch-deutschen Beziehungen auch unter komplizierten Bedingungen (Nachrüstung) weiterzuentwickeln", aber bezweifelt, dass dies möglich sei, da es bei einem Scheitern der Genfer Verhandlungen „in der Bundesrepublik eine feindliche Kampagne geben" werde. Schmidt hatte unter Verweis auf die deutschlandpolitische Wandlung von Strauß diese Sorgen als unberechtigt bezeichnet. Vgl. Gespräch Schmidt-Honecker, in: Heinrich Potthoff, Die „Koalition der Vernunft". Deutschlandpolitik in den 80er Jahren, München 1995, S. 165–176, hier S. 172.

[50] Rüstungsabbau durch entschiedene Verhandlungen – das ist das Gebot der Stunde. Evangelisch-Lutherische Kirchengemeinde Dresden-Loschwitz an Honecker; Für den Frieden in der Welt, gegen Massenvernichtungsmittel in Ost und West. Schreiben der Kirchengemeinde Hausen, BRD, an Erich Honecker, in: *Neues Deutschland* vom 22./23. 10. 1983, S. 2. Vgl. dazu auch Asmus, Bonn and East Berlin, S. 244.

[51] Vgl. dazu Anke Silomon, „Schwerter zu Pflugscharen" und die DDR. Die Friedensarbeit der evangelischen Kirchen in der DDR im Rahmen der Friedensdekaden 1980 bis 1982, Göttingen 1999. Daraus geht auch hervor, dass die Bewegung ab 1982 nicht mehr die Öffentlichkeit suchte, so dass sich die DDR-Führung hier in Sicherheit wiegen konnte.

nur die völlig staatskonformen kirchlichen Amtsträger zu Wort kommen zu lassen: Offensichtlich ging es ihr darum, mit dem nun eingeschlagenen „Sonderweg" auch die friedensbewegten Menschen in der DDR stärker einzubinden. Die DDR-Bevölkerung war, wie auf westdeutschen Umfragen basierende Schätzungen nahelegen, ebenfalls besorgt darüber, dass sich die deutsch-deutschen Beziehungen verschlechtern könnten[52].

Gegenüber ausländischen Politikern machte Honecker damals deutlich, dass es der DDR vor allem darauf ankomme, „eine neue Runde des atomaren Wettrüstens zu verhindern". Natürlich ging es ihm dabei auch darum, der Bundesrepublik die Verantwortlichkeit für den weiteren Rüstungswettlauf zuzuschieben; gleichwohl, so Honecker gegenüber dem schwedischen Außenminister Lennart Bodström am 27. Oktober, lasse sich die DDR im Zusammenhang mit den deutsch-deutschen Beziehungen „von den Lehren der Geschichte und der Absicht leiten, zu verhindern, dass ein dritter Weltkrieg von deutschem Boden seinen Ausgang nehme"[53]. Während er sich gegenüber dem neutralen Schweden eher als Entspannungspolitiker gab, demonstrierte er in dem Gespräch mit seinem Amtskollegen Gustav Husák am 24. Oktober in Prag mehr Härte: Darin betonte er, dass man „den gemeinsamen Feind vor der Nase" habe, und bekannte sich zur Unvermeidbarkeit von Gegenmaßnahmen im Falle der westlichen Nachrüstung. Gleichzeitig kündigte er ein Interview für die Zeitschrift *Stern* an, das „er zur Klarstellung unserer Positionen nutzen" werde[54].

In dem am 3. November veröffentlichten Interview äußerte sich Honecker sehr viel konzilianter als gegenüber dem als Hardliner bekannten Husák. Hier bekundete er, „dass wir selbstverständlich nicht begeistert sind von der Notwendigkeit, dass im Zuge der Gegenmaßnahmen auch Raketen auf dem Territorium der DDR aufgestellt werden". Und seine Bereitschaft zur Stationierung fasste er in die Worte: „Wenn es nicht anders geht, so werden wir auch das tun, um das ungefähre Gleichgewicht aufrechtzuerhalten. Das soll kein Gleichgewicht des Schreckens sein, sondern möglichst ein Gleichgewicht auf einer niedrigen Ebene." Auf die Frage, ob er für den Fall einer Nachrüstung in der Bundesrepublik „eine Eiszeit in den innerdeutschen Beziehungen" befürchte, gab er nur allgemein zu bedenken, dass eine Verschärfung der Ost-West-Beziehungen auch für die deutsch-deutschen Beziehungen „nicht förderlich sei", fügte aber hinzu: „Wir unsererseits werden selbstverständlich alles mögliche tun, damit diese Beziehungen sich weiter normalisieren, denn ein richtiges Verhältnis zwischen der Deutschen Demokratischen Republik und der Bundesrepublik Deutschland – das ist mein fester Standpunkt – wirkt sich in jedem Fall positiv aus auf die Gesamtbeziehungen in Europa."[55] Zwar beinhaltete „ein richtiges Verhältnis" für

---

[52] Einer Infratest-Umfrage vom Oktober 1983 zufolge glaubten 37% der Ostdeutschen, dass sich die deutsch-deutschen Beziehungen dauerhaft verschlechtern würden; 47% gingen davon aus, dass sich diese nach einer gewissen Zeit wieder normalisieren würden, vgl. Asmus, Bonn and East Berlin, S. 244f., Anm. 113.

[53] Vermerk über das Gespräch Honecker-Bodström, 27. 10. 1983, in: SAPMO, DY 30 J IV 2/2A/2612, Bl. 128–135, die Zitate Bl. 130f.; ähnlich auch Honecker im Gespräch mit dem österreichischen Bundespräsident Rudolf Kirchschläger, 11. 10. 1983, in: SAPMO, DY 30/2474, Bl. 120f. Dass er bei dieser Gelegenheit gesagt haben soll, „Wir hätten dieses Teufelszeug lieber nicht hier", wird durch den DDR-Wortlaut der Gesprächsaufzeichnung nicht bestätigt, so aber Eric G. Frey, Division and Detente. The Germanies and Their Alliances, New York/Westport/London 1987, S. 117.

[54] Niederschrift über das Gespräch Honecker-Husák am 24. 10. 1983 in Prag, in: SAPMO, DY 30 J IV 2/2A/2608, Bl. 18–28, die Zitate Bl. 22, 24.

[55] Interview des *Stern* vom 3. 11. 1983, vollständig wiederabgedruckt in: *Neues Deutschland* vom 4. 11. 1983, hier zit. nach der Dokumentation, in: Deutschland Archiv 17 (1984), S. 86–93, die Zitate S. 87, 93.

Honecker völkerrechtliche Beziehungen zwischen Bonn und Ost-Berlin; gleichwohl hatte er sich damit nicht nur zur positiven Weiterentwicklung der Beziehungen zur Bundesrepublik trotz Raketenstationierungen in West und Ost bekannt, sondern dies sogar als Beitrag zur Verminderung der Ost-West-Spannungen bezeichnet.

Vor diesem Hintergrund überrascht es nicht, dass Honecker auf der Sitzung des ZK der SED am 25. November, also drei Tage nach dem Bundestagsbeschluss zur Nachrüstung in der Bundesrepublik, sich zwar zur Gegenstationierung operativ-taktischer Raketen in der DDR bekannte, aber hinzufügte: „Selbstverständlich lösen diese Maßnahmen, die unumgänglich waren, um eine militärstrategische Überlegenheit der USA zu vereiteln, in unserem Lande keinen Jubel aus." Anders als die sowjetische Führung gab Honecker eine Antwort auf die Frage, wie es nun weitergehe: „Der Kampf für die Abwendung eines nuklearen Weltkrieges, für die Beendigung des Wettrüstens, wird jetzt erst recht fortgesetzt." Und im Hinblick auf das deutsch-deutsche Verhältnis sprach er sich dafür aus, „den Schaden möglichst zu begrenzen. Das bestehende Vertragssystem bleibt auch weiterhin eine gute Grundlage für die Entwicklung friedlicher Beziehungen zwischen den Staaten, wenn das bisher Erreichte bewahrt und im Einklang mit seinen Bestimmungen ausgebaut wird."[56] Hier war sie wieder, die „Schadensbegrenzung". Es war sicher kein Zufall, dass Honecker eine Begrifflichkeit verwandte, die, wie er von Häber wusste, auch in den westdeutschen Regierungsparteien üblich war: Dies war vor allem als Signal an die Bonner politische Elite gedacht, dass sie keine Verschlechterung der deutsch-deutschen Beziehungen befürchten musste. Interessanterweise hatten diese beiden Sätze im dem Politbüro vorab zur Zustimmung unterbreiteten Vortrag des Generalsekretärs noch gefehlt[57]. Honecker wollte anscheinend seinen Gegnern keinen Anlass geben, sich über seine konzilianten Töne gegenüber Bonn zu echauffieren. Dass diese Gegner keineswegs schwiegen, verdeutlichte das prosowjetische Politbüromitglied Konrad Naumann am 24. November mit einem Diskussionsbeitrag vor dem ZK, der sich lediglich auf antiwestdeutsche Invektive wie diese beschränkte: „Mit ‚atlantischer' Nibelungentreue hat der Atomkanzler alles, aber auch alles unterlassen, um deutsche Interessen prinzipieller zu vertreten."[58]

Im Bonner Bundeskanzleramt blickte man in diesen Tagen auch gespannt nach Ost-Berlin. Bereits am 18. November kam dort die deutschlandpolitische Staatssekretärsrunde[59] zu dem Ergebnis, dass es infolge der Nachrüstung zwar kurzfristig zu einer Eintrübung, nicht aber zu einer Krise in den deutsch-deutschen Beziehungen kommen werde: Der Ständige Vertreter in Ost-Berlin, Hans Otto Bräutigam, ging zu Recht davon aus, dass

---

[56] In kampferfüllter Zeit setzen wir den bewährten Kurs des Parteitages für Frieden und Sozialismus erfolgreich fort. Aus der Diskussionsrede von Erich Honecker, Generalsekretär des Zentralkomitees der SED, in: *Neues Deutschland* vom 26./27. 11. 1983, S. 3. Vgl. dazu auch die hellsichtige Analyse von Karl Wilhelm Fricke, Bündnistreu und dialogbereit. Die Linie der SED nach dem 7. ZK-Plenum, in: Deutschland Archiv 17 (1984), S. 1–5.

[57] Protokoll der Politbürositzung vom 22. 11. 1983, TOP 2, Vorlage für das Politbüro des ZK der SED, 21. 11. 1983, gez. Honecker, in: SAPMO, DY J IV 2/2A/2613, Bl. 16–81.

[58] Freude über das Erreichte – kämpferisch an neue Ziele. Aus der Diskussionsrede von Konrad Naumann, Mitglied des Politbüros des ZK, 1. Sekretär der Bezirksleitung Berlin, in: *Neues Deutschland* vom 25. 11. 1983, S. 7.

[59] Dabei handelte es sich um ein seit 1976 bestehendes Beratungsgremium, dem der Chef des Bundeskanzleramts, die Staatssekretäre des Innerdeutschen Ministeriums und des Auswärtigen Amts, der Leiter der Ständigen Vertretung und der Berliner Senator für Bundesangelegenheiten angehörten, vgl. Karl-Rudolf Korte, Deutschlandpolitik in Helmut Kohls Kanzlerschaft. Regierungsstil und Entscheidungen 1982–1989, Stuttgart 1998, S. 61.

die DDR diese vor allem wegen ihrer wirtschaftlichen Interessen im Wesentlichen intakt halten wollte, und erwartete lediglich „polemische Angriffe" und möglicherweise eine „Drosselung des Ost-West-Reise-Verkehrs". Doch selbst die Erwartung einer temporären Verschlechterung der Beziehungen sollte sich nicht erfüllen. Bräutigam berichtete noch am 25. November über Honeckers Äußerung im ZK mit den Worten: „Das Bekenntnis Honeckers zur Kontinuität wirkt eindringlich und von persönlichem Engagement getragen. Angesichts der undurchsichtigen Führungssituation in Moskau fällt es auf, wie stark sich der SED-Generalsekretär jetzt exponiert. Es scheint, als setze er sein ganzes politisches Gewicht ein, um in der eigenen Partei, aber auch gegenüber Moskau die Kontinuität des Dialogs und der Zusammenarbeit zu sichern."[60]

Doch in Moskau wurde Honeckers Linie, trotz des Nachrüstungsbeschlusses am „Friedenskampf" festzuhalten, nicht verstanden und darin zu Recht der Versuch gesehen, auch weiterhin von den Vorteilen deutsch-deutscher Kooperation zu profitieren[61]. Das ZK der KPdSU erwartete von Honecker in einem Schreiben vom 28. November 1983, seine Aussage vom Mai desselben Jahres, der zufolge „die Beziehungen zwischen der DDR und der BRD [...] nicht im Schatten amerikanischer Raketen gedeihen" könnten, zu konkretisieren. Nun gelte es, „der BRD begreiflich zu machen, wie sehr sich die Lage nach der Stationierung dieser Raketen verändert hat, unter anderem durch das beharrliche Aufwerfen politischer Probleme – der Frage der Grenzen, der Staatsbürgerschaft usw., durch verstärkte Kontrolle bei der Einreise westdeutscher Bürger in die DDR und anderes mehr."[62]

Doch Honecker dachte nicht daran, das deutsch-deutsche Verhältnis unnötigen Gefahren auszusetzen. Denn angesichts der immer weiter gestiegenen Abhängigkeit vom westdeutschen Rivalen – ab Dezember 1983 wurde über einen zweiten Milliardenkredit verhandelt – konnte er es sich einfach nicht leisten, diesen zu verärgern. Ihm kam es sehr entgegen, dass Kohl aus deutschlandpolitischen Erwägungen heraus seine Äußerungen vor dem ZK in einem Schreiben vom 14. Dezember positiv würdigte, sich zur zügigen und zielführenden Fortsetzung des deutsch-deutschen Dialogs bekannte und dies alles unter dem Satz subsumierte: „Die beiden Staaten in Deutschland stehen in ihren Beziehungen zueinander in einer Verantwortungsgemeinschaft vor Europa und vor dem deutschen Volk."[63] Obgleich Honecker in einem kurz darauf geführten Telefonat mit Kohl eine die ostdeutsche Haltung zur Nachrüstung erläuternde Erklärung verlas, nahm er den Begriff „Verantwortungsgemeinschaft" auf. Außerdem bekräftigte er nochmals das, was er vor dem ZK gesagt hatte, und bekannte sich dazu, dass „Realismus und Vernunft" in den Ost-West-Beziehungen „wirklich die Oberhand gewinnen" müssten[64].

Und in der Tat: Die deutsch-deutschen Beziehungen blieben nicht nur von einer Eiszeit verschont, sie intensivierten sich sogar ab 1983. Dies war insbesondere auf die von der DDR im Zusammenhang mit den beiden Milliardenkrediten gegebenen Zusagen zurückzuführen. So wurden ab dem 27. Dezember 1983 Jugendliche nicht mehr zum Zwangsumtausch verpflichtet; die Selbstschussanlagen an der innerdeutschen Grenze wurden ab-

---

60 Zit. ebenda, S. 188, 190; das zweite Zitat teilweise auch bei Heinrich Potthoff, Im Schatten der Mauer. Deutschlandpolitik 1961–1990, Berlin 1999, S. 225.

61 Vgl. Winkelmann, Moskau, das war's, S. 45.

62 Zit. nach Ploetz/Müller, Ferngelenkte Friedensbewegung, S. 179.

63 Kohl an Honecker, 14. 12. 1983, in: Nakath/Stephan, Von Hubertusstock nach Bonn, S. 155–159, das Zitat S. 155.

64 Telefongespräch Honecker-Kohl, 19. 12. 1983, ebenda, S. 159–170, das Zitat S. 165; vgl. dazu Korte, Deutschlandpolitik, S. 190f.

gebaut; die Familienzusammenführung wurde nach einer Verordnung vom 15. September stark erleichtert. 1984 gestattete Ost-Berlin 34 982 Personen die Ausreise aus der DDR (im Jahr zuvor durften nur 7729 Menschen die DDR legal verlassen)[65]. Seit der Erhöhung des Mindestumtauschs im Oktober 1980, so Karl-Rudolf Korte, „waren die deutsch-deutschen Beziehungen nicht mehr so erfolgreich wie gerade 1983 und, mit Einschränkungen, bis Herbst 1984“[66].

Unmut über die Nach-Nachrüstung wurde nicht nur in der DDR, sondern auch in anderen Ostblockstaaten geäußert. Westliche Zeitungen berichteten insbesondere von zahlreichen besorgten Stimmen in der ČSSR, die sich in Leserbriefen an das Parteiorgan *Rude Pravo* äußerten. Ganz ähnlich wie Honecker hatte auch Ministerpräsident Lubomir Štrougal öffentlich bekundet, dass man nicht über diese Entscheidung jubele. Dies war freilich mit einem massiven Vorgehen gegen die Mitglieder der Charta 77 verbunden, die es wagten, gegen die Raketenstationierung in der ČSSR Stellung zu nehmen. Mehr noch als die ostdeutsche sah sich also die tschechoslowakische Führung vor allem aus innenpolitischen Gründen zu solchen Äußerungen genötigt[67]. Die Besonderheit der ostdeutschen Reaktion bestand nicht nur darin, dass Honecker zusätzlich zur Stimmung im eigenen Staat auch das deutsch-deutsche Verhältnis bedachte, sondern darin, dass er offensichtlich nun ein Thema entdeckt hatte, mit dem er sich im Osten vorteilhaft von der Sowjetunion absetzen wollte: Rüstungskontrolle und Abrüstung. Dies geht deutlich aus öffentlichen und nicht-öffentlichen Äußerungen Honeckers hervor. In einem Interview für die französische kommunistische Wochenzeitung *Révolution* am 22. Dezember 1983 gab er sich zuversichtlich: „Früher oder später, davon bin ich überzeugt, wird es zu Verhandlungen auf veränderter Grundlage kommen, die praktikable Lösungen ermöglichen.“[68] Ähnlich äußerte er sich gegenüber dem Generalsekretär der Kommunistischen Partei Frankreichs, Georges Marchais, am 24. Februar 1984: „Angesichts der zugespitzten Situation besteht das Wichtigste darin, die Rüstung unter Kontrolle zu bringen. Die konventionelle und vor allem die nukleare Rüstung birgt die Gefahr eines Krieges in sich, der ein nuklearer Krieg wäre.“ Dazu erklärte er sich sogar bereit, konkreten Vorschlägen des amerikanischen Präsidenten Ronald Reagan „im Interesse der Menschheit zu[zu]stimmen“. Und gegen Ende der Unterredung sprach er von „Möglichkeiten, zu bestimmten Vereinbarungen zu

---

[65] Vgl. die Dokumentation in: Innerdeutsche Beziehungen, S. 151–153, 154, 155f.; die Übersiedlerzahlen nach Hartmut Wendt, Die deutsch-deutschen Wanderungen – Bilanz einer vierzigjährigen Geschichte von Flucht und Ausreise, in: Deutschland Archiv 24 (1991), S. 386–395, hier S. 390. Zu den legalen Ausreisern kamen nach diesen Angaben noch 5992 Flüchtlinge hinzu, so dass man auf die meist genannte Gesamtzahl von 40 000 kommt.

[66] Korte, Deutschlandpolitik, S. 180.

[67] Vgl. Carl G. Ströhm, Moskaus Angstkampagne und die ungewollten Folgen für Osteuropa, in: *Die Welt* vom 30. 11. 1983, S. 7 (hier die Äußerung Štrougals); Viktor Meier, Moskaus Schwierigkeiten bei der Verwirklichung der „Gegenmaßnahmen“, in: *Frankfurter Allgemeine Zeitung* vom 3. 1. 1984, S. 3; R. St., Osteuropäische Reaktionen auf die Nachrüstung, in: *Neue Zürcher Zeitung* (Fernausgabe) vom 16. 12. 1983, S. 3. In den Artikeln wird auch auf den Unmut in anderen Ostblockstaaten eingegangen; abgesehen von dem Sonderfall Rumänien waren die Stimmen aus Ungarn und Bulgarien weniger bedeutsam. Vgl. allgemein dazu auch McKenzie, International Change, S. 224, die sogar davon spricht, dass die Sowjetunion in ihrem Wunsch, den Westen durch Abbruch der Beziehungen zu strafen, im Warschauer Pakt isoliert gewesen sei.

[68] Das Interview erschien erst am 6. 1. 1984 und wurde am selben Tag in deutscher Übersetzung im *Neuen Deutschland* abgedruckt; hier zit. nach dem Auszug in: Deutschland Archiv 17 (1984), S. 322–324, hier S. 323.

gelangen"[69]. Seine Vorstellungen lagen zwar grundsätzlich auf der östlichen Linie; er setzte sich aber insofern von der Sowjetunion ab, als er für die Wiederaufnahme von INF-Verhandlungen keine Vorbedingungen nannte[70]. Seine Überlegung, „die internationale Entwicklung in Bewegung zu bringen und Vereinbarungen zu bestimmten Komplexen zu erreichen, z. B. über das Verbot chemischer Waffen"[71], setzte er um in der unter maßgeblicher Beteiligung von Egon Bahr gebildeten Arbeitsgruppe von SED und SPD, die zwischen Juli 1984 und Juni 1985 über eine chemiewaffenfreie Zone diskutierte. Damit wollte er zwar vor allem die Distanzierung der SPD von wesentlichen Elementen der NATO-Strategie verfestigen, diese innerhalb der Bundesrepublik unterstützen und im Falle eines Regierungswechsels auf eingegangene Abmachungen verpflichtet sehen; es war jedoch auch ein wesentliches Ziel, die SED als Friedenspartei und die DDR als Friedensstaat zu profilieren. Dass dies in der Führung in Moskau auch zu Unmut führte, zeigt ein sowjetischer Vorwurf an die Adresse der SED-Unterhändler: „Ihr verhandelt über Waffen, die Euch gar nicht gehören. Seid Ihr größenwahnsinnig?"[72]

## VI. Fazit

Dass Honecker seine Idealvorstellung, die Bundesregierung zum Verzicht auf die Nachrüstung zu bewegen und gleichzeitig die ostdeutsch-sowjetische Achse unbeschadet zu erhalten, um weiterhin deutsch-deutsche Geschäfte zu betreiben, nicht verwirklichen konnte, war bereits mit der „Wende" in Bonn ziemlich klar und wurde spätestens mit dem den Übergang von der sozial-liberalen zur christlich-liberalen Koalition bestätigenden Sieg Helmut Kohls bei den Bundestagswahlen 1983 unübersehbar. Wenngleich er noch eine Zeit lang im Versuch, die westdeutsche Friedensbewegung zu instrumentalisieren, Einigkeit mit Moskau demonstrierte, konnte er auf die Dauer dem Optionszwang zwischen einem engen Schulterschluss mit der Sowjetunion und Aufrechterhaltung der deutsch-deutschen Kooperation nicht ausweichen. Sowohl die Stimmung in der ostdeutschen Gesellschaft als auch die wirtschaftliche Abhängigkeit von der Bundesrepublik ließen ihn einen begrenzten Konflikt mit Moskau in Kauf nehmen. Dieses Risiko schien aufgrund der Schwäche und Konzeptionslosigkeit der sowjetischen Führung gering. Überdies versprach er sich davon nicht nur weitere wirtschaftliche und finanzielle Unterstützung aus dem Westen; diese Politik bot ihm auch die Möglichkeit, die DDR als Friedensstaat zu profilieren und ihr angesichts der Ost-West-Konfrontation mehr Gewicht zu verleihen. Wenngleich dies sicher taktisch klug überlegt war, konnte Honecker zwei fundamentale Elemente ostdeutscher Staatlichkeit nicht außer Kraft setzen. Zum einen handelte es sich dabei um die Abhängigkeit von der Sowjetunion: Auch die schwache sowjetische Führung vermochte es, wenngleich unter großen Mühen, Honecker 1984 von seinem lange geplanten Besuch in der Bundesrepublik abzuhalten. Und zum anderen war dies die mangelnde

---

[69] Niederschrift des Gesprächs zwischen Honecker und Marchais am 24. 2. 1984 in Hubertusstock, in: SAPMO DY 30/2443, Bl. 113–153, die Zitate Bl. 136, 139, 151.

[70] Vgl. Fred Oldenburg, Geht die SED eigene Wege im Sowjetimperium?, in: Deutschland Archiv 17 (1984), S. 491–496, hier S. 495.

[71] Niederschrift des Gesprächs zwischen Honecker und Marchais am 24. 2. 1984 in Hubertusstock, in: SAPMO DY 30/2443, Bl. 151.

[72] Zu den Gesprächen Fischer, Im deutschen Interesse, S. 180–187; das Zitat nach einer mündlichen Aussage Manfred Uschners, in: Siebs, Die Außenpolitik der DDR, S. 278.

Legitimität der ostdeutschen Herrschaft: Auch wenn das Image des „Friedensstaates" der DDR eine Zeit lang vor allem in den internationalen Beziehungen ein größeres Gewicht verlieh, konnte dies den mangelnden Rückhalt der DDR-Führung unter der ostdeutschen Bevölkerung nicht wettmachen. Im Gegenteil: Die vermehrten innerdeutschen menschlichen Kontakte, die Honecker im Zuge der intensivierten deutsch-deutschen Kooperation zugestand, trugen zur Erosion der SED-Herrschaft und damit zum Untergang der DDR erheblich bei.

*Anja Hanisch*

# Zwischen Militarisierung und abnehmender Systemloyalität

## Die ostdeutsche Gesellschaft an der Wende zu den 1980er Jahren

Seit dem Bestehen der DDR versuchte die Sozialistische Einheitspartei Deutschlands (SED) zur Sicherung ihrer Machtposition die Entwicklung der ostdeutschen Gesellschaft zu steuern und zu kontrollieren, nicht zuletzt aber auch ihre Herrschaft durch die Zustimmung der Bevölkerung zu legitimieren. In der vierzigjährigen Geschichte der DDR wandelten sich diese Versuche in ihren Methoden und ihrer Intensität. Jedoch ist besonders für die 1970er Jahre, die von einem Machtwechsel in der SED-Führungsspitze von Walter Ulbricht zu Erich Honecker und einer Phase internationaler Entspannung geprägt waren, zum Streben der Partei nach Loyalität bemerkt worden, dass diese einen „wachsenden Stabilisierungs- und Legitimationsbedarf"[1] in der Gesellschaft wahrnahm.

Das SED-Regime setzte daher verschiedene Mittel ein, um in der Bevölkerung Loyalität zu erzeugen: So diente die Außenpolitik erstens als ein Instrument, um die Existenz der DDR und damit die Machtposition der SED zu legitimieren[2]. Die Anerkennung des ostdeutschen Staates Anfang der 1970er Jahre und die fortschreitende Entspannung im KSZE-Prozess dienten der Parteispitze als Mittel, um sowohl ihre internationale Position zu stärken als auch die fehlende Legitimation durch die eigene Bevölkerung zu kompensieren. Allerdings verbanden sich mit der außenpolitischen Entspannung auch innenpolitische Probleme für die SED, da man durch eine Öffnung des Regimes nach außen die eigene Machtposition im Inneren gefährdet sah. Die Entspannungspolitik wurde daher verstärkt von Maßnahmen der Militarisierung flankiert, um „die inneren und äußeren Konflikte und Widersprüche der Gesellschaft zu beherrschen"[3].

Zweitens versuchte die SED, die Zustimmung der Bevölkerung besonders über „sozialpolitisch vermittelte Leistungen"[4] zu erreichen. Das Wohnungsbauprogramm, das schnell zum „Kernstück" des neuen sozialpolitischen Programms nach dem VIII. Parteitag der SED (15. bis 19. Juni 1971) avancierte, sollte nicht nur den eklatanten Mangel an Wohnraum in der DDR beheben, sondern durch seinen Erfolg bei der ostdeutschen Bevölkerung eine loyale Haltung gegenüber dem Regime hervorrufen.

Drittens rückte der neue Erste Sekretär der SED, Erich Honecker, nach seinem Machtantritt im Jahr 1971 konsumpolitische Maßnahmen zur Befriedigung der Bevölkerung stärker in den Vordergrund als sein Vorgänger Walter Ulbricht. Unter Ulbricht war vornehmlich die Schwerindustrie – im Gegensatz zur Konsumgüterproduktion – gefördert

---

[1] Peter Skyba, Die Sozialpolitik der Ära Honecker aus institutionstheoretischer Perspektive, in: Christoph Boyer/Peter Skyba (Hrsg.), Repression und Wohlstandsversprechen. Zur Stabilisierung von Parteiherrschaft in der DDR und der ČSSR, Dresden 1999, S. 49–62, hier S. 53.

[2] Vgl. Hermann Wentker, Außenpolitik in engen Grenzen. Die DDR im internationalen System 1949–1989, München 2007, S. 9.

[3] Torsten Diedrich, Herrschaftssicherung, Aufrüstung und Militarisierung im SED-Staat, in: Hans Ehlert/Matthias Rogg (Hrsg.), Militär, Staat und Gesellschaft in der DDR. Forschungsfelder, Ergebnisse, Perspektiven, Berlin 2004, S. 257–283, hier S. 263.

[4] Vgl. Hans Günter Hockerts, Einführung, in: ders. (Hrsg.), Drei Wege deutscher Sozialstaatlichkeit. NS-Diktatur, Bundesrepublik und DDR im Vergleich, München 1998, S. 7–25, hier S. 15.

worden und die Propaganda versicherte recht vage, „wie wir heute arbeiten, werden wir morgen leben"[5]. Statt die Wünsche der Bevölkerung auf ein unbestimmtes Morgen zu verschieben, versprach die SED unter Honecker nun Zugeständnisse an die Konsumbedürfnisse der ostdeutschen Gesellschaft und versuchte sich so auch auf wirtschaftlichem Gebiet zu legitimieren[6].

Dabei waren die Bemühungen der SED, über außen-, sozial- und wirtschaftspolitische Faktoren die Loyalität der Bevölkerung zu erreichen, miteinander verflochten. Die sozialpolitischen Programme, aber auch der zunehmende Import westlicher Güter zur Befriedigung von Konsumwünschen überforderten die ostdeutsche Wirtschaft und machten Kredite aus dem westlichen Ausland notwendig; dies hatte indirekte Rückwirkungen auf die Außenpolitik und damit den Versuch des Regimes, über eine starke internationale Position ihre innere Schwäche zu kompensieren[7].

Ausgehend von drei Instrumenten[8] der Systemstabilisation – Außen-, Sozial- und Konsumpolitik – untersucht dieser Beitrag die Wirkungen der Legitimationsbemühungen der SED an der Wende zu den 1980er Jahren unter den Vorzeichen einer zu diesem Zeitpunkt bereits wieder angespannten internationalen Lage und zunehmender wirtschaftlicher Schwierigkeiten der DDR. Die unterschiedlichen Stimmungen in der ostdeutschen Bevölkerung, die die Versuche der Partei hervorriefen, eine breite Loyalität zu erzeugen, werden dabei über Eingabenanalysen der SED sowie Berichte des MfS widergespiegelt[9]. Daran schließt sich die Frage an, wie die Parteiführung die gesellschaftliche Wirksamkeit ihrer Politik einschätzte bzw. welches Bild sie von der innenpolitischen Entwicklung vor dem Hintergrund ihrer Maßnahmen besaß.

## I. Entspannung, Militarisierung und Glaubwürdigkeitsverlust

Dass das Anerkennungsstreben der DDR auf außenpolitischem Gebiet nicht nur unter dem Gesichtspunkt der internationalen Aufwertung des ostdeutschen Staates betrachtet werden kann, zeigt sich am deutlichsten an seinem Verhältnis zur Bundesrepublik. Als

---

[5] Vgl. zu dieser Losung Annette Kaminsky, Ungleichheit in der SBZ/DDR am Beispiel des Konsums. Versandhandel, Intershop und Delikat, in: Lothar Mertens (Hrsg.), Soziale Ungleichheit in der DDR. Zu einem tabuisierten Strukturmerkmal der SED-Geschichte, Berlin 2002, S. 57–79, hier S. 60.

[6] Vgl. Stefan Hornbostel, Spätsozialismus, Legitimierung und Stabilität, in: Boyer/Skyba (Hrsg.), Wohlstandsversprechen, S. 13–28, hier S. 13.

[7] Vgl. Wentker, Außenpolitik in engen Grenzen, S. 9 sowie Hans Günter Hockerts, Soziale Errungenschaften? Zum sozialpolitischen Legitimationsanspruch der zweiten deutschen Diktatur, in: Jürgen Kocka/Hans-Jürgen Puhle/Klaus Tenfelde (Hrsg.), Von der Arbeiterbewegung zum modernen Sozialstaat. Festschrift für Gerhard A. Ritter zum 65. Geburtstag, München u.a. 1994, S. 790–804, hier S. 797f.

[8] Hinzuzufügen wäre außerdem noch die Repression von politischen Gegnern durch die SED als ein Mittel zur Stabilisierung ihrer Herrschaft. Vgl. dazu Hermann Weber, Einführung. Im Auftrag der Partei. Das Militär als Mittel der Herrschaftssicherung im SED-Staat, in: Ehlert/Rogg (Hrsg.), Militär, Staat und Gesellschaft in der DDR, S. 253–256. In diesem Beitrag sollen allerdings nur diejenigen Instrumente untersucht werden, die auf eine aktive Akzeptanz des Gesellschaftssystems durch die Bevölkerung abzielten.

[9] Vgl. Jens Gieseke, Bevölkerungsstimmungen in der geschlossenen Gesellschaft. MfS-Berichte an die DDR-Führung in den 1960er- und 1970er-Jahren, in: Zeithistorische Forschungen 5 (2008), S. 239–242.

gesellschaftliches Konkurrenzmodell war der westdeutsche Staat ständig präsent und unterminierte durch seine Weigerung, die DDR völkerrechtlich anzuerkennen, nicht nur deren Position in der internationalen Staatengemeinschaft, sondern auch deren innenpolitische Legitimation. Mit der internationalen Entspannungspolitik, die sich zu Beginn der 1970er Jahre im Abschluss des Grundlagenvertrages sowie in den Verhandlungen der Konferenz über Sicherheit und Zusammenarbeit in Europa (KSZE) äußerte, verfolgte die SED daher den doppelten Zweck, sowohl internationale Anerkennung als auch innenpolitische Legitimation zu erlangen.

Nach den KSZE-Verhandlungen von 1973 bis 1975 unterzeichnete die nun größtenteils international anerkannte DDR zusammen mit den anderen Teilnehmerstaaten die Schlussakte von Helsinki. Diese wurde im SED-Parteiorgan *Neues Deutschland* Anfang August 1975 veröffentlicht[10]. Sie war damit jedem DDR-Bürger frei zugänglich. Besonders die Empfehlungen im so genannten Korb III, und dort im Bereich der Reisefreiheit, riefen große Erwartungen bei den Ostdeutschen hervor. Die Schlussakte legte beispielsweise fest, dass die Teilnehmerstaaten sich zum Ziel setzen würden, „freiere Bewegung und Kontakte auf individueller und kollektiver [...] Grundlage zwischen Personen [...] der Teilnehmerstaaten zu erleichtern und zur Lösung der humanitären Probleme beizutragen, die sich in diesem Zusammenhang ergeben“[11]. Angesichts der seit dem Bau der Mauer im Jahr 1961 weitgehend abgeschotteten DDR ist es nicht verwunderlich, dass gerade diese außenpolitische Entwicklung und vor allem ihre innenpolitischen Implikationen von der Bevölkerung positiv aufgenommen wurden. Unmittelbar zeigte sich die Erwartung vieler Ostdeutscher in den steigenden Antragszahlen und Eingaben zu Reisen in das „nichtsozialistische Ausland“ und in Anträgen auf dauerhafte Ausreise aus der DDR.

Vor diesem Hintergrund bewertete die Abteilung Agitation des Zentralkomitees (ZK) der SED im Jahr 1976 in ihrem Bericht an den IX. Parteitag die Wirkung der DDR-Außenpolitik auf die ostdeutsche Bevölkerung als positiv. Sie stellte fest, dass die internationale Politik der SED von der „übergroßen Mehrheit der Bürger voll unterstützt“ werde und die diplomatische Anerkennung der DDR „den Stolz der Werktätigen auf ihren Staat und ihr Selbstverständnis als DDR-Bürger qualitativ gestärkt“[12] habe. Die Erfolge der Friedenspolitik der DDR hätten also große Wirkungen auf die Bewusstseinsentwicklung der Bürger gehabt[13]. Das SED-Regime schien damit sein Ziel erreicht zu haben, durch eine erfolgreiche Außenpolitik, das heißt durch die Anerkennung der internationalen Staatengemeinschaft, eine innere Legitimationsbasis zu schaffen.

Die internationale Gleichberechtigung war für die DDR innenpolitisch jedoch nicht nur von Nutzen, sondern zugleich auch problematisch, konstatierte der Bericht der Abteilung Agitation doch, dass die entspannte internationale Lage in der Gesellschaft Illusionen über den Imperialismus ausgelöst habe. Dieser habe aus Sicht der Bürger sein aggressives Wesen verändert, so dass es manchem in der Bevölkerung schwer fiele, den antiimperialistischen Charakter der Friedenspolitik zu verstehen[14]. Gerade aufgrund der Hoffnungen der ostdeutschen Bevölkerung, zum Beispiel auf mehr Reisefreiheit, kam das

[10] *Neues Deutschland* vom 2./3.8.1975, S. 5–10.

[11] Ebenda, S. 8.

[12] Bilanz und Schlußfolgerungen der Arbeit von Agitation und Propaganda bei der Verwirklichung der Beschlüsse des VIII. Parteitages, ohne Datum, S. 30, in: Stiftung Archiv der Parteien und Massenorganisationen der DDR (SAPMO), DY 30/vorl. SED 33892, unpag.

[13] Vgl. ebenda, S. 29.

[14] Vgl. ebenda.

SED-Regime daher schon früh zu dem Schluss, dass eine innenpolitische Abgrenzung für den eigenen Machterhalt notwendig sei.

Die Abgrenzung erfasste dabei verschiedene Ebenen des Staates: Außenpolitisch band sich die DDR durch den Freundschaftsvertrag von 1975 enger an die Führungsmacht der UdSSR, während sie innenpolitisch 1974 mit der Streichung aller deutschlandpolitischen Bezüge aus der DDR-Verfassung von 1968 und dem weiteren Ausbau des Ministeriums für Staatssicherheit auf die Entspannungspolitik reagierte. In den 1970er Jahren wuchs der Personalbestand der Staatssicherheit enorm an, trotz internationaler Entspannung und einer relativ stabilen innenpolitischen Lage: Von ca. 33000 Mitarbeitern Ende 1967 stieg die Zahl bis 1982 auf ca. 81000 an[15]. Zusätzlich wurde der Bevölkerung auch auf propagandistischer Ebene deutlich gemacht, dass etwaigen Hoffnungen auf „menschliche Erleichterungen“ nicht entsprochen werden würde.

Bereits wenige Tage nach Unterzeichnung der Schlussakte wurden Erich Honeckers Ansichten zur Entspannung in einem Interview mit dem *Neuen Deutschland* deutlich: Die Frage nach der Bedeutung von Helsinki für den einzelnen Menschen sei demnach durchaus berechtigt. Es dürfe damit jedoch nicht die versteckte Absicht verbunden sein, die Prinzipien der Sicherheit in ihrer Bedeutung herabzumindern[16]. Dass diese Äußerung für die SED-Propaganda der folgenden Jahre grundlegende Bedeutung erlangen sollte, zeigt eine Konferenz der kommunistischen und Arbeiterparteien zum Thema „Friedliche Koexistenz und sozialistischer Kampf“: Sie stellte fest, dass sich der ideologische Kampf aufgrund des Entspannungsprozesses verschärft habe[17]. Der Gedanke wurde fortgeführt zu der Schlussfolgerung, dass die „ideologische Offensive gegen den Imperialismus“ daher „wesentlich zu verstärken“[18] sei.

Die Abgrenzungspolitik als Folge der internationalen Entspannung fand über die Propaganda hinaus in sehr konkreter Form Eingang in das tägliche Leben der ostdeutschen Bürger. So erklärte eine parteiinterne Information zu „Antworten auf Fragen der Entspannungspolitik und Verteidigungsbereitschaft“ im Februar 1975, „die breite Einbeziehung der Bürger in alle Bereiche unserer sozialistischen Landesverteidigung“[19] gehöre zu den wehrpolitischen Erfordernissen in der DDR in Zeiten des Entspannungsprozesses. Damit waren auch die Maßnahmen zur staatlichen und gesellschaftlichen Militarisierung angesprochen, die im Zuge der Abgrenzungspolitik ab Anfang der 1970er Jahre erheblich ausgebaut worden waren.

Insbesondere Kinder und Jugendliche sollten an das sozialistische Verständnis von „Wehrbereitschaft“ herangeführt werden, damit sie das sozialistische Gesellschaftsmodell in ihren späteren Lebensjahren überzeugt und bereitwillig verteidigen könnten. Diese Altersgruppe betraf daher bereits Anfang der 1970er Jahre eine ganze Reihe von neuen wehrerzieherischen Maßnahmen. Dabei wurde die vormilitärische Ausbildung zunächst

---

[15] Vgl. Jens Gieseke, Die hauptamtlichen Mitarbeiter der Staatssicherheit. Personalstruktur und Lebenswelt 1950–1989/90, Berlin 2000, S. 293.

[16] Vgl. Interview des Ersten Sekretärs des ZK der Sozialistischen Einheitspartei Deutschlands, Erich Honecker, in: *Neues Deutschland* vom 6.8.1975, S. 3–4, hier S. 4.

[17] Vgl. Information über eine Konferenz von Funktionären und Wissenschaftlern kommunistischer und Arbeiterparteien sozialistischer Länder zum Thema: „Friedliche Koexistenz und ideologischer Kampf“ vom 24.3.1976, S. 3, in: SAPMO, DY 30/vorl. SED 32448, unpag.

[18] Ebenda, S. 2.

[19] Information „Antworten auf Fragen der Entspannungspolitik und Verteidigungsbereitschaft“ vom 26.2.1975, S. 10, in: SAPMO, DY 30/vorl. SED 18285, unpag.

schrittweise auf gesetzlicher Ebene verankert: Schon 1970 war die „Anordnung über den Abschluss, den Inhalt und die Beendigung von Lehrverträgen"[20] erlassen worden. Lehrlinge mussten danach an der vormilitärischen Ausbildung teilnehmen und konnten gekündigt werden, wenn sie die Teilnahme verweigerten. Durch eine ähnliche Anordnung „über die Bewerbung, die Auswahl und Zulassung zum Direktstudium an den Universitäten und Hochschulen" vom 1. Juli 1971 wurden Studienplatzanwärter dazu verpflichtet, zur „aktiven Verteidigung des Sozialismus"[21] beizutragen, wenn sie eine Zulassung zum Studium erhalten wollten. Für die Ingenieur- und Fachschulen wurde 1972 ebenfalls eine solche Regelung erlassen. Die Wehrerziehung war mit diesen drei Anordnungen im bildungspolitischen Bereich für Jugendliche unumgänglich geworden[22]. Nach der Unterzeichnung der Schlussakte von Helsinki wurden die wehrerzieherischen Maßnahmen ausgebaut. Jugendliche wurden weiter verstärkt in das gesamtgesellschaftliche System der Wehrerziehung eingebunden. Die wehrpolitische Indoktrination der DDR-Jugend erstreckte sich dabei nicht ausschließlich auf die nur unter schweren Konsequenzen umgehbaren schulischen Maßnahmen, sondern auch auf den Freizeitbereich[23]. So mussten Kinder und Jugendliche auch in Ferienlagern und auf Sportfesten militärische Übungen absolvieren[24].

Hatte die Abteilung Agitation den außenpolitischen Kurs der Entspannung als erfolgreiches Mittel zur Legitimation der Parteiherrschaft beurteilt, fiel ihre Bewertung der darauf folgenden Abgrenzungspolitik, die weiterhin mit Friedens- und Entspannungsrhetorik kombiniert wurde, weniger positiv aus. Die Bürger würden die „Notwendigkeit der Erhaltung und Erhöhung der Verteidigungskraft der DDR"[25], wozu auch die Maßnahmen der Militarisierung zählten, anzweifeln, berichtete die Abteilung Agitation. Zu einer ähnlichen Analyse kam auch die Arbeitsgruppe Sozialistische Wehrerziehung des ZK der SED auf der Konferenz des ZK über die weiteren Aufgaben der politischen Massenarbeit der Partei am 25./26. Mai 1977. Erwartet wurden ca. 900 Teilnehmer aus den Bezirksleitungen der SED, den Abteilungen des ZK, den Kreisleitungen, Gesellschaftswissenschaftler, Vertreter von Hochschulen und Universitäten, Parteisekretäre aus Industrie und Landwirtschaft sowie Vertreter der Massenmedien[26]. In der Arbeitsgruppe I der Konferenz, die sich mit der Vermittlung der marxistisch-leninistischen Weltanschauung in der politischen Massenarbeit befassen sollte, wies die AG Sozialistische Wehrerziehung, wie die Abteilung Agitation ein Jahr zuvor, darauf hin, dass die Entspannungsperiode bei den Bürgern zu der Vorstellung geführt habe, „der Stärkung der Landesverteidigung brauche man nicht mehr ein so hohes Gewicht beizumessen"[27]. Weiter hieß es, dass nicht „wenige Bürger"[28] zwischen einer

---

[20] Vgl. Christian Sachse, Nach dem Krieg ist vor dem Sieg. Wehrerziehung in der DDR von 1952 bis 1978, in: Thomas Widera (Hrsg.), Pazifisten in Uniform. Die Bausoldaten im Spannungsfeld der SED-Politik 1964–1989, Göttingen 2004, S. 43–72, hier S. 60. Das Zitat ebenda.

[21] Vgl. ebenda, S. 60.

[22] Vgl. ebenda.

[23] Vgl. Diedrich, Herrschaftssicherung, S. 275–277 sowie Sachse, Wehrerziehung, S. 58–60.

[24] Vgl. Diedrich, Herrschaftssicherung, S. 276.

[25] Vgl. Bilanz und Schlußfolgerungen bei der Arbeit von Agitation und Propaganda bei der Verwirklichung der Beschlüsse des VIII. Parteitages, ohne Datum, S. 30, in: SAPMO, DY 30/vorl. SED 33892.

[26] Vgl. Konferenz des Zentralkomitees der SED über die weiteren Aufgaben der politischen Massenarbeit der Partei, in: SAPMO, DY 30/J IV 2/2/1662, Bl. 26–28, hier Bl. 28.

[27] Teilbeitrag zur Konferenz des Zentralkomitees der SED über die weiteren Aufgaben der politischen Massenarbeit der Partei zum Stichwort: Sozialistische Wehrerziehung vom 15. 2. 1977, S. 3, in: SAPMO, DY 30/vorl. SED 33907, unpag.

[28] Ebenda.

verstärkten Landesverteidigung und der Friedenspolitik der SED einen Widerspruch sähen. Die Arbeitsgruppe warnte darüber hinaus davor, dass die Bedrohungsängste in der DDR-Bevölkerung nicht zu stark stimuliert werden sollten, da dies „pazifistische Tendenzen nähren“ könnte und kaum geeignet sei, „Anstrengungen zur Landesverteidigung zu motivieren“[29]. Mit dieser Warnung hatte die Arbeitsgruppe eine gesellschaftliche Auswirkung mit hoher machtpolitischer Brisanz für das SED-Regime angesprochen.

Um diese Entwicklung zu verhindern, galt es folglich, die Zweifel der DDR-Bürger an den Militarisierungsmaßnahmen auszuräumen und damit das Glaubwürdigkeitsproblem der eigenen Propaganda zu beheben. Um dies zu erreichen, schlugen jedoch weder die Abteilung Agitation im Jahr 1976 noch die Konferenz zur Auswertung des Politbüro-Beschlusses zur „politischen Massenarbeit“ von 1977 neue Ansätze vor. Ihre Lösungsvorschläge für das Glaubwürdigkeitsproblem bestanden vielmehr darin, die bisher verfolgte Doppelstrategie weiterhin in Propaganda umzusetzen: Die Abteilung Agitation empfahl im Jahr 1976, dass sowohl die sozialistische Friedens- beziehungsweise Entspannungspolitik als auch der Klassenkampf mit dem Imperialismus propagiert werden solle[30]. Ebenso brachte die Konferenz zur „politischen Massenarbeit“ ein Jahr später, 1977, keine neuen Vorschläge ein, um die Glaubwürdigkeit der sozialistischen Wehrerziehung zu erhöhen. Nach der Einschätzung der AG Sozialistische Wehrerziehung bliebe weiterhin „die Vermittlung der marxistisch-leninistischen Weltanschauung und die Ausprägung der darauf beruhenden kommunistischen Überzeugungen das Wesentliche“[31].

Obwohl SED-intern also durchaus bekannt war, dass der propagandistische Spagat zwischen Entspannungspolitik und Friedensbeteuerungen einerseits und Militarisierung andererseits unglaubwürdig war, blieb dieser Antagonismus in der SED-Propaganda bestehen. Die innenpolitischen Auswirkungen einer aktiven Entspannungspolitik schienen für die Staats- und Parteiführung weitaus gravierender zu sein als die einer unglaubwürdigen Innenpolitik, der notfalls durch Repression die nötige Geltung verschafft werden könne.

So wurde die gesellschaftliche Militarisierung auch an der Wende zu den 1980er Jahren ungemindert vorangetrieben. Die Volkskammer beschloss 1978 ein neues Verteidigungsgesetz mit „ausgefeilten Bestimmungen über die Mobilmachung der DDR“[32]. Im gleichen Jahr wurde der Wehrunterricht als obligatorisches Schulfach für die neunten und zehnten Klassen der Polytechnischen Oberschulen eingeführt. Ein Jahr später sollte das dritte Strafrechtsänderungsgesetz „die Bürger des SED-Staates zu konformem Verhalten ermahnen“[33].

Der Wehrunterricht war folglich nur eine der Aktionen des SED-Regimes zum Ausbau der wehrpolitischen Maßnahmen. Seine Einführung war unter anderem eine Reaktion auf vermeintliche „Mangelerscheinungen bei der sozialistisch-patriotischen Standfestigkeit in der jungen Generation“[34], die sich im Zuge des internationalen Entspannungsprozesses aus Sicht der SED herausgebildet hatten. Solche Defizite mussten auf Dauer die Macht-

---

[29] Ebenda, S. 2.
[30] Vgl. SAPMO, DY 30/vorl. SED 33892, S. 34.
[31] SAPMO, DY 30/vorl. SED 33907, S. 7.
[32] Ebenda.
[33] Johannes Raschka, Paragraphen für den Ausnahmezustand. Die Militarisierung der Strafgesetzgebung in der DDR, in: Ehlert/Rogg (Hrsg.), Militär, Staat und Gesellschaft in der DDR, S. 419–438, hier S. 428.
[34] Michael Koch, Der Wehrunterricht in den Ländern des Warschauer Paktes. Eine Untersuchung im historischen und schulpolitischen Kontext unter besonderer Berücksichtigung der UdSSR und der DDR, Jena 2006, S. 158.

interessen der Partei berühren. Durch den Wehrunterricht sollte die Jugend zum „Haß auf den Imperialismus“ und zur „Liebe zum Sozialismus“ erzogen werden. Im Unterricht sollte dieses Lernziel nicht nur durch ideologische Indoktrination, sondern auch durch praktische Übungen erreicht werden[35].

Obwohl sich die Einführung des Wehrunterrichts daher nahtlos in die schon seit Jahren betriebene Militarisierung der Gesellschaft einreihte, rief sie insbesondere von Seiten der Kirchen starke Proteste hervor. Dies hing damit zusammen, dass das Staat-Kirche-Verhältnis nach dem Grundsatzgespräch zwischen Kirchenvertretern und Erich Honecker vom 6. März 1978 neu ausgerichtet worden war. Beide Seiten hatten das Gespräch positiv gewertet, in dem es u.a. um kirchliche Bauvorhaben, kirchliche Sendungen in Rundfunk und Fernsehen und andere Fragen des praktischen Wirkens und Arbeitens der Kirchen in der DDR ging[36]. Durch die staatliche Militarisierungspolitik sah sich die Kirche jedoch hinter das Grundsatzgespräch zurückgeworfen. So registrierte die Arbeitsgruppe Kirchenfragen im ZK der SED z.B. die enttäuschte Äußerung des anhaltischen Landeskirchenpräsidenten Eberhard Natho, der den gewählten Zeitpunkt für die Einführung des Wehrunterrichts „als tragisch“ bezeichnete, „zumal nach dem 6. März 1978 [...] sich eine gute Situation herausgebildet hatte“[37]. Es wurde aber auch deutlich, dass es nicht nur die Enttäuschung nach dem Grundsatzgespräch war, die die Kritik am Wehrunterricht verursachte. Vielmehr war auch von kirchlicher Seite der Widerspruch zwischen äußerer Entspannungs- bzw. Friedensrhetorik und innerer Militarisierung wahrgenommen worden. Dies zeigen auch Nathos weitere Ausführungen. Ihm zufolge sei es unverständlich, dass in einer „Phase der Entspannung so eine Maßnahme eingeleitet“ werde, um „Jugendliche in der Beherrschung von scharfen Waffen zu schulen“[38].

Damit brachte Natho das Dilemma, in das sich die SED manövriert hatte, auf den Punkt. Schnell wurde zudem klar, dass die Einführung des Wehrunterrichtes kein rein staatlich-kirchliches Konfliktthema war, sondern ein gesamtgesellschaftliches[39]. So fand der gesellschaftliche Protest gegen den Wehrunterricht in der folgenden Zeit in verschiedenen Formen seinen Ausdruck: In Eingaben richteten sich zahlreiche DDR-Bürger gegen das neue Schulfach, die Naumburger Evangelische Studentengemeinde (ESG) forderte in einem offenen Brief die Einführung eines Schulfaches „Erziehung zum Frieden“[40], und die Kirchen vertraten zum Beispiel in einem Brief an die Gemeinden ihren Standpunkt gegen den Wehrunterricht[41]. Die Stimmung der Bevölkerung in dieser Frage ist vielfach dokumentiert und spiegelt den Protest gegen die staatliche Politik deutlich wider.

Wie aber nahm das Regime die gesellschaftliche Entwicklung wahr? Grundsätzlich fiel gesellschaftlicher Protest jeder Art in die Zuständigkeit des Ministeriums für Staatssicherheit (MfS). Als „Schwert und Schild der Partei“ war es jedoch nicht nur Aufgabe des MfS, jegliche Opposition im Land zu unterdrücken, sondern auch, die Partei über gesellschaft-

[35] Vgl. ebenda.

[36] Vgl. Gerhard Besier, Der SED-Staat und die Kirche 1969–1990. Die Vision vom „Dritten Weg“, Berlin/Frankfurt a.M. 1995, S. 106–115.

[37] Information über Stimmungen und Meinungen kirchlicher Amtsträger nach der 8. Tagung des ZK der SED, in: SAPMO, DY 30/ IV B2/14/2, Bl. 15.

[38] Ebenda.

[39] Vgl. Ehrhart Neubert, Geschichte der Opposition in der DDR 1949–1989, Bonn $^{2}$2000, S. 304–306.

[40] Vgl. „Offener Brief des Mitarbeiterkreises der ESG Naumburg an die Evangelischen Studentengemeinden der DDR“, in: Wolfgang Büscher/Peter Wensierski/Klaus Wolscher (Hrsg.), Friedensbewegung in der DDR. Texte 1978–1982, Hattingen 1982, S. 64–65.

[41] Vgl. Neubert, Geschichte der Opposition, S. 304–306.

liche Entwicklungslinien zu informieren. Die Berichte, die die Zentrale Auswertungs- und Informationsgruppe (ZAIG) des MfS zu den Protesten gegen den Wehrunterricht an die Parteiführung übermittelte, können einen Einblick geben[42]. Betrachtet man die Informationen, die die ZAIG 1978 zu den Protesten gegen den Wehrunterricht für die Parteiführung erstellte, fällt jedoch auf, dass das Organ seine Rolle als verlässlicher und vor allem weitsichtiger Berichterstatter an die Machtelite der SED nicht erfüllte. Dies zeigt sich auf unterschiedlichen Ebenen der Berichterstattung: Erstens berichtete die ZAIG über die Widerstände in der Bevölkerung gegen den Wehrunterricht erst verhältnismäßig spät. Die Protestäußerungen, die durch die Einführung des Faches bereits ab April 1978 in der ostdeutschen Gesellschaft hervorgerufen wurden, gab die ZAIG der SED-Führung zu diesem Zeitpunkt nicht bekannt[43]. Das trifft gleichermaßen auf kirchliche Initiativen wie auch auf Diskussionen außerhalb des kirchlichen Raumes zu.

Zweitens zeigt sich in den Meldungen der ZAIG zu den Protesten gegen den Wehrunterricht eine recht selektive Berichterstattung: Die vielschichtige gesellschaftliche Ablehnung des neuen Unterrichtsfaches „aus der *Offenen Arbeit*, den kirchlichen Ausbildungsstätten, der *Diakonie* und von vielen Einzelpersonen“[44] tauchen in der Berichterstattung der ZAIG nur am Rande oder gar nicht auf. Zum Beispiel wurde über den offenen Brief der ESG Naumburg vom 4. Mai 1978 nicht informiert[45], der sich konkret mit dem Wehrunterricht auseinandersetzte und in dem die Einführung eines Schulfaches „Erziehung zum Frieden“ gefordert wurde. Erst auf dem Höhepunkt der Konfrontation um den Wehrunterricht im Sommer 1978 verließ eine erste Meldung das Ministerium, die über den Appell „Jetzt Abrüsten“ der Evangelischen Studentengemeinde in Dresden berichtete[46]. Der Appell forderte von der Regierung der DDR, auf die Einführung des obligatorischen Schulfaches Wehrkunde zu verzichten[47], und war ein Ausdruck des von weiten Teilen der Gesellschaft getragenen Protests gegen den Wehrunterricht. Die ZAIG-Meldungen konzentrierten sich indes nicht auf diese breite Basis des Protests in der Bevölkerung, sondern auf offizielle kirchliche Aktionen wie eine Eingabe der katholischen Berliner Bischofskonferenz zur Einführung des Wehrunterrichts[48], eine Eingabe des Kreiskirchenrates und des Pfarrkonvents Zossen[49] oder den „Brief an die Gemeinden“ des Bundes der Evangelischen Kirchen[50], in dem eine Stellungnahme zum Wehrunterricht formuliert worden war.

---

[42] Vgl. Gieseke, Bevölkerungsstimmungen in der geschlossenen Gesellschaft, S. 242–245.

[43] Vgl. Titelübersichten für 1978, in: Bundesbeauftragte für die Unterlagen des Staatssicherheitsdienstes der ehemaligen Deutschen Demokratischen Republik (BStU), MfS, ZAIG, Nr. 14388, Bl. 177–254.

[44] Neubert, Geschichte der Opposition, S. 305. Unter „Offener Arbeit“ verstand man die Arbeit mit Jugendlichen unter dem Dach der evangelischen Kirche, unabhängig von deren religiösen Prägung.

[45] Vgl. Titelübersichten für 1978, in: BStU, MfS, ZAIG, Nr. 14388, Bl. 177–254.

[46] Vgl. Information der ZAIG Nr. 344/78 vom 9. Juni 1978, in: BStU, MfS, ZAIG, Nr. 2868, Bl. 1–6.

[47] Vgl. Appell der ESG Dresden „Jetzt abrüsten!“, in: Büscher/Wensierski/Wolscher (Hrsg.), Friedensbewegung, S. 65f., das Zitat S. 66.

[48] Vgl. Information 345/78 vom 9. 6. 1978 über eine beabsichtigte „Eingabe“ der katholischen „Berliner Bischofskonferenz“ an den Staatssekretär für Kirchenfragen, Genossen Seigewasser, zur Einführung des Wehrunterrichtes an den allgemeinbildenden polytechnischen Oberschulen am 1. September 1978, in: BStU, MfS, ZAIG, Nr. 2819, Bl. 1–3.

[49] Vgl. Information 368/78 vom 21. 6. 1978 über Eingaben des Pfarrkonvents und des Kreiskirchenrates Zossen, Bezirk Potsdam, zur Einführung des Wehrunterrichtes an POS, in: ebenda, Bl. 4–9.

[50] Vgl. Information 379/78 vom 27. 6. 1978 über die Bekanntgabe des sog. Wortes an die Gemeinden des „Bundes der Evangelischen Kirchen in der DDR“ im Zusammenhang mit der Einführung des Wehrunterrichtes an den Polytechnischen Oberschulen der DDR in den Gottesdiensten am 25. 6. 1978, in: ebenda, Bl. 10–32.

Bei der Berichterstattung der ZAIG fällt daher drittens auf, dass sie den nachhaltigen Effekt der Militarisierung auf die Glaubwürdigkeit der SED-Politik außer Acht ließ. Anders als die schon früh entstandenen Analysen im ZK-Apparat wies die ZAIG in ihren Meldungen zu diesem Zeitpunkt nicht auf den generellen Glaubwürdigkeitsverlust der Entspannungs- und Friedenspolitik der SED hin. In den Berichten finden sich lediglich Wiedergaben kirchlicher Äußerungen und nur sehr vereinzelt solche, die die Widersprüchlichkeit von Friedenspropaganda und Militarisierung kritisierten. Einzelne Pfarrer hätten in ihren Predigten beispielsweise das Argument vertreten, die „Einführung dieses Unterrichtsfaches widerspreche der von der DDR vertretenen Friedenspolitik"[51] oder seien der Meinung, dass die „Friedenspolitik der DDR an Glaubwürdigkeit"[52] verliere. Dadurch dass die ZAIG solche Meinungen aber nur wiedergab, ohne sie hinsichtlich ihrer gesellschaftlichen Relevanz für die Parteiführung zu kommentieren, erfüllte sie ihren Auftrag als Frühwarnsystem an diesem Punkt der innenpolitischen Entwicklung nicht. Sie vermittelte der SED-Spitze weder ein genaues Bild der gewachsenen Kritikbereitschaft der Bevölkerung noch von deren Wunsch, einen eigenständigen Beitrag zum Frieden zu leisten[53].

Auch wenn die ZAIG es nicht explizit aussprach, war doch mehr als deutlich geworden, dass das SED-Regime durch die forcierte Militarisierung der Gesellschaft nicht etwa gesellschaftliche Zustimmung gewann, sondern nun vielschichtigen Protest erntete. In dieser Situation griff die Partei daher zum bewährten Mittel der Repression, um ihren Herrschaftsanspruch in der Frage des Wehrunterrichts zu behaupten. Die Kirchen, die der Partei als gesellschaftliche Meinungsführer als besonders gefährlich erschienen, wurden massiv unter Druck gesetzt, um sie zu zwingen, von ihrem integrierenden „gesamtgesellschaftlichen Anspruch"[54] zurückzutreten. Ohne den Schutz, den die kirchliche Kritik am Wehrunterricht für den breiteren gesellschaftlichen Protest bedeutet hatte, fiel auch der Widerstand der Bürger gegen das neue Schulfach schnell in sich zusammen. Der Druck des Staates auf die protestierenden Ostdeutschen wurde nicht mehr in demselben Umfang wie bisher durch die Kirchen abgefangen, sondern traf die Bürger nun sehr direkt. Beispielsweise waren die Konsequenzen für Schüler, die die Teilnahme am Wehrunterricht verweigerten, erheblich, so dass sich nur ein geringer Teil der Jugendlichen für diese Option entschied[55]. Obwohl der gesellschaftliche Protest nach der Einführung des Wehrunterrichtes daher nicht mehr die Ausmaße des Sommers 1978 erreichte, machte er dennoch deutlich, dass der Widerspruch zwischen außenpolitischem Entspannungs- und innenpolitischem Militarisierungskurs durch die Gesellschaft registriert worden war und zu einer wachsenden Kritikbereitschaft führte. Obwohl im ZK-Apparat schon früh auf die mangelnde Glaubwürdigkeit der staatlichen Friedenspolitik und sogar mögliche „pazifistische Tendenzen" hingewiesen worden war, wurde die Staats- und Parteiführung durch das Ausmaß der gesellschaftlichen Protestäußerungen überrascht.

---

51 Information 379/78, in: BStU, MfS, ZAIG, Nr. 2819, Bl. 11.

52 Information 368/78, in: ebenda, Bl. 5.

53 Die ZAIG ist daher auch in der Frage des gesellschaftlichen Protests gegen den Wehrunterricht als „unsensibler Seismograph" anzusehen. Vgl. Siegfried Suckut, Seismographische Aufzeichnungen. Der Blick des MfS auf Staat und Gesellschaft in der DDR am Beispiel der Berichte an die SED-Führung 1976, in: Jens Gieseke (Hrsg.), Staatssicherheit und Gesellschaft. Studien zum Herrschaftsalltag in der DDR, Göttingen 2007, S. 99–128, hier S. 126–128.

54 Neubert, Geschichte der Opposition, S. 307.

55 Vgl. ebenda, S. 308.

An der Ausgangslage, in die sich die Staats- und Parteiführung mit ihrer widersprüchlichen Politik gebracht hatte, änderte sich auch mit den zunehmenden internationalen Spannungen an der Wende zu den 1980er Jahren nichts. Das argumentative Problem, das sich zwischen Friedensbeteuerungen und Militarisierung ergab, löste sich für die Staats- und Parteiführung nur auf den ersten Blick, denn schließlich konnten die Maßnahmen zur Militarisierung der Gesellschaft angesichts einer neuen Runde im Wettrüsten leichter gerechtfertigt werden. So nutzte die SED die angespannte internationale Lage zur Propagierung eines angeblich allein durch den Westen verschuldeten Bedrohungsszenarios. Die dadurch geschürten Ängste der Bevölkerung sollten zum einen zur Akzeptanz der Militarisierung führen und zum anderen in die Bahnen der staatlichen Friedenspropaganda gelenkt werden.

Allerdings erhielt der staatliche Militarisierungskurs mit dem NATO-Doppelbeschluss vom Dezember 1979 nur scheinbar eine neue Rechtfertigungsgrundlage. Da die Friedensbeteuerungen der SED, vor allem vor dem Hintergrund der Einführung des Wehrunterrichtes an den Schulen, immer noch nicht glaubwürdiger erschienen als zu Zeiten internationaler Entspannung, führte die Verschlechterung der internationalen Lage vielmehr dazu, dass in Teilen der Gesellschaft der Wunsch entstand, einen eigenen Beitrag zur Erhaltung des Friedens zu leisten, der sich nicht an vordergründiger Propaganda ausrichtete, sondern auf dem ehrlichen Wunsch nach einem friedvollen Zusammenleben basierte. Dies fand an der Wende zu den 1980er Jahren seinen Ausdruck in der Entstehung unabhängiger gesellschaftlicher Friedensbestrebungen, wie sie sich beispielsweise in den zentral organisierten, jährlichen Friedensdekaden der evangelischen Kirche äußerten. Eine erste Dekade unter dem Motto „Frieden schaffen ohne Waffen“ hatte bereits 1980 großen Widerhall in der Bevölkerung hervorgerufen. Ebenso weitete sich das Friedensengagement in den Kirchengemeinden und in den Friedenskreisen an der kirchlichen Basis aus. Die Verfolgung, mit der der Staat nach der Unterdrückung der Proteste gegen den Wehrunterricht auch auf diese Entwicklung reagierte, zeigte, dass „sich die in der Gesellschaft ausbreitende Unruhe administrativ nicht mehr vollständig niederhalten ließ“[56].

Der Versuch, mittels Außenpolitik inneren Konsens zu erzeugen, scheiterte somit an der gleichzeitig notwendig erscheinenden Abgrenzungspolitik und ihren Folgen. Vielmehr erhielt die Entstehung unabhängiger Friedensgruppen an der Wende zu den 1980er Jahren durch diese Entwicklung wesentliche Impulse[57].

## II. Sozialpolitische Stabilisierungsversuche: Das Beispiel Wohnungsbau

Zu dem Bestreben der Parteiführung, durch außenpolitische Erfolge die mangelnde innenpolitische Legitimation zu kompensieren, traten mit Honeckers Machtantritt im Jahr 1971 verstärkt sozialpolitische Maßnahmen, die ebenfalls das Ziel verfolgten, die fehlende Legitimität des SED-Regimes auszugleichen. Durch die „sozialen Errungenschaften“ des ostdeutschen Gesellschaftsmodells wollte die Partei die Loyalität der Bevölkerung erlangen[58]. In unterschiedlichen Bereichen – z. B. in der Gesundheitspolitik, der Frauen- und

---

[56] Detlef Pollack, Politischer Protest. Politisch alternative Gruppen in der DDR, Opladen 2000, S. 83.
[57] Vgl. auch den Beitrag von Detlef Pollack in diesem Band.
[58] Vgl. Beatrix Bouvier, Sozialpolitik als Legitimationsfaktor? Die DDR seit den Siebzigerjahren, in: Friedhelm Boll/Anja Kruke (Hrsg.), Der Sozialstaat in der Krise. Deutschland im internationalen Vergleich, Bonn 2008, S. 127–161, hier S. 127.

Familienförderung, der Versorgung der Rentnerinnen und Rentner, dem Recht auf Arbeit und dem Wohnungsbau[59] – sollten die sozialpolitischen Maßnahmen ansetzen. Auf dem IX. Parteitag der SED im Mai 1976 wurde das sozialpolitische Programm erneut bekräftigt, indem es unter der Überschrift „Einheit von Wirtschafts- und Sozialpolitik" als „ökonomische Hauptaufgabe" beschlossen wurde[60].

Tatsächlich fanden die geplanten sozialpolitischen Maßnahmen eine breite Zustimmung in der Bevölkerung[61], was jedoch ein zweischneidiges Schwert für die SED-Führung war. Einerseits war es gerade diese Zustimmung, die mit den sozialpolitischen Maßnahmen hervorgerufen werden sollte. Andererseits stand damit die Gefahr im Raum, dass die Zustimmung der Bevölkerung in Enttäuschung umschlagen konnte, wenn die angekündigten sozialpolitischen Maßnahmen nicht wie geplant umgesetzt wurden.

Die Befürchtung eines Loyalitätsverlustes war durchaus berechtigt, denn bereits 1976 stand fest, dass die ökonomische Leistungskraft der DDR nicht ausreichte, um die umfassenden sozialpolitischen Programme zu finanzieren[62], denen die Bürger zustimmten. Durch die ständige Betonung der Sozialpolitik hatte diese aber „eine derartige Eigendynamik entwickelt, daß eine tiefgreifende Modifikation des Konzepts"[63], um Kosten einzusparen, nicht mehr in Frage kam. „In der Perzeption Honeckers hätte sie den unmittelbaren Machtverlust der SED zur Folge gehabt."[64] Was aus eigener Kraft nicht gezahlt werden konnte, wurde daher durch Kredite von westlichen Staaten gedeckt. So konnten zwar die sozialpolitischen Maßnahmen beibehalten werden, gleichzeitig veralteten jedoch große Teile der industriellen Produktionsanlagen aufgrund mangelnder Investitionen, und die Auslandsverschuldung war an der Wende zu den 1980er Jahren bereits auf über 20 Milliarden Valutamark angestiegen[65].

In dieser Situation wurde dem Wohnungsbau als dem „Kernstück des sozialpolitischen Programms"[66] große Aufmerksamkeit beigemessen. Die Lösung der „Wohnungsfrage als soziales Problem"[67], das noch von den Folgen des Zweiten Weltkrieges und anschließend ausbleibenden Investitionen herrührte, hatte Erich Honecker bei seinem Machtantritt 1971 für die folgenden 20 Jahre, also bis 1990, angestrebt. Um dieses ehrgeizige sozialpolitische Vorhaben zum Erfolg zu machen, wurden an der Wende zu den 1980er Jahren die Ausgaben in diesem Bereich – ungeachtet der steigenden Verschuldung der DDR – nicht verringert, sondern sogar erhöht[68].

---

[59] Vgl. Bouvier, Sozialpolitik als Legitimationsfaktor, S. 142–154.

[60] Vgl. Protokoll der Verhandlungen des IX. Parteitages der SED im Palast der Republik in Berlin, 18. bis 22. Mai 1976, Bd. 2, Berlin (Ost) 1976, S. 299.

[61] Vgl. Beatrix Bouvier, Die DDR – ein Sozialstaat? Sozialpolitik in der Ära Honecker, in: Heiner Timmermann (Hrsg.), Agenda DDR-Forschung. Ergebnisse, Probleme, Kontroversen, Münster 2005, S. 351–362, hier S. 355 sowie Hockerts, Einführung, in: Ders. (Hrsg.), Drei Wege deutscher Sozialstaatlichkeit, S. 14.

[62] Vgl. Beatrix Bouvier, Die DDR – ein Sozialstaat? Sozialpolitik in der Ära Honecker, Bonn 2002, S. 81.

[63] Skyba, Sozialpolitik der Ära Honecker, S. 56.

[64] Ebenda.

[65] Vgl. Gerhard Wettig, Niedergang, Krise und Zusammenbruch der DDR. Ursachen und Vorgänge, in: Eberhard Kuhrt (Hrsg.), Die SED-Herrschaft und ihr Zusammenbruch, Opladen 1996, S. 379–455, hier S. 384.

[66] Günter Schmunk/Gerhard Tietze/Gunnar Winkler (Hrsg.), Marxistisch-leninistische Sozialpolitik, Berlin (Ost) 1975, S. 136. Vgl. auch Hannsjörg F. Buck, Mit hohem Anspruch gescheitert – Die Wohnungspolitik der DDR, Münster 2004, S. 324.

[67] Buck, Wohnungspolitik, S. 324.

[68] Vgl. Wettig, Niedergang, Krise und Zusammenbruch, S. 385.

Der innenpolitische Druck, dem sich die SED mit ihren ehrgeizigen Bauplänen aussetzte, führte dann auch zu frühen Erfolgsmeldungen. So ergab eine Wohnraum- und Haushaltszählung aus dem Jahr 1981, dass für 6,51 Millionen Haushalte in der DDR bereits 6,56 Millionen Wohnungen bereitständen. Das hätte knapp 10 Jahre nach der Ankündigung eines umfassenden Wohnungsbauprogramms auf der 9. ZK-Tagung durch Erich Honecker[69] faktisch die Lösung der Wohnungsfrage bedeutet. Tatsächlich wurden bei dieser Zählung allerdings alle vorhandenen Wohnungen berücksichtigt, „unabhängig von ihrer Nutzung“[70]. Nachträgliche Zählungen, die nur von den tatsächlich nutzbaren Wohnungen ausgingen, kamen hingegen zu dem Ergebnis, dass das SED-Regime von der Lösung der Wohnungsfrage weit entfernt war. Ebenso wie der Neubau von Wohnungen blieben auch die Reparatur von genutzten Wohnungen sowie die Instandsetzung bzw. „Modernisierung“ von Altbausubstanz hinter dem Plan zurück[71]. Obgleich das Wohnungsbauprogramm angesichts der angespannten wirtschaftlichen Situation der DDR ein „durchaus respektables Ergebnis“[72] erzielte, konnten die Bedürfnisse der Bevölkerung nach ausreichendem und modernem Wohnraum nicht hinreichend gedeckt werden.

Ihren Unmut über die auch weiterhin bestehenden Versorgungsprobleme brachten viele DDR-Bürger in Form von Eingaben zum Ausdruck. Entsprechend der Eingabenordnung der DDR konnten sie sich damit an jede staatliche Stelle wenden[73]. Sofern die Schreiben keine politischen Inhalte – wie verstärkt ab Mitte der 1970er Jahre die Anträge auf Übersiedlung in die Bundesrepublik – beinhalteten, mussten ostdeutsche Bürger auch keine Benachteiligungen aufgrund ihrer Eingaben befürchten[74], weshalb sich in ihnen in sehr offener Form ihre Kritik am System darstellt. Die zahlreichen Eingaben ostdeutscher Bürger zu Wohnungsproblemen zeichnen ausschnittweise ein Bild der gesellschaftlichen Wohnverhältnisse an der Wende zu den 1980er Jahren. Diese richteten sich an verschiedene Stellen, beispielsweise an den Staatsrat der DDR und den Freien Deutschen Gewerkschaftsbund[75], aber auch direkt an den Staatsratsvorsitzenden und Generalsekretär der SED, Erich Honecker.

In einem Bericht zum ersten Halbjahr 1980 stellte das Büro Honecker fest, dass die Eingaben zu Wohnungsfragen „trotz der großen Leistungen im Wohnungsbau“ mit einem Anteil von ca. 30 Prozent in diesem Zeitraum „nach wie vor“[76] den Schwerpunkt aller ihm übermittelten Eingaben bildeten. Die Bürger beklagten in ihren Schreiben vor allem lange Wartezeiten bei der Wohnungszuweisung, nicht ausreichenden Wohnraum und ungenügende Reparaturen[77]. Durch schlechte Wohnbedingungen – wie Schimmel oder unbeheizbare Räume – verursachte Gesundheitsbeeinträchtigungen wurden ebenfalls von den Bürgern angeführt und mit der Forderung verbunden, die schlechten Wohnzustände zu

---

[69] Vgl. Buck, Wohnungspolitik, S. 325.
[70] Ebenda, S. 343.
[71] Vgl. ebenda, S. 338–340.
[72] Ebenda, S. 336.
[73] Vgl. Steffen Elsner, Flankierende Stabilisierungsmechanismen diktatorischer Herrschaft. Das Eingabenwesen in der DDR, in: Boyer/Skyba (Hrsg.), Repression und Wohlstandsversprechen, S. 75–86, hier S. 76.
[74] Vgl. Bouvier, Die DDR – ein Sozialstaat, S. 17.
[75] Vgl. zu den Eingaben zu Wohnungsproblemen an den Staatsrat und den FDGB, ebenda, S. 194–201.
[76] Vgl. Information über eingegangene Eingaben im 1. Halbjahr 1980 vom 15. 8. 1980, in: SAPMO, DY 30/2589, Bl. 77–83, hier Bl. 79.
[77] Vgl. ebenda.

beseitigen[78]. Der Halbjahresbericht des Büros Honecker für 1980 wies außerdem darauf hin, dass viele junge sowie geschiedene Ehepaare auf eigene Wohnungen warten müssten[79]. Angesichts des selbst erhobenen Anspruchs der SED, dass die Ergebnisse des Wohnungsbauprogramms vor allem „den kinderreichen Familien sowie jungen Ehen zufließen“[80] und die Wohnbedingungen „unmittelbar Einfluß auf soziales Wohlbefinden, Geborgenheit und glückliches Familienleben“[81] nehmen sollten, waren diese Eingaben schon aus propagandistischer Sicht sowohl innenpolitisch, aber auch in der Außendarstellung des Regimes besonders heikel. Dem Regime, das auf internationalem Parkett mit seinen „sozialpolitischen Errungenschaften als Erfüllung von ‚Menschenrechten‘ hausieren ging“[82], kamen diese Eingaben besonders ungelegen.

Trotz des fortgesetzten Wohnungsbauprogramms der SED änderte sich an der Stimmung in den folgenden Jahren wenig. Es gingen weiterhin zahlreiche Eingaben bei den verschiedensten staatlichen Stellen ein, in denen immer wieder die gleichen Probleme geschildert wurden; deren Tonfall wurde jedoch nun merklich schärfer. 1981 erhöhte sich der Anteil der Eingaben zu Wohnungsfragen an das Büro des Generalsekretärs beispielsweise auf 38 Prozent[83]. In der Eingabenanalyse des ersten Halbjahres von 1983 konnte dann zwar ein leichter Rückgang auf ca. 34 Prozent festgestellt werden[84], dennoch bildeten Anfragen zur Wohnungspolitik „nach wie vor“[85] den Schwerpunkt der Eingabentätigkeit an das Büro Honecker. Gleichzeitig wies die Analyse darauf hin, dass die Bürger „berechtigte Forderungen [...] ungeduldiger und [...] nachdrücklicher“[86] stellen würden. Dies war sogar noch harmlos formuliert, da die „ungeduldiger“ und „nachdrücklicher“ gestellten Forderungen häufig auch Drohungen, wie z.B. das Stellen eines Ausreiseantrages, beinhalteten[87]. Besonders bei jungen Menschen wuchs in diesem Zeitraum die Unzufriedenheit mit dem vorhandenen Wohnraum[88] und damit der Missmut über die Unfähigkeit des Systems, das Problem zufriedenstellend zu lösen.

Die „Kehrseite des Machtmonopols“ war folglich, dass trotz der grundsätzlichen Zustimmung zu ihrer Sozialpolitik der SED alle „zutage tretenden Defizite“[89] zugerechnet wurden. So konnte das Parteiregime die verbreitete Zustimmung zu seiner Sozialpolitik angesichts der Widersprüche zwischen den propagierten „sozialen Errungenschaften“ und der realen Umsetzung des Programms nicht in Systemloyalität verwandeln[90].

Doch nahm die Parteiführung bezüglich des Wohnungsbauprogramms wahr, dass ihre Strategie letztlich nicht zu der gewünschten Systemloyalität führte? Hier zeigt sich ein widersprüchliches Bild: Zum einen schien die SED-Spitze ein klares Bild der vorherrschen-

---

[78] Vgl. Bouvier, Die DDR – ein Sozialstaat, S. 194f.
[79] Vgl. SAPMO, DY 30/2589, Bl. 79.
[80] Schmunk/Tietze/Winkler (Hrsg.), Marxistisch-leninistische Sozialpolitik, S. 132f.
[81] Ebenda.
[82] Bouvier, Die DDR – ein Sozialstaat, S. 198.
[83] Vgl. Information über eingegangene Eingaben im 2. Halbjahr 1983 vom 17. 2. 1984, in: SAPMO, DY 30/2590, Bl. 10–17, hier Bl. 13.
[84] Vgl. ebenda.
[85] Ebenda, Bl. 14.
[86] Ebenda.
[87] Vgl. Bouvier, Die DDR – ein Sozialstaat, S. 197.
[88] Vgl. Felix Mühlberg, Bürger, Bitten und Behörden. Geschichte der Eingabe in der DDR, Berlin 2004, S. 184.
[89] Skyba, Sozialpolitik in der Ära Honecker, S. 53.
[90] Vgl. ebenda, S. 62.

den Loyalitäten vor Augen zu haben, wenn sie eine Kürzung der sozialpolitischen Leistungen aus Gründen des Machterhalts kategorisch ausschloss[91]. Ebenso war durch die Eingabenanalysen sehr genau bekannt, dass die Bevölkerung darüber enttäuscht war, dass die reale Entwicklung des Wohnungsbaus hinter den propagierten Fortschritten zurückblieb. Zum anderen beurteilten insbesondere Honecker[92], aber auch andere Führungsmitglieder der SED[93] das sozialpolitische Programm bzw. das Wohnungsbauprogramm als grundsätzlich erfolgreich.

Somit zeigte sich für die Sozialpolitik der SED ein ähnliches Problem, wie es sich bereits bei der ostdeutschen Außenpolitik der 1970er Jahre beobachten ließ: Sie hatte das Potenzial, sowohl zu einer tatsächlichen Legitimation des Regimes beizutragen als auch diese zu untergraben[94].

## III. Konsumpolitische Befriedigungsstrategie: Das Beispiel Intershop

Während die Konsumgüterproduktion unter Ulbricht zugunsten der Schwerindustrie eher vernachlässigt worden war, setzte Honecker ab 1971 andere Akzente. Die Ulbrichtsche Politik hatte Konsumwünsche auf unbestimmte Zukunft vertagt. Statt des „Wie wir heute arbeiten, werden wir morgen leben“ hieß es unter Honecker: „Ich leiste was, also leiste ich mir was“[95]. Der VIII. Parteitag der SED hatte neben den im Zuge des sozialpolitischen Programms angehobenen Einkommen der Bevölkerung auch im konsumpolitischen Bereich entsprechende Zugeständnisse an die Wünsche der Bevölkerung gemacht[96]. Statt Konsumwünsche auf morgen zu verschieben, sollte in der Gegenwart alles zur Hebung des Lebensstandards getan werden[97]. Durch dieses Versprechen eines allgemeinen Wohlstands versuchte die Partei- und Staatsführung, Legitimität zu erreichen[98].

Wie die sozialpolitischen Maßnahmen verursachten aber auch die konsumpolitischen Aspekte der „Hauptaufgabe“ staatliche Mehrausgaben. Honecker war sich allerdings sicher, dass man diese decken könne. Denn er glaubte, sobald die ostdeutschen Bürger merkten, dass ihre Arbeit zu einem besseren Lebensstandard führte, wären sie motivierter und die daraus resultierende effektivere Arbeit würde die Mehrausgaben decken[99]. Dessen

---

[91] Vgl. ebenda, S. 56.
[92] Vgl. Reinhold Andert/Wolfgang Herzberg, Der Sturz. Erich Honecker im Kreuzverhör, Berlin/Weimar 1990, S. 277–280.
[93] Vgl. Gerhard Schürer, Planung und Lenkung der Volkswirtschaft in der DDR – Ein Zeitzeugenbericht aus dem Zentrum der DDR-Wirtschaftslenkung, in: Eberhard Kuhrt/Hannsjörg F. Buck/Gunter Holzweißig (Hrsg.), Die Endzeit der DDR-Wirtschaft. Analysen zur Wirtschafts-, Sozial- und Umweltpolitik, Opladen 1999, S. 61–98, hier S. 86.
[94] Vgl. zu dieser Doppelfunktion für den Bereich der Sozialpolitik Hockerts, Soziale Errungenschaften, S. 799.
[95] Zitiert nach Kaminsky, Ungleichheit in der SBZ/DDR am Beispiel des Konsums, S. 60.
[96] Vgl. zum Begriff „Konsumpolitik“ Ina Merkel, Im Widerspruch zum Ideal. Konsumpolitik in der DDR, in: Heinz-Gerhard Haupt/Claudius Torp (Hrsg.), Die Konsumgesellschaft in Deutschland 1890–1990. Ein Handbuch, Frankfurt a. M./New York 2009, S. 289–304, hier S. 289.
[97] Vgl. dies., Utopie und Bedürfnis. Die Geschichte der Konsumkultur in der DDR, Köln u. a. 1999, S. 327.
[98] Vgl. dies., Im Widerspruch zum Ideal, S. 289.
[99] Vgl. Jonathan Zatlin, Consuming Ideology. Socialist Consumerism and the Intershops, 1970–1989, in: Peter Hübner/Klaus Tenfelde (Hrsg.), Arbeiter in der SBZ-DDR, Essen 1999, S. 555–572, hier S. 557f.

ungeachtet konnte die DDR die Arbeitsproduktivität nicht maßgeblich erhöhen, was folglich auch nicht zu der angestrebten höheren Konsumgüterproduktion führte. Allerdings hatten sowohl die SED-Propaganda nach dem VIII. Parteitag als auch die höheren Einkommen in der Bevölkerung Konsumwünsche gefördert, die das Regime nun nicht mehr einfach ignorieren konnte, ohne dadurch seine Glaubwürdigkeit weiter zu gefährden.

Die bereits Mitte der 1950er Jahre gegründeten Intershop-Läden nahmen in diesem Konflikt einen besonderen Platz ein. Ursprünglich waren sie in Hafenstädten der DDR wie Rostock und Stralsund gegründet worden, um Matrosen Waren gegen Westwährung anzubieten. Später, vor allem nach dem Bau der Mauer 1961, wurde das Intershop-System stetig ausgebaut, da es bei der Erwirtschaftung von harten Devisen sehr erfolgreich war[100]. Als DDR-Bürgern 1974 der Besitz von Devisen gesetzlich gestattet wurde, konnten sie, sofern sie tatsächlich im Besitz von Westwährung waren, in den Intershops einkaufen. Dass das Regime den Bürgern den Zugang zu den Intershops gestattete und damit auch den Blick auf die begehrte westliche Warenwelt zuließ, lag an der wachsenden Devisenknappheit der DDR, die die SED auf diesem Wege zu lindern versuchte[101]. Da die DDR ihre eigene Konsumgüterproduktion nicht maßgeblich hatte erweitern können, sollten die über die Intershops importierten Westwaren darüber hinaus dazu beitragen, die Versorgung der Bevölkerung zu gewährleisten[102].

Die ökonomischen Zwänge des Staates, die die SED zu dieser Strategie geführt hatten, bargen indes zwei Probleme: Erstens wurde den DDR-Bürgern in den Intershops die westliche Warenwelt unmittelbar vor Augen geführt. Im Vergleich dazu schnitt die von Mängeln geprägte ostdeutsche Konsumwelt schlechter ab, obwohl die Propaganda von der Überlegenheit der sozialistischen über die westlich-kapitalistische Wirtschaftskraft anderes zu suggerieren versuchte. Kulturell gesehen hatten neben den Westmedien daher auch die Intershops „verheerende Folgen für die Norm- und Wertvorstellungen der Bevölkerung"[103], die sich zunehmend an westlichen Standards orientierte[104].

Zweitens begab sich die SED-Führung durch die Intershop-Politik in einen eklatanten Widerspruch zu ihrer auf Egalität zielenden Ideologie. „Sich etwas leisten" konnten sich eben nicht all jene, die „etwas geleistet hatten", sondern nur, wer im Besitz von Westwährung war. Dies waren aber weder die loyalen Kader des SED-Regimes, denn ihnen waren „Westkontakte" – und in der Konsequenz auch der Zugang zu Westwährung – verboten, und auch nicht primär die Arbeiterklasse, sondern DDR-Bürger, die Verwandte oder Freunde vornehmlich in der Bundesrepublik hatten. Statt also loyale Kader des Regimes oder Arbeiter gezielt mit dem Zugang zu den Intershops zu belohnen, privilegierte das Intershop-System gerade die Bürger, die aufgrund ihrer Westkontakte vermutlich am wenigsten Enthusiasmus für das SED-Regime aufbrachten[105].

Dieses inhärente Problem des Intershop-Systems wurde von unterschiedlichen Teilen der DDR-Bevölkerung sehr genau wahrgenommen. Die ZAIG des MfS berichtete beispiels-

---

[100] Vgl. Katrin Böske, Abwesend anwesend. Eine kleine Geschichte des Intershops, in: Neue Gesellschaft für Bildende Kunst (Hrsg.), Wunderwirtschaft. DDR-Konsumkultur in den 60er Jahren, Köln u.a. 1996, S. 214–222, hier S. 214–216.

[101] Vgl. Merkel, Utopie, S. 245.

[102] Vgl. Zatlin, Consuming Ideology, S. 559.

[103] Merkel, Utopie, S. 248.

[104] Vgl. Zatlin, Consuming Ideology, S. 557.

[105] Vgl. ebenda, S. 567. Vgl. auch Gerhard Wettig, Die Entstehung der Voraussetzungen für das Ende der DDR, in: Jahrbuch für historische Kommunismusforschung (2009), S. 229–250, hier S. 230.

weise im Jahr 1977, die ostdeutsche Bevölkerung habe sehr genau registriert, dass der Besitz von Westwährung nunmehr die Gesellschaft teile. Beklagt wurde laut MfS-Informationen, dass „jener Teil der DDR-Bevölkerung bevorteilt" werde, „der keine positive Einstellung zur sozialistischen Staats- und Gesellschaftsordnung der DDR besitze", während ehrliche Arbeit nicht zum Erwerb von Devisen führe. Die Teilung der Gesellschaft entsprechend ihres Westgeldbesitzes wurde sogar noch weiter differenziert: So informierte das MfS die Parteiführung darüber, dass von „drei oder vier in der DDR vorhandenen ‚Personenkategorien' gesprochen" werde, und zwar „erstens den Arbeitern, Rentnern und anderen Bürgern mit niedrigem Einkommen ohne Westgeld; zweitens Bürgern mit höherem Einkommen [...]; drittens den Besitzern von Westgeld mit Zugang zum Intershop". Als vierte Kategorie wurden „privilegierte Personen und hohe Funktionäre" genannt, die in „besonderen Läden"[106] einkaufen würden.

Auch 1978 berichtete die ZAIG über die Kritik der Bevölkerung am Intershop-System. Ein „freischaffender Journalist und Schriftsteller", der sich selbst als „Kommunist ohne Parteibuch" bezeichnen würde, habe demnach geklagt, dass „über Teile der Fundamente des Sozialismus ‚Gras gewachsen' sei". In diesem Zusammenhang habe er auf die „Schmach der Intershop's [sic]"[107] verwiesen. Die Parteiführung war durch die ZAIG des MfS folglich detailliert darüber unterrichtet, dass die Unvereinbarkeit der Intershops mit dem Anspruch der egalitären Ideologie in der ostdeutschen Gesellschaft ein brisantes Gesprächsthema war.

Kritische Stimmen aus der Bevölkerung zu den Intershops kamen der Staatsführung auch über andere Kanäle zur Kenntnis. 1978 hatten Bürger im sächsischen Pirna versucht, in einem Intershop mit Mark der DDR zu bezahlen und waren zurückgewiesen worden[108]. Die Bezirksleitung führte im selben Zeitraum in einem Bericht an die SED-Spitze über „gegenwärtig im Bezirk Dresden diskutierte Probleme" dementsprechend aus: „Diskussionen über Versorgungsprobleme, über den Nutzen der Intershop-Läden und damit zusammenhängende Fragen treten nach wie vor [...] auf und äußern sich oft in Unduldsamkeit und Zweifeln an der Richtigkeit der Wirtschaftspolitik"[109]. Den befürchteten Spannungen im Bezirk wurde von staatlicher Seite durch die Schließung des Intershops in Pirna vorgebeugt[110]. Allerdings konnte dies nicht die grundsätzliche Kritik vieler Bürger an den Einrichtungen ausräumen.

Zweifel am Sinn und Zweck der Intershops äußerten vereinzelt auch SED-Funktionäre: Als der als Querdenker zur offiziellen Parteilinie bekannte Wolfgang Harich in einem Interview mit dem *Kölner Stadtanzeiger* 1978 auf die Intershop-Läden und die existierenden „zwei Käuferschichten" angesprochen wurde, kritisierte er diese. Die „Doppelwährung" halte er für „korrumpierend und demoralisierend", denn schließlich laute „die Grundformel des Sozialismus ‚Jedem nach seinen Leistungen!' und nicht ‚Jedem nach dem Wohnsitz seiner Tante'". Ebenso hielt er allerdings die Orientierung der ostdeutschen Bevölkerung an westlichen Konsumvorstellungen für „verderblich"[111].

---

106 Vgl. Gieseke, Bevölkerungsstimmungen in der geschlossenen Gesellschaft, S. 254, die Zitate nach ebenda.

107 Information 566/78 vom 20. 9. 1978, in: BStU, MfS, ZAIG, Nr. 2869, Bl. 1–8, die Zitate Bl. 1–2.

108 Vgl. Zatlin, Consuming Ideology, S. 569.

109 Material über im Bezirk Dresden gegenwärtig diskutierte Probleme vom 23. 2. 1978, S. 2, in: SAPMO, DY 30/vorl. SED 20707/2, unpag.

110 Vgl. Zatlin, Consuming Ideology, S. 569.

111 „Mangel kann positiv sein". Eine nachdrückliche Warnung vor einer falschen Orientierung in der DDR (Interview mit Wolfgang Harich), in: *Kölner Stadt-Anzeiger* vom 12. 5. 1978.

Sogar der SED-Generalsekretär selbst zeigte eine zwiespältige Haltung zu dem „unlösbaren Dilemma zwischen den Idealen der sozialistischen Utopie und dem Legitimationsinteresse“[112]. Einerseits war Honecker sich im Klaren darüber, dass es aus wirtschaftlichen Gründen nicht in Frage kam, die kritisierten Intershops abzuschaffen. Der Devisenbedarf der verschuldeten DDR war im Gegenteil so hoch, dass die Intershops in den 1970er Jahren mehr und mehr ausgebaut wurden[113]. Zugleich war sich Honecker des ideologischen Problems, das sich mit den Intershops verband, offenbar bewusst. SED-intern erklärte er im Jahr 1977, die Intershops sollten – trotz ihres Millionenumsatzes an Devisen – nicht weiter ausgebaut, sondern ihre Anzahl reduziert werden, da es eine „große Diskussion“[114] über die Einrichtungen gebe. Öffentlich erklärte er ebenfalls 1977, dass die Intershop-Läden „selbstverständlich kein ständiger Begleiter des Sozialismus“ seien. Er gab sogar zu, dass „Bürger der DDR, die keine Devisen besitzen, im gewissen Sinne im Nachteil gegenüber denen“ seien, die über westliche Währung verfügen könnten.

Um diese Ungerechtigkeit in der Güterversorgung zu beheben, solle das „Netz der Exquisitläden“ ausgebaut werden[115]. Die 1961 eingeführten Exquisitläden hatten sich auf den Vertrieb besonders modischer Kleidung spezialisiert. Die Kette der 1966 eröffneten Delikatläden, die hochwertige Lebensmittel verkauften[116], sollte ebenso ausgebaut werden, damit alle Bürger der DDR die Möglichkeit hätten, „Waren höherer Preisklasse für Mark der DDR zu kaufen“[117]. Der Ausweitung der Intershops, die in den 1970er Jahren verstärkt zu Kritik geführt hatte, sollte durch die Erweiterung der Exquisit- und Delikatläden folglich „die Spitze genommen werden“[118].

Diese Strategie führte bei der Bevölkerung allerdings nicht zu der gewünschten Befriedigung ihrer Konsumwünsche. Denn durch den Ausbau des Netzes an Exquisit- und auch Delikatläden verschwanden Produkte aus normalen Läden und tauchten zu erhöhten Preisen in Exquisit- bzw. Delikatläden wieder auf. Die Bevölkerung registrierte dies sehr genau und stand sowohl den Intershops als auch dem Ausbau der Exquisit- und Delikatladenketten weiter kritisch gegenüber, während sich gleichzeitig die Enttäuschung über die ostdeutsche Konsumgüterversorgung und daraufhin die Westorientierung ungemindert verbreiteten[119].

## IV. Resümee

In der Ära Honecker versuchte das SED-Regime auf verschiedene Weise, die Loyalität seiner Bürger zum sozialistischen Gesellschaftsmodell und seiner Einheitspartei zu erreichen.

---

112 Merkel, Im Widerspruch zum Ideal, S. 302.
113 Vgl. Zatlin, Consuming Ideology, S. 570.
114 Vgl. ebenda, S. 569. Das Zitat ebenda.
115 Die sozialistische Revolution in der DDR und ihre Perspektive. Aus der Rede des Generalsekretärs des Zentralkomitees der SED, Erich Honecker, auf der propagandistischen Großveranstaltung zur Eröffnung des Parteilehrjahres 1977/78 in Dresden“, in: *Neues Deutschland* vom 27. 9. 1977, S. 3–5, hier S. 4.
116 Vgl. Merkel, Utopie, S. 248.
117 Rede Honeckers auf der propagandistischen Großveranstaltung zur Eröffnung des Parteilehrjahres 1977/78 in Dresden, in: *Neues Deutschland* vom 27. 9. 1977, S. 4.
118 Merkel, Utopie, S. 266.
119 Vgl. Zatlin, Consuming Ideology, S. 570f.

Die nach internationaler Anerkennung strebende Außenpolitik, eine die „sozialen Errungenschaften" demonstrierende Sozialpolitik sowie die an den Bedürfnissen der Bevölkerung ausgerichtete Konsumpolitik sollten nach dem Willen der Machthaber die Parteiherrschaft der SED legitimieren.

Im Ansatz hatten der außenpolitische Kurs der SED, wie er sich z. B. in der Unterzeichnung der Schlussakte von Helsinki ausdrückte, und die sozialpolitischen Maßnahmen der DDR-Führung wie der Wohnungsbau oder eine an den Bedürfnissen der Bevölkerung ausgerichtete Konsumpolitik durchaus das Potenzial, tatsächlich zu einer Legitimation des sozialistischen ostdeutschen Systems beizutragen: So konnte sich die SED-Führung sicher sein, dass eine größere Reisefreiheit wie sie der Grundlagenvertrag und die KSZE-Schlussakte versprachen, von den Ostdeutschen begrüßt würden. Ebenso bedeutete für viele Familien die angekündigte „Lösung der Wohnungsfrage" eine unmittelbare Verbesserung ihres Lebensstandards. Schließlich fand auch Honeckers Entscheidung, einen gewissen Konsum schon im Heute und nicht erst im Morgen möglich zu machen, eine breite Zustimmung in der Bevölkerung, die über die Fernsehprogramme der Bundesrepublik bereits bestens über die dortige, im Vergleich zur DDR wesentlich vielfältigere Warenwelt informiert war.

Gemeinsamkeiten zeigten sich jedoch nicht nur in der grundsätzlichen Fähigkeit dieser Maßnahmen, zur Legitimation des sozialistischen Systems beizutragen, sondern auch in deren Scheitern. Keine der Maßnahmen, die die SED unternahm, führte zu einer breiten Zustimmung zum Gesellschaftsmodell der DDR, sondern eher zu einer „Hinnahme der Herrschaft [...] ohne den ideologisch-normativen Konsens zu gewährleisten"[120]. Die praktische Umsetzung der sozial- und konsumpolitischen Entscheidungen, die maßgeblich durch die zunehmenden ökonomischen Schwierigkeiten der DDR belastet wurden, führte zu einer breiten Unzufriedenheit bei den ostdeutschen Bürgern. Sie wiesen die Machthaber sehr deutlich darauf hin, dass sie über das nicht eingehaltene Versprechen eines allgemeinen Wohlstandes und über die zutage tretende Spaltung der Gesellschaft entsprechend des Zugangs zu westlicher Währung enttäuscht waren. Noch deutlicher offenbarte sich die tatsächliche Wirkung der Legitimationsbemühungen der SED allerdings durch den eklatanten Widerspruch zwischen einer außenpolitisch propagierten Entspannungs- bzw. Friedenspolitik und der vorangetriebenen innenpolitischen Militarisierung der Gesellschaft. Die Proteste gegen den Wehrunterricht machten im Gegensatz zu der im Stillen schwelenden Unzufriedenheit über die sozial- und konsumpolitischen Entwicklungen öffentlich deutlich, dass die beabsichtigte legitimatorische Wirkung völlig verfehlt worden war und sich diese Tatsache auch nicht im Zuge der zunehmenden internationalen Spannungen an der Wende zu den 1980er Jahren ändern ließ. Sie beflügelte vielmehr die einsetzende gesellschaftliche Entwicklung staatlich unabhängiger Friedensgruppen, die am Ende der 1970er Jahre vermehrt an die Öffentlichkeit traten. Diese machten der SED nicht nur den Anspruch auf die alleinige Vertretung der Gesellschaft streitig, sondern wiesen zugleich auf die fehlende Legitimität des Regimes hin, in Friedensfragen für seine eigenen Bürger sprechen zu können.

Zwar war die Staats- und Parteiführung auf verschiedenen Ebenen durchaus darüber informiert, dass ihre Konzepte nicht die gewünschte Wirkung erzielten. Durch das Eingabensystem, aber auch durch Berichte des Abteilungsapparates des ZK sowie durch das MfS

---

[120] Hockerts, Soziale Errungenschaften, S. 779.

war auf die Unglaubwürdigkeit der eigenen Politik – wenngleich nicht in aller Schärfe und auch nicht immer auf hohem analytischen Niveau – hingewiesen worden.

Dennoch führte dieses Wissen zu keiner grundlegenden Änderung der Bemühungen, durch die Außen-, Sozial- und Konsumpolitik Legitimation zu erreichen. Dies war bedingt durch außenpolitische und vor allem ökonomische Faktoren, aber zum Teil – im Bereich des Wohnungsbaus – auch dem Glauben geschuldet, dass die Programme tatsächlich erfolgreich seien und zu einer beträchtlichen Verbesserung des Lebensstandards der Bevölkerung und damit zu einer größeren Legitimität der SED-Herrschaft beitragen würden. Wo dennoch Steuerungsversuche unternommen wurden, führten diese nicht zu einem Mehr, sondern sogar zu einem Weniger an Loyalität, wie es sich am Beispiel der Ausweitung der Exquisit- und Delikatladenketten sehen lässt.

Die 1970er Jahre sind daher sehr zutreffend als eine Zeit abnehmender Systemloyalität in der ostdeutschen Gesellschaft charakterisiert worden[121]. Gleichzeitig deutete sich an der Wende zu den 1980er Jahren bereits an, dass Widerspruch gegen das System nicht mehr nur in Eingaben oder anderen nicht-öffentlichen Formen geäußert wurde, sondern sich in zunehmendem Maße auch öffentlich artikulierte. Konnte das SED-Regime diese Entwicklung an der Wende zu den 1980er Jahren noch weitgehend unterdrücken, gelang ihm dies in den folgenden Jahren immer weniger.

---

[121] Vgl. Hornbostel, Spätsozialismus, S. 13.

*Philipp Gassert*

# Viel Lärm um Nichts?

## Der NATO-Doppelbeschluss als Katalysator gesellschaftlicher Selbstverständigung in der Bundesrepublik

Als Bundestagspräsident Rainer Barzel (CDU) am 22. November 1983 um 22.01 Uhr die 36. Sitzung des 10. Deutschen Bundestages schloss, ging eine der längsten und heftigsten parlamentarischen Auseinandersetzungen in der Geschichte der Bundesrepublik Deutschland zu Ende. Seit Ende der 1970er Jahre hatte sich der Bundestag insgesamt 37 Mal mit dem NATO-Doppelbeschluss vom 12. Dezember 1979 befasst[1]. Nun, nach zweitägiger Redeschlacht, gab die Mehrheit der Abgeordneten grünes Licht für die Stationierung von 108 Pershing-II-Raketen und 96 Cruise Missiles auf deutschem Boden. 286 Abgeordnete von Union und FDP stimmten dafür; einer (von der FDP) enthielt sich der Stimme; 225 von SPD und Grünen stimmten geschlossen gegen den Antrag der Regierungsfraktionen, den Doppelbeschluss in seinen beiden Teilen umzusetzen[2]. Schon am folgenden Wochenende wurde in Mutlangen östlich von Stuttgart und in Sigonella auf Sizilien mit der Dislozierung der ersten Raketen begonnen[3].

Mit dem aufgrund der parlamentarischen Mehrheitsverhältnisse nie zweifelhaften Ausgang des Bundestags-Votums war die neue Friedensbewegung der 1980er Jahre mit ihrem engeren politischen Anliegen nicht durchgedrungen. Sie war, so die Einschätzung von Andreas Wirsching, „gemessen an ihren kurzfristigen Zielen [...] gescheitert“[4]. Sie hatte trotz enormer Mobilisierungserfolge die Stationierung von neuen nuklearen Waffen in Westeuropa bzw. in der Bundesrepublik nicht verhindern können. Zwar waren zwischen 1980 und 1983 in Europa und den USA Millionen im Protest auf die Straßen gegangen. Dennoch setzten sich die Nachrüstungs-Befürworter durch. Damit erstarb auf den ersten Blick die Raison d'être der Friedensbewegung. Ein politisch und sozial heterogenes Spektrum, das über diese eine Frage zusammengeführt und zusammengehalten worden war, fächerte sich wieder auf[5]. Die neue Friedensbewegung konnte nach 1983/84 nicht mehr

[1] Vgl. Jeffrey Herf, War by Other Means. Soviet Power, West German Resistance, and the Battle of the Euromissiles, New York 1991, S. 205.

[2] Verhandlungen des Deutschen Bundestages, Stenographische Berichte, 10. Wahlperiode, 36. Sitzung, S. 2590; Wiederabdruck, in: Die Nachrüstungsdebatte im Deutschen Bundestag. Protokoll einer historischen Entscheidung, Reinbek bei Hamburg 1984, S. 11–274; der Leitantrag von CDU/CSU und FDP, ebenda, S. 272–274.

[3] Archiv der Gegenwart (AdG), 26. November 1983, S. 27213.

[4] Andreas Wirsching, Abschied vom Provisorium. Geschichte der Bundesrepublik Deutschland 1982–1990, München 2006, S. 105.

[5] Generell wird darauf verwiesen, dass es „die“ Friedensbewegung nicht gab, sondern dass es sich um ein Bündnis heterogener Akteure handelte. Dennoch lässt sich in der Hochphase der Polarisierung 1981–1984 von einer einheitlichen Bewegung sprechen, die sich im Koordinationsausschuss (KA) zusammengeschlossen hatte, vgl. Ulrike C. Wasmuht, Friedensbewegungen der 1980er Jahre. Zur Analyse ihrer strukturellen und aktuellen Entstehungsbedingungen in der Bundesrepublik Deutschland und den Vereinigten Staaten nach 1945: Ein Vergleich, Gießen 1987, S. 135f.; Wirsching, Abschied, S. 86f.; der Überblicksartikel von Andreas Buro, Friedensbewegung, in: Roland Roth/Dieter Rucht (Hrsg.), Die sozialen Bewegungen in Deutschland seit 1945. Ein Handbuch, Frankfurt a. M. 2008, S. 268–291, verwendet den Begriff ohne nähere Definition im Singular; siehe auch die in FN 6 zitierte Literatur sowie den Beitrag von Helge Heidemeyer in diesem Band.

in der gleichen Weise zum Protest mobilisieren wie ihr dies in der Hochphase der frühen 1980er Jahre gelang[6].

Dennoch griffe es zu kurz, der Friedensbewegung Scheitern zu attestieren. Allein das Faktum der gleich mehrfachen Mobilisierung von Hundertausenden von Menschen in Dutzenden von Großdemonstrationen ruft nach einer Erklärung, denn das grundsätzliche Problem, von der diese Bewegung ihre Energie bezog, war keinesfalls neu: Seit den 1940er Jahren lebten Europäer östlich und westlich des Eisernen Vorhangs sowie Nordamerikaner „im Schatten der Atombombe"[7]. Die Möglichkeit eines atomaren Weltuntergangs war während des gesamten Kalten Krieges gegeben (und ist noch heute theoretisch existent)[8]. Aber nur Mitte der 1950er bis Mitte der 1960er Jahre, in der Zeit der „Kampf dem Atomtod"-Kampagnen und der Ostermärsche, und dann wieder in der Phase des Zweiten Kalten Krieges ab 1979 gewann die nukleare Bedrohung politische und gesellschaftliche Breitenwirkung. Vor 1955, in den Jahrzehnten zwischen Kubakrise und NATO-Doppelbeschluss und erneut seit dem INF-Vertrag 1987 blieb sie eine weitgehend ignorierte Randirritierung.

Die Debatte über den NATO-Doppelbeschluss – diese These wird im Folgenden vertreten – war mehr als ein sicherheitspolitischer Streit: Sie war ein Katalysator der Selbstverständigung über zentrale politische und gesellschaftliche Fragen. Es war im weitesten Sinne Teil einer Verarbeitung der „Krisen" der 1970er und 1980er, der „Strukturbrüche" und weltpolitischen Verschiebungen dieser Epoche[9]. Es wurde nachdrücklich die „deutsche Frage" nach dem Ort der geteilten Nation in Europa und der Rolle der Bundesrepublik im atlantischen Bündnis gestellt; es wurde über die politische, kulturelle und ideelle Westorientierung und -bindung debattiert, mit dem Vorwurf bzw. der Zurückweisung des „Antiamerikanismus" als zentraler diskursiver Achse; es wurden gegensätzliche „Lehren aus der Vergangenheit" gezogen und der post-nationalsozialistische Konsens der alten Bundesrepublik so unterstrichen. Das heißt in der Summe ging es um mehr als außen- und sicherheitspolitische Probleme, für das sich in Demokratien ohnehin nur ein kleines Experten-

---

[6] Vgl. Thomas Leif, Die strategische (Ohn-)Macht der Friedensbewegung. Kommunikations- und Entscheidungsstrukturen in den achtziger Jahren, Opladen 1990, S. 133; Rüdiger Schmitt, Die Friedensbewegung in der Bundesrepublik Deutschland. Ursachen und Bedingungen einer neuen sozialen Bewegung, Opladen 1990, S. 15f.; Alice Holmes Cooper, Paradoxes of Peace. German Peace Movements since 1945, Ann Arbor 1996, S. 211–233.

[7] George F. Kennan, Im Schatten der Atombombe. Eine Analyse der amerikanisch-sowjetischen Beziehungen von 1947 bis heute, Köln 1982.

[8] Vgl. etwa Robert Jungk, Der Atomstaat. Vom Fortschritt in die Unmenschlichkeit, München 1977, S. 158–181, zur Gefahr eines atomaren Terrorismus; der „Kriegsausbruch aus Versehen" wegen Computer-Versagens war ein häufig diskutierter, „ganz wichtiger Punkt", so die Anwältin des Publikums auf dem Podium „Umkehr in der Sicherheitspolitik" auf dem Hannoveraner Kirchentag, vgl. Hans-Jochen Luhmann/Gundel Neveling-Wagner (Hrsg.), Deutscher Evangelischer Kirchentag Hannover 1983. Dokumente, Stuttgart 1984, S. 542.

[9] Allgemein zu den Transformationsprozessen Anselm Doering-Manteuffel/Lutz Raphael, Nach dem Boom. Perspektiven auf die Zeitgeschichte seit 1970, Göttingen 2008; Konrad Jarausch (Hrsg.), Das Ende der Zuversicht? Die siebziger Jahre als Geschichte, Göttingen 2008; Thomas Raithel/Andreas Rödder/Andreas Wirsching (Hrsg.), Auf dem Weg in eine neue Moderne? Die Bundesrepublik Deutschland in den siebziger und achtziger Jahren, München 2009 sowie die Beiträge des Archivs für Sozialgeschichte 44 (2004) zum Rahmenthema „Die Siebzigerjahre. Gesellschaftliche Entwicklungen in Deutschland".

publikum interessiert. Nicht zum Geringsten aber war die „Raketen-Kontroverse" auch Parteipolitik im engeren Sinne, erwies sie sich doch als *einer* der Sprengsätze am Fahrgestell der sozial-liberalen Koalition und schmierte dann 1982/83 das Räderwerk des Regierungswechsels[10].

Peter Graf Kielmansegg, aber auch Heinrich August Winkler, Jeffrey Herf, Eckart Conze und andere argumentieren, dass mit der Ablehnung des NATO-Doppelbeschlusses seitens der Friedensbewegung der „sicherheitspolitische Konsens [zerbrach], der zwei Jahrzehnte lang gehalten hatte"[11]. Diese allzu monolithische Sichtweise ist freilich überzeichnet. Vielmehr war der Kampf um den Doppelbeschluss wie schon die Kontroversen um Wiederbewaffnung und Westintegration in den 1950er Jahren, das Ringen zwischen „Atlantikern" und „Gaullisten" und der Streit um die Ostpolitik in den 1960er und 1970er Jahren, letztlich äußerer Ausdruck einer mentalen Anpassung an eine gewandelte Lage. Vor dem Hintergrund der Umbrüche der 1970er Jahre musste ein außen- und sicherheitspolitischer Konsens erst wieder neu formuliert bzw. bekräftigt werden. Denn abgesehen von der Ende der 1950er Jahre sich durchsetzenden generellen Befürwortung der Westintegration, hat es jenseits dieser Ausgangsbasis einen fixen außenpolitischen Konsens in der Geschichte der Bundesrepublik eigentlich nie gegeben, sondern nur Phasen mal stärker oder mal schwächer ausgeprägter Harmonie und Verständigung.

Auch für den engeren sicherheitspolitischen Bereich dürfte gelten, dass der von der zeitgenössischen Politikwissenschaft konstatierte „Basiskonsens" zugunsten der Harmel-Formel von „Abschreckung und Entspannung"[12], der aufgrund des in den 1970er Jahren wieder stärker konfrontativen Gegenüber der Supermächte bröckelte, eher latent und der Konsens eines Expertenzirkels war. Die große Mehrheit stand seit den 1960er Jahren zwar treu zur atlantischen Allianz, doch waren ihr die Arkana der Abschreckungsdoktrin gleichgültig oder bestenfalls unbewusst. Wegen des Zugs zur Entspannung seit der Kubakrise 1963 war der nukleare Tod für anderthalb Jahrzehnte unterhalb der kritischen Wahrnehmungsschwelle der breiten Öffentlichkeit geblieben. Selbst die „systemkritischen" 68er hatten ihn über Jahre hinweg ignoriert[13].

---

[10] Aus diesen Gründen habe ich an anderer Stelle von einem „Stellvertreterkrieg" gesprochen, vgl. Ulrich Eisele, „Zweiter Kalter Krieg und Friedensbewegung". Tagung in Berlin, 26.–28. März 2009, in: Deutschland Archiv 42 (2009), S. 533–536, hier S. 535.

[11] Peter Graf Kielmansegg, Nach der Katastrophe. Eine Geschichte des geteilten Deutschland, Berlin 2000, S. 234; Eckart Conze, Die Suche nach Sicherheit. Eine Geschichte der Bundesrepublik Deutschland von 1949 bis in die Gegenwart. München 2009, S. 544; Heinrich-August Winkler, Der lange Weg nach Westen II: Deutsche Geschichte 1933–1990, Bonn 2005, S. 370f.; Herf, War By Other Means, S. 27, sieht nicht nur den außenpolitischen, sondern den demokratischen Konsens insgesamt in Frage gestellt, siehe auch Boll/Hansen in diesem Band sowie Tim Matthias Weber, Zwischen Nachrüstung und Abrüstung. Die Nuklearwaffenpolitik der Christlich-Demokratischen Union Deutschlands zwischen 1977 und 1989, Baden-Baden 1994, S. 101.

[12] Thomas Risse-Kappen, Die Krise der Sicherheitspolitik. Neuorientierung der Entscheidungsprozesse im politischen System der Bundesrepublik Deutschland, Mainz 1988, S. 87; der Bericht des belgischen Außenministers Pierre Harmel, auf dem die am 14. 12. 1967 verabschiedete künftige Aufgabenbeschreibung der NATO basierte, findet sich abgedruckt in: Europa-Archiv 23 (1968), D75f.; dazu grundlegend Helga Haftendorn, Kernwaffen und die Glaubwürdigkeit der Allianz. Die NATO-Krise von 1966–1967, Baden-Baden 1994.

[13] Lawrence S. Wittner, The Nuclear Threat Ignored. How and Why the Campaign Against the Bomb Disintegrated in the Late 1960s, in: Carole Fink/Philipp Gassert/Detlef Junker (Hrsg.), 1968. The World Transformed, New York 1998, S. 439–458; Die Angst auf dem Rückzug, in: *Die Zeit* vom 8. 6. 1984.

Dieser latente, weil für 10 bis 15 Jahre kaum artikulierte Konsens über atomare Abschreckung (auch in der abgespeckten Harmel-Variante) wurde erst in dem Augenblick erneut prekär, als angesichts des „Endes der Entspannung" und der krisenhaften Zuspitzung der internationalen Lage nach der KSZE-Gipfelkonferenz in Helsinki 1975 viele Zeitgenossen (darunter die erst jetzt zu politischem Bewusstsein gelangende, in den 1960er Jahren geborene „successor generation") sich klar machten, was offensichtlich vergessen worden war: Dieser sicherheitspolitische Konsens beruhte auf der glaubwürdigen Einsatzdrohung mit Nuklearwaffen, also darauf, dass die Freiheit „im Ernstfall" mit Atomwaffen auf deutschem Territorium verteidigt werden sollte. Angesichts der Entspannung hatte man sich in, wie sich nun zeigte, trügerischer Sicherheit gewiegt.

Nun wurde nachgearbeitet, was die Strategie der NATO (wie auch des Warschauer Pakts) implizierte. Zwar hatte der Harmel-Kompromiss wie schon zuvor der Übergang zur „flexible response" die konventionelle Verteidigungskomponente gestärkt, aber taktische Nuklearschläge damit nicht nur nicht ausgeschlossen, sondern nach dem Motto „so spät wie möglich, aber so früh wie nötig" zu einer militärischen Option gemacht[14]. Alle Umfragen deuten darauf hin, dass die Bundesbürger das atlantische Bündnis seit den 1960er Jahren zwar grundsätzlich unterstützten und begrüßten, einer Verteidigung aber nur zustimmten, sofern dies nicht unter Einsatz von Nuklearwaffen geschah. Für nukleare Verteidigung gab (und gibt) es keine Mehrheiten[15]. Vor *diese* Alternative gestellt, votierten die Westdeutschen mehrheitlich für „lieber rot als tot".

Warum der Protest gegen nukleare Waffen in der Bundesrepublik Deutschland in den 1970er und 1980er Jahren politische und gesellschaftliche Relevanz gewann und welche Folgen er zeitigte, ist die hier zentral interessierende Frage[16]. Ich nähere mich einer Antwort in fünf Schritten: Erstens wird im historischen Rückblick nach den Wurzeln der Friedensbewegung der 1980er Jahre in den Neuen Sozialen Bewegungen und alternativen Gegenmilieus der 1970er Jahre gefragt bzw. den damit einhergehenden Reintegrationsversuchen des grün-alternativen Spektrums seitens etablierter Akteure wie SPD, Gewerkschaften und Kirchen. Zweitens wird die Debatte über die NATO-Nachrüstung und den „nuklearen Tod" in den Kontext eines allgemeinen Krisendiskurses gestellt, der seit Mitte der 1970er Jahre vor dem Hintergrund z.B. des Ölpreisschocks an Fahrt gewann. Drittens frage ich, inwiefern die Krise der Détente nach 1975 Teil dieser umfassenderen Krisenperzeption wurde, um dann viertens die Nachrüstungsdebatte im Sinne der Ausgangsthese

---

[14] Diese Formulierung entstammt dem Weißbuch 1975/76 zur Sicherheit der Bundesrepublik Deutschland und zur Entwicklung der Bundeswehr, Bonn 1975, S. 21 (Ziffer 38).

[15] Ralf Zoll, Sicherheitspolitik und Streitkräfte im Spiegel öffentlicher Meinung in den Vereinigten Staaten von Amerika und der Bundesrepublik Deutschland, in: ders. (Hrsg.), Genese, Struktur und Wandel von Meinungsbildern in Militär und Gesellschaft. Ergebnisse und Analyseansätze im internationalen Vergleich, Opladen 1982, S. 33–65; Risse-Kappen, Krise der Sicherheitspolitik, S. 194.

[16] Bisher ist dieses Thema überwiegend Gegenstand sozialwissenschaftlicher und politikwissenschaftlicher Bewegungsforschung gewesen. Zu dieser weit ausdifferenzierten, jedoch stark an theoretischen Modellen der Erfolgschancen für soziale Mobilisierung orientierten Literatur die Beiträge im Handbuch von Roth/Rucht, Die sozialen Bewegungen; erste historische Annäherungen bei Wirsching, Abschied, S. 79–106; sowie in den Gesamtdarstellungen von Conze, Die Suche nach Sicherheit, S. 540f.; Manfred Görtemaker, Geschichte der Bundesrepublik Deutschland. Von der Gründung bis zur Gegenwart, München 1999, S. 645–648; Andreas Rödder, Die Bundesrepublik Deutschland 1969–1990, München 2004, S. 59–64, 79f.; Hans-Ulrich Wehler, Deutsche Gesellschaftsgeschichte, Bd. 5: Bundesrepublik und DDR, München 2008, S. 248; Winkler, Der lange Weg II, S. 370–374; Edgar Wolfrum, Die Bundesrepublik Deutschland 1949–1990, Stuttgart 2005, S. 485–488.

als „Ortsbestimmung der Gegenwart" zu interpretieren, bei der es um die erneute kritische Vergegenwärtigung von Grundsatzfragen wie der Westorientierung der Bundesrepublik, aber auch um Fragen der demokratischen Partizipation, der „Bewältigung der Vergangenheit" usw. ging; fünftens stelle ich einige abschließende Überlegungen zu den Folgen der Kontroverse um den NATO-Doppelbeschluss an.

## I. Im Schatten von „1968": Historische Wurzeln der neuen Friedensbewegung

Die neue Friedensbewegung[17] der 1970er und 1980er Jahre in der Bundesrepublik schöpfte aus zwei historischen Quellen: Organisatorisch und inhaltlich knüpfte sie an die ältere Friedensbewegung der ersten Nachkriegsjahrzehnte an, deren Verwurzelung in den Kirchen, der Sozialdemokratie und den Gewerkschaften sie teilte. Zugleich baute sie auf den aus der außerparlamentarischen Opposition der 1960er Jahre hervorgegangenen Neuen Sozialen Bewegungen und den entsprechenden alternativen oder „gegenkulturellen Milieus" auf, vor allem an Anliegen und Infrastruktur der Anti-Atomkraftbewegung[18]. Beide Vorläufer standen in hoher Kontinuität: Denn die „Kampf dem Atomtod"-Kampagne der 1950er Jahre war wesentlich von etablierten Akteuren wie den Kirchen, der SPD und dem DGB getragen worden und nach der „Godesberger Wende" der SPD zu einem raschen Ende gekommen[19]. Doch das Protestpotenzial fand in der Ostermarsch-Bewegung eine neue politische Heimat und entwickelte sich über die Opposition gegen den Vietnamkrieg schließlich zur Vorläuferin von „1968"[20].

Die ältere Friedensbewegung erreichte nie den gleichen Mobilisierungsgrad wie ihre Nachfolgerin in den 1980er Jahren. Auf ihrem Höhepunkt in den 1950er Jahren nahmen großzügigen Schätzungen zufolge etwa 325 000 Menschen an den „Kampf dem Atomtod"-Kampagnen teil, während die Ostermärsche in der ersten Hälfte der 1960er Jahre bis zu 150 000 Teilnehmerinnen und Teilnehmer in mehreren Städten gleichzeitig erreichten. Das machte sie zu den damals größten Demonstrationen der Bundesrepublik, mit indes

[17] Zu Unterscheidung wird analog zur Begriffsbildung „Neue Soziale Bewegungen" die Friedensbewegung der 1970er/80er Jahre als „neu" bezeichnet, die der 1950/60er Jahre als „älter." Von der „neuen" Friedensbewegung sprechen auch Wasmuht, Friedensbewegungen bzw. Roland Roth, Neue soziale Bewegungen in der politischen Kultur der Bundesrepublik – eine vorläufige Skizze, in: Karl Werner Brand (Hrsg.), Neue soziale Bewegungen in Westeuropa und den USA, Frankfurt a. M. 1985, S. 20–82, hier S. 67f.

[18] Karl-Werner Brand, Kontinuität und Diskontinuität in den neuen sozialen Bewegungen, in: Roland Roth/Dieter Rucht (Hrsg.), Neue soziale Bewegungen in der Bundesrepublik Deutschland, Bonn 1987, S. 30–44.

[19] Vgl. Lothar Rolke, Protestbewegungen in der Bundesrepublik, Opladen 1987, S. 190f.; Cooper, Pardoxes of Peace, S. 151f.

[20] Karl A. Otto, Vom Ostermarsch zur APO. Geschichte der außerparlamentarischen Opposition in der Bundesrepublik 1960–1970, Frankfurt a. M. 1970; beim Ausschluss des SDS aus der SPD hatte nicht zuletzt eine unterschiedliche Haltung zu Fragen der Außenpolitik und der atomaren Rüstung eine katalytische Funktion gehabt, vgl. Tilman P. Fichter/Siegward Lönnendonker, Kleine Geschichte des SDS. Der Sozialistische Deutsche Studentenbund von Helmut Schmidt bis Rudi Dutschke, Neuauflage, Bonn 2008, S. 83f.; Michael Frey, The International Peace Movement, in: Martin Klimke/Joachim Scharloth (Hrsg.): 1968 in Europe: A History of Protest and Activism, 1956–1977, New York 2008, S. 33–44.

deutlich geringeren Zahlen als in den 1980er Jahren[21]. Die Ostermärsche orientierten sich am Vorbild der britischen Campaign for Nuclear Disarmament (CND), so dass ungeachtet spezifisch nationaler Ausprägungen und Stile sich die Friedensbewegung international vernetzte, partiell auch über die ost-westliche Blockgrenze hinweg[22]. Diese „internationalistischen", d. h. transnationalen, gesamteuropäischen und transatlantischen Orientierungen sollten später zur Signatur auch der 68er-Bewegung und der neuen Friedensbewegung der 1980er Jahre werden[23].

Gilt die alte Friedensbewegung der 1950er Jahre in mancher Hinsicht als vorbildhaft und wies von der milieuspezifischen und institutionellen Herkunft ihrer Trägerschichten in SPD, Gewerkschaften und Kirchen – auch in der prekären Kooperation mit den Kommunisten – deutliche Gemeinsamkeiten mit den Aktivitäten der 1980er Jahre auf, so fallen zugleich Unterschiede ins Auge. Ihre Protestformen waren andere: Mit der Opposition gegen den Vietnam-Krieg und dem Kampf gegen die Notstandsgesetze wurden neue Muster und Formen des „zivilen Ungehorsams" und des politischen Protests, wie Happenings, Sitzblockaden und Ritual-Kritik (etwa vor Gericht) entwickelt und z. T. aus den USA importiert, die stilbildend für die neue Friedensbewegung der 1980er Jahre wurden[24]. Auch gingen aus der Konkursmasse der 1968er-Bewegung links-alternative soziale Milieus hervor, die später zwar nicht zum eigentlichen Katalysator der Friedensbewegung wurden, aber doch ihren harten Kern bildeten. Inhaltlich, personell und im Hinblick auf die Organisationsformen stand die neue Friedensbewegung daher in einer Kontinuität zu dem von der älteren Friedensbewegung doch deutlich unterschiedenen anti-autoritären und außerparlamentarischen Protest der 68er, über den sie doch in spezifischer Weise auch hinaus ging[25].

Erhebliche Unterschiede von alter und neuer Friedensbewegung lassen sich auch am äußeren Erscheinungsbild fest machen. War die ältere Friedensbewegung habituell von „männlicher", bürgerlicher Respektabilität und den Traditionen der klassischen Arbeiter-

---

[21] Die erste Zahl entstammt Hans Karl Rupp, Außerparlamentarische Opposition in der Ära Adenauer, Köln 1980, S. 191; hierbei handelt es sich um eine „interessierte" Publikation; siehe auch Christoph Kleßmann, Zwei Staaten, eine Nation. Deutsche Geschichte 1955–1970, Bonn 1988, S. 158f.; sowie die Zahlen bei Lawrence S. Wittner, Resisting the Bomb. A History of the World Nuclear Disarmament Movement 1954–1970, Stanford 1977, S. 65, 220; für eine statistische Auswertung des Umfangs von Protestaktivitäten vgl. das Zahlenwerk bei Friedhelm Neidhardt/Dieter Rucht, Protestgeschichte der Bundesrepublik 1950–1994: Ereignisse, Themen, Akteure, in: Dieter Rucht (Hrsg.), Protest in der Bundesrepublik. Strukturen und Entwicklungen, Frankfurt a. M. 2001, S. 27–70, vor allem Abb. 1 auf S. 36.

[22] Vgl. Holger Nehring, Searching for Security. The British and West German Protests Against Nuclear Weapons and „Respectability", 1958–1963, in: Benjamin Ziemann (Hrsg.), Peace Movements in Western Europe, Japan and the USA During the Cold War, Essen 2008, S. 167–187.

[23] Martin Klimke, The Other Alliance: Global Protest and Student Unrest in West Germany and the U.S., 1962–1972, Princeton 2010; Philipp Gassert, Das kurze „1968" zwischen Geschichtswissenschaft und Erinnerungskultur: Neuere Forschungen zur Protestgeschichte der 1960er-Jahre, in: H-Soz-u-Kult, http://hsozkult.geschichte.hu-berlin.de/forum/2010-04-001 (30. 4. 2010); Patrick Burke, A Transnational Movement of Citizens. Strategic Debates in the 1980s Western Peace Movement, in: Gerd-Rainer Horn/Padraic Kenney (Hrsg.), Transnational Moments of Change. Europe 1945, 1968, 1989, Lanham 2004, S. 189–206.

[24] Vgl. Thomas Balistier, Straßenprotest. Formen oppositioneller Politik in der Bundesrepublik Deutschland zwischen 1979 und 1989, Münster 1996 sowie zur historischen Genese dieser Aktionsformen die Beiträge in Martin Klimke/Joachim Scharloth (Hrsg.), 1968. Handbuch zur Kultur- und Mediengeschichte der Studentenbewegung, Stuttgart 2007, S. 23–36, 75–88, 89–100, 119–133.

[25] Brand, Kontinuität und Diskontinuität, S. 37; Roth, Neue Soziale Bewegungen, S. 67 machte demgegenüber darauf aufmerksam, dass die ersten Anstöße von außerhalb der gegenkulturellen Milieus gekommen seien.

bewegung (d.h. der alten Linken) geprägt gewesen, so pflegten viele Mitglieder der neuen Friedensbewegung ein ostentativ „anti-bürgerliches" Erscheinungsbild. Auch erzielten Frauen mehr Sichtbarkeit in der Friedensbewegung der 1980er als in den Kampagnen der 1950/60er Jahre. Vor allem beruhte der Erfolg der Friedensbewegung der 1980er Jahre darauf, dass sie, anders als die 68er-Bewegung, aber hierin vergleichbar der „Kampf dem Atomtod"- und „Ohne mich"-Kampagnen, weit ins bürgerliche Lager übergreifen konnte und mit den nachrüstungskritischen Teilen von SPD, Gewerkschaften sowie Kirchen etablierte Partner und institutionelle Träger an ihrer Seite hatte, aus deren Personal sich die wichtigsten „Bewegungsunternehmer" rekrutierten[26]. So öffneten sich vor allem auch jüngere Sozialdemokraten, Christen und Frauen deutlicher zur Friedensbewegung als zu den „68ern" ein Jahrzehnt zuvor[27]. Der Mobilisierungserfolg der Friedensbewegung lässt sich nicht ohne die breite Verwurzelung im politischen und sozialen Establishment verstehen – und hatte daher mehr Breite als der Protest „um 1968".

Der viel zitierte „Wertewandel", angestoßen durch Wirtschaftswachstum, mehr Freizeit und mehr Konsummöglichkeiten, hatte im Vergleich zu den 1950er Jahren insgesamt die Rahmenbedingungen von Protest dramatisch verändert[28]. Der Übergang zur „postindustriellen Gesellschaft" (Alain Touraine) und die Verschmelzung von Pop und Politik in einer radikalisierten Gegenkultur brachten neue ästhetische Muster des politischen Protests hervor[29]. Die gesellschaftliche Akzeptanz von Protest war deutlich breiter geworden, weshalb die neue Friedensbewegung kulturell durchaus auf den Schultern von „1968" stand, ohne jedoch eine bloße Fortsetzung zu sein. Denn die außerparlamentarische Opposition war durch eine Phase der radikalen „Entmischung" (Wolfgang Kraushaar) und Atomisierung gegangen. Sie spaltete sich in nonkonformistisch linksalternative, „post-marxistische" bis stramm marxistisch-leninistische Gruppierungen und Grüppchen unterschiedlichster Schattierung[30]. Zwar zogen sich die protestbereiten Subkulturen zunächst von der „großen Politik" zurück, stellten jedoch eine Ressource für die spätere Anti-AKW- und Friedensbewegung dar[31].

Von Bedeutung für die milieuübergreifende breite Resonanz der Friedensbewegung war, dass die kleine Minderheit post-marxistischer Linker, die sich in die alternativen Lebenswelten der Wohngemeinschaften, selbstverwalteten Betriebe und autonomen Jugendzentren zurückgezogen hatte, in einer auf eine zentrale „große Frage" begrenzten Kontro-

---

[26] Zu dieser kontroversen Begrifflichkeit vgl. Schmitt, Friedensbewegung, S.91–106.

[27] Vgl. Dietmar Süß, Die Enkel auf den Barrikaden. Jungsozialisten in der SPD in den Siebzigerjahren, in: Archiv für Sozialgeschichte 44 (2004), S.67–104; sowie Bernd Faulenbach, Die Siebzigerjahre – ein sozialdemokratisches Jahrzehnt?, in: ebenda, S.1–38; sowie den Beitrag von Friedhelm Boll und Jan Hansen in diesem Band.

[28] Vgl. Andreas Rödder/Wolfgang Elz (Hrsg.), Alte Werte – neue Werte? Schlaglichter des Wertewandels, Göttingen 2008; Detlef Siegfried, Time Is on My Side. Konsum und Politik in der westdeutschen Jugendkultur der 60er Jahre, Göttingen 2006.

[29] Vgl. Axel Schildt/Detlef Siegfried, Between Marx and Coca-Cola. Youth Cultures in Changing European Societies, 1960–1980, New York 2006; Stephan Malinowski/Alexander Sedlmaier, „1968" als Katalysator der Konsumgesellschaft. Performative Regelverstöße, kommerzielle Adaptionen und ihre gegenseitige Durchdringung, in: Geschichte und Gesellschaft 32 (2006), S.238–267.

[30] Zur Atomisierung der 68er-Bewegung vgl. Gerd Koenen, Das rote Jahrzehnt. Unsere kleine deutsche Kulturrevolution 1967–1977, Köln 2001; Gerd Langguth, Protestbewegung. Entwicklung – Niedergang – Renaissance. Die Neue Linke seit 1968, Köln 1983.

[31] Zu den gegenkulturellen Trends vgl. Detlef Siegfried, „Einstürzende Neubauten". Wohngemeinschaften, Jugendzentren und private Präferenzen kommunistischer „Kader" als Formen jugendlicher Subkultur, in: AfS 44 (2004), S.105–122; Schmitt, Friedensbewegung, S.126f.

verse, nämlich der um die Stationierung atomarer Waffen, ein temporäres Bündnis mit postmateriell orientierten Mitgliedern der Mittelschichten und etablierten Akteuren schloss. Dies war Voraussetzung für den zeitweiligen Erfolg der Friedensbewegung[32]. SPD und Teile der Gewerkschaften, aber vor allem beide Kirchen und ihnen nahe stehende Institutionen wie „Aktion Sühnezeichen" und „Pax Christi", öffneten sich gegenüber Neuen Sozialen Bewegungen. Zugleich versuchte die Sozialdemokratie, das Protestpotenzial zu reintegrieren, was nicht gänzlich glückte, wie die erfolgreiche Parlamentarisierung der Grünen als eigene, konkurrierende Partei zeigt[33]. Daher sind die nachrüstungskritischen Äußerungen von SPD-Politikern wie Egon Bahr, Erhard Eppler und Oskar Lafontaine auch als Deutungsangebote an das kulturkritische Potenzial der neuen sozialen Bewegungen zu werten[34].

Eine Verbreiterung der politischen Basis Neuer Sozialer Bewegungen deutete sich bereits im Anti-AKW-Protest an, der der späteren Friedensbewegung voranging bzw. später parallel mit ihr verlief. So bezog der in den 1970er Jahren in der Gesellschaft zunehmende Resonanz findende Widerstand gegen neue Kernkraftwerke z.B. in Wyhl und Brokdorf seinen institutionellen Rückhalt weniger aus einer ökologisch orientierten Neuen Linken, sondern konnte in ländlichen Gebieten auf die Unterstützung eines konservativen, „bürgerlichen" und „bäuerlichen" Establishments rechnen. Der Protest gegen den Bau eines Kernkraftwerks in Wyhl in Südbaden war auch deshalb erfolgreich, weil sich ihm Teile der örtlichen CDU gegen die Stuttgarter Landesregierung anschlossen[35]. Darüber hatte die Anti-Atomkraft-Bewegung eine erneute Sensibilisierung der Öffentlichkeit für die Gefahren atomarer Verseuchung bewirkt[36]. Der „nukleare Tod" entfaltete erneut eine untergründige kulturelle Präsenz, bevor er Anfang der 1980er Jahre als Teil des Widerstands gegen Nuklearwaffen ikonographischen Status erhielt[37].

## II. Zweifel an der Zukunft: Vom Krisengefühl der 1970er Jahre

Der Widerstand gegen den Bau neuer Atomkraftwerke und bald auch gegen die Stationierung von Atomwaffen lässt sich nicht nur als Spätfolge von „1968", des parallelen „Wertewandels" und einer versuchten Reintegration links-alternativer Milieus in SPD und Kirchen interpretieren. Vielmehr war er auch Symptom einer Gegenreaktion gegen technokra-

---

[32] So These und Terminologie bei Andrei S. Markovits/Philip S. Gorski, The German Left. Red, Green, and Beyond, New York 2003, S. 79; zur sozialen Basis der Friedensbewegung auch Risse-Kappen, Krise der Sicherheitspolitik, S. 44, unter Berufung auf zeitgenössische sozialwissenschaftliche Untersuchungen; das exakte Verhältnis von „68er-Erbe" und etablierten politischen Akteuren ist umstritten und historisch wenig untersucht.
[33] Vgl. Faulenbach, Die Siebzigerjahre, S. 24f., 30.
[34] Dazu unten Teil III; sowie Soell, Schmidt II, S. 785f. im Kontext der Debatte über Atomkraftwerke.
[35] Vgl. Roger Karapin, Protest Politics in Germany: Movements on the Left and the Right since the 1960s, University Park 2007, S. 118–119.
[36] Dieter Rucht, Anti-Atomkraftbewegung, in: Roth/Rucht, Die sozialen Bewegungen, S. 245–266, hier S. 258.
[37] Vgl. Jerome Shapiro, Atomic Bomb Cinema. The Apocalyptic Imagination on Film, New York 2001, S. 169f.; Scott C. Zeman, Confronting the „Capitalist Bomb": The Neutron Bomb and American Culture, in: ders./Michael A. Amundson (Hrsg.), Atomic Culture. How We Learned to Stop Worrying and Love the Bomb, Boulder 2004, S. 65–80.

tischen, auf ökonomischem („rein quantitativem") Wachstum basierende Lösungsansätze – dem „Machbarkeitswahn" (so der Vorwurf) der auf keynesianischer Globalsteuerung aufbauenden Reformeuphorie der 1960er Jahre[38]. Im Rückblick erstaunt es, mit welcher Verve Eppler in seinem für reichlich innenparteilicher „Knatsch" sorgenden Buch, „Wege aus der Gefahr", sich gegen das „Krisenmanagement" des SPD-Bundeskanzlers positionierte. Dessen Regierungserklärung vom 24. November 1980 attestierte er eine seit Ludwig Erhards Zeiten nicht mehr erreichte „Atmosphäre geistiger Öde", als sei „eine ganze Gesellschaft [...] in den Sog des politischen Nichts" geraten: „Lähmende Langeweile drang in die letzten Ritzen des gesellschaftlichen Gefüges ein."[39]

Die Jeremiade über den „Verlust aller Utopien" war eine Epochensignatur der späten 1970er und der 1980er Jahre. Zum Maßstab politischer Kultur war für große Teile der Linken, aber auch des politisch linksliberal orientierten Bürgertums die nostalgisch überhöhte „Aufbruchsstimmung" der späten 1960er Jahre geworden. Dies stellte die regierende Sozialdemokratie vor erhebliche Probleme[40]. Es kam zu einer Wahrnehmung der Welt als Verlusterfahrung angesichts einer Verbreitung globaler Krisenszenarien und einer akzelerierenden Diskussion über die Problemlösungskompetenz staatlicher Institutionen. Letzteres schien augenscheinlich die politische und kulturelle Hegemonie der Linken stärker zu bedrohen als die sich vom Keynesianismus rascher lösende Rechte. Dieser Umbruch deutete sich in den USA bereits in den späten 1960er Jahren an. In der Bundesrepublik brach dieser Trend öffentlich sichtbar erst mit der Publikation des opus classicum aller umweltapokalyptischen Szenarien, der Studie des Club of Rome, „Die Grenzen des Wachstums", 1972 durch[41].

Der Terminus Krise kehrte mit aller Macht in die politische Sprache des Westens zurück, auch wenn die Wurzeln des Strukturwandels in den späten 1950er Jahren liegen und das Ende des „billigen Öls" schon 1967/68 absehbar geworden war[42]. Begriffe wie „Strukturkrise", „Strukturwandel", „Dollar-Krise", „Ölkrise", „Umweltkrise", „Wirtschaftskrise" und „Krise der Arbeit" machten Schlagzeilen[43]. In der Jugend- und Populärkultur kam es zu einem Wechsel von der kulturellen Prämisse, die „Zukunft ist machbar", zur verschärft

[38] Vgl. Tim Schanetzky, Die große Ernüchterung, Wirtschaftspolitik, Expertise und Gesellschaft in der Bundesrepublik 1966 bis 1982, Berlin 2007; Winfried Süß, Der keynesianische Traum und sein langes Ende. Sozioökonomischer Wandel und Sozialpolitik in den siebziger Jahren, in: Jarausch (Hrsg.), Ende der Zuversicht, S. 120–137; Alexander Nützenadel, Stunde der Ökonomen. Wissenschaft, Politik und Expertenkultur in der Bundesrepublik 1949–1974, Göttingen 2006.

[39] Erhard Eppler, Wege aus der Gefahr, Reinbek bei Hamburg 1981, S. 12.

[40] Vgl. Doering-Manteuffel/Raphael, Nach dem Boom, S. 27; Faulenbach, Siebzigerjahre, S. 21.

[41] Dennis L. Meadows u. a., The Limits to Growth. A Report for the Club of Rome's Project on the Predicament of Mankind, New York 1972; zum historischen Kontext Kai F. Hünemörder, Kassandra in modernem Gewand. Die umweltapokalyptischen Mahnrufe der frühen 1970er Jahre, in: Frank Uekötter/Jens Hohensee (Hrsg.), Wird Kassandra heiser? Die Geschichte falscher Ökoalarme, Stuttgart 2004, S. 78–97.

[42] Das zeigt der Zerfall ehemaliger Schlüsselindustrien wie Textil, Kohle und Stahl schon seit Ende der 1950er Jahre, vgl. Werner Abelshauser, Deutsche Wirtschaftsgeschichte seit 1945, München 2004, S. 200–214; Stefan H. Lindner, Die westdeutsche Textilindustrie zwischen „Wirtschaftswunder" und Erdölkrise, in: Jarausch (Hrsg.), Ende der Zuversicht, S. 29–48.

[43] Vgl. Thomas Ellwein, Krisen und Reformen. Die Bundesrepublik seit den 1960er Jahren, München 1989; Anselm Doering-Manteuffel, Langfristige Ursprünge und dauerhafte Auswirkungen. Zur historischen Einordnung der siebziger Jahre, in: Jarausch (Hrsg.), Ende der Zuversicht, S. 313–329; Kai F. Hünemörder, Die Frühgeschichte der globalen Umweltkrise und die Formierung der deutschen Umweltpolitik (1950–1973), Stuttgart 2004, S. 201–226.

kulturpessimistischen Haltung eines „No Future" – ein Begriff der Ende der 1970er Jahre aus der britischen Punk-Rock-Bewegung in die deutsche Sprache importiert wurde und der augenscheinlich einen neuen generationellen Erfahrungsstil markierte[44].

Krisenperzeptionen waren also schon greifbar, als der Ölpreisschock des Winters 1973/74 die Szenarien des Club of Rome eindrucksvoll zu bestätigten schien. Auch wenn sich die Einschränkungen des Alltags trotz „Sonntagsfahrverbot" in engen praktischen Grenzen hielten, waren es weniger konkrete materielle Folgen der „Ölkrise" als veränderte Sichtweisen des Kommenden, die den historischen Wechsel einläuteten: „Zweifel an der Zukunft", so ein Titel des Kursbuch 1978, nisteten sich ein[45]. War einer der Kernkritikpunkte der 68er Revolte die „strukturelle Reformunfähigkeit" sowohl der liberalen Demokratie als auch des real existierenden Sozialismus gewesen[46], so verbreitete sich diese Skepsis nun – erneut von Großbritannien und den USA ausgehend – zunächst im liberal-konservativen Spektrum. Der liberalen Demokratie drohe „Unregierbarkeit", lautete eine der zentralen Thesen: Die rasante Ausweitung des Wohlfahrtsstaates habe nicht erfüllbare Erwartungen geweckt. Der Demokratie sei ihre Problemlösungskompetenz abhanden gekommen[47].

Es wäre verkürzend, diesen Krisendiskurs als eine einzige „neo-konservative Verschwörung" gegen den Sozialstaat und die partizipatorische Demokratie zu interpretieren[48]. Vielmehr strukturierte das Krisenargument sowohl linksliberale als auch konservative Gegenwartsdiagnosen. 1976 sprach der Physiker und Philosoph Carl Friedrich von Weizsäcker in seinem, später von der Friedensbewegung breit rezipierten Band „Wege in der Gefahr" (auf dessen Titel dann Eppler anspielen sollte) vom „Versagen der Demokratie"[49]. 1978 sah der Schriftsteller Hans Magnus Enzensberger in seinen „Randbemerkungen zum Weltuntergang" eine „Krise aller positiven Utopien" im Gange[50]. Der Psychoanalytiker Horst-Eberhard Richter diagnostizierte 1979 die Krise der Demokratie als eine Krise der etablierten Parteien, die immer mehr „mit dem technischen Funktionieren ihrer Bürokra-

---

[44] Vgl. Greil Marcus, Lipstick Traces. Von Dada bis Punk – kulturelle Avantgarden und ihre Wege aus dem 20. Jahrhundert, Hamburg 1992, S. 127.

[45] „Zweifel an der Zukunft", Kursbuch 52 (Mai 1978).

[46] Vgl. Johannes Agnoli, Die Transformation der Demokratie, in: ders./Peter Brückner (Hrsg), Die Transformation der Demokratie, Frankfurt a. M., S. 7–87; Philipp Gassert, Narratives of Democratization: 1968 in Postwar Europe, in: Martin Klimke/Joachim Scharloth, 1968 in Europe: A History of Protest and Activism, 1956–1977, New York 2008, S. 307–324.

[47] Michel Crozier/Samuel Huntington/Joji Watanuki, The Crisis of Democracy: Report on the Governability of Democracies to the Trilateral Commission, New York 1975; Isaac Kramnick, Is Britain Dying? Perspectives on the Current Crisis, Ithaca 1979; Fritz Scharpf, Politische Durchsetzbarkeit innerer Reformen, Göttingen 1974; Erwin K. Scheuch, Wird die Bundesrepublik unregierbar? Köln 1976; Wilhelm Hennis/Peter Graf Kielmansegg/Ulrich Matz (Hrsg.), Regierbarkeit. Studien zu ihrer Problematisierung, 2 Bde., Stuttgart 1979; zur historischen Einordnung Gabriele Metzler, Staatsversagen und Unregierbarkeit in den siebziger Jahren?, in: Jarausch (Hrsg.), Ende der Zuversicht, S. 243–260.

[48] So aber zeitgenössisch Claus Offe, „Unregierbarkeit". Zur Renaissance konservativer Krisentheorien, in: Jürgen Habermas (Hrsg.), Stichworte zur ‚Geistigen Situation der Zeit', Bd. 1, Frankfurt a. M. 1979, S. 294–318.

[49] Carl Friedrich von Weizsäcker, Wege in der Gefahr. Eine Studie über Wirtschaft, Gesellschaft und Kriegsverhütung, München 1976, S. 16; das Buch wurde mehrfach neu aufgelegt, die 4. Taschenbuchausgabe (bei dtv) 1982 erreichte 45 000 Exemplare.

[50] Hans-Magnus Enzensberger, Zwei Randbemerkungen zum Weltuntergang, in: Kursbuch 52 (Mai 1978), S. 1–8; er sah im Verlust der Utopien ein Problem der Linken. Da deren theoretische Entwürfe „von Babeuf bis Block" stets auf einer „positiven Utopie" beruht hätten, trage die Linke schwerer am „Verlust der Zukunftsgewissheit" als die Konservativen, vgl. ebenda, S. 4.

tien" und immer weniger damit beschäftigt seien, „was die Bürger wünschen und denken"[51]. Diesem alarmierenden Verdikt schloss sich im gleichen Jahr mit dem kurz zuvor aus dem Amt geschiedenen Berliner Wissenschaftssenator Peter Glotz ein intellektueller Vordenker der SPD bedingungslos an[52].

Seit Anfang der 1970er Jahre entwickelten Protagonisten der nach amerikanischem Vorbild nun auch in der Bundesrepublik institutionalisierten Friedensforschung[53], wie die Politologen Dieter Senghaas und Alfred Mechtersheimer, aber eben auch Weizsäcker, in erfolgreichen und zum Teil mehrfach neu aufgelegten Büchern Szenarien, wonach eine Tendenz zum thermonuklearen Krieg modernen Gesellschaften inhärent sei. Weizsäcker, der gemeinsam mit dem Philosophen Jürgen Habermas das Starnberger Max-Planck-Institut zur Erforschung der Lebensbedingungen der wissenschaftlich-technischen Welt leitete, machte technologische und machtpolitische Realitäten aus, die fast unweigerlich zum dritten (atomaren) Weltkrieg führen würden. Er leitete daraus eine grundsätzliche Kritik der Moderne ab, deren krisenhafte Tendenzen sich in den internationalen Beziehungen besonders deutlich zeigten[54].

Friedensforscher und andere intellektuelle Mentoren der werdenden Friedensbewegung zeigten sich überzeugt, dass das Wachstum der nuklearen Potenziale zwar von der UdSSR mit vorangetrieben werde, aber doch auch ein Symptom der inneren Krise westlicher Demokratien sei. Auch dieses Argument hat in die 1950er Jahre zurückreichende Genealogien, doch erhielt es im Kontext des NATO-Doppelbeschlusses neue krisenhafte Dringlichkeit, was der zunehmend apokalyptische Tonfall gerade auch wissenschaftlicher Expertisen zeigt. Richard Falk, der politische Wissenschaft an der Princeton University lehrte, bezeichnete als das erste Opfer des atomaren Wettrüstens die Demokratie: „In fact, democracy, as a political framework, seems to be a permanent casualty of the nuclear age, although democratic forms, as an increasingly empty shell, can persist, disguising for some time the actuality of the inner collapse."[55]

Falk und der Psychiater Robert Jay Lifton, der am Beispiel von Hiroshima und Nagasaki auch in der Bundesrepublik breit rezipierte Arbeiten über die psychischen und sozialen Folgen nuklearer Attacken vorgelegt hatte, gaben der Demokratie nur dann eine Überlebenschance, sofern der Westen sich dieser „Instrumente des Massenmords" entledige[56]. Indes waren derartige alarmierende Ansichten kein Privileg einer linksintellektuellen

---

[51] Horst-Eberhard Richter, Der Gotteskomplex. Die Geburt und die Krise des Glaubens an die Allmacht des Menschen, Hamburg 1979, S. 205f.

[52] Peter Glotz, Staat und alternative Bewegungen, in: Habermas, Stichworte, Bd. 2, S. 474–484

[53] Vgl. Ulrike C. Wasmuht, Geschichte der deutschen Friedensforschung. Entwicklung, Selbstverständnis, politischer Kontext, Münster 1998; Peter Imbusch/Ralf Zoll (Hrsg.), Friedens- und Konfliktforschung. Eine Einführung mit Quellen, Opladen 1996. Für eine kritische Sicht der Rolle der Friedensforschung vgl. Herf, War By Other Means, S. 83–97.

[54] Weizsäcker, Wege in der Gefahr, S. 109–139; Dieter Senghaas, Abschreckung und Frieden. Studien zur Kritik organisierter Friedlosigkeit [1969], 3. überarb. und ergänzte Aufl., Frankfurt a. M. 1981, S. 288–290; zur Kritik an Weizsäcker und der „Politisierung" des Starnberger MPI vgl. Ariane Leendertz, Die pragmatische Wende. Die Max-Planck-Gesellschaft und die Sozialwissenschaften 1975–1985, Göttingen 2010, S. 14–29.

[55] Richard Falk, Nuclear Weapons and the End of Democracy, in: Praxis International 1 (1982), S. 1-12.

[56] Robert Jay Lifton and Richard Falk, Indefensible Weapons: The Political and Psychological Case Against Nuclearism, New York 1983; zur deutschen Rezeption vgl. „Tod bei lebendigem Leib von Robert Jay Lifton", in: Heinrich Ahlemeyer/Bernd Greiner (Hrsg.), We shall overcome. Die amerikanische Friedensbewegung in Selbstzeugnissen, Köln 1983, S. 268–270.

Elite. Auch der eher konservative Council on Foreign Relations gab 1977 seiner Besorgnis Ausdruck: „In the long run, the existence of nuclear weapons could fundamentally alter government-citizen relations. If, over time, the need of goverments to field expansive deterrent forces is not appreciated by citizens who no longer sense a real nuclear threat, [...] governments might feel themselves compelled to provide for deterrence without the consent of the governed."[57]

In Deutschland wurde „Kernkraft" als Symptom und Symbol eines demokratische Kontrolle aushöhlenden, sich auf „Sachzwänge" versteifenden Technokratentums besonders wirksam von dem Publizisten Robert Jungk in seinem viel zitierten Buch „Der Atomstaat" angeprangert, das er dem linkskatholischen Publizisten und Autor des „SS-Staates", Eugen Kogon, widmete. Hier klang ein weiteres wichtiges Leitmotiv der Friedensbewegung an, die zivile und militärische Nutzung atomarer Energie durch Faschismusvergleiche nicht allein zu delegitimieren, sondern Widerstand gegen den „Nuklearstaat" quasi zur Bürgerpflicht zu machen[58]. Der auf vielen Demonstrationen als „Zukunftsforscher" Gehör findende Jungk entwarf ein düsteres Szenario der Folgen ungebremsten wissenschaftlich-technischen Fortschritts, sei doch die „technologische Tyrannei [...] zugleich mächtiger und verwundbarer als frühere Gewaltherrschaften." Kernpunkt seiner Warnungen war der „Verlust von Freiheit und Menschlichkeit" aufgrund der „Entwicklung vom Rechtsstaat zum totalitären Atomstaat" mit einer Beschränkung bürgerlicher Freiheiten und demokratischer Partizipationsrechte[59].

Der behauptete kausale Nexus zwischen atomarer Rüstung und der Krise der westlichen Demokratie zählte zu den zentralen Setzungen des Gründungsmanifests des „European Nuclear Disarmament" (END), der wichtigsten blockübergreifenden, paneuropäischen, stark intellektuell geprägten Friedensorganisation der 1980er Jahre[60]. Die Repräsentanten dieser europaweiten Friedensorganisation, zu denen der britische Historiker Edward P. Thompson und die britische Politikwissenschaftlerin Mary Kaldor gehörten, stellten in der Tradition sozioökonomischer Imperialismustheorien die Bezüge zwischen gesellschaftlicher Krise und außenpolitischer Konfrontation heraus: „We are entering the most dangerous decade in human history. A third world war is not merely possible but increasingly likely. Economic and social difficulties in advanced industrial countries, crisis, militarism and war in the third world compound the political tensions that fuel a demented arms race."[61]

---

[57] David C. Gompert u.a., Nuclear Weapons and World Politics. Alternatives for the Future, New York 1977, S. 4f.

[58] Vgl. Tim Warneke, Aktionsformen und Politikverständnis der Friedensbewegung: Radikaler Humanismus und die Pathosformel des Menschlichen, in: Sven Reichardt/Dieter Rucht (Hrsg.): Politischer Protest und Öffentlichkeit im 20. Jahrhundert. Studien zur Steuerung und Resonanz politischer Proteste in Deutschland, Göttingen 2011 (in Vorbereitung).

[59] Jungk, Atom-Staat, S. xii, 196, 211; siehe Bernd-A. Rusinek, Kernenergie, Kernforschung und ‚Geschichte'. Zur historischen Fremd- und Selbsteinordnung einer Leitwissenschaft, in: Burkhard Dietz/Michael Fessner/Helmut Maier (Hrsg.), Technische Intelligenz und Kulturfaktor Technik. Kulturvorstellungen von Technikern und Ingenieuren zwischen Kaiserreich und früher Bundesrepublik Deutschland, Münster 1996, S. 297–315, hier S. 313f.; Jungk war einer der prominenten Redner auf der Demonstration am 10. Oktober 1981, vgl. Aktion Sühnezeichen/Friedensdienste für den Frieden (Hrsg.), Bonn 10. 10. 1981. Friedensdemonstration für Abrüstung und Entspannung in Europa. Reden, Fotos ..., Bornheim 1981, S. 137–139.

[60] Zu END vgl. Lawrence S. Wittner, Toward Nuclear Abolition. A History of the World Nuclear Disarmament Movement, 1971 to the Present, Stanford 2003, S. 83–85.

[61] END Committee, „Appeal for European Nuclear Disarmament", in: Edward P. Thompson/Dan Smith (Hrsg.), Protest and Survive, Harmondsworth 1980, S. 13.

Diese Formel des „END appeal", dass die 1980er Jahre „mehr und mehr zum gefährlichsten Jahrzehnt in der Geschichte der Menschheit" würden, wurde zum Bekenntnisartikel der Friedensbewegung. Sie findet sich in Übersetzung fast wortwörtlich in vielen Aufrufen zitiert[62]. Dem Bundestag wurde mit Verweis auf den Rüstungswettlauf und abweichende Umfragewerte zunehmend seine Entscheidungskompetenz und seine demokratische Legitimität abgesprochen. So fragte das spätere Gründungsmitglied der Grünen Eva Quistorp, eine wichtige Sprecherin der unabhängigen Frauenfriedensbewegung in Deutschland, nach dem Zusammenhang von Rüstungsetat und demokratischen Rechten[63]. Das sich selbst so bezeichnende „Parlament der Mehrheit", das sich in Bonn in der Nähe des Bundestagsgebäudes am 20. November 1983 im Protest gegen den antizipierten Nachrüstungsbeschluss konstituierte, prangerte die Politik der Bundesregierung als Verstoß „gegen den demokratischen Geist des Grundgesetzes" an[64]. Es seien die „parlamentarischen ‚Köpfe' in Bonn, die wissentlich mit ihrem JA [...] das atomare Wettrüsten eskalieren", so der Bonner Koordinationsausschuss der Friedensbewegung in einem Rundbrief an seine Mitglieder im September 1983[65].

## III. Abschied von der Détente: Die außenpolitische Krise

Der sozial- und wirtschaftspolitischen Krisenperzeption entsprach seit Mitte der 1970er Jahre das außenpolitische Szenario. Eppler, Jungk, Weizsäcker und andere stellten durchweg Bezüge zwischen der krisenhaften Entwicklung der Innenpolitik und dem außenpolitischen Gezeitenwechsel dieser Jahre her. „In der Krise" stand seit Mitte der 1970er Jahre auch das internationale Umfeld, wie Eppler schrieb: „Denn auch das außenpolitische Krisenmanagement stößt dann an unüberwindliche Grenzen, wenn alles darauf deutet, dass der Rüstungswettlauf zwischen den Supermächten völlig irrationale Formen annimmt."[66] Eppler stützte sich in seinen Aussagen auf die Untersuchungen von Weizsäcker, der mit der Autorität des Gelehrten als Deutschlands „renommiertester Wissenschaftler" 1976 lapidar erklärt hatte: „Der dritte Weltkrieg ist wahrscheinlich."[67]

In der Tat hatte die Entspannungspolitik mit Leonid Breschnews Besuch im Weißen Haus 1973 ihren Höhepunkt erreicht und überschritten. Der israelisch-arabische Oktoberkrieg von 1973, die kommunistischen Umstürze bzw. Umsturzversuche im ehemals portugiesischen Afrika 1974/75 und in anderen Ländern der „Dritten Welt", die Unzufriedenheit führender amerikanischer Politiker über die SALT-Verhandlungen, das Drängen einflussreicher Kreise in NATO und US-Administration auf eine Modernisierung nuklearer Waffen sowie die Verfestigung des Eindrucks in den USA und in der Bundesrepublik, dass

62 Sie wurde u.a. im Aufruf zur Bonner Kundgebung indirekt zitiert, vgl. Aktion Sühnezeichen/Friedensdienste für den Frieden (Hrsg.), Bonn, 10. 10. 1981, S. 7; und ist, da identisch mit dem Aufruf des „Bertrand Russel Peace Tribunal", ein kanonischer Text der europäischen Friedensbewegung, siehe Alfred Mechtersheimer (Hrsg.), Nachrüsten? Dokumente und Positionen zum NATO-Doppelbeschluß, Reinbek bei Hamburg 1981, S. 256–259.

63 Zitiert nach Leif, Strategische (Ohn-)macht, S. 179.

64 „Alle Staatsgewalt geht vom Volke aus". Vom „Parlament der Mehrheit" am 20. November 1983 in Bonn, abgedruckt in: Nachrüstungsdebatte im Bundestag, S. 286–288, hier: S. 286.

65 Zitiert nach Wasmuht, Friedensbewegungen, S. 49.

66 Eppler, Wege, S. 12.

67 Weizsäcker, Wege, S. 109; Weizsäckers Diktum findet sich in Dutzenden von Flugblättern zitiert.

die Sowjetunion sich nicht an die Regeln der Entspannung halte, waren Faktoren, die die weltpolitischen Horizonte eintrübten[68]. Nixons Nachfolger, Gerald R. Ford, verbannte mit Rücksicht auf die Innenpolitik (er wurde innerparteilich von Ronald Reagan von rechts massiv herausgefordert) „Détente" aus dem Vokabular der US-Administration[69]. Dagegen führte Egon Bahr, damals noch Bundesminister für wirtschaftliche Zusammenarbeit, im März 1976 das Diktum ins Feld: „Die Entspannung hat erst begonnen."[70]

Die abweichenden Reaktionen der regierenden amerikanischen und westeuropäischen außenpolitischen Eliten auf die „Krise der Entspannungspolitik" waren ein dynamisierender Faktor der Nachrüstungsdebatte[71]. In der wie stets stark selbstreferentiellen amerikanischen Debatte kehrten selbst liberale Mitglieder des Establishments zu einer ideologischen Erneuerung des Ost-West-Gegensatzes zurück. Es erfolgte eine Revitalisierung des erstmals in der Ära Eisenhower als antikommunistischem Think-Tank ins Leben gerufenen „Committee on the Present Danger" (CPD) noch unter Präsident Gerald R. Ford. Dort fanden nicht allein Détente-kritische „neokonservative" Falken und „Cold War Hardliners" eine politische Heimat, sondern auch konsensliberale Politiker und zentristische Demokraten wie Senator Henry Jackson (Washington) und ehemalige Mitglieder des außenpolitischen Establishments der Johnson-Administration wie Eugene V. Rostow und der spätere Chefunterhändler in Genf, Paul H. Nitze, oder entspannungskritische frühere New Dealer wie Leon Keyserling. Erst in der Ära Carter und danach unter Reagan mutierte das von Fords CIA-Chef, dem späteren Präsidenten George H. W. Bush, reorganisierte CPD vorwiegend zum Sammelbecken der neuen Rechten[72].

In der Bundesrepublik erfolgte die Wiederbelebung ideologisch konfrontativer Muster des Kalten Krieges deutlich abgeschwächter als in den USA (und in Großbritannien). Die CDU/CSU-Opposition profilierte sich nach ihrer stillschweigenden Akzeptanz der Ostpolitik 1974/75 zunächst nur marginal über einen außenpolitischen Dissens. Sie griff bevorzugt „weiche Themen" im Bereich von Bildung, Umwelt und Soziales auf[73]. Obwohl auch

---

[68] Richard Löwenthal, Der instabile Weltfriede. Von Sinn und Grenzen der Entspannung [1974], abgedruckt in ders., Weltpolitische Betrachtungen. Essays aus zwei Jahrzehnten, hrsg. und eingeleitet von Heinrich August Winkler, Göttingen 1983, S. 203–218; Weizsäcker, Wege, S. 18, sprach zwei Jahre später davon, dass „die Angst vor den Russen und Kommunisten [...] nach einem Rückgang in der Ära Brandt heute wieder im Wachsen [ist]"; zu den USA vgl. Klaus Schwabe, Weltmacht und Weltordnung. Amerikanische Außenpolitik von 1898 bis zur Gegenwart. Eine Jahrhundertgeschichte, Paderborn 2006, S. 377f.; James T. Patterson, Restless Giant. The United States from Watergate to *Bush v. Gore*, Oxford 2005, S. 122f. sowie die Beiträge von Tim Geiger und Michael Ploetz in diesem Band.

[69] In einem Fernsehinterview am 2. 3. 1976, vgl. AdG 46, 1976, S. 20061. Vgl. dazu ferner DB Nr. 876 des Gesandten Hansen, Washington, in: AAPD 1976, Dok. 80, S. 381–384, hier S. 382f.

[70] Egon Bahr, Die Entspannung hat erst begonnen, in: *Die Zeit* vom 26. 3. 76; vgl. Andreas Vogtmeier, Egon Bahr und die deutsche Frage. Zur Entwicklung der sozialdemokratischen Ost- und Deutschlandpolitik vom Kriegsende bis zur Vereinigung, Bonn 1996, S. 222; Fords Aussage relativierend hingegen Brandt in der *Süddeutschen Zeitung* vom 15. 3. 1976, abgedruckt in: Willy Brandt, Die Entspannung unzerstörbar machen. Internationale Beziehungen und deutsche Frage, 1974–1982, bearb. von Frank Fischer, Bonn 2003, S. 178–180.

[71] Dazu jetzt Leopoldo Nuti (Hrsg.), The Crisis of Détente in Europe: From Helsinki to Gorbachev, 1975–1985, Oxford 2009.

[72] Vgl. Wayne Sanders, Peddlers of Crisis: The Committee on the Present Danger and the Politics of Containment, New York 1999; Schwabe, Weltmacht und Weltordnung, S. 399f.

[73] Frank Bösch, Die Krise als Chance. Die Neuformierung der Christdemokraten in den siebziger Jahren, in: Jarausch (Hrsg.), Ende der Zuversicht, S. 296–309, hier S. 306; Clay Clemens, Reluctant Realists. The Christian Democrats and the West German Ostpolitik, Durham 1989; Andreas Grau, Gegen den Strom. Die Reaktion der CDU/CSU-Opposition auf die Ost- und Deutschlandpolitik der

in der Bundesrepublik die z. T. völlig überzogenen Erwartungen an die Détente enttäuscht worden waren, überwog doch die parteiübergreifende Annahme, dass in den Beziehungen zur Sowjetunion und zum Warschauer Pakt der Entspannungskurs weitergeführt werden müsse[74]. Vor allem fiel die scharfe antikommunistische Rhetorik der amerikanischen Neuen Rechten und später der Regierung Reagan in Westeuropa nicht nur auf unfruchtbaren Boden, sondern festigte bzw. rief überhaupt erst heftige antiamerikanische Feindbilder und atlantische Missverständnisse hervor. Die von Reagan für die eigene Klientel lautstark propagierte „Politik der Stärke" erlaubte deutschen Gegnern des Doppelbeschlusses, mit mehr oder weniger passenden Zitaten aus dem Munde des Präsidenten zu punkten[75].

Der breite Mobilisierungserfolg der Friedensbewegung und der Nachrüstungskritiker kann daher nicht allein als Symptom des „Wertewandels" und wachsender Fortschrittsskepsis gesehen werden. Vielmehr stellten sich wichtige Kritiker des Doppelbeschlusses klar in die Tradition der neuen Ostpolitik der 1970er Jahre und wollten das, was sie für außenpolitische Errungenschaften der Ära Brandt hielten, über den Gezeitenwechsel retten. Personell wird dies dadurch unterstrichen, dass führende Sozialdemokraten, wie eben Brandt, aber auch Bahr, Eppler, Lafontaine und Karsten Voigt sich ostentativ gegen den mit der sowjetischen Intervention in Afghanistan Ende 1979 offenkundig gewordenen Trend zur neuerlichen Verschärfung des Ost-West-Gegensatzes stemmten[76]. Auch der Nachrüstungsbefürworter und „Vordenker" des Doppelbeschlusses, Schmidt, und dessen erster und zweiter Verteidigungsminister, Georg Leber und Hans Apel, schätzten die Möglichkeiten weiterer Entspannungsschritte grundsätzlich weniger optimistisch ein als ihre Vorgänger[77]. Andererseits sorgte der wachsende Antikommunismus in den USA nicht nur in der SPD, sondern auch bei den insgesamt entspannungsskeptischen Christdemokraten immer wieder für Irritationen[78].

Diese gesellschaftlichen und außenpolitischen Tendenzen konvergierten sichtbar im Streit um die Neutronenwaffe, der 1977/78 erstmals seit der Kubakrise der nuklearen Bedrohung wieder breitere mediale Aufmerksamkeit bescherte[79]. Zwar war in den Jahren

---

sozialliberalen Koalition 1969–1973, Düsseldorf 2005; z. B. wurde Kurt Birrenbach, ein scharfer Kritiker der Ostverträge und Warner vor der Aggressivität der UdSSR, als Vorsitzender der Studiengruppe „Ost-West-Beziehungen" der DGAP seitens der CDU durch den Entspannungsbefürworter Richard von Weizsäcker ersetzt, vgl. Hans-Peter E. Hinrichsen, Der Ratgeber. Kurt Birrenbach und die Außenpolitik der Bundesrepublik Deutschland, Köln 2000, S. 550f.

[74] Vgl. pars pro toto etwa Löwenthal, Weltpolitische Betrachtungen, S. 203–234; Helga Haftendorn, Deutsche Außenpolitik zwischen Selbstbeschränkung und Selbstbehauptung, Stuttgart 2001, S. 264–275.

[75] Vgl. statt vieler Einzelnachweise die Beiträge zu Walter Jens (Hrsg.), In letzter Stunde. Aufruf zum Frieden, München 1982; Josef Janning, Die neue Friedensbewegung 1980–1986, in: ders./Hans-Josef Legrand/Helmut Zander (Hrsg.), Friedensbewegungen. Entwicklung und Folgen in der Bundesrepublik Deutschland, Europa und den USA, Köln 1987, S. 36–53, hier S. 37.

[76] „Mut für eine bessere Zukunft". Sozialdemokraten appellieren an den SPD-Bundesvorstand, die SPD-Bundestagsfraktion, den sozialdemokratischen Bundeskanzler, in: Blätter für deutsche und internationale Politik 26 (1981), S. 118–120; siehe auch die zahlreichen Äußerungen von Brandt aus dieser Zeit, in: Willy Brandt, Entspannung unzerstörbar machen, S. 178–180, 204–213, 221–225, 254–268, 327–343; Wasmuht, Friedensbewegung, S. 77f., 107, 298f.

[77] Hans Apel, Der Abstieg. Politisches Tagebuch 1978–1988, Stuttgart 1990, S. 68–107; Soell, Schmidt II, S. 757f.

[78] Vgl. Weber, Zwischen Nachrüstung und Abrüstung, S. 126f.; Clemens, Reluctant Realists, S. 85.

[79] Vgl. Haftendorn, Sicherheit und Stabilität, S. 105; Soell, Schmidt II, S. 712 spricht vom „Vorspiel" der Neutronenwaffe; Herf, War by Other Means, S. 60, davon, die Affäre sei „a microcosm and foreshadowing of the battle to come over the euromissiles" gewesen; auch Tim Geiger in diesem Band.

dazwischen nuklear weiter gerüstet worden, die Pershing-Ia wurden seit 1967 stationiert, und die USA hatten seit 1970 mit der Entwicklung von Marschflugkörpern begonnen. Auch befassten sich die NATO-Planungsstäbe seit Anfang der 1970er Jahre intensiv mit Fragen der Modernisierung des Atomwaffenarsenals[80]. Indes war angesichts der Ost-West-Entspannung der „nukleare Tod" unterhalb der Wahrnehmungsschwelle der meisten Menschen (inklusive der meisten Politiker) geblieben. Insofern kam die scharfe Reaktion auf die Neutronenwaffe schon überraschend, denn weder stellte sie eine revolutionär neue Technik dar, noch war sie „unmenschlicher" als andere Atomwaffen. Im Gegenteil, da sie geringere Kollateralschäden als herkömmliche taktische Nuklearwaffen versprach, schien sie „das Dilemma der NATO abzuschwächen, dass ein Nuklearwaffeneinsatz zu zerstören drohte, was eigentlich verteidigt werden sollte"[81].

Die Neutronenbomben-Affäre enthält die wichtigsten Ingredienzien der späteren Nachrüstungsdebatte. An Bahrs Aufsehen erregender Intervention in der SPD-Parteizeitung *Vorwärts* gegen die Neutronenwaffe lässt sich die argumentative Verknüpfung der Stränge verdeutlichen, deren Verkoppelung die Erregung über den Doppelbeschluss ab 1980/81 erklärt: So lehnte der als „eher kühl und abwägend geltende SPD-Politiker"[82] in emotionaler Form diese Waffe als eine „Perversion des Denkens" ab, gegen die „Gefühl und Gewissen" rebellierten. In einer Zeit, in der der Mensch weniger auf materielle Werte ziele, sondern auf „Selbstverwirklichung" und Lebensqualität achte, stelle die geringen Sachschaden verursachende und nur Menschen „sauber" tötende Waffe „die Skala aller Werte auf den Kopf". Der Mensch werde an den Rand gedrängt und werde der „Erhaltung des Materiellen" hintangestellt[83]. Während Bahr in seinem Artikel auf die strategischen Folgen der Einführung der Neutronenwaffe nicht einging, schob er in einem Interview nach, dass die neue Bombe zu einer Absenkung der atomaren Schwelle führen könne und eine Entsolidarisierung im Bündnis drohe[84].

Da Schmidt und Bundesverteidigungsminister Georg Leber die neue Waffe verteidigten, eröffnete der SPD-interne Streit um „Amerikas Wunderwaffe für Deutschland", so der sprechende *Spiegel*-Titel[85], der Union eine sicherheitspolitische Profilierungschance gegen Schmidt, an dessen bisher unbestrittener außenpolitischer Kompetenz sie Zweifel säte. Für den verteidigungspolitischen Experten der CDU/CSU-Bundestagsfraktion, den späteren Bundesverteidigungsminister Manfred Wörner, führte die Diskussion um die Neutronenwaffe „schlaglichtartig vor Augen", was der Begriff „Gleichgewicht des Schreckens" meine[86]. Bahr beurteile die Neutronenwaffe nach falschen Kriterien, denn sie erfülle geradezu ideal die moralischen Anforderungen der westlichen Verteidigungsstrategie: Ver-

[80] Vgl. zeitgenössisch Gert Grell, Plädoyer für Rüstungskontrolle. Zur Kontroverse um die „Nachrüstung" (HSFK-Report), Frankfurt a. M. 1981, S. 10–15; Apel, Abstieg, S. 68f.; zum technischen Fortschritt als „Deus ex machina" Kori N. Schake, NATO-Strategie und deutsch-amerikanisches Verhältnis, in: Detlef Junker u. a. (Hrsg.), Die USA und Deutschland im Zeitalter des Kalten Krieges, Bd. 2: 1968–1990, München 2001, S. 211–221, hier S. 218f.

[81] Klaus Wiegrefe, Das Zerwürfnis. Helmut Schmidt, Jimmy Carter und die Krise der deutsch-amerikanischen Beziehungen, Berlin 2005, S. 182.

[82] Anton-Andreas Guha, Die Neutronenbombe, oder: Die Perversion menschlichen Denkens, Frankfurt a. M. 1977, S. 17.

[83] Egon Bahr, Ist die Menschheit dabei verrückt zu werden?, in: *Vorwärts* vom 21. 7. 1977.

[84] Vogtmeier, Bahr, S. 224f.; zu Schmidts Haltung Soell, Schmidt II, 712–723; Apel, Abstieg, S. 70.

[85] Der Titel des *Spiegel* vom 18. 7. 1977 lautete: „Neutronen-Bombe: Amerikas Wunderwaffe für Europa".

[86] Manfred Wörner im Deutschen Bundestag, 8. WP, 39. Sitzung, 8. 9. 1977, S. 2990.

glichen mit dem vorhandenen taktisch-nuklearen Potenzial, entspreche die Neutronenwaffe der im Bündnis „seit jeher geforderten Schadensbegrenzung gerade für die Zivilbevölkerung", und trage gerade deshalb dazu bei, die „Abschreckung und damit die Kriegsverhinderung wirksamer" zu machen[87].

Die Muster der späteren Auseinandersetzung um den Doppelbeschluss sind hier bereits klar erkennbar: Bahr und die Nachrüstungskritiker sprachen sich angesichts der existierenden nuklearen Zerstörungspotenziale mit Sorge um potenzielle Kriegsermöglichung wegen einer befürchteten Absenkung der „nuklearen Schwelle" gegen Modernisierungen aus[88]. Sie stellten die Abschreckung hintan und hoben bei der Harmel-Formel auf den Verhandlungs- und Entspannungsaspekt ab. Die Befürworter der Nachrüstung hingegen konzentrierten sich auf die „Glaubwürdigkeit der Abschreckung", die dadurch erst kriegsverhindernd wirke. Dahinter standen auch abweichende Einschätzungen der Politik der Supermächte. Denn die Neutronenwaffenkontroverse wurde von der CDU/CSU als ein durchsichtiger Versuch der konventionell der NATO „haushoch überlegegenen" UdSSR gewertet, „den Westen an der Herstellung des Gleichgewichts zu hindern und ihn propagandistisch-psychologisch zu entwaffnen". Warum, schleuderte Wörner der SPD entgegen, solle „nur der Westen ‚die berechtigten Ängste der Bürger' berücksichtigen?" Der SPD-Beschluss zur Neutronenwaffe sei „ein Triumph für die russische Politik"[89].

Für die Union war die Neutronenwaffenkontroverse auch ein Mittel, ihre Bündnistreue und ihre „traditionell pro-amerikanische Einstellung" coram publico hervorzuheben und mit scharfer antikommunistischer Rhetorik die eigenen Reihen Détente-kritisch einzuordnen. Mit deutsch-amerikanischen Treueschwüren positionierten sich die Christdemokraten als die atlantische Partei und stellten angesichts der transatlantischen Zerwürfnisse in der Ära Schmidt die Rolle der USA für die Sicherheit Westeuropas erneut heraus. Als Carter 1978 die Pläne für die neue Waffe sang- und klanglos begrub, brachte dies nicht nur Schmidt (und dessen britischen Kollegen Premierminister James Callaghan) in eine diplomatische Zwickmühle, sondern auch die Union, deren Außenpolitiker prompt den Kanzler für den „dramatischen Verfall" der deutsch-amerikanischen Beziehungen kasteiten[90]. Auch in Bezug auf die transatlantischen Beziehungen waren in der Neutronenwaffenkontroverse die späteren Fronten bereits erkennbar präsent, wenn auch Schmidt, trotz seiner öffentlich zur Schau getragenen Verärgerung über Carter, durch dessen Nichtentwicklungsbeschluss eine harte innerparteiliche Kontroverse bereits zu diesem Zeitpunkt erspart geblieben war[91].

Die weitere Debatte verlief auf den in der Neutronenwaffenkontroverse verlegten Schienen: Erstens versuchten Teile der SPD mit nachrüstungskritischer Positionierung Brücken zu den alternativen Milieus und Bewegungen zu schlagen, an deren postmaterielle Hal-

---

[87] Ebenda, S. 2993.

[88] Die Absenkung der „nuklearen Schwelle" war ein Standardkritikpunkt auch der Friedensforschung, vgl. Senghaas, Abschreckung und Frieden, S. 114f. Vor allem der Reagan-Administration wurde später vorgeworfen, sie wolle den Nuklearkrieg „führbar" machen, vgl. Alfred Mechtersheimer/Peter Barth (Hrsg.), Den Atomkrieg führbar und gewinnbar machen? Dokumente zur Nachrüstung, Bd. 2, Reinbek bei Hamburg 1983, S. 48–103.

[89] Manfred Wörner, Kann sich der Westen noch verteidigen?, in: Heiner Geißler (Hrsg.), Sicherheit für unsere Freiheit. Zur verteidigungspolitischen Lage der Bundesrepublik Deutschland, Stuttgart 1978, S. 33–56, hier S. 37. Es handelt sich um Wörners Vortrag auf dem sicherheitspolitischen Forum der CDU in Kiel, 13./14. 1. 1978.

[90] Vgl. Weber, Zwischen Nachrüstung und Abrüstung, S. 121.

[91] So die Einschätzung von Apel, Abstieg, S. 70.

tungen Politiker wie Bahr und später Lafontaine und Eppler appellierten, durchaus mit dem parteipolitischen Ziel einer Reintegration des grün-alternativen Potenzials in den Schoß der Sozialdemokratie[92]. Zweitens war Bahrs Intervention klarer Ausdruck wachsender Unzufriedenheit mit „Krisenmanagement" und technokratischem „Sachzwang", was sich unmittelbar gegen Schmidt richtete, dem die visionären Qualitäten Brandts abgesprochen wurden. Das „Vorspiel der Neutronenwaffenkontroverse" war drittens Modus der Selbstverständigung über krisenhafte Entwicklungen nicht nur von Wirtschaft und Gesellschaft, sondern auch der internationalen Beziehungen; letzteres war damit viertens psychologisch eng verbunden mit dem (innerparteilichen) Kampf um das Erbe der Ostpolitik; fünftens wurde die Logik der Abschreckung wieder intensiver in ihren Konsequenzen durchdacht. Summa summarum stand zum ersten Mal wieder seit den ausgehenden 1960er Jahren die politische und gesellschaftliche Legitimität der auf atomarer Abschreckungsdrohung beruhenden Verteidigung im Zentrum parteipolitischer Differenzierungen.

## IV. Deutschlands Ort in der Welt

In liberalen Demokratien sind außenpolitische Debatten notwendigerweise Teil des Sprechens über die Zukunft einer Gesellschaft. Erstmals konvergierten sicherheitspolitische Problemperzeption und gesellschaftliche Selbstverständigung kurzzeitig in der Neutronenwaffenkontroverse 1977/78. Aufgrund Carters einsamer Entscheidung gegen den Bau dieser Waffe verschwand die atomare Problematik noch einmal in der Versenkung. Doch mit der Verabschiedung des NATO-Doppelbeschlusses im Dezember 1979 und dem sowjetischen Überfall auf Afghanistan kurz danach erwachte die sicherheitspolitische Diskussion endgültig aus dem Dornröschenschlaf, in dem sie sich seit Ende der 1960er Jahre befunden hatte. Zum ersten Mal gab es wieder eine „sicherheitspolitische Öffentlichkeit", wurde der Buchmarkt von Publikationen zu Fragen der Außen- und Sicherheitspolitik überschwemmt[93]. Zeitungen und Zeitschriften, auch politische Magazine im Fernsehen, widmeten sich nicht nur intensiv der Friedens- und Nachrüstungsfrage, sondern gaben außenpolitischen Themen für Jahre viel mehr Raum als davor und danach. Eine Veränderung und Vergrößerung der „strategic community" war die Folge[94].

Da der „Krefelder Appell" vom 15./16. November 1980 wegen der öffentlich thematisierten ostdeutschen Finanzierung und logistischen Unterstützung durch die DKP zwar wirksam zur Mobilisierung beitragen konnte, jedoch zugleich eine klare Distanzierung etablierter Akteure in SPD, Kirchen und bei Teilen der Grünen und des alternativen Milieus

---

[92] Diesen Punkt thematisiert Eppler offen in: ders, Friedensbewegung, in: Jens (Hrsg.), In letzter Stunde, S. 143–166, hier S. 160f.

[93] Publikumsverlage publizierten Dutzende von nachrüstungskritischen Titeln, mit z. T. sehr hohen Auflagen in Reihen wie „rororo aktuell", „Goldmann Sachbuch", „Serie Piper Aktuell", „Sammlung Luchterhand" oder „Spiegel-Buch" (ebenfalls Rowohlt).

[94] Für zeitgenössische Einschätzungen vgl. Kurt Kister, Friedensbewegung und öffentliche Meinung. Gibt es eine neue sicherheitspolitische Öffentlichkeit?, in: Janning/Legrand/Zander (Hrsg.), Friedensbewegungen, S. 79–85; Ralf Zoll (Hrsg.), Sicherheit und Militär. Genese, Struktur und Wandel von Meinungsbildern in Militär und Gesellschaft. Ergebnisse und Analyseansätze im internationalen Vergleich, Opladen 1982.

zur Folge hatte[95], dürfte der 19. Evangelische Kirchentag in Hamburg im Juni 1981 der eigentliche ereignisgeschichtliche Anker und *Take-off* der neuen Friedensbewegung gewesen sein[96]. In Hamburg demonstrierten in Abwandlung des Kirchentagmottos „Fürchtet Euch nicht" einige zehntausend Menschen unter der Losung „Fürchtet Euch". „Angst" wurde zum geflügelten Wort und zur viel kommentierten Signatur einer Epoche, in der „der Jugend" neben schlechten Berufsaussichten nun noch die atomare Apokalypse drohte[97]. Aber auch jenseits inoffizieller „Fürchtet Euch"-Demonstrationen wurden Programm und Foren des Kirchentages von Veranstaltungen zur Friedensfrage überschwemmt. Erst der Kirchentag verschaffte dem „Friedensthema" die nötige gesellschaftliche Resonanz und Breite, weil nun kirchliche Kreise – und zwar zunehmend auch auf katholischer Seite – zur Trägerschicht und zum organisatorischen Rückgrat der Proteste wurden[98].

Dafür, dass der Kirchentag 1981 neben der ersten großen Demonstration in Bonn am 10. Oktober 1981 zu solch einem „Eckpfeiler" der werdenden Friedensbewegung wurde, dürfte die gewandelte Perzeption der nationalen und internationalen sicherheitspolitischen Situation ursächlich gewesen sein, auch im Vergleich zur Neutronenwaffenkontroverse vier Jahre zuvor. Erst zu Beginn der 1980er Jahre hatten sich Muster der gesellschaftlichen Krisenperzeption und die einer wachsenden internationalen Konfrontation soweit verdichtet, dass die Kritik am „Gleichgewicht des Schreckens" in der Bevölkerung verfing. Zum „Schock" der bedrohlichen Verschlechterung der internationalen Situation (wegen Afghanistan, aber auch der iranischen Geiselaffäre) kam als politischer Durchlauferhitzer der Wechsel im amerikanischen Präsidentenamt hinzu. Schon im Wahlkampf 1980 hatte der republikanische Kandidat Ronald Reagan mit schroffer antikommunistischer Gangart gegen Carter gepunktet. Reagans erste Amtshandlungen als Präsident, das rasche Bekanntwerden massiver Rüstungspläne und das Röhren- und Getreide-Embargo gegen Moskau, ließen nichts Gutes ahnen und alarmierten die Mitglieder der Friedensbewegung[99].

---

95 Zum Krefelder Appell vgl. Wasmuht, Friedensbewegung, S. 130f.; Udo Baron, Kalter Krieg und heißer Frieden, S. 96 sowie den Beitrag von Helge Heidemeyer in diesem Band. Wegen der Mitwirkung der als verfassungsfeindlich eingeschätzten und von der DDR unterstützten Deutschen Friedensunion (DFU) am „Krefelder Appell" lehnte die SPD die Mitarbeit ab und auch Teile der späteren Grünen; siehe Neue Rüge Schmidts für den Krefelder Appell, in: *Frankfurter Allgemeine Zeitung* vom 31. 8. 1981.

96 Dass der Kirchentag das „Startzeichen für eine noch größere öffentliche Artikulation dieser Bewegung" gab, ist communis opinio der wissenschaftlichen Literatur wie zeitgenössischer Publikationen; vgl. dafür Hans-Gerhard Klatt, Evangelische Kirche und Friedensbewegung, in: Hans A. Pestalozzi/Ralf Schlegel/Adolf Bachmann (Hrsg.), Frieden in Deutschland. Die Friedensbewegung: was sie wurde, was sie ist, was sie werden kann, München 1982, S. 20–37, hier S. 20.

97 Zum Faktor „Angst" als Thema auf dem Hamburger Kirchentag vgl. Marion Gräfin Dönhoff, Angst in der Luft, in: *Die Zeit* vom 26. 6. 1981; Pazifismus '81: Selig sind die Friedfertigen, in: *Der Spiegel* vom 15. 6. 1981; mit weiteren Belegen Susanne Schregel, Konjunktur der Angst. „Politik der Subjektivität" und „neue Friedensbewegung", 1979–1983, in: Bernd Greiner/Christian Th. Müller/Dierk Walter, Angst im Kalten Krieg, Hamburg 2009, S. 495–520.

98 So die Einschätzung Helmut Zander, Die Christen und die Friedensbewegung in beiden deutschen Staaten. Beiträge zu einem Vergleich für die Jahre 1978–1987, Berlin 1989, S. 88–92; eine von vier Vortragsreihen des Kirchentags widmete sich „Frieden schaffen", sowie eine von drei Arbeitsgruppen; auch das Podiumsgespräch „Wie christlich kann Politik sein?" stand im Zeichen der Friedensfrage, vgl. Hans-Jochen Luhmann/Gundel Neveling, Deutscher Evangelischer Kirchentag Hamburg 1981. Dokumente, Stuttgart 1981, S. 268–307, 422–478, 677–695.

99 Vgl. etwa Karl Dietrich Bredthauer, Noch kann der Atomkrieg verhindert werden. Zur Lage am Beginn des „Stationierungsjahres", die neuen Abrüstungsvorschläge des Ostens, die westliche Reaktion und die Friedensbewegung, in: Blätter für deutsche und internationale Politik 28 (1983), S. 272–292, hier S. 273.

Zum Teil war die Friedensbewegung in Deutschland wie in den USA eine Anti-Reagan-Bewegung[100]. Dessen ausgeprägte Feindbild-Rhetorik (die sich im inneramerikanischen Kontext weniger präzedenzlos und scharf ausnahm als in der deutschen Übersetzung[101]) dürfte wesentlich zur Verschärfung der innerdeutschen Auseinandersetzung um den Doppelbeschluss beigetragen haben. Nicht nur im „Krefelder Appell", sondern auch im „Bielefelder Appell" des Bundesvorstand der Jungsozialisten – der den Vorwurf der kommunistischen Unterwanderung der Friedensbewegung zu korrigieren trachtete – wurde der Nachrüstungsteil des Doppelbeschlusses abgelehnt, weil Deutschland nicht „einer amerikanischen Entscheidung" ausgeliefert werden dürfe, „die beinhaltete, dass ein auf Europa begrenzter Atomkrieg führbar ist"[102]. Entsprechende Interviews hochrangiger amerikanischer Politiker wie z. B. von Caspar Weinberger und Überlegungen in amerikanischen Planungsstäben, wie „Sieg sei möglich", waren Wasser auf die Mühlen der Nachrüstungskritiker und wurden in entsprechenden Quellensammlungen fleißig dokumentiert, oder fanden Eingang in Flugblätter und Reden auf den Friedensdemonstrationen[103].

Die sicherheitspolitischen Pläne der Reagan-Administration lösten unter den intellektuellen Vordenkern der Friedensbewegung, aber auch in den zahlreichen lokalen und regionalen Initiativen, eine nachhaltige Diskussion darüber aus, wie gut deutsche Interessen noch im atlantischen Bündnis aufgehoben waren und ob die deutsch-amerikanische Achse auch weiter das „zweite Grundgesetz" der Bundesrepublik bilden dürfe. Dabei wurde – Ironie der Geschichte – der ursprünglich unter federführender Beteiligung der Bundesregierung und Helmut Schmidts angestoßene NATO-Doppelbeschluss allmählich zum amerikanischen Oktroi umgedeutet[104]. Auf dem Hamburger Kirchentag kam es zu einer legendären Kontroverse zwischen Schmidt und dem Kieler Ministerpräsidenten Gerhard Stoltenberg (CDU) einerseits und dem ehemaligen Regierenden Bürgermeister von Berlin, Pastor Heinrich Albertz (SPD), andererseits, dem vor tausenden von Zuhörern der Satz herausrutschte, man müsse der Wahrheit ins Auge sehen: Eine Folge des „entsetzlichen

---

[100] Dabei wurde die Gemeinsamkeit mit den inneramerikanischen Kritikern des Präsidenten deutscherseits stark hervorgehoben, etwa durch Petra Kelly, „Sie sollen sich Sorgen machen". Rede auf dem zweiten Forum der Krefelder Initiative, Dortmund, 21. 11. 1981, abgedruckt in: dies., Um Hoffnung kämpfen. Gewaltfrei in eine grüne Zukunft. Köln 1983, S. 69–71.

[101] So wird die Kreuzzugsmetapher in Deutschland meist missverstanden, denn in den USA sind „crusades" oder „wars" traditionelle, aus der christlichen Sozialreformbewegung des 19. Jahrhunderts überlieferte Termini für „Kampagnen" (so die den gemeinten Sinn besser treffende Übersetzung) gegen Armut, Rassendiskriminierung, Alkoholkonsum usw.; auch die religiöse Färbung der „evil empire"-Rhetorik Reagans wurde in Deutschland für bare Münze genommen und in ihrer Bedeutung als Integrationsangebot an das mit Reagan unzufriedene christlich-evangelikale Spektrum falsch eingeschätzt, denn Reagan hatte gerade nicht die von konservativen Christen erhoffte innenpolitische Kehrtwende eingeleitet; vgl. Philipp Gassert/Mark Häberlein/Michael Wala, Kleine Geschichte der USA, Stuttgart 2007, S. 491; Werner Schmidt, Die außenpolitische Rhetorik Ronald Reagans und die politische Kultur der USA, in: Helga Haftendorn/Jakob Schissler (Hrsg.), Rekonstruktion amerikanischer Stärke. Sicherheits- und Rüstungskontrollpolitik der USA während der Reagan-Administration, Berlin 1988, S. 87–100.

[102] „Bielefelder Appell" (Dezember 1980), abgedruckt in: *Vorwärts* vom 14. 5. 1981, online verfügbar unter http://germanhistorydocs.ghi-dc.org/pdf/deu/Chapter12Doc7KM.pdf (2. 5. 2010).

[103] Vgl. etwa Mechtersheimer/Barth (Hrsg.), Atomkrieg, S. 59, 73, 79, mit entsprechenden Erklärungen von Mitgliedern und Mitarbeitern der Reagan-Administration.

[104] Detailliert, Herf, War by Other Means, S. 119f.

Hitler-Krieges" sei, „dass wir in beiden Teilen Deutschlands nicht nur Verbündete haben, sondern besetztes Land sind"[105].

Das Diktum von Deutschland als „besetztem Land" korrigierte Albertz später gegenüber Schmidt[106], aber es war charakteristisch für die Opfer-Mentalität, die manche Anhänger und Sympathisanten der neuen Friedensbewegung an den Tag legten. Sie erhofften sich – auch hier durchaus in der Tradition der 1950er Jahre – mehr nationalen Spielraum und stilisierten in ihren radikalen, autonomen Ausläufern nach dem Motto „Die BRD ist El Salvador" Deutschland und Europa zur quasi-Kolonie der USA[107]. Schmidt rügte Albertz heftig für diese Karikierung der amerikanischen Rolle in Deutschland, sei doch die Bundesrepublik drauf und dran, ein „wirklicher Partner" der Vereinigten Staaten zu werden[108]. Von Stoltenberg musste sich Albertz erklären lassen, dass er einen „entscheidenden qualitativen Unterschied" der Nachkriegsentwicklung in Ost- und Westdeutschland verwische[109].

Doch für Albertz – und beileibe nicht für ihn allein – war angesichts der atomaren Rüstung und der strategischen Wiederausrichtung der US-Politik auf einen harten antisowjetischen Konfrontationskurs die Frage des nationalen Interesses neu gestellt: „Wer sind wir eigentlich, in welcher Lage befinden wir uns als Deutsche mitten in Europa gegenüber den die Welt beherrschenden Supermächten, wie groß oder klein ist der Spielraum für eigene Entscheidungen, wie dicht das Netz der Abhängigkeiten, wie unvergleichbar unsere Lage sogar zu der unserer europäischen Nachbarn im Westen wie im Osten?"[110] Graphisch aufgearbeitet und drastisch visualisiert wurde dieser „besetzte Zustand" der Bundesrepublik durch entsprechende Titelbilder von einschlägigen Publikationen, die Raketen oder Atomwaffenexplosionen auf westdeutschem Territorium symbolisierten, oder dem umfangreichen Kartenmaterial das man etwa dem „Militarisierungsatlas der Bundesrepublik" entnehmen konnte. Ein Kapitel dieses von Mechtersheimer herausgegebenen Buches wurde ausdrücklich überschrieben: „Ein besetztes Land."[111]

Das argumentative Grundmuster, in dem Deutschland als Opfer des Supermächte-Konflikts, aber insbesondere des durch Reagan verschärften „amerikanischen Imperialismus" gesehen wurde, durchzieht wie ein Leitmotiv zahlreiche Publikationen der Friedensbewegung und ihr nahestehender Intellektueller in den 1980er Jahren. Nicht nur der von kommunistischer Seite lancierte Krefelder Appell, der kurz nach der Wahl Reagans verabschiedet worden war, appellierte einseitig an die Bundesregierung, „eine Aufrüstung Mitteleuropas zur nuklearen Waffenplattform der USA" nicht zuzulassen[112]. Auch andere, stärker

---

[105] Albertz während des Podiumsgesprächs „Wie christlich kann Politik sein?", am 19.6.1981 in der Sporthalle Alsterdorf, in: Luhmann/Neveling, Kirchentag 1981, S. 692.

[106] Heinrich Albertz, Von der Nation und von Wichtigerem, in: Jens (Hrsg.), In letzter Stunde, S. 135–142, hier S. 135.

[107] Vgl. Philipp Gassert, Anti-Amerikaner? Die deutsche Neue Linke und die USA, in: Jan C. Behrends/Árpád von Klimo/Patrice G. Poutrus (Hrsg.), Anti-Amerikanismus im 20. Jahrhundert: Studien zu Ost- und Westeuropa, Bonn 2005, S. 250–267; Andrea Ludwig, Neue oder deutsche Linke? Nation und Nationalismus im Denken von Linken und Grünen, Opladen 1995, S. 66.

[108] „Unser Haus, unser Kiez, unser Bauch. Gibt es einen neuen deutschen Nationalismus", in: *Der Spiegel* vom 1.2.1982, S. 34–41, hier S. 34.

[109] Stoltenberg in: Luhmann/Neveling, Kirchentag 1981, S. 692.

[110] Albertz, Von der Nation, S. 135f.

[111] Alfred Mechtersheimer/Peter Barth (Hrsg.), Militarisierungsatlas der Bundesrepublik. Streitkräfte, Waffen und Standorte. Kosten und Risiken, Darmstadt 1986, S. 13.

[112] „Krefelder Appell", in: Mechtersheimer (Hrsg.), Nachrüsten?, S. 249–250, hier 250; online verfügbar in: Michael Schmid, Der Krefelder Appell, in: 100(0) Schlüsseldokumente, http://mdzx.bib-bvb.de/cocoon/de1000dok/dok_0023_kre.pdf?lang=de (10.5.2010).

auf Kritik auch an der Sowjetunion achtende Aufrufe und Dokumente geben dieser Wahrnehmung Europas als quasi-kolonialem Protektorat der Supermächte-Imperien Ausdruck. Albertz, Eppler und andere machten deutlich, dass sie die sowjetische Hochrüstung für ein ebenso großes Problem hielten wie die des Westens, aber sie bezogen sich in ihren kritischen Formulierungen in aller Regel stärker auf westliche Positionen, da Moskau von Westeuropa aus nicht beeinflussbar sei[113].

Angesichts der harschen Kritik an den Plänen der US-Administration seitens vieler Mitglieder der Friedensbewegung wurde regelmäßig der polemisch zugespitzte Vorwurf ins Feld geführt, die Friedensbewegung huldige undifferenziertem, vorurteilsbeladenem Anti-Amerikanismus[114]. Dieser Vorwurf traf einen Nerv, da sich die führenden Köpfe der Friedensbewegung dagegen auf schärfste verwahrten. Heinrich Böll meinte auf der Bonner Demonstration am 10. Oktober 1981, als Schriftsteller sei er wie seine Kollegen 1945 „von der amerikanischen Literatur befreit worden". Er sei pro-amerikanischer als die CDU/CSU, in der die amerikanische Politik „weniger umstritten" sei „als in Amerika selbst"[115]. „Nein, es ist *kein* Anti-Amerikanismus", so der Tübinger Rhetorik-Professor Walter Jens, in „Übereinstimmung mit den Proklamationen der Bürgerrechts-Bewegung die Hybris des Reagan-Regimes beim Namen zu nennen" sowie Divergenzen zwischen deutschen und amerikanischen Überlebensplänen auszudeuten; es sei kein Antiamerikanismus, sich in die Lage der Sowjetunion zu versetzen, die vom Westen von überall her eingekreist sei[116].

Für die CDU und CSU war die massive, oft haltlose Kritik an der Reagan-Administration und die ambivalente Haltung der SPD eine willkommene Chance, bündnistreu und proamerikanisch aufzutreten. Wie weiland Konrad Adenauer warnte der CDU-Vorsitzende und spätere Bundeskanzler Helmut Kohl vor der „Illusion eines dritten Weges", einer „deutschen Sonderrolle" zwischen Ost und West[117]. Die SPD betreibe „den bösen Geist des Antiamerikanismus"[118]. Der sicherheitspolitische Streit erzeuge „schlechte Stimmung" im deutsch-amerikanischen Verhältnis und fördere in den USA isolationistische Trends. Lafontaine und Eppler seien „sowjetischer als die Sowjets", Ausführungen des SPD-Fraktionsvorsitzenden Herbert Wehner nannte Kohl eine „glatte Hilfsaktion" für die UdSSR[119]. Die Kritiker des Doppelbeschlusses schürten Kriegsangst, doch die Union sei ebenso „für den Frieden"[120]. Nicht die Moral der Abschreckung stehe zur Debatte, sondern die Verteidigung westlicher Werte und der Grundlagen der Demokratie, wie Freiheit, Gerechtigkeit

[113] Diese Stilisierung zum Opfer klang vernehmlich in Artikelserien des Mainstreams der linksliberalen Hamburger Trias an, wo z. B. *Der Spiegel* im Juli 1981 titelte: „Deutschland – Schießplatz der Supermächte" und damit eine Formulierung aus Albertz' Diskussionsbeitrag auf dem Kirchentag übernahm. Die Serie wurde publiziert in: Wilhelm Bittorf (Hrsg.), Nachrüstung. Der Atomkrieg rückt näher, Reinbek bei Hamburg 1982.

[114] Als zeitgenössischer Reflex dieser Vorwürfe vgl. die Studie von Emil-Peter Müller, Antiamerikanismus in Deutschland: Zwischen Care-Paket und Cruise Missile, Köln 1986.

[115] Heinrich Böll, Dieser Tag ist eine große Ermutigung, in: Bonn 10. 10. 1981, S. 159–162, hier S. 159.

[116] Jens, Appell in letzter Stunde, in: ders. (Hrsg.), In letzter Stunde, S. 7–26, hier S. 13.

[117] „Bericht des Parteivorsitzenden Dr. Helmut Kohl", 29. Bundesparteitag der Christlich Demokratischen Union Deutschlands (Niederschrift), Mannheim, 9.–10. März 1981, Bonn 1981, S. 34f.

[118] Ebenda.

[119] Kohl nennt Äußerungen Herbert Wehners eine „glatte Hilfsaktion für die Sowjetunion", in: *Frankfurter Allgemeine Zeitung* vom 9. 2. 1979, die weiteren Zitate bei Weber, Zwischen Nachrüstung und Abrüstung, S. 132.

[120] So Kohl auf dem 30. Bundesparteitag der CDU: „Wir gehören zur deutschen Friedensbewegung", Protokoll des 30. Bundesparteitags in Hamburg, 2–5. 11. 1981, S. 33.

und Menschenrechte. Der Friede in Europa sei nicht das Ergebnis „neutralistischer Politik, sondern das Ergebnis der Verteidigungsbereitschaft und -fähigkeit des freien Westens", so die Resolution der CDU zur Friedensdiskussion. Es gelte auch künftig, „in der Gemeinschaft freier Völker gemeinsam mit unseren Freunden unser Schicksal in Friede und Freiheit" gestalten zu können[121].

Sicherheitspolitik diente erneut als Kulisse, vor deren Hintergrund wie schon zuvor zweimal in der Geschichte der Bundesrepublik über „Deutschlands Ort in der Welt" gestritten wurde, und zwar durchaus im Sinne einer prinzipiellen Westorientierung und Selbstverständigung darüber, was „demokratische Kultur" bedeute. Dabei spielte unvermeidlich auch die deutsche Vergangenheit eine große Rolle. Vergangenheitspolitische Bezüge wurden regelmäßig als „Mahnung" und „Auftrag" zu friedlicher Politik ins Feld geführt, häufig aus Anlass des in den 1980er Jahren stark ausgeweiteten Gedenkens zu den 40. und 50. Jahrestagen der NS-Machtübernahme und des Zweiten Weltkrieges: „Deutschland, das in der Vergangenheit seine Nachbarn das Fürchten gelehrt hat, hat es nötiger als andere, durch Taten glaubwürdige Schritte in Richtung auf einen für alle sicheren Frieden zu unternehmen", so der Appell einer Wilmersdorfer Friedensgruppe am 8. Mai 1980[122].

„Lehren aus der Vergangenheit" für oder wider die Nachrüstung wurden von beiden Seiten ohne viel Federlesens gemustert und werfen ein Schlaglicht auf den gesellschaftlichen Grundsatzcharakter der Debatte. Kohl begründete sein Eintreten für den Doppelbeschluss mit der „verantwortungsethischen" Position, dass „wir alle [...] die Lektion der Geschichte in zwei schrecklichen Kriegen gelernt [haben], die Vertriebenen und die Flüchtlinge, die Hinterbliebenen und die Gefallenen zweier Weltkriege." Politik müsse durch „geschichtliche Erfahrung und praktische Vernunft der Apokalypse vorbauen, muss die Erpressung verhindern, die in der Möglichkeit der Entfesselung des Infernos liegt"[123]. In einem heftigen parlamentarischen Schlagabtausch im Juni 1983 warf CDU-Generalsekretär Heiner Geißler dem Grünen-Politiker Joschka Fischer vor, dass der gesinnungsethische Pazifismus der 1980er Jahre dem der 1930er Jahre gleiche, „der Auschwitz erst möglich gemacht habe". Der Tod von Millionen Menschen wäre nicht erfolgt, so Geißler weiter, „wenn es die damalige Schwäche [...] der freiheitlichen Demokratien dem Diktator des nationalsozialistischen Regimes nicht leichtgemacht hätte, den Krieg zu beginnen. Das ist die Wahrheit."[124]

Fischer seinerseits hatte wenige Tage zuvor in einem *Spiegel*-Interview gesagt, es sei doch „moralisch erschreckend, dass es offensichtlich in der Systemlogik der Moderne, auch nach Auschwitz noch nicht tabu ist, weiter Massenvernichtung vorzubereiten"[125]. Zwar hatte er vor „schnellen Analogieschlüssen" zwischen NS-Verbrechen und dem Ost-West-Konflikt gewarnt, doch war seine Ausführung insofern repräsentativ, als seitens der Friedens-

---

[121] „Frieden und Freiheit. Resolution zur aktuellen Friedensdiskussion. Verabschiedet vom Bundesausschuss der CDU am 15. Juni 1981", abgedruckt in: Mechtersheimer (Hrsg.), Nachrüsten?, S. 182–189, die Zitate S. 186, 189.

[122] Wilmersdorfer Friedensappell (der Friedensinitiative Wilmersdorf im Kulturhaus Wilmersdorf e.V.), 8. 5. 1980, Faksimile, in: Fritz Teppich, Flugblätter und Dokumente der Westberliner Friedensbewegung 1980–1985, Berlin (West) 1985, S. 15.

[123] Grundsatzrede des Vorsitzenden der CDU Deutschlands, Helmut Kohl, auf dem 30. CDU-Bundesparteitag, Hamburg, 2.–5. 11. 1981, S. 28–51, hier S. 33f.

[124] Deutscher Bundestag, Stenographische Berichte, 10. WP, 13. Sitzung, 15. 6. 1983, S. 755.

[125] „Wir sind ein schöner Unkrautgarten", *Spiegel*-Gespräch mit Joschka Fischer und Otto Schily, in: *Der Spiegel* vom 13. 6. 1983, S. 23–27, hier S. 26.

bewegung die Parole „Nie wieder Krieg“ und die Erinnerung an den nationalsozialistischen Judenmord als Motivation für gegenwärtiges politisches Handeln sehr weit verbreitet war. Immer wieder wurde mit Erinnerungen an den Zweiten Weltkrieg zum „Widerstand gegen Atomraketen“ geworben und öffentlich gepunktet. Die Gedenktage zum 8. Mai, zum „Antikriegstag“ am 1. September, oder das Andenken an anti-nationalsozialistische Widerstandskämpfer boten Anknüpfungspunkte, um das Publikum über die Vergegenwärtigung des Vergangenen zu einer „pazifistischen Haltung“ zu mobilisieren.

So forderte die erwähnte Wilmersdorfer Friedensinitiative dazu auf, dass die Älteren „sich erinnern“ sollten, um die Jungen durch ihre Erzählungen gegen ein leichtfertiges Vergessen dessen zu immunisieren, „was das hieß: Hunger – Kälte – Flüchtlingselend – Ausgebombtsein“[126]. Mit Zitaten aus dem Stuttgarter Schuldbekenntnis der EKD von 1945 beschwor eine christliche Berliner Initiative, in einer Stadt, „in der die Wunden des letzten Krieges noch sichtbar“ seien, „rechtzeitig unsere Stimme“ zu erheben, „nicht erst wieder, wenn es zu spät ist“[127]. Auch der Schriftsteller und spätere Literaturnobelpreisträger Günter Grass führte schweres vergangenheitspolitisches Geschütz ins Feld, als er hinter der Logik der atomaren Rüstung jene „zynische Abwendung von den Grundwerten menschlicher Ethik“ vermutete, „die damals die Wannsee-Konferenz, den Beschluss der Endlösung zur Folge gehabt hat und die in unseren Tagen militärische Planspiele produziert, deren Ernstfallverläufe hier fünfzig und anderswo achtzig Millionen Tote als unvermeidbaren Ausfall verbuchen“[128].

Hunderte und tausende Male wurde durch Worte, entsprechende Visualisierung, aber auch durch symbolische Handlungen (Demonstrieren in Häftlingskleidern, oder mit auf Plakate geschriebenen Parolen wie „Pershing macht frei“[129]) eine Parallele von „nuklearem Holocaust“ – der Begriff hatte Hochkonjunktur – und Judenmord gezogen. Angesichts der Bedeutung, die dem Holocaust in der westlichen Erinnerungskultur in den 1980er Jahre als zentraler moralischer Referenz zuwuchs, stellten beide Seiten in aus heutiger Sicht geradezu befremdlicher Schärfe heraus, dass es hier längst nicht mehr um eine sicherheitspolitische Frage ging. Es wurde, mit durch die „Wende“ von 1982/83 noch einmal verschärfter Polemik darüber gestritten, „wohin die Bundesrepublik trieb“, in welche Richtung sich Politik und politische Kultur entwickelten, ob eine „linksliberale politische Hegemonie“ erfolgreich gegen eine „neokonservative Tendenzwende“ würde verteidigt werden können.

## V. Schluss: Die Folgen der Nachrüstungsdebatte

So kontrovers und kompromisslos die Meinungen während der Nachrüstungsdebatte oft auch mit verletzender Schärfe aufeinander prallten, so wenig änderte der Streit kurzfristig etwas an den grundsätzlichen außenpolitischen und gesellschaftlichen Koordinaten der Republik. Weder drifteten die von langem Frieden verwöhnten und „harmoniebedürftig“

[126] Flugblatt der Friedensinitiative Wilmersdorf, in: Teppich, Flugblätter und Dokumente, S. 25.
[127] Berliner Christen gegen den Atomtod, o. D. (ca. Okt. 1981), ebenda, S. 85.
[128] Günter Grass, Vom Recht auf Widerstand: Rede auf der Gedenkveranstaltung der SPD zum 50. Jahrestag der Machtergreifung Hitlers in Frankfurt, in: ders., Essays und Reden III, 1980–1997, Göttingen 1997, S. 63–70.
[129] Vgl. die Illustrationen in Volker Nick/Volker Scheub/Christof Then, Mutlangen 1983–1987. Die Stationierung der Pershing II und die Kampagne Ziviler Ungehorsam bis zur Abrüstung, Mutlangen 1993.

gewordenen Westdeutschen in weltpolitische Verantwortungslosigkeit und „Machtvergessenheit“ ab, wie Hans-Peter Schwarz 1985 befürchtete[130], noch standen sie kurz davor, als „Wanderer zwischen Ost und West“ sich aus dem westlichen Bündnis zu lösen[131]. Weder wurden die düsteren Szenarien von Literaten wie Jonathan Schell oder Anton-Andreas Guha Wirklichkeit, die der Welt einen „atomaren Holocaust“ prophezeiten, weil ein Krieg immer wahrscheinlicher würde[132]. Noch erwies sich der Satz des Journalisten und CDU-Renegaten Franz Alt, „Raketen sind Magneten“, als rechtzeitiger Alarm[133]. Vielmehr blieb die Zustimmung zur NATO und zum Bündnis mit den USA auch in den kritischen Jahren 1981-1983 konstant hoch, ja verzeichnete sogar höhere Werte als zehn Jahre zuvor[134].

Paradoxerweise wurde sowohl die kulturelle und politische Westbindung als auch der post-nationalsozialistische erinnerungskulturelle Konsens nachhaltig bekräftigt. Gegner und Befürworter des NATO-Doppelbeschlusses sahen sich als Teil einer transatlantischen politischen Gemeinschaft, die eben über nationale Grenzen hinweg in sich zerstritten und uneinig war, wie mit Fragen der Sicherheit im Zeitalter der atomaren Abschreckung und des Ost-West-Konfliktes umgegangen werden sollte. So wenig in den USA Einigkeit über den außenpolitischen Kurs der Regierung Reagan bestand, so wenig konnte dies in der Bundesrepublik der Fall sein. Während Kohl bedauerte, dass er bei seinen Besuchen in den USA gegenüber *seinen* amerikanischen Freunden „bohrende Fragen“ beantworten musste, „wohin der Weg der Bundesrepublik führt“[135], so deutlich hob die grüne Bundestagsabgeordnete und ehemalige Bundesvorstandssprecherin (d.h. Parteivorsitzende) Petra Kelly hervor, dass sie mit *ihren* amerikanischen Freunden um „Hoffnung kämpfte“[136], oder machte Brandt *seinen* Freunden in den USA klar, dass die Ablehnung neuer Raketen nicht Antiamerikanismus sei, sondern alles in allem den Forderungen des amerikanischen „Freeze“-Movement entspreche[137].

Es führt in die Irre, den Nachrüstungskritikern eine „Entfremdung von den Demokratien des Westens“ zu attestieren und die eigenen damaligen Befürchtungen nachträglich im Gewand der Historiographie ins Recht zu setzen[138], wenn Mitglieder der Friedensbe-

---

130 Hans-Peter Schwarz, Die gezähmten Deutschen. Von der Machtbesessenheit zur Machtvergessenheit, Stuttgart 1985, S. 107f.

131 So spricht Winkler, Langer Weg II, S. 373, in linearer Fortführung zeitgenössischer Kritik von einer „Entfremdung von den Demokratien des Westens“.

132 Jonathan Schell, Das Schicksal der Erde. Gefahr und Folgen eines Atomkriegs. Aus dem Amerikanischen von Hainer Kober, München $^{5}$1982 (die Auflagenhöhe betrug zu diesem Zeitpunkt bereits 120000).

133 Franz Alt, Frieden ist möglich. Die Politik der Bergpredigt, München 1983, S. 43.

134 Die Zustimmung zur NATO und zum Bündnis mit den USA betrug 75–80% in den früheren 1980er Jahren, in den 1970er Jahren sprachen sich nur 60–70% für einen Verbleib in der NATO aus, vgl. Gebhard Schweigler, Grundlagen der außenpolitischen Orientierung der Bundesrepublik Deutschland. Rahmenbedingungen, Motive, Einstellungen, Baden-Baden 1985, S. 158.

135 Helmut Kohl auf dem 30. Bundesparteitag der CDU in Hamburg, 2.–5. 11. 1981, S. 33.

136 Vgl. den Titel ihres Buches, Petra Kelly, Um Hoffnung kämpfen. Gewaltfrei in eine grüne Zukunft. Bornheim-Merten 1983.

137 Offener Brief des Vorsitzenden der SPD, Brandt, auf Fragen amerikanischer Freunde, 7. 8. 1983, in: Willy Brandt, Gemeinsame Sicherheit. Internationale Beziehungen und deutsche Frage 1982–1992. Bearb. von Uwe Mai, Bernd Rother und Wolfgang Schmidt. Bonn 2009, Dok. 6, S. 142–146.

138 So aber Winkler, Langer Weg II, S. 373, der seine innerparteiliche Kritik innerhalb der SPD auf diese Weise in den Stand einer historisch abgesicherten Aussage setzt, vgl. die zeitgenössischen Beiträge von Winkler, Gesine Schwan u. a. in Jürgen Maruhn/Manfred Wilke (Hrsg.), Wohin treibt die SPD? Wende oder Kontinuität sozialdemokratischer Sicherheitspolitik, München 1984. Ähnlich die inadäquate Darstellung in Wehler, Gesellschaftsgeschichte, Bd. 5, S. 250.

wegung sich auf Henry David Thoreau, Martin Luther King, Mahatma Gandhi und andere von der US-Friedensbewegung verehrte Protagonisten des gewaltfreien Widerstandes beriefen und in diesem Sinne durchaus als Agenten der „Verwestlichung" und Verbreiterung einer, auch für Kohl unstrittigen demokratischen Protestkultur gesehen werden können[139]. Auch stellte die Friedensbewegung sicher, dass auf ihren großen Massenveranstaltungen und Demonstrationen prominente Teilnehmer aus den USA, Großbritannien und den Niederlanden nicht nur sprachen, sondern gut sichtbar auf dem Podium platziert wurden und dieser Internationalismus danach auch entsprechend visualisiert wurde[140]. „Wir können uns berufen auf die entschiedene Haltung der katholischen und protestantischen Kirchenführer der USA und auf die dortige Friedensbewegung, ebenso auf die Erklärung der Kirchen in der DDR", hieß es im „Friedens-Manifest '83" des Friedenscamps in Mutlangen im Sommer 1983[141].

Vergleichbares lässt sich auch in Bezug auf die aus heutiger Sicht atemberaubend holzschnittartige Instrumentalisierung der NS-Vergangenheit in der Nachrüstungsdebatte konstatieren. So wenig die Kontrahenten in ihren politischen Folgerungen auch darin übereinstimmten, wozu „Hitler" jetzt „mahnte", welcher politische und moralische Imperativ aus dem Holocaust im Hier und Jetzt abgeleitet werden konnte, so sehr schien doch darüber ein Konsens zu bestehen, dass das Selbstverständnis der Bundesrepublik nun einmal auf der Akzeptanz der „von deutschem Boden" ausgegangenen Verbrechen basierte und deren rückhaltloser Ablehnung: „Wir wollen aus der Geschichte lernen. Wir wollen nie wieder die Fehler machen, die zur Nazibarbarei geführt haben"[142], so Kohl. Vermied der CDU-Vorsitzende auch den Vergleich mit Auschwitz, so befand sich der Generalsekretär seiner Partei auf Augenhöhe mit Mitgliedern der Friedensbewegung, unter denen etwa die in New York lehrende deutsche Theologin Dorothee Sölle in Mutlangen die Pershing-II als „fliegende Verbrennungsöfen" bezeichnete[143], ein im Rückblick vielleicht nicht ganz so schockierendes Verdikt, wenn man sich vor Augen hält, dass Mitglieder der amerikanischen *Ploughshares*-Bewegung sich auf vergleichbar drastische Weise historischer Analogieschlüsse bedienten[144].

Die markantesten Auswirkungen hat die Kontroverse über den NATO-Doppelbeschluss daher weniger im Hinblick auf die politische Kultur des westdeutschen Gemeinwesens gehabt, deren Grundkoordinaten letzten Endes entgegen damals weit verbreiteter Befürchtungen (die bis heute entsprechenden Widerhall in manchen historiographischen Darstellungen finden), eher befestigt als aus den Angeln gehoben wurden, sondern in der ganz gewöhnlichen Parteipolitik und bei den Machtverhältnissen im Parlament. Das Zerbrechen der sozial-liberalen Koalition unter Führung von Schmidt und Genscher war ursächlich mit der „Raketen-Kontroverse" verknüpft, wenn diese auch beileibe nicht der

---

139 So hob Kohl mehrfach darauf ab, dass es den Amerikanern nun „wahrlich nicht an demokratischem Verständnis etwa für Demonstrationen freier Bürger für Ziele [mangelt], die von denen der Regierung abweichen", CDU-Bundesparteitag Hamburg 1981, S. 33.

140 Vgl. die Fotos in: Aktion Sühnezeichen, Bonn 10. 10. 1981, sowie die entsprechende Presseberichterstattung.

141 „Gemeinsam Gegen Atomraketen", Friedenscamp Schwäbisch Gmünd vom 6. 8. bis 4. 9. 1983. Handbuch, hektographierte Broschüre im Besitz des Verfassers.

142 Helmut Kohl auf dem 30. Bundesparteitag der CDU in Hamburg, 2.–5. 11. 1981, S. 30.

143 Nick/Scheub/Then, Mutlangen 1983–1987, S. 6.

144 Vgl. den Beitrag von Wilfried Mausbach in diesem Band.

einzige Grund für den koalitionären Schwenk der Freidemokraten war[145]. Nachdem 1982 der Kanzlerwechsel erfolgt war, diente die Befürwortung des Doppelbeschlusses und unbedingter Bündnissolidarität auch als ein einigendes Band für die christlich-liberale Koalition, die in sich ja ein durchaus heterogenes Spektrum vereinigte. Und schließlich wurde der Aufstieg der Grünen zur *parlamentarischen Kraft* nun auch im Bund durch die sicherheitspolitische Debatte erleichtert, wenn nicht sogar überhaupt erst ermöglicht[146], während umgekehrt in der SPD zwar die völlige Reintegration des links-alternativen Spektrums scheiterte, aber doch auch eine innerparteiliche Beruhigung und Konsolidierung zu verzeichnen war[147], die, wenn nicht 1989/90 die deutsch-deutsche Vereinigung dazwischen gekommen wäre, schon 1991 zu einem neuerlichen „Machtwechsel" hätte führen können.

Wie schon mehrfach zuvor in der Geschichte der Bundesrepublik stellte sich Anfang der 1980er Jahre eine alte Grundkonstante der westdeutschen Politik wieder ein, dass eine relativ hohe innen- und sozialpolitische Übereinstimmung gerade der beiden großen Volksparteien durch einen außenpolitischen Richtungsstreit überdeckt wurde, was den „Machtwechsel", wie schon einmal 1969, zu legitimieren und abzusichern half. Als Stück bundesrepublikanischer Normalität stellte sich wieder ein, dass sich die politischen Lager – anders als beispielsweise in Großbritannien und den USA – weniger über innenpolitische Gegensätze ausdifferenzieren als über den außenpolitischen Dissens. So dauerte der Streit um die atomare Abschreckung auch über das Jahr 1983 hinweg an, weil er eine antagonistische Positionierung der Lager erlaubte, ohne nun den großen demokratischen Konsens insgesamt zu beeinträchtigen (von radikalen Splittergruppen am Rand einmal abgesehen).

Trotz des politischen Umbruchs und der Diskontinuität des Machtwechsels von 1982/83 hat die „Nuklearkrise" der 1980er Jahre alles in allem als eine Manifestation gesellschaftlicher Verarbeitungen der multiplen „Strukturbrüche" und außenpolitischen Verschiebungen im ausgehenden 20. Jahrhundert eher konsensbildend als konsenssprengend gewirkt. Nimmt man Umfragewerte als Maßstab, so festigte sich die Bündnistreue, war die Zugehörigkeit zur NATO niemals gefährdet[148]. Es ging bestenfalls darum, einen vermeintlichen entspannungspolitischen Konsens gegen eine vermeintliche Erneuerung des Kalten Krieges zu verteidigen. Wie schon in der Frühgeschichte der Bundesrepublik und dann in den Kontroversen um die Ostpolitik leiteten die Lager ihre Argumente auch aus den „historischen Erfahrungen" des Zweiten Weltkrieges ab und verbreiterten damit den gesellschaft-

---

[145] Vgl. Hans-Dietrich Genscher, Erinnerungen, Berlin 1995, S. 447f. betont die „zwingenden innen- *und* außenpolitischen Ursachen" [meine Hervorhebung], wobei „alles andere" zunehmend vom Doppelbeschluss „überdeckt" worden sei; siehe auch den Beitrag von Friedhelm Boll und Jan Hansen in diesem Band.

[146] Vgl. den Beitrag von Saskia Richter in diesem Band; Silke Mende, „Nicht rechts, nichts links, sondern vorn". Eine Geschichte der Gründungsgrünen, Phil. Diss. Tübingen 2009.

[147] Hierzu die Ausführungen von Karsten Voigt auf der Podiumsdiskussion im Rahmen der Tagung „Zweiter Kalter Krieg und Friedensbewegung" sowie den Beitrag von Friedhelm Boll und Jan Hansen in diesem Band.

[148] Josef Joffe argumentierte zeitgenössisch auf Basis von Umfragen, dass einer der Gründe des politischen Scheiterns der Friedensbewegung die relativ nachrangige Bedeutung außenpolitischer gegenüber wirtschafts- und sozialpolitischen Themen war und Szenarien eines nuklearen Weltuntergangs das Publikum offensichtlich nicht genügend erschreckten, um zum wahlentscheidenden Faktor zu werden, vgl. Josef Joffe, Peace and Populism. Why the European Anti-Nuclear Movement Failed, in: International Security 11 (1987), S. 3–40.

lichen und politischen Konsens über Grundlagen der westdeutschen Demokratie als Teil einer post-nationalsozialistischen, freiheitlichen und demokratischen Ordnung des Westens.

*Friedhelm Boll und Jan Hansen*

# Doppelbeschluss und Nachrüstung als innerparteiliches Problem der SPD[1]

In Reaktion auf die Stationierung moderner nuklearer SS-20-Mittelstreckenraketen durch die Sowjetunion beschlossen die Außen- und Verteidigungsminister der NATO am 12. Dezember 1979 in Brüssel, eigene Nuklearwaffen mittlerer Reichweite in Westeuropa zu dislozieren, zuvor jedoch der Sowjetunion Verhandlungen über einen beiderseitigen Verzicht auf diese Systeme anzubieten[2]. Für die SPD wurde diese doppelte Entscheidung Gegenstand einer der heftigsten innerparteilichen Kontroversen, die sie bis dahin in der Nachkriegszeit erlebt hatte. Weil die Kritik an der Stationierungsentscheidung der Allianz die sozialdemokratische Parteidiskussion in den Jahren zwischen 1980 und 1983 immer stärker dominierte, waren Doppelbeschluss und Nachrüstung für die SPD ein veritables innerparteiliches Problem geworden, in dessen Bewältigung sie nicht weniger als die eigene Spaltung abwenden musste.

Während sich die bisherige Forschung zum Nachrüstungsstreit in der SPD vor allem für die Argumente und Parteitagsentscheidungen interessiert und diese politikgeschichtlich untersucht hat[3], bleibt festzuhalten, dass die Kontroverse um den Doppelbeschluss mehr war als ein politischer Zielkonflikt. In ihr wurden nämlich nicht nur rüstungspolitische Zusammenhänge, sondern auch konkurrierende Weltbilder, Bedrohungsvorstellungen

---

[1] Dieser Aufsatz beruht in seinen Kernthesen auf der Magisterarbeit von Jan Hansen, die unter dem Titel „‚Die SPD ist die eigentliche politische Friedensbewegung in unserem Land.' Die Kontroverse um den NATO-Doppelbeschluss in der SPD 1979–1982" im Frühjahr 2009 an der Humboldt-Universität zu Berlin eingereicht und im Folgenden auf mehreren Workshops und Tagungen präsentiert und diskutiert wurde. Die hier angestellten Überlegungen sind in zahlreichen Gesprächen zwischen Friedhelm Boll und Jan Hansen vertieft und weitergeführt worden. Jan Hansen arbeitet mittlerweile an einer Dissertation zu diesem Thema, die den Arbeitstitel „Konsens in der Krise. Eine Kulturgeschichte des Nachrüstungsstreits in der SPD 1977–1987" trägt und von Gabriele Metzler an der Humboldt-Universität zu Berlin betreut wird. Alle Fotos dieses Beitrags von Jupp Darchinger, Bonn. Darchinger-Archiv im Archiv der sozialen Demokratie, Friedrich-Ebert-Stiftung, Bonn.

[2] Vgl. Presse- und Informationsamt der Bundesregierung, Kommuniqué der Außen- und Verteidigungsminister der NATO über den bedingten Beschluss zur Stationierung von Mittelstreckenwaffen [„NATO-Doppelbeschluss"] vom 12. Dezember 1979, in: Bulletin der Bundesregierung 1979, S. 1409f. Vgl. zur Vorgeschichte: Leopoldo Nuti, The origins of the 1979 dual track decision – a survey, in: ders. (Hrsg.), The Crisis of Détente in Europe. From Helsinki to Gorbachev, 1975–1985, London u. a. 2006, S. 57–71.

[3] Zur Kontroverse um den NATO-Doppelbeschluss in der SPD vgl. insbesondere Anton Notz, Die SPD und der NATO-Doppelbeschluss. Abkehr von einer Sicherheitspolitik der Vernunft, Baden-Baden 1990; Thomas Risse-Kappen, Die Krise der Sicherheitspolitik. Neuorientierungen und Entscheidungsprozesse im politischen System der Bundesrepublik Deutschland 1977–1984, Mainz u. a. 1988; Manfred Becht, SPD, Ost-West-Konflikt und europäische Sicherheit. Sozialdemokraten und sicherheitspolitische Zusammenarbeit in Westeuropa, Aachen 1997; Thomas Bender, SPD und europäische Sicherheit. Sicherheitskonzept und Struktur des Sicherheitssystems in den achtziger Jahren, München 1991; Thomas Enders, Die SPD und die äußere Sicherheit. Zum Wandel der sicherheitspolitischen Konzeption der Partei in der Zeit der Regierungsverantwortung (1966–1982), Melle 1987; Frank Fischer, „Im deutschen Interesse". Die Ostpolitik der SPD von 1969 bis 1989, Husum 2001; Michael Longerich, Die SPD als „Friedenspartei" – mehr als nur Wahltaktik? Auswirkungen sozialdemokratischer Traditionen auf die friedenspolitischen Diskussionen 1959–1983, Frankfurt am Main 1990.

und sogar Lebensentwürfe verhandelt. Im Folgenden soll unter anderem eine Auseinandersetzung mit dieser Komponente des Nachrüstungsstreits stattfinden.

Auf der Basis von unveröffentlichten Quellen aus dem Archiv der sozialen Demokratie in Bonn (AdsD)[4] wird in diesem Text zunächst die sicherheitspolitische Ausgangslage im Umfeld der Ost-West-Konfrontation zu Beginn der achtziger Jahre, der Beschluss des Berliner SPD-Parteitages von 1979 und die aus ihm abgeleitete Kritik an der Nachrüstung geklärt (I). Davon ausgehend soll eine Systematisierung der sicherheitspolitischen Gruppierungen in der SPD vorgenommen werden (II). Zu fragen ist auch nach sozial- und kulturgeschichtlichen Aspekten der Opposition gegen die Raketenstationierung (III) und nach den Foren dieser Kritik in der Partei (IV). Die Tatsache, dass die SPD trotz großer Bedenken bis in den Herbst 1982 am Doppelbeschluss festhielt, ist Gegenstand des nächsten Abschnitts (V). Im Anschluss an ihn soll geprüft werden, inwiefern der Nachrüstungsstreit als Korrektiv für die Weiterentwicklung der sicherheitspolitischen Programmatik der Partei gelten kann und inwieweit die transatlantische Bindung der Sozialdemokratie von der Ablehnung der Raketenstationierung tangiert wurde (VI). Die Frage, welche Bedeutung die Kontroverse für das Scheitern der sozial-liberalen Koalition (VII), für die Identität der Sozialdemokratie und ihr Verhältnis zu den Neuen Sozialen Bewegungen (VIII) sowie für das INF-Abkommen von 1987 (IX) hatte, ist zur Einordnung des Nachrüstungsstreits in einen weiteren historischen Kontext abschließend zu untersuchen.

## I. Berliner Parteitag, Doppelbeschluss und amerikanische Verhandlungsbereitschaft: Die sicherheitspolitische Ausgangslage zu Beginn der achtziger Jahre

Der NATO-Doppelbeschluss wurde vor allem wegen der möglichen Stationierung von US-amerikanischen Mittelstreckenwaffen vom Typ Pershing-II und Cruise Missile auf dem Territorium der Bundesrepublik kritisiert. Dies wollten die Nachrüstungsgegner nicht akzeptieren, weil sie darin eine Relativierung der als Erfolg begriffenen Entspannungspolitik, eine Verschlechterung der Beziehungen zu den Warschauer-Pakt-Staaten sowie die Gefahr einer Eskalation des nuklearen Wettrüstens sahen[5]. In der Artikulation dieser Einwände konnten sich die Kritiker auf den Beschluss des Berliner Parteitages von 1979 berufen[6]. Hier hatte die Partei dem NATO-Beschluss zwar grundsätzlich zugestimmt, gleichwohl aber die Grundlage für die Argumentation der Stationierungsgegner gelegt. Der Beschluss sah vor, dass „den Disparitäten bei den nuklearen Mittelstreckenpotenzialen [...] durch eine Kombination von verteidigungspolitischen und rüstungssteuerungspolitischen Maßnahmen begegnet werden" sollte[7]. Dabei müssten „rüstungskontrollpolitischen Regelungen" der politische Vorrang gegeben werden. Gleichzeitig seien die „notwendigen

---

[4] Es handelt sich insbesondere um die Bestände des SPD-Parteivorstandes, der Bundestagsfraktion, des Willy-Brandt-Archivs sowie der Deposita Helmut Schmidts, Egon Bahrs und Erhard Epplers.

[5] Vgl. die Debatten auf den Parteitagen in Berlin und München: SPD-Bundesvorstand (Hrsg.), Parteitag der Sozialdemokratischen Partei Deutschlands vom 3. bis 7. Dezember 1979 in Berlin, Bd. 1: Protokoll der Verhandlungen, Bonn 1979; ders. (Hrsg.), Parteitag der Sozialdemokratischen Partei Deutschlands vom 19. bis 23. April 1982 in München, Bd. 1: Protokoll der Verhandlungen, Bonn 1982.

[6] Vgl. SPD-Bundesvorstand (Hrsg.), Parteitag der Sozialdemokratischen Partei Deutschlands vom 3. bis 7. Dezember 1979 in Berlin, Band 2: Angenommene und überwiesene Anträge, Bonn 1979, S. 1228–1244, hier S. 1243.

[7] Ebenda.

verteidigungspolitischen Optionen" festzulegen, „damit diese im Falle eines Scheiterns rüstungskontrollpolitischer Bemühungen wirksam werden können". Soweit befand sich der außen- und sicherheitspolitische Leitantrag in Übereinstimmung mit dem Kommuniqué des NATO-Rates. Nun folgten aber die entscheidenden Sätze, die dieses Einverständnis wieder aufhoben: „Die nächsten Jahre werden auch darüber entscheiden, ob der nukleare Rüstungswettlauf gebremst werden kann oder die Gefährdungen für die Welt weiter steigen werden. Deshalb darf es keine Automatismen geben. Der Gang der Verhandlungen und die erwarteten Ergebnisse müssen es den Politikern der NATO jederzeit möglich machen, Beschlüsse zu überprüfen und, wenn nötig, zu revidieren. Aus diesen Gründen soll die Bundesregierung der Stationierung der von den USA in eigener Verantwortung zu entwickelnden Mittelstreckenwaffen in Europa (die frühestens 1983 möglich ist) nur unter der auflösenden Bedingung zustimmen, dass auf deren Einführung verzichtet wird, wenn Rüstungskontrollverhandlungen zu befriedigenden Ergebnissen führen."[8]

Der Beschluss des Berliner SPD-Parteitages sah also vor, dass auf eine Stationierung der nuklearen US-Mittelstreckenraketen verzichtet werden könnte, wenn die Gespräche „zu befriedigenden Ergebnissen" führten. Einen Stationierungsautomatismus gebe es nicht, suggerierte die Partei und befand sich damit im Gegensatz zum Kommuniqué der Außen- und Verteidigungsminister, in dem von einer „verbindlichen Festlegung auf Dislozierungen" die Rede war[9]. Dass die Partei die Stationierungsnotwendigkeit nach dem Vorliegen von Verhandlungsergebnissen neu prüfen und erst dann abschließend ihre Haltung festlegen wolle[10], bedeutete, dass sie sich auch die Möglichkeit einer Ablehnung der Raketendislozierung offen ließ, die, so darf man schließen, mit dem Hinweis auf noch nicht ausgeschöpfte Verhandlungsoptionen begründet werden konnte. Hier knüpfte die Argumentation der Stationierungsgegner an[11].

Die Kritik an der Nachrüstungsdrohung der Allianz setzte aber nicht schon 1979 in Berlin ein. Vielmehr entwickelte sie sich erst als Reaktion auf veränderte Prioritäten der US-amerikanischen Außenpolitik nach 1980. Der sowjetische Einmarsch in Afghanistan im Dezember 1979 hatte schon Jimmy Carter im Januar 1980 Anlass zum Stopp der Ratifizierung von SALT II und zum Boykott der Olympischen Spiele in Moskau gegeben. Sein Nachfolger, der Republikaner Ronald Reagan, radikalisierte die Abkehr von der Détente weiter und leitete gegenüber der Sowjetunion eine Politik der Konfrontation ein, zu deren primären Zielen Entspannung und Rüstungskontrolle nicht mehr gehörten[12]. Auch wenn die sowjetische Führung mit der SS-20-Aufrüstung, der Besetzung Afghanistans und der Verhängung des Kriegsrechts in Polen im Dezember 1981 einen nicht minder großen Anteil an der dramatischen Verschlechterung der Ost-West-Beziehungen gehabt hatte, wurde

[8] Ebenda.

[9] Kommuniqué der Außen- und Verteidigungsminister der NATO, 12.12.1980, in: Bulletin der Bundesregierung 1979, S. 1410.

[10] So der Beschluss des Münchner Parteitages: SPD-Bundesvorstand (Hrsg.), Parteitag der Sozialdemokratischen Partei Deutschlands vom 19. bis 23. April 1982 in München, Bd. 2: Angenommene und überwiesene Anträge, Bonn 1982, S. 910.

[11] Die Ablehnung konnte aber auch damit begründet werden, dass die Amerikaner SALT II nicht ratifizierten, obwohl der Berliner Parteitagsbeschluss die Zustimmung zum Doppelbeschluss in einen sachlichen Zusammenhang zur Verabschiedung des Abkommens rückte. Vgl. SPD-Bundesvorstand (Hrsg.), Parteitag Berlin 1979, Bd. 2 (Anträge), S. 1242–1243.

[12] Vgl. Christian Hacke, Zur Weltmacht verdammt. Die amerikanische Außenpolitik von Kennedy bis Clinton, Berlin 1997, S. 283–327, sowie die Beiträge von Klaus Schwabe und Wilfried Mausbach in diesem Band.

von sozialdemokratischer Seite zuallererst der amerikanischen Politik die Verantwortung dafür gegeben, dass die Erfolgsaussichten für Entspannung und Abrüstung rapide sanken. Auch der sich bis zum 30. November 1981 hinauszögernde Beginn der rüstungskontrollpolitischen Gespräche der beiden Supermächte in Genf über einen Abbau der SS-20-Raketen wurde der konfrontativen Politik der republikanischen Administration zur Last gelegt und weniger der hinhaltenden Propaganda der sowjetischen Führung[13]. Das Desinteresse Reagans an der Fortsetzung der Entspannungspolitik und seine hiermit einhergehende mangelnde Verhandlungsbereitschaft in Genf war deshalb eine der Hauptprämissen, mit denen die Stationierungsgegner in der SPD ab 1981 die Doppelbeschlusslogik kritisierten. In diesem Sinne erklärte der baden-württembergische SPD-Vorsitzende Erhard Eppler 1981 dem *Spiegel*, „Äußerungen aus Washington" würden „die feste Absicht der Weltmacht USA" bestätigen, „auf deutschem Boden Raketen zu stationieren, die mit ganz kurzer Vorwarnzeit die Zentren der anderen Weltmacht, der Sowjetunion, ausschalten könnten. Das Interesse der USA an einem Abbau der sowjetischen SS-20, die ja nur Europa treffen kann, scheint mir wesentlich kleiner als ihr Interesse an der Stationierung der ‚Pershing 2'."[14] Hier sprach Eppler eines der sozialdemokratischen Kernargumente gegen die Nachrüstung aus: Die US-amerikanische Regierung habe kein wirkliches Interesse an einer rüstungskontrollpolitischen Vereinbarung. Vielmehr sei der Reagan-Administration mit ihrer Politik der ideologischen Konfrontation und ihrer Strategie der massiven Aufrüstung an einer unbedingten Stationierung westlicher Mittelstreckenraketen gelegen. Auch der SPD-Bundesgeschäftsführer und Außenpolitikexperte der Partei Egon Bahr mahnte 1981 in der Februar-Ausgabe des *Vorwärts* die US-Regierung, an beiden Teilen des Doppelbeschlusses festzuhalten: Es habe „in Amerika Stimmen gegeben, die den Eindruck erweckt haben, als nähme man nur den Nachrüstungsteil des Doppelbeschlusses ernst, nicht aber den Verhandlungsteil." Wer in Amerika so argumentiere, schrieb Bahr, müsse wissen, „dass er den ganzen Beschluss in Frage stellt. Der Beschluss besteht aus zwei Teilen und niemand kann einen Teil in Frage stellen, ohne den zweiten Teil damit auszuhebeln."[15] Diese Erinnerung an den Inhalt und die Stufen des Doppelbeschlussprozesses war eine deutliche Drohung an die Adresse Washingtons: Würden die USA keine ernsthaften Verhandlungsanstrengungen unternehmen, würde sich auch die SPD und die von ihr getragene Bundesregierung nicht länger dem Doppelbeschluss verpflichtet sehen. Der Protest gegen die sowjetische SS-20-Rüstung, der für den Berliner Parteitagsbeschluss noch prägend war, trat also ab 1980/1981 zurück hinter die Opposition gegen die Abkehr der Reagan-Administration von der Entspannungspolitik. Wenn man so will, hatte der Kölner Beschluss der SPD von 1983, in dem die Raketenstationierung durch einen Rekurs auf fehlende rüstungskontrollpolitische Anstrengungen der US-Regierung abgelehnt wurde[16], hier seinen argumentativen Ursprung.

---

[13] Zur sowjetischen Reaktion auf den NATO-Beschluss vgl. den Beitrag von Gerhard Wettig in diesem Band bzw. ders., Die Sowjetunion in der Auseinandersetzung über den NATO-Doppelbeschluss 1979–1983, in: VfZ 57 (2009), S. 217–259.

[14] Erhard Eppler, „Die Bedrohung hat sich durch die SS-20 nicht erhöht". Spiegel-Gespräch mit Erhard Eppler, in: Wilhelm Bittorf (Hrsg.), Nachrüstung. Der Atomkrieg rückt näher, Reinbek bei Hamburg 1981, S. 137–146, hier S. 141.

[15] Egon Bahr, „Auf Verhandlungen drängen!" Wozu brauchen wir den NATO-Doppelbeschluss, in: *Vorwärts* vom 5. 2. 1981, S. 4.

[16] Vgl. SPD-Bundesvorstand (Hrsg.), Bundesdelegierten-Konferenz und Außerordentlicher Parteitag der Sozialdemokratischen Partei Deutschlands vom 18. bis 19. November 1983 in Köln. Protokoll der Verhandlungen und Dokumentarischer Anhang, Bonn 1983, S. 196–200.

## II. Innerparteiliche Gruppierungen und ihre Haltung zu Doppelbeschluss und Nachrüstung

Thomas Risse-Kappen differenzierte in seiner 1988 erschienen Studie „Die Krise der Sicherheitspolitik" die sozialdemokratischen Positionen zur Nachrüstung in drei Gruppen, nämlich in den Gleichgewichts-, den Rüstungskontroll- und den Abrüstungsflügel[17]. Nach seinem Modell strebten die Angehörigen der ersten Gruppierung zur Festigung des Friedens zwischen Ost und West ein gesichertes militärisches Gleichgewicht an. Bei einer Gefährdung des Gleichgewichts argumentierten sie für Verhandlungen und gegebenenfalls für Rüstungsinitiativen des Westens. Vor dem Hintergrund dieser Einstellungen trugen sie den Doppelbeschluss uneingeschränkt mit. Dagegen maßen die Anhänger einer Rüstungskontrollkonzeption den entspannungspolitischen Gesprächen zur Begrenzung der militärischen Potenziale einen überragenden Stellenwert bei. Da sie in der Rüstungsdynamik die entscheidende qualitative Bedrohung des Friedens sahen, gefährdete einseitige Aufrüstung in ihrer Sicht die Stabilität zwischen den Blöcken. Im Doppelbeschluss perzipierten sie das Problem einer neuen Rüstungsrunde und standen dem Stationierungsteil der Brüsseler Entscheidung deshalb reserviert gegenüber. Der zu den ersten beiden Parteigruppierungen in deutlichem Gegensatz stehende Abrüstungsflügel erstrebte nach Risse-Kappen Frieden durch einseitige westliche Abrüstung. Aufrüstung oder die Drohung damit war seinen Anhängern kein friedenspolitisches Instrument. Folglich lehnten sie den Doppelbeschluss ab.

Diesem Modell, das in mehreren historischen und politikwissenschaftlichen Arbeiten übernommen wurde, kommt eine große Plausibilität zu. Dennoch wird hier die Auffassung vertreten, dass es in Bezug auf die Auseinandersetzung der Partei mit dem NATO-Doppelbeschluss nur begrenzte Aussagekraft besitzt, weil es sehr allgemein gehalten ist und die notwendige Trennschärfe vermissen lässt, um argumentative Differenzen zu fassen, die es auch innerhalb der großen drei sicherheitspolitischen Gruppierungen gab. Der hier präsentierte Alternativvorschlag verspricht die Kontroverse adäquater zu erfassen, zeigt er doch neben der Meinungsvielfalt innerhalb der SPD auch die außerordentliche Breite der Debatte[18]. Damit wird die Sprengkraft dokumentiert, die diese Kontroverse beinhaltete.

Im sozialdemokratischen Spektrum standen sich im Streit um Doppelbeschluss und Nachrüstung fünf sicherheitspolitische Akteursgruppen gegenüber, die nach ihrer Position zum sogenannten NATO-Konsens differenziert werden können. Dieser NATO-Konsens war 1967 erstmals im Bericht des belgischen Außenministers Pierre Harmel formuliert worden, der der Allianz eine Strategie empfahl, die auf der Gleichzeitigkeit von Verteidigung und Entspannung beruhte. Ihre Quintessenz ist in folgender Passage ausgedrückt: „Militärische Sicherheit und eine Politik der Entspannung stellen keinen Widerspruch, sondern eine gegenseitige Ergänzung dar. Die kollektive Verteidigung ist ein stabilisieren-

[17] Vgl. Risse-Kappen, Die Krise der Sicherheitspolitik. Zum Gleichgewichtsflügel vgl. S. 97–110, 222–230; zum Rüstungskontrollflügel vgl. S. 110–118, 230–242; zum Abrüstungsflügel vgl. S. 118–123, 242–246.

[18] Ausführlich entwickelt in: Jan Hansen, „Die SPD ist die eigentliche politische Friedensbewegung in unserem Land." Die Kontroverse um den NATO-Doppelbeschluss innerhalb der SPD 1979–1982, unveröffentlichte Magisterarbeit Humboldt-Universität zu Berlin 2009; verfügbar in der Bibliothek der Friedrich-Ebert-Stiftung in Bonn.

der Faktor in der Weltpolitik. Sie bildet die notwendigen Voraussetzungen für eine wirksame, auf größere Entspannung gerichtete Politik."[19]

Die erste Gruppierung ist die sicherheitspolitische Elite der Partei um Bundeskanzler Helmut Schmidt und Verteidigungsminister Hans Apel, die sogenannten *Vertreter des NATO-Konsenses ohne Vorbehalt*[20]. Die Bündnisdoktrin in Gestalt der Kopplung von Verteidigungsanstrengungen und Entspannungsbemühungen gegenüber dem Warschauer Pakt war das sicherheitspolitische Kernanliegen dieser Akteursgruppe. Weil die Doppelstrategie auch der Konzeption des Brüsseler Beschlusses zugrunde lag, plädierten Schmidt und Apel auf der Basis des NATO-Konsenses für die genaue Befolgung der inhaltlichen Vorkehrungen des Beschlusses, also Verhandlungen mit der Sowjetunion und wenn nötig eigene westliche Nachrüstung[21]. Im Falle eines Scheiterns der Gespräche waren sie bereit, amerikanische Mittelstreckenraketen auf dem Territorium der Bundesrepublik zu stationieren. Den Doppelbeschluss begriffen sie aber primär als das westliche Druckmittel, um die Sowjetunion zu Verhandlungen zu zwingen. Schmidt und Apel waren in diesem Sinne die zuverlässigsten Verfechter des Doppelbeschlussprozesses mit seinen beiden Teilen. Hinter ihrer Konzeption standen Gleichgewicht und Abschreckung als sicherheitspolitische Prinzipien der Ost-West-Beziehungen[22]. Das Gleichgewicht auf der militärischen, aber auch auf der politischen Ebene war mit der westlichen Abschreckungsdoktrin in ihrer Argumentation die Voraussetzung für einen dauerhaften Frieden in Europa und für die Fortsetzung des Entspannungsprozesses zwischen den Blöcken. Ohne ein gesichertes Gleichgewicht und eine funktionierende Abschreckung war gegenseitiges Vertrauen als Bedingung für Frieden und Entspannung nicht denkbar. Das nukleare Gleichgewicht, das aktuell durch einseitige sowjetische Rüstungsmaßnahmen bedroht war, sollte im Rahmen des NATO-Doppelbeschlusses durch rüstungskontrollpolitische Vereinbarungen wieder stabilisiert werden. Bei einem Scheitern der Verhandlungen lag es in der Konsequenz ihrer Gleichgewichts- und Abschreckungsphilosophie, dass sie die westliche Nachrüstung befürworteten.

Im Gegensatz zu Schmidt und Apel bezogen *Vertreter des NATO-Konsenses mit schwachem Vorbehalt* eine nur minimal nuancierte Position. Der Parteivorsitzende Willy Brandt und sein Bundesgeschäftsführer Egon Bahr, der später dem Bundestags-Unterausschuss für Abrüstung und Rüstungskontrolle vorsaß, verstanden den Doppelbeschluss primär als Instrument, die Sowjetunion an den Verhandlungstisch zu holen[23]. Der schwache Vorbehalt der Gruppierung um diese beiden Sozialdemokraten bestand darin, dass sie zwar den Beschluss in seinen beiden Teilen anerkannten, aber die Frage offen ließen, wie zu verfahren sei, wenn die Gespräche zu keinen Ergebnissen führten[24]. In dieser Gruppe blieb mit an-

[19] Vgl. Die künftigen Aufgaben der Allianz (Harmel-Bericht). Anhang zum Schlusskommuniqué der NATO-Ministertagung, in: Bulletin der Bundesregierung 1967, S. 1257f.

[20] Auch Peter Corterier, Horst Niggemeier und Klaus von Schubert können dieser Gruppe zugerechnet werden. Aus Platzgründen werden im Folgenden nur jeweils zentrale Referenztexte genannt. Für weitere Belege siehe Hansen, Kontroverse um den NATO-Doppelbeschluss, S. 18–68.

[21] Vgl. beispielsweise Helmut Schmidts Reden auf den Parteitagen in Berlin und München: SPD-Bundesvorstand (Hrsg.), Parteitag Berlin 1979, Bd. 1 (Protokoll), S. 157–201; ders., Parteitag München 1982, Bd. 1 (Protokoll), S. 126–165. Vgl. auch Hans Apel, Die Bedrohung Westeuropas durch das militärische Potential der Warschauer-Pakt-Staaten, in: Die Neue Gesellschaft 29 (1982), S. 315–321.

[22] Vgl. Helmut Schmidt, Strategie des Gleichgewichts. Deutsche Friedenspolitik und die Weltmächte, Stuttgart 1970, S. 15–17, 200f.

[23] Erwin Horn, Hans Koschnick und Rainer Offergeld argumentierten ähnlich wie Brandt und Bahr.

[24] Vgl. Egon Bahr, Zehn Thesen über Frieden und Abrüstung, in: Hans Apel u. a. (Hrsg.), Sicherheitspolitik contra Frieden? Ein Forum zur Friedensbewegung, Bonn 1981, S. 10–17; ders., Referat im Rah-

deren Worten die Stationierungsfrage unbeantwortet. Dahinter stand eine Rüstungskontrollphilosophie, die sich ebenfalls des Gleichgewichtgedankens als sicherheitspolitischer Fundierung bediente und die Gefährdung der westlichen Abschreckungsdoktrin durch die sowjetischen SS-20-Raketen erkannte. In den Meinungsäußerungen dieser Politiker wurde jedoch gerne der Passus des Parteitagsbeschlusses von 1982 zitiert, der aussagte, dass es keine Automatik der Stationierung westlicher Mittelstreckenraketen geben dürfe, bevor die SPD ihre Meinung zu den Verhandlungsergebnissen festgelegt habe[25]. In gewisser Weise kennzeichnete dieses Argument die implizit mitschwingende Sorge vor einem Rüstungswettlauf, der drohen könnte, wenn Gespräche zu keinem Ergebnis führten. Denn: „Aus unserer Interessenlage ist es so, dass wir zu den Hauptgeschädigten gehören würden. Wir müssen also alles nur Menschenmögliche tun, um den Rückfall in den Kalten Krieg verhindern zu helfen."[26] Während sich die aktuelle Krise der Ost-West-Beziehungen nach Ansicht Brandts „als die ernsteste Gefährdung des Weltfriedens seit Ende des Zweiten Weltkrieges erweisen" könne[27], musste in der Zieldefinition dieser sicherheitspolitischen Gruppierung alles unternommen werden, um das nukleare Wettrüsten zu verhindern und die Entspannung zu festigen[28]. Indem sie die negative Option einer Ablehnung der Stationierung offen ließen, meinten Brandt und Bahr den Verhandlungsdruck auf die amerikanische Seite halten und so die Rüstungsspirale stoppen zu können. Ihre Bedenken bezüglich des NATO-Nachrüstungsbeschlusses äußerten sie aus Parteiräson und aus Loyalität zum Bundeskanzler jedoch nicht öffentlich. So entstand ein Missverhältnis zwischen dem, was Brandt und Bahr eigentlich dachten und öffentlich äußerten[29]. Diese Diskrepanz wurde von den Medien als persönliche Differenz zwischen dem Bundeskanzler und dem Parteivorsitzenden wahrgenommen[30].

Die *Vertreter des NATO-Konsenses mit starkem Vorbehalt* fanden sich zwar zu einer Unterstützung des Doppelbeschlusses bereit, machten aber stets deutlich, dass sie nur den ersten Teil des Beschlusses, nämlich den Verhandlungsteil, für befolgenswert hielten[31]. Den Dop-

---

men der Arbeitsgruppe II: ‚Friedens- und Sicherheitspolitik', in: SPD-Bundesvorstand (Hrsg.), Parteitag München 1982, Bd. 1 (Protokoll), S. 305–315; ders., Entspannung ist unsere einzige Chance, in: Ulrich Albrecht u. a. (Hrsg.), Deutsche Fragen – Europäische Antworten, Berlin 1983, S. 76–84; Willy Brandt, „Als stärkste Friedensbewegung bewähren". Rede auf dem Landesparteitag der baden-württembergischen SPD in Aalen, in: *Vorwärts* vom 7. 5. 1981, S. 6.

[25] SPD-Bundesvorstand (Hrsg.), Parteitag München 1982, Bd. 2 (Anträge), S. 910.

[26] So Brandt 1980 in einem *Spiegel*-Interview, in: Willy Brandt, Die Entspannung unzerstörbar machen. Internationale Beziehungen und deutsche Frage 1974–1982, bearb. v. Frank Fischer, Bonn 2003 (Berliner Ausgabe Bd. 9), Dok. 52, S. 254–268, hier S. 254.

[27] Ebenda, S. 255.

[28] Seine Position als Vorsitzender der Sozialistischen Internationale nutzte Brandt geschickt, um zwischen West und Ost für eine Fortsetzung der Entspannung zu werben. Vgl. Bernd Rother, Between East and West – social democracy as an alternative to communism and capitalism: Willy Brandt's strategy as president of the Socialist International, in: Nuti (Hrsg.), Crisis of Détente, S. 217–229, hier S. 225–227.

[29] Vgl. dazu Gregor Schöllgen, Willy Brandt. Die Biographie, Berlin 2001, S. 243–251.

[30] Vgl. Rolf Zündel, Der Friedensmarsch stiftet Unfrieden, in: *Die Zeit* vom 9. 10. 1981, S. 1.

[31] Vgl. beispielsweise Hermann Scheer, Zweifel an der Ernsthaftigkeit des amerikanischen Verhandlungswillens, in: Rolf Seeliger (Hrsg.), Amerikanische Raketen wider deutsche Interessen. Argumente gegen die Stationierung neuer atomarer Mittelstreckenwaffen mit einer Dokumentation, München 1983, S. 75–77; Karsten D. Voigt, Schrittweiser Ausstieg aus dem Rüstungswettlauf. Nach dem Berliner Parteitag der SPD, in: Die Neue Gesellschaft 27 (1980), S. 47–51; ders., Wir brauchen eine neue Friedensbewegung. Zehn Thesen zur friedenspolitischen Aufgabe der demokratischen Linken, in: *Vorwärts* vom 26. 6. 1980, S. 10; ferner: Abschrift der Äußerungen von Karsten D. Voigt in der Fraktionssitzung am 19. 2. 1981, in: Archiv der sozialen Demokratie (AdsD), SPD-Bundestagsfraktion, IX. Wahlperiode, 2/BTFI000014.

pelbeschluss akzeptierte die Gruppierung um die sicherheitspolitisch versierten Bundestagsabgeordneten Karsten D. Voigt und Hermann Scheer als Druckmittel gegenüber der Sowjetunion[32]. Sie vertrat damit keine reine Abrüstungsphilosophie, sondern insistierte auf der Forderung, durch Verhandlungen die Notwendigkeit einer westlichen Raketenstationierung überflüssig zu machen. Voigt, Scheer und andere rezipierten intensiv die Veröffentlichungen der Friedensforschung und anerkannten vor dem Hintergrund ihrer wissenschaftlichen Erkenntnisse die sowjetische Aufrüstung im nuklearen Mittelstreckenbereich und die hiermit einhergehende Gefährdung der westlichen Abschreckungsdoktrin, aber nicht die mit den SS-20-Raketen begründete Notwendigkeit der NATO-Nachrüstung[33]. Denn auch bei einer Infragestellung der Strategie der „flexible response" durch sowjetische Raketen boten in ihrer Argumentation die amerikanischen Langstreckenwaffen sowie die britischen und französischen Drittstaatensysteme hinreichend abschreckenden Schutz vor einem Angriff. Darüber hinaus richteten sie sich mit großer Verve gegen den Rüstungswettlauf, der für den Fall drohte, dass die Sowjetunion die Stationierung der Pershing-II und Cruise Missiles mit einer erneuten Aufstockung ihrer nuklearen Arsenale beantworten sollte. Gegenüber der aktuellen Politik der NATO waren Voigt und ähnlich denkende Sozialdemokraten skeptisch eingestellt. Auch wenn sie das Nordatlantische Bündnis grundsätzlich unterstützten, wünschten sie sich doch eine stärkere Betonung des Entspannungsmoments in der offiziellen Strategie der Allianz. Deutlichere Abrüstungsbemühungen und eine klare Fortsetzung der Entspannungspolitik der 1970er Jahre waren ihre politischen Hauptforderungen. In der parteiinternen Diskussion verwiesen sie immer wieder auf die Geschichte der SPD als Friedenspartei und verwendeten damit einen historischen Topos als Grundsatzargument gegen die offizielle Sicherheitspolitik der Bundesregierung[34]. Im Kern lehnten sie eine westliche Raketenstationierung ab, um die Entspannungspolitik nicht zu gefährden. Damit begegnete dieser Flügel der NATO-Doktrin mit einem starken Vorbehalt: Ihre Vertreter relativierten die Gleichwertigkeit von Verteidigungsanstrengungen und Entspannungsbemühungen zugunsten des Vorrangs von Entspannung und Rüstungskontrolle. Daher befanden sich Voigt und andere Sozialdemokraten mit ihren sicherheitspolitischen Forderungen in deutlichem Gegensatz zur US-amerikanischen Außenpolitik. Weil sie jedoch die Notwendigkeit der Blocksysteme nicht in Frage stellten, argumentierten sie weiterhin politisch-ideell auf dem Boden der Allianz. Anfangs war ihre Position in der Partei deutlich in der Minderheit, doch wuchs sie im Zuge der sich verschlechternden Ost-West-Beziehungen entscheidend an. Sie bildete das Auffangbecken für die Mehrzahl der gegenüber dem Doppelbeschluss kritisch eingestellten SPD-Mitglieder.

Der baden-württembergische Landesvorsitzende Erhard Eppler[35] und der Saarbrücker Oberbürgermeister Oskar Lafontaine relativierten als *Kritiker des NATO-Konsenses mit nuklearpazifistischer Orientierung*[36] die mit den SS-20-Raketen assoziierte Bedrohung dahingehend, dass die amerikanischen Interkontinentalwaffen auch bei einer sowjetischen

---

[32] Ähnlich dachten und sprachen Andreas von Bülow, Gerhard Heimann und Heide Simonis.

[33] Persönliches Gespräch der Autoren mit Karsten D. Voigt am 8.10.2009 im Auswärtigen Amt in Berlin.

[34] Vgl. beispielsweise Karsten D. Voigt, Wege zur Abrüstung, Frankfurt am Main 1981, S. 142.

[35] Eppler war bis 1981 Vorsitzender des Landesverbandes Baden-Württemberg.

[36] Ferner können noch Katrin Fuchs, Willi Pieczyk, Christa Randzio-Plath, Henning Scherf, Gerhard Schröder, Gert Weisskirchen und Heidemarie Wieczorek-Zeul dieser Akteursgruppe zugeordnet werden.

Aufrüstung im Mittelstreckenbereich hinreichenden Schutz boten[37]. Unter diesem Gesichtspunkt war die Nachrüstungsdrohung der Allianz in ihrer Beweisführung schlicht nicht notwendig. Wenn dieses Argument auch in anderen sicherheitspolitischen Gruppierungen rezipiert wurde, bestand der wesentliche Unterschied zwischen den Befürwortern des Doppelbeschlusses mit starkem Vorbehalt und den nun zu beschreibenden Sozialdemokraten in einem emotional zur Schau getragenen Nuklearpazifismus[38]. Aus der Grundsatzkritik an der Nukleartechnologie und einem gesinnungsethisch fundierten Pazifismus heraus wurde das Hauptproblem der gegenwärtigen Sicherheitspolitik in der Existenz von Atomwaffen gesehen[39]. Aufgrund der Ablehnung dieser Waffen wandten sich Sozialdemokraten wie Eppler und Lafontaine vehement gegen die Stationierung westlicher Mittelstreckenraketen auf dem Gebiet der Bundesrepublik, unabhängig von Verhandlungen und unabhängig vom Doppelbeschluss. Es war die Forderung nach einseitigen westlichen Vorleistungen, die diese Gruppierung charakterisierte und die ihr den Vorwurf der sicherheitspolitischen Unzurechnungsfähigkeit von Seiten des Bundeskanzlers und des Verteidigungsministers eintrug. Tatsächlich erkannten Eppler und Lafontaine die Gefährdung der Abschreckungsdoktrin der NATO durch die SS-20 nur sehr rudimentär. Ihre Argumentation war andererseits vor dem Hintergrund ihrer Ablehnung jeder atomaren Bewaffnung durchaus konsequent. Die nuklearpazifistische Einstellung verband sich bei dieser deutlich im Gegensatz zur offiziellen Sicherheitspolitik stehenden Gruppe mit der Forderung nach einem Austritt der Bundesrepublik aus der NATO oder sogar mit der Forderung nach einer generellen Auflösung der Militärblöcke[40]. Der Übergang zu den „Neuen Sozialen Bewegungen" war hier fließend, was gerade an der Rezeption alternativer Verteidigungskonzeptionen – wie beispielsweise der sozialen Verteidigung oder der strukturellen Nichtangriffsfähigkeit – durch Eppler und Lafontaine deutlich wurde[41]. Zwar sammelte sich bei den Nuklearpazifisten nie die Mehrzahl der Sozialdemokraten, doch vermochten diese zwei öffentlichkeitswirksam auftretende innerparteiliche Arbeitsgemeinschaften – die Jungsozialisten und die sozialdemokratischen Frauen – auf ihre Seite zu ziehen.

Die fünfte sicherheitspolitische Akteursgruppe kann in den *Gegnern des NATO-Konsenses mit radikaloppositioneller Orientierung* um die Bundestagsabgeordneten Karl-Heinz Hansen

---

[37] Zu dieser Position vgl. Erhard Eppler, Die tödliche Utopie der Sicherheit, Reinbek bei Hamburg 1983; sowie Oskar Lafontaine, Angst vor den Freunden. Die Atomwaffenstrategie der Supermächte zerstört die Bündnisse, Hamburg 1983.

[38] Der Nuklearpazifismus war niemals Mehrheitsmeinung der Partei. Zwar wird die Forderung nach einem Verzicht auf Atomwaffen schon im Godesberger Programm von 1959 formuliert, doch ist die Kritik an der Nukleartechnologie nicht das entscheidende Argument gegen den Doppelbeschluss. Hier herrschte eine pragmatische Sicht, die anerkannte, dass es Atomwaffen gibt und dass sie so schnell nicht verschwinden werden.

[39] Vgl. Eppler, Utopie, S. 101; Lafontaine, Angst, S. 116–117. Eppler selbst sah sich allerdings nicht als Nuklearpazifist. Vgl. Erhard Eppler, Wege aus der Gefahr, Reinbek bei Hamburg 1985, S. 212.

[40] Lafontaine schrieb in „Angst vor den Freunden", die Bundesrepublik müsse „aus der militärischen Integration der NATO ausscheiden". Vgl. Lafontaine, Angst, S. 81. Die Forderung nach einem NATO-Austritt findet sich – von der Forschung bislang zu wenig zur Kenntnis genommen – auch bei Erhard Eppler. Er war es, der in seiner Veröffentlichung „Die tödliche Utopie der Sicherheit" festhielt, dass „auf mittlere Sicht [...] eine Dynamik gemeinsamer europäischer Interessen, ja eine Form europäischer Solidarität die Pakt-Systeme relativieren, lockern, überwölben und schließlich ersetzen" solle. Vgl. Eppler, Utopie, S. 190.

[41] Vgl. beispielsweise Eppler, Utopie, S. 161.

und Manfred Coppik ausgemacht werden[42]. Sie gingen auf einen fast schon fundamentalistischen Konfrontationskurs zur Bundesregierung und zur Parteiführung und verfolgten eine abrüstungspolitisch motivierte Radikalopposition, die sie häufig genug die sowjetische Propaganda unreflektiert übernehmen und gegenüber den Parteioffiziellen einen polemisch-aggressiven Ton anschlagen ließ[43]. Ihre Argumentation fußte auf der Behauptung, Moskau fühle sich durch westliche Aufrüstungsmaßnahmen bedroht, da die NATO dem Warschauer Pakt militärisch immer noch überlegen sei[44]. Das sowjetische – historisch legitimierte – Sicherheitsbedürfnis müsse ernst genommen werden. Die SS-20 sei eine überfällige Modernisierungsmaßnahme veralteter Raketen, wogegen sich die amerikanischen Mittelstreckenwaffen als Erstschlagswaffen eigneten und eine neue Qualität der Gefährdung des Friedens in Europa darstellen würden. Vor dem Hintergrund dieser Argumentation befanden sich Hansen und Coppik in Gegnerschaft zum NATO-Konsens, ja sogar zur Politik und den Prinzipien der Allianz. Sie waren zu jeder Zeit argumentativ und zahlenmäßig in der Defensive, müssen aber auch genannt werden, soll ein vollständiges Bild der an der Kontroverse teilnehmenden Akteure gewonnen werden.

## III. Sozial- und kulturgeschichtliche Aspekte der Nachrüstungskritik

Betrachtet man vor dem Hintergrund dieser Systematisierung den Streit in der SPD um Doppelbeschluss und Nachrüstung, wird rasch deutlich, dass es sich bei ihm nicht zuletzt um einen Konflikt zwischen Generationen mit unterschiedlichen Erfahrungs- und Erwartungshorizonten handelte. Denn die Nachrüstungskritik elektrisierte in ihren Anfängen vor allem junge und weibliche Parteimitglieder und trieb sie massenhaft zu den Ortsvereinssitzungen und auf die Straßen[45]; Erhard Eppler und andere Galionsfiguren der Bewegung waren insofern Ausnahmen. Demgegenüber insistierten ältere Sozialdemokraten auf der Notwendigkeit, die sowjetischen Mittelstreckenarsenale zu reduzieren. Diese älteren Mitglieder hatten oftmals noch den Zweiten Weltkrieg miterlebt und waren in der Frühzeit des Kalten Krieges politisch sozialisiert worden. Besonders durch das Auftreten, den Kleidungsstil und die Wortwahl, kurz: durch den Habitus der jungen und weiblichen Protestgeneration fühlten sie sich herausgefordert. Und gerade dieser Habitus war es, der im Nachrüstungsstreit so polarisierte. Der mentalitätsgeschichtliche Hintergrund seiner Trägerinnen und Träger war ein im Zuge der gesellschaftlichen Entwicklung verändertes Normengefüge. Die Präferenz von traditionellen „Pflicht- und Akzeptanzwerten" hatte sich seit den 1960er Jahren zu „Selbstentfaltungswerten" verschoben. Der mit der Zäsur von 1968 eingeleitete

---

[42] Vgl. Karl-Heinz Hansen, Kündigt den „Nachrüstungsbeschluss", in: konkret (1981), H. 2, S. 12; Manfred Coppik, Schreiben an Willy Brandt vom 26. 1. 1982, in: ders./Karl-Heinz Hansen (Hrsg.), Reden gegen den Strich. Für Abrüstung und Sozialismus, Köln 1983, S. 57–59.

[43] Vgl. Hansen, Kündigt den „Nachrüstungsbeschluss".

[44] Vgl. Karl-Heinz Hansen, Sicherheitspolitik als Friedenspolitik, in: Klaus Thüsing/Arno Klönne/Karl-Ludwig Hesse (Hrsg.), Zukunft SPD. Aussichten linker Politik in der Sozialdemokratie, Hamburg 1981, S. 39–64.

[45] Vgl. die einschlägigen Beschlüsse der AsF und der Jusos: Frauen für den Frieden – Frauen gegen Wettrüsten. Appell sozialdemokratischer Frauen vom 3. Dezember 1979, in: Blätter für deutsche und internationale Politik 25 (1980), Nr. 1, S. 117f.; Resolution des Bundeskongresses der Jungsozialisten vom 26. bis 28. Juni 1981 in Lahnstein, in: Blätter für deutsche und internationale Politik 26 (1981), S. 882f.; siehe auch Dietmar Süß, Die Enkel auf den Barrikaden. Jungsozialisten in der SPD in den Siebzigerjahren, in: Archiv für Sozialgeschichte 44 (2004), S. 67–104.

*Abb. 1: Demonstranten im Bonner Hofgarten am 10. Oktober 1981.*

*Abb. 2: Demonstranten im Bonner Hofgarten am 10. Oktober 1981.*

und im darauffolgenden Jahrzehnt zum Tragen gekommene „Wertewandel" muss genannt werden, um die Nachrüstungskritik als bevorzugten politischen Standpunkt der jüngeren und weiblichen Parteigeneration verständlich zu machen[46].

---

[46] Vgl. Andreas Rödder, Werte und Wertewandel: Historisch-politische Perspektiven, in: ders./Wolfgang Elz, (Hrsg.), Alte Werte – Neue Werte. Schlaglichter des Wertewandels, Göttingen 2008, S. 9–25;

Dieser Wertewandel steht in Zusammenhang mit einem zweiten Phänomen, das gerade bei jungen Menschen zu beobachten war. Die Kritik an der Außenpolitik der Vereinigten Staaten war nämlich nicht erst eine Erscheinung der frühen 1980er Jahre. Schon im Laufe der 1960er Jahre war sie in Kreisen der jungen Protestgeneration artikuliert worden.[47] Tatsächlich bot die amerikanische Kriegführung in Vietnam und das weltweite außenpolitische Engagement der USA vielfältigen Anlass zu Kritik. Die Studentenbewegung, die Anti-Vietnam-Bewegung und später auch die Umweltbewegung fanden in der Auseinandersetzung mit der US-Politik ihren gemeinsamen Nenner. Die Transformation des Amerika-Bildes im Zuge dieser Bewegungen war daher zweifelsohne die Vorbereitung dafür, dass die Korrektur der amerikanischen Politik zulasten der Entspannung, die von den Europäern für so wichtig erachtet wurde, in jüngeren und alternativ sozialisierten Kreisen der bundesdeutschen Gesellschaft als kritikwürdig empfunden wurde. Die Auseinandersetzung mit der Politik der US-Regierung und des Bündnisses schlug sich dabei nicht zuletzt in der Diskussion alternativer Sicherheitstheorien nieder[48]. Schon in der Umweltbewegung, vor allem im Protest gegen die zivile Nutzung der Kernenergie, hatte sich in den 1970er Jahren ein neues, umfassenderes Verständnis von Sicherheit herauskristallisiert[49], das schließlich in der Massenopposition gegen die atomare Rüstung mündete, sich mit einem neuen Bewusstsein für die Nord-Süd-Problematik verband und eben auch in der kritischen Perzeption der US-amerikanischen Politik kulminierte.

Dabei entwickelten die Friedensdemonstrationen eine ganz eigene, nicht zuletzt medial unterstützte Dynamik. Die Teilnahme an Aktionen gegen die Nachrüstung gehörte fast schon zum guten Ton in politisch links orientierten Kreisen – und nicht nur dort. Linke, christliche und ökologisch inspirierte Gruppen fanden im Protest gegen den Stationierungsteil des Doppelbeschlusses ihren „Minimalkonsens"[50]. Sie bildeten eine Bewegung mit erheblicher Eigendynamik. Das Phänomen des Protests lässt sich ohne den von den Demonstrationen ausgehenden „Mitreißeffekt" deshalb nicht erklären: Wer am alternativen Trend partizipieren wollte und die gesellschaftlichen Verhältnisse für unbefriedigend hielt, „musste" auch gegen die Stationierungsabsicht des Bündnisses demonstrieren – wer dazugehören wollte, musste mitmachen. Dies galt auch für einen beträchtlichen Teil der Basis der SPD.

Bei der Kontroverse um den Doppelbeschluss und die Nachrüstung in der SPD handelte es sich deshalb nicht nur um einen normalen politischen Zielkonflikt, sondern um einen Streit, der tief in Lebensgefühl, Politikverständnis und Zukunftserwartungen insbesondere einer jüngeren Generation hineinreichte und eine eigene „Protestkultur" gene-

---

Detlef Siegfried, Time Is on My Side. Konsum und Politik in der westdeutschen Jugendkultur der 60er Jahre, Göttingen 2006, S. 51–59.

[47] Vgl. Philipp Gassert, Anti-Amerikaner? Die deutsche Neue Linke und die USA, in: Jan C. Behrends/Árpád von Klimo/Patrice G. Poutrus (Hrsg.), Anti-Amerikanismus im 20. Jahrhundert: Studien zu Ost- und Westeuropa, Bonn 2005, S. 250–267.

[48] Vgl. hierzu das Dissertationsprojekt von Jan Ole Wiechmann „Sicherheit neu denken? Konzepte von Sicherheit in der kirchlichen Friedensbewegung der Bundesrepublik Deutschland (1977–1983)" bei Eckart Conze in Marburg.

[49] Vgl. Eckart Conze, Sicherheit als Kultur. Überlegungen zu einer „modernen Politikgeschichte" der Bundesrepublik Deutschland, in: VfZ 53 (2005), S. 357–380; ders., Die Suche nach Sicherheit: Eine Geschichte der Bundesrepublik von 1949 bis in die Gegenwart, München 2009.

[50] Ulrike C. Wasmuht, Friedensbewegungen der 80er Jahre. Zur Analyse ihrer strukturellen und aktuellen Entstehungsbedingungen in der Bundesrepublik und den Vereinigten Staaten von Amerika nach 1945: Ein Vergleich, Gießen 1987, hier S. 133f.

rierte. So wurden im Nachrüstungsstreit nicht nur politische Entscheidungen um Rüstungsfragen verhandelt. Vielmehr standen in ihm alternative Lebensentwürfe, rivalisierende Weltsichten und konkurrierende Bedrohungsvorstellungen gegeneinander. Diese entgegengesetzten Wahrnehmungsmuster und Deutungsansprüche, die einer vertieften Analyse bedürfen[51], waren es, die die Debatte um eine Rüstungsfrage zu einem gesellschaftlichen Streitpunkt ohnegleichen machten, einer Kontroverse, die von allen Seiten mit einer massiven emotionalen Aufladung versehen wurde.

## IV. Foren der Nachrüstungskritik in der SPD

Die Auseinandersetzungen um die Nachrüstung fanden zeitlich nicht zuerst in der Führungsspitze der Partei statt, sondern gingen von den unteren Parteigliederungen aus. In diesem Sinne waren die Bezirks- und Landesparteitage die entscheidenden Foren der Nachrüstungsgegner, auf denen sie ihre Kritik medienwirksam inszenierten. Prominentes Beispiel ist der von Erhard Eppler geprägte Beschluss des baden-württembergischen Landesparteitages vom 3. Mai 1981 in Aalen, in dem die Delegierten feststellten, dass „auf dem Wege von Rüstungskontrollverhandlungen ein Ergebnis" zu erreichen sei, „das den Verzicht auf die geplante Nachrüstung bei entsprechender Reduzierung der schon aufgestellten SS-20-Raketen zum Inhalt hat."[52] Nur so könne die „Gefahr eines auf Europa begrenzten Atomkrieges" reduziert werden. Die folgende Feststellung, dass eine Politik, „die eine militärische Überlegenheit anstrebt oder das Ost-West-Verhältnis durch sonstige Schritte willkürlich verschlechtert", auf den „entschiedenen Widerstand" der SPD stoßen werde, zielte nicht in erster Linie auf die sowjetische SS-20-Rüstung, die dem Doppelbeschluss zeitlich vorausgegangen war, sondern auf die amerikanische Außenpolitik unter Ronald Reagan.

„Wer einen Teil des Doppelbeschlusses in Frage stellt," so die Aalener Entscheidung, „der stellt auch den anderen in Frage. An einer Politik, die auf überlegene militärische Stärke abzielt, werden wir uns nicht beteiligen, auch nicht durch die Bereitstellung deutschen Territoriums für die Stationierung neuer eurostrategischer Waffen. Wir werden deshalb auf dem ordentlichen Parteitag in München auf die Prüfung der Frage drängen, ob die Geschäftsgrundlage für den Beschluss des Berliner Parteitages entfallen und eine Revision des Beschlusses notwendig ist."[53]

Die Infragestellung des auf dem Berliner Parteitag beschlossenen Prozesses von vierjährigen Verhandlungen bis 1983 markierte eine neue Qualität der Auseinandersetzung um die Nachrüstung. Von nun an war ein Abwarten der Genfer INF-Ergebnisse kaum mehr Konsens in der Partei. Denn die Überprüfung des Berliner Beschlusses konnte in den Augen der Kritiker nur auf eine „Revision des Beschlusses" hinauslaufen. Neben Baden-Württemberg und den Bezirken Westliches Westfalen, Mittelrhein und Hessen-Süd zählte auch der Landesverband Schleswig-Holstein zu den Vorreitern im Protest gegen die Stationierungsabsicht des Bündnisses[54]. Der Landesparteitag der schleswig-holsteinischen SPD

---

[51] Vgl. das Dissertationsvorhaben von Jan Hansen, Kulturgeschichte des Nachrüstungsstreits in der SPD.
[52] SPD-Landesvorstand Baden-Württemberg, Beschluss des Parteitages in Aalen, 24. 3. 1981, in: AdsD, Dep. Egon Bahr, Ord. 317, Mappe 3 (TNF-Handakte).
[53] Ebenda.
[54] Vgl. Notz, SPD und NATO-Doppelbeschluss, S. 106.

fasste im September 1981 in Harrislee einen sehr weitgehenden Beschluss, in dem die Raketendislozierung praktisch ausgeschlossen wurde: „Die SPD lehnt jede Automatik zur Stationierung von Pershing-II-Raketen und Cruise Missiles nach ihrer Fertigstellung 1983/84 ab, nachdem die Verhandlungen über euro-strategische Waffensysteme so lange verzögert worden sind. Sie setzt sich dagegen für eine umfassende mehrjährig angelegte Friedensinitiative europäischer Staaten ein, die nicht durch eine Stationierung von Mittelstreckenraketen in europäischen Ländern belastet werden darf."[55]

Auch im Präsidium und im Vorstand geriet die offizielle Sicherheitspolitik in große Bedrängnis. In einer „Fünf-Punkte-Erklärung", die der Parteivorstand in einer Nachtsitzung am 11./12. Februar 1981 als Solidaritätsadresse für Schmidt beschloss, hielten die Vorstandsmitglieder nach langen und intensiven Diskussionen Sachverhalte fest, die zwei Jahre zuvor völlig unstrittig gewesen wären[56]. Am 27. März 1981 wurde bei der Verabschiedung des Kommuniqués der Vorstandssitzung über einen Satz gesonderte Abstimmung verlangt, in dem sich die SPD zur „Notwendigkeit des Doppelbeschlusses der NATO" bekannte[57]. Diese Aussage wurde zwar schließlich angenommen, doch stimmten zwei – namentlich im Protokoll nicht genannte – Vorstandsmitglieder gegen sie, ein eindrucksvoller Beweis, wie weit die Kritik an der Sicherheitspolitik selbst schon in die Bundesspitze der Partei vorgedrungen war.

Die Nachrüstungskritiker opponierten bis zum Regierungswechsel 1982 auch im Parteivorstand immer stärker gegen die Sicherheitspolitik Helmut Schmidts. Der Bundeskanzler reagierte zunehmend dünnhäutig auf diese Kritik und schoss auch über das Ziel hinaus, wenn er sich beispielsweise in einem Brief an Brandt gegen die Absichten Erhard Epplers wandte, auf der Friedensdemonstration am 10. Oktober 1981 in Bonn zu sprechen:

„Die mit der Sicherheit befassten Behörden rechnen mit mehreren zehntausend Demonstrationsteilnehmern, die zu diesem Zweck nach Bonn gekarrt werden. Ebenso muss damit gerechnet werden, dass diese Demonstration am Schluss den Veranstaltern aus der Hand genommen werden wird. Dabei ist nicht auszuschließen, dass Gruppen von Teilnehmern, die Emotionalisierung ausnutzend, u.a. einen ‚Sturm auf die Hardthöhe' beabsichtigen. Es ist ausgeschlossen, für diesen Tag etwa den Posten, welche das Gelände der Hardthöhe sichern, die Waffen oder die Munition zu nehmen, damit Blutvergießen vermieden werde. Es ist ebenso ausgeschlossen, den heute schon bekannten Absichten gegenüber auf Widerstand zu verzichten. Vom heutigen Tage aus gesehen können die denkbaren Folgen sehr schwerwiegend werden."[58]

Gegenüber Brandt bemängelte Schmidt, dass die „Erörterung mancher Fragen" im Präsidium „schon jetzt außerordentlich schwierig geworden" sei. „Wenn es zu den von mir

---

[55] Zit. nach Eckart Kuhlwein, Links, dickschädlig und frei. Unveröffentlichtes Manuskript über die Entwicklung der SPD Schleswig-Holsteins von 1970 bis 2003. Die Autoren danken Eckart Kuhlwein für die Überlassung des Textes.

[56] In der „Fünf-Punkte-Erklärung" bekannte sich die SPD zur „Politik des Gleichgewichts, der Entspannung und der sachlichen Zusammenarbeit" mit den Warschauer-Pakt-Staaten, die „unserem Land und Europa mehr Sicherheit gegeben" habe. Es folgte ein Bekenntnis zum Bündnis und seiner Bedeutung für die Sicherheit in Europa. Der Vorstand stellte dann fest, „dass die Politik der Bundesregierung mit unseren Beschlüssen in Übereinstimmung ist." Vgl. Protokoll der Sitzung des Vorstandes am 11. und 12.2.1981, in: AdsD, SPD-Vorstandssekretariat, Mappe 355.

[57] „Die SPD unterstreicht die Notwendigkeit des Doppelbeschlusses der NATO, der weder eine Position der Schwäche hinnehmen will, noch nach Überlegenheit strebt." Protokoll der Sitzung des Vorstandes am 26. und 27.3.1981, in: AdsD, SPD-Vorstandssekretariat, Mappe 358.

[58] Schreiben von Schmidt an Brandt, 16.9.1981, in: AdsD, Dep. Erhard Eppler, 1/EEAC000115.

befürchteten Ereignissen am 10. Oktober kommen sollte, wird die Lage völlig unhaltbar werden." Deshalb forderte er Brandt auf, Eppler „zu ersuchen, sich von der Veranstaltung fernzuhalten [...]." Er „lasse offen[,] welche sonstigen Konsequenzen für Präsidium und Parteivorstand zu ziehen sind." Dass Willy Brandt diese recht unverhohlene Drohung ignorierte und Eppler im Hofgarten in Bonn auftreten ließ, ist bekannt[59]. Auch dass die in den Protokollen des Präsidiums und des Vorstands nachvollziehbaren Auseinandersetzungen zwischen Schmidt und Brandt Indikatoren größerer persönlicher Verwerfungen waren, ist durch die Forschung mittlerweile aufgearbeitet[60]. Signifikant für die konfliktreiche Beziehung dieser beiden Sozialdemokraten ist ein Brief vom 2. November 1982, in dem der Parteivorsitzende dem eben aus dem Amt geschiedenen Altkanzler im Hinblick auf die jahrelangen Kontroversen um Doppelbeschluss und Nachrüstung mitteilte: „Meine eigene Bilanz sieht so aus, dass ich mich – wie es angesichts realer Gefahren des Auseinanderdriftens die Pflicht des Vorsitzenden ist – um den Zusammenhalt unserer Partei bemüht und mich zugleich dafür eingesetzt habe, dass der Bundeskanzler und die Arbeit seiner Regierung angemessen unterstützt wurden. Und zwar auch in Situationen, die mir einiges abverlangten, und gelegentlich unter Bedingungen, die bis hart an die Grenze meiner Selbstachtung gingen."[61]

Im Vergleich zu den im Präsidium und Vorstand ausgetragenen Konflikten zwischen Brandt und Schmidt oder den nachrüstungskritischen Standpunkten einzelner Parteigliederungen war die Zustimmung der Bundestagsfraktion zur Sicherheitspolitik der Regierung Helmut Schmidts größer[62]. Während Bundestagsabgeordnete wie Gerhard Schröder, Manfred Coppik oder Karl-Heinz Hansen zu den dezidierten Kritikern des sicherheitspolitischen Kurses der Bundesregierung zählten, wussten sie sich durch die Fraktionssolidarität doch zur Rücksichtnahme auf die Beschlüsse der Partei verpflichtet. Natürlich wurden auch in der Fraktion äußerst kontroverse Debatten ausgetragen. Die Kritik in den Fraktionssitzungen blieb aber stets konstruktiv, d. h. im Rahmen der Brüsseler Entscheidung. Allerdings wurden – und das ist zu betonen – in den außen- und sicherheitspolitischen Arbeitsgruppen der Fraktion die Veröffentlichungen von Friedensforschern intensiv rezipiert[63]. Durch die Auseinandersetzung mit der wissenschaftlich fundierten Kritik an der Begründung der Nachrüstung entwickelten die sicherheitspolitischen Experten der Fraktion um Egon Bahr und Karsten D. Voigt ihre kritische Argumentation. Im Kern plädierten sie dafür, dass trotz aller Vorbehalte bezüglich einer Stationierung von

---

59 Vgl. Protokoll der Sitzung des Präsidiums am 28. 9. 1981, in: AdsD, Dep. Helmut Schmidt, Mappe 6324.

60 Vgl. beispielsweise Schöllgen, Willy Brandt, S. 243–251.

61 Schreiben von Brandt an Schmidt, 2. 11. 1982, in: Willy Brandt, Die Partei der Freiheit. Willy Brandt und die SPD 1972–1992, bearb. v. Karsten Rudolph, Bonn 2002 (Berliner Ausgabe, Bd. 5), Dok. 89, S. 391 f. Vgl. auch das Antwortschreiben Schmidts, in dem es hieß: „Wir sind eben tatsächlich seit einem Jahrzehnt verschiedener Meinung über Aufgabe und nötige Gestalt der deutschen Sozialdemokratie." Zit. nach Schöllgen, Willy Brandt, S. 245.

62 Im Protokoll der Fraktionssitzung vom 20. 1. 1981 heißt es: „Karsten Voigt nimmt Stellung zu Fragen des Doppelbeschlusses der NATO. Seiner Auffassung nach werden die Ziele des Berliner Parteitages zur Frage der Nachrüstung nicht erfüllt, eine neue Situation habe sich ergeben und es sei notwendig, aufgrund einer neuen Ausgangslage eine neue Diskussion des Nachrüstungsbeschlusses zu beginnen. [...] Peter Corterier [...] hält im Gegensatz zu Karsten Voigt eine öffentliche Debatte über den Nachrüstungsbeschluss in der Partei und Fraktion nicht für sinnvoll." Protokoll der Fraktionssitzung am 20. 1. 1981, in: AdsD, SPD-Bundestagsfraktion, IX. Wahlperiode, 2/BTFI000009.

63 Gespräch mit Karsten D. Voigt am 8. 10. 2009.

*Abb. 3: Friedensdemonstration am 10. Oktober 1981 im Bonner Hofgarten: Coretta King (Ehefrau von Martin Luther King), Heinrich Böll, Erhard Eppler, Uta Ranke-Heinemann, William Borm, Heinrich Albertz, Robert Jungk (v. l. n. r.).*

*Abb. 4: Friedensdemonstration am 10. Oktober 1981 im Bonner Hofgarten: Heinrich Böll, Willy Brandt (v. l. n. r.).*

nuklearen Raketen das Ende der Gespräche in Genf abgewartet werden sollte, bevor sich die SPD abschließend positionierte. Deshalb blieb die Kritik an der Nachrüstung in der Fraktion stets konstruktiv. Die Rücknahme des Stationierungsbeschlusses vor Ende der Verhandlungen, wie sie durch Eppler und Lafontaine postuliert wurde[64], war keine Forderung der Fraktion.

## V. Disziplinierende Regierungsverantwortung: das Festhalten am Doppelbeschluss bis 1982

Dass die SPD bis zum Verlust der Regierungsverantwortung im Herbst 1982 trotz aller sich entfaltenden Kritik am Doppelbeschluss und den wenig erfolgversprechenden Verhandlungen über die Mittelstreckenraketenproblematik an ihrer Berliner Position festhielt, ist auf das Herrschaftssicherungsargument zurückzuführen, das vor allem Helmut Schmidt und Hans Apel der parteiinternen Opposition entgegenhielten. So drohte Schmidt im Frühjahr 1981 vor Ortsvereinsvorsitzenden in Recklinghausen und wenig später in Wolfratshausen mit Rücktritt, sollte die Partei die Stationierungsentscheidung des Bündnisses vor dem Ende der Verhandlungen kippen. Laut einem Bericht des *Vorwärts* soll Schmidt in Recklinghausen in Bezug auf den NATO-Beschluss gesagt haben: „Damit stehe ich und falle auch damit." Der Autor fährt fort: „Mit diesem schlichten, sehr persönlichen Satz hat Helmut Schmidt sich und seine Erwartungen an die Verwirklichung beider Teile des NATO-Doppelbeschlusses, insbesondere sogar an den Erfolg der Verhandlungen, verbindlich gemacht. Daraus kann man mehr entnehmen als lediglich eine schnöde Rücktrittsdrohung gegenüber einer – aus seiner Sicht vielleicht – ausufernden Diskussion um diesen NATO-Beschluss."[65] Da alle Forderungen nach einer Aufkündigung des Doppelbeschlusses implizit das Ende der Regierungsfähigkeit der SPD riskierten, wirkte dieses Argument bis zum Koalitionsbruch disziplinierend auf die Partei. Wer den Doppelbeschluss kündigen wollte, so machten der Bundeskanzler und sein Verteidigungsminister deutlich, verantwortete auch das Ende der sozial-liberalen Koalition und den Gang der SPD in die Opposition. Dass eine schwarz-gelbe Bundesregierung den Verhandlungsteil als nachrangig abtun und die Stationierung von Raketen zum Aufbau des notwendigen Verhandlungsdrucks einfordern würde, machten die Äußerungen der CDU/CSU-Opposition hinlänglich klar[66]. In diesem Sinne war die einseitige Kündigung der Stationierungsentscheidung für die Mehrheit der Sozialdemokraten keine Option.

Selbst im Umfeld des Münchner Parteitages 1982, auf dem eine Zustimmung zum Genfer Verhandlungsprozess fraglicher denn je zuvor war, rangen sich viele Kritiker ihr Ja ab, um die SPD in der Regierungsverantwortung zu halten[67]. In einem Bericht zum Parteitag hieß es, „rund 70 linke Parteitagsdelegierte" hätten sich darauf verständigt, „in München leidenschaftlich dafür zu kämpfen, dass die Stationierung neuer Mittelstreckenraketen in Europa verhindert wird. Sie wollen für einen Ausstieg aus dem Nachrüstungsteil des

---

[64] Vgl. Erhard Eppler, Manuskript der Rede gegen den NATO-Doppelbeschluss auf der Demonstration in Bonn am 10.10.1981, in: AdsD, Dep. Erhard Eppler, 1/EEAC000115.

[65] Vgl. Gerhard Hirschfeld, Keine Drohung, eine Feststellung. Helmut Schmidt setzt ein Signal – nach innen und nach außen, in: *Vorwärts* vom 21.5.1981, S. 1.

[66] Vgl. entsprechende Äußerungen Manfred Wörners, in: Deutscher Bundestag, Stenographische Berichte, 9. Wahlperiode, 28. Sitzung, 1.4.1981, S. 1348f.

[67] Vgl. SPD-Bundesvorstand (Hrsg.), Parteitag München, Bd. 1 (Protokoll), S. 759–761, 799, 803–805.

NATO-Doppelbeschlusses streiten. […] Allerdings rechnet in der SPD kaum jemand damit, dass eine Aufkündigung des Nachrüstungsteils in München eine Mehrheit finden wird, weil dies – so ein Mitglied des SPD-Präsidiums – ein ‚rationaler Rücktrittsgrund' für Bundeskanzler Helmut Schmidt wäre, was keiner der Parteitagsdelegierten wolle."[68] Vor dem Hintergrund dieses Szenarios wurde die Kritik an der Nachrüstung innerhalb der SPD bis zum Koalitionsbruch im September 1982 nicht auf die Forderung nach einer Ablehnung des Doppelbeschlusses zugespitzt, die das Ende der Regierungsfähigkeit der Partei bedeutet hätte.

## VI. Zur Weiterentwicklung der sicherheitspolitischen Programmatik und zur transatlantischen Orientierung der SPD

Schon vor dem Ende der sozial-liberalen Koalition begannen führende Sozialdemokraten jedoch Überlegungen anzustellen, wie die dem Doppelbeschluss zugrunde liegende Gleichgewichts- und Abschreckungsphilosophie weiterentwickelt werden könnte. Helmut Schmidt hatte bereits 1978 vor der UNO mit dem Begriff der „Sicherheitspartnerschaft" den Grundstein für Überlegungen gelegt[69], die Egon Bahr in seiner Rede anlässlich der Verleihung des Gustav-Heinemann-Bürgerpreises 1982 weiterführte[70]. Er zielte auf die offiziöse NATO-Politik und bezeichnete die Doktrin der Abschreckung als eine „Übergangstheorie", die durch die „Gemeinsame Sicherheit" abgelöst werden müsse: „Mir scheint die Idee der Abschreckung eine Übergangstheorie zu sein. Sie will Kriegsverhinderung mit der Führbarkeit von Kriegen verbinden, falls doch Krieg nicht zu verhindern wäre. In diesem inneren Widerspruch liegt auch eine Gefahr. Man könnte überspitzt sagen: Nicht die Idee der Abschreckung, sondern der Schrecken der Waffen selbst hat den nuklearen Krieg verhindert. Wenn die Waffen durch die Begrenzbarkeit ihrer Zerstörungskraft den Schrecken vor sich mindern, wird auch die Wirksamkeit der Abschreckung gemindert werden. Im Zeitalter der gegenseitig gesicherten Zerstörung ist Sicherheit nicht mehr vor dem Gegner, sondern nur noch mit ihm zu erreichen. Die Gegner wären im Untergang vereint; sie können nur gemeinsam überleben. Das nukleare Zeitalter verlangt die Doktrin der gemeinsamen Sicherheit."[71]

Egon Bahrs Konzept verlangte die Bereitschaft, den Gegner, da er durch nukleare Gewaltanwendung kaum mehr zu besiegen sei, nicht länger als Feind, sondern als Partner zu akzeptieren. Weil es keine Sicherheit vor dem Gegner, sondern nur noch Sicherheit mit ihm gebe, müssten die atomar bewaffneten Supermächte ihre Sicherheit gemeinsam orga-

---

[68] Gode Japs, Zündstoff beim Parteitag: Moratorium und Ausstieg. Kontroversen bei Sicherheits- und Beschäftigungspolitik, in: *Vorwärts* vom 11.3.1982, S. 7.

[69] Vgl. Helmut Schmidt, Gleichgewicht ist eine ständige Aufgabe. Rede vor der 10. Sondergeneralversammlung der Vereinten Nationen zu Fragen der Abrüstung in New York am 26. Mai 1978, abgedruckt in: Die Neue Gesellschaft 25 (1978), S. 668–674.

[70] Vgl. Egon Bahr, Neuer Ansatz der gemeinsamen Sicherheit, in: Die Neue Gesellschaft 29 (1982), S. 659–668. Bahr hatte dieses Konzept in der „Unabhängigen Kommission für Abrüstung und Sicherheitsfragen" unter Vorsitz des schwedischen Ministerpräsidenten Olof Palme maßgeblich mit ausgearbeitet; vgl. Andreas Vogtmeier, Egon Bahr und die deutsche Frage. Zur Entwicklung der sozialdemokratischen Ost- und Deutschlandpolitik vom Kriegsende bis zur Wiedervereinigung, Bonn 1996, S. 241–252.

[71] Bahr, Neuer Ansatz, S. 660.

nisieren. Konkret verband Egon Bahr das Konzept der „Gemeinsamen Sicherheit" mit drei Kernforderungen: „1. Alle Atomwaffen werden aus den Staaten in Europa abgezogen, die nicht über sie verfügen. 2. Auf dem Gebiet der konventionellen Streitkräfte wird ein annäherndes Gleichgewicht zwischen NATO und Warschauer-Vertrag hergestellt. 3. Die beiden Bündnisse mit ihren Verpflichtungen und Garantien bleiben unverändert."[72] Trotz seiner Forderung nach einem atomwaffenfreien Europa erteilte Bahr allen neutralistischen Träumereien am linken Rand der Partei eine klare Absage: „Gemeinsame Sicherheit heißt auch, dass wir in der Bundesrepublik Deutschland Sicherheit nur im Bündnis und mit dem Bündnis bekommen, mit Amerika und nicht ohne es. Gemeinsame Sicherheit ist das Gegenteil von ‚ohne mich'. Der Einzelne kann aussteigen, ein Volk nicht. Nicht einmal Amerika könnte allein auf sich gestellt auf Dauer Sicherheit bekommen. Gemeinsame Sicherheit heißt weder Waffenlosigkeit noch Pazifismus. Gemeinsame Sicherheit braucht Streitkräfte und Verteidigungsfähigkeit. Sie eröffnet, ausgehend vom Zustand wie er ist, die Perspektive, dass der Konflikt zwischen Ost und West durch Waffen und Gewalt nicht mehr ausgetragen werden kann. Das heißt, dass wir in Sicherheit leben und dass Auseinandersetzungen nur noch mit den Mitteln der Politik, der Wissenschaft, der Zusammenarbeit, des Wettstreits der Besseren stattfinden können."[73]

Das hier abgelegte Bekenntnis zur politischen, militärischen, wirtschaftlichen und kulturellen Verbundenheit der Bundesrepublik mit den Vereinigten Staaten widerlegte all jene Kommentatoren, die in der sozialdemokratischen Kritik an den USA eine Abkehr von der „westlichen Wertegemeinschaft" zu erkennen meinten[74]. Natürlich gab es in der SPD starke Tendenzen, die die Gemeinschaft mit den Amerikanern relativieren wollten – wie beispielsweise das polemische Buch Oskar Lafontaines mit dem sprechenden Titel „Angst vor den Freunden" (gemeint waren natürlich die Amerikaner) –, doch blieb die SPD als Gesamtpartei transatlantisch orientiert, wie Willy Brandt am 21. Oktober 1982 sowjetischen Gesprächspartnern versicherte: „Die Außen- und Sicherheitspolitik der Bundesrepublik Deutschland gründet sich auf ihre Mitgliedschaft in der Atlantischen Allianz, die Zugehörigkeit zur Europäischen Gemeinschaft und die Freundschaft mit den Vereinigten Staaten von Amerika."[75] Auch der populären Forderung nach einem NATO-Austritt der Bundesrepublik trat Brandt im Oktober 1983 vor tausenden Friedensdemonstranten im Bonner Hofgarten energisch entgegen[76]. Der Parteivorsitzende hatte sie bereits auf der ersten regulären Fraktionssitzung nach der Bundestagswahl 1983 intern als „in hohem Maße ab-

---

[72] Ebenda, S. 665.

[73] Ebenda, S. 662.

[74] Michael Ploetz urteilt: „Als sich die SPD am 22. November 1983 auf einem Sonderparteitag gegen den von Helmut Schmidt initiierten NATO-Doppelbeschluss festlegte, war dies nicht nur eine Abkehr von ihrer bisherigen Sicherheitspolitik, sondern auch ein Zeichen für die Entfremdung, mit der große Teile der Partei mittlerweile der westlichen Wertegemeinschaft gegenüberstanden. Statt dessen bewegte sich die SPD auf eine Position der Äquidistanz zu, die sich nicht allein auf die Sicherheitspolitik beschränkte, sondern die fundamentalen Unterschiede zwischen pluralistischer Demokratie und kommunistischem Totalitarismus nicht länger zur Kenntnis nehmen wollte." Michael Ploetz, Wie die Sowjetunion den Kalten Krieg verlor. Von der Nachrüstung zum Mauerfall, Berlin u. a. 2000, S. 218.

[75] Willy Brandt, Gemeinsame Sicherheit. Internationale Beziehungen und deutsche Frage 1982–1992, bearb. v. Uwe Mai/Bernd Rother/Wolfgang Schmidt, Bonn 2009 (Berliner Ausgabe, Bd. 10), Dok. 1, S. 124–129, hier S. 126. Vgl. auch den offenen Brief Willy Brandts in der *Washington Post* vom 7. 8. 1983, in dem er klarstellte, dass die „Anti-Raketen-Haltung" nicht mit Antiamerikanismus „verwechselt" werden dürfe, in: Brandt, Gemeinsame Sicherheit, Dok. 6, S. 142–146, hier S. 142.

[76] Vgl. Rede Brandts bei der Kundgebung im Bonner Hofgarten, 22. 11. 1983, in: Brandt, Partei der Freiheit, Dok. 92, S. 406–409.

träglich" bezeichnet[77]. Diese wie die späteren Fraktionssitzungen machten trotz heftiger interner Debatten deutlich, dass es innerhalb der Bundestagsfraktion keine ernsthafte Debatte um die NATO-Mitgliedschaft der Bundesrepublik gab. Andererseits lässt sich mit den Fraktionsprotokollen nachweisen, dass es gerade der SPD-Fraktionsvorsitzende und Kanzlerkandidat Hans-Jochen Vogel war, der immer wieder darauf hinwies, dass trotz z.T. scharfer Kritik an Reagans SDI-Initiative die Wertegemeinschaft mit den westlichen Demokratien und gerade auch mit den USA nicht zur Debatte stand. Selbst im November 1983 in Köln, als die Kritik an der Nachrüstung ihren Höhepunkt erreichte und sich im Nein zur Stationierung entlud, verzichtete der Parteitag nicht auf ein eindeutiges Bekenntnis zur politisch-ideellen Verbundenheit mit den USA: „Die kritische Bewertung des Verhandlungsverlaufes bedeutet keine Position der so genannten ‚Äquidistanz'. Die gesellschaftlichen und politischen Systeme der USA und der UdSSR sind für die Sozialdemokratie weder gleichartig noch gar gleichwertig. Das kommunistische Gesellschaftssystem ist für die SPD unannehmbar. Die USA und die Bundesrepublik Deutschland sind durch die gemeinsamen Traditionen und Werte der Menschenrechte, des Rechtsstaates und der pluralistischen Demokratie miteinander verbunden."[78]

Die SPD hielt also trotz aller Kritik an der Politik der US-Administration an ihrem Grundsatzbekenntnis zum Westen fest. Daran hatte Egon Bahr einen nicht unwesentlichen Anteil, als er mit seinem sicherheitspolitischen Konzept der „Gemeinsamen Sicherheit" die Ausarbeitung einer Alternativstrategie mit dem Bekenntnis zum nordatlantischen Bündnis verband.

## VII. Die Bedeutung des Doppelbeschlusses für das Ende der sozial-liberalen Koalition

Am 1. Oktober 1982 wählten die Abgeordneten des Deutschen Bundestages den bisherigen Oppositionsführer Helmut Kohl zum neuen Bundeskanzler. Er löste Helmut Schmidt ab, der es in den letzten Wochen zunehmend schwer gehabt hatte, die Geschlossenheit in seiner Partei aufrechtzuerhalten und die politischen Forderungen der FDP, die sich ganz offensichtlich nach einem Koalitionswechsel sehnte, abzuwehren. Der Regierungswechsel im Herbst 1982 hing aber nur sehr mittelbar mit der Nachrüstungsdebatte zusammen[79]. Im Vordergrund standen sozial- und wirtschaftspolitische Themen – die entsprechenden „Scheidungspapiere" Genschers und von Lambsdorffs deuten ja schon in diese Richtung[80]. So forderten die Liberalen unter anderem massive Kürzungen im Sozialbereich und eine radikale Umorientierung in der Wirtschaftspolitik. Dieser Kurswechsel in der Sozial- und

[77] Protokoll der Sitzung vom 28.3.1983, in: AdsD, SPD-Bundestagsfraktion, X. Wahlperiode, 2/BTFI000014, Tonbandprotokoll.

[78] Vgl. SPD-Bundesvorstand (Hrsg.), Parteitag Köln 1983, Bd. 2 (Anträge), S. 198.

[79] Gespräch mit Karsten D. Voigt am 8.10.2009.

[80] Vgl. Klaus Bölling, Die letzten 30 Tage des Kanzlers Helmut Schmidt. Ein Tagebuch, Reinbek bei Hamburg 1983, S. 121–141; Günter Verheugen, Macht und Verfall der F.D.P., Hamburg 1984, S. 133–139; Hartmut Soell, Helmut Schmidt. 1969 bis heute. Macht und Verantwortung, München 2008, S. 859–894; vgl. auch folgende Gesprächsvermerke, in denen die Differenzen zwischen den Regierungspartnern in der Wirtschafts- und Finanzpolitik überdeutlich wurden: Gerhard Konow, Vermerk über das Koalitionsgespräch am 5. Juli 1982 in Bonn, 12.7.1982, in: AdsD, Dep. Helmut Schmidt, Mappe 9385; Gedächtnisprotokoll über das Gespräch zwischen Helmut Schmidt und Otto Graf Lambsdorff am 17.9.1982 in Bonn, in: AdsD, Dep. Helmut Schmidt, Mappe 9385.

Wirtschaftspolitik entwickelte sich im Zusammenhang mit der problematischen Lage auf dem Arbeitsmarkt zum eigentlichen Streitpunkt der Koalition. Deshalb kann die Doppelbeschlusskontroverse nur randständig für den Koalitionswechsel der FDP verantwortlich gemacht werden. Dies lässt sich auch damit belegen, dass nach dem Münchner Parteitag, der Ende April 1982 stattfand, die kritischen Zwischenrufe aus der Partei schwächer wurden. Die Tatsache, dass zwischen Mai und September 1982 die Kontroverse in der SPD spürbar an Intensität verlor, dass die Nachrüstungsfrage in Präsidium, Vorstand und Fraktion deutlich seltener thematisiert wurde[81], weist darauf hin, dass nun andere Themen in den Vordergrund rückten und schließlich zur eigentlichen Ursache für den Koalitionsbruch wurden[82]. Aber sicher hat die andauernde Diskussion um die Raketenstationierung in der SPD ihren Teil dazu beigetragen, die Stimmung zwischen den Koalitionspartnern zu trüben. Außerdem bot der Streit um den NATO-Doppelbeschluss der FDP einen willkommenen Anlass – nicht den Grund –, die SPD als „Unsicherheitsfaktor" darzustellen und ihren Koalitionswechsel zu legitimieren.

Während die Auswirkungen der Doppelbeschlusskontroverse für den Verlust der Regierungsverantwortung der SPD nicht überschätzt werden sollten, hatte demgegenüber der Gang in die Opposition große Auswirkungen für die Position der Partei zur möglichen Stationierung von amerikanischen Mittelstreckenraketen. Befreit von der Notwendigkeit, den sicherheitspolitischen Kurs der Regierung stützen zu müssen, intensivierte sich die Kritik der Parteilinken[83]. Auch zahlreiche „konservative" Sozialdemokraten – Hans-Jochen Vogel ist hier das prominenteste Beispiel – distanzierten sich von der Verteidigungspolitik Helmut Schmidts[84]. In einem von Rolf Seeliger herausgegebenen Sammelband schrieb Vogel, die SPD habe den Doppelbeschluss seit 1979 vor allem deshalb unterstützt, um auf die USA und die Sowjetunion Verhandlungsdruck auszuüben. Ihr Ziel sei es stets gewesen, durch eine rüstungskontrollpolitische Einigung die Aufstellung von amerikanischen Raketen in der Bundesrepublik zu verhindern. Weil bei der US-Regierung kein hinreichendes Interesse an einem Vertragsabschluss erkennbar sei, deutete Vogel an, dass die Verhandlungsmöglichkeiten Ende 1983 noch nicht ausgeschöpft sein könnten[85].

Diese Distanzierung von der sozialdemokratischen Regierungslinie war signifikant für die sicherheitspolitische Position der Partei in der Opposition. Hier rückte sie sukzessive von Forderungen ab, auf denen Schmidt 1982 in München so vehement insistiert hatte. Dabei wurde der Protest an der sowjetischen SS-20-Rüstung ersetzt durch die Kritik an der vorgeblich mangelnden amerikanischen Verhandlungsbereitschaft. So drängte die SPD in ihrem Wahlprogramm zur Bundestagswahl 1983 den Verbündeten zu ernsthafteren Einigungsangeboten, während eine Kritik an der sowjetischen Rüstungspraxis fast vollständig ausblieb[86]. Auch stellten die Sozialdemokraten fest, dass erst ein außerordentlicher Partei-

---

[81] Vgl. die entsprechenden Aktenbestände im Archiv der sozialen Demokratie in Bonn.

[82] Auch Hans-Dietrich Genscher sieht im Nachrüstungsstreit nicht die alleinige Ursache für das Koalitionsende. Vgl. Hans-Dietrich Genscher, Erinnerungen, Berlin 1995, S. 447.

[83] Ein Sammelband mit dem vielsagenden Titel „Amerikanische Raketen wider deutsche Interessen. Argumente gegen die Stationierung neuer atomarer Mittelstreckenwaffen" beschäftigte sich ganz explizit mit der Frage, wie ein sozialdemokratisches Nein zur Raketenstationierung legitimiert werden könnte. Vgl. Seeliger (Hrsg.), Amerikanische Raketen.

[84] Vgl. Hans-Jochen Vogel, Friedenssicherung ist primär eine politische, nicht eine militärische Aufgabe, in: Ebenda, S. 49–59.

[85] Ebenda, S. 50–51.

[86] Vgl. SPD-Bundesvorstand (Hrsg.), Das Regierungsprogramm der SPD 1983–1987, Bonn 1983, S. 55f.

tag im November 1983 darüber entscheiden werde, „welche Folgerungen aus dem bis dahin erreichten Verhandlungsstand zu ziehen“ seien[87]. Im Grunde musste allen politischen Beobachtern spätestens jetzt klar sein, dass die SPD eine Stationierung von nuklearen Raketen ablehnen werde, sollten die Verhandlungen nicht ein Einvernehmen über den Abbau der sowjetischen Arsenale herbeiführen.

## VIII. Innerparteiliche „Versöhnung" und Integration der Neuen Sozialen Bewegungen

Indem die SPD auf ihrem außerordentlichen Parteitag im Spätherbst 1983 in Köln die Raketendislozierung ablehnte, weil sie die Verhandlungsmöglichkeiten noch nicht ausgeschöpft sah und weitere Rüstungskontrollgespräche forderte[88], stellte sie die Geschlossenheit in den eigenen Reihen wieder her. Da zu befürchten stand, dass nicht unwesentliche Parteikreise die SPD ohne diesen Beschluss verlassen hätten – und ein solches Szenario war im Hinblick auf Oskar Lafontaine keineswegs irreal, wie ein entsprechender, bislang unbekannter Brief von Peter Glotz ausweist[89] –, hatte die Kölner Entscheidung eine integrierende Wirkung auf die Sozialdemokratie und sicherte das Fortbestehen der Gesamtpartei. Zwar konnte der Parteitagsbeschluss die tatsächliche Aufstellung der Mittelstreckenraketen nicht verhindern, doch gelang mit ihm die Beendigung des jahrelangen sicherheitspolitischen Streits.

Aus sozialdemokratischer Binnenperspektive ist die Durchsetzung der negativen Kölner Stationierungsentscheidung das politische Verdienst von Hans-Jochen Vogel. Auch wenn die Zweifel an der sicherheitspolitischen Verlässlichkeit und Bündnistreue der Partei durch den Kölner Beschluss bestätigt schienen, hielt Vogel gemeinsam mit Brandt die auseinanderdriftende SPD zusammen. Auf der anderen Seite unterstreicht die Tatsache, dass Helmut Schmidt die Entscheidung des Parteitages akzeptiert und nicht seinerseits auf eine Spaltung der Sozialdemokratie hingearbeitet hat, die oft zitierte politische Klugheit des Altkanzlers[90].

Für die SPD bedeutete die Kölner Entscheidung darüber hinaus die Herstellung der eigenen Anschlussfähigkeit an die mit den Neuen Sozialen Bewegungen entstandenen

---

[87] Ebenda, S. 55.

[88] „1. Die SPD lehnt die Stationierung von neuen amerikanischen Mittelstreckensystemen auf dem Boden der Bundesrepublik ab. 2. Die SPD fordert statt dessen weitere Verhandlungen. Sie fordert von den USA einen Stopp der Stationierung, von der Sowjetunion den Beginn der Reduzierung ihrer auf Europa gerichteten SS-20-Raketen bis zu einer beträchtlich verminderten Zahl, von den beiden Verhandlungspartnern einen Stopp für die Einführung neuer Nuklearraketen kürzerer Reichweite.“ Vgl. SPD-Bundesvorstand (Hrsg.), Parteitag Köln 1983 Bd. 2 (Anträge), S. 198f.

[89] In einem handschriftlichen Brief berichtet Peter Glotz an Willy Brandt: „Oskar L. hat erklärt, er trete aus der Partei aus, wenn wir die Nachrüstung beschlössen. Mit ihm muss man reden; die Verbitterung wächst.“ Schreiben von Peter Glotz an Willy Brandt [handschriftl.], 17. 4. 1983, in: AdsD, Willy-Brandt-Archiv, Bestand: Präsidium, Mappe 51. Spaltungstendenzen waren schon im Februar 1981 Gegenstand von Beratungen im Parteivorstand, vgl. Brandt, Partei der Freiheit, Dok. 69–72, S. 317–332.

[90] Brandt verband am 18. 12. 1983 seine Gratulation zu Schmidts 65. Geburtstag mit der Versicherung: „Weite Teile der Partei und ich selbst bleiben dankbar für die Art, in der Du auf dem Parteitag und im Bundestag Deinen Standpunkt [zur Nachrüstung] vertreten hast.“ Brandt, Partei der Freiheit, Dok. 93, S. 410f., hier S. 410.

*Abb. 5: Bundeskanzler Helmut Schmidt in der Debatte im Deutschen Bundestag am 21. November 1983.*

Wählergruppen und ihr „Lebensgefühl". Die SPD, deren Ziel es als „Integrationspartei"[91] stets war, fortschrittliche Strömungen aufzunehmen, öffnete sich mit ihrer Entscheidung gegenüber der noch nicht politisch organisierten Bewegung und bewirkte dadurch entscheidende politische Veränderungen in der Bundesrepublik. So konnte der alternative Protest gegen etablierte Konzepte erfolgreich in den allgemeinen Konsens integriert werden, ohne dass es zu einer nachwirkenden Spaltung der bundesdeutschen Gesellschaft kommen musste. Das Nein der SPD zur Stationierung amerikanischer Mittelstreckenwaffen in der Bundesrepublik war von großer Bedeutung für den Zusammenhalt des Landes, weil es alternativ orientierte Fliehkräfte an das demokratische Gemeinwesen rückzubinden verstand. In gewisser Weise ermöglichte das Nein die frühe inhaltliche Übereinstimmung und politische Zusammenarbeit der SPD mit moderaten Kräften der Neuen Sozialen Bewegungen – und damit indirekt die Vorbereitung des rot-grünen Projekts von 1998.

---

[91] So Willy Brandt in seiner Rede anlässlich des 10. Todestages Willi Eichlers am 21. 10. 1981, in: ebenda, Dok. 79, S. 354–363, hier S. 356.

*Abb. 6: Peter Struck (SPD, zweiter von links) im Gespräch mit Abgeordneten der GRÜNEN in der Debatte im Deutschen Bundestag am 21. November 1983.*

*Abb. 7: Abgeordnete der CDU/CSU-Fraktion zeigen in der Debatte im Deutschen Bundestag am 21. November 1983 ein Plakat der Jungsozialisten.*

## IX. Epilog: Nachrüstung, INF-Abkommen und das Ende der Sowjetunion

Als die Abgeordneten des Deutschen Bundestags wenige Tage nach dem Kölner SPD-Parteitag in der berühmten „Raketendebatte“ ein letztes Mal ihre Argumente austauschten, bevor sie mehrheitlich für die Dislozierung votierten[92], war nicht abzusehen, dass es am 8. Dezember 1987 – also acht Jahre nach dem NATO-Doppelbeschluss – doch noch zu einem Abkommen zwischen den USA und der Sowjetunion über einen beiderseitigen vollständigen Verzicht auf Mittelstreckenraketen kommen sollte[93]. Nach der Unterzeichnung des INF-Vertrags sahen sich die Stationierungsbefürworter in der SPD in ihrem Festhalten an beiden Teilen des NATO-Beschlusses rückblickend bestätigt[94]. Demgegenüber insistierten die Gegner der Raketendislozierung auf der Offenheit jeder geschichtlichen Entwicklung[95]. Karsten D. Voigt, der bekanntlich zu den Kritikern der Nachrüstung zählte, räumt heute ein, dass der INF-Vertrag einen Erfolg für Helmut Schmidt bedeutete: „Wie immer man auch zum Doppelbeschluss gestanden hat, es ist das Verdienst Helmut Schmidts, an der Nachrüstungsdrohung festgehalten zu haben. Sein Konzept ist schließlich erfolgreich durchgeführt worden. Und insofern kann man vom theoretischen Ansatz her gegen das Konzept streiten, aber was bisher in der Partei nicht offen diskutiert werden kann, ist, dass letzten Endes die SPD mit ihm Erfolg gehabt hat.“[96]

Die Frage, ob das INF-Abkommen tatsächlich die Richtigkeit des Doppelbeschlusses nachträglich beweist und letzterer sogar entscheidend zum Ende der Sowjetunion beigetragen hat[97], soll hier nicht endgültig beantwortet werden. Betont sei aber, dass die Frage nach dem Zusammenhang von INF-Vertrag und Doppelbeschluss nicht richtig gestellt wird, wenn man mit ihr allein auf eine retrospektive Legitimierung der Entscheidung von 1979 abzielt. In eine Bilanz des Streits um den NATO-Doppelbeschluss und dem folgenden INF-Abkommen wäre auch einzubeziehen, dass die entspannungspolitischen Traditionen in West und Ost sowie die wirtschaftliche Krise der Sowjetunion erheblich zur Reformbereitschaft Michail Gorbatschows beigetragen und damit erst die „Null-Lösung“ von 1987 ermöglicht haben.

Oder anders formuliert: Es kommt in einer gesamthistorischen Betrachtung nicht so sehr darauf an, Entspannungs- und Konfrontationspolitik, Friedensbewegung und NATO-Doppelbeschluss als sich ausschließende Alternativen zu sehen. Beide hatten beträchtliche Auswirkungen auf den weiteren Verlauf der Geschichte. Wenn die NATO-Nachrüstung die Sowjetunion finanziell und wirtschaftlich weiter destabilisiert hat, machte gerade die Friedensbewegung trotz ihres vorläufigen Scheiterns das Interesse der westeuropäischen Bevölkerung an einer Fortsetzung der Entspannungspolitik und indirekt auch den all-

---

[92] Vgl. Deutscher Bundestag, Stenographische Berichte, 10. Wahlperiode, 35./36. Sitzung, 21./22. 11. 1983.

[93] Der INF-Vertrag ist abgedruckt in: Europa-Archiv 43 (1988), D 18–30.

[94] Helmut Schmidt schrieb wenige Wochen vor dem Durchbruch bei den INF-Verhandlungen: „Wenn es zu einem beiderseitigen Verzicht auf Mittelstreckenwaffen in Europa kommen sollte, so wäre dies für mich ein großer, wenn auch etwas später persönlicher Triumph.“ Helmut Schmidt, Menschen und Mächte, Berlin 1987, S. 142.

[95] In Willy Brandts Erinnerungen hieß es: „Mit Bonner Regierungs- und Brüsseler NATO-Entscheidungen hatte die Übereinkunft [von 1987] wenig zu tun.“ Willy Brandt, Erinnerungen. Mit den ‚Notizen zum Fall G‘, München 2003, S. 354.

[96] Gespräch mit Karsten D. Voigt am 8. 10. 2009.

[97] Vgl. Michael Ploetz/Hans-Peter Müller, Ferngelenkte Friedensbewegung? DDR und UdSSR im Kampf gegen den NATO-Doppelbeschluss, Münster 2004, insbes. S. 4.

gemeinen Überdruss an der ideologischen Konfrontation deutlich. Die europäische wie die internationale Politik war gefordert, diese mentalen Dispositionen bei zukünftigen Entscheidungen zu berücksichtigen. Daher scheinen die durch die Friedensbewegung bewirkten Veränderungen für die bundesdeutsche Gesellschaft und die internationale Politik nicht weniger schwer zu wiegen als der Beitrag der Nachrüstung zum Ende des Kalten Krieges.

Saskia Richter

# Der Protest gegen den NATO-Doppelbeschluss und die Konsolidierung der Partei Die Grünen zwischen 1979 und 1983

## I. Einleitung: Die Parlamentarisierung einer neuen Partei

Die Vorverhandlungen zum NATO-Doppelbeschluss, die sich dagegen formierenden Proteste und die Entstehung der Partei Die Grünen in der Bundesrepublik Deutschland verliefen Ende der 1970er Jahre zeitlich parallel, strukturell aber voneinander getrennt. Die ersten Wählergemeinschaften und Wahlbündnisse der Grünen hatten sich bereits gegründet, als Helmut Schmidt am 28. Oktober 1977 vor Mitgliedern des Internationalen Instituts für Strategische Studien (IISS) in London die Rede hielt, in der er das strategische Übergewicht der SS-20-Rüstung zu Gunsten der Sowjetunion betonte und die später als Auftakt des NATO-Beschlusses gewertet werden sollte[1]. Als der NATO-Doppelbeschluss im Dezember 1979 von den Außen- und Verteidigungsministern verabschiedet wurde, waren die Planungen für den Gründungskongress der Grünen im Januar 1980 schon in vollem Gang. Bereits im Juni 1979 waren Die Grünen als Sonstige Politische Vereinigung (SPV) bei der ersten Wahl zum Europäischen Parlament angetreten, am 3. und 4. November 1979 fand ein Bundeskongress in Offenbach statt[2].

Trotz der schnell einsetzenden Kontroverse um die Nachrüstung entwickelte sich die Friedensbewegung in ihrer Massivität und Breitenwirksamkeit erst sehr viel später: Gerd Langguth nannte als ersten Höhepunkt der Friedensbewegung die Demonstration in Bonn am 10. Oktober 1981, an der sich zwischen 200 000 und 300 000 Menschen beteiligten[3]. Dass die Friedensbewegung zum Erfolg der Grünen bei der Europawahl im Juni 1979 beigetragen haben soll[4], bei der die SPV 3,2 Prozent der Stimmen erzielte, ist hingegen aufgrund der zeitlichen Abfolge von Wahl und Nachrüstungsbeschluss unwahrscheinlich. Richtig ist, dass Abrüstung und Gewaltfreiheit zu den neuen Werten gehörten, die im Umfeld der Grünen schon vor dem Beschluss vertreten wurden[5]. So finden sich im „Grünen Manifest" von 1978, dem Programm der „Grünen Aktion Zukunft" (GAZ), deren Vorsitzender Herbert Gruhl war, folgende Forderungen: „Weitere atomare Zerstörungs-

---

[1] Vgl. Bernd Stöver, Der Kalte Krieg. Geschichte eines radikalen Zeitalters 1947–1991, München 2007, S. 430.

[2] Vgl. Rudolf van Hüllen, Ideologie und Machtkampf bei den Grünen. Untersuchung zur programmatischen und innerorganisatorischen Entwicklung einer deutschen „Bewegungspartei", Bonn 1990; Hubert Kleinert, Vom Protest zur Regierungspartei. Die Geschichte der Grünen, Frankfurt am Main 1992; Joachim Raschke, Die Grünen. Wie sie wurden, was sie sind, Köln 1993; Andrei S. Markovits/Philip S. Gorski, Grün schlägt Rot. Die deutsche Linke nach 1945, Hamburg 1997; Ferdinand Müller-Rommel/Thomas Poguntke (Hrsg.), Green Parties in National Governments, London 2002; Kommission für Geschichte des Parlamentarismus und der politischen Parteien sowie dem Archiv Grünes Gedächtnis der Heinrich-Böll-Stiftung (Hrsg.), Die Grünen im Bundestag. Sitzungsprotokolle und Anlagen 1983–1987, Bonn 2008.

[3] Vgl. Gerd Langguth, Protestbewegung. Entwicklung – Niedergang – Renaissance. Die Neue Linke seit 1968, Köln 1983, S. 256.

[4] Vgl. Stöver, Der Kalte Krieg, S. 432.

[5] Vgl. Hartmut Bossel, Die vergessenen Werte, in: Rudolf Brun (Hrsg.): Der grüne Protest. Herausforderung durch die Umweltparteien, Frankfurt a. M. 1978, S. 7–17, hier S. 14.

waffen, besonders die lebensvernichtende Neutronenwaffe, lehnen wir ab. Unser Ziel ist eine atomwaffenfreie Zone in Europa und eine schrittweise Abrüstung aller Mächte." Dieser Punkt steht auf der Prioritätenliste der GAZ an vorletzter Stelle (29 von 30). Gleichzeitig ist dies der politische Boden, auf der die Friedensbewegung innerhalb der grünen Bewegung gedeihen konnte. So zeigte auch der Friedensrat der DDR im gleichen Jahr Interesse an der westdeutschen Ökologie- und Antikernkraft-Bewegung und bezeichnete den Bundesverband Bürgerinitiativen Umweltschutz (BBU) „als ein Reservoir für die Verbreitung der Bewegung für Frieden und Abrüstung"[6].

Dennoch: Die Grünen in Deutschland sind unabhängig von den Protesten gegen die Nachrüstung und ohne Einfluss der internationalen Friedensbewegung entstanden. Gleichzeitig ist die Parteigründung in den transnationalen Kontext der Umweltbewegungen einzuordnen. Grüne Parteien entwickelten sich bereits zu Beginn der 1970er Jahre und in Ländern, die weniger von der atomaren Bedrohung durch die sowjetischen SS-20 und die NATO-Raketen betroffen waren als die Bundesrepublik: 1972 gründete sich an der Universität Wellington in Neuseeland die Values Party. In Frankreich trat René Dumont 1974 als Präsidentschaftskandidat der Grünen an[7]. Und in Schweden gründete sich die grüne Partei Anfang der 1980er Jahre als Reaktion auf Umweltprobleme[8]. Die Entstehung grüner Parteien in westlichen Ländern ist strukturell also tiefer verwurzelt als in den Demonstrationen der Friedensbewegung der 1980er Jahre: im international wahrgenommenen Wertewandel und in der Wachstums- und Technologiekritik, die sich in den frühen 1970er Jahren verbreitete[9].

Auch sind die Entstehungsgeschichten der grünen Partei lokal zu bestimmen. Jenseits der Hauptkonfliktlinien Konfession und Klassenlage, an denen sich das Parteiensystem in der Bundesrepublik Deutschland entwickelt hatte[10], entstanden die Grünen entlang neuer Spannungslinien[11]. In Orten, an denen Menschen von Umweltproblemen oder -gefahren *betroffen* waren, erzielten grüne Listen besonders hohe Wahlergebnisse. Dazu gehörten Regionen, in denen sich Bürgerinitiativen gegründet hatten, die gegen den Bau von Kernkraftanlagen demonstrierten. Träger der Grünen waren vor allem in Groß- und Universitätsstädten zu finden und in der „Neuen Mittelklasse", die sich aus Beamten und Angestellten zusammensetzte. Zudem waren die Kandidaten der Grünen zu Beginn der 1980er Jahre relativ jung, die Hälfte war jünger als 33 Jahre. Zwischen all diesen Ebenen, den Parteieliten, den Demonstranten, den Sympathisanten und den Wählern der grünen Partei, gab es Verflechtungen. Alle zusammen bildeten ein unbestimmtes Miteinander aus

---

[6] Zit. nach Michael Ploetz, Wie die Sowjetunion den Kalten Krieg verlor. Von der Nachrüstung zum Mauerfall, Berlin/München 2000, S. 162.

[7] Vgl. Frieder Otto Wolf, Die Grünen in Frankreich, in: Heinrich-Böll-Stiftung (Hrsg.), Die Grünen in Europa. Ein Handbuch, Münster 2004, S. 83–91.

[8] Vgl. Michael Blum, Die Grünen in Skandinavien, in: ebenda, S. 92–95.

[9] Vgl. Ronald Inglehart, The Silent Revolution. Changing Values and Political Styles among Western Publics, Princeton 1977.

[10] Zum westdeutschen Parteiensystem in den 1950er Jahren vgl. Juan J. Linz, Cleavage and Consensus in West German Politics. The Early Fifties, in: Seymour M. Lipset/Stein Rokkan (Hrsg.), Party Systems and Voter Alignments. Cross-National Perspectives, New York 1967, S. 283–321. Zu der Zeit danach vgl. Franz Urban Pappi, Sozialstruktur, gesellschaftliche Wertorientierungen und Wahlabsicht. Ergebnisse eines Zeitvergleichs des deutschen Elektorats 1953 und 1976, in: Politische Vierteljahresschrift 14 (1977), S. 195–230.

[11] Vgl. Wilhelm P. Bürklin, Grüne Politik. Ideologische Zyklen, Wähler und Parteiensystem, Opladen 1984, S. 16f.

verschiedenen Anhängern, das sich um die neu entstehende Partei formierte und als Basis der Grünen bezeichnet werden kann[12].

Zur Entstehung der Grünen gehörte der Bewegungshintergrund der Ökologiebewegung und insbesondere der Proteste gegen die Kernkraft. Ab Dezember 1979 verband sich der Protest gegen die Kernkraft mit dem Protest gegen den NATO-Doppelbeschluss zur Friedensbewegung. Daher gibt es eine zeitliche Überschneidung der Friedensbewegung zwischen 1979 und 1983 mit der Phase, in der die Grünen in Deutschland in die Parlamente einzogen: in die Landesparlamente in Bremen im Oktober 1979, in Baden-Württemberg im März 1980, in den Jahren 1981 und 1982 zudem in Hamburg, Niedersachsen, Hessen und Berlin und schließlich im März 1983 in den Bundestag[13]. Diese Parallelität und Überschneidung von Friedensbewegung und Wahlerfolgen ist für die Konsolidierung der Partei Die Grünen relevant.

Die Grünen in Deutschland wurden insofern zu einem Sonderfall im internationalen Kontext, als der NATO-Doppelbeschluss auf europäischer Ebene auch in Spanien und Belgien Demonstranten mobilisierte: In Spanien stand zu dieser Zeit ein Referendum über den Verbleib des Landes in der NATO bevor; doch die spanischen Grünen konnten die daraus entstehenden Kräfte nicht für eine Konsolidierung der Partei nutzen[14]. Die belgischen Grünen zogen mit Agalev (Anders Gan Leven) und Ecolo (Écologistes confédérés pour l'organisation de luttes originales) schon 1981 in das nationale Parlament ein; 1985 kooperierten Parlamentarier der Ecolo mit Aktivisten aus der Friedensbewegung und besetzten, nachdem das belgische Parlament 1985 die Stationierung von sechzehn Cruise Missiles beschlossen hatte, eine Luftwaffenbasis. Das Ergebnis in Belgien war trotzdem eher schlechte Presse als ein politischer Erfolg[15].

Ausgehend vom deutschen Fall ist die These des vorliegenden Beitrages daher, dass die Friedensbewegung in Deutschland zwar nicht zur Entstehung der Grünen beigetragen hat, die Demonstrationen gegen den NATO-Doppelbeschluss aber zur strukturellen Verankerung und zur Parlamentarisierung der Partei geführt haben. Zudem gab es organisatorisch enge Verflechtungen zwischen der Anti-Kernkraft-Bewegung und der Friedensbewegung, erstere wiederum bildete dabei als Teil der Ökologiebewegung jenes gesellschaftliche Alternativmilieu, aus dem Die Grünen Ende der 1970er Jahre hervorgingen. Zu Beginn der 1980er Jahre wirkten die Proteste gegen den NATO-Doppelbeschluss auf die deutschen Grünen wie ein Mobilisierungsschub, den sie für die Bundestagswahl 1983 und ihre Etablierung im Parlament nutzen konnten. Diese Annahme wird in fünf Abschnitten untersucht.

Zunächst geht es um die Grundzüge der Entstehungsgeschichte der Grünen in Deutschland und die Relevanz des alternativen Milieus. Ausgehend von dem Protest gegen den NATO-Doppelbeschluss werden die historischen Vorläufer der Friedensbewegung und die Wurzeln der Partei Die Grünen im Protestmilieu der 1970er Jahre beschrieben. Der

[12] Vgl. Raschke, Die Grünen, S. 502f. Zur Ortsgebundenheit der Proteste auch Peter Graf Kielmansegg, Nach der Katastrophe. Eine Geschichte des geteilten Deutschland, Berlin 2000, S. 347.

[13] Vgl. zu den Ergebnissen Helmut Fogt/Pavel Uttitz, Die Wähler der Grünen 1980–1983. Systemkritischer neuer Mittelstand, in: Zeitschrift für Parlamentsfragen 15 (1984), S. 210–226.

[14] Vgl. Chicco Negro, Die Grünen im Süden zwischen Hoffnung und Realität, in: Heinrich-Böll-Stiftung (Hrsg.), Die Grünen in Europa. Ein Handbuch, Münster 2004, S. 121–130, hier S. 128.

[15] Vgl. Barbara Hoheneder, Von der parlamentsinternen Fleißarbeit zur Regierungsbeteiligung, in: Heinrich-Böll-Stiftung (Hrsg.), Die Grünen in Europa. Ein Handbuch, Münster 2004, S. 96–105, hier S. 98.

darauf folgende Abschnitt geht kurz auf die für die Historisierung von Grünen und Friedensbewegung relevante Frage nach der Beeinflussung von Argumentation, Organisation und Mobilisierung durch die DDR und/oder die UdSSR ein. Im Anschluss daran wird das Konzept der Anti-Politik der Grünen im Vergleich zu den anderen Parteien, insbesondere der SPD untersucht. Dabei wird nach der Beziehung zwischen Establishment und Friedensbewegung sowie danach gefragt, ob nicht genau die *Spannung* zwischen politischer Handlung und Protest zum Erfolg der grünen Partei geführt haben. Den Grünen gelang es, gerade jene Themen zu besetzen, die die etablierten Parteien und dominierenden gesellschaftlichen Kräfte vernachlässigten: Umweltschutz, Nachhaltigkeit und Abrüstungspolitik. Der letzte Abschnitt schließlich stellt das Selbstverständnis der Grünen als Bewegungspartei dar und geht auf die durch grüne Politiker beeinflusste Debattenkultur im Bundestag ein. Als Beispiel dient die parlamentarische Debatte um den NATO-Doppelbeschluss vom Herbst 1983. Abschließend wird die eingangs formulierte These bewertet, dass die Friedensbewegung zur Konsolidierung der Partei Die Grünen in Deutschland beigetragen habe.

Der Beitrag bewegt sich an der Schnittstelle zwischen Politikwissenschaft und Zeitgeschichte. Entsprechend liegt ihm als Material die relevante Literatur zugrunde, die in der Politikwissenschaft seit den 1980er Jahren zu den Grünen und zu den Neuen Sozialen Bewegungen erschienen ist. Dazu gehören Studien von Joachim Raschke, Roland Roth und Dieter Rucht genauso wie Zeitschriftenartikel, unter anderem aus der *Zeitschrift für Parlamentsfragen* und der *Politischen Vierteljahresschrift*. Ein Fundus an Quellenmaterial zur Parlamentarisierung der Grünen nach 1983 bietet zudem der 2008 im Auftrag der Kommission für Geschichte des Parlamentarismus und der politischen Parteien herausgegebene Band „Die Grünen im Bundestag. Sitzungsprotokolle und Anlagen 1983-1987“[16]. Die Zeitgeschichtsforschung bearbeitet die gesellschaftlichen Entwicklungen der 1970er Jahren in einem Abstand von etwa drei Dekaden. Konrad Jarausch betont in dem von ihm herausgegebenen Sammelband über dieses Jahrzehnt als Epochenwende, dass die Zeitgeschichte gerade erst begonnen habe, sich in diese Zeit vorzuwagen, auch weil westdeutsche Archive den Zugang zu dieser Epoche schrittweise freigäben; indes stimmen vorliegende Überblicksdarstellungen überein, dass in den 1970er Jahren ein fundamentaler ökonomischer und kultureller Umbruch eingesetzt habe[17]. Für die Friedensbewegung der 1980er Jahre sind zudem die grundlegenden Untersuchungen des US-amerikanischen Historikers Lawrence S. Wittner relevant[18]. Daran wird deutlich, dass die Friedensbewegung gegen die Nuklearwaffen der 1980er Jahre spätestens seit der ersten Hälfte des 20. Jahrhunderts auf einer historischen Kontinuität aufbaute, dass diese Bewegung international angelegt war und über transnationale Verbindungen verfügte. In diesem Zusammenhang ist die mediale Berichterstattung über den Vietnam-Krieg als Wendepunkt in der internationalen Rezeption

[16] Vgl. die Einleitung von Helge Heidemeyer, in: Josef Boyer/Helge Heidemeyer (Bearb.), Die Grünen im Bundestag, Bd. 1, Berlin 2008, S. XI–XLV.

[17] Vgl. Konrad H. Jarausch, Verkannter Strukturwandel. Die siebziger Jahre als Vorgeschichte der Probleme der Gegenwart, in: ders. (Hrsg.), Das Ende der Zuversicht? Die siebziger Jahre als Geschichte, Göttingen 2008, S. 9–26, hier S. 10. Vgl. dazu ferner Thomas Raithel/Andreas Rödder/Andreas Wirsching (Hrsg.), Auf dem Weg in eine neue Moderne? Die Bundesrepublik Deutschland in den siebziger und achtziger Jahren, München 2009; Anselm Doering-Manteuffel/Lutz Raphael, Nach dem Boom. Perspektiven auf die Zeitgeschichte seit 1970, Göttingen 2008.

[18] Vgl. Lawrence S. Wittner, Toward Nuclear Abolition: A History of the World Nuclear Disarmament Movement, 1971 to the Present (Volume 3 of The Struggle Against the Bomb), Stanford 2003.

und Verflechtung zu werten[19]. Holger Nehring hat die Friedensbewegung der späten 1950er und frühen 1960er Jahre in ihrer transnationalen Perspektive untersucht und den sozialdemokratischen und gewerkschaftlich-linken Hintergrund des Protestmilieus beschrieben[20]. Auf diese historischen Untersuchungen baut der vorliegende Text auf.

## II. Protestmilieu und die Entstehung der Partei Die Grünen

Der Protest gegen den NATO-Doppelbeschluss war sozial heterogener als der Protest innerhalb der Neuen Sozialen Bewegungen, zum Beispiel die Bewegung gegen die Kernkraft, die Frauen- oder die Dritte-Welt-Bewegungen, die als in Netzwerken organisierte Bürgerproteste in der zweiten Hälfte des 20. Jahrhundert entstanden waren[21]. Während sich in der Frauenbewegung beispielsweise überwiegend Frauen und in der Anti-Kernkraft-Bewegung überwiegend Anwohner – also jeweils direkt *Betroffene* – engagierten, fanden sich in der Friedensbewegung Menschen generations- und parteiübergreifend in einer neuen kooperativen Qualität zusammen. Ursache hierfür war zum einen die weit verbreitete Furcht, dass durch den Einsatz von Nuklearwaffen grundsätzlich jeder Opfer eines Atomkrieges werden konnte, und die politische Umstrittenheit des Themas in allen Parteien. So verdeutlichte die Friedensbewegung milieu- und parteiübergreifend eine Diskrepanz zwischen Regierungshandeln und politischer Präferenz innerhalb der Bevölkerung.

Protest meinte im Zusammenhang der Friedensbewegung, dass Menschen sich dezidiert gegen die Nachrüstung aussprachen. Diese Menschen waren Bestandteil eines Netzwerks von Gruppen und Organisationen, die sich aus ihrer Ablehnung der Nuklearrüstung eine kollektive Identität schufen und daraus ihren Anspruch auf Gestaltung des gesellschaftlichen Wandels ableiteten. Geäußert wurde dieser Protest nach dem Ende der 1970er Jahre, im Zeitalter der Epochenwende vom „Ende des Wachstums", in der öffentliche Zukunftszuversicht, Technikgläubigkeit und schrankenloses Wirtschaftswachstum in Frage gestellt wurden[22].

Die Friedensbewegung und die Partei Die Grünen unterschieden sich strukturell voneinander, obwohl sie im Fall der Ablehnung des NATO-Doppelbeschlusses thematisch die gleichen oder zumindest ähnliche Positionen vertraten. Absichten und Motive von Bewegung und Partei waren nicht identisch, das Formprinzip ein anderes[23]. Die Friedensbewegung blieb als soziale Bewegung „ein mobilisierender, kollektiver Akteur, der mit einer gewissen Kontinuität [...] das Ziel verfolgt, grundlegenderen sozialen Wandel her-

---

[19] Vgl. Benjamin Ziemann, Peace Movement in Western Europe, Japan and the USA since 1945: Introduction, in: Mitteilungsblatt des Instituts für Soziale Bewegungen 32 (2004), S. 5–19, hier S. 5f.; vgl. ders. (Hrsg.), Peace Movements in Western Europe, Japan and the USA during the Cold War, Essen 2008.

[20] Vgl. Holger Nehring, Politics, Symbols and the Public Sphere. The Protest against Nuclear Weapons in Britain and West Germany 1958–1963, in: Zeithistorische Forschungen 2 (2005), S. 180–202, ders., Searching for security. The British and West German protests against nuclear weapons and ‚respectability', 1958–1963, in: Ziemann (Hrsg.), Peace Movements in Western Europe, S. 167–187.

[21] Zur Begriffsbestimmung vgl. Roland Roth/Dieter Rucht, Einleitung, in: dies. (Hrsg.), Die sozialen Bewegungen in Deutschland seit 1945. Ein Handbuch, Frankfurt a. M. 2008, S. 9–36.

[22] Zu ersten Annäherungen an das Thema vgl. Karl-Werner Brand, Einleitung, in: ders. (Hrsg.), Neue soziale Bewegungen in Westeuropa und den USA. Ein internationaler Vergleich, Frankfurt a. M./New York 1985, S. 10.

[23] Vgl. Joachim Raschke, Krise der Grünen. Bilanz und Neubeginn, Marburg 1991, S. 114.

beizuführen."[24] Die Grünen selbst unterwarfen sich mit der Parteigründung im Jahr 1980 dem Parteiengesetz. Von nun an waren sie vom Selbstverständnis zwar eine „Bewegungspartei"[25], gleichzeitig mussten sie durch ihre Organisation einen Beitrag zur politischen Willensbildung leisten, ein Parteiprogramm formulieren und bei Landtags- und Bundestagswahlen Kandidaten stellen – eine Möglichkeit politischer Interessenvertretung, die die Friedensbewegung als kollektiver Akteur, der unspezifisch organisiert war, nicht hatte[26] und die strukturell langfristig zur Abkoppelung der Partei von den Bewegungen führte.

Die Friedensbewegung der 1980er Jahre hatte Vorläufer: den bürgerlichen Pazifismus und den Antimilitarismus der Arbeiterbewegung des späten 19. und frühen 20. Jahrhunderts[27]. In der ersten Hälfte der 1950er Jahre formierte sich in der Bundesrepublik der Widerstand gegen die Wiederbewaffnung, in der zweiten Hälfte die „Kampf-dem-Atomtod"-Bewegung, in den 1960er Jahren protestierte die Ostermarsch-Bewegung gegen Atomwaffen, Aufrüstung im Ost-West-Konflikt und gegen den Vietnam-Krieg. Mit dessen Ende und der Neuen Ostpolitik sank die Friedensbewegung in einen „Dornröschen-Schlaf". Erst in den 1970er Jahren entstand im Rahmen der Neuen Sozialen Bewegungen ein Protestmilieu, aus dem eine neue Friedensbewegung hervorging.

Für das alternative Protestmilieu der Bundesrepublik war die Bewegung gegen die Atomkraft prägend. Die Arbeit des 1972 gegründeten BBU konzentrierte sich in den ersten Jahren auf das Thema Atomenergie[28]. In Niedersachsen ging aus dem Umfeld der Bürgerinitiativen gegen ein geplantes überregionales Entsorgungszentrum mit Atommülldeponie und Wiederaufbereitungsanlage im Mai 1977 die „Umweltschutzpartei Niedersachsen" (USP) und damit die erste landesweite grüne Liste der Bundesrepublik hervor[29]. Im Dezember 1977 fusionierte die USP mit der „Grünen Liste Umweltschutz" (GLU), die in Hildesheim im Oktober bereits ein Kreistagsmandat errungen hatte. Im Juni 1978 erhielt die GLU bei der Landtagswahl 3,9 Prozent der Stimmen, allein in Gorleben 17,8 Prozent.

Zudem sind personelle und organisatorische Überschneidungen zwischen der Anti-Kernkraft-Bewegung, der Friedensbewegung und den Grünen nachweisbar: Zwar beanspruchten die Bewegungen, sich jenseits von Parteipolitik zu organisieren[30], dennoch waren Politiker wie Petra Kelly, Roland Vogt und Lukas Beckmann sowohl in den Bewegungsorganisationen als auch in der Parteipolitik aktiv. Als Abgeordnete ergriff Kelly im Bundestag für die Friedensbewegung das Wort. Als Vertreter der Grünen war Beckmann in den Koordinationsausschuss der Friedensbewegung entsandt, der – für die Bewegungen ungewöhnlich – nach Proporz besetzt war. Deutlich messbar waren die Überschneidungen

[24] Joachim Raschke: Zum Begriff der sozialen Bewegungen, in: Roland Roth/Dieter Rucht (Hrsg.), Neue soziale Bewegungen in der Bundesrepublik Deutschland, Bonn 1991, zit. nach Andreas Buro, Das Jahrhundert der sozialen Bewegungen. Entstehungsgründe, Motivationen, Grenzen und Wirkungen, in: Forschungsjournal NSB 13 (2000), S. 5–16, hier S. 7.

[25] Zur Nähe von Bewegungen und Partei vgl. Langguth, Protestbewegung, S. 261.

[26] Vgl. Buro, Das Jahrhundert, S. 7.

[27] Vgl. Andreas Buro, Friedensbewegung, in: Roth/Rucht (Hrsg.), Die sozialen Bewegungen, S. 267–291.

[28] Vgl. Dieter Rucht, Anti-Atomkraftbewegung, in: Roth/Rucht (Hrsg.), Die sozialen Bewegungen, S. 245–266, hier S. 259.

[29] Vgl. Ferdinand Müller-Rommel/Thomas Poguntke, Die Grünen, in: Heinrich Oberreuter/Alf Mintzel (Hrsg.), Parteien in der Bundesrepublik Deutschland, München 1990, S. 276–310, hier S. 276.

[30] Vgl. Raschke, Die Grünen, S. 503.

zwischen Bewegung und Partei zudem auf der Wählerebene[31]. Innerhalb des Milieus wirkte die Erfahrung des gemeinsamen Protestes als Klammer, die zunächst die unterschiedliche soziale Herkunft und politische Vorstellungen in der Gründungsphase überwindbar machte[32]. Die ersten großen parlamentarischen Erfolge der Grünen fielen mit dem weiteren Aufschwung der Protestbewegungen zusammen. Besonders die Diskussion um die Nachrüstung kam den Grünen zugute[33]. Das Friedensthema wurde zum zweiten politischen Standbein[34], das die Partei auch jenseits des alternativen Milieus stützte. Die Grünen konnten zur Projektionsfläche für die unterschiedlichsten Vorstellungen und Wünsche der Wähler werden.

Rudolf van Hüllen schrieb in seiner Studie „Ideologie und Machtkampf bei den Grünen", dass der Beschluss des Bundeshauptausschusses vom 29./30. November 1980, „Ökologie und Frieden" zum Schwerpunkt zukünftiger Arbeit der Partei zu machen, mehr bedeutete als eine bloße Programmerweiterung auf das Feld der Außen- und Sicherheitspolitik.[35] Der ökologische Komplex erfuhr eine ideologische Verkoppelung mit dem Friedensthema. Erste organisatorische Annäherungen sind ab Sommer 1979 festzustellen, als der Bundesvorstand der Grünen Eva Quistorp und Helmut Neddermeyer als offizielle Vertreter vorschlug, um im September 1979 auf einer Demonstration des Komitees für Frieden, Abrüstung und Zusammenarbeit (KOFAZ) in Bonn zu sprechen, die unter dem Leitwort „Den Frieden sichern, das Wettrüsten beenden" stattfinden sollte.[36] Eine weitere Verflechtung stellte die Organisation und Verabschiedung des „Krefelder Appells" dar, an dem sich die damalige Vorstandssprecherin Petra Kelly im Herbst 1980 beteiligte.[37]

Die Grünen gründeten sich ausdrücklich als Alternative zu den etablierten Parteien. Die vier Kernpunkte ihrer politischen Identität beschrieben sie als ökologisch, sozial, basisdemokratisch und gewaltfrei[38]. In ihrem Programm forderten sie einseitige Abrüstung, die Herauslösung der Bundesrepublik aus der NATO und die Auflösung der Militärblöcke. Die Grünen positionierten sich damit eindeutig gegen den NATO-Doppelbeschluss. Einseitige Abrüstung erschien als Möglichkeit, um die Rüstungsspirale zu durchbrechen – ein Thema, mit dem sich vor allem die damalige Spitzenkandidatin Petra Kelly profilierte. Im Sinne des Prinzips der Gewaltfreiheit lehnte die Partei jede militärische Verteidigung ab, stattdessen wollte sie neue Strategien der sozialen Verteidigung entwickeln[39]. Das politische Programm der Gründungsgrünen teilte nicht alle Forderungen, zielte jedoch in die gleiche Richtung wie die Bewegung gegen den NATO-Doppelbeschluss.

---

[31] Vgl. ebenda, S. 114.

[32] Vgl. Hubert Kleinert, Vom Protest zur Regierungspartei. Die Geschichte der Grünen, Frankfurt a. M. 1992, S. 37f.

[33] Vgl. Hubert Kleinert, Aufstieg und Fall der Grünen. Analyse einer alternativen Partei, Bonn 1992, S. 17.

[34] Vgl. van Hüllen, Ideologie und Machtkampf, S. 373.

[35] Vgl. ebenda.

[36] Protokoll der Bundesvorstandssitzung der Grünen am 14./15. 7. 1979 in Bonn, S. 6, in: Archiv Grünes Gedächtnis/Petra Kelly Archiv, Akte 2553.

[37] Zum „Krefelder Appell" vom 15./16. Juni 1980 vgl. Michael Schmidt, Der Krefelder Appell, in: 1000 Schlüsseldokumente, http://mdzx.bib-bvb.de/cocoon/de1000dok/dok_0023_kre.pdf?lang=de (20. 5. 2010).

[38] Vgl. Müller-Rommel/Poguntke, Die Grünen, S. 287.

[39] Vgl. ebenda, S. 290. Zum Begriff einer „Neuen Politik" im Verhältnis zur „Alten Politik" vgl. weiterführend Manfred Berger/Wolfgang G. Gibowski/Dieter Roth/Wolfgang Schulte, Vor der Bundestagswahl 1980, in: Zeitschrift für Parlamentsfragen 11 (1980), S. 272–291.

## III. Die Frage nach politischen Motiven: Zum Einfluss von DDR und UdSSR

Bei einer Untersuchung von grüner Partei und Friedensbewegung ist das Verhältnis von grünen Politikern und Bewegungsaktivisten zu Organisationen der DDR und der UdSSR aus zwei Gründen relevant. Mit der Information darüber, wer politische Positionen formulierte und welcher politischen Gruppe die Unterstützung dieser Standpunkte nützte, werden Motivationen des Protestes einschätzbar. Gleichzeitig sollten zu starke Konstruktionen linearer Beeinflussung hinterfragt werden, weil diese auch instrumentalisiert wurden. Politisch konservative Beobachter nutzten die Darstellung der Bezüge von Grünen und Friedensbewegung zur DDR und zur UdSSR zur Argumentation gegen die alternativen Gruppen. So profitierten die *Frankfurter Allgemeine Zeitung* und *Die Welt* von einer von links unterwanderten Friedensbewegung; sie konnten so ein Feindbild zeichnen, das politisch polarisierte[40]. Gleichzeitig trugen sie durch ihre Arbeit dazu bei, die entsprechenden Verflechtungen öffentlich bekannt zu machen.

Die Verbindungen zwischen der Bewegung gegen den NATO-Doppelbeschluss, den Grünen und der DDR nahe stehenden Organisationen sind nachgewiesen. In einem Beschluss vom Juli 1981 ordnete das SED-Politbüro weitreichende Maßnahmen zur Unterstützung der westdeutschen Friedensbewegung an[41]. Die SED verfolgte mit dieser Unterstützung und den Verbindungen zu den Grünen zwei Ziele: Über die Auseinandersetzung gegen den NATO-Doppelbeschluss versuchte sie, nichtkommunistische Teile der Friedensbewegung zu beeinflussen; außerdem wollte sie durch den Einzug der Grünen in den Bundestag auf den parlamentarischen Meinungsbildungsprozess in außen- und sicherheitspolitischen Fragen einwirken[42]. So wird deutlich, warum Organisationen der Friedensbewegung von der DDR finanziert wurden und warum mit Dirk Schneider ein Informeller Mitarbeiter der Staatssicherheit als Bundestagsabgeordneter der Grünen zwischen 1983 und 1985 und als Mitarbeiter der Fraktion bis 1987 im Bereich der Deutschlandpolitik tätig war[43]. Als Abgeordneter war Schneider Mitglied des innerdeutschen Ausschusses und deutschlandpolitischer Sprecher der Grünen. Hier konnte er in Auseinandersetzungen die Positionen grüner Politiker zur DDR und beispielsweise zur Bewertung des Fluchtverhaltens von DDR-Bürgern relativieren[44].

Die Gruppen der Friedensbewegung waren von Organisationen wie dem Komitee für Frieden, Abrüstung und Zusammenarbeit (KOFAZ), einer indirekt von der SED finanzierten Organisation, beeinflusst[45]. Der Krefelder Appell und die organisatorisch stützende Krefelder Initiative waren von der Deutschen Friedensunion (DFU) organisiert, die wiederum von der DKP gesteuert wurde[46]. Dirk Schneider gehörte zu jener Gruppe von Grünen-Politikern, die Erich Honecker im Oktober 1983 in der Medienöffentlichkeit einen

---

[40] Vgl. zu den Anfängen der Auseinandersetzung um General Gert Bastian die Artikel: Schützenhelfer, in: *Die Welt* vom 22.3.1979; Unbehagen, in: *Frankfurter Allgemeine Zeitung* vom 22.3.1979.

[41] Vgl. Klaus Schroeder, Der SED-Staat. Partei, Staat und Gesellschaft 1949–1990, München 1998, S. 274. Vgl. dazu auch den Beitrag von Helge Heidemeyer in diesem Band.

[42] Vgl. Udo Baron, Kalter Krieg und heißer Frieden. Der Einfluss der SED und ihrer westdeutschen Verbündeten auf die Partei ‚Die Grünen', Münster/Hamburg/London 2003, S. 265.

[43] Vgl. Hubertus Knabe, Die unterwanderte Republik. Stasi im Westen, Berlin 1999, S. 73–79.

[44] Vgl. Heidemeyer, Einleitung, in: Boyer/Heidemeyer (Bearb.), Die Grünen, S. XXXII.

[45] Vgl. Udo Baron, Die verführte Friedensbewegung. Zur heute nachweisbaren Einflussnahme von SED und MfS, in: Die politische Meinung 48 (2003), H. 407, S. 55–61, hier S. 57f.

[46] Vgl. van Hüllen, Ideologie und Machtkampf, S. 376.

symbolischen „persönlichen Friedensvertrag" überreichten.[47] Die Gruppe „Generäle für den Frieden", deren Mitglied der Grünen-Politiker und außer Dienst gestellte General Gert Bastian war, war durch Gerhard Kade organisiert, der dem KOFAZ angehörte, mit der SED zusammenarbeitete und unter dem Decknamen „Super" Informeller Mitarbeiter der Stasi war. Jochen Staadt vom Forschungsverbund SED-Staat argumentierte 2001 in der *Frankfurter Allgemeinen Zeitung*, Bastian habe sich wissentlich an ostdeutscher Propaganda beteiligt und an der gegnerischen psychologischen Kriegsführung mitgewirkt; damit seien er und die anderen Generäle mehr als nur nützliche Idioten in einem Propagandafeldzug gewesen[48].

Die Person Gert Bastian ist aus folgenden Gründen interessant: Für die Friedensbewegung galt Gert Bastian als Kronzeuge. Es konnte keinen glaubwürdigeren Nachrüstungsgegner geben als einen ehemaligen General, der die Verteidigungsstrategien der Bundeswehr kannte und die SS-20-Rüstung der UdSSR mit eigener Expertise einschätzte[49]. In seinen Argumenten gegen die NATO-Rüstung stellte Bastian Parallelen mit der Wiederbewaffnung der Bundesrepublik in den 1950er Jahren her[50]. Damit verband er die neue Friedensbewegung mit ihren historischen Vorläufern. Völlig unerforscht allerdings sind Gert Bastians Rolle in der Bundeswehr und seine Position in der Friedensbewegung: Warum hat Gert Bastian die Bundeswehr verlassen, aus welchen Gründen hat er sich so vehement in der Friedensbewegung engagiert, wie waren seine Verbindungen zur DDR?

Um Kritikern an den Verflechtungen von Grünen, Friedensbewegung und DDR-Staatssicherheit den Wind aus den Segeln zu nehmen: Alle Parteien der Bonner Republik waren von der Stasi und ihren Inoffiziellen Mitarbeitern umlagert[51]: 120 Stasi-Mitarbeiter waren in den westdeutschen Parteien tätig, davon waren acht als Abgeordnete in den Bundestag gewählt.[52] Wie viele Agenten in Ministerien, Behörden, Gewerkschaften, Stiftungen und Verbänden beschäftigt waren, ist nach wie vor unbekannt. Bekanntestes Beispiel für die Präsenz der DDR in der westdeutschen Politik ist Günter Guillaume, der sich in der SPD hochgedient hatte und als Referent Willy Brandts tätig war, bis er verhaftet wurde – woraufhin der Kanzler 1974 seinen Hut nahm. In der FDP war es William Borm, der die Hauptverwaltung Aufklärung der Staatssicherheit über politische Vorhaben und Politiker innerhalb der liberalen Bundespartei informierte, und der die 1975 verabschiedeten „Per-

---

[47] Zum Besuch der Grünen-Delegation in der DDR und ihrem Gespräch mit DDR-Staatsratsvorsitzenden Honecker am 31. 10. 1983 vgl. die Gesprächsaufzeichnungen in: Heinrich Potthoff (Hrsg.): Die Koalition der Vernunft. Deutschlandpolitik in den 80er Jahren, München 1995, S. 201–223, sowie die Sitzungen der Bundestagsfraktion der Grünen am 25. 10. bzw. 8. 11. 1983, in: Boyer/Heidemeyer (Bearb.), Die Grünen, S. 311, 320–322; Schreiben der Bundestagsabgeordneten Antje Vollmer an die Fraktionsmitglieder vom 13. 11. 1983, in: ebenda, S. 326–328, vgl. ferner Sehr schwankend, in: *Der Spiegel* vom 7. 11. 1983, S. 21f.

[48] Vgl. Jochen Staadt, Die Bedrohungslüge, in: *Frankfurter Allgemeine Zeitung* vom 7. 4. 2001, S. 11.

[49] Gert Bastian (1923–1992) Generalmajor a. D. 1954–1963 CSU, 1956 Eintritt in die Bundeswehr, ließ sich 1980 wegen seiner Ablehnung des NATO-Doppelbeschlusses vorzeitig pensionieren, 1980 Mitinitiator des Krefelder Appells, 1981 Carl-von-Ossietzky-Medaille der Internationalen Liga für Menschenrechte, seit 1982 bei den Grünen. Vgl. Boyer/Heidemeyer (Bearb.), Die Grünen im Bundestag, S. LXVII und Saskia Richter, Gert Bastian – Seitenwechsel für den Frieden?, in: Robert Lorenz/Matthias Micus (Hrsg.), Seiteneinsteiger. Unkonventionelle Politiker-Karrieren in der Parteiendemokratie, Wiesbaden 2009, S. 410–430.

[50] Vgl. Gert Bastian, Frieden schaffen! Gedanken zur Sicherheitspolitik, München 1983.

[51] Vgl. Knabe, Die unterwanderte Republik, S. 44–105.

[52] Vgl. ebenda, S. 47.

spektiven liberaler Deutschlandpolitik" mitformulierte. 1979 stimmte Borm im Bundesvorstand der FDP als Einziger gegen den NATO-Doppelbeschluss[53].

Der Einfluss der Staatssicherheit auf die westdeutschen Parteien und Bewegungsorganisationen soll nicht darüber hinwegtäuschen, dass sich große Teile der Bevölkerung unabhängig von der DDR gegen die Nachrüstung aussprachen. Zwar sieht Hans-Ulrich Wehler in den breiten Erfolgen von Veranstaltungen der Friedensbewegung und in dem durch die DKP initiierten Krefelder Appell vom November 1980 einen Beweis, dass die Teilnehmer außerstande gewesen seien, die gebotene machtpolitische Antwort auf die neue sowjetische Bedrohung zu verstehen. Dass nur das Gleichgewicht des Schreckens den Frieden dreieinhalb Jahrzehnte lang in Europa aufrechterhalten hatte, sei in hysterischen Bekundungen untergegangen, die den Begriff „Angst" zu einem internationalen Modewort machten[54]. Peter Graf von Kielmansegg beschrieb den Zusammenhang weniger wertend: „Es war, als breche sich in der Friedensbewegung eine in den Jahrzehnten des Schreckensgleichgewichts lange verdrängte und aufgestaute Elementarangst vor der nuklearen Katastrophe mit jäher Plötzlichkeit Bahn."[55]

Jenseits der Bewertung der Proteste bleibt festzuhalten, dass viele Menschen Angst hatten. Sie schrieben an Politiker, dass sie in den NATO-Raketen eine Bedrohung sahen, und taten diese Sorgen öffentlich kund. Die Emotionen mobilisierten eine Massenbewegung, die in ihrer Größe und schichtübergreifenden Zusammensetzung in der Geschichte der Bundesrepublik neu war[56]. Demoskopische Umfragen wiesen zehn bis fünfzehn Prozent der Befragten als Anhänger der Friedensbewegung aus, etwa dreißig Prozent sympathisierten mit der Bewegung[57]. Am 3. April 1983 beteiligen sich über 700000 Menschen an den Ostermärschen. Beim Besuch des US-Vizepräsidenten George Bush in Krefeld demonstrierten 20000 Menschen. In der Aktionswoche vom 16. bis zum 22. Oktober beteiligten sich etwa 1,3 Millionen Menschen in mehreren Großstädten an den Demonstrationen.

Diese Proteste waren für die DDR nicht steuerbar. 1981 unterzeichneten 24 Vertreter der Grünen eine Erklärung, in der sie sich zur Gewaltfreiheit bekannten und gleichzeitig „nachdrücklich von kommunistischer, kapitalistischer und faschistischer Politik distanzierten"[58]. Dazu gehörten Carl Amery, Joseph Beuys, Gerda Degen, Herbert Gruhl, Willy Hoss und Baldur Springmann. Diese Erklärung und die Aktivitäten der Galionsfigur Petra Kelly, die zu Beginn der 1980er Jahre zu einem Medienstar avancierte, nahm die SED als Gefahr wahr[59]. So wurden Petra Kelly, Gert Bastian und andere umgehend verhaftet, als sie am 11. Mai 1983 auf dem Ost-Berliner Alexanderplatz für Abrüstung demonstrieren wollten[60]. Zwar gehörte Kelly mit Gert Bastian zu den Erstunterzeichnern des Krefelder Appells, doch verfolgte die Politikerin einen politischen Ansatz, der westdeutsche und ost-

[53] Vgl. ebenda, S. 70.

[54] Vgl. Hans-Ulrich Wehler, Deutsche Gesellschaftsgeschichte, Bd. 5: Bundesrepublik und DDR 1949–1990, München 2008, S. 250.

[55] Vgl. Kielmansegg, Katastrophe, S. 350.

[56] Vgl. ebenda, S. 234 und Weltalmanach-Redaktion (Hrsg.): Die Fischer Chronik. Ereignisse Personen Daten. Deutschland 1949–1999, Frankfurt a. M. 1999, S. 695–751.

[57] Vgl. Kielmansegg, Katastrophe, S. 236.

[58] Erklärung zur Lage der Grünen, in: Archiv Grünes Gedächtnis, Bestand H. Saibold, Akte 81 (1).

[59] Vgl. Knabe, Die unterwanderte Republik, S. 74f.

[60] Information über das demonstrative Auftreten von fünf führenden Vertretern der „Grünen" der BRD in der Hauptstadt der DDR, Berlin, am 12. Mai 1983, in: Die Bundesbeauftragte für die Unterlagen des Staatssicherheitsdienstes der ehemaligen Deutschen Demokratischen Republik (BStU), ZAIG 3292, Nr. 176/83.

deutsche Friedensgruppen und Bürgerrechtler integrieren sollte, um so politischen Einfluss zu gewinnen und zur Abrüstung beizutragen. Das muss für die kontrollgewohnten SED-Funktionäre indes eine entsetzliche Vorstellung gewesen sein. Kelly nutzte ihren Prominenten-Status aus, indem sie sich am 31. Oktober 1983 den Medien in der DDR bei einem Treffen mit Erich Honecker in einem T-Shirt mit der Losung der im Arbeiter- und Bauernstaat verbotenen DDR-Friedensbewegung „Schwerter zu Pflugscharen" präsentierte. In den Unterlagen der Staatssicherheit vom 12. April 1985 findet sich dann auch folgender Hinweis: „Bei beabsichtigten Einreisen der Abgeordneten des Bundestages Bastian, Gert und Kelly, Petra in die DDR sind die Betreffenden durch die zuständigen staatlichen Organe darauf hinzuweisen, uneingeschränkt die Staatlichkeit und die Gesetze der DDR zu respektieren sowie die verfassungsmäßige Ordnung der DDR zu akzeptieren."[61]

Immer wieder wurden Vorwürfe laut, dass Politiker der Grünen mit der Forderung nach – gegebenenfalls nur im Westen beginnender – Abrüstung, die Interessen des Ostens verträten[62]. Gleichzeitig waren nur wenige Politiker der Grünen direkt von der Staatsführung der DDR beeinflusst. Indirekter Beeinflussung konnten sie sich genauso wenig entziehen wie Politiker von Union, SPD und FDP. Relevant ist, dass die westdeutsche Friedensbewegung, die die beidseitige Abrüstung forderte, mit der Bürgerrechtsbewegung innerhalb der DDR zusammenarbeitete, die wiederum auf Ideen und Formen der westlichen Friedensbewegung zurückgriff[63]. Auch erfüllten westdeutsche Politiker, die sich für Interessen ostdeutscher Bürger einsetzten, eine Hoffnungsfunktion; sie vermittelten die Botschaft, dass es sich lohne, für demokratische Rechte einzutreten, und stützten aufkeimende Bürgerrechtsbewegungen in ihrem Kern. Diese weiteten ihr Engagement für Friedens- und Umweltanliegen auf die Forderung nach Menschenrechten aus[64]. So entstanden Oppositionsgruppen, die in der Anfangsphase der friedlichen Revolution in der DDR eine wichtige Rolle spielen sollten.

## IV. Spannungsfeld: Grüne Politik als Politik gegen das Establishment

Mit ihren Protesten gegen den NATO-Doppelbeschluss konnten Die Grünen als Antipartei-Partei ungehindert das Unbehagen artikulieren, das in der Politik und in der Bevölkerung gegenüber der Experten-Entscheidung zur Nachrüstung bestand[65]. Innerhalb der Unionsparteien gab es politisch einen weitgehenden Konsens in der Sicherheitspolitik, was nicht heißt, dass alle Anhänger der Union den NATO-Doppelbeschluss befürworteten; in der FDP hieß es, die Gegner des Doppelbeschlusses hätten sich dem Mehrheitswillen angepasst[66]. Die SPD hingegen zerbrach fast an der Debatte und büßte 1982 ihre Regie-

[61] Vorschläge zum weiteren Vorgehen gegenüber Führungskräften der Partei „Die Grünen" der BRD im Zusammenhang mit dem Wechsel der Mandatsträger im Bundestag, Berlin, 12.4.1985, in: BStU, MfS – Sekr. Neiber, Nr. 436.
[62] Vgl. Baron, Kalter Krieg, S. 2.
[63] Vgl. Marc-Dietrich Ohse/Detlef Pollack: Dissidente Gruppen in der DDR (1949–1989), in: Roth/Rucht (Hrsg.), Die sozialen Bewegungen, 363–390.
[64] Vgl. Schroeder, Der SED-Staat, S. 280.
[65] Zur Ungleichheit des Sprachgebrauchs vgl. Heidemeyer, Einleitung, in: Boyer/Heidemeyer (Bearb.), Die Grünen, S. XXIV.
[66] Vgl. Stephan Layritz, Der NATO-Doppelbeschluss. Westliche Sicherheitspolitik im Spannungsfeld von Innen-, Bündnis- und Außenpolitik, Frankfurt a. M. 1992, S. 352.

rungsfähigkeit ein. Schon in den 1970er Jahren hatten sich viele jener Sozialdemokraten von der Parteipolitik entfernt, die von den Demokratisierungsversprechen Willy Brandts begeistert gewesen waren und die Versprechen nun eingelöst sehen wollten; sie wurden Teil des ökologisch orientierten und wachstumskritischen Milieus, aus dem die Grünen hervorgingen[67]. Das Gros der SPD versuchte bis 1982 trotzdem, die Regierungspolitik ihres Kanzlers zu stützen. Erst nach dem Ende der sozial-liberalen Koalition änderten sich die Tendenzen innerhalb der Partei. Schon während des Wahlkampfes zur Bundestagswahl 1983 positionierten sich sozialdemokratische Funktionäre gegen die Nachrüstung, was wiederum die Grünen-Spitzenkandidatin Petra Kelly beunruhigte[68]. Auf dem Sonderparteitag der SPD im November 1983 stimmen 383 der 400 Delegierten gegen die vorgesehene Aufstellung der Mittelstreckenraketen.

Für Die Grünen wurde dieses zeitweilige Vakuum politischer Interessenvertretung zur Chance, den Konsolidierungsprozess der Partei voranzutreiben. So entstanden Die Grünen auch aus Unmut und Enttäuschung über Versäumnisse der etablierten Parteien und ihrer Bürgerferne[69]. Die zeitgenössische Deutung war ähnlich. Schon nach der Bundestagswahl 1980, bei der Die Grünen immerhin 1,5 Prozent der Zweitstimmen erreicht hatten und ungleich höhere Erststimmenergebnisse in durch „grüne" Themen bewegten Regionen, schrieb *Der Spiegel*: „Denn die Alternativen artikulierten Wünsche, Stimmungen, Hoffnungen und Ängste jener Jugendlichen und Randgrüppler, die sich und ihre politische Sache schon lange nicht mehr durch die etablierten Parteien vertreten sehen – mehr Umweltschutz und weniger Atomstrom, mehr individuelle Freiheit und weniger Staat."[70] Vor diesem Hintergrund nahmen Die Grünen zunächst die Rolle der außerparlamentarischen Opposition ein.

In diesem Verständnis forderte die Partei die einseitige Abrüstung ohne Vorbedingungen, die Herauslösung der Bundesrepublik aus der NATO und die Auflösung der Militärblöcke[71]. Einseitige Abrüstung wurde als Mittel verstanden, die Rüstungsspirale zu durchbrechen und die Warschauer-Pakt-Staaten ebenfalls zur Abrüstung zu veranlassen. Programmatisch erfassten Die Grünen seit der Europawahl 1979 Abrüstung unter dem Punkt der Gewaltfreiheit. Aus dem Postulat der Gewaltfreiheit heraus lehnten sie militärische Verteidigung ab und entwickelten neue Strategien der sozialen Stärke wie die des „zivilen Ungehorsams"[72]. In ihrem Parteiprogramm zur Europawahl 1979 subsumierten Die Grünen Abrüstung unter den Punkt der Gewaltfreiheit. Dabei lehnten sie militärische Verteidigung prinzipiell ab. Sie setzten auf Strategien des sozialen Widerstandes und des „zivilen Ungehorsams".

Das massive Engagement der Grünen gegen die Nachrüstung hatte drei Dimensionen: Erstens stand das Engagement gegen den NATO-Doppelbeschluss im Zusammenhang mit den Partizipationsbewegungen der 1970er Jahre, die sich in Bürgerinitiativen für mehr direkte Demokratieausübung und für das direkte Wohlergehen der Bürger einsetzten.

[67] Vgl. Franz Walter, Die SPD. Vom Proletariat zur Neuen Mitte, Berlin 2002, S. 209f.

[68] Vgl. 6. März – Das absurde Theater, in: *Der Spiegel* vom 13. 12. 1982, S. 19–28, hier S. 25. Zur Haltung der SPD zum NATO-Doppelbeschluss vgl. den Beitrag von Friedhelm Boll und Jan Hansen in diesem Band.

[69] Vgl. Peter Borowsky, Deutschland 1969–1982, Hannover 1987, S. 129.

[70] Menge gebracht, in: *Der Spiegel* vom 13. 10. 1980, S. 56f.

[71] Vgl. Ferdinand Müller-Rommel/Thomas Poguntke, Die Grünen, in: Heinrich Oberreuter/Alf Mintzel: Parteien in der Bundesrepublik Deutschland, München 1990, S. 276–310, hier S. 290.

[72] Vgl. Ökologische Politik ist mehr als Umweltschutz, in: *Frankfurter Rundschau* vom 16. 9. 1980.

Zweitens drückte der Protest gegen die Nachrüstung – wie schon vorher der Protest gegen die Atomkraft – das Unbehagen vor unkontrollierbarer Technisierung aus, das mit dem Wertewandel seit den frühen 1970er Jahren entstanden war. Und drittens artikulierte die Friedensbewegung auch die Angst der Bevölkerung vor einer atomaren Bedrohung, die von den NATO-Raketen ausging und die sich in der Geschichte der Bundesrepublik seit dem Zweiten Weltkrieg angestaut hatte. Die Angst kann eine direkte Furcht vor den Atomraketen gewesen sein, möglicherweise war sie auch eine kompensatorische Emotion als Ersatz für die Sorge um Arbeitsplätze und soziale Sicherheit[73]. Gleichzeitig übersteigerten die Protagonisten der Friedens- und Umweltbewegung die Bedrohungsszenarien der industriellen Welt und verstärkten Angst und Schrecken bei ihren Anhängern, die sich wiederum an dem Grusel befriedigten[74]. Trotzdem war die Nachrüstung ein Überzeugungsthema, das jeder für sich selbst definierte; trotz enormer Komplexität war Expertenwissen, das noch zu Beginn der 1970er Jahre Politik gesteuert hatte[75], in dieser Frage auf einmal unbrauchbar geworden.

In der medialen Diskussion prägte Petra Kelly mit einem Interview im Hamburger Nachrichtenmagazin *Der Spiegel* vom 14. Juni 1982 den Begriff der Antipartei-Partei[76]. Für Kelly war die parlamentarische Vertretung der Grünen kein Ziel, sondern der Teil einer Strategie. Sie sah Die Grünen als fundamentale Antikriegspartei, die keine Koalitionen eingehen wolle. Prägnant war ihre Aussage, wenn Die Grünen eines Tages anfingen, Minister nach Bonn zu schicken, dann seien dies nicht mehr Die Grünen, die sie mit aufbauen wolle. Parallel distanzierte sich Kelly von der SPD. Sie warf der Partei vor, ihrem historischen Anspruch nicht gerecht geworden zu sein und in der Energie- und Sicherheitspolitik „verlogen" gehandelt zu haben. Deshalb sei die Protestbewegung stark geworden, Die Grünen seien ein direkter Ausdruck dieser Unzufriedenheit. Mit ihrer Aussage abstrahierte Kelly eine Begründung, die für sie selbst galt: Nachdem sie als Sozialdemokratin für die Europäische Kommission in Brüssel tätig gewesen war, trat sie 1979 mit einem offenen Brief an Helmut Schmidt aus der SPD aus: „Es war gewiss nicht einfach, diesen Entschluss zu fassen und die SPD zu verlassen, aber ich weiß auch zugleich, dass diese Entscheidung längst fällig war. [...] Wir [Frauen] sind entmutigt von den vielen leeren Worten der SPD-Herren und suchen nach neuen Formen der politischen Vertretung, wo nicht nur der Lebensschutz und der Frieden endlich Priorität erhalten werden, wo aber auch der Grundsatz von der Gleichberechtigung zwischen Männern und Frauen echt praktiziert wird."[77] Zu dieser Zeit war sie schon seit knapp zehn Jahren im Umfeld der Protestbewegungen organisiert, auch war sie schon in den Netzwerken verankert, die die Gründung der Grünen vorbereiteten.

Trotz dieser visionären Ziele kam es auch bei den Grünen zu Prozessen einer institutionellen Anpassung. Diese setzten zunächst auf Stiftungsebene ein. Im Juni 1983, drei Monate nach dem Einzug in den Bundestag, gab es in Nordrhein-Westfalen mit der Gründung des „Grünen Bildungswerkes NRW e.V." eine erste Vereinsgründung, mit der politische Bildungsarbeit organisiert werden sollte; eine Finanzierung durch öffentliches Geld for-

---

[73] Vgl. den Beitrag von Philipp Gassert in diesem Band.

[74] Vgl. Richard Herzinger, German Angst, in: Kursbuch 159 (2005), S. 12–21, hier S. 14f.

[75] Zur Verwissenschaftlichung von Politik vgl. Torben Lütjen, Karl Schiller (1911–1994). „Superminister" Willy Brandts, Bonn 2007, S. 292f.

[76] Vgl. Wir sind die Antipartei-Partei, in: *Der Spiegel* vom 14.6.1982, S. 47–56, hier S. 52.

[77] Petra Karin Kelly an Helmut Schmidt, Offener Brief vom 17.2.1979, in: Archiv Grünes Gedächtnis/Petra Kelly Archiv, Akte 2552.

derte der Bundestagsabgeordnete Hans Verheyen[78]. In Berlin gab es bereits das Bildungswerk „Umweltschutz und Demokratie", das Geld von der Landeszentrale für politische Bildung anforderte, und in Niedersachsen gründete der Landesverband der Grünen die Stiftung „Leben und Umwelt". Noch zu Beginn des Jahres 1983 hatten grüne Politiker die Überprüfung der Parteistiftungen von CDU, CSU und FDP durch das Bundesverfassungsgericht veranlasst.

Die genannten Beispiele verdeutlichen, wie bestehende Strukturen, die politische Arbeit erleichterten, in die organisatorische Struktur der neugegründeten Partei übergingen. Gleichzeitig blieben Die Grünen die Partei, die etliche etablierte Strukturen der Bundesrepublik in Frage stellte, ihren Bundestagsabgeordneten das Salär eines Facharbeiters in Höhe von rund 1950 DM gestattete, im Sinne der Basisdemokratie auf die Trennung von Amt und Mandat achtete und die Rotation zumindest in der ersten Legislaturperiode im Bundestag durchsetzte. Thematisch blieben die Grünen eine ökologische und gewaltfreie Partei. Kellys Idee, eine Antipartei-Partei im Parlament zu bleiben, setzte sich nicht durch. 1985 gingen Die Grünen in Hessen die erste Koalitionsregierung mit der SPD unter Ministerpräsident Holger Börner ein.

Mit den Demonstrationen gegen den NATO-Doppelbeschluss verlangten Bürger von der Politik zusätzliches politisches Mitspracherecht, indem sie eine Entscheidung, die das Parlament getroffen hatte, öffentlich infrage stellten. Im Falle des NATO-Doppelbeschlusses mischten sie sich zudem in sicherheitspolitische Fragen ein, was für die Regierung das souveräne außenpolitische Handeln erschwerte. Die Bundesrepublik erholte sich gerade von den innenpolitischen Turbulenzen, die der Terrorismus der Roten Armee Fraktion (RAF) ausgelöst hatte. Nun war unberechenbar, wie DDR und UdSSR die Stimmung in der westdeutschen Bevölkerung nutzen würden. Unklar war zudem, welche Auswirkungen ein negativer Beschluss des Bundestages zum NATO-Doppelbeschluss auf die relativ stabile Position der Bundesrepublik in einer internationalen Staatengemeinschaft gehabt hätte. An diesen Spannungen um den NATO-Doppelbeschluss wird deutlich, dass sich in den 1970er Jahren eine Diskrepanz zwischen Bürgermeinungen und Politik entwickelt hatte. Exemplarisch können hier die Proteste der Anti-Kernkraft-Bewegung genannt werden. Seit Mitte der Dekade demonstrierten große Teile der Bevölkerung gegen die parlamentarischen Beschlüsse, die den Bau von Kernkraftwerken vorsahen. Die Demonstranten artikulierten Unbehagen gegenüber der Technisierung und einer nuklearen Bedrohung. Vehement wehrten sich Bürger im südbadischen Wyhl, im holsteinischen Brokdorf, im rheinischen Kalkar, in den niedersächsischen Gemeinden Grohnde und Gorleben und im oberpfälzischen Wackersdorf gegen die Errichtung von Kraftwerken oder Entsorgungszentren. Die Proteste waren massiv, teilweise gewalttätig, auch von staatlicher Seite.

Ein ähnliches Spannungsverhältnis entstand vor dem Hintergrund des NATO-Doppelbeschlusses: Bundesrepublik und NATO drohten der UdSSR, die mit der Aufstellung von SS-20-Raketen das atomare Gleichgewicht gefährdete, mit der Nachrüstung und der Stationierung eigener Atomraketen. Teile der Bevölkerung wehrten sich gegen diese Politik; Menschen gingen in Massen auf die Straße und demonstrierten, einige blockierten Raketenstandorte und Parlamente. Auch im Fall des NATO-Doppelbeschlusses griff die Staatsmacht durch. Atomkraft und Frieden waren Existenz- und Überlebensthemen – nicht weil die Kraftwerke und Raketen im funktionierenden Zustand so gefährlich waren, sondern weil die Bevölkerung ihr eigenes Überleben in Frage gestellt meinte, wenn sie es in die

[78] Vgl. Fuß hinein, in: *Der Spiegel* vom 20.6.1983, S. 22–24, hier S. 23

Verantwortung der Regierenden legte. Es entwickelte sich eine Vertrauensdiskrepanz zwischen weiten Teilen der Bevölkerung bzw. der Wählerschaft und dem Regierungshandeln. Gleichzeitig ging es beiden Seiten um Kontrolle. Beide Seiten wollten eine Krise kontrollieren (eine Energie- und Rüstungskrise), die es so in der Geschichte der Bundesrepublik noch nicht gegeben hatte. Die Regierung musste sich zudem mit einer internationalen Wirtschaftsflaute, Terrorismus und Umweltschäden auseinandersetzen. Vor diesem Hintergrund setzten in der Bevölkerung eine Gegenbewegung und ein verstärkter Trend zu neuen postmaterialistischen Werten ein.

Bemerkenswert ist, dass sich zur Zeit der Friedensbewegung gegen den NATO-Doppelbeschluss die Rolle der Öffentlichkeit änderte. Das Massenmedium Fernsehen hatte sich zwischen 1960 und 1970 rasant ausgebreitet; die Teilnehmerzahlen hatten sich fast vervierfacht[79]. Die öffentliche Meinung war seit Anbeginn des Kalten Krieges ein maßgeblicher Faktor zur Politikgestaltung, der in den USA einen Orientierungspunkt für politische Entscheidungen bildete und auch in der UdSSR stets mit Hilfe der Demoskopie untersucht und entsprechend kontrolliert wurde[80]. Zwar hatte es in der Bundesrepublik auch in den 1950er Jahren massive Proteste gegen die Wiederbewaffnung gegeben, doch die Qualität der Proteste der Friedensbewegung war vor dem Hintergrund der Demokratisierungstendenzen, die in den späten 1960er Jahren eingesetzt hatten, der nun stattfindenden medialen Vermittlung der Proteste und der so verringerten Informationsdistanzen, eine ungleich andere. Umfragen zufolge war die massive Ablehnung der Nachrüstung auf der Wählerebene in allen Parteien nachzuweisen. Ende des Jahres 1983 lehnten 61 Prozent der Unions-Wähler, 68 Prozent der FDP-Wähler, 83 Prozent der SPD-Wähler und 95 Prozent der Grünen eine nukleare Verteidigung auf deutschem Boden ab[81]. Die große Diskrepanz, die zwischen Staat und Sozialen Bewegungen entstanden war, drückte möglicherweise aus, was als „Abschied vom Konsens" in der Bundesrepublik Deutschland gedeutet werden kann[82]. Bis zu den frühen 1970er Jahren basierte die Bundesrepublik auf einer modernen Industriegesellschaft und einem steigenden wirtschaftlichen Wachstum, vertreten durch ein relativ stabiles Parteiensystem, das sich an westlichen Wertmaßstäben und der westlich-atlantischen Prägung orientierte. Diese bisherigen Grundkoordinaten lösten sich mit dem gesellschaftlichen Wandel der 1970er Jahre auf; in der Gründung der Grünen fanden die gesellschaftlichen Veränderungen einen parlamentarisch-politischen Ausdruck.

## V. In etablierten Strukturen: Die Grünen als Arm der Bewegungen im Parlament

Im so genannten „heißen Herbst" 1983 erreichten die Proteste gegen den NATO-Doppelbeschluss die größten Ausmaße. Die Friedensbewegung war eine Massenbewegung ge-

---

[79] Vgl. Klaus Schönhoven, Aufbruch in die sozialliberale Ära. Zur Bedeutung der 1960er Jahre in der Geschichte der Bundesrepublik, in: Geschichte und Gesellschaft 25 (1999), S. 123–145, hier S. 136.
[80] Vgl. Stöver, Der Kalte Krieg, S. 429.
[81] Nach Paul Hockenos, Joschka Fischer and the Making of the Berlin Republic. An Alternative History of Postwar Germany, Oxford 2008, S. 195.
[82] Vgl. Silke Mende, „Die Alternativen zu den herkömmlichen Parteien". Parlamentarismuskritik und Demokratiekonzepte der „Gründungsgrünen" in den siebziger und frühen achtziger Jahre, in: Thomas Bedorf/Felix Heidenreich/Marcus Obrecht (Hrsg.), Die Zukunft der Demokratie, Berlin 2009, S. 28–50.

worden, deren Höhepunkt die große Kundgebung auf der Bonner Hofgartenwiese im Oktober 1983 wurde[83]. Am 21. und 22. November folgte eine ausführliche Debatte im Bundestag, nach der der Antrag der Regierungskoalition, der die Stationierung der neuen amerikanischen Pershing-Mittelstreckenraketen akzeptierte, angenommen wurde. Während der Debatte fanden außerhalb des Bundestages Protestdemonstrationen und Mahnwachen der Friedensbewegung statt – in Bonn und im ganzen Land. „Kilometerweit rund um das Regierungsviertel war alles blockiert, der Verkehr in der Bundeshauptstadt kam völlig zum Erliegen", heißt es in einer wissenschaftlichen Beschreibung der Szenerie[84]. Die Grünen hatten den Anspruch, die außerparlamentarische Opposition im Bundestag inhaltlich und symbolisch zu vertreten. Am zweiten Tag der Debatte stellte Petra Kelly zu Beginn ihrer Rede ein Plakat vor, das das Symbol eines Luftgeschwaders mit dem Schriftzug „Wirst du sagen, du hast nichts gewusst?" und einer Atombombe zeigte. Kelly sprach als Abgeordnete der Grünen im Bundestag und als Vertreterin der Friedensbewegung[85]. Sie sagte: „Wir, die Friedensbewegung, sind nicht bereit, Massenmörder zu werden, um das Konzept der atomaren Abschreckung glaubwürdig zu machen."[86] Dass die Friedensbewegung eine Angstbewegung sein solle, wies Kelly in der gleichen Rede zurück. Sie sagte: „Diejenigen, die auf dieser Regierungsbank sitzen und uns Angst machen, das ist die Angstbewegung."[87] Am Ende der Debatte stellte die Fraktion der Grünen einen Antrag, der die Bundesregierung aufforderte, „das Einverständnis zur bevorstehenden Stationierung von Pershing-Raketen und Marschflugkörpern auf deutschem Boden zurückzuziehen" und „der Sowjetunion klar zu machen, dass die geforderten Abrüstungsschritte der NATO erleichtert würden, wenn die Sowjetunion schon jetzt mit dem Abbau der SS-20 mindestens bis zur Höhe der britischen und französischen Mittelstreckenraketen beginnt"[88]. Die SPD brachte ebenfalls einen Antrag ein, auf den Verzicht der Stationierung hinzuwirken. Nach zweitägiger Debatte setzte sich die Regierungsfraktion durch: 286 Abgeordnete stimmten für den Antrag von Union und FDP, 226 stimmten mit Nein, ein Abgeordneter enthielt sich. Mit dieser Abstimmung unterstützte der Deutsche Bundestag „die Entscheidung der Bundesregierung, entsprechend ihrer Verpflichtung aus dem zweiten Teil des NATO-Doppelbeschlusses, fristgerecht den Beginn des Stationierungsbeschlusses einzuleiten"[89].

Der Stationierungsbeschluss war der Anfang vom Ende der Friedensbewegung[90]. Der Beschluss markierte gleichzeitig den Endpunkt einer Hochphase der Neuen Sozialen Bewegungen, die in den 1970er Jahren entstanden waren[91]. Zwar hatten die Demonstranten

---

[83] Vgl. Kleinert, Regierungspartei, S. 96. Vgl. dazu auch den Beitrag von Andreas Rödder in diesem Band.

[84] Vgl. Anton Notz, Die SPD und der NATO-Doppelbeschluss. Abkehr von einer Sicherheitspolitik der Vernunft, Baden-Baden 1990, S. 249.

[85] Zur institutionellen und personellen Verbindung von Friedensbewegung und Grünen vgl. Markovits/Gorski, Grün schlägt Rot, S. 256.

[86] Zit. nach dem Sitzungsprotokoll des Deutschen Bundestages, 10. Wahlperiode, 36. Sitzung. Bonn, Dienstag, den 22. 11. 1983, S. 2522.

[87] Zit. nach ebenda, S. 2521 f.

[88] Zit. nach Layritz, Der NATO-Doppelbeschluss, S. 374.

[89] Zit. nach ebenda, S. 375.

[90] Vgl. Kleinert, Regierungspartei, S. 105.

[91] Vgl. ebenda, S. 293 f. Zur Bedeutung der gesellschaftlichen Modernisierungsprozesse in den 1960er Jahren vgl. Axel Schildt, Vor der Revolte. Die 1960er Jahre, in: Aus Politik und Zeitgeschichte B 22–23 (2001), S. 7–13, hier S. 13.

die Nachrüstung nicht verhindern können, gleichzeitig hatte die Friedensbewegung zur Mobilisierung von Menschen und dazu beigetragen, dass Die Grünen auf eine stabile Basis im Parlament aufbauen konnten. Ende 1983 begann eine neue Phase der Partei Die Grünen: Die Grenzen zwischen Bewegungen und Partei wurden schärfer, die Nichtidentität sichtbar.

## VI. Fazit: Politische Auswirkungen des NATO-Doppelbeschlusses

Die Ausgangshypothese, dass die Friedensbewegung in Deutschland zwar nicht zur Entstehung der Grünen, die Demonstrationen gegen den NATO-Doppelbeschluss aber zur Konstituierung der Grünen als Partei beigetragen haben, kann bestätigt werden. Die breitenwirksame Dynamik der Friedensbewegung trug dazu bei, die grüne Partei in den Parlamenten und insbesondere im Bundestag zu verankern. Sie wirkte somit als Konsolidierungsschub. Anders als für die SPD, die bis 1982 Regierungspartei war und sich zunächst für und danach gegen die Nachrüstung einsetzte, positionierten sich Die Grünen entsprechend ihres Grundsatzes der Gewaltfreiheit konsequent dagegen. Die neue Partei konnte somit einerseits antimilitärische Strömungen aufnehmen, andererseits die Klientel der Neuen Sozialen Bewegungen aus der Umwelt- und Anti-Kernkraftbewegung bedienen. Die Friedensbewegung weitete sich jedoch außerhalb des Milieus aus. Über die Dynamiken der Friedensbewegung und den parlamentarischen Erfolg der Grünen 1983 bereitete die Bewegungspartei als Antipartei-Partei die Grundlage dafür, um im Parlament eine „normale" Partei zu werden. Im weiteren Sinne entstanden durch die Friedensbewegung und durch Die Grünen politische Strukturen zwischen Ost und West, die zum gesellschaftlichen Umbruch in den Jahren 1989/90 beitrugen.

*Helge Heidemeyer*

# NATO-Doppelbeschluss, westdeutsche Friedensbewegung und der Einfluss der DDR

„Im Nachrüstungsstreit [...] brach eine Massenbewegung, wie sie die Bundesrepublik noch nicht gesehen hatte, mit außerordentlicher Vehemenz in die bis dahin eher Expertenzirkeln vorbehaltenen Gefilde der Sicherheitspolitik ein. [...] Die Friedensbewegung hat die westdeutsche Sicherheitspolitik in ihren Fundamenten erschüttert."[1]

Folgt man dieser Bewertung, die Peter Graf Kielmansegg im Jahr 2000 vornahm, dürfte das Grund genug sein, sich bei der Beschäftigung mit dem NATO-Doppelbeschluss auch der Friedensbewegung zuzuwenden. Dieser Beitrag tut dies in zwei Schritten. Zunächst wird kurz der Forschungsstand über die Friedensbewegung Anfang der 1980er Jahre skizziert, um dann der Frage nachzugehen, welchen Einfluss der Osten, namentlich die DDR, innerhalb der westdeutschen Friedensbewegung besaß. Diese Frage liegt auf der Hand, stand eine solche Einflussnahme doch auch zeitgenössisch schon im Raum. Da manche Ziele der (westlichen) Friedensbewegung auch eine Stärkung der östlichen Positionen implizierten, lagen solche Verbindungen inhaltlich nah.

## I. Die Friedensbewegung Anfang der 1980er Jahre

Seit den 1950er Jahren existierte eine Friedensbewegung in der Bundesrepublik. Sie erfuhr immer dann einen besonderen Zulauf, wenn sicherheitspolitische Entscheidungen anstanden, so bei der Gründung der Bundeswehr die „Ohne-mich"-Bewegung[2]. Im Vorfeld der atomaren Stationierung in Europa entstand die Bewegung „Kampf dem Atomtod" 1958, die vornehmlich von der SPD, den Gewerkschaften und der evangelischen Kirche getragen wurde, oder um 1960 die Ostermarschbewegung[3].

So wichtig für diese Friedensinitiativen die Mobilisierung von Menschen war, so wichtig blieb auch das Engagement von prominenten Unterstützern. Dazu zählten solche Initiativen wie das „Göttinger Manifest" von 18 ausgewiesenen Atomwissenschaftlern gegen die atomare Ausrüstung der Bundeswehr aus dem Jahr 1957[4]. Aber auch das jahrzehntelange

---

[1] Peter Graf Kielmansegg, Nach der Katastrophe. Eine Geschichte des geteilten Deutschland, Berlin 2000, S. 234.

[2] Vgl. Hans-Peter Schwarz, Die Ära Adenauer 1949–1957, Stuttgart 1981, S. 261; Christoph Kleßmann, Zwei Staaten, eine Nation. Deutsche Geschichte 1955–1970, Bonn 1988, S. 158–162; Edgar Wolfrum, Die Bundesrepublik Deutschland 1949–1990, Stuttgart 2005, S. 130–132; Eckart Conze, Die Suche nach Sicherheit. Eine Geschichte der Bundesrepublik Deutschland von 1949 bis in die Gegenwart, München 2009, S. 290–296.

[3] Vgl. Andreas Buro, Friedensbewegung, in: Roland Roth/Dieter Rucht (Hrsg.), Die sozialen Bewegungen in Deutschland seit 1945. Ein Handbuch, Frankfurt am Main/New York 2008, S. 272–291; Holger Nehring, Searching for Security: The British and West German Protests Against Nuclear Weapons and „Respectability", 1958–1963, in: Benjamin Ziemann (Hrsg.), Peace Movements in Western Europe, Japan and the USA during the Cold War, Essen 2007, S. 167–187; Karl A. Otto, Vom Ostermarsch zur APO. Geschichte der außerparlamentarischen Opposition in der Bundesrepublik 1960–1970, Frankfurt am Main 1977.

[4] Vgl. Wolfrum, Bundesrepublik, S. 139f.

Wirken von Pastor Martin Niemöller, der aufgrund seiner besonderen Vita große Autorität besaß, hat tiefe Spuren in der Friedensbewegung hinterlassen[5].

Die Massenmobilisierung und das Engagement herausragender Persönlichkeiten blieben auch für die Ende der 1970er Jahre erstarkende Friedensbewegung wichtig. Diese bekam im Gefolge des NATO-Doppelbeschlusses von 1979 verstärkt Zulauf, konnte jedoch ihre große Kraft und zahlreiche Anhängerschaft, die ihre besondere Qualität begründete, aus zwei neuen Quellen schöpfen:

- Seit dem gesellschaftlichen Aufbruch in den 1960er Jahren hatte sich in den 1970er Jahren aus der Gesellschaft heraus ein bislang nicht gekanntes Netz von aktiven Initiativen und Bewegungen gebildet. Diese nach dem *grass-roots*-Prinzip entstandenen Organisationen versammelten diejenigen, die ihre Vorstellungen in der etablierten Politik nicht vertreten sahen. Sie nahmen ihre Anliegen selbst in die Hand und vertraten sie nach außen hin. Dafür hat sich der Begriff der Neuen Sozialen Bewegungen eingebürgert[6].
- Dieser Ansatz, die Dinge selbst in die Hand zu nehmen, verband sich vielfach mit einem zweiten Zug, einem zeittypischen Bedrohungsgefühl, am Rande der Katastrophe zu stehen. „Überlebensthemen“[7] forderten die Menschen heraus, sich einzubringen, sei es in der Umweltpolitik oder bei der Frage der Kernkraft. Solche Strömungen fußten sozialpsychologisch betrachtet auf zivilisationskritischen Befindlichkeiten, die die moderne Gesellschaft auf dem Weg in den Untergang sahen[8].

Eine besondere Ausprägung dieser Kräfte war die Friedensbewegung. Sie hätte nicht ihre Stärke gewinnen können, hätte sie nicht auf die allgemeine Mobilisierung der Gesellschaft aufsetzen können und in den Elementarängsten der Menschen einen Anknüpfungspunkt gefunden. In ihr verband sich das in den Jahren zuvor entstandene und die Verfasstheit der westdeutschen Gesellschaft spiegelnde Protestmilieu mit der Angst vor dem Wettrüsten der Supermächte. Damals durchaus ernsthaft kursierende Berechnungen, wie oft die beiden Blöcke mit ihrem Waffenarsenal die Erde zerstören könnten, muten ja auch aus der Retrospektive noch irrwitzig an. Es hatte den Anschein, die Blöcke würden sich „totrüsten“[9].

Diese Entwicklungen kulminierten nach dem NATO-Doppelbeschluss vom 12. Dezember 1979. Die Friedensbewegung wuchs zu einer außerparlamentarischen Massenbewegung bislang unbekannten Ausmaßes heran. Sie konnte über vier Millionen Unterschriften für den federführend von DKP-nahestehenden Gruppen getragenen so genannten „Krefelder Appell“: „Atomtod bedroht uns alle“ vom November 1980 zusammentragen, dem „dammbruchartigen Mobilisierungserfolg“ für die Friedensbewegung[10]. Zu den von

---

[5] Vgl. ebenda, S. 131.

[6] Vgl. Dieter Rucht/Roland Roth (Hrsg.), Neue Soziale Bewegungen in der Bundesrepublik Deutschland, Frankfurt am Main 1987.

[7] Kielmansegg, Katastrophe, S. 345.

[8] Vgl. Conze, Suche nach Sicherheit, insbesondere S. 569–574.

[9] Vgl. zu diesem Komplex Kielmansegg, Katastrophe, S. 345 und 350f.; Manfred Görtemaker, Geschichte der Bundesrepublik Deutschland. Von der Gründung bis zur Gegenwart, München 1999, S. 646.

[10] Vgl. Michael Ploetz, Die Rolle des DDR-„Friedensrates“ in der SED-Kampagne, in: Jürgen Maruhn/Manfred Wilke (Hrsg.), Die verführte Friedensbewegung. Der Einfluss des Ostens auf die Nachrüstungsdebatte, München 2002, S. 97–122, hier S. 111. Vgl. dazu ferner Michael Schmidt, Der Krefelder Appell, in: 1000 Schlüsseldokumente, http://mdzx.bib-bvb.de/cocoon/de1000dok/dok_0023_kre.html?object=context&lang=de&teil=1 (19. 5. 2010).

verschiedenen Friedensinitiativen gemeinsam organisierten, im kollektiven Gedächtnis eingebrannten Großdemonstrationen im Oktober 1981, Juni 1982 und Oktober 1983 kamen jeweils eine halbe Million Menschen gegen die Nachrüstung auf die Straße – beziehungsweise in den Bonner Hofgarten.

Eine Bürgerbewegung dieses Ausmaßes verdeutlichte, dass der sicherheitspolitische Grundkonsens der Bundesrepublik gestört, wenn nicht zerstört war. Erhebliche Teile der Bevölkerung mochten der hergebrachten Rüstungslogik nicht mehr folgen. Ganz elementar traf diese Entwicklung die unter Helmut Schmidt regierende SPD: Der Kanzler konnte zwar als spiritus rector des Doppelbeschlusses gelten, verlor aber den Rückhalt in seiner Partei und Fraktion für seine Politik[11]. Durch das Auftreten der Grünen in die Zange genommen, wollten weite Teile der Partei, allen voran der saarländische Landesvorsitzende Oskar Lafontaine, aber auch der Parteivorsitzende Willy Brandt das Feld der eher links verorteten Umwelt- und Friedenspolitik nicht der neuen politischen Konkurrenz überlassen, sondern wie in den vergangenen Jahrzehnten versuchen, die aufbegehrende Jugend an die Sozialdemokratie zu binden. „Der Regierungswechsel vom 1. Oktober 1982 wirkte in dieser Richtung wie eine Befreiung"[12] – als Befreiung von der Verantwortung für die mittlerweile ungeliebte Nachrüstung.

Die Friedensbewegung war fraglos stark. Der Blick allein auf die Zahl ihrer Anhänger übersieht jedoch, dass sie in starkem Maße heterogen war – oder, was dem Initiativcharakter eher entspricht: bunt. Unter einem losen Koordinationsdach, das in Bonn aufgeschlagen worden war, versammelten sich doch recht unterschiedliche Kräfte. Fünf verschiedene Kräftefelder können hier mit der einschlägigen Forschung ausgemacht werden[13]:

1. Die Haltung unter den bereits erwähnten Sozialdemokraten hatte sich in den Monaten nach dem Doppelbeschluss radikal verändert, zuerst an der Parteibasis, dann aber bis weit in die Fraktion hinein. Mit Erhard Eppler besaß sie einen der Vorkämpfer und Vordenker der Friedensbewegung, der sich auch nicht scheute, Positionen zu formulieren, die denen der Partei- und Fraktionsführung oder des Kanzlers entgegenstanden. Gleichzeitig verhielten sich die Sozialdemokraten jedoch vorsichtig und distanziert zu manchen Projekten der allgemeinen Friedensbewegung, weil sie vermeiden wollten, sich von anderen, diffusen Kräften instrumentalisieren zu lassen. So verweigerten sie beispielsweise die Unterschrift unter den „Krefelder Appell".
2. Die Grünen waren fester Teil der Friedensbewegung. Seit 1983 besaßen sie wie die SPD die parlamentarische Anbindung durch ihre Fraktion im Deutschen Bundestag. Das war insofern bedeutsam, als dass sie hierdurch über eine gesicherte finanzielle Basis verfügten, die den meisten Initiativen fehlte. Im Gegensatz zur SPD erklärten sich Die Grünen jedoch uneingeschränkt solidarisch mit dem außerparlamentarischen Protest der Friedensbewegung. Über einzelne Positionen führten sie erbitterte innere Kämpfe, weil Die Grünen selbst so heterogen waren wie die Friedensbewegung. In ihren Reihen waren Radikalpazifisten ebenso vertreten wie Ökosozialisten oder konservative Friedens- und Umweltaktivisten.

---

[11] Vgl. den Beitrag von Friedhelm Boll und Jan Hansen in diesem Band; Hartmut Soell, Helmut Schmidt, Bd. 2 1969 bis heute. Macht und Verantwortung, München 2008, S. 837–848.

[12] Vgl. Thomas Leif, Die strategische (Ohn-)Macht der Friedensbewegung. Kommunikations- und Entscheidungsstrukturen in den achtziger Jahren. Opladen 1990, S. 32–55; Andreas Wirsching, Abschied vom Provisorium. Geschichte der Bundesrepublik Deutschland 1982–1990, München 2006, S. 87–93.

[13] Vgl. ebenda, S. 86–93.

3. Die autonome Friedensbewegung schuf sich zwar 1982 einen Dachverband, den Bund unabhängiger Friedensbewegungen. Das stand aber in einem deutlichen Widerspruch zu dem Hauptzug dieser sehr vielgestaltigen Gruppen, als deren wesentliches Merkmal gelten kann, dass sie jede Form der Einbindung ablehnten. Auch zu den allmählich entstehenden Koordinierungsinstanzen der Friedensbewegung hielten sie deutliche Distanz.
4. Christliche Gruppen waren in der Friedensbewegung ebenfalls präsent. Eine bedeutende war die katholische Organisation Pax Christi. Die vielfach schon seit dem Ende des Zweiten Weltkriegs bestehenden Bewegungen erlebten in den 1970er Jahren eine deutliche Stärkung und reihten sich nun in den Chor der anderen Friedensinitiativen ein. Die unter dem Dach der evangelischen wie der katholischen Kirche wirkenden Gruppen blieben aber vergleichsweise klein und schwach organisiert. Dennoch besaßen sie große gesellschaftspolitische Bedeutung für die Friedensbewegung insgesamt, öffneten sie doch die Friedensbewegung hinein in bürgerliche Kreise und Schichten, bei denen nicht nur autonome Friedensgruppen auf dezidierte Ablehnung stießen. Zusätzliches Prestige gewannen die kirchlichen Gruppen durch die Unterstützung von einer ganzen Reihe Prominenter, unter anderem durch so profilierte evangelische Theologen wie Heinrich Albertz, der als SPD-Politiker hohe politische Ämter innegehabt hatte, Helmut Gollwitzer und Dorothee Sölle. Mit ihrem Ansatz stärkten die christlichen Friedensgruppen den gesinnungsethischen Zweig der Friedensbewegung, der in den viel gelesenen Büchern des Journalisten Franz Alt seinen populärsten Ausdruck fand[14]. Evangelische Kirchentage gerieten insgesamt in den Strudel der Friedensfrage; der 1983 in Hannover wurde vollkommen von diesem Thema dominiert. Der Einfluss der Friedensgruppen blieb in der katholischen Kirche deutlich weniger spürbar, sie zeigte sich aktuellen Tendenzen gegenüber eher zurückhaltend. Klar galt aber für beide Kirchen, dass die Friedensgruppen eher eine Sache jugendlicher Gemeindemitglieder war.
5. Als letzter Bestandteil der Friedensbewegung muss ihr kommunistischer, vielfach ostdeutsch gelenkter hier Erwähnung finden. Auf ihn wird im Folgenden noch ausführlich eingegangen werden. Deshalb genügt hier eine kurze Einführung: Das Komitee für Frieden, Abrüstung und Zusammenarbeit, kurz KOFAZ genannt, war schon 1974 gegründet worden. Das Komitee war eng mit der DKP verknüpft, organisatorisch wie personell, und wurde vorwiegend aus Mitteln der DDR finanziert. Ziel der Organisation war es, die sowjetische Sichtweise auf den Aufrüstungsprozess und die globale Konfrontation in Westdeutschland zu verbreiten. Erfolgreich versuchten sie, einige namhafte Mitstreiter zu gewinnen. Vor allem Martin Niemöller konnte immer wieder für Aktionen des KOFAZ oder der Deutschen Friedensunion gewonnen werden.

Diese unterschiedlichen Kräfte fanden sich zum ersten Mal zusammen, um in den erwähnten Großdemonstrationen ihrer Haltung Ausdruck zu verleihen und der Politik kraftvoll zu beweisen, dass ein erheblicher, vielleicht sogar der größere Teil der Bevölkerung mit dem eingeschlagenen Weg der Nachrüstung nicht einverstanden war. Im Umfeld der Vorbereitung dieser Demonstrationen war in der Bundeshauptstadt auch ein Koordinationsausschuss der Friedensbewegung eingerichtet worden.

Natürlich gab es innerhalb der heterogenen Landschaft der Friedensbewegung erhebliche Differenzen und Bruchlinien. Die wichtigste war die der Gewaltfrage. Der Bonner

[14] Vgl. insbesondere Franz Alt, Frieden ist möglich. Die Politik der Bergpredigt, München 1983.

Koordinationsausschuss hatte sich in dieser Frage eindeutig verneinend positioniert. Gerade aus dem Bereich der autonomen Verbände, die ohnehin die größten Vorbehalte gegen die organisatorische Koordination hatten, gab es jedoch starke Vorbehalte gegen eine Festlegung in dieser Frage. Eine deutliche Minderheit wollte die Gewaltfreiheit nicht von vornherein zur Grundlage ihres Handels machen, zumindest Gewalt gegen Sachen müsse erlaubt sein.

Das Jahr 1983 brach durch zwei miteinander verknüpfte Ereignisse die Elementarkraft der Friedensbewegung: Bei den Bundestagswahlen am 6. März 1983 konnten zwar Die Grünen in den Bundestag einziehen und in der Folge das politische Kräftesystem dort dauerhaft verändern[15]. Das gab den alternativen Bewegungen neuen Auftrieb. Insgesamt erreichte die Regierungskoalition aus Union und FDP jedoch eine deutliche Mehrheit. Damit war klar: Die Nachrüstungsgegner hatten nicht die Mehrheit der Bevölkerung hinter sich bringen können. Entsprechend entschied der Bundestag im November des Jahres auch, als die Nachrüstung mit Pershing-II und Cruise Missiles auf seiner Tagesordnung stand[16]. Die Stationierung wurde auf demokratischem Wege gebilligt und war kaum mehr zu verhindern. Dieser Beschluss, der noch einmal von heftigen Demonstrationen vor allem in Bonn begleitet war, nahm der Friedensbewegung ihr konkretes und einigendes Ziel. Sie hatte den Zenit ihrer Kraft und Wirkung überschritten.

Den Boden endgültig entzogen bekam die Friedensbewegung, als nach dem Amtsantritt Michael Gorbatschows zum ersten Mal in der Geschichte des Ost-West-Konflikts ernsthafte Abrüstungsverhandlungen möglich wurden – die auch noch von der Lieblingszielscheibe der Friedensbewegung, dem konservativen US-Präsidenten Ronald Reagan, geführt wurden. Jetzt schwand ihr Anhang rapide, die Brüche zwischen den einzelnen Teilen der Friedensbewegung wurden unüberwindlich. Viele der Bewegungen zerstoben nach dem Ende der weltpolitischen Konfrontation 1989/90 ganz.

Der Friedensbewegung, gerade in den Zeiten der Nachrüstungsdebatte, wurde stets und bis hin zu Stellungnahmen der Bundesregierung im Bundestag vorgeworfen, von Moskau „gesteuert" gewesen zu sein[17]. Die Tatsache, dass Teile der westdeutschen Friedensbewegung von Moskau beziehungsweise Ost-Berlin finanzielle und logistische Unterstützung erhielten und östlichen Beeinflussungsversuchen ausgesetzt war, ist mittlerweile durch die Akten der DDR, insbesondere des Ministeriums für Staatssicherheit (MfS), belegt, hat aber ganz unterschiedlichen Widerhall in der historischen Literatur gefunden. Für die Gesamtdarstellungen zur Geschichte der Bundesrepublik stellt sich der Befund, was diesen Punkt angeht, wie folgt dar:

---

[15] Vgl. den Beitrag von Saskia Richter in diesem Band; sowie Helge Heidemeyer, Die Grünen im Bundestag 1983–1987. Einleitung, in: Josef Boyer/Helge Heidemeyer, unter Mitwirkung von Tim B. Peters (Bearb.), Die Grünen im Bundestag. Sitzungsprotokolle und Anlagen 1983–1987, Düsseldorf 2008, S. XI–LII.

[16] Vgl. Deutscher Bundestag, Stenographische Berichte, 10. Wahlperiode, 35./36. Sitzung, 21./22.11. 1983.

[17] Am 19. November 1981 antwortete Bundesinnenminister Gerhard Baum auf eine kleine Anfrage der CDU/CSU-Fraktion im Deutschen Bundestag zum Krefelder Appell: „Es liegen Anhaltspunkte dafür vor, dass der DKP seit Jahren erhebliche Zuschüsse aus der DDR zufließen. […] Zu der Parteiarbeit der DKP gehört die orthodox-kommunistische Kampagne gegen den NATO-Doppelbeschluss, bei der auch das Komitee für Frieden, Abrüstung und Zusammenarbeit (KOFAZ) eine wichtige Rolle spielt." Deutscher Bundestag, Stenographische Berichte, 9. Wahlperiode, Anlagen, Band 278, Drucksache 09/1057.

- Hans-Ulrich Wehler[18] und Edgar Wolfrum[19] gehen zwar auf die Friedensbewegung ein, sind auf diesem Auge jedoch blind und thematisieren den Vorwurf der östlichen Beeinflussung nicht.
- Manfred Görtemaker[20], Andreas Wirsching[21] und Eckart Conze[22] sehen Einflüsse aus der DDR auf die Friedensbewegung der Bundesrepublik. Sie meinen, die Friedensbewegung sei deshalb aber noch lange nicht aus dem Osten gesteuert worden. Vor allem die starken anarchischen Elemente innerhalb der Friedensbewegung hätten dies verhindert, viele der Gruppen hätten sich einfach nicht von der ohnehin schwachen Koordinationsstelle steuern lassen.
- Allein Peter Graf Kielmansegg macht einen „beträchtlichen Einfluss" der DDR auf die Friedensbewegung geltend. Die Koordinationsebene der Friedensbewegung sei kommunistisch dominiert gewesen und habe aufgrund ihrer Schlüsselstellung die gesamte Bewegung in einem von Ost-Berlin oder Moskau gewünschten Sinn positionieren können[23].

Bei dieser Ausgangslage von divergierenden Einschätzungen lohnt es sich, etwas näher hinzuschauen. Vermutlich hat die DDR mit einem erheblichen Aufwand versucht, die Friedensbewegung der Bundesrepublik für ihre Interessen in Stellung zu bringen, ist aber gescheitert, sie völlig für ihre Zwecke zu instrumentalisieren, weil es einerseits „die" Friedensbewegung gar nicht gab und ihre heterogenen Einzelteile sich nur schwer zusammenbinden ließen und andererseits die meisten Gruppen der Friedensbewegung eine große Unabhängigkeit und Autonomie wahrten, so dass sie sich einer zentralen Lenkung entzogen.

## II. Der Einfluss der DDR auf die Friedensbewegung

Stets gehörte es zum Ansatz der DDR-Führung, Einfluss auf die Friedensbewegungen im Westen zu nehmen. Und stets mutmaßte die Bundesrepublik, dass es entsprechende Kontaktaufnahmen gab. Solche Versuche haben zeitgenössisch Autoren wie Helmut Bärwald offengelegt[24], vor allem Udo Baron und Hubertus Knabe haben sie im Licht der Akten des MfS bestätigt[25].

Eine der frühen östlich beeinflussten Organisationen auf dem Gebiet war die Deutsche Friedensunion (DFU), 1960 gegründet und „von Anfang an eine getarnte kommunistische Frontorganisation"[26]. Die Geschichte kommunistischer Einflussnahme auf die neue Friedensbewegung begann im Jahr 1974, als unter der Leitung führender DKP-Kader der

---

[18] Vgl. Hans-Ulrich Wehler, Deutsche Gesellschaftsgeschichte. Fünfter Band: Bundesrepublik Deutschland und DDR 1949–1990, München 2008, S. 249–251.
[19] Vgl. Wolfrum, Bundesrepublik, 385f.
[20] Vgl. Görtemaker, Bundesrepublik, S. 645–648.
[21] Vgl. Wirsching, Abschied, S. 91f.
[22] Vgl. Conze, Suche nach Sicherheit, S. 540–544.
[23] Vgl. Kielmansegg, Katastrophe, S. 236.
[24] Vgl. Helmut Bärwald, Missbrauchte Friedenssehnsucht. Ein Kapitel kommunistischer Bündnispolitik, Bonn 1983.
[25] Vgl. Udo Baron, Kalter Krieg und heißer Frieden. Der Einfluss der SED und ihrer westdeutschen Verbündeten auf die Partei „Die Grünen", Münster 2003; Hubertus Knabe, Die unterwanderte Republik. Stasi im Westen, Berlin 1999. Vgl. auch Wilhelm Knabe, Was erfuhr Erich Honecker vom MfS über Die Grünen? Erich Mielkes „Rotstrichberichte", in: Deutschland Archiv 36 (2003), S. 206–219.
[26] Baron, Kalter Krieg, S. 38.

„Kongress für Frieden, Abrüstung und Zusammenarbeit“ ins Leben gerufen wurde. Der Erfolg des Kongresses, der hauptsächlich auf einer breiten Sammlung von Unterschriften beruhte, führte am Ende der Versammlung „spontan“ zur Gründung des „Komitees für Frieden, Abrüstung und Zusammenarbeit“ (KOFAZ)[27]. Das Ziel beschrieb der Friedensrat der DDR unumwunden als Bemühung, „eine solche Struktur der Friedensbewegung zu schaffen, die ein optimales Zusammenwirken aller Friedenskräfte im Kampf um die Durchsetzung der Beschlüsse [des sowjetisch geprägten Weltkongresses der Friedenskräfte] gewährleistet.“[28] Die führenden Mitarbeiter des Komitees waren Achim Maske und Gunnar Matthiesen, beide getarnt für die SED tätig und von dort finanziert[29]. Ein Blick auf die Führungsgremien des KOFAZ zeigt zudem, dass eine starke personelle Verflechtung zwischen ihnen und der DFU-Leitung bestand[30].

Die in dem Papier „Arbeitsprinzipien“ definierten Aufgaben des KOFAZ waren zum Teil propagandistische Arbeit herkömmlicher Art. Es sollte aber auch die von den unabhängigen und autonomen Bewegungen erprobten Aktionsformen nutzen. Schon für die ersten Aktionen wie die Demonstration unter dem Motto „Stoppt das Wettrüsten“ im Bonner Hofgarten im Mai 1976 und eine entsprechende Unterschriftenaktion konnte das Komitee prominente Unterstützung von Martin Niemöller und dem Schriftsteller Günter Wallraff bis hin zu Schauspielern wie Senta Berger und dem Kabarettisten Dieter Hildebrandt erlangen. Auch Blockadeaktionen vor Raketendepots wurden bereits Mitte der 1970er Jahre durchgeführt. Einen deutlichen Auftrieb für seine antiamerikanische Friedenspolitik erfuhr das KOFAZ, als die USA 1977 die Stationierung von Neutronenbomben in die Abrüstungsverhandlungen einbezogen und dies vielfach als neue Eskalationsstufe des Wettrüstens verurteilt wurde[31].

Flankiert und unterstützt wurde die Arbeit des Komitees durch das publizistische Wirken des – ebenfalls aus der DDR finanzierten – Kölner Pahl-Rugenstein-Verlags, der mit vielen seiner mit Ost-Berlin abgestimmten Veröffentlichungen breit wirken konnte. Vor allem die Zeitschrift *Blätter für deutsche und internationale Politik* fand eine erhebliche Verbreitung. Bedeutsam war, dass der Verlag über sein publizistisches Geschäft hinaus auch führende Köpfe der kommunistischen Friedensbewegung als Mitarbeiter führte und entlohnte, damit diese sich ganz der Arbeit in den Ausschüssen, Gremien und als Geschäftsführer widmen konnten[32]. Gleichzeitig war die offizielle Anstellung von Maske und Matthiesen im Pahl-Rugenstein-Verlag auch eine Art der Camouflage, sowohl was ihre finanzielle als auch – weit weniger überzeugend – was ihre ideologische Abhängigkeit anging.

Wie weit das KOFAZ in Einzelaktionen über das spezifisch kommunistische Milieu hinausreichen konnte, zeigen nicht nur die bereits erwähnten Prominenten, sondern auch FDP-Politiker wie William Borm[33], aber auch Jürgen Möllemann und Martin Bangemann, die ihre Unterschriften unter Aufrufe der Komitees setzten. Kontinuierliche Unterstüt-

[27] Vgl. ebenda, S. 46–52.
[28] Analyse der Arbeit des Friedensrates der DDR nach der BRD im Jahre 1973 der Arbeitsgruppe BRD, zitiert in ebenda, S. 46.
[29] Vgl. ebenda, S. 54f.
[30] Vgl. ebenda, S. 47; Knabe, Unterwanderte Republik, S. 245.
[31] Vgl. Baron, Kalter Krieg, S. 60–63.
[32] Vgl. ebenda, S. 55–57; Knabe, Unterwanderte Republik, S. 246f.
[33] Das langjährige Mitglied des Berliner Abgeordnetenhauses und des Deutschen Bundestages Borm war Anfang der 1990er Jahre als Mitarbeiter des MfS enttarnt worden, vgl. Hubertus Knabe, West-Arbeit des MfS. Das Zusammenspiel von „Aufklärung“ und „Abwehr“, Berlin 1999, S. 171; ders., Unterwanderte Republik, S. 67–70.

zung fand das KOFAZ bei Martin Niemöller, dessen Verstrickung in die kommunistisch geprägte Friedensbewegung zu mancherlei Spekulationen Anlass gibt[34]. Insgesamt blieben die Erfolge der Aktionen des Komitees jedoch begrenzt. Verschiedene Appelle wie „Verhandeln, nicht aufrüsten" verhallten ungehört.

Das Grundproblem des KOFAZ blieb, dass es erkennbar kommunistisch dominiert war und viele potenzielle Partner es deshalb ablehnten, unter seiner Federführung mitzuarbeiten. Eine Massenbewegung konnte so nicht entstehen, mehrheitsfähige Positionen konnten so nicht definiert werden. Aus seinem Selbstverständnis heraus wollte das Komitee jedoch eine gesamtgesellschaftliche Wirkung entfalten. Gerade die Arbeiterschaft und die Gewerkschaften waren Gruppen, die es erreichen wollte. Zeitgleich zur Stagnation des KOFAZ erlebte Ende der 1970er Jahre die autonome Friedensbewegung insgesamt ihren kometenhaften Aufstieg. Diese gesellschaftliche Bewegung galt es aus Sicht der DKP und ihrer Verbündeten zu nutzen.

Anfang der 1980er Jahre gaben deshalb die kommunistischen Friedensorganisationen im Westen ihre Strategie auf, nur auf der von ihnen vorgegebenen politischen Linie zu agieren und öffneten sich für Bündnisse, in denen sie den anderen Partnern gegenüber gleichberechtigt waren. Auf diese Weise wollte das KOFAZ versuchen, seinen Einfluss in der gesamten, nun breiten gesellschaftlichen Basis der Friedensbewegung zur Geltung zu bringen und an ihrer Entwicklung zur wirklichen Massenbewegung teilzuhaben. Freilich strebte das Komitee auch bei solchen Kooperationen auf Augenhöhe an, seine dezidiert kommunistischen Positionen einzubringen[35].

Erste Erfolge zeitigte die neue, kooperative Linie bei der von der DFU durchgeführten Unterschriftenaktion, dem „Krefelder Appell" vom November 1980. Hierbei ging es den Initiatoren darum, lediglich einen Minimalkonsens zu formulieren, dem zufolge die Stationierung neuer amerikanischer Mittelstreckenraketen in Europa verurteilt wurde. Für diese Forderung suchten sie breite Unterstützung. Dieses Ziel wurde erreicht, etwa 4,7 Mio. Menschen unterzeichneten den Appell in den folgenden drei Jahren[36].

Schließlich entwickelte sich auch die Vorbereitung der ersten Großdemonstration in Bonn im Oktober 1981 zu einem Erfolg dieser Taktik. Am Rande des Evangelischen Kirchentags in Hamburg im Juni dieses Jahres hatten sich die Vertreter verschiedenster Friedensinitiativen getroffen. Daraus entwickelte sich, zunächst lose, die so genannte Bonner Frühstücksrunde, die im April 1982 in einen Koordinationsausschuss überging, der seinen Sitz ebenfalls in Bonn nahm. Die Zusammensetzung des Ausschusses – 21 Organisationen waren in ihm vertreten – spiegelte die Heterogenität der Friedensbewegung wider. Wichtig für die Bedeutung der kommunistischen Friedensorganisationen war jedoch, dass die Vertreter des KOFAZ, Maske und Matthiesen, wiederum die führende Rolle in diesem bunten Gewirr von Initiativen erringen konnten. Das lag an dem Umstand, dass das Komitee im Vergleich zu den anderen Bewegungen extrem gut organisiert war, durch seine Geldquellen eine solide finanzielle Basis besaß[37] und mit den beim Pahl-Rugenstein-Verlag ange-

---

[34] Vgl. Knabe, Unterwanderte Republik, S. 234f.

[35] Vgl. Baron, Kalter Krieg, S. 67.

[36] Vgl. Knabe, Unterwanderte Republik, S. 245.

[37] Dieser Zustand änderte sich erst 1982/83 nach dem Sturz der sozial-liberalen Bundesregierung und den Bundestagswahlen, weil danach die finanzstarken Sozialdemokraten vermehrt in der Friedensbewegung aktiv wurden und Die Grünen nun eine Vertretung im Bundestag besaßen, die ihnen eine geregelte Finanzierung sicherte – die sie in großem Maße zur finanziellen Sicherung ihrer „Basis" verwendeten und dorthin weitergaben, vgl. Boyer/Heidemeyer, Die Grünen im Bundestag, S. XIV, XVI.

stellten Maske und Matthiesen zwei erfahrene und in der „Szene“ bekannte Männer besaß, die weitgehend frei waren für die Arbeit im Koordinationsausschuss. Kommunistische Kader spielten also eine wichtige Rolle, mussten jedoch, wie schon der Publizist Wolfgang Leonhard als ehemaliges Mitglied der „Gruppe Ulbricht“ 1984 feststellte, versteckt agieren, damit der Geist, aus dem sie handelten, nicht zu offensichtlich wurde[38]. Die Vorbehalte weiter Teile des bunten Spektrums der Friedensbewegung gegen kommunistische Beeinflussung waren doch groß genug, so dass eine offene Zusammenarbeit nicht möglich oder zumindest nicht ratsam schien.

Dieses – nun durchaus erfolgreiche – Vorgehen der KOFAZ-Vertreter wertet Wirsching als Fortsetzung der alten kommunistischen Kaderpolitik, die bereits in den 1920er Jahren erfolgreich eingesetzt wurde: Kommunisten bildeten den Kern von Organisationen und besetzten die Schlüsselstellungen, von denen aus sie Massenorganisationen auf dem Kurs zu halten versuchten[39]. Das setzte eine gewisse Geschmeidigkeit voraus, die zwischen den Vorstellungen der Kommunisten und dem für die Partner Akzeptablem vorsichtig ausbalancierte.

Die Bemühungen der kommunistischen Kader zur Zusammenarbeit richteten sich insbesondere auf die sich gerade erst etablierende politische Kraft der Grünen[40]. Ähnlich bunt wie die Friedensbewegung boten sie dem KOFAZ nicht nur inhaltliche Anknüpfungspunkte, sondern auch eine zumindest partielle Übereinstimmung in der ideologischen Prädisposition. Auch unter den Grünen gab es einen starken linken Flügel, der sich aus den alten K-Gruppen vor allem des norddeutschen Raumes rekrutierte[41] und die, so vermuteten manche, unter dem schützenden Dach der Grünen nur „überwintern“ wollten und eine Durststrecke zu überstehen hofften[42]. Die ostdeutschen Fäden liefen aber nicht nur zu den ohnehin Marxismus-affinen Gruppen innerhalb der Grünen, Berührungspunkte bestanden auch zu den grünen Galionsfiguren Petra Kelly und Gerd Bastian. Sie hatten bereits zu den Mitinitiatoren des „Krefelder Appells“ gehört[43].

Trotz dieser partiellen Nähe ließen sich Die Grünen nicht generell auf die Linie des KOFAZ festlegen. Schon innerhalb der Partei der Grünen und der alternativen Bewegung herrschten große Spannungen zwischen den unterschiedlichen Flügeln. Die Grünen in ihrer Gesamtheit, aber auch Kelly im Speziellen, blieben stets undogmatisch und unberechenbar. Nach Auffassung des MfS besaßen sie eine „zwiespältige Haltung“ zur östlichen Friedensposition[44]. Die Spannungen zwischen den unorthodoxen, individualistischen Grü-

---

[38] Vgl. Wolfgang Leonhard, Dämmerung im Kreml. Wie eine neue Ostpolitik aussehen müsste, Stuttgart 1984, S. 151.

[39] Vgl. Wirsching, Abschied, S. 92.

[40] Vgl. hierzu auch Hubertus Knabe, Das MfS und die Partei der Grünen, in: Georg Herbstritt/Helmut Müller-Enbergs (Hrsg.), Das Gesicht dem Westen zu… DDR-Spionage gegen die Bundesrepublik Deutschland, 2. Auflage, Bremen 2003, S. 375–392.

[41] Vgl. Joachim Raschke, Die Grünen. Wie sie wurden, was sie sind, Köln 1993, S. 145–149.

[42] Vgl. Gerd Langguth, Protestbewegung. Entwicklung, Niedergang, Renaissance. Die neue Linke seit 1968, Köln 1983, S. 122.

[43] Vgl. Udo Baron, Das KOFAZ, die „Grünen“ und die DKP in der Friedenskampagne, in: Maruhn/Wilke: Friedensbewegung, S. 67–95, hier S. 83.

[44] Zitat in „Übersicht in der Friedensbewegung der BRD und Westberlins integrierter wichtiger Organisationen und Gruppierungen“, o. D. (wohl Oktober 1983), in: Bundesbeauftragte für die Unterlagen des Staatssicherheitsdienstes der ehemaligen Deutschen Demokratischen Republik (BStU), MfS, ZAIG, Nr. 5095, Bl. 41. Der Faszikel versammelt mehrere Übersichten aus dem Herbst 1983, in dem minutiös die Aktivitäten der Friedensbewegung in der Bundesrepublik und in West-Berlin aufgelistet sind.

nen und dem KOFAZ nahmen zu, als beide Teil des Bonner Koordinationsausschusses wurden[45]. In der Folge wurden Die Grünen in Ost-Berlin bald als unsichere Kantonisten gesehen, die keine verlässlichen Partner für das KOFAZ sein konnten. Die Vorbehalte gegen Teile der Friedensbewegung und insbesondere Die Grünen wurden auf Seiten der DDR bereits in den frühen 1980er Jahren artikuliert[46].

Die Haltung Ost-Berlins hinsichtlich der Grünen und der Alternativen Liste West-Berlins blieb deshalb ambivalent. Analysen des MfS erkannten die positiven Kräfte innerhalb der Grünen, die friedenspolitisch tragend seien, weil sie die Hauptgefährdung des Friedens im Westen und namentlich in den USA erblickten. Dass diese Strömung die grundsätzliche deutschlandpolitische Linie der Grünen formulieren konnte, war aus ihrer Sicht ein Pluspunkt. Gleichzeitig wurden aber auch die Gefahren gesehen, die vom grün-alternativen Milieu ausgingen. Neben der „unausgereiften" Haltung in der Friedensfrage war es vor allem das „subversive Potential" der Alternativen, das die DDR schreckte. Ihre an Menschenrechten orientierte Politik könne im Innern der DDR die Opposition stärken und die innere Unruhe erhöhen, sollte sie in der DDR an Einfluss gewinnen. Deshalb schlugen zwei MfS-Offiziere in ihrer Diplomarbeit an der Juristischen Hochschule des Ministeriums für Staatssicherheit aus dem Jahr 1988 vor, man solle eine „Koalition der Vernunft und des Realismus" schaffen und gleichzeitig die „Differenzierungen" innerhalb der Grünen nach den Möglichkeiten des MfS fördern. Sie sollte auf eine Abspaltung von den als negativ beurteilten Kräften hinführen[47].

War es aus Sicht der KOFAZ-Leiter schon schwierig, die unorthodoxen Grünen, die aber immerhin konsequent für die Abrüstung im Westen eintraten, in einen für sie tragbaren Minimalkonsens einzubinden, so taten sie sich mit den Sozialdemokraten noch schwerer. Offensichtlich kamen hier zu den inhaltlichen Problemen noch alte Vorbehalte gegen den „Sozialdemokratismus" hinzu. Schon seit jeher war es das Bemühen der kommunistischen Friedensbewegung gewesen, Arbeiter und die Gewerkschaften auf ihre Seite zu ziehen, also das klassische sozialdemokratische Milieu der Bundesrepublik[48]. Freuten sich die Berichterstatter der Abteilung Auslandsinformation des ZK der SED im Juli 1982 zwar, dass die Gegnerschaft zur Nachrüstung zum Prüfkriterium für SPD-Anhänger werde[49], so fürchtete man doch, dass die SPD-Führung sich nur an die Spitze der Friedensbewegung stellen wolle, um die Kommunisten daraus zu entfernen. „Gleichzeitig [mit dem sozialdemokratischen Engagement in der Friedensbewegung] wird der Versuch unternommen, die Kommunisten von der Friedensbewegung zu isolieren."[50] Unmittelbar nach dem Aus für die Regierung Schmidt sahen die Beobachter aus der DDR neue Möglichkeiten zur Zusam-

---

[45] Vgl. Baron, KOFAZ, S. 84–92.

[46] Bericht der Abt. Auslandsinformation der SED, 5.5.1981, in: BStU, MfS, HA XX/AKG 5349, Bd. II, Bl. 381, und „Information über die Vorstellungen der Grünen zum Gespräch bei Genossen Honecker am 31.10.1983 und zu ihrem Auftreten in der Hauptstadt der DDR" Nr. 358/83 vom 30.10.1983, in: BStU, MfS, HV A 27, Bl. 241–244.

[47] Vgl. Ralf Peter Urbschat/Lutz Leucht, Das Verhältnis der „Alternativen Liste für Demokratie und Umweltschutz" (AL) zur Friedensbewegung und damit zusammenhängende politische und politisch-operative Aspekte der Auffassung der AL zur Rolle von Berlin (West) in der internationalen Klassenauseinandersetzung, 1988, in: BStU JHS 21247, Zitate Bl. 119f.

[48] Vgl. Baron, Kalter Krieg, S. 59.

[49] Vgl. die Ausarbeitung: Zur Entwicklung der Friedensbewegung in der BRD, Juli 1982, in: BStU, MfS, HA XX/AKG, 5349, Bd. II, Bl. 311.

[50] Vgl. die Information der Abteilung Auslandsinformation, 14.1.1982, in: ebenda, Bl. 353–356, Zitat Bl. 256.

menarbeit, da sich nun auch die Qualität des Engagements der Sozialdemokraten gewandelt habe[51]. Aber auch im Februar 1985, zu einer Zeit, als die Friedensbewegung schon deutlich ihren Zenit überschritten hatte, einigten sich die „Bruderparteien“ KPdSU, SED und DKP bei einer ihrer regelmäßigen Konsultationen in Moskau darauf, das Bestreben der Sozialdemokraten, in der Friedensbewegung Fuß zu fassen, nur in begrenztem Rahmen zu unterstützen. Langfristig könne der Einfluss der Sozialdemokraten das Herausdrängen der Kommunisten bedeuten[52].

Neben diesem parteipolitisch ausgerichteten Engagement des KOFAZ versuchte die kommunistische Seite auch noch andere, spezifisch ausgerichtete Organisationen aufzubauen, um die östliche Sichtweise in der Friedensbewegung zu verbreiten. Zwei dieser Organisationen sollen hier kurz vorgestellt werden:

Zunächst ist die Organisation „Generale für den Frieden“[53] zu nennen, die eine Reihe von hochrangigen Generalen aus verschiedenen NATO-Staaten zusammenführte, unter ihnen Gert Bastian. Geistiger Vater der Organisation war der Darmstädter Professor und Inoffizielle Mitarbeiter der DDR-Staatssicherheit, Gerhard Kade[54], der zunächst einen Interviewband mit verschiedenen Generalen zusammenstellte und veröffentlichte. Anschließend initiierte er 1981 den organisatorischen Zusammenschluss der Generale. Nach Gründung der Organisation „Generale für den Frieden“ war das MfS auf Kade zugegangen und hatte einen stetigen Kontakt zu ihm hergestellt. Ost-Berlin stellte dann auch die finanziellen Ressourcen für die „Generale für den Frieden“ zur Verfügung. Jährlich flossen ihnen etwa 100000 DM als Spenden zu. Aufgrund der Argumentationsmuster Kades und seiner Verbindungen lag auch zeitgenössisch schon nahe, dass er mit Ost-Berlin kooperierte. Einige der Generale hatten sogar die Möglichkeit, hinter die Kulisse des Spiels von Kade zu schauen: Zwischen 1983 und 1986 realisierte dieser mit Filmproduzenten aus der DDR eine Dokumentation über die Generale. Die DEFA war von ihm zwar als zu belastet abgelehnt worden, aber die Herkunft der Produzenten lag nicht im Dunklen. Zur Endabnahme des Films begaben sich vier der Generale schließlich nach Ost-Berlin. Man muss Jochen Staadts Wertung wohl folgen, dass sich hier hochrangige Repräsentanten der westlichen Welt, vielleicht aus einem zunächst positiven Antrieb heraus, an der Verschleierung östlicher Propaganda beteiligt haben[55].

Einen besonderen Fall stellten die so genannten Friedensräte dar, weil sie ein organisatorisches Bindeglied zwischen der Friedensbewegung in Ost und West bildeten. In der Bundesrepublik als Teil des KOFAZ nur mäßig erfolgreich – aber als dessen organisatorische Stütze unverzichtbar –, bestand ihr wesentlicher Wert aus Sicht Ost-Berlins darin, dass

---

[51] Vgl. die Stellungnahme von Horst Schmitt, Vorsitzender der SEW, in: Information der Abteilung Auslandsinformation über eine interne Konsultation von KPdSU, SED, DKP und SEW, 10. Oktober 1982, in: ebenda, Bl. 288f.

[52] Vgl. die Information der Abteilung Auslandsinformation, undatiert, in: BStU, MfS, HA XX/AKG, 5349, Bd. I, Bl. 122.

[53] Vgl. hierzu Jochen Staadt, Die SED und die „Generale für den Frieden“, in: Maruhn/Wilke, Friedensbewegung, S. 123–140; ders., Kommunizierende Röhren – SED, MfS und die elektronischen Medien, in: Dietrich Schwarzkopf für die Historische Kommission der ARD (Hrsg.), Die Ideologiepolizei. Die rundfunkbezogenen Aktivitäten des Ministeriums für Staatssicherheit der ehemaligen DDR in der DDR sowie in der Bundesrepublik Deutschland, Frankfurt a. M. 2008, S. 97–106.

[54] Zu Kade siehe unten S. 261f.

[55] Vgl. ebenda, Staadt, Kommunzierende Röhren, S. 104. Auch Markus Wolf, Spionagechef im geheimen Krieg. Erinnerungen, München 1997, S. 343f. teilt die Auffassung Staadts, die Generale, insbesondere Bastian, hätten von Kades enger Zusammenarbeit mit der Staatssicherheit gewusst.

sie für den Friedensrat der DDR den Anker der kommunistisch beeinflussten Friedensbewegung in der Bundesrepublik darstellten. Die Räte waren Teil des Weltfriedensrates, der 1950 gegründet worden war und nach inhaltlicher Ausrichtung und organisatorischem Aufbau ein Instrument kommunistischer Friedenspolitik darstellte[56]. Die internationale Organisation der Friedensräte besaß aber durchaus befreundete Gruppen in den westlichen Staaten bis hin zu den USA und Kanada. Besonders aktiv waren in den hier interessierenden Jahren im Westen Gruppierungen Finnlands, wo der Weltfriedensrat 1968 seinen Sitz genommen hatte, und Griechenlands, wo sie der Regierung von Andreas Papandreou nahe standen[57]. Der Friedensrat der DDR war hochrangig an die SED angebunden. Er war der Abteilung Auslandsinformation beim ZK der SED zugeordnet, die durch Manfred Feist geleitet wurde, den Bruder von Margot Honecker. Feist war gleichzeitig Präsidiumsmitglied des Friedensrates. Durch diese Struktur war sichergestellt, dass der Rat wie ein Befehlsempfänger von der Partei gesteuert werden konnte. Das bedeutete nicht, dass das Ministerium für Staatssicherheit nicht auch bestrebt war, Informationen aus dem Friedensrat heraus zu schöpfen. Derartige Aktivitäten führten zu Spannungen zwischen Feist und dem MfS, nach deren Beilegung der Friedensrat eine gute Kooperation mit der Stasi anstrebte, die sich insbesondere in einer Weiterleitung von Dokumenten und Papieren manifestierte. So fanden interne Berichte und die Informationen über Friedensgruppen im Westen ihren Weg zum MfS[58].

Die internationale Organisation der Friedensräte war von hoher Bedeutung für die kommunistische Friedensbewegung beiderseits der innerdeutschen Grenze: Die westdeutschen Friedensräte konnten dank der finanziellen Unterstützung aus dem Osten erstens Einfluss in der Friedensbewegung insgesamt erlangen, der in gewissem Gegensatz zur Größe ihrer eigentlichen Anhängerschaft stand. Zweitens konnte der Friedensrat der DDR mit seinen Schulungen und Seminaren die ideologische Linie der westdeutschen kommunistischen Friedenskämpfer so beeinflussen, dass sie den Vorstellungen Ost-Berlins entsprach. Sie waren ein wichtiger Bestandteil, um die sowjetische Propaganda über diesen Transmissionsriemen in der westdeutschen Diskussion zu verankern[59].

Die Koordinationsfunktion der internationalen Friedensräte unterstützten regelmäßige Treffen von Vertretern kommunistischer Parteien, an denen nicht nur west- und ostdeutsche Delegierte teilnahmen, sondern häufig auch sowjetische. Solche sich ausschließlich auf Fragen der Friedensbewegung konzentrierenden „internen Konsultationen“ sind für Anfang der 1980er Jahre mehrfach dokumentiert. Sie fanden in Ost-Berlin oder in Moskau selbst statt. Das mag ein Hinweis darauf sein, welche Bedeutung der westdeutschen Friedensbewegung im sowjetischen Block beigemessen wurde. Überliefert in den Berichten über diese Tagungen sind insbesondere Verständigungen und Absprachen über die

---

[56] Friedenspolitik im kommunistischen Sinne bedeutete als „wirkliche Friedenspolitik“ den Kampf gegen die kapitalistischen Systeme, die der wahre Grund für kriegerische Auseinandersetzungen seien. Insofern wurde durchaus auch nach gerechten und ungerechten Kriegen unterschieden: vgl. Kleines Politisches Wörterbuch, Berlin (Ost) [4]1983, S. 526–528.

[57] Vgl. zum Friedensrat Ploetz, DDR-„Friedensrat“, S. 97–122, hier S. 100–104, und Abteilung Auslandsinformation beim ZK der SED, Information über die Konferenz der Friedenskräfte aus europäischen Ländern, den USA und Kanadas vom 6. bis 9. Februar 1984 in Athen, 20. 2. 1984, sowie dies.: Information über das Treffen von Friedensbewegungen der KSZE-Länder vom 4. bis 6. Oktober in Kiljava, Finnland, 16. 10. 1985, beide in: BStU, MfS, HA XX/AKG, 5349 Bd. I, Bl. 194–203 bzw. 91–94.

[58] Vgl. Ploetz, DDR-„Friedensrat“, S. 100f.

[59] Vgl. ebenda, S. 101f.

Taktik, die gegenüber der westdeutschen Friedensbewegung zu verfolgen sei, um sie auf der sowjetischen Argumentationslinie zu halten. Erörtert wurden Fragen, welche Position man gegenüber „Spalterveranstaltungen“ in West-Berlin einnehmen, wie mit dem zunehmendem Drängen der Sozialdemokraten in die Friedensbewegung umgegangen werden oder, natürlich, welche inhaltliche Linie verfolgt werden solle[60]. Auffällig und wenig verwunderlich ist, dass die Sowjets den Ton in diesen Konsultationen angaben[61]. Mit diesen Berichten lässt sich der unmittelbare Einfluss Moskaus auf die westdeutsche und westeuropäische Friedensbewegung belegen.

Flankierende Bemühungen, die Positionen der DDR in der Diskussion zu stärken, gab es mitunter auch von unerwarteter Seite, durchaus verbunden mit eigenen Interessen und nicht immer zum Gefallen des MfS: Begeistert von der friedensbewegten Atmosphäre des Hamburger Kirchentages 1981 entwickelte der Schriftsteller Stephan Hermlin großes Engagement für eine Friedenskonferenz deutscher Schriftsteller[62]. Für diese Idee konnte er den Präsidenten der Akademie der Künste, Konrad Wolf, gewinnen. Aber auch Erich Honecker war an dieser Initiative interessiert, fügte sie sich doch nahtlos in seine deutschlandpolitische Strategie ein. Dass sie zudem dazu angetan war, in Konkurrenz zu dem Friedensmanifest von Robert Havemann[63] zu treten und ihm die Popularität streitig zu machen, steigerte den Reiz, der für die offizielle Seite in der von Hermlin geplanten Tagung lag. Durch geschicktes Manövrieren, insbesondere aufgrund der unmittelbaren Einbeziehung von Politbüromitglied Kurt Hager in die Planung der Veranstaltung, konnte Hermlin weitgehend an der Staatssicherheit vorbei agieren. Entsprechend argwöhnisch wurden Vorbereitung und Durchführung der „Berliner Begegnung“ vom MfS begleitet. Schließlich nahmen an der Tagung vom 13. bis 15. Dezember 1981 in Ost-Berlin 95 Künstler und Wissenschaftler aus Ost und West teil[64]. Sie wurde zum vollen propagandistischen Erfolg, nicht zuletzt durch eine breite Rezeption der Begegnung in den westdeutschen Medien. Während der Konferenz artikulierten manche Stellungnahmen durchaus auch solche Positionen, die Ost und West gleichermaßen als Bedrohungsfaktoren beim Rüstungswettlauf benannten. Auch wenn solche Äußerungen stets mit auf der sowjetischen Linie liegenden Beiträgen, unter anderem von dem Teilnehmer Gerhard Kade, gekontert wurden, machte die SED im Nachhinein „politische Bedenken“ geltend, vor allem gegen die Beiträge von Stefan Heym und Günter de Bruyn. Insgesamt hatte die Begegnung doch den vom Initiator und der Staatsführung erwünschten Erfolg, weil sie die Friedensbewegung im Westen stärkte, indem sie die Angst vor der Nachrüstung weiter schürte.

Das Engagement der DDR hinsichtlich der westdeutschen Friedensbewegung beschränkte sich nicht nur auf eine organisatorische Unterstützung – halb offen, halb verdeckt –,

---

60 Siehe zur inhaltlichen Dimension Abschnitt II.

61 Vgl. Abteilung Auslandsinformation: Materialien des Arbeitstreffens der Bruderparteien zu Fragen der Friedensbewegung am 27./28. 7. 1982; dies.: Information über die interne Konsultation zwischen Vertretern der KPdSU, der DKP, der SEW und der SED zu Fragen der Friedensbewegung (5. 10. 1982 in Berlin) vom 10. 10. 1982, und dies.: Information über eine Konsultation von Vertretern der KPdSU, SED, DKP und SEW am 4. und 5. 2. 1985 in Moskau zu Fragen der Massenbewegung für Frieden und Abrüstung, in: BStU, MfS, HA XX/AKG 5349, Bd. II, Bl. 278–290 bzw. Bd. I, Bl. 107–123.

62 Vgl. Matthias Braun, Kulturinsel und Machtinstrument. Die Akademie der Künste, die Partei und die Staatssicherheit, Göttingen 2007, S. 335–371.

63 Gemeint ist ein offener Brief Havemanns an Leonid Breschnew, um dessen Unterzeichnung sich der Dissident in dieser Zeit bei west- und ostdeutschen Persönlichkeiten bemühte, vgl. ebenda, S. 343.

64 Vgl. zum Verlauf der Tagung: Berliner Begegnung zur Friedensförderung. Protokoll hrsg. von der Akademie der Künste der DDR, Berlin 1982.

sondern wurde durch verschiedene Initiativen propagandistisch und inhaltlich flankiert. Zusätzlich stützte das Ministerium für Staatssicherheit diese Bemühungen geheimdienstlich ab. Darüber breitet sich der langjährige Leiter der Hauptabteilung Aufklärung (HV A) des MfS, Markus Wolf, in seinen Erinnerungen unter Schwerpunktsetzung auf die Organisation „Generale für den Frieden" ausführlich aus[65]. Dem MfS und seiner Auslandsspionageabteilung HV A unter Wolf gelang es, an verschiedenen Stellen der Friedensbewegung Mitarbeiter zu gewinnen oder Erkenntnisse „abzuschöpfen", wie das im Jargon der Geheimdienste heißt. Zwei Beispiele seien hier angeführt: IM „Ludwig" und IM „Super"[66].

Dirk Schneider ist einer der prominenten Fälle von grün-alternativen Politikern mit Verbindung zur Staatssicherheit. Als IM „Ludwig" war er von November 1975 an beim MfS registriert. Die entsprechenden Karteikarten können ihm zugeordnet werden, die Aktenlage belastet ihn weiter: Allein 330 Berichte von IM „Ludwig" sind in der BStU nachgewiesen[67]. Geboren 1939 in Rostock, war er stark in der Studentenbewegung am Ende der 1960er Jahre engagiert und an mehreren linken Zeitschriftenprojekten dieser Szene beteiligt. 1978 gehörte er zu den Gründungsmitgliedern der Alternativen Liste in Berlin, für die er dann auch 1983 bis 1985 in der Fraktion der Grünen ein Mandat im Bundestag wahrnahm, deren deutschlandpolitischer Sprecher er wurde[68]. An seiner Person lässt sich in fast idealtypischer Weise die Zielrichtung erkennen, die das MfS bei der Rekrutierung von informellen Mitarbeitern verfolgte. Mit Schneider hatte die HV A einen Mitarbeiter gewonnen, der Potenzial besaß und in einflussreiche Positionen eindrang. Dort konnte er in zweifacher Weise wirken. Gerade als deutschlandpolitischer Sprecher der Bundestagsfraktion war er in der Lage, die Linie seiner Fraktion und Partei auf diesem Politikfeld zu prägen. Dass dies in Richtung der Vorstellungen der SED ging, die ihm „sehr realistische Positionen" zubilligte[69], muss hier nicht eigens betont werden. Unterstrichen gehört aber, dass sich die Fraktion der Grünen doch solchen Tendenzen widersetzte, die eindeutig die Handschrift Ost-Berlins trugen. So bestand zwar Konsens, dass die Zweistaatlichkeit Deutschlands zu akzeptieren sei, allerdings verwahrten sich einflussreiche Kreise der Fraktion um Joschka Fischer beispielsweise gegen Schneiders Diffamierung der Ausreisenden aus der DDR als „Luxusflüchtlinge". „Nolens volens trägt er dadurch zur Rechtfertigung der repressiven Maßnahmen der DDR-Führung bei. Dies ist jedoch nie die Position der Grünen gewesen. Im Gegenteil, unsere Solidarität galt immer den Dissidenten in den sozialistischen Ländern." In seiner Antwort darauf empfahl Schneider wiederum seinen Kollegen „den Dialog und die Kooperation mit den DDR-Staatsorganen"[70]. Letzteres zeigt die zweite Stoßrichtung seiner Bemühungen, nämlich Kontakte und Einflussnahmen der westdeutschen Friedensbewegung auf die ostdeutsche Friedens- und Bürgerbewegung zu ver-

---

65 Vgl. Wolf, Spionagechef, S. 341–345.

66 Als Fallbeispiel ist die inoffizielle Zusammenarbeit der grünen Europaabgeordneten Brigitte Heinrich mit dem MfS ebenfalls gut dokumentiert, in: Knabe, Unterwanderte Republik, S. 79–88, und ders., MfS und Grüne, S. 382–386.

67 Vgl. ders., Unterwanderte Republik, S. 73, und ders., MfS und Grüne, S. 381.

68 Vgl. Boyer/Heidemeyer (Bearb.), Grüne im Bundestag, S. LXXIII.

69 Vgl. die an der Juristischen Hochschule des MfS entstandene Dissertation: Ludwig Einicke/Hans-Ulrich Mühlbauer: Die Grünen im politischen System der BRD und ihre Positionen zu den Grundfragen der Gegenwart. Politische und politisch-operativ bedeutsame Differenzierungsprozesse und Tendenzen, Potsdam 1989, in: BStU, JHS 22024, Bl. 120.

70 Vgl. Fraktionssitzung der Grünen im Bundestag, 5. 6. 1984, in: Boyer/Heidemeyer (Bearb.), Grüne im Bundestag, S. 513–518. Hier auch die Zitate.

hindern oder zu minimieren. Derartige Kontakte beobachtete die DDR-Führung mit großem Misstrauen, weil sie das Konfliktpotenzial der Bürgerbewegung noch erhöhen konnte. Schon in den 1980er Jahren mit dem Spitznamen „Ständige Vertretung der DDR bei den Grünen" belegt[71], wurde er Anfang der 1990er Jahre enttarnt. Danach zogen ehemalige Kollegen Bilanz und billigten Schneider zu, Denk- und Kritikverbote im Hinblick auf die Überwindung der deutschen und europäischen Teilung sowie die herrschenden Zustände in der DDR als Bestandteile grüner Politik implantiert zu haben[72]. Petra Kellys Fazit jedoch lautete: „Es ist Dirk und seinen Freunden nicht gelungen, aus uns eine grüne DKP zu machen, aber es ist ihm gelungen, grüne Ideen zu schwächen."[73]

Der schon mehrfach erwähnte Gerhard Kade war Hochschullehrer an der TU Darmstadt und Mitarbeiter im Büro des KOFAZ. Wegen dieser Mitarbeit bzw. weil er dadurch die Abgrenzungsbeschlüsse seiner Partei unterlaufen hatte, schloss die SPD Kade 1977 aus[74]. In den Gesichtskreis Ost-Berlins trat er 1979 mit der Veröffentlichung seines Bandes „Die Bedrohungslüge. Zur Legende von der ‚Gefahr aus dem Osten'" im Pahl-Rugenstein-Verlag, der 1982 auch in der DDR im Akademie-Verlag erschien und die sowjetische Sicht auf das Wettrüsten darlegte. An der Entstehung dieses Bandes war die Westabteilung des ZK der SED unter ihrem Leiter Herbert Häber über das ihr unterstellte Institut für Internationale Politik und Wirtschaft allerdings auch schon involviert. Eine Analyse der Sprache dieser und anderer Werke lässt nach Staadt den Schluss zu, dass manche Wendungen „ganz offenbar aus anderen Federn geflossen sind." Gerhard Kade war seit 1981 beim Ministerium für Staatssicherheit als Informant unter dem Decknamen „Super" registriert, das sich seit seinem Engagement für die „Generale für den Frieden" verstärkt für ihn interessierte[75]. Kade gehörte offenbar zu dem Kreis der Zuträger der Staatssicherheit, die aus innerer Überzeugung und aus inhaltlicher Übereinstimmung offen für eine Kooperation mit der DDR waren und dann ins Netz des Geheimdienstes gerieten. Das betont auch die ausführliche, aber nur partiell zutreffende Würdigung Kades in den Memoiren Markus Wolfs[76]. Insgesamt 26 Lieferungen von Kade an die Staatssicherheit sind dokumentiert[77]. Kades Berichte wurde ein mittlerer Informationsgehalt zugesprochen. Sie flossen in so genannte „Informationen" der HV A ein, die in wenigen Exemplaren an die Spitzen von Partei und Staatssicherheit gingen. Einige von ihnen wurden sogar nach Moskau weitergereicht[78]. Seine Informationen und seine umfassenden Einsatzmöglichkeiten, die er bei der

---

71 Vgl. Georg Herbstritt, Bundesbürger im Dienst der DDR-Spionage. Eine analytische Studie, Göttingen 2007, S. 306f.

72 Vgl. Baron, Kalter Krieg, S. 87.

73 Vgl. Petra Kelly in: Joachim Nawrocki, Stasi im Westen. Die Grünen streiten über ihre früheren Westkontakte, in: *Die Zeit* vom 6. 3. 1992.

74 Vgl. Bärwald, Missbrauchte Friedenssehnsucht, S. 96.

75 Vgl. Staadt, Kommunizierende Röhren, S. 98–101, Zitat S. 100.

76 Vgl. Wolf, Spionagechef, S. 341–345, und, korrigierend dazu, Staadt, Kommunizierende Röhren, S. 98.

77 Vgl. Knabe, Unterwanderte Republik, S. 254.

78 Z. B. die „Information über die Vorstellungen der Grünen zum Gespräch bei Genossen Honecker am 31. 10. 1983 und zu ihrem Auftreten in der Hauptstadt der DDR" Nr. 358/83 vom 30. 10. 1983 ging in vier Exemplaren an Honecker, AG [das Kürzel für eine Weiterleitung an den KGB], Gerhard Neiber und in die Ablage, in: BStU, MfS, HV A 27, 241–244. Ebenso BStU, MfS, HV A/MD/3, SIRA-TDB 12, SE 800419 und SE 800420. Hier ist sowohl die Weitergabe in die UdSSR dokumentiert wie die Einschätzung der Berichte mit III bei einer Skala von I bis V. Zur SIRA-Datenbank vgl. Helmut Müller-Enbergs, „Rosenholz". Eine Quellenkritik, Berlin 2007, S. 12–14 und Wilhelm Knabe, Was erfuhr Honecker, S. 206f.

„Berliner Begegnung" unter Beweis stellte, machten ihn zu einem wertvollen Eckstein in der ostdeutschen Architektur des Kampfes um die Meinungsführerschaft innerhalb der westdeutschen Friedensbewegung[79].

Die Ausführungen haben gezeigt, dass die DDR sich breit und differenziert bemühte, Zugang und Einfluss in der westdeutschen Friedensbewegung zu erlangen. Ihre Erfolge dabei waren beachtlich. Allerdings stellten sich die Erfolge erst ein, nachdem die kommunistisch geprägten Vereinigungen wie DFU und DKP den Verbund mit anderen Initiativen der Friedensbewegung eingegangen waren. Die Vorbehalte gegen direkte kommunistische Beeinflussung und entsprechend offensichtliche Propaganda waren auch in der Friedensbewegung so groß, dass nur camoufliertes Vorgehen eine Chance zur Durchsetzung bot. Aufgrund ihrer organisatorischen und finanziellen Voraussetzungen konnten die kommunistischen Organisationen in Dachorganisationen wie dem Bonner Koordinierungsausschuss den organisatorischen Kern bilden, mussten jedoch auch hier Kompromissfähigkeit beweisen, um den Bestand der Verbindungen nicht zu gefährden.

## III. Ziele der DDR bei ihrem Engagement in der westdeutschen Friedensbewegung

Das primäre Anliegen der Einflussnahme aus dem Osten auf die Friedensbewegung war, die sowjetischen Positionen hier einfließen und wenn möglich dominant werden zu lassen. Es ging darum, durch entsprechend gestärkte Vertreter oder durch geheimdienstliche Kanäle die NATO als Kriegstreiber darzustellen, den Friedenswillen des Westens zu diskreditieren und ihm insgesamt den Schwarzen Peter der Verantwortung für die Rüstungsspirale zuzuspielen. Gleichzeitig musste die Position des Ostens als rein defensiv dargestellt und die Politik insbesondere der UdSSR als Friedenspolitik schlechthin herausgestellt werden. Nimmt man diese Sichtweise ein, müssen Ansätze, die die Schuld für das Wettrüsten auf beiden Seiten sehen – so wie viele Grüne es beispielsweise taten, die einfach nicht verstehen wollten, dass die Pershing-II-Raketen bedrohlicher sein sollten als die SS-20 des Warschauer Paktes – als gefährliche Gleichsetzung bekämpft werden. Das Ziel derartiger Einflussnahme war, das öffentliche Klima des Westens so weit von den vorgetragenen Positionen zu prägen, dass schließlich politische Entscheidungen entsprechend beeinflusst werden sollten – in diesem Fall die über die nach dem NATO-Doppelbeschluss fällige Nachrüstung mit Mittelstreckenraketen, nachdem die östliche Seite nicht zu ernsthaften Verhandlungen über ihre SS-20-Raketen bereit war. Über diesen Weg versuchte der Osten, einen Vorteil im Wettrüsten zu erringen – einem Wettrüsten, dem er wirtschaftlich nicht mehr gewachsen war.

Diesem Ziel sollten die oben beschriebenen Organisationen wie die „Generale für den Frieden" dienen. Sie und einzelne Propagandisten wie Gerhard Kade betrieben erkennbar das Geschäft Moskaus. Weniger offensichtlich war die Taktik des KOFAZ. Seine Protagonisten waren erfolgreich damit, verschiedene Gruppen der Friedensbewegung, die der kommunistischen Ideologie durchaus fern stehen konnten, auf der Basis eines inhaltlichen Minimalkonsenses zusammenzuführen. Von dieser Basis aus versuchten sie, ihre inhaltli-

[79] Vgl. Bärwald, Missbrauchte Friedenssehnsucht, S. 96. Die Tatsache, dass sich dieses 1983 erschienene Buch bereits mit Kades Verstrickung beschäftigte, zeigt, dass seine Kontakte durchaus erkennbar waren – und das auch für die „Generale für den Frieden" hätten sein können.

chen Kernforderungen innerhalb der Friedensbewegung allgemein verbindlich werden zu lassen und die aus ihrer Sicht „negativen Einflüsse" gleichzeitig zurückzudrängen. Dieses Vorgehen war so lange möglich und erfolgsversprechend, so lange es ein einigendes Ziel gab. Als das im November 1983 mit dem Stationierungsbeschluss des Deutschen Bundestages obsolet geworden war, zerfiel die Friedensbewegung in dieser Form.

Bei der Bekämpfung von „negativen Einflüssen", Kräften, die die Politik des Ostblocks nicht als Friedensmaßnahmen wahrnahmen, nahmen für die ostdeutsche Führung diejenigen, die die DDR verlassen hatten und nun aus der Bundesrepublik oder aus West-Berlin kritisch auf ihre ehemalige Heimat blickten, eine besondere Rolle ein. Diese Dissidenten, namentlich werden in den Unterlagen vor allem Rudolf Bahro, Roland Jahn und Jürgen Fuchs aufgeführt, waren in den Augen der ostdeutschen Verantwortlichen gefährlicher als andere Warner vor einer Unterschätzung der DDR, weil sie ihr negatives Bild des ostdeutschen Staates vor ihrem Erfahrungshintergrund in der Öffentlichkeit mit ganz anderer Autorität vertreten konnten als Journalisten wie Gerhard Löwenthal oder Autoren wie Helmut Bärwald, die in dieser Zeit zunehmend in die politisch rechte Ecke gedrängt wurden. Die Dissidenten besaßen noch ein weiteres Gefahrenpotenzial, nämlich gute Beziehungen zur Opposition, die sich in der DDR formiert hatte und die auf diesem Weg unterstützt und munitioniert werden konnte. Mehrere Examensarbeiten der Juristischen Hochschule des MfS in Potsdam warnten vor diesen „feindlichen Kräften" in der Bundesrepublik und in West-Berlin und empfahlen ihre geheimdienstliche Kontrolle, da sie ihre Kontakte in die DDR „missbrauchten"[80]. Gerade diese internen Arbeiten machten mehr als deutlich, von welchem permanenten Spannungsverhältnis die Sicht der DDR auf ihre Beziehungen zu den Grünen geprägt war: Es oszillierte zwischen positiver Bewertung, was das Potenzial im Westen anging, und Gefahr hinsichtlich der Beziehungen zur Opposition in der DDR[81]. Das verweist auf ein grundlegendes Dilemma des Engagements der DDR zur Stärkung der westdeutschen Friedensbewegung: Wie sollte sie mit der Friedensbewegung umgehen, die sich im eigenen Machtbereich entfaltete? Schließlich war in den 1980er Jahren unübersehbar auch eine entsprechende Friedensbewegung im Innern der DDR entstanden.

Die erste Argumentationslinie war systemimmanent: Es existiert in der DDR bereits eine Friedensbewegung in Gestalt des Friedensrates. Da der sozialistische Staat per definitionem der friedliebende war, war die staatliche Friedensbewegung der richtige Weg, dem hehren Ziel näherzukommen[82]. Somit war jede autonom entstehende und handelnde Friedensbewegung automatisch Opposition – eine Schlussfolgerung, die auch Die Grünen bei ihrem

---

[80] Vgl. die Diplomarbeiten von Ralf-Peter Urbschat/Lutz Leucht, Das Verhältnis der „Alternativen Liste für Demokratie und Umweltschutz" (AL) zur Friedensbewegung und damit zusammenhängende politische und politisch-operative Aspekte der Auffassung der AL zur Rolle von Berlin (West) in der internationalen Klassenauseinandersetzung, Potsdam, 1.4.1988, in: BStU, JHS 21247, hier insbes. S.93f. und 121f., und Thomas Krafft, Das Wirksamwerden von feindlichen Kräften in der Partei Die Grünen der BRD und der Alternativen Liste – Berlin (West) im Sinne der Inspirierung und Organisierung politischer Untergrundtätigkeit in der DDR, Potsdam, 29.3.1989, in: BStU, JHS 21501, Bl.16–24, sowie die Dissertation von Ludwig Einicke/Hans-Ulrich Mühlbauer, Die Grünen im politischen System der BRD und ihre Positionen zu den Grundfragen der Gegenwart. Politische und politisch-operativ bedeutsame Differenzierungsprozesse und Tendenzen, Potsdam 1989, in: BStU, JHS 22024, Bl.128 und 132f.

[81] Vgl. auch Baron, Kalter Krieg, S.198.

[82] Vgl. Kleines Politisches Wörterbuch, 6.Auflage, Berlin (Ost) 1986, Stichworte Frieden und friedliche Koexistenz, und Ploetz, DDR-„Friedensrat".

Umgang mit der Friedensbewegung der DDR erst mühsam lernen mussten[83]. Eine solche Opposition musste der Funktionslogik der DDR nach natürlich bekämpft werden.

Nun war jedoch der widersprüchliche Umgang mit der west- und der ostdeutschen Friedensbewegung durchaus problematisch: Bisweilen kamen offizielle DDR-Delegationen auf internationalen Friedenskongressen in schwierige Situationen, wenn es der Opposition gelang, dort eigene Stellungnahmen zu lancieren – die womöglich auch noch der staatlichen Delegation das Recht absprach, für die Bürger der DDR zu sprechen. Dem Weltfriedenskongress in Kopenhagen im Oktober 1986, auf dem die DDR mit einer Delegation ihres Friedensrates vertreten war, lag beispielsweise ein Schreiben von Pfarrer Rainer Eppelmann vor, in dem dieser ausführte: „Nehmt bitte zur Kenntnis, dass kein einziger Vertreter der DDR-Delegation ein Mandat dafür hat, in unserem [den Friedenskreisen der evangelischen Kirche] Namen unsere eigenständigen Vorstellungen zu vertreten. [...] Gern wäre ich jetzt unter Euch gewesen. Doch leider haben mir die zuständigen staatlichen Stellen in der DDR dies verwehrt." Derartige Bekenntnisse bedeuteten einen massiven Imageverlust der DDR und wurden dementsprechend von der zuständigen Abteilung Auslandsinformation des ZK dokumentiert, aber auch heruntergespielt: „Der Brief von Eppelmann [...] fand im Gegensatz zur bürgerlichen Presse auf dem Kongress selbst kaum nennenswerte Resonanz."[84]

Die erwähnte, gerade auf ihre Wirkung im Westen hin durchgeführte „Berliner Begegnung" hatte natürlich ebenfalls eine innere Wirkung in der DDR. Mitglieder der Friedensbewegung in der DDR schöpften nun Hoffnung, ihre Anliegen in der DDR artikulieren zu können, und betrachteten Stephan Hermlin als ihren Hoffnungsträger – eine Rolle, die er nicht übernehmen wollte, gleichzeitig aber auch eine Hoffnung, die das MfS alarmierte[85].

Zu diesem Problemkreis gehört auch, dass sich Friedensbewegung und Oppositionsgruppen in der DDR auf Menschenrechte und die KSZE-Akte beriefen[86] – Grundlagen, auf die sich auch die DDR verpflichtet hatte und die sie nicht offen bekämpfen konnte. Mit solchen Argumentationen bereitete die Friedensbewegung dem Regime aber nicht nur politische Schwierigkeiten, damit war die Oppositionsbewegung auch kompatibel zu vielen Gruppen der Friedensbewegung im Westen, die ihre DDR-Kritik genau an diesem Punkt festmachten. Nicht von ungefähr versuchten die Vertreter der kommunistischen Parteien durchzusetzen, auf Veranstaltungen der Friedensbewegung „das Wirken dieser spalterischen, antisozialistischen Kräfte", die die Menschenrechtsfrage stärker in den Vordergrund rücken wollten, einzudämmen und sie „völlig zu isolieren"[87]. Kritiker sollten so

---

[83] Vgl. Helge Heidemeyer, (Grüne) Bewegung im Parlament. Der Einzug der Grünen in den Deutschen Bundestag und die Veränderungen in Partei und Parlament, in: HZ 291 (2010), S. 71–102.

[84] Vgl. Abt. Auslandsinformation: Information über den Weltkongress anlässlich des internationalen Jahres des Friedens in Kopenhagen (Dänemark) vom 15. bis 19. 10. 1986, 23. 10. 1986, und Anlage 2 dazu Schreiben Eppelmanns an die Teilnehmer des Kongresses vom 14. 10. 1986, in: BStU, MfS, HA XX/AKG 5349 Bd. I, Bl. 24–39 und 43–44.

[85] Vgl. Braun, Kulturinsel, S. 361 f.

[86] Vgl. Bernd Eisenfeld, Aktionen und Reaktionen im Wandel – Opposition und Widerstand von 1961 bis zum Herbst 1989, in: Hans-Joachim Veen (Hrsg.), Lexikon Opposition und Widerstand in der SED-Diktatur, Berlin 2000, S. 27–29; vgl. auch den Beitrag von Detlef Pollack in diesem Band.

[87] Vgl. die Information der Abteilung Auslandsinformation über eine interne Konsultation von KPdSU, SED, DKP und SEW, 10. 10. 1982, in: BStU, MfS, HA XX/AKG 5349, Bd. II, Bl. 5 f.

weit wie möglich ausgegrenzt und damit im Sinne der östlichen Regime unschädlich gemacht werden – argumentativ oder auf konspirativen Wegen.

Die zweite Linie der östlichen Einflussnahme bestand also darin, solche Strömungen innerhalb der Friedensbewegung der Bundesrepublik und West-Berlins an den Rand zu drängen oder argumentativ in die Defensive zu bringen, die den inhaltlichen Vorstellungen des sowjetischen Lagers zuwiderliefen. So sollte einerseits die Wirkung der eigenen Argumentation im Westen maximiert und gleichzeitig andererseits die negativen Rückimpulse der westlichen Friedensbewegung auf die im eigenen Machtbereich minimiert werden.

Ein letztes Ziel, das das Ministerium für Staatssicherheit in der Friedensbewegung verfolgte, war, in diesem in vielerlei Hinsicht für sie aufgeschlossenen Milieu zukünftige Mitarbeiter zu gewinnen. Dass ihr dies gelang, wurde an den Beispielen Gerhard Kade und Dirk Schneider ausgeführt, andere Fälle sind ebenfalls schon in die Literatur eingegangen[88].

## IV. Versuch einer Erfolgsbilanz

Den Erfolg der Arbeit von SED und MfS aus ihrer eigenen Hinterlassenschaft zu erschließen, hat Tücken. Die vorliegenden Dokumente stellen in den meisten Fällen neben Informationen auch eine Arbeitsbilanz unterer Einheiten gegenüber Vorgesetzten oder politisch Verantwortlichen dar. Im Falle der vielen Berichte der Abteilung Auslandsinformation des ZK der SED, die an die politische Führungsebene, meist auch an Erich Honecker direkt gingen, sieht das so aus: Einleitend wird die große Wirkung von politischen Maßnahmen Moskaus oder Ost-Berlins auf die westliche Friedensbewegung gewürdigt und dann regelmäßig das Erstarken der „uns freundlichen“ Kräfte gefeiert. Erst gegen Ende schildern diese Berichte, vorsichtig formuliert, gegenläufige Tendenzen. Nach einem ähnlichen Muster sind die Ausarbeitungen der Juristischen Hochschule Potsdam aufgebaut. Aus derartigen Quellen allein können nur sehr vorsichtig belastbare Schlüsse gezogen werden.

Schließen wir gleich an den letzten Punkt, der Gewinnung von Mitarbeitern für das MfS innerhalb der westdeutschen Friedensbewegung, an: Die Staatssicherheit war erfolgreich, einzelne Mitarbeiter aus diesem Bereich zu rekrutieren. Hubertus Knabe führt in seinen Untersuchungen das Beispiel des späteren Mitarbeiters des langjährigen SPD-Bundestagsabgeordneten Norbert Gansel, (MdB 1972 bis 1997), Hans-Mario Bauer, an, der als IM „Jürgen“ bei der HV A geführt wurde[89]. Über Spitzel in der Partei Die Grünen, besonders in der Alternativen Liste West-Berlins und ihren Hauptrepräsentanten Dirk Schneider, ist schon einiges veröffentlicht worden. Das wirkliche Ausmaß des Erfolgs der DDR ist allerdings immer noch schwer zu bestimmen, auch mit den „Rosenholz“-Daten, da, gerade wenn nur die Karteikartenerfassung vorliegt, nicht zweifelsfrei erkennbar ist, ob die dort Registrierten wirklich Zuträger waren oder nur ohne ihr Wissen geschickt „abgeschöpft“ wurden[90].

---

[88] Vgl. Knabe, Unterwanderte Republik, S. 260.

[89] Vgl. ebenda.

[90] Vgl. Müller-Enbergs: „Rosenholz“; ders.: Kleine Geschichte zum Findhilfsmittel namens „Rosenholz“, in: Deutschland-Archiv 36 (2003), S. 751–761; Wilhelm Knabe, Was erfuhr Honecker, S. 206f.; Herbstritt, Bundesbürger, S. 46–50.

Besser stehen die Möglichkeiten, eine Erfolgsbilanz zu ziehen, wendet man sich den eher weichen Faktoren wie der Stimmung und Meinungsbildung im Westen zu. Diese Bilanz fällt für die offizielle DDR nicht schlecht aus. Welche Themen das Ministerium für Staatssicherheit in die Bundesrepublik lanciert hat und welche Kanäle es dabei nutzte, kann man den in dieser Hinsicht aussagelosen Rosenholzunterlagen und SIRA-Datenbanken nicht entnehmen. Dazu bedarf es zusätzlicher Unterlagen, die aber aufgrund von Vernichtungen 1989/90 kaum noch erhalten sind. Feststellen kann man aber, dass die DDR die Haltung der Friedensbewegung in starkem Maße prägen konnte. Gerade in der jungen Generation fand ihre Sichtweise der Schuldzuweisung an die USA bei gleichzeitiger Anerkennung der Friedensbereitschaft der Sowjetunion erhebliche Verbreitung. Mit ihrer geschickt eingefädelten Propaganda, die nicht zuletzt durch die subtile Wirkung einer verführerischen Terminologiesetzung[91] wirkte, entfaltete sie eine spürbare Prägewirkung – wenn auch nicht umfassend innerhalb der Friedensbewegung, so doch insofern, als dass sie vielfach „einäugig" war[92].

Allerdings muss an dieser Stelle auf einen Sachverhalt aufmerksam gemacht werden, auf den Hans-Peter Schwarz für den Einfluss aus der DDR auf die Proteste Ende der 1960er Jahre hinwies, der aber hier ebenso Gültigkeit besitzt: „Man kann nicht nachdrücklich genug unterstreichen, dass die geschickt eingespeiste Propaganda nur deshalb Gehör fand, weil [...] die Protestbewegung [...] empört war."[93] Der Resonanzboden für den Erfolg der Propaganda musste also bereitet sein – und das war er nach 1967/68 und nach dem Aufkommen der neuen sozialen Bewegungen um 1980 in großem Maße[94].

Blickt man auf die handfesten Erfolge der östlichen Seite, so fällt die Bilanz doch eher mager aus: Ein 1981 von Kurt Gailat, dem späteren Leiter der Abteilung 2 der HV A, die neben den Verbänden, Parteien und Kirchen in der Bundesrepublik auch für die Friedensbewegung zuständig war, vorgelegter Maßnahmeplan definierte als Ziel der Arbeit des MfS, „die Durchkreuzung der NATO-Pläne zur Stationierung neuer atomarer Mittelstreckenwaffen bis zum Jahr 1983." Dazu diene, „den nachrichtendienstlichen Einfluss auf die sich in der BRD entwickelnde Friedensbewegung zu erhöhen, diese zu stimulieren und zu stärken."[95] Dieses Ziel wurde nicht erreicht, das zeigte sich am 6. März 1983 bei der vorgezogenen Bundestagswahl und am 23. November 1983 bei der Abstimmung im Deutschen Bundestag über die Stationierung der Pershing-II: Eine Mehrheit der Bundesdeutschen konnte auch die breit angelegte Kampagne gegen die Nachrüstung nicht überzeugen.

Bei allen Teilerfolgen, die die DDR und insbesondere das MfS in dieser Kampagne verzeichnen konnte, blieb der durchschlagende Erfolg eben doch aus. Es gelang dem Ostblock insgesamt nicht, sich niedrigschwellig, das heißt durch rein propagandistische und

[91] Die Einrichtung „atomwaffenfreier Zonen" durch Gemeinden und kleinere Einheiten bis hin zu Häusern war eine aus dem Ende der 1950er Jahren stammende Idee, die durch die kommunistische Friedensbewegung seit 1981 wiederbelebt wurde. Der Begriff „deutscher Herbst" für die Antistationierungsproteste des Herbstes 1983 stammt von Hans-Jürgen Nieth, einem Referenten des DKP-Parteivorstands, vgl. Bärwald, Missbrauchte Friedenssehnsucht, S. 157f. und 167. Die Bezeichnung der „Generale für den Frieden" war in höchstem Maße suggestiv, weil sie die abseits stehenden Generale als Kriegstreiber denunzierte, vgl. Staadt, SED und „Generale", S. 123.

[92] Vgl. Görtemaker, Bundesrepublik, S. 646.

[93] Vgl. Hans-Peter Schwarz, Axel Springer. Die Biographie, Berlin 2008, S. 444.

[94] Siehe auch den Beitrag von Andreas Roedder in diesem Band.

[95] Vgl. Dokument 9: Konzept für politisch-aktive Maßnahmen zur Förderung der Friedensbewegung in der BRD, 17. August 1981, in: Rita Sélitrenny/Thilo Weichert, Das unheimliche Erbe. Die Spionageabteilung der Stasi, Leipzig 1991, S. 196–200.

geheimdienstliche Maßnahmen, ohne weiteren Zwang zur materiellen Aufrüstung, einen Vorteil im Wettrüsten zu verschaffen, der seinen wirtschaftlichen Nachteil gegenüber dem Westen ausgeglichen hätte. So blieb der Rüstungswettlauf einer der Faktoren, der zum Zusammenbruch der Sowjetunion und des Ostblocks beitrug. Ost-Berlin hatte sein Ziel, die Friedensbewegung zu einem Trumpf im Rüstungspoker zu machen, verfehlt. So ist schließlich unterm Strich dem Urteil von Görtemaker zuzustimmen, der meint, es wäre „doch übertrieben, von einer generellen Steuerung der Bewegung durch diese Kräfte zu sprechen"[96].

96 Görtemaker, Bundesrepublik, S. 647.

*Detlef Pollack*

# Zwischen Ost und West, zwischen Staat und Kirche: Die Friedensgruppen in der DDR

## I. Kleine Phänomenologie der Friedensgruppen in der DDR

Die politisch alternativen Friedensgruppen und Friedensinitiativen in der DDR wird man kaum als eine einheitlich agierende und organisatorisch zusammenhängende soziale Bewegung ansprechen können. Angemessener dürfte es sein, sie als einen locker miteinander vernetzten Verbund von spontan agierenden, teilweise interagierenden, teilweise voneinander getrennt handelnden Gruppierungen und Initiativen zu betrachten. Auch wenn die Proponenten dieser Aktivitäten und Zusammenschlüsse im Laufe ihrer Friedensarbeit häufig miteinander in Kontakt kamen, lagen die Wurzeln ihrer Projekte doch häufig in voneinander isolierten Kommunikationszusammenhängen. Viele ihrer Aktionen waren nicht aufeinander abgestimmt, ja zuweilen wussten die Akteure noch nicht einmal voneinander[1]. Zwar lässt sich trotz des Mangels an übergreifender Koordination und Organisation ein gewisser Grad an Vernetzung und wechselseitiger Anregung konstatieren[2]. Insgesamt aber fällt doch auf, wie niedrig der Strukturierungsgrad der Friedensgruppen, wie gering die Vernetzung zwischen ihnen und wie schwach ihre Mobilisierungsfähigkeit waren[3].

Der spontan-unorganisierte, dezentrale, polyphone Charakter der als unabhängige Friedensbewegung apostrophierten Aktivitäten und Zusammenschlüsse war den Akteuren der damaligen Szene übrigens selbst bewusst. Der Jugendpfarrer in Berlin, Martin-Michael Passauer, meinte 1988, dass sich unter dem Dach der Friedensbewegung Elemente zusammengefunden hätten, „die streng genommen gar nichts miteinander zu tun hatten“[4]. Der Magdeburger Leiter der dortigen Ökumenischen Begegnungsstätte und spätere DDR-Minister für Auswärtige Angelegenheiten Markus Meckel vertrat mit einigem zeitlichen Abstand die Auffassung: „Diese Gruppen, die da entstanden, waren entgegen mancher westlicher Darstellungen Wildwuchs. Sie brauchten keine Leitfigur und keinen Führer, und es gab sie auch nicht. Manche Leute wurden durch Zufall bekannter; hier spielten die westlichen Medien eine wichtige Rolle. Anfangs erfuhren wir erst durch diese Medien voneinander.“[5]

[1] Vgl. Ehrhart Neubert, Geschichte der Opposition in der DDR 1949–1989, Berlin 1997, S. 394ff.; Reinhard Henkys, Zwischen Militarismus und Pazifismus. Friedensarbeit der evangelischen Kirchen, in: Wolfgang Büscher/Peter Wensierski/Klaus Wolschner (Hrsg.), Friedensbewegung in der DDR. Texte 1978–1982, Hattingen 1982, S. 14–28.

[2] Vgl. Detlef Pollack, Politischer Protest. Politisch alternative Gruppen in der DDR, Opladen 2000, S. 90; ferner Stephan Bickhardt, Recht ströme wie Wasser: Christen in der DDR für Absage an Praxis und Prinzip der Abgrenzung. Ein Arbeitsbuch aus der DDR, Berlin (West) 1988, S. 35; Wolfgang Rüddenklau, Störenfried. DDR-Opposition 1986–1989, Berlin 1992, S. 31.

[3] Vgl. Dieter Rink, Bürgerbewegungen und Kommunalpolitik in Ostdeutschland. Grün-bürgerbewegte Kommunalpolitik in Ostdeutschland? Leipzig, masch., 1993, S. 9.

[4] Martin-Michael Passauer, „Schwerter zu Pflugscharen“. Vision und umstrittenes Symbol. Interview mit Ludwig Mehlhorn, in: Stephan Bickhardt/Monika Haeger/Gerd Poppe/Edelbert Richter/Hans-Jochen Tschiche (Hrsg.), Spuren. Zur Geschichte der Friedensbewegung in der DDR. Vorgelegt zum Seminar „Frieden konkret VI“ 26.–28. 2. 1988 (Samisdat-Zeitschrift), Cottbus 1988, S. 55–60, hier S. 58.

[5] Markus Meckel, Aufbrüche, in: ders./Martin Gutzeit, Opposition in der DDR. Zehn Jahre kirchliche Friedensarbeit. Kommentierte Quellentexte, Köln 1994, S. 25–78, hier S. 55f.

Trotz ihrer Fragmentierung verstanden sich die Friedenskreise allerdings durchaus als einen kollektiven Akteur und wandten auf sich selbst sogar die Bezeichnung Friedensbewegung an[6]. Auch wenn ihnen dieses Etikett wahrscheinlich von den westlichen Medien umgehängt wurde, brachte die gemeinsame Problemwahrnehmung, die gemeinsame Wirklichkeitsdeutung und die gemeinsame Zielorientierung ein Gefühl der Zusammengehörigkeit hervor. Dies machte die Gruppen für die Übernahme einer solchen Fremdbezeichnung anfällig. An den Friedensgruppen in der DDR ließe sich eine in der Bewegungsforschung zuweilen vertretene These bestätigen, nämlich dass die Einheit einer Bewegung weniger durch Handeln und Interaktion als kognitiv konstituiert wird[7].

An der organisatorischen Fragmentierung der Friedensgruppen in der DDR bei gleichzeitig affektiv-kognitivem Zusammengehörigkeitsgefühl ist zweierlei interessant: einmal, wie stark das Handeln und Interagieren der Friedensgruppen durch die flächendeckenden Kontrollmöglichkeiten des repressiven SED-Staates mit seinen polizeilichen und sicherheitsdienstlichen Überwachungsinstrumentarien bestimmt wurden. Diese waren es, die ein stärkeres Zusammengehen der unterschiedlichen Initiativen, Gruppen und Organisationen verhinderten und die Herstellung von Öffentlichkeit, über die sich eine einheitliche Bewegung hätte formieren können, ausschlossen. Außerdem ist es interessant, in welchem Maße die Kommunikation und Selbstwahrnehmung in diesen Gruppen durch den Westen geprägt waren. Die in den Friedensgruppen verhandelten Themen und Argumente wurden wesentlich von den westlichen Diskussionen beeinflusst. Ohne die Berichterstattung in den westlichen Medien hätten sich die Gruppen vielleicht gar nicht als eine gesellschaftliche Kraft wahrgenommen. Denn den einzelnen Aktionen blieb eine größere Resonanz verwehrt. Keine Veranstaltung der Friedensgruppen kam über eine Beteiligung von etwa 5000 Teilnehmern hinaus. Auch wenn das Friedensthema weite Kreise der Jugend sowie Schriftsteller, Künstler und Intellektuelle bewegte und an den Universitäten, im Kulturbund sowie im Schriftstellerverband eine Reihe von durchaus nicht vollständig systemkonformen Veranstaltungen zu diesem Thema stattfand, blieb die Mobilisierungsfähigkeit der Friedensgruppen doch weitgehend auf das Sympathieumfeld der Kirchen beschränkt. In nur geringem Umfang fanden sie Beachtung auch außerhalb der Kirchen.

Die Initialzündung für die Entstehung von staatsunabhängigen Friedensaktivitäten in der DDR ging zweifellos von den evangelischen Kirchen aus. Nachdem das Engagement für den Frieden in den evangelischen Kirchen der DDR seit der „Handreichung für Seelsorge an Wehrpflichtigen" von 1965 etwas in den Hintergrund getreten war, erfuhr es in der zweiten Hälfte der 1970er Jahre wieder einen Aufschwung[8]. In Reaktion auf die Einführung des Wehrkundeunterrichtes wurde das Studien- und Aktionsprogramm „Erziehung zum Frieden" ins Leben gerufen[9], in dessen Rahmen eine Fülle von Stellung-

[6] Ulrike Poppe, „Der Weg ist das Ziel". Zum Selbstverständnis und der politischen Rolle oppositioneller Gruppen der achtziger Jahre, in: Ulrike Poppe/Rainer Eckert/Ilko-Sascha Kowalczuk (Hrsg.), Zwischen Selbstbehauptung und Anpassung. Formen des Widerstandes und der Opposition in der DDR, Berlin 1995, S. 244–272, hier S. 246.

[7] Vgl. Ron Eyerman/Andrew Jamison, Social Movements. A Cognitive Approach, Cambridge 1991; Kai-Uwe Hellmann, Paradigmen der Bewegungsforschung. Forschungs- und Erklärungsansätze – ein Überblick, in: ders./Ruud Koopmans (Hrsg.), Paradigmen der Bewegungsforschung. Entstehung und Entwicklung von Neuen Sozialen Bewegungen und Rechtsextremismus, Opladen 1998, S. 9–30.

[8] Vgl. Detlef Pollack, Kirche in der Organisationsgesellschaft. Zum Wandel der sozialen Lage der evangelischen Kirchen in der DDR, Stuttgart 1994, S. 300f.

[9] „Pazifisten brauchen wir", in: epd Dokumentation 35/1981, S. 17f.

nahmen, Handreichungen und Ausarbeitungen zum Friedensthema erschienen[10]. Zum 40. Jahrestag des Beginns des Zweiten Weltkrieges verfassten der Bund der Evangelischen Kirchen in der DDR und die Evangelische Kirche in (West-)Deutschland (EKD) ein gemeinsames „Wort zum Frieden"[11]. In einem „Wort an die Gemeinden" äußerte der Bund der evangelischen Kirchen im November 1979 Bedenken gegenüber einer Unterschriftenaktion zur Unterstützung der Abrüstungsvorschläge des KPdSU-Generalsekretärs Leonid Breschnew[12]. Bereits im Jahre 1979 hatten sich die Aktivitäten der Friedenskreise derart vervielfältigt[13], dass der Staat es für nötig erachtete, mit Verfolgung und Verhaftung zu reagieren[14]. Diese offenen Konflikte zeigen, in welchem Maße die bislang stets verdeckt gehaltenen Spannungen zwischen politischen Machtstrukturen und gesellschaftlichen Autonomisierungsbestrebungen inzwischen angewachsen waren.

Im November 1980 fand zum ersten Mal die gemeinsam mit der EKD durchgeführte[15] landesweite Friedensdekade der evangelischen Kirche statt, die dann in den darauf folgenden Jahren regelmäßig wiederholt wurde[16]. Unter dem Motto „Frieden schaffen ohne Waffen" wurden zehn Tage lang vielfältige, meist kleinere Veranstaltungen zum Friedensthema in kirchlichen Räumen durchgeführt. Im Jahr darauf wählten die Veranstalter der Friedensdekade aufgrund eines Vorschlages des damaligen sächsischen Landesjugendpfarrers Harald Bretschneider das biblische Losungswort „Schwerter zu Pflugscharen" als Motto – ein Zitat aus dem Alten Testament (Micha 4, 3), mit dem auch eine von der Sowjetunion der UNO in New York geschenkte Plastik von Jewgeni W. Wutschetitsch versehen war. Unter Verwendung dieses Symbols stellten die Veranstalter Textildrucke her, die von vielen Jugendlichen als Aufnäher auf Jacken, Taschen und Mützen auch außerhalb der Kirche, in Schulen, Universitäten und Betrieben, getragen wurden. „Schwerter zu Pflugscharen" wurde gewissermaßen zum Leitwort der staatlich unabhängigen Friedensbewegung, die inzwischen eine partiell über die Kirche hinausgehende Resonanz erlangt hatte.

Die Polizei reagierte schon bald gereizt auf das öffentliche Tragen des Aufnähers und forderte vielfach seine Entfernung. Teilweise wurden Schüler und Studenten, die den Aufnäher trugen, von der Erweiterten Oberschule oder der Universität relegiert. Die Kirche solidarisierte sich eindeutig mit dem Slogan „Schwerter zu Pflugscharen", obwohl die

---

[10] epd-Dokumentation 41, 42, 43/1978; 2/1980, S. 1–36

[11] „Wort zum Frieden. Erklärung des Bundes der evangelischen Kirchen in der Deutschen Demokratischen Republik und der evangelischen Kirche in Deutschland (EKD) zum 40. Jahrestag des Beginns des Zweiten Weltkrieges", in: Kirchliches Jahrbuch 106 (1979), S. 448f.

[12] „Wort des Bundes der evangelischen Kirchen in der DDR an die Gemeinden", in: epd Dokumentation 51/1979, S. 45–48.

[13] Eine Zunahme des Besuchs kirchlicher Jugendveranstaltungen seit 1979 wurde auch festgestellt in: Kirche im Sozialismus 5 (1979), S. 25–30 und 6 (1980), S. 35–42.

[14] Vgl. Rüddenklau, Störenfried, S. 30.

[15] Das Friedensthema bot für die evangelischen Kirchen in der DDR die Möglichkeit, sich an die westlichen evangelischen Kirchen, von denen man sich 1969 organisatorisch getrennt hatte, vorsichtig wieder anzunähern. Alle von der EKD und dem Kirchenbund gemeinsam verfassten Stellungnahmen zwischen 1977 und 1986 bezogen sich auf Probleme des Friedens, der internationalen Zusammenarbeit und Entspannung. Manfred Stolpe bemerkte 1984: „Den Dialog in gesellschaftlichen Fragen haben wir erst wieder in der Friedensfrage gelernt." Manfred Stolpe, Anmerkungen zur besonderen Gemeinschaft der evangelischen Kirchen in der Bundesrepublik, Berlin West und in der DDR. Vortrag in der Ev. Akademie Tutzing am 24. März 1984, in: Tutzinger Materialien Nr. 11 (1984): Zwei deutsche Staaten – ein deutscher Nationalismus?, S. 1–18, hier Abschnitt 7.1.

[16] Vgl. Helmut Zander, Die Christen und die Friedensbewegungen in beiden deutschen Staaten. Beiträge zu einem Vergleich für die Jahre 1978–1987, Berlin (West) 1989, S. 279–284.

Vision des Micha von einigen Kirchenvertretern auch als illusionär kritisiert wurde[17]. In Gesprächen mit staatlichen Stellen protestierten Kirchenvertreter vielfach gegen das Vorgehen der Polizeikräfte gegenüber den Trägern des Symbols[18] und behaupteten trotz aller staatlichen Einsprüche den Anspruch auf eine eigenständige Friedensverantwortung der christlichen Kirchen[19]. Bischof Gottfried Forck trug den Aufnäher in der Öffentlichkeit sogar selbst[20].

Aus einer eigenständigen, privat vorbereiteten Initiative ging der Vorschlag zur Einrichtung eines sozialen Friedensdienstes hervor. Wie der damalige Pfarrer der Dresdener Weinbergkirche, Christoph Wonneberger, im Rückblick schrieb, war es der NATO-Beschluss zur Raketennachrüstung von 1979, der ihn auf die Idee des sozialen Friedensdienstes brachte. „Lange" ging er mit der Idee „schwanger". Im September 1980 habe er „den Text dann in drei Tagen ‚aus der Feder rausgelassen'". Bevor er mit ihm an die Öffentlichkeit trat, suchte er allerdings noch nach „Verbündeten innerhalb der Kirche" [21]. Er fand sie in zwei Mitgliedern des Pfarrkonvents, dem er angehörte: dem Superintendenten Dr. Christoph Wetzel und dem Pfarrer Christian Burckhardt. Beide unterstützten den Antrag und trugen auch einige Formulierungen mit, die in der folgenden Diskussion mit Synodalen, Jugendlichen und Mitgliedern von Friedenskreisen heiß umstritten waren, wie etwa die von der „schwindenden Verteidigungswürdigkeit der sozialistischen Verhältnisse"[22].

Unter Zurücknahme einiger sprachlicher Schärfen wurde schließlich am 9. Mai 1981 ein konsensfähiger Text verabschiedet, der die Einrichtung eines zivilen Ersatzdienstes als „Sozialen Friedensdienst" (SoFd) vorschlug. Dieser Dienst sollte 24 Monate statt der regulär vorgesehenen 18 Monate umfassen, nicht aber im militärischen Bereich, sondern an sozialen Schwerpunkten, in Heimen, Krankenhäusern, in der Altenbetreuung und der Sozialfürsorge versehen werden[23]. Vier- bis fünftausend Briefe[24] erreichten die Kirchensynoden mit der Bitte, die Initiative von Pfarrer Wonneberger gegenüber dem Staat zu unterstützen[25]. Daraufhin beauftragten die Synoden die Kirchenleitungen, das Anliegen an die staatlichen Stellen heranzutragen[26]. Keine Synode lehnte den Sozialen Friedensdienst ab[27]. Die im Juni 1981 in Gera tagende Generalsynode der Vereinigten Evangelisch-Luthe-

[17] Vgl. Passauer, „Schwerter zu Pflugscharen", S. 59.
[18] Vgl. etwa das Gespräch zwischen dem Staatssekretär für Kirchenfragen und Mitgliedern der Konferenz der Kirchenleitungen am 7. April 1992 in Berlin, in: Gerhard Besier/Stephan Wolf (Hrsg.), „Pfarrer, Christen und Katholiken": Das Ministerium für Staatssicherheit der ehemaligen DDR und die Kirchen, 2. Auflage, Neukirchen-Vluyn 1992, S. 347–351.
[19] „Schwerter zu Pflugscharen – Aktuelles Material zur Friedensdiskussion und das neue DDR Wehrdienstgesetz", in: epd Dokumentation 19/1982, S. 1–80.
[20] Vgl. Passauer, „Schwerter zu Pflugscharen", S. 59.
[21] Vgl. Christoph Wonneberger, Ich habe immer tun müssen, was ich für richtig hielt, in: Bernd Lindner, Zum Herbst '89. Demokratische Bewegung in der DDR, Leipzig 1994, S. 192–199, hier S. 194.
[22] Vgl. Bickhardt, Recht ströme wie Wasser, S. 33.
[23] Vgl. Büscher/Wensierski/Wolschner, Friedensbewegung in der DDR, S. 171.
[24] Hier liegen unterschiedliche Angaben vor, bei Henkys, Zwischen Militarismus und Pazifismus, S. 18, und Hans-Jürgen Röder, Signale an die Basis, in: Kirche im Sozialismus 8 (1982), S. 31–38, hier S. 31, werden 4000, bei Büscher/Wensierski/Wolschner, Friedensbewegung in der DDR, S. 169, über 5000 angegeben. Die verlässlichste Quelle, Bickhardt u. a. (Hrsg.), Spuren, S. 34 spricht von „zirka 5000".
[25] Henkys, Zwischen Militarismus und Pazifismus, S. 18.
[26] Vgl. Bickhardt, Recht ströme wie Wasser, S. 34.
[27] Vgl. Klaus Ehring/Martin Dallwitz (Pseudonym für Hubertus Knabe), Schwerter zu Pflugscharen. Friedensbewegung in der DDR, Reinbek 1982, S. 192–200.

rischen Kirche setzte sich sogar ausdrücklich für sie ein[28]. Gleichwohl wurde die Forderung nach Einführung eines zivilen Ersatzdienstes nicht zum Synodalbeschluss des Bundes der Evangelischen Kirchen erhoben[29]. Am weitesten in ihrer Unterstützung ging die Synode der Kirchenprovinz Sachsen. Sie sah in der Initiative einen Ausdruck des christlichen Friedensdienstes[30].

Die staatliche Reaktion ließ ungewöhnlich lange auf sich warten[31]. Sie erfolgte erst nach Monaten mit der FDJ-Aktion „Der Friede muss verteidigt werden – Der Friede muss bewaffnet sein" und mit einem kurzen Statement des Staatssekretärs für Kirchenfragen, Klaus Gysi, nach einem Vortrag vor der Sektion Theologie der Humboldt-Universität Berlin[32]. Offene Ablehnung erfuhr die Initiative schließlich in einer Rede des Cottbuser SED-Bezirkschefs, Werner Walde, der vor dem Zentralkomitee der SED erklärte, dass es niemandem gelingen werde, „mit der Phrase des so genannten sozialen ‚Friedensdienstes' Front zu machen gegen die notwendige militärische Stärkung des Sozialismus, wer auch zu solchen friedens-, sozialismus- und verfassungsfeindlichen Aktionen aufrufen möge"[33].

Auf die Veröffentlichung dieser Sätze hin[34] lud eine Dresdener Basisinitiative, der spätere Friedenskreis „Wolfspelz", für den 13. Februar 1982, dem 37. Jahrestag der Zerstörung Dresdens, zu einer Schweigedemonstration an den Ruinen der Frauenkirche nach Dresden ein. Mehr als 5000 Bürger aus allen Teilen des Landes machten sich nach Dresden auf. Nach Absprache mit den lokalen Parteifunktionären[35] ließ der Sächsische Landesbischof Johannes Hempel die Kreuzkirche öffnen, um den Demonstranten ein Forum zu geben und die öffentliche Aktion in geregelte Bahnen zu lenken. Die Kirche nahm auf diese Weise in dem Konflikt zwischen Staat und Friedensgruppen eine Kanalisierungs- und Vermittlungsfunktion wahr, die von beiden Seiten angenommen und gewünscht wurde. Mit diesem Friedensforum in der Dresdener Kreuzkirche erlangten die Aktivitäten der Friedensgruppen in der DDR, vermittelt vor allem über die Berichterstattung in den westlichen Medien, erstmals eine größere gesellschaftliche Aufmerksamkeit. Mit ein wenig Übertreibung könnte man sagen, dass so mit ihrer Hilfe die Friedensbewegung in der DDR geboren wurde.

Der Aufruf der Mitglieder der Dresdener Basisinitiative zur Friedensdemonstration stand freilich nicht in direktem Zusammenhang mit der SoFd-Initiative. Vielmehr handelten diese Jugendlichen weitgehend unabhängig von dem Kreis der SoFd-Initiatoren. Pfarrer Wonneberger war außerstande, auf sie beruhigend einzuwirken und sie von ihrem

---

28 Vgl. Christian Dietrich/Uwe Schwabe, Freunde und Feinde. Dokumente zu den Friedensgebeten in Leipzig zwischen 1981 und dem 9. Oktober 1989, Leipzig 1994, S. 506.

29 „Stellungnahme zur Frage des zivilen Wehrersatzdienstes. Beschlossen auf der Tagung der Synode in Güstrow vom 18.–22. September 1981", in: epd Dokumentation 43/1981, S. 75–79.

30 Vgl. Bickhardt, Recht ströme wie Wasser, S. 34.

31 Etwas schneller war der Staatssicherheitsdienst, der die Initiative als den „Versuch feindlicher Kräfte der Kirche" bezeichnete, „eine organisierte Bewegung mit jugendlichen Wehrpflichtigen gegen die Verfassung der DDR und das Verteidigungsgesetz zu initiieren". Schreiben von Oberstleutnant Eppisch vom 28. 7. 1981, in: Besier/Wolf (Hrsg.), Pfarrer, Christen und Katholiken, S. 318.

32 Vgl. Büscher/Wensierski/Wolschner, Friedensbewegung in der DDR, S. 174f.

33 „Mit neuen Ideen und Initiativen für hohen Leistungsanstieg" (aus der Diskussionsrede von Werner Walde, Kandidat des Politbüros des ZK, 1. Sekretär der Bezirksleitung Cottbus), in: *Neues Deutschland* vom 21./22. 11. 1981, S. 3.

34 Vgl. Henkys, Zwischen Militarismus und Pazifismus, S. 19.

35 Vgl. Christian Joppke, East German Dissidents and the Revolution of 1989. Social Movements in a Leninist Regime, New York 1995, S. 88.

provokativen Vorhaben abzuhalten. Da er andererseits „den Faden zu ihnen nicht abreißen lassen" wollte[36], wurde er von staatlicher Seite mit ihrer Aktion in Verbindung gebracht und für sie sogar indirekt verantwortlich gemacht. Der Staatssekretär für Kirchenfragen verlangte von der Kirchenleitung in Dresden, Wonneberger zu maßregeln und „aus dem Rennen" zu nehmen, andernfalls würde der Staat dies selbst übernehmen. Daraufhin wurde Wonneberger in das Landeskirchenamt bestellt und darauf hingewiesen, dass er mit seinen überregionalen Aktivitäten seine Kompetenz als Gemeindepfarrer überschreite. Die Folge war, dass Wonneberger das zur weiteren Publizierung der SoFd-Initiative für Ostern 1982 ins Auge gefasste Treffen von Friedensgruppen aus der ganzen Republik – genannt „Friedensdienstfahrt" – nicht mehr durchführen konnte. Er selbst hielt es für klüger, sich vorerst aus dem Bereich der unmittelbaren Konfrontation zurückzuziehen[37].

Dennoch wirkte die Idee des sozialen Friedensdienstes weiter. Im Anschluss an die Friedensdekade von 1982 und in Reaktion auf die Einführung weiterer militärischer Ausbildungsphasen in den Schulen entstanden in Dresden, Jena, Rostock, Leipzig und anderen Städten Friedensgebete, zu denen sich regelmäßig einmal in der Woche Friedensbewegte zu Informationsaustausch und Gebet trafen. Das unabhängige Friedensengagement ließ sich in dieser Zeit durch administrative Maßnahmen nur schwer stoppen. Im Gegenteil, es bildete sich gerade in Reaktion auf die Verschärfung von gesellschaftlichen Restriktionen heraus. Andererseits war seine Entstehung auch Ausdruck gewachsener Freiräume in der Gesellschaft.

Eine Woche vor dem Dresdener Friedensforum erschien der von dem Pfarrer und späteren letzten DDR-Verteidigungsminister Rainer Eppelmann und dem prominenten Chemiker und Regime-Kritiker Robert Havemann verfasste „Berliner Appell", in welchem zu einer öffentlichen Diskussion der Friedensfrage aufgerufen und vorgeschlagen wurde, dass die Siegermächte des Zweiten Weltkrieges ihre Besatzungstruppen aus Deutschland abziehen sollten[38]. Der „Berliner Appell" lehnte sich an den „Krefelder Appell" an, der in Westdeutschland breite Zustimmung gefunden hatte[39]. Ihm vorangegangen waren ein Brief von Eppelmann an den SED-Generalsekretär Erich Honecker und ein Schreiben von Havemann an Breschnew im Herbst 1981[40]. All diese in die Öffentlichkeit hineinwirkenden Aktionen gingen aus dem engen Diskussionszusammenhang hervor, der sich zwischen Havemann und Eppelmann seit 1980 ergeben hatte. Natürlich waren ihre Friedensaktivitäten eingebettet in die unabhängige politische Kultur. Eppelmann verweist selbst auf Bezüge zur SoFd-Initiative und zur Aktion „Schwerter zu Pflugscharen"[41].

Das monatelange Gespräch zwischen Eppelmann und Havemann vollzog sich abseits der Friedenskreise im privaten Raum und führte zu Ergebnissen, die vom Diskurs vieler kirchlicher Friedenskreise deutlich abwichen: zur Forderung nach Blocküberwindung. Damit war nicht die Wiederherstellung der deutschen Einheit gemeint – daran habe man damals „nicht zu denken gewagt"[42]. Wohl aber erhofften sich beide den Abschluss eines Friedensvertrages der Siegermächte des Zweiten Weltkrieges mit beiden deutschen Staa-

---

36 Ebenda.
37 Vgl. Wonneberger, Ich habe immer tun müssen, was ich für richtig hielt, S. 195.
38 Büscher/Wensierski/Wolschner, Friedensbewegung in der DDR, S. 242.
39 Vgl. Rainer Eppelmann, Fremd im eigenen Haus. Mein Leben im anderen Deutschland, Köln 1993, S. 187. Zum Krefelder Appell vgl. den Beitrag von Helge Heidemeyer in diesem Band.
40 Vgl. Bickhardt/Haeger/Poppe/Richter/Tschiche, Spuren, S. 42.
41 Vgl. ebenda.
42 Eppelmann, Fremd im eigenen Haus, S. 186.

ten, den Abzug ihrer Truppen aus Deutschland und die Garantie über ihre Nichteinmischung in die inneren Angelegenheiten der beiden deutschen Staaten. Es verwundert nicht, dass dieser Appell von den evangelischen Kirchen in der DDR nicht mitgetragen wurde. Die Berlin-Brandenburgische Kirchenleitung riet von der Unterzeichnung des Appells sogar nachdrücklich ab. Er bedenke nicht genau genug die tatsächliche militärische und politische Konstellation und zeichne ein Zerrbild der politisch Verantwortlichen[43]. Die Staatssicherheit versuchte, die Verbreitung des „Berliner Appells" zu unterbinden, und verlangte von Eppelmann, auf die Sammlung weiterer Unterschriften zu verzichten. Die Unterzeichnerlisten zirkulierten jedoch in der gesamten DDR, und selbst wenn Eppelmann es gewollt hätte, wäre das Unternehmen nicht mehr zu stoppen gewesen.

So wenig wie es einen organisatorischen Zusammenhang zwischen der SoFd-Initiative und dem „Berliner Appell" gegeben hatte, gab es einen zwischen diesem Appell und dem Dresdener Forum[44]. Im Unterschied zur Friedensbewegung in Westeuropa, die sich durch relativ feste Strukturen, ein organisiertes Kommunikationsnetz, funktionale Differenzierungen und das Vorhandensein von Sprechern, Konten und Publikationen auszeichnete, besaß die Friedensbewegung in der DDR eine amorphe, dezentrale und polyphone Struktur, der es an Steuerungszentren ebenso fehlte wie an prägenden Führungsgestalten oder einem zentralen Programm. Immer wieder kam es zu vereinzelten, nicht miteinander abgesprochenen Aktionen. So schrieb der Leiter der Evangelischen Akademie in Magdeburg, Hans-Jochen Tschiche, am 21. Dezember 1981 einen Offenen Brief an Werner Walde[45]. Pastor Friedrich Schorlemmer aus Wittenberg richtete im November 1981 eine Eingabe an die in Halle tagende Synode der Kirchenprovinz Sachsen, in welcher er sich gegen das nukleare Abschreckungssystem und für einseitige Vorleistungen beim Rüstungsabbau aussprach[46]. Der Bund der Evangelischen Kirchen in der DDR gab für die Gemeinden ein Informationspapier über den Pazifismus in der aktuellen Friedensdiskussion heraus[47]. Im August 1982 fand aufgrund einer privaten Initiative des Pastors, Bürgerrechtlers und späteren Mitbegründers des „Neuen Forum" Heiko Lietz das erste Mobile Friedensseminar im Osten Mecklenburgs statt, das in den Jahren bis 1988 jährlich wiederholt werden sollte[48]. Im Frühjahr 1983 entstand in einigen Friedensgruppen in Naumburg, Rostock und anderswo der Gedanke, persönliche Friedensverträge zwischen Bürgern aus unterschiedlichen Ländern und Militärblöcken zu schließen[49].

Was die einzelnen Aktionen verband, war nicht ein organisierter Zusammenhang. Auch die Kirche, ohne deren Unterstützung die „Protestbewegung" nicht hätte überleben können, verstand sich nicht als organisatorisches Zentrum. Sie stellte für die unterschiedlichen Friedensbemühungen zwar die nötige Infrastruktur bereit und trat mit den in ihrem Raum erarbeiteten Konzeptionen und Papieren vielfach sogar als Vordenker der Friedensbewegung auf, aber sie war weder ihre Führerin oder ihre Koordinierungsstelle noch ihr zentraler Agent.

---

43 Vgl. Büscher/Wensierski/Wolschner, Friedensbewegung in der DDR, S. 283f.
44 Vgl. Henkys, Zwischen Militarismus und Pazifismus, S. 19.
45 Büscher/Wensierski/Wolschner, Friedensbewegung in der DDR, S. 231f.
46 Ebenda, S. 202.
47 „Pazifismus in der aktuellen Friedensdiskussion. Arbeitsmaterial für die Gemeinden", November 1981, in: epd Dokumentation 22/1982, S. 1–14.
48 Markus Meckel/Martin Gutzeit, Opposition in der DDR. Zehn Jahre kirchliche Friedensarbeit. Kommentierte Quellentexte, Köln 1994, S. 171.
49 Bickhardt/Haeger/Poppe/Richter/Tschiche, Spuren, S. 66.

## II. Politische und soziale Ursachen der Entstehung der Friedensgruppen in der DDR

Gerade der fragmentarische und spontan-unorganisierte Charakter der so genannten Friedensbewegung in der DDR wirft allerdings die Frage nach den politischen und sozialen Ursachen des Aufkommens der Friedensgruppen und nach ihren sozialen Trägergruppen auf. Um die Entstehung der Friedensgruppen zu erklären, sei hier auf Ansätze der Forschungen zu den neuen sozialen Bewegungen zurückgegriffen, die im westlichen Kontext entwickelt wurden, sich partiell aber auch auf autoritäre Gesellschaftsordnungen anwenden lassen. Dabei soll hier insbesondere der Ansatz der Relativen Deprivation bzw. der structural strains-Ansatz, der Ansatz der politischen Gelegenheitsstrukturen (political opportunity)[50], der framing-[51] sowie der Ressourcenmobilisierungsansatz[52] herangezogen werden.

Die Entstehung der Friedensgruppen in der DDR lässt sich nur erklären, wenn man sie als ein reaktives Phänomen versteht. Ausschlaggebend für ihre Entstehung war erstens die Verstärkung des politischen und gesellschaftlichen Problemdrucks, der in der Wende von der 1970er zu den 1980er Jahren von immer mehr Menschen in Ost und West empfunden wurde. Mit ihren Friedensaktivitäten reagierten die jungen Menschen in der DDR sowohl auf die massive Aufrüstung in den Staaten des Warschauer Pakts als auch auf den NATO-Doppelbeschluss vom Dezember 1979, vor allem aber auf die Unglaubwürdigkeit der offiziellen Friedenspolitik der Sowjetunion und der Ostblockstaaten.

Die Friedensaktivitäten der unabhängigen Gruppen konnten trotz der parteipolitischen Friedenspropaganda in die offiziellen Strukturen des DDR-Systems nicht mehr integriert werden. Anders als Anfang der 1970er Jahre, als die kulturelle Opposition fließende Übergänge zur offiziellen Kulturszene in der DDR besaß, waren die Spannungen zwischen der offiziellen Politik und der gelebten politischen Kultur inzwischen so stark angewachsen, dass die zunehmende Unzufriedenheit und Kritik weder politisch integriert noch sicherheitsdienstlich niedergehalten und in den Privatbereich abgedrängt werden konnten. Friedensgruppen begannen sich im informellen und halböffentlichen Bereich zu artikulieren, vor allem unter dem Dach der evangelischen Kirche. In Übereinstimmung mit den Annahmen des Ansatzes der relativen Deprivation in der Bewegungsforschung[53] bestand eine wichtige Ursache für das Aufkommen der Friedengruppen in der DDR also in der Verschärfung der gesamtgesellschaftlichen und politischen Probleme.

---

[50] Peter K. Eisinger, The Conditions of Protest Behavior in American Cities, in: American Political Science Review 67 (1973), S. 11–28; Herbert Kitschelt, Political Opportunity Structures and Protest. Anti-Nuclear Movements in Four Democracies, in: British Journal of Political Science 16 (1986), S. 57–85; Sidney Tarrow, Kollektives Handeln und politische Gelegenheitsstruktur in Mobilisierungswellen. Theoretische Perspektiven, in: Kölner Zeitschrift für Soziologie und Sozialpsychologie (KZSS) 43 (1991), S. 647–670; Sidney Tarrow, Power in Movement. Social Movements, Collective Action and Mass Politics in the Modern State, Cambridge 1994.

[51] David A. Snow u. a., Frame Alignment Processes, Micromobilization, and Movement Participation, in: American Sociological Review 51 (1986), S. 464–481; David A. Snow/Robert D. Benford, Ideology, Frame Resonance, and Participant Mobilization, in: Bert Klandermans/Hanspeter Kriesi/Sidney Tarrow (Hrsg.), From Structure to Action. Social Movement Participation Across Cultures, Greenwich 1988, S. 197–217.

[52] John D. McCarthy/Mayer N. Zald, Resource Mobilization and Social Movements. A Partial Theory, in: American Journal of Sociology 82 (1977), S. 1212–1241.

[53] Ted Gurr, Why Men Rebel, Princeton 1970; Dieter Rucht, Öffentlichkeit als Mobilisierungsfaktor für soziale Bewegungen, in: KZSS 34 (1994), S. 337–358, hier S. 339f.

Der gestiegene Problemdruck manifestierte sich auch in einer Ende der 1970er Jahre einsetzenden breiten Ernüchterung in Bezug auf die Veränderbarkeit des Sozialismus. Der Glaube an diesen ging zurück. Immer mehr gaben die Hoffnung auf, dass die Versprechungen, mit denen das sozialistische System einst angetreten war, eingehalten werden könnten. Das Gefühl, dass der Sozialismus den Wettlauf der Systeme verloren habe, breitete sich aus[54]. Die Loyalitätsbereitschaft breiter Teile der DDR-Bevölkerung erodierte[55]. Nicht zuletzt war auch die Entstehung der Friedensgruppen ein Ausdruck dieser schleichenden inneren Delegitimierung der DDR.

Ein zweiter Faktor war der Wandel des internationalen Umfelds. Im Zuge des KSZE-Prozesses setzte eine gewisse Liberalisierung des gesellschaftlichen Klimas in der DDR ein. Aufgrund der Einbindung der DDR in den internationalen Entspannungsprozess, aufgrund der Abhängigkeit der DDR von Handelsbeziehungen mit den westeuropäischen Staaten sowie der zunehmenden Präsenz von Journalisten und Botschaftern aus dem nichtsozialistischen Ausland in der DDR konnten die Sicherheitskräfte des Regimes nicht mehr so rücksichtslos wie früher gegen nichtkonforme Gruppierungen vorgehen. Die internationale Öffnung der DDR hatte systeminterne Folgen. Im Ausland sollte das Bild einer friedliebenden, prosperierenden DDR vermittelt werden. Folglich waren die sicherheitsdienstlichen und polizeilichen Mittel zur Unterdrückung oppositioneller Aktivitäten beschränkt. Die politischen Gelegenheiten für die Formierung politischen Protestes erweiterten sich dadurch erheblich.

Eine dritte Ursache für das Aufkommen der Friedensgruppen lag – wie bereits erwähnt – in der Vorbildwirkung der westdeutschen Friedensbewegung[56]. Von ihr wurden die prägenden Ideen und Interpretationsangebote übernommen, die Problembeschreibungen und politischen Optionen, etwa die Kritik am Zivilisationsmodell der Industriegesellschaft oder die Wertvorstellungen des Pazifismus. Teilweise übertrug man von West nach Ost auch organisatorische Strukturen und Zusammenhänge. So wurden nach westlichem Vorbild Gruppen wie „Frauen für den Frieden“ gegründet. Darüber hinaus gab es zu den Protagonisten der westlichen Friedensbewegung auch persönliche Kontakte. All dies trug dazu bei, dass Deutungsmuster, Ideen und Situationsdeutungen, wie sie in der westlichen Friedensbewegung diskutiert wurden, Eingang in die Debatten der ostdeutschen Friedensgruppen fanden.

Viertens wurden sozial und organisatorisch die Friedensaktivitäten vielfach von der evangelischen Kirche getragen. Diese stellte Infrastruktur, Kommunikationskanäle, Kopiergeräte, Räume, Personal, Ideen, Programme und Begrifflichkeiten zur Verfügung und bot darüber hinaus eine begrenzte Öffentlichkeit und einen institutionellen Schutz. Ohne die evangelische Kirche wäre die Arbeit der Friedensgruppen undenkbar gewesen. Dennoch hat sie die einzelnen Friedensaktivitäten und -projekte nicht organisiert. Die Friedensbewegung in der DDR hatte kein koordinierendes organisatorisches Zentrum. Was die

---

[54] Vgl. Walter Friedrich, Mentalitätswandlungen der Jugend in der DDR, in: Aus Politik und Zeitgeschichte B 16–17 (1990), S. 25–37, hier S. 34f.

[55] Vgl. Jan Wielgohs/Marianne Schulz, Die revolutionäre Krise am Ende der achtziger Jahre und die Formierung der Opposition, in: Deutscher Bundestag (Hrsg.), Materialien der Enquete-Kommission „Aufarbeitung von Geschichte und Folgen der SED-Diktatur in Deutschland“, Bd. VII/2, Baden-Baden 1995, S. 1950–1994, hier S. 1957f.

[56] Vgl. Joppke, East German Dissidents, S. 77; Edelbert Richter, Zeitzeugenbericht auf der 68. Sitzung der Enquete-Kommission „Aufarbeitung von Geschichte und Folgen der SED-Diktatur in Deutschland“, Bd. VII/1: Widerstand, Opposition, Revolution, Baden-Baden 1995, S. 109.

einzelnen Aktionen der Friedensgruppen miteinander verband, war der durch die angespannte Situation ausgelöste Problemdruck und die einheitliche Interpretation dieser Situation, die von der westlichen Friedensbewegung im Wesentlichen über die westlichen Medien sowie über persönliche Beziehungen transportiert wurde.

Teilweise gab es zwischen den Friedensgruppen und den Kirchenleitungen sogar erhebliche Spannungen. Vorrangig sind diese auf unterschiedliche Handlungsstrategien und -formen zurückzuführen: Die Kirchenleitungen wollten ihre hart erkämpften Spielräume gegenüber dem Staat nicht eingeengt sehen. Sie waren nicht undankbar für den Zulauf der friedensbewegten Jugend, aber versuchten, um der Erhaltung des Erreichten willen den Konflikt mit der übermächtigen Staatsmacht so gering wie möglich zu halten. Oft kamen sie staatlichen Erwartungen sogar entgegen, um die eigenen Handlungsmöglichkeiten noch weiter auszudehnen. Die Friedensgruppen aber wollten nicht Beruhigung, sondern Beunruhigung, nicht Konflikteindämmung, sondern Provokation, nicht Bewahrung des Status quo, sondern Veränderung. Zugleich waren sie jedoch auf die Handlungsmöglichkeiten der Kirche angewiesen. So entwickelte sich zwischen ihnen ein Verhältnis widersprüchlicher Kooperation.

Mit dem Spitzengespräch zwischen dem Staatsratsvorsitzenden Erich Honecker und Albrecht Schönherr, dem Vorsitzenden des Bundes der evangelischen Kirchen in der DDR, am 6. März 1978 war eine gewisse Beruhigung im Verhältnis zwischen Staat und Kirche erreicht worden. Das Engagement der Kirche erhielt eine begrenzte öffentliche Anerkennung. Im Frühjahr aber wurde bekannt, dass die Einführung eines Wehrunterrichtes geplant sei. Es breitete sich Unruhe in den Gemeinden aus. Auf den Kirchentagen in Stralsund, Erfurt und Leipzig wurde eifrig über die Einführung des neuen Unterrichtsfachs diskutiert[57]. Am 1. Juni 1978 protestierten die Kirchenleitungen beim Staat. Tausende von Eltern würden die Teilnahme ihrer Kinder verweigern[58]. Auch die Evangelischen Studentengemeinden in Naumburg und Dresden sprachen sich gegen den Wehrunterricht aus[59]. Als dann im September 1978 der Wehrunterricht trotz des Einspruchs der Kirchen eingeführt wurde, waren es jedoch nur etwa 100 von 260 000 betroffenen Schülern, die nicht am Wehrunterricht teilnahmen[60]. Wie in den vergangenen Jahren stand die Kirchenleitung in ihrem Protest gegen die staatliche Politik wieder einmal allein da[61].

Daraufhin gab die evangelische Kirche ihre Friedensaktivitäten allerdings nicht auf. Vielmehr legte sie nunmehr das bereits erwähnte Studien- und Aktionsprogramm „Erziehung zum Frieden“ auf. Es stellte eine unmittelbare Reaktion auf die Einführung des Wehrunterrichtes dar, auf die das 1980 von der Konferenz der Kirchenleitungen gebilligte Rahmenkonzept mit der Bemerkung Bezug nahm, sie habe „exemplarisch deutlich gemacht, dass der Prozess der Herausbildung neuer politischer Friedensstrukturen von einem zunehmenden Militarisierungsprozess begleitet und dadurch erschwert wird“[62].

---

[57] Vgl. Theo Mechtenberg, Die Friedensverantwortung der evangelischen Kirchen in der DDR, in: Reinhard Henkys (Hrsg.), Die evangelischen Kirchen in der DDR. Beiträge zu einer Bestandsaufnahme, München 1982, S. 355–399, hier S. 365f. sowie den Beitrag von Anja Hanisch in diesem Band.

[58] Horst Dohle, Grundzüge der Kirchenpolitik der SED zwischen 1968 und 1978, Dissertation B. Akademie für Gesellschaftswissenschaften beim ZK der SED, Institut für Geschichte der deutschen Arbeiterbewegung, Forschungsbereich Geschichte der Bündnispolitik der SED, Berlin (Ost) 1988, S. 177.

[59] Vgl. Büscher/Wensierski/Wolschner, Friedensbewegung in der DDR, S. 64–68.

[60] Vgl. Dohle, Grundzüge der Kirchenpolitik der SED zwischen 1968 und 1978, S. 177f.

[61] Vgl. Pollack, Kirche in der Organisationsgesellschaft, S. 150f., 299f., 358.

[62] Neubert, Geschichte der Opposition, S. 369.

Die staatlicherseits betriebene Militarisierung der Gesellschaft führte also nicht zu einem Rückzug der evangelischen Kirchen aus der politischen Verantwortung, sondern gerade umgekehrt zu einer Verstärkung ihres Friedensengagements. Nachdem die Kirchen das Friedensthema als eine Möglichkeit entdeckt hatten, eine staatlicherseits schwer angreifbare kritische Position zur SED-Politik einzunehmen, gaben sie ihre Bemühungen um die Etablierung eines eigenständigen kirchlichen Friedensengagements in den nächsten Jahren nicht mehr auf. Sie erklärten, die Friedensbemühungen der DDR erübrigten nicht den kirchlichen Abrüstungsimpuls, die Kirche betreibe eine eigenständige Friedensarbeit, sie sei nicht einfach der Verstärker der Außenpolitik des Staates[63]. Das Engagement der evangelischen Kirchen um die Wahrnehmung einer eigenständigen Friedensverantwortung kam aber auch den Friedensgruppen zugute und stellte eine wichtige ideelle, kommunikative und infrastrukturelle Ressource für ihre friedenspolitischen Aktivitäten dar.

## III. Inhaltliche Anliegen der Friedensgruppen

In ihrer Kritik wandten sich die Friedensgruppen in der DDR gegen den Rüstungswettlauf zwischen den Supermächten, gegen das System der Abschreckung und die dahinter stehende Ideologie des Gleichgewichts des Schreckens sowie gegen die Militarisierung der eigenen Gesellschaft[64]. Angesichts der Atombewaffnung könne es im Falle einer kriegerischen Auseinandersetzung zwischen den Militärblöcken keine Sieger mehr geben. Pazifismus sei daher eine vernünftige politische Option.

Die Aktivitäten der Friedensgruppen hatten einen deutlichen DDR-kritischen Akzent. Immer wieder riefen staatliche Maßnahmen Friedensaktivitäten hervor[65]: Die Gruppe „Frauen für den Frieden“ entstand aufgrund der Verschärfung des Wehrdienstgesetzes; die Friedensaktivitäten der evangelischen Kirchen verstärkten sich nach Einführung des Wehrunterrichtes; die Dresdener Gruppe „Wolfspelz“ bildete sich nach der strikten Ablehnung der Initiative zur Einführung eines Zivilen Ersatzdienstes durch den Cottbusser SED-Bezirkssekretär Walde. Mit dem Motto „Frieden schaffen ohne Waffen“ wandten sie sich gegen die Doktrin der sozialistischen Staaten, dass der Frieden umso sicherer sei, je stärker der Sozialismus sei und dass Sozialismus und Frieden wesensgleich seien. Demgegenüber bestanden sie auf der Einsicht, dass die Mittelstreckenraketen der UdSSR ebenso gefährlich seien wie die der USA und behandelten damit die beiden Supermächte als gleichrangig.

Außerdem formulierten die DDR-Friedensgruppen skeptische Anfragen an die Glaubwürdigkeit der SED-Friedenspolitik. Die massenhafte Produktion von Militärspielzeug für Kinder, die zu Jahrestagen durchgeführten militärischen Aufmärsche und Paraden, die Einführung des Wehrunterrichts konnten sie mit der offiziellen Friedenspropaganda des SED-Staates nicht vereinbaren. „Es bewegt die Gemüter, warum in unserem Land, in dem doch so viel vom Frieden gesprochen wird, das Tragen der Aufnäher zum Beispiel ‚Schwerter zu Pflugscharen‘ zu solchen Schwierigkeiten führte“, sagte der sächsische Jugendpfar-

---

[63] Vgl. epd Dokumentation 19/1982, S. 45; Neubert, Geschichte der Opposition, S. 368.
[64] Vgl. Meckel, Aufbrüche, S. 55.
[65] Vgl. Torsten Moritz, DDR-Opposition in Ostberlin. Die Umweltbibliothek. Diplomarbeit am Fachbereich Politische Wissenschaft der FU Berlin, Berlin 1993, S. 42; Pollack, Politischer Protest, S. 93.

rer Bretschneider[66]. „Bis zum Erbrechen" werde vom Frieden geredet, aber zugleich die Militarisierung der Gesellschaft betrieben[67].

Auch wenn die Friedensgruppen den Frieden nicht allein durch die Staaten des Warschauer Paktes bedroht sahen, ging es ihnen vor allem um Veränderungen im eigenen Land. Deshalb liegt es in der Logik ihres friedenspolitischen Engagements, dass sie mehr und mehr einen engen Zusammenhang zwischen den außenpolitischen Bemühungen um die Bewahrung des Friedens und innenpolitischen Veränderungsprozessen sahen. Hans-Jochen Tschiche, einer der führenden Gruppenvertreter und zugleich Leiter der Evangelischen Akademie der Kirchenprovinz Sachsen, sagte: „Der Weltfriede wird nicht ohne eine außerordentliche moralische Anstrengung zu erreichen sein, aber er beginnt in der Humanisierung und Demokratisierung der innenpolitischen Verhältnisse."[68]

Oft wurden derartige Forderungen von den Vertretern der Friedensgruppen individualethisch abgeschwächt. Der Frieden beginne bei jedem Einzelnen; solange man nicht im Innern Frieden finde, gebe es auch keinen Frieden in der Welt; der Friede erfordere die Bereitschaft zu Verständigung und Kompromiss; er sei gebunden an die zwischenmenschliche Versöhnungsbereitschaft – das waren Slogans, die in der damaligen Zeit immer wieder zu hören waren. Interessant aber ist, dass lange bevor die „Initiative Frieden und Menschenrechte" die These aufstellte, dass ein Staat nur dann nach außen überzeugend für den Frieden eintreten könne, wenn er im Innern Frieden halte und die Menschenrechte respektiere[69], Aspekte der internationalen Friedenssicherung mit den Erfordernissen der systeminternen Demokratisierung verklammert wurden.

Mit diesem DDR-kritischen Impuls unterschied sich die Friedenskonzeption der unabhängigen Friedensgruppen von der Friedensvorstellung der evangelischen Kirchen in der DDR. Diese setzten sich für die Akzeptanz des Vorschlags der so genannten Palme-Kommission ein, für das Konzept der gemeinsamen Sicherheit und Sicherheitspartnerschaft, und erteilten damit dem Geist und der Logik der Abschreckung eine Absage. „Militärische Entspannung und gemeinsame Sicherheit ist in Europa nicht erreichbar und nicht haltbar, wenn eine der beiden Seiten durch ökonomische oder politische Krisen bedroht wird, die sie als Gefährdung der eigenen Existenzgrundlagen sehen muss", so hieß es in einem Papier der Theologischen Studienabteilung beim Bund der evangelischen Kirchen in der DDR[70]. Und weiter: „Weder eine politisch schwache DDR noch eine politisch schwache Bundesrepublik ist hilfreich für einen europäischen Frieden." Das Ziel einer Stabilisierung der DDR müsse daher ergänzt werden durch die Forderung nach umfassender internationaler Zusammenarbeit, nach Verbesserung des Reiseverkehrs und des Informationsaustauschs. Die evangelische Kirche hatte in den letzten Jahren immer wieder die Erfahrung gemacht, dass der Staat, wenn er sich bedrängt fühlte, eine härtere Gangart einschlug. Dies war offenbar geworden bei seiner Reaktion auf die Massenabwanderung Ende der 1950er Jahre, auf die Freiheitsbewegungen im Zusammenhang mit dem Prager Frühling 1968, beim Einmarsch der Roten Armee in Afghanistan und beim Aufkommen der Solidarność-Bewegung in Polen 1980/81. Deshalb kam es den Kirchenvertretern im Um-

---

[66] Büscher/Wensierski/Wolschner, Friedensbewegung in der DDR, S. 268.

[67] Ebenda, S. 315.

[68] Ebenda, S. 153.

[69] Vgl. das Gründungspapier der „Initiative Frieden und Menschenrechte" vom Januar 1986, in: Ralf Hirsch, Die Initiative Frieden und Menschenrechte, in: Ferdinand Kroh (Hrsg.), „Freiheit ist immer Freiheit...". Die Andersdenkenden in der DDR, Frankfurt a. M. 1988, S. 210–233, hier S. 215f.

[70] Zitiert nach Neubert, Geschichte der Opposition, S. 373.

gang mit den staatlichen Stellen stets auf Konfrontationsabbau, auf die Stärkung des Vertrauens sowie auf Stabilisierung und Konsolidierung der politischen Verhältnisse an. Es verwundert daher nicht, dass die Synode des Bundes der evangelischen Kirchen im September 1983 das Konzept der Sicherheitspartnerschaft vorbehaltlos übernahm.

Demgegenüber traten die unabhängigen Friedensgruppen in der DDR weitaus systemkritischer gegenüber der Friedenspolitik der DDR auf. Ihr Verhalten war provokativer und subversiver als das der Kirche, aber man wird es nicht als oppositionell kennzeichnen können[71]. Den Oppositionsbegriff haben die Friedensgruppen in dieser Zeit für sich stets abgelehnt[72]. Darüber hinaus waren die politischen Ziele der Friedensgruppen in der DDR zu unbestimmt und die Organisationsformen zu diffus, als dass es möglich wäre, ihr Auftreten als Systemopposition zu charakterisieren. Viele der Friedensaktivisten verblieben im vorpolitischen Raum. Der Dissident und Bürgerrechtler Wolfgang Templin fällte bezüglich der Friedensgruppen in der DDR bereits zu DDR-Zeiten das ernüchternde Urteil: „Die Politik der Regierenden in beiden Blöcken wird emotional abgelehnt, aber nicht hinterfragt. Die meisten Friedenskreise lehnen den Anspruch, selbst politisch zu sein, für sich ab." Ihr Friedensengagement entstehe aus unmittelbarer Betroffenheit und moralischem Protest; es richte sich „gegen den Zynismus und die scheinbare Irrationalität der ‚großen Politik'" und verstehe sich als „Politik von unten"[73].

Was die Friedensgruppen ablehnten, war allerdings nicht nur die Ausrichtung der großen Politik auf Machtausbau und Herrschaftssicherung, sondern auch ihre Orientierung auf Modernisierung, Rationalisierung, Fortschritt, Wohlstandsanhebung und Leistung. Die Kritik der Friedensgruppen richtete sich nicht nur gegen die Unaufrichtigkeit der Friedensbemühungen der sozialistischen Staaten, sondern auch gegen deren Ausrichtung am Wachstumsdenken der industriellen Moderne. Deshalb war die Friedensthematik in den Friedensgruppen der DDR wie in der Friedensbewegung des Westens eng verbunden mit der Umweltproblematik. Die von den politisch alternativen Gruppen verhandelten Themen waren Probleme der modernen Industriegesellschaften: die Bedrohung des Friedens durch eine überzogene Hochrüstungspolitik, die Gefährdung der Natur durch rücksichtslose Industrialisierung, die Ausbeutung der Dritten Welt durch einseitige Gewinnmaximierung, die Entmündigung des Individuums durch überformalisierte Bürokratien usw.

Diese Probleme seien entstanden, so konnte man damals immer wieder hören, weil moderne Technik und moderne Wissenschaft Mensch, Tier und Natur verobjektiviert hätten. „Die Verdinglichung der Natur ist der Ursprung für die Zerstörung des Lebendigen", so einer der Vordenker der Friedensgruppen in der DDR, der Theologe und Erfurter Propst Heino Falcke[74]. In Aufnahme von Gedanken von Karl Marx, Jean-Jacques Rousseau und

[71] Hubertus Knabe, Politische Opposition in der DDR, in: Aus Politik und Zeitgeschichte B 1–2 (1990), S. 21–32, hier S. 21, stellt fest, dass sich im Gegensatz zu Polen oder Ungarn Gegnerschaft zur herrschenden Politik in der DDR „lange Zeit bewusst nicht als Opposition definiert hat". Erst seit 1988 habe der Begriff „Opposition" in das Selbstverständnis der kritischen Gruppen stärker Eingang gefunden.

[72] Vgl. Knabe, Politische Opposition in der DDR, S. 20; Wolfgang Elvers/Hagen Findeis, Was ist aus den politisch-alternativen Gruppen geworden? Eine soziologische Auswertung von Interviews mit ehemals führenden Vertretern in Leipzig und Berlin, Leipzig, Theologische Fakultät der Karl-Marx-Universität Leipzig, 1990, S. 50; Poppe, „Der Weg ist das Ziel", S. 247–251.

[73] Wolfgang Templin, Bemerkungen zur politischen Orientierung in der Friedensbewegung, in: Bickhardt/Haeger/Poppe/Richter/Tschiche, Spuren, S. 72–75, hier S. 75

[74] Heino Falcke, Gerechtigkeit, ökologische Lebensfähigkeit und Partizipation. Kriterien für das Handeln, in: Peter Wensierski/Wolfgang Büscher (Hrsg.), Beton ist Beton: Zivilisationskritik aus der DDR, Hattingen 1981, S. 205–215, hier S. 213.

Erich Fromm formulierte ein Friedenskreis in Greifswald: „Eine entscheidende ‚Strategie' zur Abkehr von falschen Glücksvorstellungen und Bedürfnisstrukturen und zur Gewinnung einer neuen Identität wird die ‚Expansion nach innen' sein. Lebensgefühl und Leitbilder der Individuen waren bisher wie die Ziele von Politik, Wissenschaft und Technik durch den Expansionismus geprägt, der Fortschritt in der Aneignung neuer Möglichkeiten außerhalb der bisherigen Reichweite suchte. Expansion nach innen ist nicht Emigration nach innen, nicht Rückzug in die private Innerlichkeit, sondern das Aufspüren von Aktivposten im Innern des Menschen, der Versuch, menschliche Grundwerte nicht allein aus dem Haben, sondern aus dem Sein zu begründen. Wir müssen lernen, die Frage nach dem Sinn vor die Frage nach dem Nutzen zu stellen."[75] Die Zukunft wurde in der Abkehr von Wissenschaft, Technik, Politik und Fortschritt gesehen.

Indem die Friedens- und Umweltkreise modernitätskritisch argumentierten, waren sie freilich gleichzeitig auch DDR-kritisch, denn die DDR wurde von ihnen als ein moderner hochentwickelter Industriestaat definiert. Die bei aller Kritik am westlichen Zivilisationsmuster durchgehaltene Abwehr der innen- und außenpolitischen Aktivitäten des SED-Staates wurde von den Sicherheitskräften des DDR-Regimes genau registriert. Der Sicherheitsapparat behandelte die Friedensgruppen trotz ihres andersartigen Selbstverständnisses stets als oppositionell. Die Friedensgruppen wollten zwar der ungeliebten Rolle des Oppositionellen entkommen und suchten nach Mitteln des Protests, die sich schwer kriminalisieren ließen[76]. Sie benutzten den Slogan „Schwerter zu Pflugscharen", der auch von der Sowjetunion vor dem UNO-Gebäude in New York gebraucht worden war, um ihr staatskritisches Engagement zu rechtfertigen. Sie scheuten sich auch nicht, Marx-Zitate zur Begründung ihrer Aktivitäten heranzuziehen[77]. Sie schlüpften in die Hülle der fragwürdig gewordenen Ideologie, um ihre Phrasenhaftigkeit zu entlarven. Sie benutzten die Friedensvokabel und funktionierten damit das zur Herrschaftsstabilisierung eingesetzte Verschleierungsmittel zum aufklärenden Zersetzungsinstrument um. Der Staatssicherheitsdienst aber durchschaute ihre taktischen Manöver und behandelte ihre Aktivitäten als „demagogische Anknüpfung und Bezugnahme auf die Friedens- und Menschenrechtsproblematik" und bewertete sie deshalb als „provokatorisch-demonstrative Handlungen"[78]. Auf dem Umweg über das Friedensthema verschafften sich die politisch alternativen Gruppen in der DDR allerdings das Mittel, um ihren Protest gegen die Politik des SED-Staates zu legitimieren, und nahmen damit zugleich die Möglichkeit wahr, den Gebrauch der als Herrschaftsinstrument missbrauchten Friedensvokabel zu delegitimieren.

---

[75] Arbeitskreis Greifswald: Bedürfnisbefriedigung als Basis der Macht. Kritik der Bedürfnisse als Beitrag zu einer gerechten und zukunftsgerechten Gesellschaft, in: Wensierski/Büscher, Beton ist Beton, S. 129–137, hier S. 134.

[76] Wolfgang Templin/Reinhard Weißhuhn, Initiative Frieden und Menschenrechte. Die erste unabhängige DDR-Oppositionsgruppe, in: Helmut Müller-Enbergs/Marianne Schulz/Jan Wielgohs (Hrsg.), Von der Illegalität ins Parlament. Werdegang und Konzepte der neuen Bürgerbewegungen, Berlin 1991, S. 148–165, hier S. 149.

[77] So versahen sie ein Plakat, das das Motto „Schwerter zu Pflugscharen" trug, zusätzlich noch mit dem Marx-Wort „Von allen Dogmen hat keines mehr Unheil angerichtet als das, dass, um Frieden zu haben, man sich zum Krieg rüsten muss", vgl. Rüddenklau, Störenfried, S. 30.

[78] Armin Mitter/Stefan Wolle, „Ich liebe euch doch alle…": Befehle und Lageberichte des MfS: Januar – November 1989, Berlin (Ost) 1990, S. 57, 53.

*Wilfried Mausbach*

# Vereint marschieren, getrennt schlagen?

## Die amerikanische Friedensbewegung und der Widerstand gegen den NATO-Doppelbeschluss[1]

Als der neue amerikanische Präsident Barack Obama Anfang April 2009 in Prag verkündete, seine Regierung strebe eine Welt ohne Atomwaffen an, erntete er Applaus nicht nur auf dem Hradschin, sondern auch von Politikern und Journalisten landauf, landab. Der britische *Guardian* sprach vom Zauber Obamas, der die Regeln des Nuklearzeitalters verändert und das Ende eines strategischen Denkens im Zeichen des Kalten Krieges eingeläutet habe. Der Vorsitzende der Freien Demokratischen Partei (FDP) in Deutschland, Guido Westerwelle, ermunterte die Bundesregierung, Obama beim Wort zu nehmen und über den Abzug der letzten verbliebenen Atomwaffen in der Bundesrepublik zu verhandeln – eine Forderung, die er wenige Monate später als frisch gekürter Außenminister der zweiten, nun christlich-liberalen Regierung Merkel flugs wiederholte. Wolfgang Kraushaar prophezeite in der *Frankfurter Rundschau*, dass Ostermarschierer und andere Abrüstungs- und Friedensaktivisten fortan auf ein „liebgewonnenes Feindbild" verzichten müssten. Angesichts des unglaublichen Schauspiels, dass sich ein US-Präsident an die Spitze der Friedensbewegung gestellt habe, könnten sie jedenfalls „ihre Ziele künftig nicht mehr wie bisher im Gegensatz zum mächtigsten Staat der Welt formulieren". Eva Quistorp, Mitgründerin der Grünen und treibende Kraft der gewaltigen Friedensbewegung Anfang der 1980er Jahre, sah sich zu Tränen gerührt, weil „unsere globalen Kampagnen gegen Atomwaffen [...] endlich ein Ohr bei einem US-Präsidenten gefunden [haben]"[2].

In Washington erinnerte Senator John McCain, der Obama im Präsidentschaftsrennen unterlegen war, derweil daran, dass ein anderer US-Präsident den Traum von einer nuklearwaffenfreien Welt ebenso eloquent vertreten hatte: Ronald Reagan[3]. Tatsächlich glaubte Reagan sogar einen Moment lang, diesem Ziel greifbar nahe gekommen zu sein. Am 12. Oktober 1986, während seines Gipfeltreffens mit dem sowjetischen Generalsekretär Michail Gorbatschow in der isländischen Hauptstadt Reykjavik, warf Reagan am Ende einer langen Verhandlungsrunde ein, seinetwegen könne man alle Atomwaffen eliminieren, wo-

---

[1] Diese Studie hat sehr profitiert von dem Global Networks Teilprojekt im Rahmen der Exzellenzinitiative an der Universität Heidelberg, das u. a. einen kurzfristigen Forschungsaufenthalt in der Swarthmore College Peace Collection (SCPC) ermöglichte. Ich danke deren Kuratorin Wendy Chmielewski und Mary Beth Sigado für die unerschütterliche Gelassenheit und sachliche Kompetenz, mit der sie meine zahlreichen Fragen beantworteten und meine ebenso umfangreichen Bestellungen bearbeiteten. Mein Dank gilt zudem Lawrence Wittner für das Material, das er dem Nuclear Crisis Project zugänglich gemacht hat.

[2] Remarks by President Barack Obama, Hradcany Square, Prague, 5. 4. 2009, http://www.whitehouse.gov/the_press_office/Remarks-By-President-Barack-Obama-In-Prague-As-Delivered (3. 11. 2009); Ian Traynor, The 52 Minutes of Obama Magic that Changed the Nuclear Rules, in: *The Guardian* vom 6. 4. 2009, S. 6; Guido Westerwelle, Amerikanische Atomwaffen in Deutschland sind überflüssig, in: *Hamburger Abendblatt* vom 4. 6. 2009, S. 4 und Agenturmeldung *Agence France Press-German* vom 24. 10. 2009; Wolfgang Kraushaar, No Nukes! Obamas Ankündigung einer atomwaffenfreien Welt und die Friedensbewegung, in: *Frankfurter Rundschau* vom 11. 4. 2009, S. 34; Eva Quistorp, Warum mich Obama zu Tränen rührte, in: *Der Tagesspiegel* vom 28. 4. 2009, S. 6.

[3] Vgl. Congressional Record, 111th Congress, 1st Session, Senate, 3. 6. 2009, S. 5989f., http://thomas.loc.gov/cgi-bin/query/C?r111:./temp/~r111gAl3tI (3. 11. 2009).

rauf Gorbatschow erwiderte: „Das können wir tun" – nur um diese Einwilligung sogleich von Einschränkungen bei Reagans Strategischer Verteidigungsinitiative (SDI) abhängig zu machen. Diese wiederum wollte der amerikanische Präsident keinesfalls akzeptieren, und sprach später verdrießlich von einem „der längsten, enttäuschendsten – und ärgerlichsten – Tage meiner Präsidentschaft"[4].

Ronald Reagans Vorpreschen in Reykjavik löste freilich in Regierungszentralen und Friedenscamps weit weniger enthusiastische Reaktionen aus als Barack Obamas analoge Ankündigung ein Vierteljahrhundert später. Der ehemalige US-Verteidigungsminister James Schlesinger sprach von einer Beinahe-Katastrophe, der man mit viel Glück noch einmal entronnen sei[5]. Als die britische Premierministerin Margaret Thatcher von der Episode erfuhr, hatte sie das Gefühl, der Boden werde ihr unter den Füßen weggezogen. Der französische Staatspräsident François Mitterand bemerkte gallig, Amerikaner und Sowjets hätten das Pokerspiel in Reykjavik doch etwas übertrieben. Europäische Rüstungskontrollexperten fürchteten, dass die Sicherheit Westeuropas einer unheiligen Allianz zwischen ihren einheimischen Friedensbewegungen und einem leichtsinnigen amerikanischen Präsidenten zum Opfer fallen könnte[6].

Daran ist zweierlei bemerkenswert: Zum einen die Vorstellung, dass der halsstarrige Antikommunist Ronald Reagan auf die Linie der Friedensbewegung eingeschwenkt sein könnte. War das wirklich denkbar? Hatte der lederne Cowboy aus dem Weißen Haus sich am Ende als Chamäleon entpuppt? Zum anderen fällt auf, dass als Verbündete Reagans in der scheinbar dräuenden unheiligen Allianz nur die *europäischen* Friedensbewegungen identifiziert werden.

Die erste Frage soll uns hier nur am Rande interessieren. Gleichwohl bleibt festzuhalten, dass Ronald Reagan sich in seiner Abscheu vor Atomwaffen mit der Friedensbewegung traf. Der Journalist, Politikwissenschaftler und spätere US-Diplomat Strobe Talbott, der in den 1980er Jahren für *Time Magazine* den amerikanisch-sowjetischen Raketenschacher verfolgte, bemerkte einmal über Reagan: „He was a romantic, a radical, a nuclear abolitionist."[7] Dieser Grundzug in Reagans Persönlichkeit und Politik hat in den vergangenen Jahren vermehrt Aufmerksamkeit gefunden[8], freilich ohne dass die Wahlverwandtschaft zur Friedensbewegung besonders betont worden wäre. Dabei besteht eine gewisse philosophische Nähe nicht allein darin, dass Reagan das Konzept der gegenseitigen gesi-

---

[4] Ronald Reagan, Erinnerungen. Ein amerikanisches Leben, Berlin 1990, S. 716. Siehe auch die detaillierte Schilderung der Sitzung bei Paul Lettow, Ronald Reagan and His Quest to Abolish Nuclear Weapons, New York 2005, S. 223–226. Für die amerikanischen und sowjetischen Sitzungsprotokolle des Reykjavik-Gipfels vgl. http://www.gwu.edu/~nsarchiv/NSAEBB/NSAEBB203/index.htm sowie ergänzend, http://www.gwu.edu/~nsarchiv/nukevault/ebb311/index.htm (19. 5. 2010).

[5] Vgl. Don Oberdorfer, From the Cold War to a New Era. The United States and the Soviet Union, 1983–1991, Baltimore/London 1998, S. 183–209.

[6] Vgl. Margaret Thatcher, Downing Street No. 10. Die Erinnerungen, Düsseldorf 1993, S. 666; Frédéric Bozo, François Mitterrand, the Euromissiles, and the End of the Cold War, unveröffentl. Vortragsmanuskript, Rom, 10.–12. 12. 2009, S. 10f.; Michael Howard, A European Perspective on the Reagan Years, in: Foreign Affairs 66 (1988), S. 478–493.

[7] Zitiert in Lou Cannon, President Reagan. The Role of a Lifetime, New York 1991, S. 323.

[8] Vgl. Lettow, Reagan, passim; Sean Wilentz, The Age of Reagan. A History, 1974–2008, New York 2008, S. 151–175; Martin Anderson/Annelisa Anderson, Reagan's Secret War. The Untold Story of His Fight to Save the World from Nuclear Disaster, New York 2009; siehe auch den Beitrag von Klaus Schwabe in diesem Band.

cherten Vernichtung als unmoralisch ablehnte und am liebsten alle Atomwaffen abschaffen wollte, sondern auch darin, dass er – wie die amerikanische Friedensbewegung auch – die Glasperlenspiele der Abrüstungsexegeten mit Unverständnis verfolgte und statt dessen auf simple Lösungen setzte. Wenn die Friedensbewegung die Nuklearrüstung schlicht einfrieren wollte, so träumte Reagan davon, Atomwaffen mit Hilfe seiner Strategischen Verteidigungsinitiative (SDI) kurzerhand unwirksam und damit überflüssig zu machen.

Derartige Parallelen sollten uns vor einer holzschnittartigen Gegenüberstellung von nüchtern-rationalen politischen Eliten und idealistisch-naiver Bürgerbewegung warnen. Tatsächlich hatten weite Teile der Friedensbewegung die Feinheiten der Rüstungskontrollpolitik sehr viel stärker verinnerlicht als Ronald Reagan, der verschiedentlich sichtlich Mühe hatte, die Orientierung zu wahren[9]. Vor allem aber würde eine solche Polarisierung den vielfältigen Interaktionen und Verflechtungen nicht gerecht, die zwischen der Friedensbewegung und dem so genannten Establishment in den USA bestanden. David McReynolds von der pazifistischen War Resisters League illustrierte die Bandbreite der Freeze-Kampagne gegenüber einem europäischen Gesinnungsgenossen einmal folgendermaßen: „[I]t reaches all the way from the Soviet-line U.S. Peace Council [...] to William Colby, former CIA head.“[10]

Umso erstaunlicher ist es, dass Zeitgenossen und Historiker der amerikanischen Friedensbewegung relativ wenig Aufmerksamkeit geschenkt haben[11]. In den Berichten über die große Auseinandersetzung um den NATO-Doppelbeschluss kommt sie selten vor. Grund genug für einen Versuch, diese Lücke zu schließen. Ich möchte daher im Folgenden zunächst kurz skizzieren wie und unter welchen Bedingungen die Friedensbewegung in den USA sich entwickelte und welchen Charakter sie hatte. In einem zweiten Schritt soll dann die Politik der Bewegung untersucht werden und die Frage, welche Rolle sie für den Widerstand gegen den NATO-Doppelbeschluss spielte.

## I. Die amerikanische Friedensbewegung: Ursprung, Entwicklung, Erscheinungsbild

In der Kleinstadt King of Prussia, an einer Hauptverkehrsachse vor den Toren Philadelphias, brachen im September 1980 zwei katholische Priester, eine Nonne, ein Jesuit, ein

---

[9] Vgl. etwa David Cortright, Peace Works. The Citizen's Role in Ending the Cold War, Boulder 1993, S. 101f.

[10] David McReynolds an Wim Bartels, 26.8.1983, in: Folder: October Actions to Stop Euromissiles, 1983, Box 134, SANE Records, Swarthmore College Peace Collection, Swarthmore, Penn. (im folg. SCPC).

[11] Dies gilt für die Politikwissenschaft nicht in gleichem Maße. Siehe für die deutsche Forschung: Stefan Fröhlich, Nuclear Freeze Campaign: Die Kampagne für das Einfrieren der Nuklearwaffen unter der Reagan-Administration, Opladen 1990; Bernd W. Kubbig, Amerikanische Rüstungskontrollpolitik: Die innergesellschaftlichen Kräfteverhältnisse in der ersten Amtszeit Reagans (1981–1985), Frankfurt a.M./New York 1988. Auf amerikanischer Seite haben sich vor allem Mitwirkende und Erforscher sozialer Bewegungen intensiv mit der Freeze-Kampagne beschäftigt. Vgl. insbes. Douglas C. Waller, Congress and the Nuclear Freeze. An Inside Look at the Politics of a Mass Movement, Amherst 1987; Frances B. McCrea/Gerald E. Markle, Minutes to Midnight. Nuclear Weapons Protest in America, Newbury Park 1989; David S. Meyer, A Winter of Discontent. The Nuclear Freeze and American Politics, New York 1990; Thomas R. Rochon/David S. Meyer (Hrsg.), Coalitions and Political Movements. The Lessons of the Nuclear Freeze, Boulder 1997.

Theologiestudent, ein Geschichtsprofessor, ein Rechtsanwalt und eine Hausfrau in die örtliche Rüstungsschmiede des General Electric Konzerns ein. Mit Hämmern bewaffnet, machten sie sich unverzüglich an die Umsetzung der biblischen Aufforderung, Schwerter – in diesem Falle Raketennasen – zu Pflugscharen zu schlagen[12]. Bei ihrer Verhaftung stellte sich heraus, dass die beiden Anführer einschlägig bekannt waren. Es handelte sich um die Brüder Daniel und Philip Berrigan. Im Mai 1968 hatten sie landesweit Aufmerksamkeit erregt, indem sie gemeinsam mit sieben weiteren Gegnern des Vietnamkrieges aus einer Einberufungsbehörde in Catonsville, Maryland, 400 Personalakten herausgeholt und auf dem anliegenden Parkplatz mit einer Art selbst gebasteltem Napalm in Brand gesetzt hatten[13]. Auf die Catonsville Nine folgten nun, zwölf Jahre später, die Plowshares Eight.

Die heroisierende Stilisierung, die in solchen Benennungen mitschwingt, ist bei weitem nicht die einzige Gemeinsamkeit zwischen beiden Bewegungen. Auch für personelle Kontinuitäten sind die Berrigans ein Beispiel, das sich beliebig vermehren ließe. Sie reichen von Dave Dellinger, der das wichtigste Sammelbecken der Vietnamkriegsgegner geleitet hatte, über den Kinderarzt Dr. Benjamin Spock und den Reverend William Sloane Coffin bis hin zu Daniel Ellsberg, der der *New York Times* kaum zehn Jahre zuvor die Pentagon Papers zugespielt hatte[14]. Kein Wunder, dass die konservative Rechte kräftig in diese Kerbe schlug. So warnte Ronald Reagan bereits Ende der 1970er Jahre: „[T]he ghosts from the riotous, hate-filled '60s are stalking the land. (…) Today their goal is support of the Salt (sic) II treaties and unilateral disarmament by the U.S."[15] Tatsächlich dürfte das rasche Anwachsen der rüstungskritischen Gruppierungen im Übergang zu den 1980er Jahren sich auch daraus erklären, dass ein großes Reservoir aus erprobten Anti-Vietnamkriegsaktivisten gleichsam nach einem neuen Betätigungsfeld suchte[16].

Insgesamt überwiegen freilich die Unterschiede. Zum einen griff die Antiatomwaffenbewegung thematisch und teilweise auch personell hinter die 68er-Bewegung zurück auf die Nuklearkritik der ersten beiden Nachkriegsjahrzehnte, die nach dem Teststoppabkommen von 1963 weitgehend verstummt und anschließend zu erheblichen Teilen im Protest gegen den Vietnamkrieg aufgegangen war. Zum anderen bot die neue Friedensbewegung der Öffentlichkeit ein ganz anderes Bild als die Vietnamkriegsgegner der 1960er und frühen 1970er Jahre. Obwohl beide Bewegungen von breiten gesellschaftlichen Schichten getragen wurden, dominierten in der öffentlichen Wahrnehmung doch ganz klar Studenten den Vietnamprotest[17]. Die Studenten von 1968 aber waren die Professoren von 1979.

---

[12] Siehe Colman McCarthy, But the Berrigans Haven't Changed, in: *Washington Post* vom 16. 10. 1980, S. A19; McWilliam Robbins, Berrigans See a Reawakening for Antiwar Activists, in: *New York Times* vom 13. 12. 1980, S. 8; siehe auch Lawrence S. Wittner, Toward Nuclear Abolition. A History of the World Nuclear Disarmament Movement, 1971 to the Present, Stanford 2003, S. 72.

[13] Vgl. Charles DeBenedetti (with Charles Chatfield), An American Ordeal. The Antiwar Movement of the Vietnam Era, Syracuse 1990, S. 219.

[14] Vgl. Echoes of the 60s Resound at Nuclear Protest in Park, in: *Los Angeles Times* vom 29. 1. 1979, S. SD4; Sandra G. Boodman, A 60's Style Protest, in: *Washington Post* vom 18. 11. 1980, S. C1; Robin Herman, Protesters Old and New Forge Alliance for Antinuclear Rally, in: *New York Times* vom 4. 6. 1982, S. B6; Joyce Wadler, The Activists: Familiar Faces, a Familiar Fight, Different Arena, in: *Washington Post* vom 1. 10. 1982, S. A12.

[15] Zit. n. Wittner, Toward Nuclear Abolition, S. 112.

[16] Vgl. Paul Wehr, Nuclear Pacifism as Collective Action, in: Journal of Peace Research 23 (1986), S. 103–113.

[17] Zur Breite der Anti-Vietnamkriegsbewegung siehe Nancy Zaroulis/Gerald Sullivan, Who Spoke Up? American Protest Against the War in Vietnam, Garden City 1984.

Das mag mit ein Grund dafür gewesen sein, dass die neue Bewegung deutlich weniger systemüberwindenden Elan entwickelte.

Nicht dass es daran völlig gefehlt hätte. In einer der wichtigsten Dachorganisationen der Bewegung, der Mobilization for Survival, in der sich im April 1977 Gegner der zivilen ebenso wie der militärischen Nutzung von Kernenergie zusammengefunden hatten und die sich – wie die National Mobilization to End the War in Vietnam ein Jahrzehnt zuvor – kurz „Mobe“ nannte, legten einzelne Gruppen durchaus Wert auf die Verbindung des Wettrüstens mit sozialen und wirtschaftlichen Fragen[18]. Auch Kay Camp von der Women's International League for Peace and Freedom (WILPF) zielte auf tiefer liegende, kulturelle Dispositionen, die dem Rüstungswettlauf zugrunde lagen. Nachdem sie gemeinsam mit 13 Gesinnungsgenossinnen am 10. Dezember 1979 das NATO-Hauptquartier in Brüssel besucht hatte – zwei Tage bevor dort der Doppelbeschluss verabschiedet wurde –, berichtete sie: „Our visit to NATO left us more than ever convinced that the entire anti-human fantasy world of institutionalized machismo must no longer be allowed to dominate our lives. [...] We must liberate ourselves from the ‚worst case‘ scenario-writers and war gamesmen, and help liberate these men who run the world from their warped image of masculinity.“[19]

Das einflussreichste, die öffentliche Wahrnehmung bestimmende Sammelbecken der Friedensbewegung freilich, die Nuclear Weapons Freeze Campaign, trat dezidiert moderat auf. Darauf achtete zuvorderst Randall Forsberg selbst, die ihren Aufruf an beide Supermächte, Herstellung, Testversuche und Stationierung von Nuklearwaffen umgehend auf dem aktuellen Stand einzufrieren, im Dezember 1979 auf einer Konferenz der „Mobe“ vorgestellt hatte. Die ehemalige Englischlehrerin war nach ihrer heiratsbedingten Übersiedlung nach Schweden Mitte der 1960er Jahre als Sekretärin am Stockholm International Peace Research Institute (SIPRI) erstmals mit Rüstungsfragen konfrontiert worden, setzte – in die USA zurückgekehrt – ihre Beschäftigung mit der Materie durch ein Studium am MIT fort und gründete schließlich in Boston ihr eigenes Institute for Defense and Disarmament Studies[20]. Forsberg verstand sich als *professional* und war wenig geneigt, sich von Befürwortern direkter Aktionen und zivilen Ungehorsams – was sie „the sort of pacifist-vegetarian anti-corporate value system“ nannte – die Butter vom Brot nehmen zu lassen. „I was very anxious“, erinnerte sie sich, „that the language be very neutral and the ultimate focus be very political, and therefore very middle class, very within-the-system, working with the system and within the system rather than alienating it from the system and giving up on it.“[21] Entsprechend bodenständig und seriös präsentierte sich die Freeze-Kampagne. Gut ausgebildete Fachkräfte und eine Vielzahl von berufsspezifischen Vereinigungen bildeten ein starkes Rückgrat der Bewegung. Zu den affiliierten Organisationen zählten die Federation of American Scientists (FAS), die Union of Concerned Scientists (UCS), die Physicians for Social Responsibility (PSR), die Lawyers' Alliance for Nuclear

[18] Vgl. Wittner, Toward Nuclear Abolition, S. 30, 171f.; Robert Leavitt, Freezing the Arms Race: The Genesis of a Mass Movement, Mss. 1983, S. 26, Nuclear Weapons Freeze Campaign Records, Institute for Defense and Disarmament Studies, Cambridge, Mass. (NWFC Records, IDDS) (Wittner Material).

[19] Kay Camp, Fourteen Females in Fantasyland: A Visit to NATO Headquarters, in: Box 26, Series A.2, WILPF Records, SCPC (Wittner Material). Die Geschichte dieser Organisation beleuchtet Catherine Foster, Women for All Seasons: The Story of the Women's International League for Peace and Freedom, Athens 1989.

[20] Vgl. Fox Butterfield, Anatomy of the Nuclear Protest, in: *New York Times Sunday Magazine* vom 11. 7. 1982, S. 14–17, 32–35.

[21] Zit. n. Leavitt, Freezing the Arms Race, S. 23.

Arms Control, Architects for Social Responsibility und Computer Professionals for Social Responsibility sowie nicht zuletzt die Vereinigung Performing Artists for Nuclear Disarmament, der Musiker und Schauspieler wie James Taylor, Chaka Khan und Meryl Streep angehörten. Aber auch ganze Berufsverbände erklärten öffentlich ihre Unterstützung für die Freeze-Kampagne, darunter die American Historical Association und die Association of American Geographers[22]. Die *Los Angeles Times* antizipierte bereits den Anti-Atom-Aktivisten im Smoking und zitierte einen Rüstungskritiker im maßgeschneiderten Anzug mit der galligen Frage: „Why sail toward nuclear apocalypse without a tie?“[23]

Ein zweites wichtiges Rückgrat der Bewegung stellten die Kirchen dar. Auch darauf verweist bereits die Zusammensetzung der Raketenknacker in King of Prussia. Vor allem der katholische Hintergrund der Berrigans und ihrer Helfershelfer springt ins Auge. Dass das American Friends Service Committee (AFSC), die bereits im Ersten Weltkrieg gegründete pazifistische Quäkerorganisation, eine maßgebliche Stütze der Bewegung war, überrascht nicht[24]. Dass aber die Kirchen insgesamt und „allen voran die katholische Kirche als bedeutendster Einzelakteur, zu einem relevanten Faktor und zum größten Forum der Friedensbewegung wurde“[25], verblüffte doch die meisten Beobachter. Bereits im September 1979 verurteilten Vertreter der amerikanischen Bischofskonferenz vor dem Auswärtigen Ausschuss des US-Senats die Androhung eines Nuklearwaffeneinsatzes und verlangten eine Beendigung der atomaren Abschreckung. Der Erzbischof von Seattle forderte seine Gemeinde auf, aus Protest gegen den Rüstungswettlauf die Hälfte ihrer Einkommenssteuern einzubehalten. Eine Gemeinde aus Indianapolis schaffte es mit dem finanziell marginalen, aber symbolisch eindrucksvollen Boykott der Bundessteuern auf ihre Telefonrechnungen sogar auf die Titelseite des konservativen *Wall Street Journal*: „That simple gesture, by a small Catholic parish in the nation's heartland“, so das Blatt, „illustrates that opposition to nuclear weapons is spreading beyond familiar militant groups and into the American mainstream.“ Im Mai 1983 verabschiedete die Bischofskonferenz einen Hirtenbrief, der tiefe Einschnitte in das Raketenarsenal beider Supermächte forderte[26]. Auch die großen protestantischen Kirchen – Presbyterianer, Methodisten und Lutheraner – stimmten in den rüstungskritischen Chor der Kirchen ein, und selbst die konservativen Baptisten erklärten, die Existenz – geschweige denn der Einsatz – von Nuklearwaffen sei ein direkter Affront gegen ihren christlichen Glauben. Eine Reihe maßgeblicher jüdischer Organisationen schloss sich dem Freeze-Aufruf ebenfalls an, und die Pläne zur Stationierung von

---

[22] Vgl. Wittner, Toward Nuclear Abolition, S. 172–177, 182; Robin Herman, Antinuclear Groups Are Using Professions as Rallying Points, in: *New York Times* vom 5. 6. 1982, S. 26; Siehe auch Fröhlich, Nuclear Freeze Campaign, S. 33–65 sowie den tabellarischen Überblick über das Spektrum der amerikanischen Friedens- und Freeze-Bewegung bei Kubbig, Rüstungskontrollpolitik, S. 50–52.

[23] Al Martinez, Nuclear Apocalypse in Black Tie. Peace Activists Clean Up Image to Reach ‚the Folks', in: *Los Angeles Times* vom 27. 2. 1983, S. A1. Siehe zur Darstellung der Freeze-Kampagne in den Medien auch Meyer, Winter of Discontent, S. 128–133.

[24] Vgl. Wittner, Toward Nuclear Abolition, S. 25–28, 71–77; Fröhlich, Nuclear Freeze Campaign, S. 25–30; Oral History Interview von Lawrence Wittner mit Randall Kehler, Albany, NY, 20. 8. 1999, Wittner Material.

[25] Kubbig, Amerikanische Rüstungskontrollpolitik, S. 66.

[26] Vgl. Wittner, Toward Nuclear Abolition, S. 72, 180; Gerald F. Seib, Atomic Angst, in: *Wall Street Journal* vom 9. 12. 1981, S. 1. Siehe auch Fröhlich, Nuclear Freeze Campaign, S. 97–101; John Dart, Bishops Offer Choice Between the Pope, Reagan, in: *Los Angeles Times* vom 24. 10. 1981, S. B8; Richard N. Ostling, Bishops and the Bomb, in: *Time Magazine* vom 29. 11. 1982; Michael Novak, American Bishops and Nuclear Disarmament, in: *Wall Street Journal* vom 14. 1. 1982, S. 29.

MX-Interkontinentalraketen in Nevada und Utah trieben sogar traditionell regierungstreue Mormonen in das Lager der Rüstungskritiker[27]. Ein aufmerksamer Beobachter stellte nicht zu Unrecht fest: „Wherever one turns in the peace movement there's the shadow of the churches."[28]

Natürlich bedurfte es einer Reihe kritischer Ereignisse, um eine zunächst relativ geringe Anzahl von Rüstungskritikern zusätzlich anzuspornen und breite Bevölkerungsschichten für ihre Botschaft zu sensibilisieren. Eine beträchtliche Anzahl dieser Ereignisse fiel bereits in die Amtszeit von Präsident Jimmy Carter. Obwohl Abrüstungsbefürworter zunächst große Hoffnungen in ihn setzten, machte Carters sprunghafte Unberechenbarkeit ihnen bald ebenso zu schaffen wie seinen Partnern in Bonn und anderswo. Kaum sechs Monate im Amt gelangten die Pläne der Administration für eine Waffe mit gesteigerter Strahlungswirkung an die Öffentlichkeit und läuteten das knapp ein Jahr währende Debakel um die sogenannte Neutronenbombe ein[29]. Kaum war dieses Thema vom Tisch, bot die erste Sondersitzung der Vereinten Nationen zum Abrüstungsproblem der entstehenden Friedensbewegung im Frühjahr 1978 eine ideale Plattform, ihr Anliegen in die Öffentlichkeit zu tragen und verstärkte zugleich ihre Zweifel an Jimmy Carter, der in New York durch Abwesenheit glänzte. Im folgenden Jahr standen dem erfolgreichen Abschluss des SALT-II-Abkommens Carters Entscheidung zum Bau der MX-Interkontinentalraketen sowie der NATO-Doppelbeschluss gegenüber[30]. Jenseits der Rüstungspolitik gab die Teilkernschmelze im Reaktor von Three Mile Island bei Harrisburg der Anti-Atom-Bewegung starken Auftrieb. Die Risiken der Nukleartechnik klar vor Augen, beschlich die amerikanische Öffentlichkeit bald auch das Gefühl einer möglichen Kriegsgefahr, nachdem der sowjetische Einmarsch in Afghanistan im Dezember 1979 den Abrüstungsprozess zu Beginn des neuen Jahrzehnts mit kreischenden Bremsen zum Stillstand kommen ließ. Die der Presse zugespielte Nachricht, dass Präsident Carter eine neue Direktive unterzeichnet hatte, die das größte militärische Beschaffungsprogramm seit 30 Jahren anordnete und die USA dazu befähigen sollte, einen erfolgreichen Atomkrieg auf allen Stufen der Eskalation zu führen, dürfte vor diesem Hintergrund kaum beruhigend gewirkt haben, ebenso wenig der Einfall des Fernsehsenders CBS zu Beginn einer fünfteiligen Serie über die Verteidigung Amerikas die Zerstörung von Omaha, Nebraska, durch eine Atombombe zu simulieren[31].

Wenn demnach der Boden für eine breite Friedensbewegung zu Beginn der 1980er Jahre schon bereitet war, so verhalf ihr die Wahl Ronald Reagans endgültig zum Durchbruch. Aktivisten bezweifelten selbst, dass die Bewegung je solche Ausmaße hätte erreichen können, wenn – wie ein Teilnehmer meinte – Reagan einfach für die ersten sechs Monate seiner Amtszeit ‚die Klappe gehalten' und dann irgendeine Art Vereinbarung mit den Sowjets getroffen hätte[32]. Stattdessen deutete der Präsident gegenüber Chefredakteuren an, dass ein Nuklearkrieg auf Europa begrenzt bleiben könnte; sein Außenminister

[27] Vgl. Wittner, Toward Nuclear Abolition, S. 179f.; Kubbig, Amerikanische Rüstungskontrollpolitik, S. 65–71; Battling the Bomb, in: *Time Magazine* vom 4. 1. 1982.
[28] Zit. n. L. Bruce van Voorst, The Critical Masses, in: Foreign Policy 48 (1982), S. 82–93, hier S. 86.
[29] Vgl. dazu Vincent A. Auger, The Dynamics of Foreign Policy Analysis. The Carter Administration and the Neutron Bomb, Lanham 1996; Sherri L. Wasserman, The Neutron Bomb. A Study in Alliance Politics, New York 1983. Vgl. dazu auch den Beitrag von Tim Geiger in diesem Band.
[30] Vgl. jetzt auch Brian J. Auten, Carter's Conversion. The Hardening of American Defense Policy, Columbia 2008.
[31] Vgl. Tom Shales, CBS' Epic ‚Defense', in: *Washington Post* vom 14. 6. 1981, S. K1.
[32] Vgl. Leavitt, Freezing the Arms Race, S. 28.

Alexander Haig enthüllte, dass NATO-Planspiele vorsahen, im Falle eines konventionellen Angriffs der Warschauer-Pakt-Staaten demonstrativ eine Atombombe zu zünden, und eine in die Presse gelangte neue Verteidigungsrichtlinie forderte von den amerikanischen Nuklearstreitkräften, dass sie in einem sich hinziehenden Schlagabtausch mit der Sowjetunion am Ende obsiegen müssten. Verteidigungsminister Caspar Weinberger gefiel es derweil, die Wiederaufnahme des Projekts Neutronenbombe just am Jahrestag des Atombombenabwurfs auf Hiroshima zu verkünden. „I sometimes think," schrieb ein politischer Kolumnist, „[Weinberger] must be a ‚Manchurian Candidate', planted by the Russians years ago to strengthen forces for peaceful coexistence in the United States." In einem geschwind zusammengeschriebenen Bestseller bündelte Robert Scheer, ein Reporter der *Los Angeles Times*, unzählige Bemerkungen aus der Reagan-Administration und ihrem Umfeld, die nahelegten, dass ein Atomkrieg schon zu überstehen sei – Hauptsache man habe genug Schaufeln. Mittlerweile war der Anteil der Amerikaner, die befürchteten, dass es durch Ronald Reagan zu einem Krieg kommen könnte, zwischen April und November 1981 von 33 auf 48 Prozent gestiegen[33].

Die Bedeutung des Regierungswechsels für das Anwachsen der Friedensbewegung erschöpfte sich freilich nicht in abenteuerlichen Verlautbarungen der neuen Administration. Nachhaltig ins Gewicht fiel darüber hinaus, dass Reagan und sein Team bis in die untersten Ränge hinein die relevanten Regierungsbehörden von Rüstungsexperten säuberten, die ihr zu nachgiebig erschienen. Nicht wenige der Gefeuerten setzten ihr Expertenwissen daraufhin für Aufklärungszwecke ein, was meist den Rüstungskritikern zugute kam. So reiste etwa Roger Molander, der bis Januar 1981 drei aufeinanderfolgenden Administrationen als Nuklearexperte im Nationalen Sicherheitsrat gedient hatte, anschließend mit seiner Organisation Ground Zero durchs Land und informierte die Menschen über die Folgen einer Atomexplosion. Zu den bekannteren Gesichtern, die nach ihrem Ausscheiden aus der Regierung auf Veranstaltungen der Friedensbewegung auftraten, zählten Cyrus Vance und Paul Warnke, die als Außenminister bzw. Direktor der Abrüstungsbehörde und SALT-Verhandlungsführer bereits während der Amtszeit Carters resignierten, nachdem sie den internen Machtkampf gegen Sicherheitsberater Zbigniew Brzezinski verloren hatten. Warnke gründete 1982 ein Political Action Committee, um rüstungskritische Politiker bei den Zwischenwahlen zum US-Kongress zu unterstützen. Andere prominente Persönlichkeiten aus dem National Security Establishment der USA stimmten in den Chor der Friedensbewegten ein, darunter der geistige Vater des Eindämmungskonzepts, George Kennan, der ehemalige Verteidigungsminister Clark Clifford und William Colby, CIA-Direktor unter den Präsidenten Nixon und Ford. Solche Namen erweckten nicht nur den Eindruck von Seriosität, sondern sorgten zudem für ein wachsendes – und zunehmend positives – Medienecho[34].

---

[33] Vgl. Wittner, Toward Nuclear Abolition, S. 121–123; Meyer, Winter of Discontent, S. 71–74; Alexander Cockburn, To End the Nuclear Horror, Tougher Politics is Needed, in: *Los Angeles Times* vom 13. 6. 1982, S. F3; Robert Scheer, With Just Enough Shovels: Reagan, Bush and Nuclear War, New York 1982 (dt.: Und brennend stürzen die Vögel vom Himmel: Reagan und der ‚begrenzte' Atomkrieg, München 1983); Kubbig, Amerikanische Rüstungskontrollpolitik, S. 39. In dem 1962 verfilmten Politthriller „The Manchurian Candidate" (dt. Botschafter der Angst) wird ein während des Koreakrieges gefangen genommener US-Soldat von den Kommunisten einer Hirnwäsche unterzogen und anschließend als willenloses Mordinstrument wieder in die USA eingeschleust.

[34] Vgl. David S. Meyer, Protest Cycles and Political Process: American Peace Movements in the Nuclear Age, in: Political Research Quarterly 46 (1993), S. 451–475; ders., Winter of Discontent, S. 93–101;

Aufgrund all dieser Entwicklungen explodierten zu Beginn der 1980er Jahre die Mitgliederzahlen sämtlicher Friedensgruppen. Das bereits in den 1950er Jahren gegründete, aber seit fast zwei Jahrzehnten vor sich hin dümpelnde Committee for a Sane Nuclear Policy (SANE) steigerte seine Beitrag zahlende Anhängerschaft allein im Jahr 1981 um 70 Prozent und bis 1984 um sage und schreibe 800 Prozent. Im Council for a Livable World (CLW) engagierten sich 1979 knapp 7500 Menschen, wenige Jahre später aber fast 100 000. Die Physicians for Social Responsibility verzehnfachten ihre Mitgliederzahl zwischen 1981 und 1985. Der Adressverteiler des Center for Defense Information umfasste zu Beginn des Jahrzehnts 14 000 Einträge, fünf Jahre später hingegen über 100 000. Die Freeze-Kampagne konnte Ende 1981 auf zehntausende Aktivisten in 43 US-Bundesstaaten zählen und wenige Monate später 2,3 Mio. Unterschriften für eine Petition an die Vertretungen der Supermächte bei den Vereinten Nationen gewinnen. Verschiedene Umfragen ergaben, dass im Jahr 1983 durchschnittlich 72 Prozent der Amerikaner ein Einfrieren des Rüstungswettlaufs befürworteten[35].

Die amerikanische Friedensbewegung verfügte Anfang der 1980er Jahre demnach durchaus über genügend Gewicht, um ihrem Anliegen Gehör zu verschaffen. Worin aber bestand dieses Anliegen und auf welche Weise sollte es verwirklicht werden?

## II. Die amerikanische Friedensbewegung und der NATO-Doppelbeschluss

Das eindrucksvolle Wachstum der amerikanischen Friedensbewegung zu Beginn der 1980er Jahre darf nicht darüber hinwegtäuschen, dass sie in eine buntscheckige Ansammlung von Gruppen und Grüppchen zerfiel, die zum Teil ganz unterschiedliche Ziele und Strategien verfolgten. Das Spektrum reichte von Roger Molanders bereits erwähnter Organisation Ground Zero, die keinerlei Rezept gegen das Wettrüsten anbot, sondern lediglich über Zerstörungen, Strahlenbelastung und Überlebenschancen nach einer Atombombenexplosion aufklären wollte, bis hin zu antiimperialistischen Gruppen wie der War Resisters League (WRL) und dem Fellowship of Reconciliation (FOR)[36]. Die Freeze-Formel stellte den kleinsten gemeinsamen Nenner dar, auf den sich die meisten dieser Gruppierungen einigen konnten und auf dessen Anziehungskraft sie nicht verzichten wollten. Die simple und eingängige Aufforderung des Einfrierens durchbrach „die Aura technisch versierter Rüstungskontrollexperten, Hohepriester und Exegeten strategischer Doktrinen und Vertreter komplexer, aber unverständlicher ‚arms control'-Konzepte"[37]. Die Freeze-Kampagne zielte damit bewusst auf größtmögliche Mobilisierung und setzte von vornherein darauf,

---

Fröhlich, Nuclear Freeze Campaign, S. 113–123; Pam Solo, From Protest to Policy. Beyond the Freeze to Common Security, Cambridge 1988, S. 20f., 45–49; Leavitt, Freezing the Arms Race, S. 28; Frank Donner, But Will They Come?, in: *The Nation* vom 6. 11. 1982.

[35] Vgl. Fröhlich, Nuclear Freeze Campaign, S. 89; Wittner, Toward Nuclear Abolition, S. 172–177; Jeffrey W. Knopf, The Nuclear Freeze Movement's Effect on Policy, in: Thomas R. Rochon/David S. Meyer (Hrsg.), Coalitions & Political Movements. The Lessons of the Nuclear Freeze, Boulder/London 1997, S. 127–161, hier S. 159, Anm. 10. Siehe auch Kubbig, Amerikanische Rüstungskontrollpolitik, S. 49–64; McCrea/Markle, Minutes to Midnight, S. 105–111.

[36] Vgl. Kurt Andersen, Nuclear Consciousness Raising, in: *Time Magazine* vom 3. 5. 1982; Wendell Rawls Jr., Nuclear Arms Protests Grow in Usually Pro-Military South, in: *New York Times* vom 23. 4. 1982, S. A1; James Kelly, Thinking the Unthinkable, in: *Time Magazine* vom 29. 3. 1982; Fröhlich, Nuclear Freeze Campaign, S. 80–147.

[37] Kubbig, Amerikanische Rüstungskontrollpolitik, S. 57.

diese Mobilisierung *innerhalb* des politischen Prozesses in basisdemokratische Referenden und parlamentarische Resolutionen umzumünzen.

Diese strategischen Vorentscheidungen zwangen die Bewegung dazu, vier Prinzipien zu beachten, die letztlich ihren Widerstand gegen den NATO-Doppelbeschluss beeinträchtigen und eine wirksame Aktionseinheit mit der europäischen Friedensbewegung unterminieren sollten: Erstens, nicht die Abschaffung von Atomwaffen, sondern ein Stopp ihrer Produktion, Erprobung und Dislozierung sollte das Ziel sein; zweitens, sollte dieser Schritt nicht unilateral, sondern bilateral erfolgen; drittens, wurde ein umfassendes Einfrieren für alle Arten von Nuklearwaffen gefordert, nicht allein für Mittelstreckenraketen, womit, viertens, die Perspektive der Bewegung global statt eurozentrisch war[38]. All dies warf naturgemäß für eine effektive Kampagne gegen den NATO-Doppelbeschluss beträchtliche Hürden auf.

An Bemühungen, den Doppelbeschluss zur Zielscheibe massiver Kritik auch in den USA zu machen und eine schlagkräftige Aktionseinheit mit europäischen Friedensgruppen herzustellen, hat es gleichwohl nicht gefehlt. Bereits im Vorfeld der Brüsseler NATO-Ratstagung im Dezember 1979 riefen AFSC, SANE und andere Organisationen ihre Anhänger dazu auf, vor dem Weißen Haus ihre Solidarität mit den europäischen Kritikern des geplanten Doppelbeschlusses zu demonstrieren. Die Pershing-II und Marschflugkörper, so warnten sie, nährten die Vision eines auf Europa begrenzten Atomkrieges, „a strategic fantasy which is unlikely to be realized in the political and psychological environment of nuclear hostilities between NATO and the Warsaw Pact“[39]. Ein nuklearer Schlagabtausch, der zwangsläufig auch die USA träfe, werde durch die neuen Waffensysteme zudem wahrscheinlicher, da diese die sowjetische Zweitschlagskapazität ins Visier nähmen und somit deren vorschnellem Einsatz Vorschub leisteten. Die amerikanischen Rüstungsgegner fürchteten darüber hinaus, dass eine europäische Stationierungsentscheidung den in der Schwebe befindlichen SALT-II-Vertrag unterminieren und ihren eigenen Widerstand gegen die MX-Interkontinentalraketen erschweren würde. Sie appellierten deshalb an ihre Anhänger, mit Briefen, Telegrammen und Telefonanrufen bei Präsident Carter und Mitgliedern seines Sicherheitsrates ebenso wie bei ihren Volksvertretern in den einschlägigen Ausschüssen des US-Kongresses gegen eine Stationierung neuer Raketen in Europa zu protestieren[40].

Kaum dass die NATO den Doppelbeschluss verabschiedet hatte, trafen sich Anfang Januar 1980 in Philadelphia Aktivisten von sechs der größten US-Friedensgruppierungen, um zu beratschlagen, wie die amerikanische Öffentlichkeit gegen die europäische Nachrüstung in Stellung gebracht werden könne. Es herrschte Einigkeit, dass es einer nachhaltigen Aufklärungskampagne bedürfe[41]. Dabei sollte insbesondere das aus Regierungskreisen immer wieder vorgebrachte Argument entkräftet werden, wonach die Stationierung notwendig sei, um den Zusammenhalt der NATO zu stärken. „We need to spread information here about European opposition in order to turn that argument around in our favor“,

---

38 Vgl. Wittner, Toward Nuclear Abolition, S. 169; David Cortright/Ron Pagnucco, Transnational Activism in the Nuclear Weapons Freeze Campaign, in: Rochon/Meyer, Coalitions & Political Movements, S. 81–94; dies., Limits to Transnationalism: The 1980s Freeze Campaign, in: Jackie Smith/Charles Chatfield/Ron Pagnucco (Hrsg.), Transnational Social Movements and Global Politics: Solidarity Beyond the State, Syracuse 1997, S. 159–174.

39 Alan Geyer, New Missiles for NATO? Ten Objections, 24. 10. 1979, in: SANE Records, SCPC, Box 70. Siehe auch SANE News, 7. 12. 1979, ebenda.

40 Vgl. Marta Daniels/Everett Mendelsohn, New Threats to Nuclear Disarmament, undatiert, ebenda.

41 Vgl. Memorandum on Meeting to Oppose NATO Nuclear Weapons Build-Up, undatiert (Januar 1980), in: Folder: NATO Project File, Box 131, ebenda.

beschwor Glen Stassen, Beiratsmitglied der Organisation Clergy and Laity Concerned (CALC) und Ethikprofessor am Southern Baptist Theological Seminary in Louisville, Kentucky, den SANE-Geschäftsführer David Cortright, und wies darauf hin, dass etliche europäische Regierungen der Nachrüstung unter allen Umständen durch eine Verhandlungslösung zuvorkommen wollten[42]. Im Mittelpunkt der Bemühungen von SANE stand denn auch eine Konferenz in Washington, die skeptische Politiker und Militärexperten aus Europa mit amerikanischen Kongressabgeordneten zusammenbringen sollte, um die Notwendigkeit von Verhandlungen zu betonen und einen Aufschub der Stationierung zu erreichen. Im Frühherbst 1980 bemühte sich Cortrights Mitarbeiter Michael Mawby, in Europa eine entsprechende Delegation zu rekrutieren. Während er in Italien mit Senator Nino Pasti, einem ehemaligen stellvertretenden NATO-Kommandeur, und in England mit Jo Richardson, Präsidiumsmitglied der Labour Party und zugleich Vizepräsidentin der Campaign for Nuclear Disarmament (CND), rasch fündig wurde, musste Mawby in der Bundesrepublik einige vergleichsweise ernüchternde Erfahrungen machen „My most disconcerting meetings were with Johannes Altmeppen and Karsten Voigt", schrieb Mawby an Gerhard Kade, der ihm eine ganze Reihe von Kontakten vermittelt hatte[43]. Altmeppen, Referent für Abrüstung und Rüstungskontrolle in der SPD-Bundestagsfraktion, erschien Mawby alles andere als dezidiert rüstungskritisch, und Karsten Voigt, ehemaliger Juso-Vorsitzender und inzwischen Mitglied des SPD-Fraktionsvorstands und Obmann seiner Partei im Auswärtigen Ausschuss des Deutschen Bundestages, machte ihm keinerlei Hoffnung, dass der Doppelbeschluss rückgängig zu machen sei. „I'm afraid that Voigt's positions [...] do not leave very much room for him to help us try to reverse opinion in the U.S. on the NATO buildup", schrieb Mawby in seinem Bericht für SANE[44]. Die Wahl der Konferenzorganisatoren fiel schließlich auf Karl-Heinz Hansen und Gert Bastian. Während Bastian als ehemaliger Bundeswehrgeneral und Mitinitiator des Krefelder Appells ideal in das von SANE favorisierte Profil passte, aber so schlecht Englisch sprach, dass er darauf bestand, seine Mitstreiterin und Lebenspartnerin Petra Kelly mitzubringen, erfuhr Ed Glennon, der für SANE die Doppelbeschluss-Opposition koordinierte, erst von dem Grünen-Gründungsmitglied Kelly wie isoliert der Sozialdemokrat Hansen tatsächlich in seiner eigenen Partei war[45]. Als die Konferenz Anfang Dezember 1981 endlich stattfand, hatte der heftige Kritiker Helmut Schmidts, der – wie SPD-Intimus Norman Birnbaum bereits im Sommer zu berichten wusste – um sein politisches Überleben kämpfte[46], diesen Kampf verloren und war inzwischen aus der SPD ausgeschlossen worden.

Obwohl die Konferenz einige Resonanz auf dem Kapitolshügel fand und SANE eigens eine Public Relations Firma engagiert hatte, um den europäischen Kritikern zu öffentlichkeitswirksamen Medienauftritten in Washington, Chicago, Salt Lake City und Los Angeles

---

[42] Stassen an Cortright, 2.3.1981, in: Folder: European Peace Movement Contacts, Box 70, ebenda.

[43] Mawby an Kade, 16.10.1982, in: Folder: Mike Mawby's Contacts in Europe, Box 131, ebenda.

[44] Vgl. Michael Mawby, Report on Visits in Europe with Leading Military Experts, 21.10.1980, in: ebenda. Dort auch Mawbys handschriftliche Reisenotizen, in denen er vermerkte: „Voigt plays the game [...,] believes you can work inside + outside. He is a ‚tactician' choosing inside. [...] almost pragmatic to a fault." Mawby bewies das richtige Gespür. Im Oktober 1981 sprach Voigt sich gegen einen einseitigen Verzicht auf die Nachrüstung aus und baute fortan zielstrebig sein Renommee als verantwortungsbewusster Außenpolitiker aus.

[45] Vgl. Ed Glennon an Petra Kelly, 23.10.1981, in: Folder: Dec. '81 NATO Conference, ebenda.

[46] Vgl. Norman Birnbaum an Marcus Raskin, 21.6.1981, in: Folder: Euromissiles Conference, Box 71, ebenda.

zu verhelfen, zog Glennon anschließend eine ernüchternde Bilanz: „The actual conference [...] was an unfocused, uninteresting, and poorly attended event."[47] Zur Konferenz seien lediglich Kongressmitarbeiter erschienen, die ohnehin schon mit der Friedensbewegung sympathisierten, und die Medienauftritte hätten zwar einige publikumswirksame Fernsehauftritte und Radiointerviews (Richardson und Hansen in der NBC Today Show, Kelly und Bastian auf CNN und im National Public Radio) umfasst, die aber rasch verpufft seien, während die schreibende Zunft eine große Pressekonferenz zwar zahlreich besucht, aber eher als Hintergrundmaterial behandelt habe, statt größere Artikel darüber zu bringen[48]. Glennon resümierte deshalb: „The NATO Conference failed to achieve the most important goals it was intended to accomplish."

Erfreulicher gestalteten sich die Bemühungen der Rüstungskritiker auf der Graswurzelebene. Unter Federführung von AFSC und CALC veranstalteten sie im Frühjahr 1982 eine regelrechte Vortragstournee, die elf europäische Friedensaktivisten aus der Bundesrepublik, Dänemark, Großbritannien, Italien und den Niederlanden durch 53 Städte und Gemeinden in 35 US-Bundesstaaten führte. Die Organisatoren sahen in dem Gastspiel, wie sie in einer Pressemitteilung schrieben, „an extension of the massive peace marches that shook European capitals last fall" und sie hofften, dass der Funke überspringen und in den USA einen ähnlichen Flächenbrand entfachen werde[49]. Tatsächlich übertraf das Echo alle Erwartungen. Die Veranstalter schätzten, mit der Aktion 200000 Leute direkt und 50 Mio. über die Medien erreicht zu haben[50]. Freilich hätten die Friedensbotschafter aus Europa auch kaum einen günstigeren Zeitpunkt abpassen können als die letzte März- und erste Aprilwoche 1982: In der ersten Februarhälfte waren Jonathan Schells aufrüttelnde Essays über die sozialen und ökologischen Auswirkungen eines nuklearen Holocaust im *New Yorker* erschienen[51]; zur gleichen Zeit hatte der Abgeordnete Edward Markey aus Massachusetts gemeinsam mit 28 Kollegen eine Freeze-Resolution im US-Repräsentantenhaus eingebracht und sie den etwas überrumpelten Delegierten der zweiten National Nuclear Weapons Freeze Conference in Denver vorgelegt; Edward Kennedy und Mark Hatfield legten am 10. März mit ihrer eigenen, parteiübergreifenden Freeze-Resolution im US-Senat nach[52]. In den Einzelstaaten schwappte eine Woge von Freeze-Resolutionen durch die Parlamente oder schlug sich in Referendumsanträgen für die im Herbst anstehenden Zwischenwahlen nieder; als die parteilose italienische Parlamentsabgeordnete Giancarla Condrignani am 31. März die Gesetzgeber des Staates Iowa in Des Moines besuchte, hatten

[47] Glennon an SANE Staff, re: NATO Conference, 15.12.1981, in: Folder: NATO Project File, Box 131, ebenda.

[48] Vgl. dazu auch Memorandum, Report on Tour by European Peace Leaders, Box 71 sowie Abernathy an Glennon, undatiert [Dezember 1981], Box 131, in: ebenda.

[49] AFSC/CALC, US-Europeace Tour Update, undatiert [Mitte März 1982], in: Folder: US-Europeace Tour 1982, Box 133, ebenda.

[50] Vgl. Laurens J. Hogebrink, As Maine Goes, So Goes the Nation. Report by a Participant of the U.S.-Europeace Tour 1982, April 1982, S. 12, in: ebenda (im folg. Hogebrink Report).

[51] Schell fasste die drei am 1., 8. u. 15.2.1982 publizierten Essays wenig später unter ihrem ursprünglichen Titel zu einem Buch zusammen, das von Helen Caldicott auf dem Schutzumschlag als „neue Bibel unserer Zeit" bezeichnet wurde, den Los Angeles Times Book Award gewann, für den Pulitzer-Preis und den National Book Award nominiert wurde und sich – wie ein Rezensent bemerkte – rasch in die nationale Psyche einwurzelte. Vgl. Jonathan Schell, The Fate of the Earth, New York 1982 [dt. Das Schicksal der Erde, München 1982]. Siehe auch die Rezension von Andrew J. Pierre in: Foreign Affairs 60 (1982), S. 1188.

[52] Vgl. McCrea/Markle, Minutes to Midnight, S. 109–113; Cortright, Peace Works, S. 17–25.

diese soeben eine Freeze-Resolution verabschiedet und empfingen das Mitglied der europäischen Reisegruppe mit stehenden Ovationen[53]. Auch das Medieninteresse an der Bewegung erreichte zwischen Februar und April 1982 einen absoluten Höhepunkt. Journalisten konstatierten „a political prairie fire" und verglichen den Nuklearprotest bereits mit der Bürgerrechtsbewegung der 1960er Jahre, nur dass die Massenproteste diesmal – und erstmals in der amerikanischen Geschichte – die nationale Sicherheit beträfen[54]. Es ist daher kaum verwunderlich, wenn die europäischen Referenten glaubten, einen historischen Wendepunkt mitzuerleben[55].

Bei genauerem Hinsehen machte die augenscheinlich so erfolgreiche Friedenstournee freilich zugleich die Bruchlinien der transatlantischen Protestbewegung sichtbar. Nicht allein, dass ein Teil der amerikanischen Presse das antinukleare Sentiment der Europäer geradezu pathologisierte: „Europe tries to export nuclear phobia to U.S.", titelte etwa der *Philadelphia Inquirer* und kennzeichnete das auf dem alten Kontinent sich rasch verbreitende Leiden als „Hollanditis", weil das Krankheitsbild, eine allergische Reaktion auf Nuklearwaffen, zuerst in den Niederlanden aufgetreten sei[56]. Folgenschwereres Ungemach drohte den Bemühungen, eine transatlantische Protestgemeinschaft herzustellen, freilich von den feinen, aber fundamentalen Unterschieden zwischen deren europäischen und amerikanischen Anhängern. So schrieb etwa Laurens Hogebrink, Vorstandsmitglied des Interkirchlichen Friedensrates der Niederlande und unerklärter Leitwolf der europäischen Delegation, in einem Kommentar für die *New York Times*: „We in the West European peace movement are increasingly convinced that both the American-Soviet exchange about a ‚nuclear freeze' and the negotiations about intermediate-range nuclear weapons that began in Geneva last November are irrelevant to genuine arms control"[57]. Zwar versicherte Hogebrink, dass die Lektoren der *New York Times* den geringschätzigen Hinweis auf die Freeze-Diskussion eigenmächtig und ohne seine Kenntnis hinzugefügt hätten[58], aber die überlieferten Äußerungen der Europäer legen durchaus nahe, dass die Prioritäten auf beiden Seiten des Atlantiks deutlich auseinanderklafften und das Wort von der Irrelevanz letztlich gar nicht so weit hergeholt war. Wenn Hogebrink in der *New York Times* erklärte, dass die Europäer einseitig erste Schritte für eine Denuklearisierung einleiten wollten, entsprach dies zwar durchaus dem, was seine Reisegefährten im ganzen Lande verkündeten, die mit Anerkennung für das Freeze-Konzept nicht sparten, dieses aber durchweg nur als ersten Schritt verstanden wissen wollten, der von jeder Seite auch unilateral vollzogen werden könne[59]. Es widersprach indes diametral dem bilateralen Mantra der Freeze-Kam-

---

[53] Vgl. US-Europeace Tour 1982: A Nationwide Speaking Tour of European Disarmament Leaders, March 21 – April 6, 1982. Tour Report Prepared by Diane Becker, Linda Bullard and Marina Lent, undatiert, S. 11, in: Box 133, SANE Records, SCPC (Tour Report).

[54] Robert Shogan, Nuclear Freeze Movement Emerges as Political Test, in: *Los Angeles Times* vom 17. 4. 1982, S. A1; Joseph Kraft, Reagan Should Co-Opt Nuclear Protest, in: *Washington Post* vom 11. 3. 1982, S. A29. Siehe auch Andrew Rojecki, Freeze Frame: News Coverage of the Freeze Movement, in: Rochon/Meyer, Coalitions & Political Movements, S. 97–126.

[55] Vgl. Tour Report, S. 15f.

[56] Selden Wayne Smith, Europe tries to export nuclear phobia to U.S., in: *Philadelphia Inquirer* vom 28. 3. 1982.

[57] Laurens J. Hogebrink, Pursuing Genuine Arms Control, in: *New York Times* vom 5. 4. 1982, S. A23.

[58] Vgl. Hogebrink Report, S. 11.

[59] Vgl. z. B. Press Statement Volkmar Deile/Laurens Hogebrink/Toni Liversage/Andreas Zumach, undatiert [Anfang April 1982], in: Folder: US-Europeace Tour 1982, Box 133, SANE Records, SCPC; Andreas Zumach, Main speech during US-Europeace-Tour March/April 1982, S. 5, in: ebenda; David A. Denny, U.S. Should Disarm First, Europeans Say, in: *Amarillo Globe-News* vom 26. 3. 1982.

pagne wie es Edward Markey anlässlich einer gemeinsamen Pressekonferenz in Washington zum Abschluss der Reise nochmals bekräftigte, dabei gleichsam den Artikel Hogebrinks in der *New York Times* konterkarierend: „The initiative that has really caught fire is the Nuclear Freeze campaign. The participants in this movement aren't people who want the United States to lay down its arms. They aren't advocating unilateral disarmament. They *are* saying that our best hope for peace lies at the negotiating table."[60]

Zugleich zeigte sich eine noch tiefer liegende, prinzipielle Differenz in der strategischen Zielsetzung der vordergründig solidarisch vereinten Bewegungen. Kaum nach Den Haag zurückgekehrt, brachte Laurens Hogebrink sie erstaunlich hellsichtig auf den Punkt[61]. Die Freeze-Kampagne, so schrieb er in einem Resumé der Reise, kombiniere ein eher konservatives Konzept, das sich an dem hergebrachten, amerikanisch-sowjetischen Verhandlungsrahmen und seinen Eckpfeilern von Gleichgewicht, Gegenseitigkeit und Kontrolle orientiere, mit einem fürwahr radikalen Vorschlag – dem sofortigen Einfrieren des nuklearen Rüstungswettlaufs: „Just imagine that this colossal machinery would really be put to a halt!" In der europäischen Friedensbewegung verhalte es sich dagegen genau umgekehrt: „Most of our goals are combinations of a radical philosophy (stepping out of the logic of nuclear deterrence, emancipation from the east-west block [sic] system) and modest political proposals. To denuclearize the Netherlands unilaterally, or to create a Nordic nuclear free zone, or to cancel NATO's December '79 decision are not steps of great military significance." Tatsächlich verbarg sich hinter dem massenhaften Protest gegen den NATO-Doppelbeschluss in Europa ein generelles Unbehagen an den gängigen militärischen Sicherheitskonzepten, an dem mutmaßlichen Konnex von Rüstungswettlauf und Elend in der Dritten Welt und nicht zuletzt an der Bipolarität des Kalten Krieges und dem, was Bundeskanzler Kurt Georg Kiesinger einmal das „atomare Komplizentum" der Supermächte genannt hatte[62]. Hogebrink ließ seine amerikanischen Freunde darüber auch keinen Augenblick im Unklaren: „However, if the ‚freeze' energy [...] results in re-imposing a bilateral superpower negotiation pattern on the world and thereby reinforcing the East-West block system again, [...] our movements will work contrary to each other. [...] The price for stopping the trend towards nuclear warfighting [...] cannot be a return to the cold war." Eine breite und einflussreiche Strömung innerhalb der europäischen Friedensbewegung zielte darauf ab, die Massenmobilisierung gegen den NATO-Doppelbeschluss in eine unwiderstehliche Kraft zur Überwindung des Ost-West-Konflikts und der europäischen Teilung umzumünzen. Innerhalb der Freeze-Bewegung wagte freilich kaum jemand in derartigen Dimensionen zu denken.

Eine gewisse Ausnahme bildeten dabei die amerikanischen Ableger internationaler Friedensgruppen wie die Women's International League for Peace and Freedom. Die Feministinnen hatten für den Widerstand gegen den NATO-Nachrüstungsbeschluss eigens ein Eurostrategic Committee eingesetzt, dessen Vorsitzende Genie Silver im Sommer 1983 die Notwendigkeit betonte, über das Thema Nachrüstung hinauszudenken: „I suggest that we look at the cold war, and since the Soviet Union is part of Europe, we make ‚dispelling the

---

[60] Remarks of the Honorable Edward J. Markey, US-Europeace Tour Press Conference, 6.4.1982, in: Folder: US-Europeace Tour 1982, Box 133, SANE Records, SCPC.
[61] Siehe Hogebrink Report, Appendix 2: Reflections by a European on the ‚Freeze', in: ebenda. Daraus auch die folg. Zitate.
[62] Vgl. dazu Philipp Gassert, Kurt Georg Kiesinger 1904–1988. Kanzler zwischen den Zeiten, München 2006, S.546.

myth of the Soviet Union' one of our priorities."[63] Dieser Vorschlag entsprang allerdings nicht zuletzt einer spürbaren Ernüchterung, die unter amerikanischen Nachrüstungsgegnern seit der vermeintlich so erfolgreichen Europeace Tour eingesetzt hatte. Zwar war es im Sommer 1982 gelungen, alle größeren amerikanischen Friedensorganisationen in einer Euromissile Working Group zusammenzubringen, die sogar anfänglich einmal darüber nachdachte, auf multilaterale statt bilaterale Verhandlungen zu dringen, um den Kalten Krieg – ganz im Sinne der Europäer – aufzudröseln[64]. Aber diese Idee verflüchtigte sich sehr schnell wieder angesichts des zentralen Problems der Gruppe, den Widerstand gegen die Nachrüstung mit der allgemeinen Stoßrichtung der Freeze-Kampagne zu verzahnen. David Cortright von SANE plädierte für eine zweigleisige Kampagne, die sich einerseits weiterhin darum bemühen solle, eine Freeze-Resolution durch den US-Kongress zu bringen, zugleich aber mit unabhängigen Anstrengungen kombiniert werden solle, die Stationierung in Europa aufzuschieben oder gänzlich zu verhindern. Er gestand aber zugleich ein: „At present, no person within the peace movement is working full-time on the Euro-missile issue." [65] Es sollte noch mehr als ein halbes Jahr dauern, bevor SANE, WILPF und zwei weitere Friedensgruppen die Konsequenz aus der Tatsache zogen, dass keines ihrer Büros in Washington den Pershing-II und Cruise Missiles ausreichend Zeit widmen konnte, und mit der Gründung eines eigenständigen „Cruise and Pershing Project" Cortrights Vorschlag folgten, einen hauptamtlichen Koordinator einzustellen[66].

Derweil mühte sich die Arbeitsgruppe redlich, Informationsmaterial unter die Leute zu bringen und Seminare zu organisieren, konnte aber nirgendwo recht an Durchschlagskraft gewinnen. „The Euromissile issue doesn't arouse much interest or empathy among most Americans", bemerkte Ed Glennon nüchtern[67]. Viele Unterstützer der Freeze-Kampagne lehnten ein Engagement gegen einzelne Waffensysteme ab. Wer in dieser Frage weniger dogmatisch dachte, räumte naturgemäß den zur Stationierung innerhalb der Vereinigten Staaten vorgesehenen Systemen wie der MX Priorität ein. Lokale Basisgruppen argwöhnten zudem, ein Einsatz gegen die europäischen Raketen werde sie dem Vorwurf aussetzen, einseitigen Vorleistungen das Wort zu reden.

Was für die Bürger draußen im Lande galt, traf in gleichem Maße für ihre Vertreter in Washington zu. Wenn es im Kongress überhaupt eine Chance gab, die Nachrüstung aufzuhalten, so lag sie für Glennon allenfalls darin, die Budgetansätze für die Pershing-II und Cruise Missiles zu beschneiden. In Herbst 1981 war ein entsprechender Antrag in dem für das Verteidigungsbudget zuständigen Unterausschuss des Repräsentantenhauses an nur einer Stimme gescheitert, und ein Jahr später strich derselbe Ausschuss nach einer Serie fehlgeschlagener Tests tatsächlich mehr als 500 Mio. Dollar aus dem ursprünglichen Ansatz[68]. Im Plenum fanden sich aber nur ganz vereinzelt Abgeordnete bereit, weiter rei-

---

[63] Eurostrategic Committee Report – May 1983, June 1983, in: Box 26, Series A.2, WILPF Records, SCPC (Wittner Material).

[64] Vgl. Minutes of August 2, 1982 Meeting on Coordination Activities to Stop Deployment of the Euromissiles, in: Folder: Euromissile Organizing 1982–83, Box 134, SANE Records, SCPC.

[65] Memorandum David Cortright, Opposing Cruise and Pershing II Missile Deployment in Europe, 9.11.1982, in: Box 71, ebenda.

[66] Vgl. Euromissile Working Group, Minutes, 15.6.1983, in: Folder: Euromissile Organizing 1982–83, Box 134, ebenda.

[67] Glennon an Daneker, Mawby und Cortright, re: European Missiles, 4.11.1982, in: Folder: NATO Project File, Box 131, ebenda.

[68] Vgl. Panel Cuts $508 Million in Pershing Missile Funds, in: *New York Times* vom 17.11.1982, S. A21.

chende Abänderungsanträge in das Gesetzgebungsverfahren einzubringen – und wo dies geschah, fielen sie regelmäßig mit Pauken und Trompeten durch[69].

Außerstande den Widerstand gegen die für Europa vorgesehenen Mittelstreckenraketen wirksam mit der Freeze-Kampagne in den USA zu verbinden, beschlichen die Friedensaktivisten allmählich Zweifel am Sinn dieses speziellen Engagements. Ein knappes Jahr nach ihrer Gründung hielt ein Sitzungsprotokoll der Euromissile Working Group fest: „There was frustration expressed that we've never accomplished our initial goal of creating a strategy to work against the Euromissiles."[70]

Jenseits der massenkompatiblen Freeze-Bewegung gelang es WILPF immerhin, nach dem Vorbild europäischer Gesinnungsgenossinnen ein Friedenscamp in Seneca Falls einzurichten[71], einem geschichtsträchtigen Ort im Norden des Staates New York, an dem im Jahre 1848 der erste nationale Frauenrechtskonvent der USA stattgefunden hatte und der nun ein Waffendepot der US-Armee beherbergte, das mutmaßlich als Durchgangslager für Pershing-II auf ihrem Weg nach Westdeutschland diente. Freilich kam es hier mit unverminderter Vehemenz zu jenem *clash of cultures*, den Randall Forsberg für die Freeze-Kampagne peinlichst vermieden wissen wollte. Seneca Falls lag in einem der konservativsten Bezirke New Yorks, und als die friedensbewegten Feministinnen dort am 4. Juli 1983 ihr Camp einrichteten und es sogleich ablehnten, die von der Gemeinde angebotene US-Flagge zu hissen, hatten sich beide Seiten bereits auf dem falschen Fuß erwischt. Dass die Wäsche, die die Frauen im örtlichen Laundromat wuschen, zuweilen aus den Kleidungsstücken bestand, die sie noch getragen hatten, als sie den Waschsalon betraten, trug ebenso wenig zur Vertrauensbildung bei wie ihr gegenseitiges Abspritzen an der Autowaschanlage oder das freimütige Eingeständnis eines überproportionalen Anteils an Lesben im Camp. Nicht alle gingen soweit wie ein Pastor der Pfingstbewegung, der das Friedenscamp als vom Teufel inspiriertes Sodom und Gomorrha verdammte. Aber die allermeisten Bürger von Seneca Falls teilten zweifellos die Ansicht eines Supermarktbesitzers: „If this is what the peace movement is, they're going to lose."[72]

Eben darum pflegte die Freeze-Kampagne ein ganz anderes Erscheinungsbild und setzte auf politische Einflussnahme statt auf zivilen Ungehorsam. Diese Strategie und ihre Voraussetzungen erschwerten aber ein nachdrückliches Engagement gegen die europäische Nachrüstung. Zwar hatte Ed Glennon – trotz aller Schwierigkeiten und wiewohl der Widerstand gegen die MX-Interkontinentalraketen weiterhin Priorität genießen sollte – reklamiert, dass die Nachrüstungsdebatte im Jahr 1983 ein Schwerpunkt der Lobbyarbeit im Kongress sein müsse; die Freeze-Bewegung hatte auf ihrer dritten Delegiertentagung Anfang Februar 1983 beschlossen, zwei parallele parlamentarische Strategien zu verfolgen: Stopp der Nachrüstung und umfassende Freeze-Resolution; angesichts der nahenden Stationierung forderten einige besonders rührige Freeze-Ortsgruppen sogar, die für Europa

[69] Vgl. Military Spending Debated in House, in: *New York Times* vom 21. 7. 1982, S. A15; Pershing 2 Cut Rebuffed, in: *Los Angeles Times* vom 17. 6. 1983, S. B2.

[70] Euromissile Working Group, Minutes, 15. 6. 1983, in: Folder: Euromissile Organzinzing 1982–83, Box 134, SANE Records, SCPC.

[71] Vgl. dazu Wendy E. Chmielewski, Resisting Nuclear Madness: The Utopian Vision of the Women's Encampment for a Future of Peace and Justice, unveröffentl. Vortragsmanuskript, Rutgers Center for Historical Analysis.

[72] Beverly Beyette, War of Words at N. Y. Peace Camp: Women's Anti-Nuke Project Battles Army, Townspeople, in: *Los Angeles Times* vom 2. 9. 1983, S. G1. Vgl. auch Wittner, Toward Nuclear Abolition, S. 182f.

gedachten Raketen in den Mittelpunkt der nationalen Kampagne zu stellen[73]. Aber weil der Ruf nach einseitigem Verzicht auf die Nachrüstung das bilaterale Credo der Bewegung konterkarieren musste, brach im Frühjahr 1983 innerhalb der Freeze-Leitungsgremien eine heftige Diskussion darüber aus, wie man sich zu geplanten Aktionen gegen die Nachrüstung verhalten solle. Randall Kehler, der nationale Koordinator der Kampagne, erklärte zwar gegenüber der *Nuclear Times*, dem wichtigsten unabhängigen und überregionalen Magazin der US-Friedensbewegung, dass die Freeze-Basisgruppen ermuntert würden, im Sommer und Herbst 1983 einen Teil ihres Engagements der Nachrüstungsfrage zu widmen, setzte aber sogleich hinzu: „And we will approach that in the most bilateral way possible, tying it in every way to the achievement of a freeze". Auch intern bestand er darauf, „that ours is a more bilateral position"[74].

Ihrer generellen Strategie entsprechend, konzentrierte sich die Freeze-Kampagne darauf, die Nachrüstung durch Kongressresolutionen zu torpedieren. Aber auch hier erschwerte das bilaterale Dogma die Ausarbeitung entsprechender Entwürfe. Der erste Vorschlag einer eigens eingesetzten Arbeitsgruppe sah vor, dass die Freigabe von Mitteln für die Produktion und Stationierung der Cruise Missiles und Pershings zwei Jahre lang ausgesetzt werden sollte, sofern die Sowjetunion im selben Zeitraum monatlich 24 auf Westeuropa gerichtete Sprengköpfe ihrer Mittelstreckenraketen abbauen würde. Weil dieses Junktim Ronald Reagans eigener Verhandlungstaktik aber gefährlich ähnelte und die jeglichem Druck der Bewegung entzogene Führung in Moskau nach diesem Schema letztlich über Wohl und Wehe des Plans entscheiden würde[75], entschloss sich der Vorstand von Freeze letzten Endes dazu, kein direktes Junktim in den Entwurf aufzunehmen. Gefordert wurde schließlich ein Aufschub der Stationierung um ein Jahr, so dass die Verhandlungsführer beider Seiten mehr Zeit hätten, eine substanzielle Reduzierung der sowjetischen Mittelstreckenraketen auszuhandeln und damit die Dislozierung der Cruise Missiles und Pershings gänzlich abzuwenden. Zwei weitere Einschränkungen belasteten die Erfolgsaussichten dieses Vorhabens. Zum einen legte die Kampagne nachdrücklich Wert darauf, dass jegliches Drängen, auf die europäische Nachrüstung im Mittelstreckenbereich zu verzichten, keinesfalls die universale, auf Atomwaffen jeglicher Art und Reichweite zielende Anlage der Freeze-Formel kompromittieren dürfe; zum anderen sollten die Resolutionen gegen die Nachrüstung erst Priorität erhalten, nachdem beide Häuser des US-Kongresses über die anhängige universale Freeze-Resolution abgestimmt hatten[76]. Pam Solo, eine führende Freeze-Aktivistin, die mit ihrem Plädoyer für eine kompromisslosere Ablehnung der Nachrüstung nicht durchdringen konnte, warf einem Tandem aus Freeze-Führern und

[73] Vgl. Glennon an SANE Staff, re: Euromissiles and Budget Manual, 17.12.1982, in: Folder: NATO Project File, Box 131, SANE Records, SCPC; Solo, From Protest to Policy, S. 119f.; Rundschreiben der Detroit Area Nuclear Freeze, 28.4.1983, in: Box 4, Nuclear Weapons Freeze Campaign Records, Western Historical Manuscript Collection, University of Missouri, St. Louis (NWFC Records, WHMC) (Wittner Material).

[74] Vgl. Interview Randy Kehler, Doing the Freeze Better, in: *Nuclear Times*, Juli 1983, S. 17f., 39, hier S. 18; Randy Kehler an Pam Solo, 28.3.1983, in: Box 2, NWFC Records, WHMC (Wittner Material).

[75] Vgl. Glennon an Cortright und Mawby, re: Euromissile Legislation, 29.4.1983, in: Folder: Cruise and Pershing II: General Project File 1983–84, Box 135, SANE Records, SCPC; Michael Ferber and Howard Morland (Coalition for a New Foreign & Military Policy) to the Strategy Committee, 9.5.1983, in: Folder: Cruise and Pershing II: Freeze Campaign 1983, ebenda.

[76] Vgl. Minutes of the Executive Committee Meeting, 18.5.1983 sowie Barbara Roche an National Committee Members, re: Development of Euromissile Strategy, 3.6.1983, in: Box 4, NWFC Records, WHMC (Wittner Material).

Kongressmitarbeitern rückblickend vor, die Beschlüsse der nationalen Delegiertenkonferenz unterlaufen und sich den Washingtoner Regeln angepasst zu haben: „[T]he campaign remained trapped by its almost religious commitment to bilateralism."[77]

Freilich ist es kaum verwunderlich, dass Abgeordnete und Senatoren – soweit sie denn überhaupt für die Anliegen der Freeze-Kampagne aufgeschlossen waren – für einen allgemeinen Rüstungsstopp, der von vielen ihrer Wähler unterstützt wurde, deutlich mehr politisches Kapital einzusetzen bereit waren als für ein zuvorderst europäisches Problem, bei dem sie zudem riskierten, verbündeten Regierungen in den Rücken zu fallen. Die wichtigsten Verbündeten der Freeze-Kampagne im amerikanischen Kongress, Senator Edward Kennedy und der Abgeordnete Edward Markey, beides Demokraten aus Massachusetts, machten aus dieser Tatsache auch keinen Hehl. Wie ein Mitarbeiter Markeys über die Konsultationen am Rande der Freeze Vorstandssitzung in San Francisco im Dezember 1982 schrieb: „As for Europe, we did not want the Freeze Campaign to get anywhere near the Pershing and cruise missile issue at this point, not in the resolution or even in public statements."[78] Es ist deshalb kein Zufall, dass die legislative Einflussnahme in Sachen Nachrüstung, die Freeze gemeinsam mit dem Cruise and Pershing Project anstrebte, auf dem Kapitolshügel keinen großen Anklang fand. Anders als für die umfassende Freeze-Resolution fand sich dafür unter den Volksvertretern kein prominenter Sponsor, so dass es schließlich Ronald Dellums, einem Hinterbänkler aus dem extrem linkslastigen, Oakland und Berkeley umfassenden 9. Kongresswahlbezirk Kaliforniens, überlassen blieb, im Repräsentantenhaus eine Streichung der Stationierungsgelder aus dem Verteidigungshaushalt zu beantragen. Über die magere Ausbeute von nur 73 Stimmen und den ernüchternden Verlauf der Debatte zeigte sich Jane Midgley, die Koordinatorin des Cruise and Pershing Project, tief enttäuscht: „Dellums was virtually left alone to debate the Republicans on the Pershing II. [...] You would have thought there was poison on the Democratic side of the aisle"[79]. Als Dellums im Juli 1983 einen Antrag einbrachte, den Beginn der Stationierung aufzuschieben, lehnte die Kammer auch dies mit 302 zu 101 Stimmen ab[80].

Das klägliche Scheitern ihrer parlamentarischen Bemühungen nagte an der ohnehin bereits angekratzten Moral der Nachrüstungsgegner, wie Jane Midgley freimütig eingestand: „The lack of interest on the Hill has produced a kind of vicious circle of defeatism around the missiles."[81] Verschärft wurde diese resignative Stimmung durch interne Konflikte. Der Direktor des Washingtoner Freeze-Büros hatte sich rasch allseits unbeliebt gemacht und war bald darauf zurückgetreten, so dass die Leitung des Büros im Sommer 1983 unbesetzt war. Die verbliebenen Mitarbeiter wurden vom Freeze-Hauptquartier in St. Louis mit demselben Argwohn betrachtet, den der Mittelwesten der Hauptstadt traditionell entgegenbringt. Randy Kehler, als nationaler Koordinator eigentlich die zentrale Figur der Freeze-Kampagne, richtete sich familienbedingt ein eigenes Büro im westlichen Massachusetts ein, was die Bewegung zu einer Kommunikation über drei Ecken zwang[82].

---

[77] Solo, From Protest to Policy, S. 130, siehe auch, S. 114–123.
[78] Waller, Congress and the Nuclear Freeze, S. 171.
[79] Jane Midgley an Randy Forsberg, 19. 6. 1983, in: NWFC Records, IDDS (Wittner Material).
[80] Cruise and Pershing Project – Legislative Update, 29. 7. 1983, in: Box 4, NWFC Records, WHMC (Wittner Material).
[81] Jane Midgley an Executive Committee, Cruise and Pershing Project, re: Legislative Strategy on Euromissiles, 20. 6. 1983, in: Folder: Cruise and Pershing II: Freeze Campaign 1983, Box 135, SANE Papers, SCPC.
[82] Vgl. Solo, From Protest to Policy, S. 137f.

All dies erschwerte die unentbehrliche Koordination mit den gesonderten Friedensgruppen in Washington – vornehmlich dem Cruise and Pershing Project – ungemein. Freilich litten diese selbst unter hausgemachten Problemen. Ed Glennon, SANE's Sachwalter im Cruise and Pershing Project, glaubte etwa anmahnen zu müssen, „that all program staff be aware that Euromissiles are part of SANE's agenda and act accordingly"[83]. In einem vertraulichen Nachtrag ließ Glennon richtig Luft ab: „I feel that instead of receiving support and help from other arms control and disarmament groups and from the SANE staff, the work has been treated with a combination of apathy and hostility." Und weiter mit Bezug auf die zentrale Lobbygruppe der Friedensbewegung auf dem Kapitolshügel: „Here in Washington, the Euromissile issue was treated with contempt by the main movers behind the Monday Lobby Group. [...] SANE's representation at the Monday Lobby Group fed into the hostility I noted above, and made it difficult for anyone to take me seriously as representing SANE on Euromissiles. [...] It's not an enjoyable feeling to find yourself at odds with the group you work for and identify with"[84].

Im Oktober 1983, als in Europa die Menschen noch einmal massenhaft auf die Straße gingen, um die bevorstehende Stationierung der amerikanischen Mittelstreckenraketen zu verhindern, wirkten die Solidaritätskundgebungen in den USA eher bescheiden. Zwar nahmen auch dort über 100 000 Demonstranten an den international koordinierten Protesten teil, aber bei über 200 Veranstaltungen ergab dies nur einen Durchschnitt von etwa 500 Personen pro Veranstaltung. Die größten Menschenmengen, jeweils rund 15 000 Demonstranten, kamen in der Nähe von Denver und in Philadelphia zusammen. Während der Protest in Colorado sich gegen eine Plutoniumanlage in Rocky Flats richtete, die per se nichts mit der Nachrüstung zu tun hatte, stand diese in Pennsylvania tatsächlich ganz im Mittelpunkt. Denn dort feierten Bundespräsident Karl Carstens, US-Vizepräsident George Bush und ihre geladenen Gäste den 300. Jahrestag der Ankunft von 13 Familien aus Krefeld in Philadelphia, die ganz in der Nähe die erste deutsche Siedlung in der Neuen Welt, Germantown, gegründet hatten. Die Friedensbewegung hingegen wähnte hinter dem historischen Gedenken einen tagespolitischen Schulterschluss mit Blick auf die unmittelbar bevorstehende Stationierung der ersten Pershing-II in der Bundesrepublik, was sie umso mehr erboste, als es sich bei den Auswanderern aus dem Rheinland um Quäker und Mennoniten gehandelt hatte, deren nicht zuletzt pazifistisch motivierte Passage nun augenscheinlich für das Gegenteil vereinnahmt werden sollte. Tausende amerikanische Friedensaktivisten waren nach Philadelphia gekommen, um diese Vereinnahmung zurückzuweisen und gemeinsam mit Petra Kelly und Erhard Eppler gegen die Nachrüstung zu demonstrieren. Insgesamt konnte diese transatlantische Sonderveranstaltung jedoch nicht darüber hinwegtäuschen, dass es den Oktober-Protesten der Friedensbewegung in den USA an Zustrom ebenso fehlte wie an europäischen Gastrednern und einem hinlänglichen Dringlichkeitsbewusstsein auf Seiten der nationalen Leitungsgremien[85]. John Isaacs, der beim Council for a Livable World für die legislative Strategie zuständig war, hatte Recht be-

[83] Glennon an SANE Staff, re: Euromissiles, 12.12.1983, in: Folder: NATO Project File, Box 131, SANE Records, SCPC.

[84] Addendum for David, Beth and Mike, in: ebenda.

[85] Vgl. Summary of Euromissile Actions by State, October 1983, in: Folder: October Actions: Follow-up, 1983–84, ebenda; Minutes, October Actions Group Meeting, 30.11.1983, ebenda; David Corn, Euromissiles in Home Stretch, in: *Nuclear Times*, Oktober 1983, S. 10f.; William Robbins, German-Americans Mark Milestone, in: *New York Times* vom 4.10.1983, S. D26; Bonn Leader Celebrates with Philadelphia, in: *New York Times* vom 7.10.1983, S. A14.

halten, wenn er zu Beginn des Jahres der *Nuclear Times* prophezeit hatte: „If anyone is going to stop the Pershing and cruise, it will have to be the Europeans."[86]

## III. Schluss

Der nahezu wirkungslos verpuffende Widerstand der amerikanischen Friedensbewegung gegen den Nachrüstungsbeschluss steht in markantem Gegensatz zu den beachtlichen Erfolgen, die die Freeze-Kampagne 1982/83 insgesamt verzeichnen konnte. Aus der kaum merklichen Erschütterung, die am 4. November 1980 – jenem Tag, an dem Ronald Reagan mit einem Erdrutschsieg zum 40. Präsidenten der Vereinigten Staaten gewählt wurde – drei Wahlbezirke im westlichen Massachusetts auslösten, indem sie ein Moratoriumsbegehren billigten, das der spätere Freeze-Koordinator Randall Kehler auf den Wahlzetteln platziert hatte, war bis zu den Zwischenwahlen zwei Jahre später ein veritables Erdbeben geworden. Jeder vierte wahlberechtigte Amerikaner konnte 1982 per Wählerreferendum über die ein oder andere Freeze-Formel abstimmen – in neun Einzelstaaten, dem District of Columbia, und 37 über das Land verteilten Städten und Bezirken. Obwohl selbst die liberale *New York Times* den Wählern ein ablehnendes Votum empfahl und die Kampagne „a simplistic sloganeering response to a complex issue" nannte, stimmten fast elf Mio. Amerikanerinnen und Amerikaner für die jeweiligen Initiativen und verhalfen diesen damit in Massachusetts, Michigan, Montana, New Jersey, North Dakota, Oregon, Rhode Island und dem District of Columbia zu klaren Erfolgen und in Kalifornien zu einem knappen Sieg. Insgesamt blieb auf Einzelstaatsebene nur das Referendum in Arizona erfolglos, auf Bezirksebene je eines in Arkansas und Colorado. Bis zum Frühjahr 1983 hatten darüber hinaus 446 Gemeinderäte, 321 Stadträte und 63 Bezirksräte eigene Freeze-Resolutionen gebilligt. Im Vorjahr noch knapp gescheitert, passierte die auf der Freeze-Idee beruhende – wenngleich deutlich verwässerte und durch zahlreiche Zusätze eingeschränkte – Kennedy-Hatfield Resolution am 4. Mai 1983 mit 278 zu 149 Stimmen das Repräsentantenhaus[87].

Dennoch setzte im Herbst 1983 in der amerikanischen Friedensbewegung die große Desillusionierung ein. Der parlamentarische Erfolg, auf den die Freeze-Kampagne so fieberhaft und leidenschaftlich hingearbeitet hatte, war errungen – und was war passiert? Nichts. Im Gegenteil: Es bewahrheitete sich die im Eifer des Gefechts untergegangene Warnung einer Kongressmitarbeiterin, dass die Volksvertreter eine Freeze-Resolution verabschieden könnten, um ihren Wählern daheim ihre Friedensliebe zu demonstrieren, nur um anschließend die Gelder für alle von der Exekutive gewünschten Waffensysteme dennoch zu bewilligen[88]. Nur drei Wochen nach der Freeze-Resolution winkte das Repräsentantenhaus die MX-Interkontinentalraketen durch. Ronald Reagans aufgeblähter Verteidigungshaushalt segelte ohne substanzielle Schrammen durch die Ausschüsse. Am 31. Okto-

---

[86] Michael A. Abeshouse/Howard Kohn, Growing Bold in Washington, in: *Nuclear Times*, Januar 1983, S. 6–9, Zitat S. 7.

[87] Richard Stengel, Freezing Nukes, Banning Bottles, in: *Time Magazine* vom 15. 11. 1982; Editorial, Against the Freeze Referendum, in: *New York Times* vom 24. 10. 1982, S. E20; Wittner, Toward Nuclear Abolition, S. 177; Fröhlich, Nuclear Freeze Campaign, S. 51–58; Meyer, Winter of Discontent, S. 224–232; Waller, Congress and the Nuclear Freeze, S. 181–290.

[88] Vgl. Report to the Board by the Eurostrategic Committee, undatiert [Sommer 1982], in: Box 26, Series A.2, WILPF Records, SCPC (Wittner Material).

ber scheiterte Edward Kennedy im Senat mit 40 zu 58 Stimmen mit dem Versuch die Freeze-Resolution als Zusatzklausel in einem Gesetz zur Schuldenaufnahme des Bundes unterzubringen. Drei Wochen später trafen die ersten neun Pershing-II in Schwäbisch Gmünd ein, woraufhin die Sowjets stehenden Fußes die Abrüstungsverhandlungen in Genf verließen. (Soviel zur Strategie von Freeze, der Nachrüstung erst Priorität einzuräumen, nachdem beide Häuser des Kongresses über die Resolution abgestimmt hatten). Randy Kehler gestand auf der Suche nach einem tragfähigen Zukunftskonzept ein, dass die Freeze-Resolution, da sie von vornherein lediglich als nicht-bindende Meinungsäußerung des Kongresses konzipiert war, den Akzent zu sehr auf die freiwillige Einsicht des Präsidenten gelegt und somit dem Haushaltsbewilligungsprozess zu wenig Beachtung geschenkt habe[89]. Dies sollte sich in den folgenden Jahren ändern. Die Kampagne zielte von nun an primär auf die Verabschiedung einer Gesetzesklausel, die es dem Kongress erlaubt hätte, Mittel für einzelne Rüstungsprogramme auszusetzen, solange die Sowjetunion dies auch tat. Damit war freilich das Markenzeichen der Bewegung, die Idee eines Einfrierens des nuklearen Rüstungswettlaufs auf allen Ebenen, aufgegeben. Da die neue Strategie zudem unter Rüstungskontrollexperten wenig Enthusiasmus auslöste, die Sympathisanten der Bewegung im Kongress während eines Wahljahres andere Sorgen hatten und auch die Friedensbewegung selbst sich mit der Gründung einer Vielzahl von Political Action Committees der Aufgabe zuwandte, Ronald Reagans Wiederwahl zu verhindern oder doch zumindest möglichst viele, ihren Forderungen gegenüber aufgeschlossene Volksvertreter in den Kongress zu wählen, vertagte man wichtige Teile der legislativen Agenda auf das Jahr 1985[90]. Aufgeschoben erwies sich allerdings in diesem Falle als aufgehoben. Die Wiederwahl Reagans ließ eine tief demoralisierte Protestbewegung zurück. Zwar engagierten sich viele Aktivisten weiterhin in unterschiedlichen Friedensprojekten, und insbesondere die ohnehin stärker auf direkte Aktion und zivilen Ungehorsam setzenden Splittergruppen gaben keineswegs auf. Aber die moderate, breite gesellschaftliche Schichten ansprechende Freeze-Kampagne konnte sich nicht mehr erholen. Wie Douglas Waller schrieb: „As far as national politics were concerned, 1985 will be remembered as the year the freeze movement dropped out of sight."[91]

Sosehr die Freeze-Bewegung die politische Landschaft in den USA zu Beginn der 1980er aufgewühlt hat, sowenig konnte sie zum Widerstand gegen den NATO-Doppelbeschluss beitragen. Die Gründe dafür sind vielfältig und reichen von der buchstäblich globalen Perspektive der Bewegung über ihre vornehmlich legislative Strategie bis hin zu organisatorischen Schwierigkeiten und internen Unstimmigkeiten und Auseinandersetzungen. Zwei Aspekte, die ein gemeinsames Vorgehen der europäischen und der amerikanischen Friedensbewegungen verhinderten, stechen allerdings hervor. Das Credo der Freeze-Kampagne, die Rüstungsspirale auf beiden Seiten gleichzeitig stillzulegen, vertrug sich nicht mit dem Furor der Europäer, der auf einem einseitigen Verzicht auf die Nachrüstung beharrte. Wie Eva Quistorp der *Nuclear Times* mit Blick auf das Freeze-Konzept gestand: „In a way it's very difficult for us to agree with it because we are saying no *unconditionally* to the

---

[89] Vgl. Where We've Been and Where We're Going – Message from the National Coordinator, undatiert [Oktober 1983], in: Box 10, NWFC Records, WHMC (Wittner Material).

[90] Vgl. Wittner, Toward Nuclear Abolition, S. 191; Waller, Congress and the Freeze, S. 290–299.

[91] Waller, Congress and the Freeze, S. 299. Siehe auch Meyer, Winter of Discontent, S. 253–266.

deployment of new missiles on our territory."[92] Zugleich stand der ausgeprägte Bilateralismus der amerikanischen Bewegung auch den weitergehenden, auf die Überwindung des Ost-West-Konflikts gerichteten Bestrebungen der Europäer im Wege, wie Quistorps Verbündete Pam Solo rückblickend feststellte: „Bilateralism began to function as a shield against the cold war, enabling the movement to sidestep the centrality of changing the superpowers' political relationship if disarmament talks were to succeed."[93] Gerade einen solch grundlegenderen politischen Wandel aber strebten weite Teile der europäischen Friedensbewegung an. Als jemand, der mit diesem Ziel sympathisierte, konnte David McReynolds nicht recht verstehen, was seine europäischen Freunde an der Freeze-Kampagne so sehr verzückte: „The Freeze is opposed to unilateralism – deeply, fundamentally opposed. [...] Finally, and the reason I'm surprised you are all so enchanted by the Freeze, this is the equivalent on the ‚peace' level of the arms race – something which the two super-powers can do on their own. [...] But that position means your movements are pointless. If you accept the basic Freeze premise, that peace will flow from political decisions in the Kremlin and the White House, then what happens in Paris and Bonn and London doesn't count for much, does it?"[94] An diesem Punkt barst tatsächlich ein unüberbrückbarer Graben zwischen den Friedensbewegungen in Europa und den USA auf. Die Überwindung des Kalten Krieges stand jenseits des Atlantiks nicht auf der Tagesordnung. Vielen Aktivisten in der Alten Welt hingegen sprach der britische Sozialhistoriker und Wortführer der Friedensbewegung in England und Europa Edward P. Thompson aus der Seele: „We can't confine ourselves only to halting weaponry, although halting weaponry may be the first, essential precondition for a political process of thaw, renewal and healing the tissues of our political culture. A perfectly practical goal for the year 2000 is the end of World War II. Why not? It's already 38 years."[95]

---

[92] Germany: A Declaration of Independence, in: *Nuclear Times*, Oktober 1983, S. 24f., hier S. 25 (Hervorh. i. Orig.).
[93] Solo, From Protest to Policy, S. 114.
[94] David McReynolds an Wim Bartels, 26.8.1983, in: Folder: October Actions to Stop Euromissiles, 1983, Box 134, SANE Records, SCPC.
[95] Trying to End World War II, in: *Nuclear Times*, Juni 1983, S. 20–23, hier S. 21f.

*Beatrice Heuser und Kristan Stoddart*

# Großbritannien zwischen Doppelbeschluss und Anti-Kernwaffen-Protestbewegungen[1]

Es ist März. Europa steckt mitten in einer Wirtschaftskrise. Sonst gehen Menschen ihrem normalen Leben nach, man arbeitet und isst, steckt im Pendelverkehr oder schläft, in Sheffield verloben sich zwei, trotz Rezession, weil sie ungeplant ein Kind bekommen. Im fernen Iran erfolgt ein Putsch, sowjetische Truppen marschieren ein. Die USA meinen, dagegenhalten zu müssen; Großbritannien unterstützt, wie fast immer, seinen großen Alliierten. Amerikanische Streitkräfte fallen ebenfalls in den Iran ein, die Krise eskaliert zunächst horizontal-geographisch, es kommt zu Schießereien an der deutsch-deutschen Grenze, am Grenzübergang Helmstedt-Marienborn.

Die Welt unseres Pärchens und ihrer Familien in Sheffield, die sich eben noch um Hochzeitsvorbereitungen und Babys drehte, gerät ins Wanken – als hilflose Statisten hören die Bürger Sheffields, wie British Airways nationalisiert wird, wie die Autobahnen für den Privatverkehr gesperrt werden; im Fernsehen erklären kleine Filme, „Protect and Survive" (Schutz und Überleben), wie man das Haus zum Schutz gegen Kernwaffenexplosionen umbauen sollte. Mitglieder der Kampagne für Nukleare Abrüstung (Campaign for Nuclear Disarmament, CND) versuchen in letzten verzweifelten Protestmärschen, die britische Politik zu verändern, aber sie werden von jenen niedergeschrien, die meinen, die Arbeitslosigkeit sei viel wichtiger, und jenen, die sie für Agenten des Kommunismus halten.

Am 26. Mai gehen plötzlich die Sirenen los, morgens um 8.30 Uhr – es ist Sommerzeit – und kurz darauf schlägt eine Kernwaffe auf dem Luftwaffenstützpunkt Finningley, 17 Meilen von Sheffield entfernt, ein, und dann eine direkt in Sheffield. Die folgenden Szenen übersteigen an Horror das, was sich Kernwaffenexperten schon lange bei einem solchen Szenario vorstellen; Tod und – viel schlimmer noch – verbranntes, verkrüppeltes, verseuchtes und traumatisiertes Überleben, nuklearer Winter, ein Rückfall in eine Art Steinzeit entfaltet sich grausam vor unseren Augen. Zwar wird das erwartete Kind selbst lebend geboren, aber sein eigenes Kind – gezeugt durch Vergewaltigung, geboren von einer kaum des Sprechens fähigen Kind-Mutter in einer Hobbes'schen Welt von Gewalt, Schmutz und Chaos – ist verkrüppelt, Spätfolgen der Verstrahlung des Kernwaffenkrieges. Der so dargestellte Dritte Weltkrieg mit seinen unfassbaren Folgen hätte ein realistisches Ende dieses letzten Höhepunktes des Kalten Krieges sein können, und so hat es ein BBC-Fernsehteam im Herbst 1984 – ominöses Jahr des Zukunftsromans George Orwells – dem britischen Publikum vor Augen geführt, in dem Film „Threads"[2].

Schon einmal, Mitte der 1960er Jahre, hatte ein BBC-Dokumentarfilm auf eindrucksvollste Weise ein solches Szenario vorgestellt: Der von der BBC in Auftrag gegebene Film, gedreht von Peter Watkins, war so realistisch und gleichzeitig so schockierend, dass die

---

[1] Wir widmen diesen Artikel dem Andenken von Sir Michael Quinlan, der sich in herausragender Weise dafür eingesetzt hat, die Verteidigungspolitik seiner Regierung der Öffentlichkeit zu erklären, mit Protestbewegungen, Akademikern und anderen offen und geduldig zu debattieren, und damit einen gegenseitigen Respekt zu schaffen, der das politische Klima Großbritanniens entscheidend verändert hat.

[2] Mick Jackson (Regie), Barry Hines (Drehbuch), Threads, UK 1984; http://www.youtube.com/watch?v=L2FRanZ4PQ0&feature=PlayList&p=8197B8DEF93FC7D9&index=2 (20.5.2010).

BBC ihn gar nicht erst gezeigt hat[3]. Nur private „Clubs" durften den Film vorführen, aber man konnte selbst leicht einen „Club" gründen, wie wir es 1980 als Studenten taten, um diesen Film sehen zu können; gleich darauf traten wir dutzendweise der CND bei.

In den frühen 1980er Jahren erhöhte die britische Regierung selbst die Prominenz des Themas Gefahren des Kernwaffenkriegs im Bewusstsein der Öffentlichkeit. Ein Handbuch mit dem Titel „Protect and Survive" wurde gedruckt und an alle Haushalte Großbritanniens verteilt. Es enthielt Verhaltensmaßnahmen für den Fall eines Kernwaffenkrieges, aber auch schon für die Vorbereitung darauf. Parallel dazu gab es Zwei-Minuten-Filme, die im Fernsehen ausgestrahlt wurden. Darin konnte man hören, dass man sofort anfangen solle, Sand, Erde und Säcke anzusammeln, die dann im Krisenfall schnell in eine Schutzkonstruktion innerhalb von Häusern umgewandelt werden könnten. Es gab auch Anleitungen zum Graben von „Fallout Shelters" – Miniatur-Atomschutzbunkern – im Garten.

Daraufhin machte sich ein Team von Wissenschaftlern und eine Filmcrew daran, für die naturwissenschaftliche Fernsehserie der BBC, QED („quod erat demonstrandum"), einen Dokumentarfilm zu machen, in dem diese Anweisungen der Regierung von einigen Londoner Testpersonen in die Praxis umgesetzt wurden. Die einen stellten fest, dass der Wasserpegel in der Londoner Gegend so hoch war, dass man keinen Graben im Garten anlegen konnte. Berechnungen ergaben weiterhin, dass bei auch nur einer einzigen 1-Megatonnen-Explosion über dem Zentrum Londons alle von der Regierung vorgegebenen Maßnahmen völlig wirkungslos sein würden, da die Gebäude in diesem Umkreis sowieso durch Hitze und die Detonationswelle wie Kartenhäuser zusammenfallen würden. Der Dokumentarfilm „Nuclear War: A Guide to Armageddon" wurde 1982 von der BBC ausgestrahlt[4].

1983 wurde in Amerika und bald auch in Großbritannien „The Day After"[5] gezeigt, ein Jahr später „Threads" und 1986 die Verfilmung des Comicstrips „When the Wind Blows" von Raymond Briggs, in dem die letzten Wochen im Leben eines alten Ehepaars beschrieben werden, die in einem Landhäuschen elend unter den Wirkungen von Verstrahlung und Zusammenbruch der Infrastruktur zugrunde gehen, nachdem Kernwaffen die Großstädte Großbritanniens pulverisiert haben[6]. Diese Filme gaben der Panik vor dem Dritten Weltkrieg in Großbritannien ihre konkreten Szenarien[7], wobei Zuschauern manches Mal der Gedanke kam, dass es der Westen mehr als der Osten sei, der den Frieden gefährde[8]. Die Mitglieder der Anti-Kernwaffen-Bewegung brauchten aber nicht erst hiervon überzeugt zu werden…

## I. Die Campaign for Nuclear Disarmament (CND)

Die Campaign for Nuclear Disarmament (CND) in Großbritannien hatte viel gemein mit entsprechenden populären Bewegungen in anderen westeuropäischen Ländern. Sie hatte

[3] Peter Watkins, Regie, The War Game, UK 1967.
[4] Herunterladbar als http://www.veoh.com/browse/videos/category/educational/watch/v306597y7x24kMy (17.3.2009).
[5] Nicholas Meyer (Regie), The Day After, USA 1983. Herunterladbar als http://www.youtube.com/watch?v=ZwfWvBqkPu4 (17.3.2009).
[6] Herunterladbar als http://www.veoh.com/browse/videos/category/educational/watch/v306597y7x24kMy#watch%3Dv17272229hgwArb5Z (17.3.2009).
[7] Vgl. Philip Sabin, The Third World War Scare, Basingstoke/London 1986, S. 44–49.
[8] Pym takes wraps off, in: *The Guardian* vom 25.1.1980.

allerdings ihre Wurzeln in einer typisch angelsächsischen Mentalität des Durchschnittsbürgers: Sie brachte ein robustes Vertrauen in den eigenen „common sense" und die eigene Freiheit (normalerweise von dem Ausspruch begleitet, „this is a free country, isn't it!") zusammen mit Misstrauen gegenüber der Oberschicht und der Regierung, wie es sich in England seit Wat Tylers Bauernaufstand Ende des 14. Jahrhunderts periodisch manifestiert hat – im 20. Jahrhundert insbesondere in Form des Streiks.

Die CND veranstaltete Ostermärsche zum oder vom britischen Atomforschungszentrum in Aldermaston (die ähnlichen Märschen in Deutschland und anderen westeuropäischen Ländern als Vorbild dienten) und appellierte mehrmals auf hoher Ebene für eine atomare Abrüstung. Die Kampagne wuchs in den Jahren 1958 bis 1961 rasch an, während ihre Popularität mit dem Einsetzen der Entspannung abnahm und zwischen 1965 und 1979 fast zum Erliegen kam[9]. Bei der CND schwang eine ausgeprägte Sehnsucht nach einem mythischen goldenen Zeitalter idyllischen Landlebens mit[10]. Die Stimmung bei ihren Protestmärschen und Demonstrationen war leidenschaftlich und hatte etwas von Wallfahrten – es ging um „die gute Sache"[11]. Die Teilnehmer an den Ostermärschen der 1950er bis 1960er Jahre waren in mancher Hinsicht die europäischen Vorläufer der Hippies und Vietnamkriegsgegner in den USA[12]. Sie verbanden ökologische und humanitäre Ideale, Visionen eines natürlicheren Lebensstils, marxistische Hoffnungen auf ein besseres Leben für die Arbeiter in den Städten, und futuristische Träume für eine postindustrielle, grüne Gesellschaft. Ihre Organisationen spiegelten die Arbeitsweise von Gewerkschaften, Arbeiter-Genossenschaften, Kirchengemeinderäten und einer anarchischen Gesellschaft in Vollendung wider[13]. CND-Anhänger kamen dennoch aus den verschiedensten Bevölkerungsschichten; es war alles vertreten vom Bergarbeiter bis zum Oxforder Don, von der Hausfrau bis zum katholischen Priester, vom ehemaligen Feldmarschall bis zum Aristokraten.

Dem Ansatz der CND lag unter anderem eine manichäische Weltsicht zugrunde, mit der die Ablehnung eines jeglichen Einsatzes von Gewalt verbunden war und die im Pazifismus der durch Protestanten und Quäker geprägten Tradition des britischen Christentums wurzelte und von den Schrecken des Ersten Weltkriegs genährt wurde[14]. Die CND, so äußerte ein Skeptiker, ziehe Befriedigung daraus, die Schuld der Regierung ihrer eigenen Unschuld gegenüberzustellen. War „im neuen britischen Neutralismus" vielleicht etwas vom „alten amerikanischen Isolationismus" enthalten, das Gefühl, dass Großbritannien das Heil nur dann erlangen könnte, wenn es sich aus der bösen Welt zurückzöge[15]? Auch neigte man dazu, sich für bessere Menschen zu halten: Indem die CND die Bezeichnung „Friedensbewegung" für sich allein beanspruchte, gab sie zu verstehen, dass alle, die nicht für sie seien, auch gegen den Frieden seien, was ihr die Befürworter der Abschreckung

[9] Richard Taylor, Against the Bomb. The British Peace-Movement 1958–1965, Oxford 1988, S. 72–112; Lawrence Wittner, Toward Nuclear Abolition. A History of the World Nuclear Disarmament Movement 1971 to the Present, Stanford 2003, S. 64–66, 131–139.

[10] Anna Bramwell, The Fading of the Greens, New Haven (CT) 1994.

[11] Christopher Driver, The Disarmers, London 1964; vgl. Lawrence Freedman, The Price of Peace, London 1986, S. 8.

[12] Driver, The Disarmers, S. 60–62.

[13] Ebenda, S. 63–103.

[14] Diminishing Defence, in: *The Daily Telegraph* vom 20. 2. 1970.

[15] Vgl. Hedley Bull, The many sides of British Unilateralism, in: The Reporter 24 (1961), H. 6, S. 36.

sehr übel nahmen[16]. Doch alles in allem scheint es, dass der Wunsch, britische Atomwaffen aufzugeben, im eigenen Land nie mehrheitsfähig war[17].

Obwohl diese erste Zeit der Tätigkeit der CND vielleicht die intellektuell kreativere war, gelang es bis 1979 nicht, die Labour-Partei mehrheitlich für eine britische atomare Abrüstung zu gewinnen, zumal es die Labour-Regierung Attlee/Bevin gewesen war, die unmittelbar nach dem Zweiten Weltkrieg das unabhängige britische Atomprogramm eingeleitet hatte. Jedes Mal, wenn Labour sich in der Opposition befand, gewann die radikale Linke an Stärke; infolgedessen war Labour Anfang der 1960er, Mitte der 1970er und in den 1980er Jahren am entschiedensten gegen Atomwaffen. Wenn dagegen Labour Regierungspartei war, wurde der radikale linke Flügel entweder überstimmt oder über die Regierungspolitik im Unklaren gelassen – Labour-Regierungen operierten sogar unter noch größerer Geheimhaltung als ihre konservativen Gegenspieler[18]. Dass sich Labour unter Michael Foot eine Politik der einseitigen nuklearen Abrüstung zu eigen machte, wurde als Grund der Wahlniederlage der Partei 1983 betrachtet[19].

## II. Die Begründung des Doppelbeschlusses in der Strategie

Der Strategie-Kontext der Nachrüstungskrise und des letzen Höhepunkts des Kalten Krieges ist auf westlicher Seite in zwei Dokumenten zu finden: Zum einen im NATO-Konzept von 1967, MC 14/3, was man „flexible escalation" nennen sollte, und, zum anderen in den „Provisional Political Guidelines for the Initial Defensive Tactical Use of Nuclear Weapons by NATO" vom November 1969 [20]. Zusammenfassend kann man sagen, dass diese Dokumente die Nuklearstrategie der NATO wie folgt definierten: Ziel eines etwaigen Ersteinsatzes von Atomwaffen durch die NATO sollte der Nachweis sein, dass die NATO-Staaten durchaus willens waren, Kernwaffen zu benutzen, und dass sie noch weiter gehen würden, sollte sich der Feind nicht dazu entschließen, seine Aggressionen einzustellen[21]. Der britische Verteidigungsminister Denis Healey formulierte es so: „Der Zweck eines [Ersteinsatzes von] Kernwaffen ist es, die Glaubhaftigkeit der Abschreckung insgesamt in einer Situation wiederherzustellen, in welcher ein großer konventioneller Angriff zeigt, dass diese [...] Glaubwürdigkeit verloren gegangen ist."[22] Oder, wie Michael Quinlan, wichtigster Stratege der britischen Regierung in den 1970er und 1980er Jahren, feststellte: „Der Ein-

---

[16] Vgl. Herman Bondi, The case for a nuclear defence policy, in: Catalyst 1/2 (1985), S. 22.

[17] Vgl. Rebecca Johnson/Nicola Butler/Stephen Pullinger, Worse than Irrelevant? British Nuclear Weapons in the 21st Century, Acronym Institute for Disarmament Diplomacy 2006, S. 70–77.

[18] Arthur John Richard Groom, British Thinking about Nuclear Weapons, London 1975, S. 300–345, 381–458; Edward Janosik, The Nuclear Deterrent as an Issue in British Politics, in: Orbis 9/3 (Sommer 1966), S. 588–604; siehe auch Kristan Stoddart, Losing an Empire and Finding a Role?, in: Richard Moore (Hrsg.), Nuclear Illusion, Nuclear Reality. Britain, the United States and Nuclear Weapons, 1958–64, Band 3 von Nuclear Weapons and International Security since 1945, Basingstoke 2011; Kristan Stoddart, The Sword and the Shield, Band 4 von Nuclear Weapons and International Security since 1945, Basingstoke 2011.

[19] Len Scott, Labour and the bomb. The first 80 years, in: International Affairs 82 (2006), S. 692–700.

[20] Siehe Beatrice Heuser, NATO, Britain, France and the FRG. Nuclear Strategies and Forces for Europe, 1949–2000, London 1997, S. 26–62.

[21] Charles Douglas-Home in: *The Times* vom 2. 12. 1969, zitiert in: Carl Amme, National Strategies within the Alliance. West Germany, NATO's Fifteen Nations 17 (1972), H. 4, S. 84.

[22] Zitiert in: Leonard Beaton, in: *The Times* vom 25. 2. 1970.

satz unserer [Kern-]Waffen kann rational nur mit dem Ziel erfolgen, [den Gegner] zum Aufhören zu bringen."[23] Das bedeutete aber auch, dass der Ersteinsatz durch die NATO nicht zu groß und zerstörerisch sein durfte; man durfte, wie Quinlan zu sagen pflegte, den Gegner nicht zur blinden Verzweiflung treiben, in der er sein eigenes ganzes Arsenal im Gegenschlag einsetzen würde, sondern ihn zum Nachdenken bringen. Die Waffen für den Erstschlag sollten also präzise sein, und man gedachte, etwa je zweimal so viel in einem Erstschlag einzusetzen, wie es damals NATO-Mitgliedstaaten gab[24].

Wohin sollte man zielen? In den 1950er und 1960er Jahren meinten die Briten, man solle möglichst sowjetisches Territorium aussparen. Die Deutschen aber überredeten ihre NATO-Partner, insbesondere die Briten, sowjetisches Staatsgebiet zum Ziel bereits eines Erst- oder Folgeschlags zu machen, gerade um den Sowjets zu zeigen, dass es der Westen mit seiner Eskalationsdrohung ernst meinte, und dass er keine sowjetische „Schutzzone" respektieren würde. In den Jahren 1972 bis 1974 durchgeführte Studien zum Folgeeinsatz (d. h. ein zweiter Atomwaffeneinsatz, sollte das erste politische „Signal" eines selektiven Einsatzes durch die NATO nicht zu einem Waffenstillstand geführt haben) unterstrichen die Notwendigkeit solcher Optionen[25]. Diese Betonung von Atomwaffen für sämtliche Reichweiten und Einsatzaufgaben wurde im englischsprachigen Raum als „nahtloser Mantel der Abschreckung" bekannt: Nur die Aufstellung von Atomwaffen sämtlicher Reichweiten, meinten die Strategen der NATO-Staaten, könne die sowjetische Führung davon abhalten zu glauben, es gebe eine „Brandschneise" zwischen dem strategischen Nuklearwaffenarsenal der USA und den Kernwaffen, die nur innerhalb des Kriegsschauplatzes Europa eingesetzt werden würden (sogenannte Theater Nuclear Forces, TNF). Das Risiko, Westeuropa anzugreifen, so das dahinter stehende Kalkül, war für Moskau daher alles andere als begrenzt.

Die Briten setzten sich besonders für ein kontinuierliches Spektrum an Atomwaffen ein und suggerierten dies den Amerikanern im August 1977, in einem vom Deputy Secretary (policy and programme) im britischen Verteidigungsministerium, Michael Quinlan, verfassten und von Verteidigungsminister Fred Mulley unterzeichneten Schreiben[26]. Die Frage des amerikanischen Verteidigungsministers Harold Brown, ob es in Ordnung sei, wenn man die TNF großer Reichweite (Long Range Theater Nuclear Forces – LRTNF) allesamt auf See stationieren würde, beantwortete das Schreiben mit „nein", ohne darauf einzugehen, wie zu verfahren sei. Es waren bereits LRTNF in Europa stationiert – Flugzeuge der Typen F-111 und Vulcan – doch sah man ihre Glaubwürdigkeit im Schwinden begriffen, da die sowjetische Luftverteidigung sie immer leichter abschießen konnte.

## III. Technologische Entwicklungen

Schon in den 1960er Jahren hatte die NATO Mittelstreckenwaffen, die zwar von ihren Stationierungsorten auf NATO-Territorium in Westeuropa oder der Türkei die UdSSR er-

[23] Liddell Hart Archives, Kings College London, Quinlan papers, lecture to the Royal College of Defence Studies, October 1982.
[24] Kristan Stoddard, Interview mit Sir Michael Quinlan, 3. 8. 2006.
[25] Helga Haftendorn, Das doppelte Mißverständnis. Zur Vorgeschichte des NATO-Doppelbeschlusses von 1979, in: VfZ 33 (1985), S. 244–287, hier S. 247f.; Lynn Davis, Limited Nuclear Options, Adelphi Paper No. 121, London 1975/76.
[26] Ivo Daalder, The Nature and Practice of Flexible Response, NATO Strategy and Theater Nuclear Forces since 1967, New York 1991, S. 166.

reichen konnten, aber doch klar einer anderen Kategorie angehörten als die amerikanischen Interkontinentalwaffen. Sie wurden dann nach der Kubakrise 1962 abgezogen – dies war Kennedys Zugeständnis an Chruschtschow. 1982 wurden die britischen Vulcan-Bomber ausrangiert; die F-111 „veralteten". Auch wurde gegen diese Flugzeuge eingewendet, dass sie nur von Flugplätzen aus gestartet werden konnten, die sich wiederum vorzüglich als Großziele für einen sowjetischen Erstschlag anboten[27].

Nach der bereits in einem internen verteidigungspolitischen Dokument der britischen Regierung aus dem Jahr 1961 – dem Mottershead Report[28] – dargelegten Logik, aber auch gemäß MC 14/3 und den Provisional Political Guidelines (PPGs) mussten für einen Ersteinsatz durch die NATO Atomwaffen mit kürzerer Reichweite eine Signalfunktion erfüllen und selektiv eingesetzt werden; zugleich mussten sie einen geringen Detonationswert haben und so von strategischen Atomwaffen zu unterscheiden sein. Die technischen Voraussetzungen für diesen militärpolitischen Auftrag wurden jedoch erst in den 1970er Jahren mit den Marschflugkörpern (Cruise Missiles) und Mittelstreckenraketen des Typs Pershing-II geschaffen: Sie boten die Reichweite und Treffsicherheit, die für eine flexible Entscheidung bei der Auswahl von Zielen (u.a. in der Sowjetunion) erforderlich waren und, falls nötig, für einen „Schuss vor den Bug", eine Vorstellung, die der Marinestrategie entstammte[29].

Nach der Formulierung der Mottershead-Grundsätze im Jahr 1961 dauerte es bis 1969, bis die meisten von ihnen von der NATO mit den PPGs angenommen wurden, und erst 1979 wurde der Beschluss gefasst, die zuverlässigen Atomwaffen-Einsatzsysteme zu beschaffen, die zur Umsetzung der Mottershead-Strategie erforderlich waren[30]. Hinter dieser Verzögerung steckt eine kuriose Geschichte. Die erste Phase (1961-1969) lässt sich einerseits durch die Schwierigkeiten erklären, sowohl für die USA als auch für die Europäer einen gemeinsamen Nenner sowie gemeinsame strategische Grundsätze zu finden, sowie andererseits durch den immer stärker werdenden Wunsch Robert McNamaras und seiner Nachfolger, die Sicherheit der USA zu verbessern, indem das Wettrüsten zwischen den Supermächten durch bilaterale Rüstungskontrollvereinbarungen begrenzt würde. Vor dem Hintergrund dieser Zielsetzung war es nicht amerikanische Priorität, die NATO-Strategie von 1967 und die PPGs von 1969 in neue „*Hardware*" umzusetzen[31].

Die zweite Verzögerung ist verwirrender, vor allem, weil US-Verteidigungsminister James Schlesinger die PPGs weiterentwickelte und die Technik für eine präzisere Zielfestlegung verfügbar wurde. Die an der Zentralfront vorhandenen Flugkörper des Typs Honest John, Sergeant und Pershing (I) sowie die Atomsprengladungen (Atomic Demolition Munitions – ADM) und die nukleare Artillerie waren Anfang der 1960er Jahre für britische Zwecke durchaus geeignet gewesen, da Großbritannien damals noch die Meinung vertrat, „nukleare Demonstration" solle in möglichst nichtaggressiver Form und daher hauptsächlich auf

---

27 UK, National Archives, ehemals the Public Records Office, (fortan TNA), FO 973/413, NATO Double Track Decision, The Present Stage, April 1985.
28 TNA, DEFE 4/137, Annex to JP(61)68(Final) vom 7.7.1961, S.11.
29 Siehe hierzu Beatrice Heuser, European defence before and after the ‚turn of the tide', in: Review of International Studies 19 (1993), H.3, S.409–419.
30 Heuser, NATO, Britain, France and the FRG, S.48–50, 54, 58, 80–85; dies., Containing Uncertainty. Options for British Nuclear Strategy, in: Review of International Studies 19 (1993), H.3, S.245–267.
31 Uwe Nerlich, Theatre Nuclear Forces in Europe, in: The Washington Quarterly 3 (1980), S.103, 106, 118.

NATO-Gebiet erfolgen[32]. Taktische Luftfahrzeuge (der amerikanische Starfighter F-104 und später die F-111, die hauptsächlich in Großbritannien stationiert waren) konnten Ziele auf dem Territorium des Warschauer Paktes erreichen, auch solche auf sowjetischem Staatsgebiet. Bestanden ursprünglich noch Hoffnungen auf Ergänzung dieses Arsenals durch eine wie auch immer geartete Flotte ballistischer Flugkörper, so gingen diese gemeinsam mit der Multilateral Force (Multilaterale Nuklearflotte) sang- und klanglos unter. Mitte der 1970er Jahre wurden Flugkörper des Typs Lance mit einer Reichweite von 70-120 km beschafft. Damit waren vorgeschobene Systeme innerhalb der NATO vorhanden. Doch nach der Verschrottung der Flugkörper des Typs Thor und Jupiter Anfang der 1960er Jahre sowie des Typs Mace Ende des Jahrzehnts fehlte es in den Arsenalen vorgeschobener Systeme an bodengestützten Flugkörpern, die das sowjetische Staatsgebiet so erreichen konnten, während die sowjetischen ballistischen Flugkörper SS-4 und SS-5 weiterhin auf Ziele in Westeuropa gerichtet blieben.

Schlesingers Initiativen des Jahres 1974 waren schon bald in den Hintergrund gedrängt worden, da sich das Hauptinteresse der USA auf strategische Systeme und die Rüstungskontrollverhandlungen über Interkontinentalwaffen (Strategic Arms Limitations Talks – SALT) richtete. Angesichts der kontinuierlichen Verbesserung der sowjetischen konventionellen Streitkräfte in den 1970er Jahren und der Modernisierung der Mittelstrecken- oder in ihrer Reichweite auf den europäischen Kriegsschauplatz beschränkte Kernwaffen der Sowjetunion ab Mitte dieses Jahrzehnts erachteten es insbesondere westdeutsche Strategen für notwendig, mehr auf das Gleichgewicht zwischen konventionellen und nuklearen Streitkräften innerhalb Europas zu achten[33]. Franzosen und Briten versuchten einstweilen, dieses Thema zu vermeiden, da sie entschlossen waren, ihre eigenen strategischen Streitkräfte aus den SALT-Verhandlungen herauszuhalten – gegen den Wunsch Moskaus.

Die NATO hatte klare Präferenzen für die Ziele, die sie im Kriegsfall mit Kernwaffen beschießen würde, falls ein konventioneller Angriff der Warschauer Vertragsorganisation nicht aufzuhalten wäre. General Alexander Haig als Oberster Alliierter Befehlshaber Europa (SACEUR) erinnerte 1976 die Verteidigungsminister der NATO-Staaten daran, was in der Nuklearen Planungsgruppe (Nuclear Planning Group – NPG) in der Vergangenheit beschlossen worden war: Er benannte die Arten ortsfester Ziele in der Sowjetunion und deren Satellitenstaaten, die unter das „Scheduled Strike Programme (SSP)" fielen. Es handelte sich um etwa 2800 der wichtigsten Ziele, die aus ungefähr 18000 als möglicherweise für einen Angriff geeigneten Zielen ausgewählt worden waren. Diese 2800 Ziele waren weiter unterteilt in solche, die eine Bedrohung für die Integrität des Alliierten Kommandobereichs Europa darstellten (höchste Priorität), und solche, die eine Bedrohung für eine bestimmte Region bedeuteten. An der Zielauswahl für die regionalen Listen wurden regionale Befehlshaber beteiligt.

Im Falle eines Krieges, der mit konventionellen Mitteln von der NATO nicht beendet werden könnte, würden „Schläge in die Tiefe [...] von seegestützten ballistischen Flugkörpern gemeinsam mit Flugzeugen des Typs Vulcan und F-111 durchgeführt. Bei näher am

---

[32] TNA, Air Council Files, Report by the Air Ministry Strategic Scientific Policy Committee on NATO Shield Forces, AC(62)14 of March 1962.

[33] Theo Sommer, Le système bipolaire, in: Politique étrangère 42 (1977), H.3–4, S.261f. Die deutschen Repräsentanten in der NATO waren überzeugt, dass diese Entscheidung vorwiegend auf westdeutschen Druck hin gefallen war, vgl. Susanne Peters, The Germans and the INF Missiles, Baden Baden 1990, S.259–295.

NATO-Gebiet gelegenen Zielen kamen sieben Arten von Strike-/Attack-Flugzeugen zum Einsatz, mit Besatzungen aus acht NATO-Staaten, sowie zusätzliche, unter amerikanischem und deutschem Befehl stehende Pershing-Flugkörper."

SACEUR erklärte, „dass die wichtigsten Ziele unter sein Priority Strike Programme (PSP) fielen und diesen jeweils mindestens zwei Waffen zugeordnet seien. Sein Tactical Strike Programme (TSP) bestand aus regionalen Zielen, wobei jedem Ziel normalerweise nur eine Waffe zugeordnet war. Zur Durchführung dieser Programme gab es drei Stufen der Kräftegenerierung: Quick Reaction Alert (QRA) um sicherzustellen, dass ein Prozentsatz von PSP-Zielen nach einem nuklearen Überraschungsangriff der Sowjetunion getroffen werden könnte, Advanced Readiness (AR), um ausreichend Systeme zur Erfüllung des gesamten PSP zu generieren und Maximum Posture (MP) zur Abdeckung des gesamten SSP." Auf Fragen der Verteidigungsminister nach Beschränkungen antwortete Haig, „dass diese gleichermaßen auf den SIOP (Single Integrated Operational Plan; integrierter einheitlicher Operationsplan) wie auf das SSP zuträfen, und dass Freigabemeldungen die Beschränkungen im Einzelnen verdeutlichen würden. Er betonte, dass das PSP und der SIOP so gut wie alle Ziele hoher Prioritätsstufe abdeckten, und dass für das TSP und den SIOP dasselbe gelte, was regionale Ziele betreffe. Die meisten der SSP-Ziele in Satellitenstaaten und über 50% der Ziele in der Sowjetunion würden innerhalb von zwei Stunden nach der Freigabe getroffen, und die Ziele in größerer Entfernung in weniger als sechs Stunden."[34]

Mit dem Aufkommen gelenkter Marschflugkörper und ballistischer Flugkörper sowie Satellitentechnik in den 1970er Jahren ergaben sich neue Möglichkeiten der Zielauswahl. Man glaubte, es wäre in Zukunft möglich, herannahende sowjetische Truppen auf freiem Feld anzugreifen und so Kollateralschäden in polnischen oder tschechoslowakischen Städten zu vermeiden, oder aber einen Flugplatz in der Nähe der sowjetischen Stadt Minsk auszuschalten, nicht jedoch Minsk selbst.

Eine immer attraktiver werdende Option waren Marschflugkörper bzw. eine neue Generation – land- oder seegestützter – ballistischer Flugkörper. Wie der britische Verteidigungsminister Frederick Mulley im November 1976 berichtete, hatte Donald Rumsfeld, sein amerikanischer Kollege, den NATO-Ministern über den neuen amerikanischen Marschflugkörper, Cruise Missile, erzählt, der sowohl eine konventionelle als auch eine Kernwaffen-Rolle einnehmen konnte.[35] Das Thema wurde in den 1970er Jahren von einer neuen Generation britischer Verteidigungsplaner und deren amerikanischen Kollegen begierig aufgegriffen. Eine umfangreiche, alle Teilstreitkräfte betreffende Studie des britischen Beitrags zu den TNF der NATO wurde im November 1977 vom NATO-Verteidigungsplanungsstab eingeleitet. Ihr Ziel war, eine Untersuchung der Auswirkungen der wichtigsten politischen Faktoren auf die britischen Konzepte für die TNF durchzuführen und die Waffen in Bezug auf die NATO-Strategie und den britischen Beitrag zur NATO-Triade auszuwählen[36]. Die Untersuchung betraf zwölf Punkte und sollte zum 1. März 1978 vorgelegt werden:

a. die Rolle von TNF in der Verteidigungsstrategie;

---

[34] TNA, DEFE 31/160, UK Record of NPG Ministerial Meeting, 14.6., 16.7.1976.

[35] TNA, DEFE 31/160, NPG Ministerial Meeting 17./18.11.1976. Zur Tagung der Nuklearen Planungsgruppe am 17./18.11.1976 in London vgl. ferner AAPD 1976, Dok. 339, S. 1539–1541.

[36] TNA, DEFE 11/793, Attachment to COS(Misc) 557/154C, 11.11.1977.

b. größere Veränderungen bezüglich der Bedrohung durch den Warschauer Pakt, die für den Einsatz von TNF von Bedeutung sind;
c. die Bedeutung der Arbeit und der Grundsätze der Nuklearen Planungsgruppe der NATO;
d. Argumente für ein unabhängiges britisches Potenzial an TNF;
e. Beschränkungen und Forderungen zur Land-/Luftkriegführung seitens des SACEUR;
f. Forderungen zur See-/Luftkriegführung seitens SACLANT;
g. Faktoren und Beschränkungen der Rüstungskontrolle (z.B. SALT und CTBT (Comprehensive Nuclear Test-Ban Treaty – Vertrag über das umfassende Verbot von Nuklearversuchen);
h. die finanziellen Auswirkungen;
i. mögliche Beschränkungen bei der Materialversorgung;
j. Umweltschutzfaktoren, wie z.B. neue technische Möglichkeiten verbesserter Sicherheit;
k. mögliche Wechselwirkung mit Möglichkeiten im strategischen Bereich;
l. Kompatibilität mit der zukünftigen Palette möglicher Trägersysteme.[37]

Aber schon ehe diese Arbeit abgeschlossen war, meinten die britischen Chiefs of Staff, dass dringend weiter untersucht werden müsse, wie die mögliche Rolle der Marschflugkörper in der NATO-Strategie zu bewerten sei. Auch stelle sich die Frage, ob man lieber „von der Stange“ amerikanische Cruise Missiles kaufen oder selbst welche entwickeln solle. Auch weitere Untersuchungen bestätigten den Wert der Cruise Missiles, die wie schon die deutsche V1 aus einem unbemannten Flugzeug entwickelt worden waren. Sie hatten viele Vorteile, auch dem bemannten Flugzeug gegenüber. Sie waren sehr flexibel: Innerhalb von nur 30 Minuten konnte man ihre Zielkoordinaten umstellen[38]. Eine britische Arbeitsgruppe informierte die Regierung im Januar 1978, dass sie überdies preiswert seien, was die Anschaffung einer größeren Zahl erlauben würde, als wenn man vergleichbare Flugzeuge für diesen Zweck beschaffe, und dadurch wiederum könnten mehr Flugzeuge für konventionelle Aufgaben zur Verfügung gestellt werden[39]. Dabei wurde immer beklagt, dass die NATO in einer ersten Phase der Verteidigung nicht ihr gesamtes konventionelles Potenzial ausschöpfen könne, weil man in früheren Planungen immer Flugzeuge für einen eventuellen Kernwaffeneinsatz zurückhalten wollte. Da aber biss sich die Katze in den Schwanz, denn an sich wollte man ja alles tun, um einen Angriff des Warschauer Paktes aufzuhalten, ohne dass es zum Kernwaffeneinsatz kam.

Zwei Monate nach Abschluss der Studie berichtete Großbritanniens oberster Militär seinem Minister entsprechend, dass Cruise Missiles für Großbritannien sowohl militärisch-strategische als auch politische Vorteile hätten. Militärisch würden sie die Flexibilität der Allianz erhöhen; im Kräfteverhältnis konnte man sagen, dass sie ein Gegengewicht zu den sowjetischen SS-20-Raketen sowie den sowjetischen Backfire-Bomberflugzeugen bilden konnten, überdies wären dadurch auf dem europäischen Kriegsschauplatz Möglichkeiten gegeben, sich mit größerer Glaubwürdigkeit ohne den Einsatz interkontinentaler Kernwaffen zu verteidigen. Die britischen Planer unterstrichen, dass Cruise Missiles daher nicht in Abrüstungsverhandlungen einbezogen werden dürften. Die Briten nahmen dennoch

---

[37] TNA, DEFE 11/793, Attachment to COS(Misc) 557/154C, 11.11.1977.
[38] TNA, DEFE 68/240, Annex A to DP 27/77(Final), 21.11.1977.
[39] TNA, DEFE 68/240, Annex A to DP 27/77(Revised Final), 9.1.1978.

davon Abstand, selbst Cruise Missiles zu entwickeln; dies schien dem Verteidigungsministerium dann doch zu teuer[40].

Ähnlich beurteilte die NATO insgesamt die Lage. „Task Force 10", eine hochrangige Arbeitsgruppe innerhalb der NATO, wurde im Oktober 1977 im Kontext des langfristigen Verteidigungsprogramms (Long-Term Defence Program, LTDP) unter dem Vorsitz des amerikanischen Assistant Secretary of Defense for International Security Affairs, David McGiffert, eingerichtet. Sie trat erstmals im November 1977 zusammen, um die Struktur der Atomstreitkräfte der NATO im Zusammenhang mit Fragen der Rüstungskontrolle zu untersuchen[41]. Diese hochrangige Gruppe (High Level Group) erachtete es für notwendig, Flugkörper aufzustellen, die präzise und zuverlässig genug waren, um glaubwürdig mit einem Atomwaffeneinsatz gegen außerhalb von Städten gelegene Ziele in der Tiefe des Gebiets des Warschauer Paktes, auch auf sowjetischem Staatsgebiet, drohen zu können, um so die sowjetische Führung zu zwingen, einen Angriff abzubrechen[42]. Als Ergebnis dieser Arbeitsgruppe verlagerte sich der Schwerpunkt der NATO weg vom groß angelegten Atomwaffeneinsatz auf dem Gefechtsfeld hin zu der Abriegelung dienenden Schlägen tief im Innern des Warschauer-Pakt-Gebiets[43]. Die zweite Argumentationslinie, die etwas später eingeführt wurde, war, dass sich die NATO bei einer Dislozierung von Flugkörpern großer Reichweite innerhalb des Kriegsschauplatzes Europa, wie es sie seit dem Abzug der Raketen des Typs Jupiter und Thor im Arsenal der NATO nicht mehr gegeben hatte, eine Verhandlungsposition schaffen würde, die es ihr erlauben würde, auf die Ausschaltung derjenigen sowjetischen Flugkörper mittlerer Reichweite zu drängen, die nicht Teil der SALT-Verhandlungen waren[44].

Im britischen Arsenal bestanden in der Tat Lücken. Die Briten wollten Cruise Missiles gerne zusätzlich zu ihren strategischen Waffen – d. h. den Raketen, die von Polaris-U-Booten abgefeuert würden[45]. Die UdSSR sollte wissen, dass Großbritannien noch weiter eskalieren konnte, und dass der Einsatz von Cruise Missiles bedeutete, dass man von dieser Option noch nicht Gebrauch machen wollte, um den Sowjets eine letzte Chance zum Einlenken zu geben. Die Briten waren dabei, gemeinsam mit der Bundesrepublik den Tornado anzuschaffen, der sowohl Bomber als auch Kampfflugzeug sein würde, um die Vulcan-Bomber zu ersetzen; dies sollte 1981/82 geschehen. Allerdings hatte auf Bonns Wunsch hin der Tornado eine kürzere Reichweite als der bisherige Vulcan. Vom Vereinigten Königreich aus gestartet, hatte der Tornado selbst mit Auftanken in der Luft nicht einmal eine Reichweite von 1000 km. Damit konnte er zwar einige Ziele in der Sowjetunion abdecken, aber nicht gerade die, die Whitehall aus politischen Überlegungen besonders treffen wollte – also z. B. militärische Kommandozentralen wichtigster Ordnung. Damit bestand eine beträchtliche Diskrepanz zwischen dem, was der Tornado erreichen konnte, und einer „vollen strategischen Deckung" von Zielen. Wenn man sich im Kreml über

---

[40] TNA, DEFE 68/240, R. L. L. Facer PS/Secretary of State to PSO/CDS, 4. 4. 1978.

[41] TNA, DEFE 68/240, NC Chief of the Defence Staff to Secretary of State Cruise Missiles, 20. 3. 1978. Siehe auch Christoph Bluth, Britain, Germany and Western Nuclear Strategy, Oxford 1995, S. 236; Daalder, The Nature and Practice, S. 175.

[42] Daalder, The Nature and Practice.

[43] Bluth, Britain, Germany, S. 238f.

[44] Daalder, The Nature and Practice; Haftendorn, Das doppelte Mißverständnis.

[45] Die Polaris-Raketen konnten übrigens nicht in einer beschränkteren Rolle gebraucht werden, im Gegensatz zu ihren Nachfolger-Systemen, den Trident.

dieses Defizit im Klaren war, dann war es um den „nahtlosen Mantel“ der Kernwaffenabschreckung durch Großbritannien geschehen[46].

Es war noch die Frage, ob man Cruise Missiles aus der Luft abfeuern sollte (Air-Launched Cruise Missiles, ALCMs), oder vom Lande (Ground-Launched CM, GLCMs), oder von See aus (Sea-Launched CM, SLCMs). Bei GLCMs gab es anfänglich Bedenken, wie Kommando und Überwachung der Ausführung (Command and Control, C&C) gut gewährleistet werden konnten. Allerdings gab es drei Vorteile: erstens die erwähnte Freisetzung zusätzlicher Flugzeuge für konventionelle Aufgaben durch GLCMs, zweitens die Mobilität der GLCMs, was bedeutete, dass man sie in Wäldern oder anderen aus der Luft schwer identifizierbaren Stellen verstecken und so die Risiken eines sowjetischen Erstschlags auf sie verringern konnte (es war den NATO-Staaten wohlbekannt, dass die sowjetische Zielauswahl-Priorität den Kernwaffen des Westens galt). Drittens war zu erwarten, dass die Gesamtkosten für eine gewisse Zahl von GLCMs geringer sein würden als für dieselbe Zahl von ALCMs, da letztere immer von Flugzeugen zu ihrem Transport abhingen[47]. Britische Experten waren ganz und gar gegen die seegestützten Cruise Missiles, da die Besitzer bzw. Befehlshaber einer von See abgeschossenen Rakete oder eines Marschflugkörpers nicht klar identifiziert werden konnten, und damit die politische Entschlossenheit seitens der Staaten, die ihren Abschuss anordneten, nicht klar gezeigt werden konnte. In der Tat sollte die Stationierung der GLCMs wie vor ihnen die der Pershing-I- oder Jupiter-Raketen in den 1960er Jahren im Staatsgebiet mehrerer Bündnismitglieder speziell zum Ziel haben, die Solidarität der europäischen NATO-Mitglieder mit einem angegriffenen Staat zu dokumentieren und so das Risiko auf alle zu verteilen. Außerdem bestanden Befürchtungen, die seegestützten Marschflugkörper seien weniger präzise als ihre bodengestützten Gegenstücke[48]. Mit beweglichen, bodengestützten Raketen oder Marschflugkörpern ließ sich die Paradoxie aufheben zwischen dem Wunsch, Solidarität zu bezeugen, und der Angst, mit Flugplätzen für Kernwaffen tragende Bomber einladende Erstschlagsziele für die UdSSR zu bieten.

Cruise Missiles hatten allerdings auch ihre Gegner, vor allem in der Luftwaffe, wo alles, was „die Existenz des bemannten Flugzeuges bedrohte, Anathema war“[49]. Aber schließlich entschied sich Großbritannien, lieber den USA zu erlauben, Cruise Missiles auf britischem Gebiet aufzustellen und notfalls von dort abzufeuern. Michael Quinlan erklärte im Mai 1979, wenn die Allianz gemeinsam neue Anschaffungen für Kernwaffen für den europäischen Kriegsschauplatz beschließen würde, würde das Vereinigte Königreich sicherlich daran beteiligt sein wollen. Er selbst war dabei aus den oben ausgeführten Gründen entschieden für GLCMs. Zu diesem Zeitpunkt hatten sich die Belgier und die Niederländer bereit erklärt, ebenfalls GLCMs aufzustellen und hatten schon Stützpunkte identifiziert. Quinlan hoffte, dass Großbritannien selbst der Eigentümer der auf seinem Territorium aufgestellten GLCMs sein könnte[50].

Obwohl Großbritannien ursprünglich eigene nukleare Sprengköpfe auf den Cruise Missiles wollte, entschied man sich letztlich dagegen. Die amerikanischen Cruise Missile-Basen

---

[46] TNA, DEFE 68/240, J. D. Sutton AVN ACAS(Pol) Cruise Missiles – An AFD View, 7. 11. 1978.
[47] Ebenda.
[48] Peters, The Germans and the INF Missiles, S. 159–193; Daalder, The Nature and Practice, S. 190–200; Bluth, Britain, Germany, S. 201–237.
[49] TNA, DEFE 68/240, D. J. Fewtrell Head of DS9 to AUS(AS), 14. 11. 1978.
[50] TNA, DEFE 68/240, M. E. Quinlan, DUS(P) CM Basing, 23. 5. 1979.

in Großbritannien, in Greenham Common und Molesworth, standen nicht unter einem „Doppel-Schlüssel"-System, im Gegensatz zu den amerikanischen ballistischen Flugkörpern mittlerer Reichweite (Intermediate-Range Ballistic Missile, IRBM) des Typs Thor der frühen 1960er Jahre. Anders als von ihrem Verteidigungsminister John Nott gewollt, drängte Margaret Thatcher die Reagan-Regierung nicht zu „dual-key"-Vorkehrungen, so dass die Amerikaner die Cruise Missiles erforderlichenfalls abschießen konnten, ohne sich offiziell an die britische Regierung zu wenden[51]. Londons Mitsprache beim Einsatz amerikanischer Kernwaffen von britischem Boden aus war seit jeher umstritten gewesen; vage Versprechungen einer solchen Mitsprache seitens der amerikanischen Präsidenten Truman und Eisenhower wurden von ihren Beratern als sehr gefährlich eingeschätzt und möglichst heruntergespielt. Die USA hatten extraterritoriale Rechte zum Schutz ihrer Stützpunkte in Großbritannien, was etliche Briten sowohl auf der Linken als auch auf der Rechten sehr aufregte[52]. Auch dies übersetzte sich in die Populär-Kultur mit dem Politthriller „Defence of the Realm", in dem britische Regierungsstellen nicht vor Mord Halt machen, um einen Unfall eines mit Kernwaffen bestückten Flugzeuges auf einem solchen amerikanischen Stützpunkt zu vertuschen[53].

## IV. Großbritannien und der Entscheidungsprozess in der NATO

Die Modernisierung des Nukleararsenals war jedenfalls schon seit einiger Zeit Gegenstand von Überlegungen innerhalb der NATO gewesen. Verschiedene interne Studien aus den Jahren 1972 bis 1974 hatten sich mit der zur Umsetzung der NATO-Strategie erforderlichen „Hardware" befasst, und seit Frühjahr 1977 waren mehrere NATO-Arbeitsgruppen damit beauftragt, Aspekte des LTDP (langfristigen Verteidigungsprogramms der NATO) zu untersuchen; auch hier ging es u.a. um die Frage der TNF der NATO, mit denen sich die Task Force 10 befasste. Bei diesen Studien scheint es jedoch mehr darum gegangen zu sein, was die NATO für ihre eigene Strategie benötigte und weniger um ein knappes Gleichgewicht mit den Waffenarsenalen des Ostens. Dies war ein entscheidender Faktor, um auf allen Ebenen eine wirksame Abschreckung erzielen zu können. Die Initiative seitens des US-Verteidigungsministers Schlesinger zur Umstrukturierung des amerikanischen Arsenals an taktischen Nuklearwaffen bzw. nuklearen Mittelstreckenwaffen in Europa ging auch Helmut Schmidts Initiative – seiner Rede am IISS in London im Jahr 1977 – voraus[54].

Diese Debatten spiegelten in mancher Hinsicht viele seit langem bestehende britische Vorstellungen wider: die große Bedeutung, die der nuklearen Abschreckung beigemessen wurde, sowie die Notwendigkeit flexibler Reaktionsmöglichkeiten auf sowjetische Angriffe unterhalb eines allgemeinen Kriegs, wobei es in erster Linie darum ging, den Krieg rasch zu beenden, sollte es zum Ausbruch von Feindseligkeiten kommen. Die Mittelstreckenraketen – Cruise Missiles und Pershing-II – konnten (aufgrund ihrer Fähigkeit, lediglich geringe Kollateralschäden zu verursachen) als ein politisches Signal eingesetzt werden,

[51] Kristan Stoddart, Interview mit Sir John Nott, 3.5.2006. Großbritannien hat nicht auf einem Doppelschlüssel-System bestanden. Kristan Stoddart, Interview mit Sir Michael Quinlan, 3.8.2006.
[52] Simon Duke, US Defence Bases in the United Kingdom, Basingstoke 1987.
[53] David Drury (Regie), Defence of the Realm, 1985.
[54] Vgl. Haftendorn, Das doppelte Mißverständnis, S. 245, 250f., 255–262.

um die nächsten Schritte auf der Eskalationsleiter zu stoppen und eine Beendigung des Kriegs herbeizuführen. Es sprach viel für die britische Überzeugung, jeglicher Folgeeinsatz von TNF würde nicht primär einem militärischen Ziel dienen, sondern der raschen Herbeiführung des Endes des Kriegs – deswegen war der Ausdruck „taktische" Kernwaffen jetzt für diese Waffen verpönt. Großbritannien war sich voll und ganz bewusst, dass auf britischem Staatsgebiet liegende Ziele mit als erste getroffen würden.

Die britische Position zeigt auch, wie wichtig dem Land die Verbindung zwischen TNF und den der NATO zur Verfügung stehenden strategischen Waffen (einschließlich der Polaris-Raketen) war. Dies entsprach im Wesentlichen dem konventionelle und nukleare Verteidigung gleichermaßen umfassenden „nahtlosen Mantel der Abschreckung". Für die britischen politischen Entscheidungsträger waren Atomwaffen, egal ob nur innerhalb Europas mit Signalfunktion oder strategisch, zur *Abschreckung* da und sollten eine Reihe politischer Feuerschneisen bilden, um einen Krieg zu *verhindern*. Sie hatten wenig Zeit für Theorien, die Begriffe wie „beschränkter Einsatz" oder „Eskalationskontrolle" propagierten. Britische Nuklearplaner glaubten nicht daran, dass ein einmal begonnener Atomkrieg eingedämmt werden konnte, und ebenso wenig glaubten sie daran, dass beim Einsatz von Atomwaffen auf jeglicher Ebene eine Eskalation im „Nebel des Krieges" verhindert werden konnte. Lange vor der „Schlesinger-Doktrin" ging es ihnen vor allem um die Verhinderung von Krieg durch nukleare Abschreckung, und sollte es tatsächlich zu einem Krieg kommen, so wäre das zweitwichtigste Ziel dessen rasche Beendigung. Unterschwellig machten sie sich genau wie alle anderen westeuropäischen Regierungen Sorgen, dass, wenn es zum Äußersten käme, ein begrenzter Atomkrieg auf dem Kriegsschauplatz Europa allemal vorstellbar wäre, sollten amerikanische Großstädte den sowjetischen strategischen Streitkräften als „Geisel" dienen. Darüber hinaus hing jeder Versuch, „Spielregeln" aufzustellen davon ab, dass auch der Gegner diese Logik akzeptierte und man jederzeit in der Lage war, eine positive politische Autorität gegenüber den militärischen Führern sowohl auf der nationalen Ebene als auch vor Ort aufrechtzuerhalten.

Das Grundprinzip der Kriegsbeendigung wurde von Michael Quinlan[55] und seinen Nachfolgern als Vertreter Großbritanniens in der High Level Group energisch verteidigt[56]. Aufgrund der Verfügbarkeit präziserer Atomwaffen wurden weniger davon benötigt, um einzelne Ziele abzudecken. Bereits im November 1978 hatte Task Force 10 der NATO-Planer „den Ausbau der landgestützten Elemente der NATO [Mittelstreckenwaffen, TNF] mit Reichweite über 1000 km empfohlen"[57]. Der NATO-Doppelbeschluss vom Dezember 1979 legte das Waffenspektrum fest, mit dem die Sowjetunion angegriffen werden konnte[58]. Wie Verteidigungsminister John Nott feststellte: „Es gibt keinen Plan dafür, eine Kernwaffen-Schlacht zu kämpfen", d. h. der Einsatz von Kernwaffen auf dem Schlachtfeld war nicht mehr, wie zuvor in den 1950er und frühen 1960er Jahren, Teil der NATO-Planung[59]. Das Grundprinzip, die UdSSR sogar bei einem Erstschlag zum Ziel zu machen, welches von den Deutschen eingeführt und leidenschaftlich verteidigt wurde, wurde anfänglich nur widerwillig von der britischen Regierung unterstützt. Dann aber wurde es in der Quinlan-

[55] Vgl. Vorlesung von Michael Quinlan Oktober 1982, NATO Nuclear Deterrence Concepts, Kings College, Liddell Hart Archives, Quinlan papers.
[56] Vgl. Daalder, The Nature and Practice, S. 233–242, 176–178, 188–197, 225, 274–276.
[57] TNA, DEFE 68/240, J. D. Sutton AVN ACAS(Pol) Cruise Missiles – An AFD View, 7. 11. 1978.
[58] Peters, The Germans and the INF Missiles, S. 162f.
[59] Nott speaks out, in: International Defence Review (Dez. 1981).

Ära im Zeichen der Solidarität mit der Bundesrepublik ganz ernsthaft übernommen, und auch in Übungen „gespielt“[60].

## V. Rüstungskontrolle

Während der zweiten Serie bilateraler Gespräche über die Begrenzung strategischer Waffen (SALT II) zwischen den USA und der Sowjetunion 1972 bis 1979 kam abermals die – bereits im Rahmen von SALT I angesprochene – Frage auf, ob die Sowjets beantragen würden, die in Europa stationierten Systeme der Amerikaner in diese oder in die folgende (SALT-III-)Verhandlungsrunde aufzunehmen. Die sowjetischen SS-4 und SS-5, ballistische Flugkörper mittlerer Reichweite, waren ausschließlich auf Europa bzw. die Türkei gerichtet. Im Juni 1976 sprachen die Verteidigungsminister der NATO ihre Sorge über den Zuwachs der Raketen des Warschauer Paktes aus, die inzwischen Zahlen erreicht hätten, die aus Verteidigungszwecken kaum gerechtfertigt seien, mit dem Resultat eines Ungleichgewichtes zwischen Ost und West. Sie gestanden aber durchaus ein, dass die NATO selbst Mittelstreckenwaffen für wichtig halte, um die Triade von strategischen Kernwaffen, Mittelstreckenwaffen und konventionellen Streitkräften sicherzustellen. „Insbesondere waren die Minister im Einklang darüber, dass die Effektivität der NATO-Mittelstreckenwaffen verbessert werden müsse, einschließlich ihrer Überlebensfähigkeit“ im Hinblick auf einen Erstschlag auf sie durch Streitkräfte des Warschauer Paktes[61].

Man sorgte sich also durchaus um die neuen sowjetischen Mittelstreckenraketen, im Westen erst als SS-X-20, später als SS-20 bekannt, die die obsoleten und schwerfälligen MRBM des Typs SS-4 und SS-5 ersetzen sollten. Im Juli 1976 teilte der amerikanische Verteidigungsminister Donald Rumsfeld seinen NATO-Kollegen den Stand der Informationen über die neue sowjetische Rakete mit. Die amerikanischen Geheimdienste glaubten, dass sie eine Reichweite von bis zu 5500 km haben würde, während die britischen diese auf bis zu 4600 km einschätzten. Im ersteren Falle konnte sie den Großteil von Nordafrika, Europa und China von sowjetischem Territorium aus erreichen. Man erwartete, dass die SS-20 mobil sein würde, was wiederum ihre Überlebenschancen erhöhte. Während britische Planer bewusst keine Kausalität zwischen dem NATO-Beschaffungsplan für Mittelstreckenwaffen und den SS-20 herstellten, sprach Rumsfeld seinen NATO-Kollegen gegenüber einen solchen Nexus aus[62] – der später zum „doppelten Missverständnis“ werden sollte.

Die Sorge der Regierungen der NATO-Mitgliedstaaten blieb auch in den folgenden Jahren bestehen, da sie nicht von Rüstungsverhandlungen abgedeckt waren. Experten des britischen Verteidigungsministeriums bereiteten im Mai 1979 eine Erklärung für die neue Regierung – wie sich herausstellte, die von Margaret Thatcher – vor, die darauf hinwies, dass die UdSSR mit SS-20 und den Backfire-Bombern – die beide nur europäische NATO-Staaten erreichen konnten – einen wachsenden Vorsprung in dieser Grauzone der Kernwaffenrüstung habe, die nicht unter die SALT-II-Verhandlungen falle, und dass dies insbesondere die Bundesrepublik Deutschland betreffe. Logischerweise waren diese Systeme

---

[60] Beatrice Heuser, Partners in NATO: Britain, Germany and the ‚Nuclear issue‘, in: Manfred Görtemaker (Hrsg.), Britain and Germany in the Twentieth Century. Oxford 2006, S. 145–184; Michael Quinlan, ‚The silent alliance‘: UK/FRG Defence Relations, 1968–1989, in: ebenda, S. 185–196.
[61] TNA, DEFE 31/160, NATO Nuclear Planning Group Final Communiqué 15. 6. 1976.
[62] TNA, DEFE 31/160, UK Record of NPG Ministerial Meeting, 14. 6. 1976, 16. 7. 1976.

nicht in die strategischen Rüstungsverhandlungen einbezogen worden, da „strategisch" als „interkontinental" interpretiert wurde. Sie wurden aber auch deswegen nicht einbezogen, weil die USA mit Rückendeckung der Allianz darauf bestanden, dass amerikanische Mittelstreckenwaffensysteme ausgeschlossen wurden, was schon bei den SALT-I-Verhandlungen der Fall gewesen war. Es war zu erwarten, dass die UdSSR dagegen darauf drängen würde, in zukünftigen SALT-III-Verhandlungen auch diese Systeme abzudecken, und auch britische und französische Mittelstreckensysteme. Die USA würden natürlich im Gegenzug darauf bestehen, dass dann auch sowjetische Mittelstreckensysteme einbezogen würden. Gleichzeitig, so wurde erklärt, arbeite die NATO daran, die NATO-Mittelstreckensysteme zu verbessern[63].

Wie Rumsfeld sprachen viele wichtige europäische Entscheidungsträger, wie etwa Bundeskanzler Helmut Schmidt, die diesen Beschluss auf der europäischen Seite einleiteten, sowie mindestens zwei britische Verteidigungsminister und ein Staatssekretär in veröffentlichten Interviews den Zusammenhang zwischen der Aufstellung der Cruise Missiles und der Pershing-II-Raketen und den SS-20 an. Der viel wichtigere Grund für die Anschaffung war aber die Aufgabe dieser INF, zum Kriegsabbruch beizutragen, was von diesen Entscheidungsträgern selten oder gar nicht erwähnt wurde[64]. Im Verlauf der Entwicklung dieses Grundprinzips für die Rüstungskontrolle verschrieben sich die Strategieexperten der NATO solchermaßen den für die jeweiligen, von ihnen dislozierten Waffen geltenden Einsatzgrundsätzen (die einen selektiven Einsatz über das NATO-Gebiet hinaus erlaubten), dass es ihnen 1986/87 Schwierigkeiten bereitete, sich den Amerikanern und Sowjets anzuschließen, als diese sich auf die Abschaffung der inzwischen als „nukleare Mittelstreckenwaffen" (Intermediate Range Nuclear Forces, IRNF bzw. INF) bezeichneten Systeme einigten. Um ihre bevorzugten Ziele beibehalten zu können, brauchten die Briten (und Deutschen) die von der Presse so genannten „Euromissiles".

Ein Beweis, dass tatsächlich die Qualitäten dieser Waffen im Kontext der NATO-Strategie besonders gefragt waren, kann erbracht werden, wenn man zeigt, wie viele andere Waffen, die diese Qualitäten nicht besaßen, die NATO abschaffte. In Verbindung mit der Stationierung von 572 Cruise Missiles und Pershing-II-Raketen beschloss die NATO bei der Tagung ihrer NPG in Montebello im Oktober 1983 den einseitigen Abzug von 1400 anderen Atomwaffen[65] – also mehr als doppelt so viele, wie neu eingeführt wurden. Diese Entscheidung und ihre Ausführung wurden eigenartigerweise kaum in der Öffentlichkeit wahrgenommen, was seitens der NATO eindeutig schlechte Öffentlichkeitsarbeit war.

## VI. Eine deutsche Initiative und das doppelte Missverständnis 1977–1979

Die erneute Diskussion um Atomwaffen auf Seiten der NATO begann 1977 mit einem Austausch zwischen US-Verteidigungsminister Harold Brown und seinem britischen Amtskollegen Fred Mulley bei einer Verteidigungsministerkonferenz der Nuklearen Planungs-

---

[63] TNA, DEFE 19/186, J. D. Bryars ADS, Defence Staff Election Briefs, SALT and CTB, 2.5.1979.

[64] Helmut Schmidt, Menschen und Mächte, Berlin 1991, S. 89–125; Margaret Thatcher, The Downing Street Years, London 1993, S. 239; Nott speaks out, in: International Defence Review (Dez. 1981); Douglas Hurd, The debate we must win. Speech to the Tory Reform Group annual conference at Oxford, 22.3.1981, in: IISS Press Archive, S. 4.

[65] Vgl. Kommuniqué der NPG der NATO am 28.10.1983 in Montebello, in: NATO Final Communiqués 1981–1985. Brüssel [o. J.], S. 93–95, 106f.

gruppe der NATO. Als öffentlicher Beginn dieser Phase besonderer Zusammenarbeit kann die Alastair-Buchan-Gedenkrede des westdeutschen Bundeskanzlers Helmut Schmidt am IISS in London im Oktober 1977 betrachtet werden. Schmidt machte auf die von der amerikanisch-sowjetischen bilateralen Rüstungskontrolle ausgehenden Gefahren aufmerksam, die sich im Rahmen der SALT-Gespräche nur mit strategischen Nuklearsystemen befasste und damit einem unbegrenzten Wachstum des sowjetischen Arsenals an TNF und konventionellen Streitkräften in Europa Tür und Tor öffnete, welche europäische NATO-Länder, nicht aber die USA bedrohten. Schmidt behauptete, dies führe zu einem gefährlichen Ungleichgewicht, und in Europa stationierte Kernwaffen müssten bei Rüstungskontrollgesprächen berücksichtigt werden[66]. Daran entzündete sich eine öffentliche Debatte innerhalb der NATO.

Wie von Helga Haftendorn längst aufgezeigt, entstand in Washington durch Helmut Schmidts Rede am IISS ein Missverständnis. Schmidt selbst war der Meinung, eine Dislozierung entsprechender Waffen durch den Westen sei unter Umständen nicht erforderlich, sollten die Sowjets ihre eigenen Mittel- und Kurzstreckenraketen reduzieren[67]. Daher wollte Schmidt, dass das amerikanische Verhandlungsteam bei den SALT-II-Verhandlungen die sowjetischen Mittelstreckenraketen in ihre Gleichung mit aufnahm und einen Fortschritt bei diesen Gesprächen von Fortschritten bei den MBFR-Gesprächen (Mutual Balanced Force Reductions) abhängig machte. Dies hätte zu einer zahlenmäßigen Begrenzung der SS-20-Mittelstreckenraketen durch den SALT-II-Vertrag führen können. Doch in Washington wurde die Aussage als eine Aufforderung verstanden, dafür zu sorgen, dass die Flugkörper des Westens den SS-20-Raketen nicht nachstanden[68]. Dies führte zu der entscheidenden Verknüpfung einer Aufstellung von Flugkörpern durch den Westen mit der fortgesetzten Dislozierung von SS-20 durch die Sowjetunion (und umgekehrt, dem Verzicht des Westens auf eine Aufstellung, sollte die UdSSR bereit sein, ihre Mittelstreckenraketen aufzugeben und ihre konventionellen Streitkräfte zu reduzieren oder zumindest beide Arten in die Rüstungskontrollvereinbarung SALT II aufzunehmen)[69].

Dieses Argument stellte der NATO eine Falle, in die sie geraten musste: Indem einflussreiche Stimmen in der Öffentlichkeit darauf beharrten, es bestünde ein Ungleichgewicht bei den TNF und konventionellen Streitkräften in Europa, und es sei ein Kräftegleichgewicht erforderlich[70], griff sie ein Argument auf, bei dem es u.a. um Zahlen ging und das leicht manipuliert werden konnte, um zu zeigen, dass tatsächlich Gleichheit bestehe, wenn man nur die britischen und französischen U-Boote mit atomarer Bewaffnung mitzählte, wenn man nur die drei Sprengköpfe an bestimmten Flugkörpern als drei und nicht als einen Gefechtskopf rechnete usw.[71]. Darüber hinaus konnte die Sowjetunion zeigen, dass man seit Anfang der 1960er Jahre durchgehend Atomwaffen dieser Reichweite aufgestellt

---

[66] Helmut Schmidt, The 1977 Alastair Buchan Memorial Lecture, in: Survival 20 (1978), H. 1/2, S. 2–10, hier 4f.

[67] Dieses Konzept vertrat damals auch der CDU-Abgeordnete Manfred Wörner, vgl. Wörner will in Washington die Sicherheitsinteressen der europäischen NATO-Partner vertreten, in: *Frankfurter Allgemeine Zeitung* vom 26. 2. 1977.

[68] Haftendorn, Das doppelte Mißverständnis, S. 261.

[69] Schmidt, Menschen und Mächte, S. 230–232.

[70] Helmut Schmidts Rede beim SPD-Landesparteitag in Hamburg, 11. 4. 1980, in: Europa-Archiv 35 (1980), D 427.

[71] Siehe K.-Peter Stratmann, Das eurostrategische Kräfteverhältnis. Zweifelhafte Bewertungen als Folge der Anwendung unterschiedlicher Kriterien, in: Europa-Archiv 36 (1981), S. 387–898.

habe und dass die SS-20 lediglich veraltete Flugkörper ersetze, die tatsächlich abgezogen würden[72]. Insofern war die Verknüpfung zwischen den SS-20 und den Euromissiles zumindest unklug, wenn auch unvermeidlich – wie ein rückblickendes Dokument des britischen Verteidigungsministeriums von 1985 ausführte: „Die Argumente für die Modernisierung der NATO-Waffen wurden besonders durch die Aufstellung der SS-20-Raketen durch die Sowjets verstärkt, die die Kapazitäten der sowjetischen Mittelstreckenwaffen (INF) merklich vergrößerten. Diese Waffen haben eine Reichweite von etwa 3000 Meilen und können in ganz Westeuropa Ziele erreichen, [abgeschossen] von Basen tief innerhalb der Sowjetunion. Jede [SS-20] Rakete hat drei unabhängig voneinander auf Ziele ausrichtbare Sprengköpfe, im Gegensatz zum Einfachsprengkopf der älteren SS-4 und SS-5 [die von der SS-20 abgelöst wurden], und ist zielgenauer. Darüber hinaus sind [SS-20] mobil und können entsprechend verdeckt aufgestellt werden. Als die NATO 1979 die [Nachrüstungs-] Entscheidung traf, waren 126 [SS-20] operationell; als die NATO ihre INF aufzustellen begann, war diese Zahl auf 360 angestiegen, und sie steigt weiter. Zusätzlich hat die Sowjetunion kürzlich damit begonnen, eine modifizierte und noch zielgenauere Version der SS-20 zu testen. Bis die ersten Pershing-II und Cruise Missiles Ende 1983 aufgestellt wurden, hatte die NATO nichts mit der SS-20 Vergleichbares [in ihrem Arsenal]."[73]

Rückblickend kann man sagen, dass das Streben nach Gleichheit zwischen Ost und West in allen Rüstungskategorien (von den interkontinentalen „strategischen" Waffen über die INF, die hauptsächlich die Europäer betrafen, bis hin zu den konventionellen Streitkräften) zum Verlangen nach größerer Transparenz auf beiden Seiten und schließlich zum Ende des Wettrüstens zwischen Ost und West führte. Aus demselben Grund brachten der INF-, der KSE- und der START-Vertrag mit ihren Festlegungen zu einem gleichen Rüstungsstand später die militärische Seite des Kalten Kriegs zu einem Ende.

Anfang der 1980er Jahre aber erschien auf militärischer Ebene vielen Strategen diese Verknüpfung der INF-Aufstellung auf beiden Seiten nicht sinnvoll. Wie gezeigt, war vor allem in Washington und London der Grund für das Interesse an Cruise Missiles (und später auch an ballistischen Flugkörpern größerer Reichweite) für den „Kriegsschauplatz" Europa der Wunsch nach der Fähigkeit zur Durchführung selektiver nuklearer Präzisionsschläge im Sinne der Vorläufigen Politischen Richtlinien und der Schlesinger-Doktrin[74]. Dies sollte später zu Protesten vieler regierungsnaher oder Regierungen angehörender europäischer Strategen führen, die gegen die Abschaffung von Kurz- und Mittelstreckenwaffen auf beiden Seiten (bzw. die „Null-Lösung") waren[75].

Auf die konkrete Mischung der 572 INF, die ab Ende 1983 in Westdeutschland (96 Marschflugkörper und 108 Pershing-II-Raketen), Großbritannien (160 Marschflugkörper), Italien (112 Marschflugkörper), Belgien und den Niederlanden (jeweils 48 Marschflugkörper) aufgestellt wurden, hatte sich die Nukleare Planungsgruppe der NATO ursprünglich bei ihrer Konferenz am Luftwaffenstützpunkt Homestead in den USA im April 1979 geeinigt. Die 108 ballistischen Flugkörper des Typs Pershing-II (Reichweite: 1800 km) wurden somit ausschließlich in Westdeutschland disloziert, als Ersatz für dieselbe Anzahl älterer amerikani-

---

72 Hat die UdSSR mit den SS-20-Raketen vorgerüstet?, in: *Unsere Zeit* vom 10. 2. 1981.

73 TNA, FO 973/413, NATO Double Track Decision, The Present Stage, April 1985.

74 Christoph Bertram, zitiert in: Hubertus Hoffman[n], SS-20 Multiplies USSR's Nuclear Superiority, in: NATO's Fifteen Nations 23 (1978/79), H. 6, S. 48.

75 Anna Tomforde, Zero option nonsense – Strauss, in: *The Guardian* vom 24. 1. 1983; Heftige Attacke Strauß's gegen Nullösung, in: *Neue Zürcher Zeitung* vom 25. 1. 1983.

scher Pershing-Raketen. Die Aufstellung von 464 bodengestützten Marschflugkörpern (Reichweite: 2500 km) erfolgte in fünf verschiedenen europäischen NATO-Mitgliedstaaten.

Dieses Thema stand aber schon 1980 plötzlich in einem anderen, hoch brisanten Kontext. Grund hierfür war das 1977 sprunghaft ansteigende Interesse der Öffentlichkeit an der vorgeschlagenen Einführung von „Atomwaffen mit verstärkter Strahlung“ (Enhanced Radiation Weapons – vulgo „Neutronenbomben“) in das NATO-Arsenal, nachdem deren Beschaffung seit 1974 in Betracht gezogen worden war. Diese Frage belebte die moralistischen Leidenschaften der CND und erzeugte eine Atmosphäre erneuter vehementer Ablehnung allem gegenüber, was mit Kernkraft zu tun hatte, so dass die Diskussion über die Notwendigkeit von TNF größerer Reichweite zu einer Wiederholung der hitzigen Debatten der späten 1950er Jahre werden sollte. Zugleich bewirkte dies bei der britischen Regierung während der Debatten um diese Waffensysteme eine Entschlossenheit, politische Entscheidungen und deren Durchführung durch das Bündnis nicht durch von der Sowjetunion geschürte öffentliche Erregung beeinträchtigen zu lassen.

## VII. Das Wiederaufleben der CND

Erst mit der Wahlniederlage der Labour-Partei im Jahr 1979 und deren Ablösung durch die Konservativen unter Thatcher gewann eine Anti-Atomwaffen-Einstellung innerhalb Labours die Oberhand, so dass der von beiden Parteien getragene Konsens im Verteidigungsbereich ein Ende fand[76]. Zwischen 1979 und 1985 und vor dem Hintergrund des NATO-Doppelbeschlusses, der Stationierung von Marschflugkörpern und dem britischen Beschluss, Trident-Raketen zu kaufen, erfuhr die CND eine zweite Phase der Stärke[77]. Nach Hans-Jürgen Rautenbach hatte die CND 1980 etwa 3500 Mitglieder; 1983 war die Anzahl auf 50 000 gestiegen[78]. Eigene Statistiken der CND geben größere Zahlen für beide Jahre an, aber die Proportion im Anstieg – etwa um eine Größenordnung – zeigt sich auch da[79]. Im Oktober 1981 protestierten 350 000–400 000 in Amsterdam, 150 000 waren auf dem Embankment in London, um die 250 000 in Bonn, während 100 000 bis 200 000 Anti-NATO-Demonstranten sich in Brüssel versammelten, 100 000 bis 150 000 in Rom, und sogar in Paris um die 50 000. Die CND war in guter Gesellschaft; man könnte sagen, die CND habe öffentliche Proteste wieder populär gemacht. Sogar Labours ehemaliger Verteidigungsminister Denis Healey schloss sich nun dem Ziel der CND an, das er zuvor abgelehnt hatte: die einseitige nukleare Abrüstung Großbritanniens[80]. Nur wenige aus der Führungsriege, wie beispielsweise der ehemalige Labour-Premierminister James Callaghan, blieben Verfechter der Abschreckung[81].

[76] Peter Jones, British defence Policy, in: *Review of International Studies* 13/2 (1987), S. 111–131; Philip Sabin, The Third World War Scare in Britain, Basingstoke/London 1986; Lawrence Freedman, Britain, the first ex-nuclear power?, in: *International Security* 6 (1981), H. 2, S. 96–98; Julia Langdon, in: *The Guardian* vom 2. 8. 1980.
[77] Sabin, Third World War Scare, S. 40–49.
[78] Hans-Jürgen Rautenberg, Friedensbewegungen und Nukleardebatte, in: Beiträge zur Konfliktforschung 13 (1983), H. 3, S. 139.
[79] Lawrence S. Wittner, The Struggle against the Bomb, Stanford 2003, S. 64.
[80] Denis Healey, Labour Britain, NATO and the Bomb, in: Foreign Affairs 65 (1987), H. 4, S. 723.
[81] Left score again, in: *The Guardian* vom 3. 10. 1980; Opposition plege to cancel Trident, in: *The Times* vom 12. 3. 1982; siehe auch den ehemaligen Labour Parlamentsabgeordneten Alan Lee Williams, in: Geoffrey Lee Williams/Alan Lee Williams, The European Defence Initiative, London 1986, S. 166–171.

Außerhalb des linken Flügels der Labour-Partei und der Gewerkschaftsbewegung gewann die CND ihre Anhänger und Anführer aus den Reihen der Kirchen – hauptsächlich protestantischer Kirchen, doch war der katholische Geistliche Bruce Kent Anfang der 1980er Jahre Vorsitzender der CND[82]. In den 1980er Jahren kam allmählich viel Unterstützung von Seiten anderer organisierter Gruppen[83]. Zu den prominenten CND-Mitgliedern während ihrer zweiten Phase intensiver Aktivität gehörte der englische Sozialhistoriker Edward P. Thompson, ein Begründer der Bewegung für ein atomwaffenfreies Europa (European Nuclear Disarmament, END)[84]. Synoden der Church of England sowie des British Council of Churches gaben regelmäßig Erklärungen ab, in denen sie sich gegenüber Atomwaffen und der britischen Atomstrategie kritisch äußerten[85]. Ebenfalls im Jahr 1980 riefen Lord Noel Baker und Lord Brockway die „World Disarmament Campaign" ins Leben; eine Gruppe von Ärzten in Großbritannien bildete die „Medical Campaign against Nuclear Weapons" und weigerte sich, von der Regierung herausgegebene Zivilschutzvorgaben zur Behandlung von Patienten in einem durch einen Atomwaffeneinsatz hervorgerufenen Notfall zu erfüllen.

Eine auffallende Eigenschaft der CND in den 1980er Jahren war die lange Liste an Themen, gegen die ihre Anhänger zu Felde zogen: Atomwaffen, Apartheid in Südafrika, die Diskriminierung von Homosexuellen und alleinerziehenden Müttern und so weiter[86]. Ein ausgeprägtes Element war der Protest gegen das Establishment allein um des Protestes willen, wie ernsthaft die Abhandlungen und Reden der meisten intellektuellen Führer dieser Bewegung auch sein mochten. Josef Joffes Feststellung, in der Bundesrepublik Deutschland gebe es ein freischwebendes Protestpotenzial, welches sich aufkommende Themen zu eigen mache, gilt auch für Großbritannien[87]: Auch der CND wurde vorgeworfen, gern aus Prinzip anderer Meinung zu sein („dissent for its own sake")[88].

Wie sehr auch andere Anliegen und Themen eine Rolle spielen mochten, im Mittelpunkt der Protestbewegung stand die ernsthafte Angst vor einem Atomkrieg. Überdies wäre es nicht gerechtfertigt, die CND-Anhänger als von der Sowjetunion manipulierte Marionetten abzutun: Auch gegen eine sowjetische Stationierung von Atomwaffen wurden gelegentlich Sitzblockaden und Demonstrationen veranstaltet[89]. Man würde die Macht von Vorstellungen, sich auszubreiten und Menschen in großer Anzahl zu überzeugen, sträflich unterschätzen, wenn man annähme, ohne prorussische Einstellung (oder leichte Manipulierbarkeit) hätten CND-Anhänger keine Angst vor einem Atomkrieg haben und

---

[82] Vgl. dazu British Council of Churches, Christians and Atomic War, London, 1959, S. 27f.
[83] Taylor, Against the Bomb, S. 115–338, passim.
[84] Siehe etwa Edward P. Thompson/Dan Smith (Hrsg.), Protest and Survive, London 1980.
[85] British Council of Churches, Christians and Atomic War, London, 1959; ders., The Pattern of Disarmament, London, 1962; ders., The British Nuclear Deterrent, London, 1963; Modernization, in: *The Times* vom 28. 11. 1979; Bishop of Salisbury, Chairman, The Church and the Bomb, London 1982.
[86] Kate Soper, Contemplating a Nuclear Future, in: Dorothy Thompson (Hrsg.), Over Our Dead Bodies: Women against the Bomb, London 1985, S. 170.
[87] Josef Joffe, Peace and Populism, in: International Security 11 (1987), H. 4, S. 3–40.
[88] Hedley Bull, The many Sides of British Unilateralism, in: The Reporter 24 (1961), H. 6, S. 36; vgl. Mander, Great Britain, S. 12, 47, 49f.; Lawrence Freedman, Limited War, Unlimited Protest, in: Orbis 26 (1982), H. 1, S. 89; Denis Healey, in: *The Guardian* vom 5. 10. 1984.
[89] Maggie Lowry, A Voice from the Peace Camps, in: Thompson (Hrsg.), Over Our Dead Bodies, S. 76.

sich nicht wegen der Schwäche der Abschreckung sorgen können[90]. Solche teils rationalen, teils apokalyptischen Visionen haben die Menschheit zu allen Zeiten verfolgt[91].

## VIII. Das Ende der INF

Als die schrittweise Aufstellung von jeweils 464 Marschflugkörpern und 108 Pershing-II-Raketen (mit jeweils nur einem Gefechtskopf) in Europa vor dem Hintergrund weiterer Protestmärsche und weiteren Widerstands im „Heißen Herbst" des Jahres 1983 begann[92], war geplant, dass die Stationierung über einen Zeitraum von fünf Jahren erfolgen sollte. Gleichzeitig bekundeten die NATO-Staaten, wie im NATO-Doppelbeschluss versprochen, weiterhin ihre Bereitschaft zu Verhandlungen mit der Sowjetunion über Reduzierungen bei den Waffen dieser Reichweite.

In der öffentlichen Debatte wurde das Thema 1984 schneller als erwartet uninteressant. An seiner Stelle beschäftigte Präsident Reagans im Volksmund als „Star Wars" bekannte Strategic Defence Initiative (SDI), von der erstmals am 23. März 1983 die Rede war, die Phantasie der Menschen[93]. Auch schlug sich der Widerstand gegen die Euromissiles nicht in politische Schwierigkeiten der Thatcher-Regierung nieder, anders als in Bonn. Obwohl Verteidigung und Abrüstung im britischen Wahlkampf 1983 heftig diskutiert wurden, wurde Margaret Thatcher mit einer noch größeren Mehrheit als 1979 wiedergewählt[94].

Der NATO-Doppelbeschluss basierte ebenso sehr auf dem Ansatz des „demand pull" – als Gegenreaktion auf die Stationierung der sowjetischen SS-20-Raketen und die Modernisierung der sowjetischen TNF – wie auf dem des „technology push", mit der Entwicklung bodengestützter Marschflugkörper, die nach dem Fiasko mit der Neutronenbombe die Möglichkeiten der NATO auf dem Kriegsschauplatz Europa wirklich zu erweitern schienen. Es ist möglich, dass sich der NATO-Doppelbeschluss ohne die schlechte Öffentlichkeitsarbeit im Zusammenhang mit der Neutronenbombe, durch die die Diskussionen um Atomwaffen wieder angefacht wurden, nicht als so kontrovers erwiesen hätte. Insbesondere seine Rüstungskontrollkomponente barg die Hoffnung, dass ein Dialog mit der Sowjetunion (wie er bei den SALT-Gesprächen bereits stattfand) dem Wettrüsten ein Ende setzen würde. Auch wenn diese Komponente nie ganz ausgebaut wurde, so förderte sie doch die bilateralen Dialoge zwischen der UdSSR und den USA, die 1985/86 zu den Gipfeltreffen in Genf und Reykjavik sowie 1987 zu dem wegweisenden Übereinkommen zu den nuklearen Mittelstreckenwaffen führte.

Das Interesse an Kernwaffen flaute hiernach in Großbritannien stark ab, fast bis zum völligen Verschwinden einer öffentlichen Bewegung gegen sie. Viel stärker als in der Bundesrepublik war der britische Protest an die Angst vor dem sowjetischen Gegenschlag gekoppelt gewesen, und weniger, obgleich merklich, an christlich-ideologische Überlegungen. Mit dem Verschwinden des Warschauer Paktes und der UdSSR schwand damit auch die Angst vor dem Dritten Weltkrieg, der die CND beseelt hatte.

---

[90] Z.B. Thompson, Protest and Survive, S. 27; Dorothy Thompson, Introduction, in: Thompson (Hrsg.), Over Our Dead Bodies, S. 1–8.

[91] Kate Soper, Contemplating a nuclear future; Bel Mooney, Beyond the Wasteland, beide in: Thompson (Hrsg.), Over Our Dead Bodies, S. 169, 12.

[92] TNA, FO 973/413, NATO, Double Track Decision, The Present Stage, April 1985.

[93] Vgl. dazu den Beitrag von Klaus Schwabe in diesem Band.

[94] TNA, FO 973/413, NATO Double Track Decision, The Present Stage, April 1985.

*Leopoldo Nuti*

# Die Nukleardebatte in der italienischen Politik der späten 1970er und frühen 1980er Jahre

Im Mittelpunkt dieses Beitrags stehen zwei Entscheidungen Italiens: erstens den Beschluss der NATO vom 12. Dezember 1979 zu unterstützen, ihre taktischen Atomwaffen zu modernisieren, und zweitens diese Entscheidung durch die Stationierung von 112 amerikanischen Marschflugkörpern BGM-109 G „Gryphon" auf italienischem Territorium 1984 umzusetzen. Die folgenden Ausführungen widmen sich sowohl dem ersten Schritt, als das vom christdemokratischen Ministerpräsidenten Francesco Cossiga geführte Kabinett im Dezember 1979 seine Absicht bekundete, die neuen Mittelstreckenwaffen zu stationieren, als auch der späteren Entscheidung vom November 1983, als die Regierung unter dem Sozialisten Bettino Craxi den italienischen Willen bekräftigte, die vorherige Verpflichtung wirklich umzusetzen.

Die italienische Entscheidung muss als Ergebnis einer Vielzahl von ineinandergreifenden Prozessen verstanden werden, insbesondere der damaligen Transformation der innenpolitischen Situation in Italien und der Neuformulierung der italienischen Außenpolitik. Dabei geht es um die Wechselwirkungen zwischen der innenpolitischen Debatte und den außenpolitischen Entscheidungen. Eine besondere Rolle spielte dabei die komplizierte Entwicklung der italienischen Linken, insbesondere des Partito Comunista Italiano (PCI). Nach einer kurzen Beschreibung der Veränderungen im italienischen politischen System am Ende der 1970er Jahre diskutiert der Beitrag die Außenpolitik der neuen politischen Koalition, die nach einer längeren Periode der Zusammenarbeit von moderaten politischen Kräften und der Kommunistischen Partei (so genannter „historischer Kompromiss") an die Macht gekommen war. So werden die Beschlüsse von 1979 und 1983 und die damit einhergehende hitzige Debatte analysiert, während ein zusammenfassender Abschnitt einige Thesen zu dem gedanklichen Hintergrund der italienischen Entscheidung und ein erklärendes Paradigma zu dessen Verständnis anbietet.

## I. Die Außen- und Innenpolitik Italiens am Ende der 1970er Jahre

Gegen Ende der 1970er Jahre durchlief die italienische Innenpolitik eine Phase tief greifenden Wandels. Die Ergebnisse der Wahlen von 1979 schienen zu bestätigen, dass die lange Suche nach einem Bündnis zwischen der Kommunistischen Partei einerseits sowie der Mitte und den moderaten Linken andererseits anscheinend zu einem Ende gekommen war. Dadurch, dass dem PCI seine erste Niederlage seit vielen Jahren zugefügt wurde (die Partei erlitt einen beispiellosen Verlust von vier Prozent der Stimmen), bereiteten die Wahlen die Bühne für die Bildung einer neuen Mehrheit, basierend auf der Zusammenarbeit der Mitte mit den moderaten Linken unter Ausschluss des PCI. Die größte Neuerung in dieser Phase war sicherlich die Tatsache, dass zum ersten Mal seit 1945 die Führung des Kabinetts zweimal nicht einem Christdemokraten, sondern zuerst von Juni 1981 bis Dezember 1982 einem Mitglied der kleinen Republikanischen Partei, Giovanni Spadolini, und dann von August 1983 bis Juni 1987 einem Sozialisten, Bettino Craxi, übertragen wurde. Die Bildung dieser Koalition ging mit einer wirtschaftlichen Erholung und einer erfolgreichen Wendung gegen den Terrorismus im Innern einher, der nach der Befreiung von US-General Dozier im Dezember 1981 aus den Händen der Roten Brigaden in einem allmählichen Verfall begriffen zu sein schien[1].

Diese neue Phase der italienischen Innenpolitik ging einher mit dem Versuch, wieder etwas Dynamik in die italienische Außenpolitik zu bringen. Wichtigstes Ziel der neuen außenpolitischen Aktivitäten war es, den Prestigeverlust zu kompensieren, den Italien im Verlauf der 1970er Jahre erlitten hatte, als eine Kombination von ökonomischer Schwäche, Terrorismus und politischer Instabilität dazu beigetragen hatte, ein Bild Italiens als eines extrem anfälligen Landes und unzuverlässigen Partners entstehen zu lassen. Einerseits versuchte man, der italienischen Außenpolitik ein stärkeres Profil zu verleihen, indem Entscheidungen getroffen wurden, die deutlich auf mehr Sichtbarkeit des Landes zielten; andererseits begann die außenpolitische Elite eine bisher nie da gewesene Debatte über die Bedeutung der italienischen Sicherheit. Zum ersten Mal in vielen Jahren gab es den Versuch, eine nationale strategische Vision auszuarbeiten, die darauf abzielte, Italiens nationale Interessen mit denen der Atlantischen Allianz in Einklang zu bringen. Die auf dem Ausschluss des PCI basierende Außenpolitik der neuen Koalition, nahm für sich besonders in Anspruch, auf die „Wiederentdeckung" der Tatsache ausgerichtet zu sein, dass die NATO Italiens nationale Interessen nicht immer in angemessener Weise vertrete. Deshalb setzte sich die Regierung für eine dynamischere italienische Außenpolitik im Mittelmeerraum und eine Stärkung der militärischen Komponente zu ihrer Untermauerung[2] ein.

Zwischen dem Ende der 1970er und den frühen 1980er Jahren lassen sich deshalb viele Beispiele für einen in der Nachkriegszeit so nie da gewesenen Willen Italiens finden, eine aktivere Mittelmeerpolitik zu verfolgen und eine markantere Außenpolitik als in den vorangegangenen Jahren zu betreiben. 1979 entschloss sich Italien, an der UNIFIL-Mission an der libanesisch-israelischen Grenze teilzunehmen; 1980 unterzeichnete es ein Abkommen über militärischen, wirtschaftlichen und technischen Beistand mit Malta; 1982 sandte es ein italienisches Kontingent zur Teilnahme an der Multinational Force of Observers (MFO) auf die Sinai-Halbinsel. Ähnliche Signale können auch in den Erklärungen der damaligen Verteidigungsminister, Lelio Lagorio und Giovanni Spadolini, sowie in dem vom Verteidigungsministerium veröffentlichten Weißbuch (Libro Bianco) gefunden werden[3]. Dabei handelte es sich aber nicht um Schritte hin zu einer anderen Außenpolitik, die sich von der NATO distanzierte, sondern um den Versuch, zum einen Italiens Rolle innerhalb der Allianz zu stärken und sich zum anderen gleichzeitig auf Bedrohungen vorzubereiten, denen sich die NATO möglicherweise nicht stellen würde.

---

[1] Zur Entwicklung des politischen Systems Italiens am Ende der 1970er und in den frühen 1980er Jahren vgl. die sehr detaillierten Analysen von Piero Craveri, La repubblica da 1958 al 1992, Turin 1992, S. 804–958. Vgl. ferner Hans Woller, Geschichte Italiens. München 2010, S. 341–364; Christian Jansen, Italien seit 1945, Göttingen 2007, S. 149–198; Rudolf Lill, Italien als demokratische Republik, in: Ders./Wolfgang Altgeld, Kleine Geschichte Italiens, Bonn 2005, S. 455–473. Für einige zeitgenössische Bewertungen der Instabilität der italienischen Politik vor und nach den Wahlen von 1979 siehe die Berichte des CIA National Foreign Assessment Centers, vom 2. 2., 3. 3., 15. 5. und 6. 9. 1979, in: Declassified Documents Reference System (DDRS), 1992, Dokumente Nr. 2462, 2463, 2466 u. 2468.

[2] Vgl. Maurizio Cremasco, Italy. A New Role in the Mediterranean?, in: John Chipman (Hrsg.), NATO's Southern Allies. Internal and External Changes, London/New York 1988, S. 218.

[3] Vgl. La Difesa: Libro Bianco, Rom 1985; Vittorio Luigi Ferraris, Manuale della politica estera italiana 1947-1993, Rom 1993, S. 346, Anm. 95.

Die zwei wichtigsten Schritte dieser neuen Außenpolitik waren die Entscheidung, die amerikanischen Marschflugkörper zu stationieren, und der Entschluss, an zwei multinationalen Militäreinsätzen zwischen 1982 und 1984 in Beirut teilzunehmen. Besonders der zweite Einsatz war ein Wendepunkt in der Verwendung italienischer Streitkräfte. Zum ersten Mal seit dem Ende des Zweiten Weltkriegs schickte Italien umfangreiche Expeditionsstreitkräfte ins Ausland. Bis dahin hatten nur sehr kleine Gruppen von italienischen Soldaten an internationalen Friedenssicherungsoperationen teilgenommen. Jetzt wirkten italienische Streitkräfte in einer beträchtlichen Truppenzahl mit, die zum ersten Mal nicht nur aus Berufssoldaten, sondern auch aus einer beachtlichen Zahl Wehrpflichtiger bestand[4].

Die Entscheidung über die Stationierung von Marschflugkörpern in Italien stellte daher einerseits eine Innovation in der Außenpolitik dar. Andererseits fügte sich die Entscheidung in die Kontinuität der bisherigen italienischen Politik. Während der 1950er und dem Großteil der 1960er Jahre hatte Italien an vorderster Front der Debatte über nukleare Teilhabe in der NATO gestanden. Dabei war Italien stets bereit gewesen, eine wichtige Rolle bei der Stationierung amerikanischer Nuklearwaffen zu spielen, um so seinen Status innerhalb der Allianz aufzubessern. Länger als ein Jahrzehnt hatte die italienische Außenpolitik systematisch die Möglichkeiten genutzt, die ihr die Nuklearpolitik der Allianz bot. Aber nach der Ratifizierung des Atomwaffensperrvertrags 1975 rückte man von dieser Politik ab und Italiens Bestrebungen, eine bedeutende Rolle innerhalb der NATO zu erlangen, wurden auf Eis gelegt. 1978/79 bot die Debatte über eine Stationierung eines US-Trägersystems die Chance, diesen Trend wieder umzukehren und die erneuerten Ambitionen für eine dynamischere Außenpolitik mit der früheren Gewohnheit zu verbinden, über die Teilnahme am „nuklearen Spiel" das internationale Gewicht des Landes zu stärken.

Was heute als Entwicklung einer folgerichtigen und logischen Konzeption erscheint, sah in den Augen der damaligen Protagonisten ganz anders aus. Die meisten dieser Entscheidungen erfolgten in einem aufgewühlten und zerklüfteten politischen Klima, und jeder Schritt der neuen Außen- und Innenpolitik war das mühsame Ergebnis endloser Streitigkeiten und langgezogener Verhandlungen zwischen sehr verschiedenen Positionen. Die Versuchung, den Dialog mit der Kommunistischen Partei wieder zu eröffnen, hing wie ein Damoklesschwert über den Parteien der neuen Koalition. Dieses koalitionspolitische Kalkül beeinflusste auf die eine oder andere Weise die meisten der damaligen Entscheidungen. Auch war unklar, ob ein Konsens für die erneuerten Bestrebungen der italienischen Außenpolitik gefunden werden konnte: Die italienische öffentliche Meinung hatte ein außerordentliches Desinteresse an Außenpolitik entwickelt und war darüber hinaus seit längerem nicht mehr daran gewöhnt, dass Italien irgendeine größere internationale Verantwortung übernahm. Letztendlich konnte niemand vorhersehen, wie sich das internationale System entwickeln würde, das nach vielen Jahren der Détente plötzlich zu einem

[4] Zur politischen Bedeutung der Mission vgl. Lelio Lagorio, L'ultima sfida. Gli euromissili, Florenz 1998, S. 114–115. Andere Texte beinhalten Franco Angioni, Un soldato italiano in Libano, Mailand 1984; Luigi Caligaris, Western Peacekeeping in Lebanon: lessons of MLF, in: Survival (1984), H. 6, S. 262–268; Libano: missione compiuta, in: Rivista Militare (1984), H. 5, S. 164; Guiseppe Lundari, Gli Italini in Libano 1979–1985, Mailand 1986; Gino Nebiolo, Gli Italiani a Beirut, Mailand 1984; Angelo Sion, Libano. Il contingente militare italiano, in: Rivista Militare (1984), H. 1, S. 23–31. Für eine allgemeine Beurteilung vgl. Kjell Skjelsbaeck, The Multinational Force in Lebanon, Oslo 1988; Ramesh Chandra Thakur, International Peacekeeping in Lebanon: United Nations Authority and Multinational Force, Boulder 1987.

Klima der Spannung und Konfrontation zwischen den Blöcken zurückgekehrt war. Die italienische Außenpolitik musste deshalb ihre Rolle als Filter zwischen dem nationalen und dem internationalen System zu einer Zeit spielen, als beide eine Phase tief greifender Veränderungen durchliefen – ohne dass die Akteure exakt gewusst hätten, wohin genau diese parallelen Prozesse führen würden.

Die Beschlüsse von 1979 und 1983 müssen vor diesem Hintergrund analysiert werden. Beide waren eindeutig in so großem Ausmaß sowohl von internen als auch von externen Faktoren beeinflusst, dass eine getrennte Behandlung nicht sinnvoll erscheint. Gleichwohl sollten im Entscheidungsprozess verschiedene Phasen unterschieden werden, von denen jede ihre charakteristischen Besonderheiten aufweist: 1) Das italienische Interesse an einer Modernisierung der Nuklearkräfte der NATO vor dem Gipfel von Guadeloupe, das auf eine begrenzte Anzahl wichtiger Diplomaten und Militärs beschränkt blieb; 2) die Periode unmittelbar nach dem Gipfel, durch den ein breiterer Teil des politischen Establishments aufgerüttelt wurde; 3) die Periode zwischen der Bildung der neuen Regierung im Juli 1979 und der Entscheidung im Dezember, als die Stationierung mit voller Wucht ins Bewusstsein der politischen Öffentlichkeit drang; 4) die Periode zwischen 1979 und 1983, als der PCI und die Massenprotestbewegung sich der Stationierung der Marschflugkörper stark widersetzten, und 5) die endgültige Entscheidung der Regierung Craxi vom Spätsommer und Herbst 1983, die Stationierung durchzuführen.

## II. Frühe Schritte in Richtung TNF-Modernisierung

Die erste Entscheidung zur Raketenstationierung wurde von der von dem Christdemokraten Francesco Cossiga geführten Regierung 1979 getroffen. Ihre historischen Ursprünge können auf das Interesse von Italiens Militär und Diplomatie an der Stationierung von US-Atomwaffen auf italienischem Boden seit den 1950er Jahren zurückgeführt werden[5]. Zudem hatte die Entspannungspolitik, die in der moderaten linken Mitte und bei jenen wirtschaftlichen Kräften Unterstützung gefunden hatte, die die potenziellen Märkte in Osteuropa erkunden wollten, auch Skepsis hervorgerufen. Viele im italienischen Militär und im diplomatischen Korps hatten das Risiko eines Prozesses betont, der entweder zu Lasten Europas in einem Kondominium der Supermächte oder in einer allmählichen Schwächung der Bindung zwischen Washington und seinen Verbündeten enden würde[6].

Viele Rüstungskontrollabkommen wurden in Italien aus dieser Perspektive wahrgenommen. Den Nichtverbreitungsvertrag vom 1. Juli 1968 betrachteten viele italienische Diplomaten geradezu als einen Verrat durch Washington, und seine Ratifizierung provozierte eine heftige, äußerst hitzige Debatte. Auch die SALT-Verhandlungen wurden mit einigem Argwohn betrachtet, da sie möglicherweise zum Abzug der Forward Based Systems (FBS) führen könnten, die das italienische Militär als essenziell für die Sicherheit des Landes

[5] Vgl. Leopoldo Nuti, „Me too, please": Italy and the Politics of Nuclear Weapons, 1945–1975, in: Diplomacy and Statecraft 4 (1993), S. 114–148. Zu Italiens nuklearer NATO-Rolle vgl. Ivo H. Daalder, The Nature and Practice of Flexible Response. NATO Strategy and Theater Nuclear Forces since 1967, New York 1991, S. 109f.

[6] Für eine zeitgenössische Bewertung der verworrenen italienischen Verhältnisse vgl. z. B. die Einschätzung des US-Botschafters in Rom, G. Frederick Reinhardt, in: Airgram A-47 an das Department Of State, „Annual Policy Assessment", 14. 7. 1967, in: National Archives Washington (NAW), Central Foreign Policy Files (CFPF) 1967–1969, Political and Defense, S. 2238.

betrachtete. Innerhalb der NATO hatte Italien deshalb die Bildung einer informellen europäischen Gruppe gefördert (geleitet vom stellvertretenden NATO-Generalsekretär Rinaldo Petrignani), die erkundete, wie der möglichen Einbeziehung der FBS in die bilateralen Verhandlungen zwischen den USA und der Sowjetunion entgegengewirkt werden könne[7]. Solch eine kritische Einstellung gegenüber Rüstungsbeschränkungen erklärt das sehr früh geäußerte Interesse der italienischen Außenpolitik an der Modernisierung der taktischen Nuklearwaffen (Theater Nuclear Forces, TNF) der NATO. Anfang 1978 hatte eine Gruppe führender Diplomaten bereits Italiens Wunsch signalisiert, in dieser Initiative eine Rolle zu spielen: Minister Antonio Ciarrapico in der High Level Group (HLG) der Allianz, der Direktor für politische Angelegenheiten des Außenministeriums Walter Gardini und der Chef des dortigen NATO-Referats, Amedeo De Franchis, förderten intensiv eine aktive italienische Teilnahme am Projekt und versuchten, seine Bedeutung einem bis dahin uninteressierten politischen Establishment nahezubringen. Paradoxerweise brachte auch die militärische Führung keine Begeisterung für das Projekt der TNF-Modernisierung auf, da sie seine möglichen Kosten fürchteten und die Möglichkeit skeptisch einschätzten, dass Italien durch ein „dual-key"-Abkommen wirkliche Kontrolle über die neuen Waffen erlangen könnte[8]. Das Interesse an dem Projekt blieb also auf wenige Personen im Außenministerium beschränkt.

## III. Das Treffen von Guadeloupe und seine Nachwirkung

Das Interesse an einer größeren Rolle Italiens bei der Modernisierung der Nuklearwaffen der NATO wurde durch die Ereignisse der ersten Monate des Jahres 1979 verstärkt, insbesondere durch die auffällige Abwesenheit des italienischen Ministerpräsidenten oder eines anderen italienischen Vertreters auf dem Gipfeltreffen von Guadeloupe im Januar 1979, wo sich der amerikanische Präsident Jimmy Carter, der britische Premierminister James Callaghan, der französische Staatspräsident Valéry Giscard d'Estaing und Bundeskanzler Helmut Schmidt darauf einigten, die NATO um die Stationierung neuer Waffensysteme zu bitten, falls die Verhandlungen mit der UdSSR scheitern würden – die Grundlage des späteren Doppelbeschlusses. Als das Treffen angekündigt wurde, drückte der italienische Botschafter in Washington, Paolo Pansa Cedronio, sofort seine Besorgnis über den Ausschluss aus, nur um vom Sicherheitsberater des amerikanischen Präsidenten, Zbigniew Brzezinski, kurze Belehrungen über die Vorteile innerer Stabilität eines Landes zu erhalten, die Voraussetzung für die Teilnahme an solchen internationalen Treffen sei[9]. Die wohlbekannte italienische Feindschaft gegenüber der Bildung von formalen und informellen Gruppen innerhalb der NATO (besonders wenn Italien nicht dazu eingeladen war) kann deshalb als möglicher Grund gesehen werden, der den Entscheidungsprozess auslöste, der zur parlamentarischen Zustimmung zur TNF-Modernisierung der NATO im Dezember 1979 führte.

---

[7] Ich möchte Edoardo Sorvillo dafür danken, dass er mich an seiner Dokumentation über die Petrignani-Gruppe teilhaben ließ.

[8] Vgl. Antonio Ciarrapico, Rapporti Est-Ovest 1977–1979. La vicenda degli euromissili, in: Rivista di Studi Politici Internazionali (2002), S. 372f.

[9] Olav Njølstad, The Carter Administration and Italy. Keeping the Communists Out of Power without Interfering, in: The Journal of Cold War Studies 4 (2002), H. 3, S. 56–94.

Das Treffen von Guadeloupe war eine traumatische Erfahrung für die italienische Diplomatie. Es erhöhte die Sensibilität einer Anzahl von entscheidenden Politikern gegenüber dem NATO-Programm der LRTNF-Modernisierung. Es wurde als tiefe Demütigung wahrgenommen, die Italiens wachsende internationale Marginalisierung bestätigte[10]. In den Wochen nach dem Treffen zeigten einige wichtige Diplomaten sowie Außenminister Arnaldo Forlani und Verteidigungsminister Attilio Ruffini ein starkes Interesse an der Modernisierung der LRTNF. Dies ging so weit, dass die Zulässigkeit der Entscheidung bestritten wurde, da sie außerhalb der formalen Strukturen der Allianz getroffen worden sei[11]. Als die High Level Group der NATO sich am 28. Februar und 1. März 1979 in Colorado Springs traf, machte Minister Ciarrapico deutlich, dass Italien willig sei, einen „entscheidenden Beitrag" zur Umsetzung des Programms zu leisten und ging in einer privaten Unterredung mit dem amerikanischen Delegierten David E. McGiffert sogar noch weiter und versicherte ihm, dass Italiens Teilnahme als garantiert angesehen werden dürfe[12].

Im Frühjahr 1979 wurde die italienische Entscheidung gegenüber David Aaron, dem Sondergesandten von Präsident Carter, der über die Stationierung der neuen Waffen mit den europäischen Verbündeten diskutieren sollte, bestätigt. Laut dem amerikanischen Botschafter in Italien, Richard Gardner, betraf die einzige aufkommende Unsicherheit während Aarons Gesprächen in Rom die möglichen Schwierigkeiten, mit denen die Regierungen dabei zu kämpfen haben könnten, die italienische öffentliche Meinung zur Akzeptanz der Stationierung der neuen Waffensysteme zu überreden[13]. Aaron selbst bestätigte diese Unsicherheiten in seinem Bericht an den amerikanischen Außenminister Cyrus Vance. Er unterstrich, dass alle Personen, mit denen er geredet habe, die Bedeutung einer vorsichtigen Präsentation der Entscheidung gegenüber der italienischen öffentlichen Meinung betonten; sowohl Forlani als auch Ruffini verstünden und befürworteten das strategische Grundprinzip der Stationierung, machten aber deutlich, dass es politisch sehr schwierig sein werde, die Entscheidung umzusetzen. Insbesondere sei es wichtig, der italienischen Öffentlichkeit zu erklären, warum nach 15 Jahren Pause die Einführung eines neuen Nuklearwaffensystems in Europa nötig sei und warum dies in genau diesem Moment erforderlich sei. Zu diesem Zweck betonten beide Minister, dass es von grundlegender Bedeutung sei, die Entscheidung über die Stationierung der neuen Waffen mit parallelen Bemühungen im Bereich der Rüstungskontrolle zu begleiten. Die Italiener trieben außerdem eine Reihe von spezifischen Forderungen voran, die permanenter Bestandteil der folgenden Verhandlungen werden sollten. Garantierte Sicherheit, dass Italien eine wirkliche Kontrolle über die Waffensysteme ausübe, würden einen großen Schritt zur Besänftigung der italienischen öffentlichen Meinung darstellen; dasselbe gelte für die materiellen Kosten des Programms, die von den USA und Italien geteilt werden sollten, um jede mögliche Kritik der Opposition abzuwehren. Abschließend brachten die Italiener deutlich zum Ausdruck, dass sie bilaterale Gespräche mit den USA gegenüber multilateralen in der Allianz bevorzugten[14]. Ähnliche Äußerungen wie

[10] Vgl. Roberto Ducci, L'Italia e il direttorio occidentale, in: *Il Tempo* vom 26. 12. 1980.
[11] Ciarrapico, Rapporti Est-Ovest, S. 375f.
[12] Ebenda, S. 376f.
[13] Vgl. Richard N. Gardner, Mission: Italy. L'anno di piombo raccontati dal'ambasciatore Americano a Roma, 1977–1980, Mailand 2004, S. 303f.
[14] David Aaron, Memorandum for the Secretary of State and the Secretary of Defense, „Report on Consultation with Belgian, Dutch and Italian Governments", 20. 3. 1979, in: National Security Archive

die gegenüber Aaron wurden während des Frühjahrs bei mehreren multilateralen und bilateralen Treffen wiederholt[15].

## IV. Die Debatte heizt sich auf

Bis zu diesem Zeitpunkt beschränkte sich die Aufmerksamkeit für eine mögliche Stationierung neuer Waffen in Italien eindeutig auf die obersten Führungsebenen der italienischen Diplomatie und die Mitglieder des amtierenden Kabinetts, das darauf zielte, Italiens Status unter den NATO-Verbündeten durch den Rückgriff auf den traditionellen italienischen Schachzug zu erhöhen, Bereitschaft zur Mitwirkung an den Nuklearentscheidungen der Allianz zu zeigen. Nach den Wahlen im Juni 1979 aber schlugen die innenpolitischen Vorgänge mit voller Wucht auf die abgeschlossene Welt der Diplomatie zurück. Wie bereits erwähnt, fegten diese Wahlen fast ein Jahrzehnt der kontinuierlich gewachsenen Zusammenarbeit mit der Kommunistischen Partei Italiens hinweg und öffneten neue Aussichten für die Zukunft. Am 4. August wurde eine neue Regierungskoalition gebildet, basierend auf einer recht fragilen Formel der Zusammenarbeit der drei Mitte-Parteien (die Democrazia Cristiana – DC – und zwei winzige liberale und sozialdemokratisch-republikanische Parteien), der äußeren Unterstützung durch die Republikanische Partei und der Enthaltung der Sozialistischen Partei. Die Kommunistische Partei war demonstrativ jeder Rolle beraubt. Dieser heikle Balanceakt, geführt von Francesco Cossiga, hatte eine der schwierigsten außenpolitischen Entscheidungen der italienischen Nachkriegsgeschichte zu treffen.

Cossiga selbst schien anfangs unsicher über die Stationierung. Er schien den Eindruck zu haben, dass die vorherige Regierung unter Giulio Andreotti bereits eine geheime Festlegung getroffen hatte. Ein paar Monate nach Amtsantritt vertraute er Antonio Tatò, dem engsten Mitarbeiter des Generalsekretärs der Kommunistischen Partei, Enrico Berlinguer, an, dass bei der Bildung seines eigenen Kabinetts „die vorherige Regierung ihn nicht über die von Andreotti getroffene Festlegung über die Raketen informiert habe und dass er sich selbst gezwungen sehe, weiterzumachen und die Entscheidungen und Verpflichtungen seiner Vorgänger zu verteidigen"[16]. Obwohl eine solche Verpflichtung nicht dokumentarisch belegt werden kann, ist bereits dargelegt worden, dass es in den ersten Monaten des Jahres 1979 wiederholt entsprechende Äußerungen gegenüber den USA gegeben hat. Darüber hinaus machte Bundeskanzler Helmut Schmidt einen kurzen Besuch in Rom, während über die Zusammensetzung der Regierung noch verhandelt wurde. Laut den Erinnerungen des späteren Verteidigungsministers Lelio Lagorio (1980-1983) verdeutlichte Schmidt gegenüber dem Staatspräsidenten, dem alternden, aber sehr einflussreichen Sozialisten Alessandro Pertini, das Dilemma, in dem sich die Bundesregierung befand: Sie könne es sich nicht leisten, als einziges kontinentaleuropäisches Land die neuen Waffen zu stationieren. Pertini beruhigte den deutschen Kanzler umgehend und versprach ihm,

(NSA), FOIA Collection. Weitere Darstellungen des Aaron-Berichts in: Schwartz, NATO's Nuclear Dilemmas, S. 229–230. John Newhouse, War and Peace in the Nuclear Age, New York 1990, S. 328.

[15] Vgl. Fernschreiben Nr. 9628 der amerikanischen Ständigen Vertretung bei der NATO in Brüssel an den amerikanischen Außenminister, 7. 5. 1979 sowie Fernschreiben Nr. 17450 der amerikanischen Botschaft in Rom an denselben, 2. 7. 1979, in: NSA, FOIA Collection; Ciarrapico, Rapporti Est-Overt, S. 378.

[16] Vgl. Notiz von Antonio Tatò für Enrico Berlinguer, 12. 12. 1979, in: ders., Caro Berlinguer. Appunti e noste riversati di Antonio Tatò a Enrico Berlinguer, 1969–1984, Mailand 2003, S. 140.

dass Italien zu seinen Verpflichtungen stehen und auch die neuen Flugkörper akzeptieren werde. Sobald die Regierung Cossiga formell eingeführt war, wurde der neue Ministerpräsident über den Inhalt des Gesprächs von Pertini und Schmidt informiert und begann, nachdem er seine Zustimmung gegeben hatte, sofort damit, die Meinungen der anderen politischen Parteien zu erkunden[17].

Den Recherchen des italienischen Journalisten Claudio Gatti zufolge hatte die US-Botschaft in Rom bereits begonnen, psychologischen Druck auf Cossiga und auf Craxi auszuüben, den neuen starken Mann der Sozialistischen Partei. Dieser wurde von den Amerikanern als Schlüsselperson dafür angesehen, eine starke linke Opposition gegen die Stationierung der Marschflugkörper zu verhindern[18]. Einige Tage nach Bildung der neuen Regierung wurde Cossiga vom amerikanischen Botschafter Richard Gardner eingeladen und auf die Bedeutung einer festen italienischen Verpflichtung hingewiesen. Gardner fand ihn mit der Thematik nicht allzu vertraut, aber bereit, eine befriedigende Vereinbarung zur amerikanischen Forderung auszuarbeiten[19]. In den folgenden Wochen sollte sich Cossiga als ein entscheidender Aktivposten herausstellen, indem er die anderen Parteien seiner Koalition davon überzeugte, die Stationierung zu unterstützen, und Ende September schien er sich bereits auf diese festgelegt zu haben[20].

Anfang Oktober neigte die neue Regierung deshalb bereits stark dazu, einer Modernisierung der Nuklearwaffen der NATO zuzustimmen. Nichtsdestotrotz fehlte ihr eine sichere Mehrheit im Parlament, und sie war deshalb auf Unterstützer von außerhalb angewiesen. Anfangs versuchte Cossiga, eine mögliche Aufweichung der PCI-Opposition zu prüfen, was auf eine scharfe Ablehnung des Parteisekretariats stieß[21]. Dies ließ der Regierung keine andere Möglichkeit, als sich auf die Sozialistische Partei zu verlassen. Eine einfache sozialistische Enthaltung hätte nicht ausgereicht, und Craxi musste seinen widerspenstigen sozialistischen Haufen überreden, formal der Stationierung zuzustimmen. Das machte den Partito Socialista Italiano (PSI) und ihren neuen Führer zum wirklichen Grundstein des ganzen politischen Manövers[22].

Bettino Craxi war drei Jahre zuvor zum Sekretär des PSI bestimmt worden, als sich die Partei an ihrem Tiefpunkt befand. Er war fest entschlossen für den PSI eine zentrale Posi-

---

17 Lagorio, L'ultima sfida, S. 27–31. In seinen Erinnerungen erwähnt Schmidt das Treffen mit Pertini nicht, erklärt aber genau, wie er auf dem Gipfel von Guadeloupe betonte, was die NATO später als „non-singularity" Formel definierte, nämlich die deutsche Ablehnung, das einzige kontinentaleuropäische Land zu sein, das die neuen Flugkörper stationiert, vgl. Helmut Schmidt, Menschen und Mächte, Berlin 1987, S. 232. Auch im Gespräch mit dem noch amtierenden Ministerpräsidenten Andreotti am 10. 7. 1979 machte Schmidt diese Position deutlich, vgl. AAPD 1979, Dok. 206, S. 1001–1008.

18 Vgl. Claudio Gatti, Rimanga tra noi. L'America, l'Italia, la „questione communista": i segreti di cinquant anni di storia, Mailand 1990, S. 183–189. Gattis Arbeit basiert auf einer umfassenden Nutzung des Freedom Of Informaton Act, aber seine archivalischen Referenzen sind etwas unklar.

19 Vgl. Gardner, Mission: Italy, S. 306f.

20 Gardner, Mission: Italy, S. 308f.; Fernschreiben Nr. 26522 der US-Botschaft in Rom an Secretary of State, 26. 9. 1979, in: NSA, FOIA collection; Gespräch des Bundeskanzlers Schmidt mit dem italienischen Staatspräsidenten Pertini am 19. 9. 1979, in: AAPD 1979, Dok. 272, S 1337–1342 bzw. in: Archiv der sozialen Demokratie (AdsD), Helmut-Schmidt-Archiv (HSA), 1/HSAA008846. Ich möchte Laura Fasanaro für eine Kopie dieses Dokuments danken; Margaret Thatcher, The Downing Street Years, London 1993, S. 241.

21 Vgl. Lagorio, L'ultima sfida, S. 29.

22 Die Bedeutung der PSI wird auch durch die SPD-Vorbereitungs-Notizen für die Schmidt-Pertini-Gespräche deutlich, vgl. die Aufzeichnung „Ihre Gespräche mit Staatspräsident Pertini", 18. 9. 1979, in: AdsD, HSA, 1/HSAA008846.

tion in der italienischen Politik zurückzugewinnen, in dem er seine Partei vollkommenen unabhängig vom PCI machte. Die Situation im Herbst 1979 bot ihm dafür die Gelegenheit. Außerdem war der US-Botschafter für seine Sympathien gegenüber einer vollen Wiederherstellung der Kooperation zwischen italienischen Sozialisten und Christdemokraten bekannt. Am 10. Oktober traf sich Gardner mit Craxi, um ihn zu überzeugen, dass der PSI die Regierung unterstützen sollte, falls die Partei eine Stationierung der Raketen akzeptieren würde. Der Sekretär des PSI drückte seine Unterstützung für die Haltung der Regierung in der Stationierungsfrage aus, bat aber auch um etwas Zeit bis zu einer Entscheidung, da er die Angelegenheit überdenken und sowohl mit einigen Parteiführern als auch mit Stefano Silvestri, dem Direktor des Institutes für internationale Angelegenheiten und einem der führenden Außenpolitikexperten des Landes, diskutieren wollte[23]. Am 18. Oktober traf sich eine Gruppe von ausgewählten PSI-Führern (Craxi, Claudio Signorile, Riccardo Lombardi, Lelio Lagorio und Falco Accame), um die Angelegenheit mit Silvestri zu diskutieren, und beschloss, der Partei die Empfehlung zu unterbreiten, der Installation der Marschflugkörper zuzustimmen[24]. In der darauf folgenden Woche traf sich das PSI-Direktorium, um den Vorschlag zu diskutieren; die Sitzung endete nach einer mehrstündigen Debatte mit einem Meisterwerk von mehrdeutigen Formulierungen, das die eigentliche Entscheidung, die Stationierung zu befürworten, verschleierte[25]. In den folgenden Wochen versuchte der Führer des linken Parteiflügels, Signorile, die Entscheidung abzuschwächen. Craxi aber verwässerte diese innere Opposition und bat die Partei, letztendlich die Regierung bedingungslos zu unterstützen.

Die sozialistische Entscheidung zur Unterstützung der Regierung erlaubte Ministerpräsident Cossiga, die Unterstützung seiner Regierung für die TNF-Modernisierung der Allianz zuzusagen, als David Aaron einen zweiten Besuch in Rom machte[26]. Ende Oktober konnte Brzezinski Präsident Carter melden, dass Großbritannien, Westdeutschland und Italien „feste Regierungsentscheidungen" getroffen hätten, um die Stationierung zu unterstützen[27]. Ein vergeblicher Versuch, die italienische Position in letzter Minute zu verändern, wurde vom Vorsitzenden des Auswärtigen Ausschusses des Nationalitätensowjets der UdSSR und ZK-Sekretär der KPdSU für internationale Angelegenheiten, Boris Ponomarjow, unternommen[28]. Während der folgenden dreitägigen Parlamentsdebatte Anfang Dezember 1979 drückte der PSI seine Unterstützung für die Stationierung der neuen Nuklearwaffen aus, auch wenn einige Mitglieder der Partei ihre abweichende Meinung klar machten. Die italienische Abgeordnetenkammer ermächtigte am 7. Dezember die Regierung mit der großen Mehrheit von 328 gegen 230 Stimmen dazu, der TNF-Moderni-

---

[23] Vgl. Gardner, Mission: Italy, S. 312–313. Laut Außenminister Franco Malfatti hatte Craxi bereits Zustimmung ausgedrückt, vgl. das Fernschreiben Nr. 26522 der amerikanischen Botschaft in Rom an Secretary of State, 26. 9. 1979, in: NSA, FOIA collection; Lagorio, L'ultima sfida, S. 33f.

[24] Vgl. Gatti, Rimanga tra noi, S. 186.

[25] Vgl. Lagorio, L'ultima sfida, S. 38. Das Direktorat „nahm Kenntnis" von der Existenz eines „Dokumentes der Orientierung" (!), das die Partei autorisierte, die Möglichkeit zu erkunden, die Regierung in ihrer Entscheidung zur Stationierung, zu unterstützen. Obwohl dies sicherlich ein hervorstechendes Beispiel war, war eine solch byzantinische Wortwahl sehr verbreitet in der Sprache des italienischen politischen Systems während des Kalten Krieges.

[26] Vgl. Gatti, Rimanga tra noi, S. 188.

[27] Vgl. Njølstad, Carter Administration and Italy, S. 56–94.

[28] Vgl. Ludovico Incisa di Camerana, La vittoria dell'Italiana nella terza guerra mondiale, Rom 1996, S. 56.

sierung zuzustimmen[29]. Wenige Tage später gab Italien beim Treffen des erweiterten Nordatlantikrates in Brüssel seine Unterstützung für den NATO-Doppelbeschluss bekannt.

## V. Der große Streit

Die parlamentarische Debatte und die Abstimmung bewirkten einen tiefen Riss im politischen System Italiens. Erstmals in der Nachkriegsgeschichte sah die katholische Welt einen scharfen Bruch zwischen der pazifistischen und anti-nuklearen Ausrichtung des gesellschaftlichen Umfelds der katholischen Vereinigungen und Gruppierungen und der christdemokratischen Partei, die sich nach einiger Gewissensprüfung zur Unterstützung des Regierungskurses entschlossen hatte[30]. Eine deutlich größere Kluft aber tat sich durch den Doppelbeschluss zwischen den Mitte- und Mitte-Links-Parteien auf der einen und der Kommunistischen Partei auf der anderen Seite auf. Nach mehreren Jahren der Einbindung in die Formulierung von einigen der wichtigsten Entscheidungen des Landes fand sich der PCI erstmals wieder von einer der Schlüsselentscheidungen für die künftige politische Orientierung des Landes ausgegrenzt. Nach wenigen Monaten bemerkte der PCI, dass er rapide den in den vorangegangenen Jahren so umsichtig erworbenen Einfluss verlor.

Diese Folgen waren jedoch unmittelbar nach der Entscheidung vom Dezember 1979 nicht klar zu erkennen. Im Gegenteil schien es nach der Parlamentsdebatte das starke Bestreben zu geben, alle möglichen Kommunikationskanäle zum PCI offenzuhalten. Cossiga ließ Berlinguer wissen, dass er es für unentbehrlich halte, „die Bedeutung und politische Rolle des PCI in Italien und Europa" in Rechnung zu stellen, während der über die innenpolitische Situation nach der Parlamentsdebatte besorgte Staatspräsident Pertini anscheinend von der Notwendigkeit überzeugt war, zur Regierung der nationalen Einheit unter Einschluss der Kommunisten zurückzukehren[31]. Ein wenige Wochen nach der Abstimmung des italienischen Parlaments verfasster CIA-Bericht zeigt deutlich, wie unsicher die politische Lage Italiens und wie vage die Aussichten auf eine wirkliche Umsetzung des Doppelbeschlusses waren[32]. Laut CIA befanden sich sowohl Cossiga als auch Craxi in einer schwächeren Position – gleichermaßen gegenüber der inneren Opposition in ihrer jeweiligen Partei wie auch gegenüber dem PCI. Die CIA erwartete, dass der PSI das erste Opfer der neuen Situation werde, und fürchtete, dass die Partei vom Wiederaufleben der alten Debatte über die Zusammenarbeit mit den Kommunisten auseinandergerissen würde. Dies wiederum würde es Craxi unmöglich machen, weiterhin die Regierung zu unterstützen; die Regierung Cossiga könne nicht überleben und der NATO-Doppelbeschluss nicht umgesetzt werden. Die Skepsis der CIA gegenüber Craxis Fähigkeiten, seine Partei mitzunehmen, wird auch durch eine andere Episode deutlich. Der Chef der CIA-Dienststelle in Rom, Duane Clarridge, war über die andauernde Instabilität des politischen Systems so frustriert, dass er ein CIA-Projekt mit dem Ziel vorschlug, den PCI von Moskau zu trennen

[29] Vgl. Ferraris, Manuale, S. 256; Lagorio, L'ultima sfida, S. 43–44.

[30] Giovanni Mario Ceci, „Pace nell sicurezza" o „sicurezza nella pace". Il mondo cattolico italiano e la democrazia cristiana di fronte alla sfida degli euromissili, in: Mondo contemporaneo 1 (2005), H. 2, S. 67–95.

[31] Vgl. Notizen von Antonio Tatò für Enrico Berlinguer, 12. 12., 14. 12. 1979, in: ders., Caro Berlinguer, S. 140, 144f.

[32] Vgl. Central Intelligence Agency, National Foreign Assessment Center, 31. 12. 1980. Memorandum: Italy: TNF – An Update, in: DDRS, 1992, fiche 158, doc. 2470.

und in die Regierungsaktivitäten einzubinden, um so das politische System Italiens ein für allemal zu stabilisieren. Gardner, der überzeugt war, dass Craxi immer noch fähig sein werde, den Doppelbeschluss innenpolitisch durchzusetzen, trug dazu bei, Clarridges Projekt zu verhindern[33].

In der aufgrund des Doppelbeschlusses in ganz Europa angespannten politischen Lage stellte Italien einen der kritischsten Fälle dar. Dort schien die endgültige Umsetzung des Beschlusses an einem sehr dünnen Faden zu hängen. Entgegen den meisten Erwartungen überlebte die schwache Koalition jedoch die Kraftprobe, und die auf die Entscheidung von 1979 folgende Periode brachte eine neue Konsolidierungsphase, die auf einer erneuten Mitte-Links-Zusammenarbeit und dem Ausschluss des PCI von der Regierungsmehrheit beruhte. Allerdings waren die meisten Kabinette dieser Periode selbst für italienische Verhältnisse sehr kurzlebig, mit der einzigen Ausnahme der Regierung Spadolini, die anderthalb Jahre hielt (von Juni 1981 bis November 1982). Die Option einer Rückkehr zu einer stabilen Zusammenarbeit mit den Kommunisten blieb deshalb während der frühen 1980er Jahre durchgängig bestehen und beeinflusste systematisch die Entwicklung der politischen Szene und damit die Umsetzung des NATO-Doppelbeschlusses.

Die Rolle und Einstellung des PCI waren für die Politik dieser Periode von entscheidender Bedeutung. Die Krise um den Doppelbeschluss erwischte die Kommunisten in der schwierigsten und aufgewühltesten Phase ihrer Nachkriegsgeschichte, da die alte Strategie des Eurokommunismus und des *compromesso storico* mit den Christdemokraten ihre Grenzen erreicht hatte und Basis wie Führung nach einer Alternative suchten. Zur selben Zeit wurde die internationale Ausrichtung der Partei einem schwierigen Test nach dem anderen unterworfen. So versetzten die sowjetische Invasion in Afghanistan im Dezember 1979 und die Verhängung des Kriegsrechts in Polen zwei Jahre später dem noch verbliebenen Vertrauen der Partei in die Sowjetunion zwei schwere Stöße. Die PCI-Führung versuchte, den Dialog mit Moskau aufrechtzuerhalten und gleichzeitig in der chinesischen und in der jugoslawischen kommunistischen Partei neue Partner zu finden. In Westeuropa befanden sie sich in der Stationierungsfrage zwischen der prowestlichen Haltung von François Mitterrand und den französischen Sozialisten einerseits und der wachsenden neutralistischen Einstellung von Willy Brandt und den deutschen Sozialdemokraten andererseits[34]. Enrico Berlinguer und das gesamte Zentralkomitee der Partei hatten gegenüber der TNF-Stationierung bereits 1979 eine kritische Haltung eingenommen, aber damals hatten sie auch versucht, ihr vorsichtig aufgebautes Image einer seriösen und verantwortungsbewussten Opposition zu erhalten, indem sie klarmachten, dass sie mit ihrem Widerspruch gegen die Stationierung nicht beabsichtigten, ihren Loyalitätsschwur zur NATO zu brechen. Als sich die Ost-West-Spannungen in den frühen 1980er Jahren weiter verschärften, wurden solche feinen Unterscheidungen zunehmend schwieriger. Mehrere ihrer Schlüsselfiguren hielten es für nötig, die Partei näher an die entstehende Massenprotestbewegung heranzuführen, die sich in den Straßen Italiens den Cruise Missiles entgegenstellte. Aber diese Option machte es zusehends schwieriger, die Rolle einer nach westlichen Maßstäben tragbaren Opposition aufrechtzuerhalten. So versuchte die Partei, öffentlich eine ausgewogene Haltung einzunehmen und verlangte, dass die Sowjetunion etwas Zurückhaltung zeigen und einige ihrer SS-20-Raketen abziehen sollte; aber das Bündnis mit der Anti-Raketen-Bewegung hatte starken Einfluss auf den Ton und die Sprache der Erklärungen,

[33] Vgl. Duane R. Clarridge, A Spy for All Seasons. My Life in the CIA, New York 1997, S. 169–190.

[34] Vgl. Silvio Pons, Berlinguer e la fine del comunismo, Turin 2006, S. 162–246.

die zunehmend militant und radikal wurden. Dies erleichterte wiederum den politischen Gegnern der Partei die Behauptung, dass der PCI seine wahre Identität enthüllt habe und dass der Versuch, sein Image als seriöse Oppositionskraft aufzupolieren, nur vorgespielt war. Tatsache war, dass die Partei 1979 vier Prozent ihrer Stimmen verloren hatte und dass die Versuchung, durch die Annäherung an die Anti-Nuklear-Bewegung etwas Stärke wiederzugewinnen, fast unwiderstehlich erschien. „Die Entscheidung, sich mit den Leuten auf der Straße zusammenzuschließen", kommentierte einer der größten Widersacher des PCI, der sozialistische Verteidigungsminister Lagorio in seinen Memoiren, „war eine dramatische, die einige interne Zerfleischungen provozierte"[35]. Letztendlich aber versetzte sie die Partei in eine wichtige Position für die Koordinierung der Anti-Nuklear-Demonstrationen.

Ob die Entscheidung des PCI der Anti-Nuklear-Bewegung tatsächlich nützte, ist eine ganz andere Frage. In den 1950er Jahren hatte der PCI eine wirklich beherrschende Rolle in den italienischen Friedenskampagnen gespielt und dabei Personen wie Aldo Capitini und Guido Calogero, deren Pazifismus über jeden Zweifel erhaben war, von einer prosowjetischen Haltung beeinflusst zu sein, in kleinere Rollen verwiesen. Eine unabhängige Anti-Nuklear-Bewegung begann erst 1960 Gestalt anzunehmen[36]. In den 1970er Jahren startete die Anti-Nuklear-Bewegung eher leise, aufgrund eigener Initiative, mit einigen kleineren Demonstrationen, aber sie entwickelte sich bald zu einem großen, zusammenhängenden Netzwerk, das wie überall in Europa viele der nach 1968 bei den Neuen Sozialen Bewegungen und der Neuen Linken Engagierte enthielt. Im Herbst 1981 war sie bereits fähig, eine große Kundgebung in der Nähe des Luftwaffenstützpunkts von Comiso auf Sizilien zu veranstalten, wo die neuen Waffen stationiert werden sollten. Eine zweite Demonstration im Frühjahr 1982 mit mehreren zehntausend Teilnehmern zog sogar noch mehr Aufmerksamkeit auf sich[37]. An den Kundgebungen beteiligten sich immer mehr Menschen: Auf Proteste mit 200 000 Teilnehmern in Rom im Oktober 1981 folgte im Oktober 1983, auf dem Höhepunkt der Krise, eine Demonstration von mehr als einer halben Million Menschen. In der Zwischenzeit entschlossen sich einige der führenden Nuklearphysiker des Landes, wie Edoardo Amaldi, im Herbst 1981, eine neue Organisation für Abrüstung aufzubauen, die formell 1982 unter dem Namen USPID (*Unione Scienziati per il Disarmo*, Union der Wissenschaftler für Abrüstung) gegründet wurde.

Das Verhältnis zwischen dem PCI und diesen Formen des Protests war aber nie einfach. Die spontanen Kräfte, die die Bewegung ausmachten, nährten tiefe Verdächtigungen gegen den PCI, dem zu große Regierungsnähe unterstellt wurde. Auf der anderen Seite hatte der Zusammenschluss des PCI mit der Bewegung wahrscheinlich die unbeabsichtigte Konsequenz, das Entstehen einer neuen unabhängigen Führung zu verhindern. Angesichts des beeindruckenden Organisationsapparats der Partei versäumten die weniger organisierten und weniger disziplinierten Anti-Nuklear-Kräfte, eine eigene Organisation und eine eigene Führung zu entwickeln, wie es in den meisten anderen europäischen Ländern geschah. So vermerkte ein CIA-Bericht, dass in Italien „die Bewegung es nicht vermochte, eine charismatische Figur hervorzubringen, die diese in eine unabhängige

---

[35] Lagorio, L'ultima sfida, S. 74.

[36] Vgl. Lawrence Wittner, Resisting the Bomb: A History of the World Nuclear Disarmament Movement, 1954–1970, Stanford 1997, S. 235–238.

[37] Vgl. Wittner, Resisting the Bomb, S. 162; Lagorio, L'ultima sfida, S. 79–83.

Kraft verwandeln könne, um massiven Druck auf die italienische Regierung auszuüben“[38].

Die Beziehungen zwischen der Kommunistischen Partei und dem Anti-Nuklear-Protest waren daher ambivalent. Nichtsdestotrotz verstärkte und erweiterte dies die Opposition gegen die Stationierung der Marschflugkörper: Alle Umfragen der frühen 1980er Jahre zeigen, dass die italienische öffentliche Meinung eine wachsende Abneigung gegen den möglichen Gebrauch von Atomwaffen im Kriegsfall, eine starke Präferenz für Rüstungskontrolle und Abrüstung gegenüber nuklearer Aufrüstung und eine deutliche Zurückhaltung gegenüber der Reagan-Administration entwickelte[39].

Die anwachsende Opposition zwang die italienische Regierung dazu, sich bei der Umsetzung des Doppelbeschlusses mit extremer Vorsicht zu bewegen. Während der ganzen Periode von 1979 bis 1983 ging Italien deshalb eigene Wege im Zusammenhang mit dem Doppelbeschluss: Der verdeckte Druck, um zu einer günstigen Absprache mit Washington zu gelangen, wurde von einem konzentrierten öffentlichen Bemühen begleitet, eine Verhandlungslösung in Genf zu fördern. Mit den anwachsenden Protesten der Friedensbewegung konfrontiert, zauderte die Regierungskoalition in ihrer Entscheidung, mit der Stationierung fortzufahren. Sie erachtete es als nötig, der Wählerschaft zu beweisen, dass sie auf ein internationales Abkommen hinarbeite, das die Stationierung überflüssig mache. Ein Schritt in eine Richtung wurde deshalb oft von einem in die andere Richtung begleitet: Am 7. August 1981 beispielsweise kündigte Lagorio öffentlich an, dass die Regierung das Gebiet von Comiso in Sizilien für die künftige Stationierung der Flugkörper ausgewählt habe, aber zur gleichen Zeit erklärte er auch, dass Italien die Möglichkeit einer Verhandlungslösung voll unterstütze[40]. Im Oktober 1981 stimmte die Regierung außerdem der so genannten doppelten Null-Lösung zu, die von Reagan im folgenden Monat offiziell lanciert und letztendlich 1987 im INF-Vertrag verwirklicht werden sollte[41].

Dennoch erwiesen sich die Entscheidungen aller Regierungen zwischen 1979 und 1983 als unumstößlich. Es hatte nicht nur wiederkehrende Beben über einige andere Guadeloupe-artige Gipfeltreffen gegeben, von denen Italien hätte ausgeschlossen sein können[42]; darüber hinaus existierte auch das unerschütterliche Vertrauen, dass der Doppelbeschluss bei der Erneuerung der italienischen Außenpolitik Wunder wirken könne. Während die Unterschrift und die Ratifizierung des Atomwaffensperrvertrags alle italienischen Bestrebungen nach nuklearer Teilhabe verstummen ließen, regte die bevorstehende Ankunft der neuen Atomwaffen die Diplomaten und das Militär an, neue Formeln auszuarbeiten, um die Situation voll auszunutzen. Der wachsenden Bedeutung gewiss, die ihr Land durch eine erfolgreiche Stationierung erlangen würde, ergriffen italienische Diplomaten und Politiker diese Möglichkeit mit großer Entschlossenheit – und schraubten ihre Erwartungen auf ein unrealistisches Niveau hoch. Bei den Verhandlungen bestand Italien eine Zeit

[38] Directorate of Intelligence, Central Intelligence Agency, „Peace Groups and Leaders in INF Basing Countries“, 1. 11. 1982, in: DDRS, 1992, doc. N. 2489. Eine ähnliche Beurteilung der Beziehung zwischen PCI und der Friedensbewegung in Wittner, Resisting the Bomb, S. 159–162.

[39] Vgl. ebenda, S. 162.

[40] Neben Comiso waren vier weitere Stützpunkte mit Marschflugkörpern bestückt: Greenham Common, Großbritannien (seit 1983); Florennes, Belgien (seit 1984); Wüschheim, Bundesrepublik Deutschland (seit 1986) und Molesworth, Großbritannien (seit 1987).

[41] Zur Haltung der italienischen Diplomatie vgl. Lagorio, L'ultima sfida, S. 92–98; zum INF-Vertrag vgl. den Beitrag von Klaus Schwabe in diesem Band.

[42] Vgl. Ducci, L'Italia e il direttorio.

lang darauf, dass die Flugkörper unter einem echten „dual-key"-System stationiert würden[43], während andere, darunter der Chef des Verteidigungsstabs, Admiral Giovanni Torrisi, so weit gingen, vorzuschlagen, dass Italien seine Ratifizierung des Nichtverbreitungsabkommens nicht einhalten und eine eigene nukleare Option entwickeln solle[44]. Wieder andere gingen so weit anzunehmen, dass sich Italien durch den Entschluss zur TNF-Stationierung das Recht verdient habe, bei künftigen Rüstungskontrollverhandlungen unter den großen Mächten zu sitzen. Botschafter Roberto Ducci, Generalsekretär des Außenministeriums und einer der überzeugtesten Kritiker des Nichtverbreitungsvertrages, machte von seinem Posten in London aus deutlich, welche Bedeutung er dem italienischen Beschluss beimaß: „Dank der Teilnahme am Programm zur Modernisierung des atlantischen Nukleararsenals sowie durch die de facto Herabsetzung weniger bedeutender Verbündeter hat Italien die Möglichkeit *zum ersten Mal seit dem Ende des Krieges* ein Mitglied der westlichen Verhandlungsgruppe zu werden, die de facto die globalen Verhandlungen mit der Sowjetunion führen wird – die in mehreren Episoden, zu unterschiedlichen Zeiten stattfinden werden und deren Existenz oft verleugnet werden wird. Ich zweifle nicht, dass diese Möglichkeit, die zur Zeit nur eine theoretische ist, eine konkrete werden kann, solange unsere Regierung den politischen Willen hat und unsere Diplomatie in der größten Mission der zweiten Hälfte des Jahrhunderts Erfolg haben wird: Nämlich einen Platz zu finden in einer Position der Gleichberechtigung mit den Großen und somit voller Würde, in Verhandlungen zuerst für Waffenruhe und später für Frieden."[45]

Obwohl Duccis strategische Vision sicher nicht vollständig von seinen Diplomaten-Kollegen oder allen politischen Entscheidungsträgern geteilt wurde, stimmten die meisten zweifellos mit ihm im Hinblick auf die Möglichkeiten, die die neuen Umstände boten, überein. Dieser Ansatz erklärt deutlich die Entschlossenheit der italienischen Regierung, an der Entscheidung von 1979 festzuhalten. Eine ähnliche Erwägung gilt für den unnachgiebigen Willen, die Stationierung als ein Werkzeug zu benutzen, um den PCI sicher in eine Oppositionsrolle zu drängen und eine neue Phase des politischen Lebens in Italien zu eröffnen – und dabei dem Einfluss der Massenprotestbewegung sehr wenig Raum einzuräumen.

## VI. 1983 – Die sozialistische Entscheidung

Zu dieser Zeit war der erste sozialistische Ministerpräsident Italiens aufgefordert, die frühere Verpflichtung umzusetzen und die Raketen zu stationieren, falls die Genfer Verhandlungen scheitern sollten. In den Wochen unmittelbar vor dieser Anordnung begann man, Craxis Stationierungszusage als weniger standhaft wahrzunehmen als 1979[46]. Der Führer des PSI war sich jedoch der wachsenden Bedeutung der italienischen Entscheidung voll bewusst und versuchte den Verbündeten zu versichern, dass seine Partei und er selbst die

---

[43] Vgl. Njølstad, The Carter Administration, S. 56–94. Siehe auch Fernschreiben Nr. 5415 und Nr. 5416 der amerikanischen Botschaft in Rome an Secretary of State, 1. 2. 1983, in: NSA, FOIA Collection; Lelio Lagorio, L'ora di Austerlitz, 1980: La svolta che mutò L'Italia, Florenz 2005; ders., L'ultima sfida, S. 64–91.

[44] Lagorio, L'ultima sfida, S. 59f.

[45] Fernschreiben der italienischen Botschaft in London an das italienische Außenministerium, „Il post dell'Italiana nel mondo", 12. 12. 1979, in: Roberto Ducci, L'Italia e il direttorio. Rom (o. D.), S. 225 (Hervorhebung durch Leopoldo Nuti).

[46] Vgl. Lagorio, L'ultima sfida, S. 130f.

frühere Verpflichtung anerkennen würden – selbst wenn er hinter den Kulissen wiederholt auf die Tatsache hinwies, dass, wenn die Regierung nicht von einem Sozialisten geführt würde, es nötig sein könne, eine Vereinbarung mit den Kommunisten zu erarbeiten und diese noch einmal in die Regierungskoalition einzubinden[47]. Auf der anderen Seite war Craxi entschlossen, seine Verlässlichkeit und die seiner Partei als feste Partner der westlichen Koalition zu demonstrieren.

Sobald er ernannt war, machte Craxi in seiner ersten offiziellen Rede als Ministerpräsident klar, dass seine Regierung von den 1979 getroffenen Beschlüssen nicht abweichen werde und die Marschflugkörper planmäßig stationiert würden, wenn die Genfer Verhandlungen scheitern sollten. Einem damals üblichen Muster folgend, forderte er dann die Supermächte auf, neue Vorschläge zu unterbreiten, um die Gespräche wieder in Gang zu bringen.

In den ersten Monaten seiner Regierung entfaltete Craxi intensive diplomatische Aktivitäten. Er besuchte die wichtigsten westeuropäischen Hauptstädte (London, Paris, Bonn und Den Haag) sowie Washington und korrespondierte sowohl mit Präsident Reagan als auch mit KPdSU-Generalsekretär Jurij Andropow, die versuchten, ihn in entgegengesetzte Richtungen zu ziehen. Letzterer schrieb an Craxi direkt nach seinem Amtsantritt, um dessen Zustimmung für den Vorschlag der UdSSR in Genf zu erhalten, mit dem diese eine Reduzierung ihrer Mittelstreckenraketen (darunter einige, aber nicht alle ihrer SS-20) als Gegenleistung für die Einbeziehung der britischen und französischen Nuklearstreitkräfte unter der Voraussetzung in Aussicht stellte, keine US-Marschflugkörper zu stationieren[48]. Der sowjetische Parteichef hoffte eindeutig, die italienische Regierung langsam in eine entgegenkommendere Haltung drängen und vielleicht sogar Craxi von einer Verschiebung der Stationierung überzeugen zu können, indem er sich der anfänglich etwas unklaren Haltung der neuen italienischen Regierung bediente, wie sie Craxi in seiner ersten Rede als Ministerpräsident angedeutet hatte. Die sowjetische Erwartungshaltung könnte außerdem durch den versöhnlichen Ton des neuen Außenministers Giulio Andreotti bei seinem ersten Treffen mit dem sowjetischen Außenminister Andrej Gromyko verstärkt worden sein.

Während Craxi noch über den Inhalt von Andropows Vorschlag grübelte, erhielt er einen weiteren Brief von Reagan, in dem der US-Präsident den günstigen Zeitpunkt der Unterstützung („timely support") der italienischen Regierung für den Doppelbeschluss lobte. Reagan kritisierte außerdem Andropows Vorstoß und fragte Craxi, ob dieser irgendwelche neuen Vorschläge für die nächste Runde der Genfer Gespräche anzubieten habe. Diesbezüglich deutete der US-Präsident selbst an, dass es möglicherweise nötig gewesen wäre, einen letzten Versuch zu unternehmen, um in Genf eine neue, abgestimmte westliche Position vorzulegen – zumindest um die USA und ihre Verbündeten in die Lage zu versetzen, ihrem heimischen Publikum und der dortigen öffentlichen Meinung sagen zu können, dass der Westen eine umfassende Anstrengung unternommen habe, um vor Beginn der Stationierung eine Einigung zu erzielen[49].

[47] Bruno Bagnato, L'Italia vista de Palazzo Farnese: La missione di Gilles Martinet (1981–1984), in: Ennio Di Nolfo (Hrsg.), La politica estera italiana negli anni Ottanta, Bari 2003, S. 254–255.

[48] Schreiben von Andropow an Craxi, 27. 8. 1983, in: Fondazione Turati, Carte Acquaviva, scalota 31, b. 1, fasc. 3, sottof. „Viaggio in USA".

[49] Schreiben von Reagan an Craxi, 12. 9. 1983, in: Fondazione Turati, Carte Acquaviva, scalota 31, b. 1, fasc. 3, sottof. „Viaggio in USA".

In den folgenden Wochen arbeitete die italienische Regierung eine Antwort auf Andropows Brief aus. Der Ton der Antwort war recht steif, auch wenn sie die Tür zur Fortsetzung der Gespräche nicht vollständig schloss. Wichtiger aber war, dass Craxi Andropow sagte, seine Regierung könne keinen Status quo akzeptieren, der einer Legitimierung „der globalen sowjetischen Übermacht“ gleichkomme[50]. US-Außenminister George Shultz lobte ausdrücklich den Inhalt des Briefes gegenüber dem italienischen Botschafter in Washington, Petrignani[51].

In seiner Antwort an Reagan schlug Craxi vor, die USA sollten neue Vorschläge vorlegen und die Gespräche auch nach Beginn der Stationierung fortführen[52]. Kurz darauf trug Außenminister Andreotti erneut die feste Absicht seiner Regierung vor, Marschflugkörper zu stationieren, wenn die Genfer Verhandlungen scheiterten[53]. Den dürftigen, ersten zugänglichen Quellen zufolge ist es möglich, von einer engen italienischen Beteiligung an den neuen, von den USA eingereichten Gesprächsvorschlägen in den letzten Diskussionsrunden in Genf auszugehen[54]. Letztlich mag Craxi gewillt gewesen sein, einige zusätzliche Kanäle zu erkunden, um die Verhandlungen offenzuhalten, insofern als er gegenüber Mitterrand und dessen Stab den Eindruck erweckte, dass er dazu neige, die französischen Nuklearstreitkräfte in die Genfer Gespräche einzubeziehen – etwas, was seine französischen Gesprächspartner ganz offenkundig nicht im Entferntesten zu tun gedachten[55]. Auch wenn einige andere europäische Regierungen besorgt waren, dass die italienische Regierung zu einer Verschiebung der Stationierung der Marschflugkörper tendiere, um einen Abbruch der Genfer Gespräche zu verhindern, schaffte Craxi es schließlich, die heikle Balance zwischen der Notwendigkeit, sich gegenüber den westlichen Partnern verlässlich zu zeigen, und der zunehmend schwierigeren Suche nach einer Verhandlungsposition zu finden. Sein Besuch in Washington vom 19. bis zum 21. Oktober 1983 schloss eine Konsultationsrunde mit den anderen NATO-Regierungen ab und erfüllte die amerikanischen Erwartungen voll und ganz durch das Zeigen einer breiten und deutlichen Übereinstimmung der Positionen beider Regierungen, wie Reagan und Craxi nach ihrem Gespräch erklärten[56].

Ende Oktober, nach dem Entschluss der NATO, 1400 Gefechtsköpfe ihres Nukleararsenals abzubauen[57], begannen die Parlamente der NATO-Mitgliedstaaten der Stationierung formal zuzustimmen. Das italienische fällte Mitte November 1983 nach einer langen Debatte seine Entscheidung. Das endgültige Abstimmungsergebnis lautete 315 Stimmen ge-

---

[50] Vgl. Lagorio, L'ultima sfida, S. 149.

[51] Botschafter Petrignani, Washington, an Außenminister Andreotti, 15. 10. 1983, in: Fondazione Turati, Carte Acquaviva, scalota 31, b. 1, fasc. 3, sottof, „Scott's“.

[52] Vgl. Bagnato, L'Italia vista da Palazzo Farnese, S. 254–255.

[53] Vgl. George P. Shultz, Turmoil and Triumph. Diplomacy, Power and the Victor of the American Ideal, New York 1993, S. 369.

[54] Ebenda, vgl. auch die Notiz „Negoziato FNI di Ginevra“, Begegnung von Craxi mit Helmut Kohl, 23. 9. 1983, in: Fondazione Turati, Carte Acquaviva, scalota 31, b. 1, fasc. 1,2, Viaggio nei Paesi Bassi e in Germania Federale.

[55] Vgl. Jaques Attali, Verbatim, Bd. 1, 1981–1986, Paris 1993, S. 502, 519. Zu Frankreichs Ablehnung einer Einbeziehung seiner Force de frappe in die Ost-West-Abrüstungsgespräche vgl. auch den Beitrag von Georges-Henri Soutou.

[56] Vgl. Visit of Italy's Prime Minister, in: Department of State Bulletin 83 (1983), H. 2081, S. 34f.

[57] Vgl. Ivo H. Daalder/Catherine A. Kelleher, The U.S. and Theater Nuclear Modernization since 1970. Paper prepared for the Second Nuclear History Program Study Review Conference, 1991, S. 133.

gen 219 Stimmen. Zwischen Ende März und Anfang April 1984 waren die ersten Marschflugkörper in der Streitkräftebasis Comiso voll einsatzbereit. Nach der Stationierung der ersten Mittelstreckenwaffen schien Craxis Entschlossenheit etwas zu schwanken. In einem unerwarteten Zug, der viel Kritik auf sich zog, bot der italienische Ministerpräsident im Mai 1984 ein Stationierungsmoratorium im Tausch gegen eine sowjetische Rückkehr an den Genfer Verhandlungstisch an, den die sowjetische Delegation verlassen hatte, als die ersten amerikanischen Raketen westeuropäischen Boden erreicht hatten – genau wie es der US-Unterhändler Paul Nitze vorhergesehen hatte[58]. Trotz dieses nachträglichen, ungewöhnlichen Schrittes aber bestätigte Craxi die Entscheidung von 1979 und setzte sie erfolgreich um – und das zu einer Zeit, in der die internationalen Spannungen deutlich höher und die Konfrontation zwischen den politischen Kräften in Italien viel schärfer und dramatischer als 1979 waren.

## VII. Schlussfolgerungen

Die italienische Entscheidung zur Stationierung der Marschflugkörper ist oft mit der Theorie des Primats der Innenpolitik erklärt worden. Zweifelsohne wurden die Themen Solidarität des Westens und Italiens Erfordernis, seine Pflichten als verantwortungsbewusster NATO-Partner zu erfüllen, durchgängig von jenen politischen Kräften ausgenutzt, die die italienische Innenpolitik vom bisherigen Kurs der Zusammenarbeit mit dem PCI abbringen wollten. Mit dem Problem konfrontiert, die neuen Raketen zu akzeptieren, hätte der PCI entweder seine totale Isolierung oder die Umwandlung in eine komplett verwestlichte politische Kraft riskiert und damit das Ende dessen, was von den alten Beziehungen zur Sowjetunion übrig geblieben war.

Aus dieser Perspektive erfüllte die Entscheidung von 1979 das doppelte Ziel, die italienische Außenpolitik zu dynamisieren und den PCI in eine schwierige Situation zu bringen. Nach einigem anfänglichen Zögern spielte der PCI die Rolle der „loyalen Opposition" und verteidigte sein Recht, die Stationierung der Marschflugkörper zu kritisieren, während die Partei gleichzeitig den Anspruch erhob, die NATO als solche weiterhin vollständig zu unterstützen. Für die neue Koalition und darüber hinaus für all jene politischen Parteien, die eine mögliche Rückkehr der Kommunisten zur Mitregierung erschweren oder komplett verhindern wollten, war es leicht, dem PCI vorzuwerfen, ein doppeltes Spiel zu spielen und diesen auf Abstand zu halten. Beachtliche Hilfe erhielten sie vom PCI selbst, nachdem dessen Führung beschlossen hatte, sich an die Spitze der wachsenden Protestwelle gegen die neuen Atomwaffen zu stellen. Die Friedensbewegung konnte zwar ungeahnte Massen gegen die Stationierung mobilisieren, aber sie konnte diese nie stoppen – und die Unterstützung durch den PCI war dabei ein zweischneidiges Schwert, das dazu beitrug, einige Sympathisanten abzuschrecken, die sie ansonsten erhalten hätte, insbesondere aus dem katholischen Umfeld.

Das scharfsinnigste Kalkül in dieser Partie ging von Craxi, dem Newcomer der italienischen Politikszene, aus. Der sozialistische Politiker profitierte von seiner Unterstützung der Stationierung, indem er gegenüber Washington demonstrieren konnte, dass er ein

[58] Vgl. zwei unterschiedliche Interpretationen dieser Episode in Ferraris, Manuale, S. 352–353; Virgilio Ilari, Storia militare della prima repubblica, 1943–1993, Ancona 1993, S. 66–67. Für Shultz' eigene Beurteilung siehe Shultz, Turmoil and Triumph, S. 475.

genauso vertrauenswürdiger Partner war wie jeder bisherige christdemokratische Führer. Er konnte dann den Beweis seiner Treue zum atlantischen Bündnis sowohl gegen den PCI als auch die DC verwenden[59].

Für ein besseres Verständnis der italienischen Entscheidung sollte man aber erwähnen, dass ähnliche Beschlüsse – basierend auf einer Mischung von innenpolitischem und internationalem Kalkül – von führenden italienischen Politikern während des ganzen Kalten Krieges getroffen wurden. Im Kontext des Kalten Krieges war es tatsächlich sehr schwierig, zwischen innenpolitischen und internationalen Beweggründen zu unterscheiden; so war es unvermeidbar, dass jedwede Entscheidung, die Italiens Zugehörigkeit zu einem der beiden Blöcke bestätigte, starke innenpolitische Rückwirkungen haben würde. Von der Entscheidung über den NATO-Beitritt Italiens 1949, über die Stationierung der amerikanischen Southern European Task Force (SETAF) 1955 und den Jupiter-Raketen 1960, dienten diese Beschlüsse einem zweifachen (wenn nicht dreifachen) Zweck – nämlich erstens Italiens internationales Ansehen zu vergrößern, zweitens dem PCI zu demonstrieren, dass die Option für den Westen unumkehrbar war und daran nicht gerüttelt werden konnte, und drittens relativ häufig die persönliche politische Karriere des jeweils amtierenden Regierungschefs zu unterstützen, der *ipso facto* in den Augen seiner amerikanischen Gesprächspartner so ein verlässlicher Partner werden würde. Auf diese Weise blieb die Frage der atlantischen Loyalität selbst in den 1980er Jahren ein bedeutendes Element italienischer Politik, das nicht nur herangezogen wurde, wenn man annahm, Italien würde bei wichtigen neuen Entwicklungen nicht berücksichtigt, sondern auch um ein politisches System fest im Westen zu verankern, von dem immer noch angenommen wurde, dass es möglichen gefährlichen Wendungen ausgesetzt sein könne. Der einzige wesentliche Unterschied zwischen der Entscheidung von 1983 und ähnlichen anderen Entscheidungen der italienischen Nachkriegsgeschichte war, dass diesmal ein Sozialist und nicht ein Christdemokrat dafür verantwortlich war.

Ob die italienische Entscheidung mehr Ergebnis der Bestrebungen nach größerem internationalen Ansehen war oder eher auf den Versuch zurückging, den PCI ins politische Abseits zurückzustoßen, lässt sich nicht entscheiden. Statt zu versuchen den Primat der Innenpolitik gegen den Primat der Außenpolitik auszuspielen (als wenn die eine Art des Primats edler oder niederträchtiger wäre als die andere), scheint die Feststellung sinnvoller, dass die italienischen Politiker die Entscheidungen trafen, die es ihnen erlaubten, ihre Vorteile vom innenpolitischen *und* internationalen Standpunkt aus zu vergrößern. Dies bedeutet weder, dass die italienischen Nachkriegsregierungen die Außen- und Sicherheitspolitik des Landes immer ausnutzten, um ihre innenpolitischen Ziele zu verfolgen, noch dass jede Entscheidung als Ergebnis einer durchdachten Einschätzung der Staatsräson Italiens, vollkommen unbeeinflusst von gewissenlosen Berechnungen über mögliche innere Rückwirkungen dieser Entscheidung, gerechtfertigt werden kann.

Wenn man diesem Paradigma folgt, kann die gesamte Kontroverse um die Stationierung der Marschflugkörper als eine wichtige Episode der allgemeinen Ost-West-Konfrontation der frühen 1980er Jahre interpretiert werden. Was in Italien auf dem Spiel stand, war nicht die Stationierung neuer Waffen, sondern die politische Orientierung der Kräfte, die das Land in der nächsten Zeit beherrschen würden. Aus einer Zeit kommend, in der die ehemals starke prowestliche Bindung des Landes bröckelte, sahen sich die politischen

[59] Vgl. Cremasco, Italy. A New Role, S. 206–207; siehe auch Ilari, Storia militare della prima repubblica, S. 404–405.

Kräfte Italiens vor die Wahl gestellt, den bisherigen Kurs einer zurückhaltenden Außenpolitik und einer innenpolitischen Zusammenarbeit zwischen der kommunistischen Linken und den anderen Mitte- und Mitte-Links-Parteien fortzusetzen oder zu versuchen, an die frühere klare prowestliche Ausrichtung des Landes wieder anzuknüpfen. Die Entscheidung für Letzteres zog eine Periode der ernsten politischen Konfrontation nach sich. Wie in Westdeutschland bedeutete die Entscheidung zur Stationierung der amerikanischen Raketen nicht nur, dass Italien eine nachdrücklichere prowestliche Politik verfolgen würde, sondern auch, dass die politischen Kräfte, die einen anderen Kurs befürworteten, aus dem politischen Mainstream allmählich ausgegrenzt wurden. Dieser innenpolitische Schwenk war eine der Hauptfolgen der Schlacht um die Marschflugkörper. Der Sowjetunion wurde signalisiert, dass der Westen nicht bereit sein würde, Entspannungspolitik um jeden Preis zu verfolgen.

*Coreline Boot und Beatrice de Graaf*

# „Hollanditis" oder die Niederlande als „schwaches Glied in der NATO-Kette"?

## Niederländische Proteste gegen den NATO-Doppelbeschluss 1979–1985

Der NATO-Doppelbeschluss vom 12. Dezember 1979 sah vor, dass in den Niederlanden im Laufe der 1980er Jahre 48 der insgesamt 572 für Westeuropa bestimmten Marschflugkörper auf dem Luftwaffenstützpunkt Woensdrecht stationiert werden sollten. Die anderen Marschflugkörper waren für die Bundesrepublik Deutschland, Großbritannien, Italien und Belgien vorgesehen. Die Vereinigten Staaten beabsichtigten mit diesen Stationierungen nicht nur eine Modernisierung des NATO-Militärarsenals, sondern reagierten auch auf die Stationierung der SS-20-Raketen in der UdSSR und sowjetische Expansionstendenzen, wie etwa die um die Jahreswende 1979/80 erfolgte Invasion in Afghanistan[1].

Es war 1979 nicht das erste Mal, dass die Niederlande mit Kernwaffen oder einer Modernisierung des nuklearen Arsenals konfrontiert wurden. In den 1950er Jahren waren die Niederlande das erste Land im NATO-Bündnis, das Kernwaffen auf seinem Territorium akzeptierte[2]. Diese Einstellung stand im krassen Gegensatz zu der Position der großen Parteien in den 1970er und 1980er Jahren. Die Niederlande unterschieden sich im letztgenannten Jahrzehnt von den anderen westeuropäischen Ländern, indem das Parlament den NATO-Doppelbeschluss nicht implementierte und die Stationierung der vorgesehenen 48 Marschflugkörper mehrmals verschob. Insgesamt sah die niederländische Regierung sich gezwungen, ihre Entscheidung bezüglich der Cruise Missiles um vier Jahre zu verschieben, während Großbritannien, die Bundesrepublik und Italien die für ihr Territorium vorgesehenen Mittelstreckenraketen bereits 1983 akzeptiert hatten und Belgien zwei Jahre später ebenfalls mit der Stationierung anfing. Erst 1985 verfügte die niederländische Regierung über eine parlamentarische Mehrheit, die ihr erlaubte, die Marschflugkörper auf eigenem Gebiet zuzulassen.

Mit dieser Haltung nahmen die Niederlande zwischen 1979 und 1985 eine besondere Position im atlantischen Bündnis ein. Die Ablehnung der Stationierung schien aber auch eine Abweichung von der traditionellen, proamerikanischen Haltung der niederländischen Regierung zu sein. Sowohl im Westen als auch im Osten galt das Königreich daher einige Jahre lang als unzuverlässiger NATO-Bundesgenosse. Der britisch-israelische Historiker Walter Laqueur führte diesbezüglich 1981 sogar den Begriff „Hollanditis" ein. In seinem Aufsatz „Hollanditis: a new stage in European neutralism", veröffentlicht in der amerikanischen Zeitschrift *Commentary*, zeigte Laqueur eine neutralistische und pazifistische Tendenz auf, die die niederländische Haltung bis 1940 gekennzeichnet hatte, und die sich seit Ende der 1960er Jahre wieder in Den Haags Außenpolitik manifestierte. Der Rückfall in diese historische Tradition sorgte laut Laqueur dafür, dass sich die Niederlande aus dem Bündnis mit den Vereinigten Staaten, zu dem sie sich nach 1945 verpflichtet hat-

[1] Diana Johnstone, The Politics of Euromissiles, London 1984; Hans-Henrik Holm/Nikolaj Petersen (Hrsg.), The European Missile Crisis, London 1983; Helga Haftendorn, Germany and the Euromissile Debate, in: International Journal [Canada] 40 (1984/85), S. 68–85.

[2] Bob van den Bos, Can Atlanticism Survive? The Netherlands and the New Role of Security Institutions, Den Haag 1992, S. 35.

ten, allmählich zurückzogen[3]. Seine Einschätzung fand auf beiden Seiten des Atlantiks großen Widerhall und wurde sowohl von Befürwortern wie Gegnern des NATO-Doppelbeschlusses übernommen.

Auch im Osten fand die niederländische Ausnahmeposition große Aufmerksamkeit[4]. Der Abteilungsleiter für Internationale Beziehungen des ZK der KPdSU, Boris Ponomarjow, formulierte die kommunistische Sichtweise auf die Entwicklungen in den Niederlanden in der ersten Hälfte der 1980er Jahre treffend, als er während des Treffens der Sekretäre für ideologische und internationale Angelegenheiten am 11./12. Juli 1984 betonte: „Wir müssen dafür sorgen, dass sich das schwache Kettenglied Holland in den Raketenplänen der NATO auf die gesamte Kette auswirkt." Auch er ging davon aus, dass die Niederlande vom amerikanischen Kurs abgekommen waren. In dieser Situation sei es laut Ponomarjow die Aufgabe der kommunistischen Parteien in Osteuropa, die Regierung, das Parlament und die öffentliche Meinung in den Niederlanden in ihrer ablehnenden Haltung zu bestärken und sie weiter zu beeinflussen, damit sich die niederländische Schwäche in der NATO auf die anderen westeuropäischen Länder auswirken würde[5].

Vor dem Hintergrund dieser beiden Einschätzungen geht dieser Aufsatz der Frage nach, ob die Niederlande zwischen 1979 und 1985 hinsichtlich ihrer Reaktion auf den NATO-Doppelbeschluss wirklich als „schwaches Glied in der NATO-Kette" betrachtet werden sollten. Um diese Frage beantworten zu können, soll zuerst festgestellt werden, ob die Jahre zwischen 1979 und 1985 tatsächlich als eine große Abweichung von der ansonsten proamerikanischen Orientierung der niederländischen Außenpolitik beurteilt werden können. Zweitens wird untersucht, welche politische Überlegungen und Konstellationen dem Aufschub des Ratifizierungsbeschlusses und der Ablehnung der Stationierung zugrunde lagen. War die niederländische Außen- und Sicherheitspolitik in der ersten Hälfte der 1980er Jahre wirklich mit einem erneuten Neutralismus oder gar mit Antiamerikanismus „infiziert", wie es die Metapher der „Hollanditis" suggerierte? Was waren die Gründe dafür, dass das gleiche Bedrohungsszenario (die Modernisierung der landgestützten SS-20-Raketen des Warschauer Paktes ab 1977) nicht wie in den anderen westeuropäischen Ländern zu vergleichbaren Sicherheitsmaßnahmen führte, nämlich zur Aufstellung einer neuen Generation von US-amerikanischen Mittelstreckenwaffen, um als notwendige „Nachrüstung" die „Raketenlücke" gegenüber den sowjetischen SS-20-Raketen zu schließen? Zum Schluss wird noch der Frage nachgegangen, ob diese „Hollanditis" auf eine osteuropäische Unterwanderung oder Beeinflussung der niederländischen politischen Eliten zurückgeführt werden kann.

---

[3] Walter Laqueur, Hollanditis: A New Stage in European Neutralism, in: Commentary 2 (1981), S. 19–26, hier S. 19–22.

[4] Die Einflussnahme der kommunistischen Regime, insbesondere des SED-Regimes, auf die niederländische Friedensbewegung, die Kirchen und die Nachrüstungsdebatte ist ausführlich beschrieben in: Beatrice de Graaf, Über die Mauer. Die niederländischen Kirchen, die Friedensbewegung und die DDR, Münster 2007.

[5] Politbüro, Anlage 5. Rede des Genossen B. N. Ponomarjow (während des Treffens am 11. und 12. 6. in Prag), S. 34, in: Stiftung Archiv der Parteien und Massenorganisation der DDR im Bundesarchiv (SAPMO), DY 30, J IV 2/2/2065.

## I. Das niederländische Verhältnis zu den Vereinigten Staaten 1945–1979: Ein zuverlässiger Bündnispartner?

Um die Bedeutung der Phase der „Hollanditis" ab 1977/1979 besser einschätzen zu können, ist es unerlässlich auf die Vorgeschichte der bilateralen Beziehungen zwischen den Vereinigten Staaten und den Niederlanden einzugehen. Es wird sich zeigen, dass das vorherrschende Bild der Niederlande als zuverlässiger Bündnispartner bis 1979 einiger Korrekturen bedarf.

Die internationalen Beziehungen der Niederlande machten in der Zeit nach dem Zweiten Weltkrieg eine im Vergleich zu den vorangehenden Jahren revolutionäre Entwicklung durch. Vor dem Zweiten Weltkrieg war die Außenpolitik über eine lange Periode von einer Neutralitäts-, Enthaltungs- oder Selbstständigkeitspolitik gekennzeichnet[6]. Diese Politik wurde jedoch nach 1945 aufgegeben. Zwischen 1948 und 1952 näherten sich die niederländischen Politiker dem Atlantizismus an. Das Land trat der Westeuropäischen Union (WEU) und der NATO bei und akzeptierte außerdem den amerikanischen Marshall-Plan[7]. Die niederländische Grundhaltung änderte sich vor allem aufgrund der Expansionspolitik der UdSSR. Die niederländische Regierung ging davon aus, dass nur eine Sicherheitsgarantie der Vereinigten Staaten Schutz gegen die Bedrohung der UdSSR bot. Darüber hinaus machten die Unabhängigkeitsbestrebungen Indonesiens die Aufgabe des traditionellen Neutralismus notwendig, da die Niederlande militärische Hilfeleistung und Unterstützung im Pazifik bei der Bekämpfung der aufständischen Indonesier benötigten[8]. Schließlich spielte auch die sicherheitspolitische Konstellation der Niederlande im europäischen Kontext eine Rolle. Die Niederlande bevorzugten den Atlantizismus gegenüber einem europazentrischen Ansatz, der von einer unerwünschten hegemonialen Koalition zwischen Großbritannien, Frankreich und Westdeutschland dominiert wurde[9]. Die Haltung in Bezug auf die Vereinigten Staaten als „Fernliebe aus Nachbarnhass"[10] (den europäischen Nachbarn gegenüber) zu bezeichnen, geht zu weit, aber ein gewisses Maß an Misstrauen gegenüber der Bundesrepublik spielte in den ersten Nachkriegsjahren sicherlich eine Rolle – und blieb bis in die 1980er Jahre hinein bestehen.

Vor dem Hintergrund dieser internationalen Orientierung und Selbstdarstellung der niederländischen politischen Eliten nach 1945 entwickelte sich in den 1970er Jahren eine sowohl akademische als auch sicherheitspolitische Debatte über die These des „treuen Bundesgenossen". Dieser Begriff wurde 1974 vom niederländischen Politikwissenschaftler Alfred van Staden in seinem Buch „Een trouwe bondgenoot: Nederland en het Atlantisch bondgenootschap 1960-1971" formuliert. Van Staden zufolge nahmen die Niederlande die Rolle des treuen Bundesgenossen an, weil sie Teil eines von einem größeren Land dominierten Bündnisses waren, dieses Land fast vorbehaltlos unterstützten und sich mit dessen

[6] Johan Boogman, Die holländische Tradition in der niederländischen Geschichte, in: Johan Boogman (Hrsg.), Van spel en spelers, Den Haag 1982, S. 147–161, hier S. 160.

[7] Duco Hellema, Buitenlandse politiek van Nederland. De Nederlandse rol in de wereldpolitiek, Utrecht 2006, S. 109 und 148.

[8] Bos, Atlanticism, S. 31.

[9] Ebenda, S. 34.

[10] Alfred van Staden, De rol van Nederland in het Atlantisch bondgenootschap. Wat veranderde en wat uiteindelijk bleef, in: Niek van Sas (Hrsg.), De kracht van Nederland. Internationale positie en buitenlands beleid, Haarlem 1991, S. 219–232, hier S. 220.

Zielen und Werten identifizierten[11]. Laut van Staden war die niederländische Einstellung in diesen Jahren „one of loyalty and faithfulness, if not outright docility“[12]. Wohl hatte die niederländische Regierung Kritik an der amerikanischen Einmischung in ihre Kolonialpolitik geübt, diese Kritik wurde aber in vorsichtigem und moderatem Ton, vorzugsweise hinter den Kulissen, ausgesprochen[13]. Diese Sichtweise wurde anfänglich von anderen Wissenschaftlern, wie zum Beispiel H. J. Neuman, J. J. C. Voorhoeve, J. H. Leurdijk und P. R. Baehr, geteilt. Laut dem Politikwissenschaftler Joris Voorhoeve waren die Niederlande gar ein „vorbildlicher Bündnispartner der USA“[14].

In den 1990er Jahren wurde die These des „treuen Bundesgenossen“ jedoch vom Politologen Duco Hellema in Frage gestellt[15]. Im Gegensatz zu van Staden legt Hellema viel mehr Wert auf die Streitigkeiten zwischen den Niederlanden und den Vereinigten Staaten. Der erste und wichtigste Streitpunkt der beiden Bündnispartner war die Unabhängigkeit der niederländischen Kolonie Indonesien (bis zur Unabhängigkeit 1949 „Niederländisch-Indien“ genannt). Es handelte sich hier um einen Pfeiler der niederländischen Außenpolitik und um ein wesentliches Element des niederländischen nationalen Selbstverständnisses. Nicht umsonst galt damals die Parole: „Indien [Indonesien] verloren, Unheil geboren“. Damit war gemeint, dass die Präsenz als Weltmacht, der militärische Status als seefahrender Staat mit schlagkräftiger Flotte und die Selbstdefinition als internationale Handelsnation vom Besitz der indischen Kolonie abhängig waren. Das Ende der amerikanischen Unterstützung für die niederländische Kolonialpolitik, nachdem die niederländische Regierung 1947 und 1948 militärische Aktionen gegen indonesische Unabhängigkeitskämpfer durchführt hatte, und die Entscheidung der amerikanischen Partner, jetzt die Dekolonisation der Inseln zu befürworten, wurde von den Niederlanden als ernsthafte Einmischung in ihre Angelegenheiten und Gefährdung der bilateralen Beziehungen wahrgenommen[16].

Auch in den 1950er Jahren und am Anfang der 1960er Jahre setzten sich die Konflikte fort. Als 1956 die Suezkrise ausbrach, stellte sich die niederländische Regierung auf die Seite der Franzosen und Engländer, die eine militärische Lösung bevorzugten. Damit wandte sie sich gegen die amerikanische Linie einer gewaltlosen, politischen Strategie[17]. Ein paar Jahre später bahnte sich erneut ein großer Konflikt in der Kolonialpolitik an. Diesmal handelte es sich um den letzten niederländischen Kolonialbesitz im Pazifik, die Insel Neuguinea. Die USA zogen ihre Sicherheitsgarantie für eine Verteidigung dieser Kolonie gegen Djakarta Ende der 1950er Jahre zurück; dies veranlasste Außenminister Joseph Luns dazu, das größte jemals gebaute niederländische Kriegsschiff, die HMS Karel Doorman, Richtung Neuguinea zu schicken. Der Rest der Welt hatte für dieses anachronistische Säbelgerassel aber kein Verständnis. Auf Druck der USA und der Vereinten Natio-

[11] Alfred van Staden, Een trouwe bondgenoot: Nederland en het Atlantisch bondgenootschap 1960–1971, Baarn 1974, S. 221.

[12] Alfred van Staden, American-Dutch Political Relations since 1945. What has changed and why?, in: Bijdragen en Mededelingen betreffende de Geschiedenis der Nederlanden 97 (1982), S. 470–486, hier S. 476–477.

[13] Van Staden, De rol van Nederland in het Atlantisch bondgenootschap, S. 219f.

[14] Joris Voorhoeve, Peace, Profits and Principles. A Study of Dutch Foreign Policy, Den Haag 1979, S. 120.

[15] Vgl. Duco Hellema, Negentienzesenvijftig. De Nederlandse houding ten aanzien van de Hongaarse revolutie en de Suezcrisis, Amsterdam 1990.

[16] Hellema, Buitenlandse politiek van Nederland, S. 136–139.

[17] Hellema, Negentienzesenvijftig, S. 266.

nen hatte die niederländische Regierung am Ende keine andere Wahl, als auf Neuguinea zu verzichten. Die Souveränität Neuguineas wurde 1962 von den Vereinten Nationen an Djakarta übertragen und 1969 wurde Neuguinea definitiv Teil Indonesiens[18].

Zwar brach nach 1962 eine kurze „Glanzperiode des Atlantizismus" an[19], dies änderte sich jedoch nach dem Ausscheiden von Außenminister Luns aus der niederländischen Politik 1971 wieder grundlegend[20]. Seine Nachfolger Norbert Schmelzer und Max van der Stoel unterstützten anfänglich zwar den amerikanischen Bündnispartner im Vietnamkrieg, aber 1972 beendeten sie diese Loyalität und verurteilten die Bombardements der USA in diesem Jahr über Weihnachten[21]. Diese kritische Haltung setzte sich fort. So leistete Jan Pronk als Minister für wirtschaftliche Zusammenarbeit und Entwicklung finanzielle Unterstützung an Kuba und Nordvietnam, was die amerikanischen Alliierten zutiefst irritierte[22].

Von den Niederlanden als einem „treuen Bündnispartner" zu sprechen, ist somit eine Verkennung der vielen Unstimmigkeiten und Interessengegensätze, die es nach 1945 gleichfalls gab. Auch wenn bei allen Konflikten in den 1950er und 1960er Jahren die Grundposition einer prinzipiellen Loyalität und Solidarität dominierte, bröckelte bereits Ende der 1960er Jahre dieser Grundkonsens auch in ideologischer Hinsicht langsam ab – und nicht erst ab 1979.

## II. Die 1970er Jahre als Wendepunkt in der atlantischen Orientierung

Bis in die 1960er Jahre hinein wurde die niederländische Außen- und Sicherheitspolitik von einer kleinen Elite getreu einem klassisch-elitären Muster gestaltet und basierte auf einem antitotalitären, unumstrittenen Grundkonsens[23]. Nur die Communistische Partij Nederland (CPN – Kommunistische Partei der Niederlande), einige äußerst linke Abgeordnete der sozialdemokratischen Partij van de Arbeid (PvdA – Partei der Arbeit) und ein paar kleinere sozialistische Gruppen lehnten diesen Konsens ab[24]. Mitte der 1960er Jahre wurde die Außen- und Sicherheitspolitik jedoch immer mehr zum Objekt innenpolitischer Auseinandersetzungen und zur Verhandlungssache zwischen den politischen Parteien. Außerdem bahnte sich in diesem Jahrzehnt, mit den Kriegen in Algerien und in Vietnam, ein neues Phänomen in der sicherheitspolitischen Debatte an: Die öffentliche Meinung begann sich in der Form von außerparlamentarischen Interessengruppen und Bewegungen einzumischen.[25] Die niederländische politische Elite sah sich, wie viele andere Regierun-

---

[18] Hellema, Buitenlandse politiek van Nederland, S. 206–210.
[19] Ebenda, S. 218.
[20] Ebenda, S. 217 und 261.
[21] Ebenda, S. 266f.; Rimko van der Maar, Dutch-American Relations and the Vietnam War, in: Hans Krabbendam/Cornelis A. van Minnen/Giles Scott-Smith (Hrsg.), Four Centuries of Dutch-American Relations, 1609–2009, Amsterdam 2009, S. 683–694.
[22] James C. Kennedy, Nieuw Babylon in aanbouw. Nederland in de jaren zestig, Amsterdam/Meppel 1995, S. 207.
[23] Philip Everts, Public Opinion on Nuclear Weapons, Defense, and Security: the Case of the Netherlands, in: Gregory Flynn/Hans Rattinger (Hrsg.), The Public and Atlantic Defense, London/Canberra 1985, S. 221–275, hier S. 221.
[24] Remco van Diepen, Hollanditis. Nederland en het kernwapendebat 1977–1987, Amsterdam 2004, S. 68f.
[25] Niek Pas, Aan de wieg van het nieuwe Nederland. Nederland en de Algerijnse oorlog, 1954–1962, Amsterdam 2008.

gen des Westens, mit einer neuen, kritischen Generation sowie einem kulturellen und politischen Antiamerikanismus konfrontiert[26]. Der Vietnamkrieg fungierte dabei als Katalysator. Zum ersten Mal wurde die amerikanische Außen- und Sicherheitspolitik sowohl in der niederländischen Politik als auch in der Gesellschaft angegriffen. „Johnson Mörder", wurde während Antivietnamkriegsdemonstrationen in Amsterdam und Den Haag gerufen[27].

Allerdings verlagerte sich der Schwerpunkt der öffentlichen Angriffe ab den 1970er Jahren immer mehr von den amerikanischen Machthabern auf ihre niederländischen Vasallen, denen die protestierenden Jugendlichen eine zu zaghafte und feige Haltung vorwarfen[28]. Mit dem Machtwechsel nach den Wahlen im Jahre 1973, als eine für niederländische Verhältnisse sehr linksorientierte Regierung unter Ägide des sozialdemokratischen Ministerpräsidenten Joop den Uyl antrat, vertieften sich die Spaltungen innerhalb der niederländischen Gesellschaft. Das niederländische politische System, das bis daher vor allem durch ein Gegenüber von liberalen (oder progressiven) Parteien einerseits und konfessionellen Parteien andererseits gekennzeichnet war, polarisierte sich jetzt zunehmend entlang eines mehr klassischen, konfessionsübergreifenden links-rechts-Gegensatzes[29]. Während sich die Konservativen mit der niederländischen Position in der NATO und den Europäischen Gemeinschaften zufrieden gaben, bevorzugten die Progressiven, einschließlich großer Teile der sozialdemokratischen wie konfessionellen Parteien, eine kritischere Stellungnahme der niederländischen Außenpolitik im Rahmen der NATO[30].

## III. „Stoppt die Neutronenbombe": Erfolg und Anfang der Anti-Kernwaffen-Proteste, 1977–1979

Die öffentlichen Proteste gegen die als zu proamerikanisch empfundene Haltung der niederländischen Regierung erhielten Ende der 1970er Jahre großen Aufschwung und Antrieb mit der Kampagne gegen die vom amerikanischen Präsidenten Jimmy Carter geplante Einführung der ERRB-Waffe (*Enhanced Radiation Reduced Blast*). Von dieser so genannten „Neutronenbombe" wurde gesagt, dass sie Gebäude stehen ließe und organisches Leben töte[31]. Diese öffentliche Ankündigung der Entwicklung einer neuen Atomwaffe, die von mitleidlosen Technikfanatikern entwickelt worden zu sein schien, führte – besonders in den Niederlanden – zu einem Sturm öffentlicher Proteste.[32] Sowohl die CPN als

---

[26] Rob Kroes, The Great Satan versus the Evil Empire: Anti-Americanism in the Netherlands, in: Rob Kroes/Maarten van Rossem (Hrsg.), Anti-Americanism in Europe, Amsterdam 1986, S. 37–51, hier S. 41.
[27] Rimko van der Maar, Johnson War Criminal! Vietnam War protests in the Netherlands, in: Martin Klimke/Jacco Pekelder/Joachim Scharloth (Hrsg.), Between Prague Spring and French May. Opposition and Revolt in Europe 1960–1980, Oxford/New York, erscheint 2011; Hermann von der Dunk, De verdwijnende hemel. Over de cultuur van Europa in de twintigste eeuw, Deel II, Amsterdam 2000, S. 367.
[28] Van Staden, American-Dutch political relations since 1945, S. 483.
[29] Van Diepen, Hollanditis, S. 66.
[30] Ebenda, S. 69; Frank Zuijdam, Dutch Left-Wing Political Parties and NATO, in: Krabbendam/van Minnen/Scott-Smith, Four Centuries, S. 659f.
[31] Bernard Weinraub, What Role for the Neutron Bomb, in: *International Herald Tribune* vom 24. 7. 1977.
[32] „Hoorzitting met de deskundigen". PvdA wil gesprek over nieuwe bom, in: *De Volkskrant* vom 31. 8. 1977; Neutronenbom maakt grenzen wapensystemen onduidelijker, in: *NRC Handelsblad* vom 30. 7. 1977; Vader van de neutronenbom: Ik maak graag wapens, het is een boeiende bezigheid, in: *Hervormd Nederland* vom 28. 3. 1981. Vgl. auch Jeanine de Vos, De neutronenbom als splijtzwam. De Nederlandse oppositie tegen de neutronenbom, 1977–1978, (unveröffentlichte Magisterarbeit,

auch die PvdA lehnten die Einführung dieser als besonders perfide und kapitalistisch menschenverachtend angesehenen Waffe in das Arsenal der NATO-Mitgliedstaaten einhellig ab. Die PvdA fürchtete einen zunehmenden Rüstungswettlauf, die Zerstörung des nuklearen Gleichgewichts und der internationalen Détente und darüber hinaus eine Absenkung der Atomschwelle[33].

Auffallend im Vergleich zu den anderen westlichen Staaten war, dass in den Niederlanden auch die sonst eher sicherheitspolitisch konservativ veranlagten Christdemokraten ethische Bedenken gegen eine Stationierung der Neutronenwaffe äußerten. Der christdemokratische Verteidigungsminister und Arzt Rudolf Kruisinga teilte am 2. Februar 1978 mit, dass er die Verantwortlichkeit für die Produktion und Stationierung dieser Waffe nicht auf sich nehmen wolle: „Ich nenne das eine Bombe, und zwar die furchtbarste, die ich mir als Mediziner vorstellen kann."[34] Er wurde darin von der christdemokratischen Fraktion im Abgeordnetenhaus unterstützt. Die Regierungsvertreter dieser Partei sowie die Minister der liberalen „Vereniging voor Vrijheid en Democratie" (VVD – Vereinigung für Freiheit und Demokratie) nahmen jedoch eine entschieden entgegengesetzte Position ein. Der liberale Außenminister Chris van der Klaauw betrachtete die Stationierung als eine Möglichkeit, Konzessionen in Bezug auf die Abrüstungsverhandlungen von Seiten der UdSSR zu erzwingen[35]. Die Regierung stellte sich während den Regierungsdebatten im Februar und März 1978 auf seine Seite. Verteidigungsminister Kruisinga trat daraufhin zurück. Der Historiker Roelof Bouwman schrieb 2002 über diesen Rücktritt: „Die Neutronenbombe hatte ihr erstes Opfer gefordert."[36]

Kruisingas Rücktritt wurde von der Protestbewegung als großer Erfolg gewertet. Diese Bewegung wurde seit 1977 unter der Losung „Stoppt die Neutronenbombe" von den niederländischen Kommunisten, die hinter den Kulissen und mit Hilfe von Tarnorganisationen agierten, geleitet. Das „Comité Stop de Neutronenbom" („Komitee Stoppt die Neutronenbombe"), das unter Leitung der CPN stand, übernahm die führende Rolle und richtete sich besonders an Christen. Dort fand sie großen Widerhall. Das hatte vor allem damit zu tun, dass diese Kampagne dem Anliegen des Interkerkelijk Vredesberaad (IKV – Interkonfessionellen Friedensrats) sehr entgegen kam. Der IKV war 1966 als kirchliche Beratungsstelle von den neun größten Kirchen in den Niederlanden gegründet worden. 1972 hatte der IKV die Losung „Help de kernwapens de wereld uit, om te beginnen uit Nederland" („Helfe mit, die Kernwaffen aus der Welt zu schaffen. Beginnen wir damit in den Niederlanden") verkündet. 1977 wandelte sich der IKV von einer Beratungsstelle in ein Aktionskomitee mit Dutzenden von lokalen Arbeitsgruppen und Abteilungen. Mit der „Stoppt die Neutronenbombe"-Kampagne griff der IKV die Gelegenheit und das Momentum auf, seine Strategie breiter in der Bevölkerung und innerhalb der Kirchen zu verankern und sich als soziale Bewegung zu profilieren[37].

---

Utrecht 2000). Vgl. hierzu und zu dem Folgenden auch Hans Righolt, Dutch-American Relations During the Second Cold War, in: Krabbendam/van Minnen/Scott-Smith, Four Centuries, S. 706–716.

[33] Van Diepen, Hollanditis, S. 90.

[34] Artsen zijn de aangewezen personen om politicus te worden, in: *Vrij Nederland* vom 18. 8. 1979.

[35] Hellema, Buitenlandse politiek van Nederland, S. 306.

[36] Roelof Bouwman, De val van een Bergredenaar. Het politieke leven van Willem Aantjes, Amsterdam 2002, S. 282.

[37] Ronald Jeurissen, Peace and Religion. An Empirical-Theological Study of the Motivational Effects of Religious Peace Attitudes on Peace Action, Kampen 1993, S. 14f.; Mient Jan Faber/Laurens Hogebrink/Jan ter Laak/Ben ter Veer, Zes jaar IKV-campagne, Den Haag 1983.

Der IKV spornte die katholischen Bischöfe, den Rat der Kirchen und die Kirchenversammlungen der niederländisch-reformierten und evangelischen Kirchen an, die christdemokratischen Minister von einer Ablehnung der Stationierung der Neutronenwaffe zu überzeugen. Der Rat der Kirchen in den Niederlanden veröffentlichte am 9. Februar 1978 einen Brief, in dem die Regierung aufgerufen wurde, sich gegen die Entwicklung und die Produktion der Neutronenbombe auszusprechen[38]. Andere Ergebnisse der Zusammenarbeit zwischen dem Komitee „Stoppt die Neutronenbombe" und den kirchlichen Organisationen waren die Unterzeichnung eines Manifestes (mit 1,2 Millionen Unterschriften) und Massenveranstaltungen und Demonstrationen im März 1978 in Amsterdam[39]. Das Komitee „Stoppt die Neutronenbombe" zog Ende 1978 Bilanz: „Noch nie in der Geschichte des Kernwaffenwettrüstens ist die Rolle der Friedensbewegung von derart entscheidender Bedeutung für den Verlauf des Wettrüstens gewesen. Selten wurde die Beziehung zwischen Aktion und Resultat so unwiderlegbar gezeigt wie hier."[40] Die Kampagne und ihre als solche wahrgenommenen Ergebnisse – insbesondere der Rücktritt des Verteidigungsministers – bildeten somit den Auftakt für die Proteste gegen den NATO-Doppelbeschluss.

Bemerkenswert in Bezug auf den späteren Vorwurf der „Hollanditis" war, dass antiamerikanische oder Anti-NATO-Positionen in den Stellungnahmen des IKV oder der Kirchen (im Gegensatz zu denen der niederländischen Kommunisten) kaum vertreten waren. Der Protest richtete sich fast ausschließlich gegen die Neutronenbombe, nicht gegen die Bündniszugehörigkeit oder die Loyalität gegenüber dem amerikanischen Partner. Im Gegenteil, die Verbundenheit mit den Vereinigten Staaten wurde sogar als Argument aufgegriffen, um in diesem Fall den „Freund" nicht loszulassen, sondern ihm vielmehr moralisch unter die Arme zu greifen und ihm den richtigen Weg zu zeigen. Die niederländische Regierung erhielt im März 1978 dementsprechend vom Parlament den Auftrag, dem amerikanischen Präsidenten in diesem Sinne ins Gewissen zu reden[41]. Als Präsident Carter tatsächlich Anfang April 1978 verlautbaren ließ, auf die Aufstellung der Neutronenbombe zu verzichten – den Gerüchten zufolge aus Rücksicht auf die ablehnende Haltung seiner Verbündeten sowie aufgrund seiner christlich inspirierten Bedenken gegen die Waffe – wurde diese Entscheidung in den Niederlanden und darüber hinaus, in der Bundesrepublik, aber auch in den Ostblockstaaten, als Sieg der breiten, kirchlichen Friedensbewegung gewertet[42].

---

[38] Brief Raad van Kerken in Nederland an den Ministerrat, Amersfoort, 9.2.1978, in: Privatarchiv Laurens Hogebrink; Neutronenbom, in: *Hervormd Nederland* vom 4. 2.1978, S. 2; Jeurissen, Peace and Religion, S. 40.

[39] Van Diepen, Hollanditis, S. 90.

[40] Samenwerkingsverband Stop de Neutronenbom-Stop de Kernwapenwedloop (Hrsg.), Stop de kernwapenwedloop, Amsterdam 1978.

[41] Handelingen Tweede Kamer der Staten Generaal, Antrag des Abgeordneten Jan Terlouw (D'66), 8.3.1978; The Virtues of the Neutron Bomb, in: *New York Times* vom 30.3.1978; Hellema, Buitenlandse politiek van Nederland, S. 307.

[42] Dik Verkuil, De grote illusie. De Nederlandse vredesbeweging na 1945, Utrecht 1988, S. 82; Vgl. auch Telexbericht der niederländischen Botschaft, Bonn, an den Außenminister, 6.4.1978, in: Archiv des Ministeriums für Auswärtige Angelegenheiten, Directoraat-Generaal Politieke Zaken (DPV, Direktion Politische Angelegenheiten), 1983–1990, Inv.nr. 734; Telexbericht der niederländischen Botschaft, Moskau, an den Außenminister, 24.3.1981, in: ebenda, Inv.nr. 735 (zitiert nach De Vos, De neutronenbom als splijtzwam, S. 107f.).

## IV. Die politischen Hintergründe der „holländischen Krankheit": Eine neue Parteienlandschaft und labile Mehrheiten

Die niederländischen Politiker kamen aufgrund von Carters Rückzug mit heiler Haut aus dieser Diskussion heraus. Mit der Beendung der Debatte um die Neutronenwaffe fingen die Glanzzeit der Friedensbewegung und die breite gesellschaftliche Diskussion über die Stationierung neuer Kernwaffen jedoch erst an[43]. Die Hochkonjunktur der Friedensproteste wurde von einigen neuen politischen Tendenzen in den Niederlanden, insbesondere vom sich abzeichnenden Zusammenbruch der alten konfessionellen Trennungslinien in der Politik, beflügelt.

Die politische Lage in den Niederlanden änderte sich zwischen 1979 und 1985 grundlegend. In diesen Jahren entstand aus den großen ehemaligen (und historisch oft antagonistischen) katholischen und protestantischen Parteien eine einheitliche, neue christliche Volkspartei: der „Christen Democratisch Appèl" (CDA – Christdemokratischer Appell), der 1980 erstmals ein gemeinsames Parteiprogramm veröffentlichte[44]. Damit kristallisierte sich ein neuer, zentraler Block innerhalb der niederländischen Parteienlandschaft heraus, der sowohl mit den Liberalen als auch mit den Sozialdemokraten eine Regierungskoalition bilden konnte und damit labile Mehrheiten produzierte. Zwischen 1977 und 1981 regierte die aus Christdemokraten und Liberalen zusammengesetzte Koalition van Agt I. Bei den Wahlen im Frühjahr 1981 wurde der Christdemokrat Dries van Agt erneut Ministerpräsident. Diesmal bildete der CDA mit der PvdA und der 1966 gegründeten linksliberalen Partei „Democraten '66" (D'66 – Demokratische Partei) eine Regierung. Aus den vorgezogenen Wahlen im Mai 1982 resultierte der dritte Regierungswechsel. Der Christdemokrat Ruud Lubbers wurde Ministerpräsident in einer Koalition von CDA und liberaler VVD, die bis 1986 im Amt blieb.

Anders als die VVD, die hinsichtlich der Modernisierung des NATO-Kernwaffenarsenals einen deutlichen atlantischen Standpunkt vertrat, war die Position der Christdemokraten und der Sozialdemokraten unklar. Die Christdemokraten befanden sich am Ende der 1970er Jahre in einer schwierigen Lage. Ihr Fusionsprozess war noch nicht beendet, und die Auseinandersetzung zwischen dem progressiven und dem eher konservativen Flügel blieb bis Mitte der 1980er Jahre unentschieden. Zehn CDA-Abgeordnete, „Loyalisten" genannt, gehörten dem protestantisch inspirierten, linksradikalen Flügel an und bedauerten die Zusammenarbeit zwischen dem CDA und der VVD. Sie bevorzugten eine Koalition mit den Sozialdemokraten und nahmen in sicherheitspolitischer Hinsicht eine atompazifistische Haltung ein[45]. Da die beiden Regierungen van Agt nur über eine kleine Mehrheit im Abgeordnetenhaus verfügten, waren die Standpunkte dieser Dissidenten ausschlaggebend[46]. Außerdem büßte der CDA in der ersten Hälfte der 1980er Jahre erhebliche Stimmenanteile ein, was die Unsicherheit bei der Parteiführung über Strategie und Standpunkte weiter vergrößerte[47].

---

[43] Van Diepen, Hollanditis, S. 99.

[44] Der CDA wurde 1980 als Fusion aus den drei kleineren christlichen Parteien „Katholieke Volkspartij" (KVP), „Christen-Historische Unie" (CHU) und „Antirevolutionaire Partij" (ARP) gegründet.

[45] Van Diepen, Hollanditis, S. 89.

[46] Ebenda, S. 89.

[47] Alfred van Staden, To Deploy or not to Deploy: the Case of the Cruise Missiles, in: Philipp P. Everts (Hrsg.), Controversies at Home. Domestic Factors in the Foreign Policy of the Netherlands, Dordrecht 1985, S. 133–157, hier S. 142.

Auch die Sozialdemokraten hatten mit Problemen zu kämpfen. Seit 1977 musste sich die PvdA mit der Rolle der Opposition abfinden. Das war nicht einfach, da nicht sofort deutlich war, wie sie sich von den Christdemokraten, die ihrerseits noch im Prozess der Identitätsfindung waren, unterscheiden sollte[48]. Die PvdA entschied sich dafür, den CDA als Teil des rechtskonservativen Blocks zu bekämpfen und erstmalig in der niederländischen Geschichte eine Strategie der links-rechts-Polarisierung zu verfolgen[49]. Die PvdA hoffte, dem Fusionsprozess des CDA entgegenwirken oder gar eine Kabinettskrise herbeiführen zu können, indem sie die linksradikalen Kräfte innerhalb dieser Partei dazu animierte, bei bestimmten Themen, wie zum Beispiel der Aufstellung neuer Atomraketen, ihre Seite zu wählen. Den CDA-Dissidenten war dies sehr wohl bewusst. Loyalist Henk Coupri sprach in der niederländischen Zeitung *Trouw*: „Als den Uyl die Angelegenheit in die parteipolitische Sphäre zog, ging es der Opposition nicht mehr um die Sache selbst. Sie wollten das Kabinett zu Fall bringen."[50]

In der Debatte über den Stationierungsbeschluss befürwortete der CDA offiziell eine Kopplung zwischen der Modernisierung des NATO-Kernwaffenarsenals einerseits und einer Verringerung der Zahl der Kernwaffen andererseits. Die geplante Modernisierung des NATO-Kernwaffenarsenals konnte rückgängig gemacht werden, aber nur unter der Voraussetzung, dass die UdSSR versprach, die Zahl der SS-20-Raketen zu reduzieren[51]. Die atompazifistischen Dissidenten in der christdemokratischen Partei wandten sich jedoch uneingeschränkt gegen die Stationierung von neuen US-Raketen und verwarfen somit auch den NATO-Doppelbeschluss. Diese innerparteiliche Spaltung hielt bis 1985 an und gab den Auseinandersetzungen in Politik und Gesellschaft eine Dynamik und Unberechenbarkeit, die in anderen NATO-Ländern, wo die politischen Mehrheiten und Trennungslinien viel stärker festgeschrieben waren, fehlten.

Die Position der sozialdemokratischen Partei war in diesen Jahren eindeutig atompazifistisch. Die PvdA-Fraktion griff ab 1977 den Streit um die Kernenergie und den Verzicht auf Kernwaffen auf, um sich gegenüber der CDA-VVD-Koalition als linke Alternative präsentieren zu können[52]. Ab 1980 verkündete die PvdA ein klares „Nein" zu Kernwaffen und profilierte sich dadurch als definitiver Gegner der Kernwaffenmodernisierung und -stationierung. Die Partei schrieb fest, dass in den Niederlanden keine Kernwaffen stationiert werden sollten und dass die Regierung außerdem versuchen sollte, andere westeuropäische Länder davon zu überzeugen, auf Kernwaffen zu verzichten[53]. Des Weiteren war eine aktive Minderheit innerhalb der PvdA, „Neue Linke" genannt, sogar der Meinung, die Niederlande sollten vollständig aus der NATO austreten – eine Forderung, die Christdemokraten und Liberale niemals erhoben[54]. In dieser Anti-NATO- und Anti-Kernwaffen-Haltung wurde die PvdA von den kleineren Parteien auf der linken Seiten des politischen Spektrums, die CPN, die „Politieke Partij Radicalen" (PPR – Politische Partei der Radikalen), die „Pacifistisch-Socialistische Partij" (PSP – Pazifistisch Sozialistische Partei) und die

---

48 Van Diepen, Hollanditis, S. 122.
49 Frans Becker, De jaren 1970–1994, in: Maarten Brinkman/Madelon de Keizer/Maarten van Rossem (Hrsg.), Honderd jaar sociaal-democratie in Nederland 1894–1994, Amsterdam 1994, S. 239–295, hier S. 267.
50 *Trouw* vom 21. 12. 1979.
51 Hellema, Buitenlandse politiek van Nederland, S. 308–310.
52 Becker, De jaren 1970–1994, S. 272–273.
53 Van Diepen, Hollanditis, S. 151–152.
54 Remco van Diepen, In de ban van de bom, in: Nieuwste Tijd 2 (2002), S. 19–29, hier S. 20–22.

„Evangelische Volkspartij" (EVP – Evangelische Volkspartei), unterstützt. Diese Splitterparteien, die eindeutig einen NATO-Austritt bevorzugten, setzten die PvdA von linker Seite unter Druck[55].

## V. Der öffentliche Streit um die Kernwaffen, 1979–1985

Vor dem Hintergrund der innerparteilichen Konflikte und labilen Koalitionen waren die Aktivitäten der Friedensbewegung keinesfalls nur symbolisch[56]. Zwischen 1979 und 1983/5 stand die Tür zur Regierungsbeeinflussung für Atomgegner mehr als einen Spalt breit offen. Der politische Entscheidungsprozess über die niederländische Haltung hinsichtlich der Modernisierung des NATO-Kernwaffenarsenals begann im Frühjahr 1979, als das Abgeordnetenhaus zum ersten Mal die Modernisierung der Mittelstreckenraketen diskutierte[57]. Im Juli teilten die Vereinigten Staaten der niederländischen Regierung mit, dass für die Niederlande 48 Marschflugkörper produziert worden seien. Diese Mitteilung führte im Herbst 1979 zu einer Intensivierung der Debatte über die Modernisierung des NATO-Kernwaffenarsenals. Am 6. Dezember 1979 entschieden sich die Dissidenten innerhalb des CDA zusammen mit der PvdA dafür, „dass die Niederlande derzeit einer Stationierung einiger Pershing-II und/oder Marschflugkörper auf ihrem Territorium nicht zustimmen kann"[58]. Die D'66 profilierte sich am 1. Dezember gleichfalls als Gegner der TNF-Modernisierung. Am 19. Dezember 1979 stand das Ergebnis fest: Das niederländische Parlament wollte den NATO-Doppelbeschluss nicht grundsätzlich ablehnen, aber im Moment konnte und wollte es der Stationierung von neuen Raketen in den Niederlanden auch nicht zustimmen[59].

Nun gab es für CDA-Ministerpräsident van Agt zwei Möglichkeiten: Entweder er sprach sich für eine Modernisierung und Stationierung aus und riskierte eine Kabinettskrise oder er verschob die niederländische Entscheidung. Zum ersten Mal seit 1945 drohte der niederländischen Politik eine Kabinettskrise, die ihre Wurzeln in der Außenpolitik hatte[60]. Van Agt entschied sich für die zweite Option. Er teilte der amerikanischen Regierung mit, dass die Niederlande die Entscheidung über die Stationierung der Marschflugkörper auf 1981 vertagt hätten[61]. Der niederländische Kabarettist Wim Kan brachte dieses politische Manöver folgendermaßen auf den Punkt: „Nein, wir haben nicht Ja gesagt."[62] Damit hatte man sich alle Türen offengelassen. Fortan nahmen die Auseinandersetzungen nur noch an Heftigkeit zu.

Um die Stationierung der Marschflugkörper zu verhindern bzw. zu verzögern, führte die Friedensbewegung in den Niederlanden zwischen 1979 und 1985 mehrere Protestaktionen durch, an denen Tausende Demonstranten teilnahmen. Unter großem Druck der Kirchen, der „Dissidenten" innerhalb des CDA sowie der PvdA, die nach den Mai-Wahlen

[55] Van Diepen, Hollanditis, S. 236.
[56] Van Staden, Controversies at home, S. 155.
[57] D. J. Bloem/H. Korthius/C. D. Barkman (Hrsg.), Nederland en de kernwapens. Een studie over het Nederlands nucleair beleid 1972–1985, Alphen aan den Rijn/Brüssel 1987, S. 131.
[58] Handelingen Tweede Kamer der Staten Generaal, 1979–1980, Dokument 15 887, Nr. 5.
[59] Ebenda, Nr. 7.
[60] Van Staden, De rol van Nederland in het Atlantisch bondgenootschap, S. 227.
[61] De nacht van de omgevallen dissidenten, in: *De Telegraaf* vom 21. 12. 1979.
[62] Van Diepen, Hollanditis, S. 141.

1981 wieder an der Regierung beteiligt war, verschob die Regierungskoalition van Agt II am 16. November des gleichen Jahres die Entscheidung zur Aufstellung der Raketen zum zweiten Mal. Als Antwort auf diese Hinhaltetaktik fand am 21. November 1981 in Amsterdam die erste Großdemonstration statt. Die Friedensbewegung brachte vor dem Hintergrund des kulturellen Untergangsklimas der späten 1970er Jahre[63] und der Angst vor der nuklearen Apokalypse mehr als 400000 Menschen auf die Beine, die die Regierung aufriefen, sofort mit einseitiger Abrüstung anzufangen und die Stationierung endgültig abzulehnen[64].

Am 29. Oktober 1983 wurde eine zweite Großdemonstration organisiert, dieses Mal in Den Haag. Die Zahl der Sympathisanten war auf mehr als 550000 Menschen angestiegen[65]. Mient Jan Faber, der charismatische Sekretär des IKV, heizte die Erwartungen an: „Eine halbe Million, das sind mehr als die 81 Menschen, mit denen Lubbers im Parlament rechnen kann. Und dann habe ich noch nicht mal die Menschen mitgezählt, die heute zuhause geblieben sind.“[66] Nicht nur Mitglieder des IKV, sondern auch prominente Niederländer, wie die Tochter der niederländischen Königin, Prinzessin Irene van Lippe-Biesterveld, nahmen an der Demonstration teil. Prinzessin Irene hielt in Den Haag eine Rede, in der sie die Gefahr, die von der Akzeptanz der Kernwaffen ausging, betonte: „Durch die Waffen, die wir nun entwickelt haben, stehen wir am Rand des Abgrundes und können keinen Fehler mehr machen. Denn das würde bedeuten, dass die ganze Welt, unsere Erde, vernichtet würde.“[67]

Inzwischen nahm der Druck der Bündnispartner auf die niederländische Regierung zu, die nach den vorgezogenen Wahlen im Frühjahr 1982 aus CDA und VVD zusammengesetzt war. Die NATO hatte die Niederlande dazu aufgefordert, vor dem 1. Juli 1984 endlich eine Entscheidung zu treffen. Der IKV schraubte seinerseits die Bemühungen hoch und organisierte im Mai 1984 eine „Aktionswoche“ mit Hunderten von Protestaktivitäten und Fürbitten. Am 1. Juni 1984 kündigte Lubbers jedoch an, die Stationierung der 48 Marschflugkörper zu akzeptieren, falls die UdSSR *nicht* zur Rüstungskontrolle bereit wäre. Diesmal hatte die christdemokratisch-liberale Regierung die Beweislast also geschickt umgedreht und schob die Verantwortung für die Stationierung den Sowjets in die Schuhe: Nur wenn die UdSSR beweisen konnte, dass sie die Zahl ihrer SS-20-Raketen auf dem Stand vom 1. Juni 1984 (laut den Angaben der niederländischen Experten handelte es sich dabei um 378 Raketen) einfror, wollte die niederländische Regierung die Stationierung von Marschflugkörpern auf niederländischem Territorium rückgängig machen[68].

Das Abgeordnetenhaus stimmte dieser Entscheidung mit 79 gegen 71 Stimmen zu. Die materiellen Vorbereitungen waren für November 1985 geplant. Im Jahr 1985 unterschrieben 3743455 Niederländer noch einmal eine „Bittschrift gegen die Kernwaffen“, in

---

[63] Hermann von der Dunk, Tussen welvaart en onrust. Nederland van 1955 tot 1973, in: Bijdragen en Mededelingen betreffende de Geschiedenis der Nederlanden 101 (1986), S. 2–20, hier S. 8.
[64] Verkuil, De grote illusie, S. 92–103.
[65] Hellema, Buitenlandse politiek van Nederland, S. 317.
[66] Mient Jan Faber, Vooruitgeschoven spionnen. Bevrijd uit de boeien van de Koude Oorlog, Utrecht 2007, S. 82.
[67] Prinses Irene spreekt tot vredesdemonstranten. „Het gaat om de vrijheid van ieder mens“ in: *Het Parool* vom 31. 10. 1983.
[68] Boudewijn van Eenennaam, Achtenveertig kruisraketten. Hoogspanning in de lage landen, Den Haag 1988, S. 168–173.

der die Regierung aufgefordert wurde, „Nein" zur Stationierung zu sagen[69]. Am 1. November wurde während einer Rundfunksendung ununterbrochen ein Alarmsignal gesendet, als Symbol für die alarmierende Lage, in der sich die Niederlande der Friedensbewegung zufolge befanden.

Die Mobilisierungskraft der Friedensbewegung ließ nach der Entscheidung vom 1. Juni 1984 erheblich nach. Die Hoffnung auf einen Erfolg im Kampf gegen die Stationierung war jetzt verflogen. Das Momentum der Bewegung war verschwunden. Anders als in der Bundesrepublik oder im Vereinigten Königreich wollten die kirchlichen Friedensorganisationen ihren Aktionsradius nicht auf Proteste gegen die NATO, gegen den „US-Imperialismus" oder gegen Kernenergie als solche ausdehnen. In den 1980er Jahren waren trotz der Proteste noch immer etwa 75 Prozent der Bevölkerung Anhänger der NATO[70]. Die Friedensbewegung hatte den Begriff „Hollanditis" zwar als Metapher gerne benutzt[71], die Mehrheit der Aktivisten strebte jedoch keinesfalls eine Rückkehr zu Neutralismus und Pazifismus an. Am ehesten war von einem Atompazifismus die Rede[72]. Außerdem wurde es für die kirchliche Friedensbewegung immer schwieriger, sich zwischen Christdemokraten und Sozialdemokraten zu bewegen. Je mehr sich die Sozialdemokraten für die Ziele des IKV engagierten, desto stärker entfremdeten sich die Christdemokraten von der Bewegung, was den protestantischen Kirchen, aber vor allem der katholischen Kirche große Sorgen machte[73].

Zum Schluss führten sowohl die Verbesserung des internationalen Klimas – mit der Unterzeichnung des INF-Vertrags im Dezember 1987 als Höhepunkt – wie auch die positive konjunkturelle Entwicklung der niederländischen Wirtschaft zu einer kulturellen und politischen Tendenzwende. Optimismus und Sachlichkeit machten sich breit, die apokalyptischen Untergangsszenarien wurden als zu wirklichkeitsfremd betrachtet. Schließlich war die nukleare Katastrophe in den Ländern, in denen tatsächlich Raketen stationiert waren, auch ausgeblieben[74]. In den Niederlanden kam es am Ende nicht mal mehr so weit. Aufgrund des INF-Vertrags konnte die für 1988 vorgesehene Aufstellung der 48 Marschflugkörper endgültig gestrichen werden. Laut Bert Steinmetz, Autor des Buches „Ruud Lubbers. Peetvader van het poldermodel" endete am 8. Dezember 1987 „definitiv das niederländische Kernwaffenabenteuer, das Lubbers genau acht Jahre lang seine gesamte Steuermannskunst, Kreativität, Geduld und sein Durchsetzungsvermögen abverlangt hatte"[75].

## VI. Der osteuropäische Faktor in der Stationierungsdebatte: Die Niederlande als „schwaches Glied in der NATO-Kette" dank kommunistischer Unterwanderung?

Die Geschichte der großen Friedensproteste und der Phase der „Hollanditis" wäre ohne Einbeziehung des osteuropäischen Faktors unvollständig. Zwar waren die Ursprünge der

---

69 Bert Klandermans (Hrsg.), Tekenen voor de vrede. Het volkspetitionnement tegen de kruisraketten, Assen 1988, S. 2.
70 Van Diepen, Hollanditis, S. 358.
71 Reinier de Winter, Hollanditis: de opkomst van een geuzennaam, in: Hollands Maandblad (1982), S. 15–19, hier S. 15.
72 Van Diepen, Hollanditis, S. 273.
73 Ebenda, S. 206f.
74 Ebenda, S. 211, 316f.
75 Bert Steinmetz, Ruud Lubbers. Peetvader van het poldermodel, Amsterdam 2000, S. 153.

Friedensbewegung und der Kampagne für einseitige Abrüstung in der authentisch niederländischen Empörung über die Einführung neuer Waffen und die Modernisierung des NATO-Nuklearasenals und die damit einhergehende Aufheizung des Kalten Krieges eingebettet, das Feuer des Unmuts wurde aber nicht zuletzt auch von den kommunistischen Regimen des Warschauer Paktes angefacht. „Es ist gut, ein Niederländer zu sein in diesen Tagen", schrieb ein Korrespondent der ostdeutschen Zeitung *Neue Zeit* anlässlich der Massendemonstration in Amsterdam im November 1981[76]. Das Maß an Einmischung und Unterstützung von Seiten des ostdeutschen Regimes ging allerdings weit über Lob und Begeisterung hinaus. Die Frage lautet, inwieweit die Beeinflussungsversuche aus dem Osten Wirkung zeigten und inwieweit die niederländische Kampagne gegen die Stationierung den Staaten des Ostblocks, insbesondere der DDR, wirklich nutzte[77].

Bereits seit dem Anfang der „Stoppt die Neutronenbombe"-Kampagne wurde in konservativen Kreisen die Vermutung geäußert, der Ostblock stecke hinter den Anti-Kernwaffen-Protesten. Zeitschriften und Zeitungen wie *De Telegraaf*, das *Algemeen Dagblad* (die zweitgrößte, politisch neutrale Tageszeitung) und *Ons Leger* (eine Armee-Zeitschrift) glaubten, die Osteuropapolitik des IKV zu durchschauen: Der IKV spiele den Kommunisten in die Hände. Laut *De Telegraaf* seien die Friedensaktivisten des IKV Naivlinge, die unbeabsichtigt im Sinne Lenins die Rolle der „nützlichen Idioten" spielten. Die Zeitung sympathisierte während der Demonstration 1981 ostentativ mit den beunruhigten Amsterdamer Ladeninhabern, die Umsatzeinbußen befürchteten[78]. Schadenfroh präsentierte *De Telegraaf* die Nachricht, dass der niederländische Staatsrat der „Oud-Strijders Legioen" (OSL, Verband der Kriegsveteranen) im letzten Moment doch noch die Genehmigung für die Nutzung des Luftraums über Amsterdam erteilt habe, so dass Flugzeuge mit Bannern dazu aufrufen konnten, doch auch einmal in Moskau zu demonstrieren[79]. Die OSL forderte ihre zwölftausend Mitglieder überdies dazu auf, am Tag der Demonstration die Flaggen auf Halbmast zu setzen[80]. In den Kirchen übten das „Interkerkelijk Comité voor Tweezijdige Ontwapening" („Interkonfessionelles Komitee für bilaterale Abrüstung") wie auch antikommunistische Bibelschmuggler ebenfalls Kritik an den vermeintlich sozialistischen Sympathien des IKV: Die Kirchen und der IKV hätten „zusammen mit der politischen Linken den Weg zum Frieden gefunden", aber „den Blick für die harte Wirklichkeit", nämlich für das „Unrecht in Osteuropa", verloren[81].

In der Tat war in der DDR das SED-Politbüro über die niederländische Friedensbewegung anfänglich hoch erfreut und die von den niederländischen Kommunisten initiierte

---

[76] Es ist gut, ein Niederländer zu sein in diesen Tagen, in: *Neue Zeit* vom 2.1.1982.

[77] Vgl. für die Diskussion über die Einmischung der osteuropäischen Staaten in die Friedensbewegungen des Westens auch: Jürgen Maruhn/Manfred Wilke (Hrsg.), Raketenpoker um Europa. Das sowjetische SS 20-Abenteuer und die Friedensbewegung, München 2001; Michael Ploetz, Wie die Sowjetunion den Kalten Krieg verlor. Von der Nachrüstung zum Mauerfall, Berlin/München 2000; Udo Baron, Kalter Krieg und heißer Frieden. Der Einfluss der SED und ihrer westdeutschen Verbündeten auf die Partei „Die Grünen", Münster/Hamburg/London 2003 sowie den Beitrag von Helge Heidemeyer in diesem Band.

[78] Verontruste Amsterdamse winkeliers: Demonstratie kost ons f 20 miljoen, in: *De Telegraaf* vom 19.11.1981.

[79] Vliegen mag toch boven de hoofdstad, in: *De Telegraaf* vom 21.11.1981.

[80] OSL-ers hangen vlag halfstok. Nog geen CDA-spreker op vredesdemonstratie, in: *Reformatorisch Dagblad* vom 17.11.1981.

[81] Arend Rohaan, Verschoven grenzen, Hoogeveen 1991, S.172–189; vgl. Interview mit Pastor Jaap van de Wilde, 16.3.2001, Utrecht.

Kampagne „Stoppt die Neutronenbombe" wurde 1978 und 1979 mit einer beträchtlichen Summe (insgesamt etwa 120000 Gulden, umgerechnet 110000 DM) unterstützt[82]. Die SED-Funktionäre bewerteten vor allem positiv, dass die niederländische Friedensbewegung über eine so breite Basis verfügte und die „konfessionell gebundenen Kräfte" zu mobilisieren wusste[83]. Die *Neue Zeit* pries das Engagement der Kirchen und des IKV[84]. „Die Niederlande, ein Land ohne Zukunft? Mitnichten!", so der ostdeutsche Reiseführer *Land hinter Dünen*. „Auch hier wachsen jene Kräfte heran, die alsbald in der Lage sein werden, den Kurs des Landes neu zu bestimmen. Die große Volksbewegung der letzten Jahre gegen den Atomtod und für eine friedliche Koexistenz und Abrüstung ist nicht mehr aufzuhalten und lässt hoffen." Kritik am konservativen niederländischen System wurde relativiert: „Man ist hier zwar für die Monarchie, doch gegen den Atomtod."[85]

Wie gesagt, auch Boris Ponomarjow, Leiter der ZK-Abteilung Internationale Beziehungen der KPdSU, unterstrich die Bedeutung der Friedensbewegung in den Niederlanden[86]. Die niederländische Haltung war gleichzeitig Ziel und Vorbild für die weiteren Aktivitäten des osteuropäischen Regimes. Die Niederlande waren das Land, in dem sich die Arbeiterbewegung (der niederländische Gewerkschaftsbund „Federatie Nederlandse Vakvereniging" (FNV)), die CPN und PvdA und bürgerliche Kreise (die Kirchen, Teile des CDA und der IKV) in den Protesten gegen die „imperialistische Militärpolitik" zusammengeschlossen hatten[87]. „Was in den Niederlanden geschehen ist, zeugt von den realen Möglichkeiten der Antikriegsbewegung. Die Entscheidung von Regierung und Parlament dieses Landes ist doch klar auf den außerparlamentarischen Kampf, auf den aktiven Widerstand der Massen zurückzuführen. Sie ist ein Beispiel dafür, zu welchen Ergebnissen der Kampf gegen den Krieg führen kann", so Ponomarjow[88].

Ziel der kommunistischen Unterwanderungsversuche in Bezug auf die Niederlande – bei denen die SED (und das MfS) die Vorreiterrolle erhielten – war die Beeinflussung sowohl der öffentlichen Meinung in den Niederlanden als auch des politischen Establishments. Das Politbüro war sehr an Beziehungen zum CDA interessiert, der innerlich gespaltenen und größten Regierungspartei. Deswegen sollten neben den kulturellen und wirtschaftlichen Beziehungen auch die kirchlichen ausgeweitet werden[89]. Dazu sollte der seit den 1970er Jahren intensiv stattfindende Austausch zwischen den niederländischen

---

[82] Carel Horstmeier, Stop de Neutronenbom! The Last Mass-Action of the CPN and the Moscow-Berlin-Amsterdam Triangle, in: Carel Horstmeier (Hrsg.), Around Peter the Great. Three Centuries of Russian-Dutch Relations, Groningen 1997, S. 65–77, hier S. 73–75, 77; Carel Horstmeier, De moeizame betrekkingen tussen de CPN en de Sozialistische Einheitspartei Deutschlands (SED), 1946–1989, in: Gerrit Voerman (Hrsg.), Documentatiecentrum Nederlandse Politieke Partijen. Jaarboek 1998, Groningen 1999, S. 231–257, hier S. 244f.

[83] Reinschriftenprotokoll Nr. 11 der SED-Politbürositzung vom 7. Juli 1981, Zur Entwicklung der Friedensbewegung in der BRD, 3.7.1981, S. 14, 15, in: SAPMO, DY 30/J IV 2/2 1900.

[84] Es ist gut, ein Niederländer zu sein in diesen Tagen, in: *Neue Zeit* vom 2.1.1982.

[85] Alex Telschow, Land hinter Dünen. Report aus dem Königreich der Niederlande, Leipzig 1986, S. 179, 183.

[86] Politbüro, Anlage 5, Rede des Genossen B. N. Ponomarjow, 11./12.7.1984, Prag, S. 34, in: SAPMO, DY 30 J IV 2/2/2065.

[87] Kurt Hager, Anlage 3, 9.7.1984, Rede auf der Beratung der Sekretäre für internationale und ideologische Fragen der Zentralkomitees von Bruderparteien sozialistischer Länder am 11. und 12.7.1984 in Prag, S. 3, in: SAPMO, DY 30 J IV 2/2/2065.

[88] Politbüro, Anlage 5, Rede des Genossen B. N. Ponomarjow, 11. und 12.7.1984, Prag, S. 34, in: SAPMO, DY 30 J IV 2/2/2065, S. 10, 16.

[89] Anlage Nr. 6 zum Protokoll Nr. 27 vom 17. Juli 1984, in: SAPMO, DY 30 J IV 2/2/2066.

und ostdeutschen Kirchen „zu Fragen der Erhaltung und Sicherung des Friedens" gefördert werden, da die niederländischen Kirchen zu Recht als Transmissionsriemen der christdemokratischen Partei betrachtet wurden[90].

Allerdings war die Haltung des SED-Regimes in Bezug auf die Friedenspolitik der niederländischen (und ostdeutschen) Kirchen ambivalent. Kontakte mit ostdeutschen Christen wurden einerseits toleriert, propagandistisch ausgeschlachtet und für Unterwanderungszwecke genutzt. Andererseits fürchtete das Regime jedoch ständig, dass die Kirchen und die niederländischen Kontakte sich wie eine Art „fünfte Kolonne" verhalten würden. So kam es tatsächlich auch bald. Das Feindbild „fünfte Kolonne" wurde Wirklichkeit, als der IKV im März 1982 in der niederländischen Presse bekannt gab, mit Hilfe der niederländischen und ostdeutschen Kirchen eine „blocküberschreitende Friedensorganisation" in der DDR gründen zu wollen und dort ebenfalls für einseitige Abrüstung zu werben.[91] Die Einmischung des IKV in die kirchlichen Friedensgruppen in der DDR war in den Augen der SED von nun an eine Bedrohung der inneren Sicherheit. Der Generalsekretär des IKV galt als ein Schulbeispiel für eine „feindlich-negative Kraft"[92]. Die SED-Regierung betrachtete den Ruf nach einseitiger Abrüstung der DDR als ideologische Unterminierung des Warschauer Paktes und als Angriff auf ihr Machtmonopol. Die SED fand es überdies inakzeptabel, dass unabhängige Friedensgruppen mit ihren Protesten gegen die russischen Raketen die „Spaltung der einheitlichen Friedensbewegung der DDR" verursachten[93]. Die Folgen ließen nicht lange auf sich warten: Im Juli wurde für die Spitze des IKV eine „Einreisesperre" verhängt, und die kirchlichen Kontakte wurden massiv unterwandert und eingeschränkt[94]. Das Ministerium für Staatssicherheit schlug damit im Endeffekt das Einfallstor für weitere Beeinflussungskampagnen zu, zu denen die SED noch weitere Male aufrief.

Seit 1982 konnte der Ertrag der Beeinflussungsversuche auf die niederländische Friedensbewegung nicht mehr positiv bewertet werden. Die Proteste gegen die NATO-Raketen wurden dank des Engagements und der Solidarität der IKV-Leitung mit ostdeutschen Dissidenten sowie durch Demonstrationen gegen Menschenrechtsverletzungen und für Abrüstung im Ostblock abgemildert oder gar neutralisiert. Als die niederländische Regierung 1985 endlich die parlamentarische Mehrheit für die Implementierung des NATO-Doppelbeschlusses erreichte (und nicht länger als „schwaches Glied in der NATO-Kette" betrachtet werden konnte), bedeutete dies das Ende der großen Protestaktionen gegen die NATO-Modernisierung. Die Proteste des IKV und der niederländischen Kirchen gegen Unterdrückung der Friedens- und Freiheitsbewegung im Osten wurden jedoch fortgesetzt. Die „Hollanditis" war jetzt auf den Osten übergeschwappt und steckte dort die Christen an.

---

[90] Staatssekretariat für Kirchenfragen, Zur weiteren Entwicklung der ökumenischen Beziehungen aus staatlicher Sicht, Berlin, 11.6.1981, in: Bundesarchiv Berlin (BAB), DO4, 1035.

[91] Fernschreiben des Mitarbeiters der DDR-Botschaft in Den Haag, Hoffmann, an M. Feist (ZK, Abt. IB), W. Rümpel (DFR) u. Plaschke (WE), 9.3.1982, in: BStU MfS HA XX ZMA 1993/4, S.3; HA XX/4, Über ein Gespräch mit der Oberkirchenrätin Christa Lewek am 2.4.1982, 8.4.1982, Berlin, BStU MfS HA XX/4 1245, S.414f.; siehe auch den Beitrag von Detlef Pollack in diesem Band.

[92] VSH-Karteikarte Mient Jan Faber; HA XX AKG, Informatio', 24.6.1982, in: BStU MfS HA XX ZMA 1993/4, S.4–10; IM der HA XX/4, Tagung der Studienabteilung des Bundes der Evangelischen Kirchen in der DDR am 13.6.1982 in Berlin, 9.6.1982, in: BStU MfS HA XX ZMA 1993/5, S.20.

[93] BStU MfS JHS 21311/1, S.47. Zitiert in: Anke Silomon, „Schwerter zu Pflugscharen" und die DDR. Die Friedensarbeit der evangelischen Kirchen in der DDR im Rahmen der Friedensdekaden 1980 bis 1982, Göttingen 1999, S.292.

[94] ADN-Information, 29.7.1982, in: BStU MfS HA XX ZMA 1993/4, 13.

## VII. Schlussbetrachtung

Die Niederlande wurden und werden oft als treuer Bündnispartner der Vereinigten Staaten betrachtet. In dieser Sichtweise gelten die Jahre 1979 bis 1985 aufgrund der sicherheitspolitischen Querstellung der niederländischen Regierung hinsichtlich der Implementierung des NATO-Doppelbeschlusses als Ausnahme von der Regel des loyalen Atlantizismus. Die Periode von 1979 bis 1985 als „Hollanditis", als niederländische Schwächung der NATO oder als Ergebnis eines Wiederauflebens alter neutralistischer Positionen zu bezeichnen, geht jedoch entschieden zu weit.

Erstens war, wie aufgezeigt, auch bis 1979 von vorbehaltloser Übereinstimmung niederländischer Interessen mit der amerikanischen Außenpolitik nicht immer die Rede. In der Nachkriegszeit gab es bis 1962 trotz einer tatsächlich vorhandenen proamerikanischen Haltung oft Spannungen zwischen den Niederlanden und den Vereinigten Staaten, die ihre Wurzel in der Kolonialpolitik hatten. Außerdem geriet die klassische atlantische Haltung des niederländischen Establishments seit Ende der 1960er Jahre und dem Vietnamkrieg bereits weiter in die Defensive. Der politische Konsens auf dem Gebiet der Sicherheitspolitik ging verloren, da gesellschaftliche Gruppen ab den 1960er und 1970er Jahren mehr Mitbestimmung in außen- und sicherheitspolitischen Angelegenheiten forderten[95].

Zweitens speisten die Kampagne für einseitige Abrüstung und die Verschiebung des Stationierungsbeschlusses sich nicht aus antiamerikanischen Positionen oder neutralistischen Tendenzen, sondern aus einer christlich inspirierten moralischen Empörung über die Nachrüstung, insbesondere über die Aufstellung immer neuer, ausgefeilterer Waffen heraus. Diese von den Kirchen getragene, öffentliche Empörung richtete sich nicht in erster Linie gegen die NATO oder gegen die Vereinigten Staaten, sondern gegen das System der Abschreckung sowie gegen den Ost-West-Konflikt als solches. Die meisten Aktivisten des IKV waren nicht von einem pauschalen Anti-Imperialismus oder Anti-Militarismus ergriffen, sondern eher von einer Kalter-Krieg-Verdrossenheit und von atompazifistischen Vorstellungen.

Drittens konnte der IKV nur deswegen mit seiner Kampagne Schneisen in die traditionellen sicherheitspolitischen Konfigurationen schlagen, weil die niederländische Parteienlandschaft um 1980 einer grundlegenden Revision unterzogen wurde. Mit Unterstützung der niederländischen Kirchen und deren moralischer Glaubwürdigkeit konnte der IKV die innerparteilichen Konflikte und die Unentschiedenheit der zehn „Loyalisten" innerhalb des CDA nutzen, um sich mit ihrer Stellungnahme gegen die in Aussicht genommene Stationierung amerikanischer Cruise Missiles in den Mittelpunkt der politischen Entscheidungsprozesse zu manövrieren. Aus Angst vor einer Regierungskrise verschoben die drei vom CDA geführten Regierungen den Beschluss zur Implementierung der Stationierung folglich mehrere Male. Das hatte mit einem neuen Neutralismus wenig zu tun. Weder verurteilte die niederländische Regierung die Modernisierung des NATO-Kernwaffenarsenals noch bezweckten die Politiker oder die Funktionäre der Friedensbewegung einen Austritt aus dem atlantischen Bündnis.

Viertens kann die vermeintliche „Hollanditis" ebenso wenig auf eine erfolgreiche Unterwanderung aus dem Osten zurückgeführt werden, wie dies konservative Kreise in den Niederlanden und den Vereinigten Staaten behaupteten. Obwohl das SED-Regime (auf

---

[95] Vgl. dazu auch Rimko van der Maar, Welterusten mijnheer de president. Nederland en de Vietnamoorlog, 1965–1973, Amsterdam 2007.

Moskauer Anregung) die Kampagne gegen die Neutronenbombe materiell und finanziell unterstützte, konnten die kommunistischen Agitatoren die Autonomie der niederländischen Friedensbewegung nicht wesentlich einschränken. Das wurde unübersehbar, als der IKV, der im Übrigen niemals (insofern Archivrecherchen dies belegen können) finanzielle Zuwendungen aus dem Osten akzeptierte, ab 1981 begann, auch die Aufrüstung östlich der Mauer zu attackieren, und mit Hilfe seiner kirchlichen Kontakte in der DDR versuchte, gemeinsam mit Dissidenten und unabhängigen Friedensgruppen in der DDR und in einigen anderen Ostblockstaaten eine „blockübergreifende Friedensbewegung" zu gründen. Der Sowjetideologe Ponomarjow stellte die Niederlande zwar 1984 noch als ein schwaches Glied in der NATO-Kette dar, sein Aufruf an die versammelten Bruderparteien, diesem Vorbild nachzufolgen und weitere Beeinflussungskampagnen zu initiieren, war jedoch weitgehend illusorisch und verkannte die wirkliche politische Einstellung der Mehrheit der niederländischen Bevölkerung. Zu der Zeit hatte das MfS der IKV-Leitung bereits den Zugang zur DDR verwehrt und Operationen gegen die niederländischen Friedensaktivisten um den Sekretär Faber, die sie als „Spalterkräfte" betrachtete, eingeleitet.

Die Heldentat der Friedensbewegung war es, die politische Unsicherheit der niederländischen Regierung erkannt und ausgenutzt zu haben, wodurch die endgültige Stationierungsentscheidung über die Marschflugkörper um vier Jahre verschoben werden musste. Letztendlich konnte sie allerdings diese Entscheidung weder allein noch mit Hilfe der innenpolitischen oder ostdeutschen Gegner des NATO-Doppelbeschlusses verhindern. Die niederländische Regierung ging in der zweiten Hälfte der 1980er Jahre gestärkt aus den Auseinandersetzungen hervor. Die PvdA verlor, zum Teil aufgrund ihrer dogmatischen Position in der Kernwaffendebatte, einen erheblichen Stimmenanteil. 1986 wurde die zweite Regierung Lubbers gebildet, die trotz (oder gar wegen?) der Stationierungsentscheidung 1984 erneut aus CDA- und VVD-Politikern zusammengesetzt war. Unter Führung des betont atlantisch orientierten Außenministers Hans van den Broek wurde der politische Konsens in Sachen Sicherheitspolitik wiederhergestellt. Zugleich löste sich die Friedensbewegung auf und der IKV verwandelte sich wieder in eine kirchliche Lobby-Organisation.

Für die Zeit nach 1985 und darüber hinaus kann der Begriff „treuer Bundesgenosse" erst recht problemlos verwendet werden. Denn stärker als während der Zeit des Kalten Krieges haben die niederländischen Regierungskoalitionen – ob es sich um linksliberale, rechtskonservative oder große Koalitionen handelt – die Außen- und Sicherheitspolitik der Vereinigten Staaten seit den 1990er Jahre unterstützt. Die Niederlande erklärten sich bereit, aktiv an verschiedenen bewaffneten Konflikten teilzunehmen – mit oder ohne Mandat der Vereinten Nationen. Mit den Friedenskampagnen der späten 1970er und frühen 1980er Jahre vergleichbare Proteste oder Demonstrationen gegen diese Unterstützungsleistungen hat es nicht gegeben, auch nicht gegen die Beteiligung an den militärischen Operationen im Irak und in Afghanistan. Die „Hollanditis" ist längst vergessen.

*Georges-Henri Soutou*

# Mitläufer der Allianz?

## Frankreich und der NATO-Doppelbeschluss

Durch eine List der Geschichte wurde Frankreich am Doppelbeschluss nicht beteiligt. Es hat ihn jedoch stark beeinflusst. Die französische Haltung wurde durch vier Hauptfaktoren bestimmt:

Erstens: Die Wahrnehmung der sowjetischen Ziele bei der Indienststellung der SS-20. Sowohl unter Staatspräsident Valéry Giscard d'Estaing als auch unter seinem Nachfolger François Mitterrand war man in Paris überzeugt, das eigentliche Ziel Moskaus sei die Abkoppelung der Verteidigung Europas von den zentralen strategischen Systemen der USA, der eigentlichen Säule der Abschreckung. Dadurch solle zugleich eine schleichende Neutralisierung der Bundesrepublik ermöglicht werden.

Zweitens: Der Primat der Unabhängigkeit Frankreichs, in politischer, militärischer und atomarer Hinsicht. Das galt für beide Präsidenten.

Drittens: Die deutsche Frage, ein Moment, das in der Historiographie weniger Berücksichtigung gefunden hat. Hier waren die Reaktionen in Paris zwischen 1977 und 1983 nicht immer einheitlich.

Viertens: Schließlich die Russlandpolitik Frankreichs. Das Dreieck Paris-Bonn-Moskau muss stets im Auge behalten werden.

Im Folgenden sollen zwei Episoden genauer untersucht werden: erstens der Gipfel auf Guadeloupe im Januar 1979 und zweitens die Bundestagsrede Mitterrands im Januar 1983. Das Gespenst der SS-20 lauerte dabei stets im Hintergrund. Neu zugängliche Archivalien, nämlich die Präsidentialakten beider Präsidenten, vermitteln ein differenzierteres Bild als frühere Untersuchungen.

### I. Die französische Reaktion auf Schmidts IISS-Rede

Die Rede von Bundeskanzler Schmidt vor dem International Institute for Strategic Studies in London (IISS) am 28. Oktober 1977 wurde in Paris nicht sofort registriert. Erst als bundesdeutsche Diplomaten Anfang Dezember die Aufmerksamkeit ihrer französischen Kollegen auf die Rede lenkten, wurde ihre Bedeutung verstanden. Die Rede gefiel nicht. Außenminister Louis de Guiringaud vermerkte am Rande des Dokuments: „Die Ketzereien des Kanzlers“[1]. Die Vorstellung einer so genannten „eurostrategischen“ Balance, die nur die Mittelstreckenwaffen mit Zielen in Westeuropa beziehungsweise in der UdSSR betraf, schien im Kontext der Abschreckungsstrategie keinen Sinn zu machen. Darüber hinaus würden die Überlegungen des Bundeskanzlers zwangsläufig zur Miteinbeziehung der französischen Atomwaffen in die Abrüstungsverhandlungen führen. Dies werde die Unabhängigkeit der französischen nuklearen Verteidigung beeinträchtigen[2].

---

1 „Les hérésies du chancelier“ (Dokumentation im Privatbesitz).

2 Aufzeichnung von Bernard d'Aboville, zuständig für Allianzfragen im Ministerbüro, 22. 6. 1978, in: Archives Nationales (AN), 5AG3/827.

Diese Argumente, die aus heutiger Sicht eher künstlich klingen, waren damals ganz ernst gemeint. Sie wurden öffentlich vorgetragen und waren allgemein bekannt, obwohl sich die Geister schieden, ob Frankreich bloß die Teilnahme an Verhandlungen über Mittelstreckenwaffen ablehnen sollte oder ob auch eine indirekte Miteinberechnung des französischen nuklearen Potenzials durch Dritte grundsätzlich zurückgewiesen werden sollte.

Es gab auch in der französischen Administration eine Schule, die angesichts der Fortschritte der Rüstungstechnologie ein Festhalten an einer reinen Abschreckungsdoktrin für wenig glaubwürdig hielt. Ein „nukleares nationales Sanktuarium" würde, sofern das übrige Europa von der UdSSR besetzt wäre, Frankreich nicht sehr viel nützen. Dieser Denkschule zufolge sollte Paris in dieser Frage näher an die Verbündeten rücken und sogar eine eigene Mittelstreckenrakete entwickeln, die nicht nur „demographische Ziele" in der UdSSR anvisieren könnte (das war die Aufgabe der Force de frappe). Vielmehr sollte diese in der Tiefe des sowjetischen Territoriums gelegene taktische Ziele, wie Flugplätze, Verkehrsknotenpunkte, Ballungsräume usw. angreifen können: eine Art französische Pershing II! Dadurch würde man auch die Fähigkeit erlangen, mit der NATO wirksam zu reden[3]. Giscard d'Estaing verfolgte diese Richtung nicht. Sie wurde aber intern erwogen.

Zum ersten Mal wurde die ganze Thematik auf hohem deutsch-französischen Niveau von Louis de Guiringaud mit Bundesaußenminister Hans-Dietrich Genscher am 13. Juni 1978 besprochen[4]. Guiringaud wiederholte die bekannten Argumente: Der Begriff eines „eurostrategischen Gleichgewichts" sei sinnlos, Verhandlungen würden zur Einbeziehung der französischen Waffen führen und so die Unabhängigkeit der Force de frappe beeinträchtigen. Einige Tage später schlugen Mitarbeiter von Guiringaud in einem Entwurf eines Briefes an Genscher vor, eine gemeinsame Diskussion dieser Frage einzuleiten. Anscheinend wurde nichts daraus. Beim Treffen zwischen Giscard und Schmidt am 2. November 1978 sowie zwischen Schmidt und Guiringaud am 27. November wurde die Grauzonenproblematik überhaupt nicht erwähnt[5].

Aber es gab auch, selbstverständlich nur intern vorgetragene, wichtige politische Überlegungen und Analysen. Die Bundesrepublik wurde aufgrund ihres Sicherheitsbedürfnisses (das die Nachrüstung verlangte) und ihrer Ostpolitik (die Verhandlungen mit Moskau voraussetzte) verdächtigt, tief gespalten zu sein. Daher wolle Bonn das Problem Frankreich zuschieben, indem die französischen Nuklearkräfte in die „eurostrategischen" Obergrenzen mit einbezogen werden sollten[6]. Tatsächlich wurden in der Tageszeitung *Die Welt* am 7. Juli 1980 Protokollauszüge eines Gesprächs zwischen Schmidt und dem Generalsekretär der KPdSU, Leonid Breschnew, vom 1. Juli 1980 in Moskau veröffentlicht, in dem

---

[3] Vorschlag von Botschafter François de Rose am 28. Juni 1979, mit Präsidentenvermerk „Vu" („gesehen"), in: ebenda. François de Rose, ein Experte für Allianz- und Atomfragen, beriet Giscard in dieser Hinsicht. Er hatte mit seinem Buch, La France et la Défense de l'Europe, Paris 1976, viel Aufsehen erregt. Darin argumentierte er, Paris solle näher an die NATO rücken und seine Abschreckungsdoktrin modernisieren.

[4] Für das Gespräch Guiringaud-Genscher am 14. 6. 1978 vgl. Aufzeichnung von Bernard d'Aboville am 22. 6. 1978, in: AN, 5AG3/AE 70 bzw. Aufzeichnung des Ministerialdirektors Blech, 13. 6. 1978, in: AAPD 1978, Dok. 185, S. 927–930.

[5] Vgl. Gespräch des Bundeskanzlers Schmidt mit Staatspräsident Giscard d'Estaing in Paris, 2. 11. 1978, in: AAPD 1978, Dok. 338, S. 1662–1665; Gespräch Schmidts mit dem französischen Außenminister de Guiringaud, 27. 11. 1978, in: ebenda, Dok. 359, S. 1748–1752.

[6] Aufzeichnung von Gabriel Robin, 21. 2. 1979, in: AN, 5AG3/AE 70.

der Kanzler eine solche Miteinrechnung des französischen Potenzials erwähnt hatte. Dies trug nicht gerade zur Besänftigung der Gemüter in Paris bei. Darüber hinaus fürchtete man in Paris, der Kanzler habe durch seine IISS-Rede der UdSSR freie Bahn zur Abkopplung der Verteidigung Europas von den amerikanischen strategischen Waffen gegeben[7].

Einige gingen noch weiter: Der diplomatische Berater im Elysée, Gabriel Robin, meinte, die Russen wollten nur die fällige Modernisierung ihrer Raketen vornehmen und beabsichtigten keinen strategischen Durchbruch. Die amerikanische Pershing-II hingegen sei aufgrund ihrer Treffgenauigkeit für die Sowjetunion sehr provozierend. Die Angelegenheit sei nicht militärisch, sondern politisch bedeutsam. Robin berichtete Anfang September 1978: „Das Beharren Bonns auf dem Problem der ‚Grauzone' ist politisch bedeutsam. Folge, wenn nicht Ziel, dieses Beharrens ist die Einmischung Deutschlands in die nuklearstrategische Debatte unter den Supermächten."[8]

## II. Die Vorbereitung der französischen Stellungnahme vor dem Gipfel auf Guadeloupe

Das Problem der Grauzone konnte man jedoch nicht einfach als rein theoretisch abtun oder behaupten, Bundeskanzler Schmidt habe es für die Zwecke der deutschen Außenpolitik erfunden. Einerseits insistierte man in Paris, mit seiner unabhängigen Nuklearmacht sei Frankreich durch die SS-20 gar nicht tangiert. Andererseits sah man intern durchaus ein Problem, auch für Paris. Diese Doppelbödigkeit sollte bis zur Bundestagrede François Mitterrands am 20. Januar 1983 fortgesetzt werden.

Am 28. Dezember 1978 verfasste der für die Allianzpolitik zuständige „Service des Pactes" eine Aufzeichnung zu „SALT und Europa". Die SALT-II-Verhandlungen – das entsprechende Abkommen sollte schließlich im Juni 1979 von Moskau und Washington unterschrieben werden – hatten durch ungleiche Höchstgrenzen für die UdSSR und die USA die britischen und französischen Nuklearwaffen stillschweigend mit eingerechnet. Es zeichnete sich ab, dass die Sowjetunion darauf bestehen würde, bei SALT III die amerikanischen „Forward Based Systems"(FBS) in Europa mitzuzählen. Alles schien darauf hinauszulaufen, dass die USA, um ihr Gebiet gegen sowjetische strategische Nuklearschläge zu schützen, Waffen, die vor allem dem Schutz Europas dienten, preisgeben würden, ohne die auf Europa gerichteten sowjetischen Waffen zu neutralisieren[9].

Im Auftrag des Präsidenten fertigte die Politische Abteilung des Quai d'Orsay am 30. November 1978 eine Zusammenstellung über die Grauzonenproblematik und die sich daraus ergebenden möglichen „diplomatischen Optionen" an[10]. Diese Arbeit fasste die Analysen der betroffenen Ressorts zusammen, die sich für diese Grundsatzstudie zusammengesetzt

[7] Aufzeichnung der Leiterin des Referats für strategische Angelegenheiten und Abrüstung, Isabelle Renouard, 3. 7. 1980, und Aufzeichnung des Leiters der Osteuropa-Abteilung am 7. 7. 1980, in: AN, 5AG3/AE 71.

[8] Aufzeichnung von Gabriel Robin, 11. 9. 1978, in: AN, 5AG3/AE 70.

[9] Aufzeichnung des „Service des Pactes", „Les SALT et l'Europe", 28. Dezember 1978, in: AN, 5AG3/894.

[10] Aufzeichnung der Politischen Abteilung am 30. November 1978, in: AN, 5AG3/894, mit Vermerk von Gabriel Robin für Giscard d'Estaing, „Pour M. Le P de la R. Voici la note que vous attendiez sur le problème de la „Zone grise"

hatten. Dieser sehr zurückhaltenden Aufzeichnung zufolge dachten die Alliierten an zwei mögliche Wege: Nachrüstung oder Verhandlungen mit Moskau. Die Nachrüstung sei mit den französischen Interessen vereinbar, vorausgesetzt, sie erfolge nicht in einem Umfang, der den Eindruck erwecke, man sei nicht länger bereit, die zentralen strategischen Nuklearwaffen einzusetzen. Dagegen könnten Verhandlungen zwischen den beiden Supermächten verhängnisvoll werden und eine für den Westen nicht vorteilhafte Situation verfestigen – entweder durch die Abkoppelung der USA oder durch eine Einbeziehung der nuklearen Kapazitäten von Drittstaaten (wie Frankreich oder Großbritannien). Aus Pariser Sicht schien es daher am besten, für eine Vertagung von Verhandlungen bis zum Beginn der tatsächlichen Nachrüstung zu plädieren.

Daher lautete die Empfehlung für den Präsidenten: Wenn es so weit gehen muss, „sollten wir ganz zurückhaltend sein, um nicht zu weit hineingezogen zu werden, und nur Fragen aufwerfen: Vermeidung von eurospezifischen Höchstgrenzen, um die Abkopplung zu vermeiden; kein Mitzählen Dritter. Unser Problem ist: Wir wollen nicht, auch nicht indirekt, in SALT einbezogen werden; wir wollen aber doch uns die Möglichkeit erhalten, auf wesentliche Entscheidungen für die Sicherheit Europas unseren Einfluss geltend zu machen.“[11] Ehrlich gesagt war diese lange Aufzeichnung nicht sehr schlüssig. Sie bildete gleichwohl die Grundargumentation der französischen Regierung während der gesamten Krise.

## III. Die deutsche Problematik gewinnt an Fahrt

Wie bereits deutlich wurde, war die deutsche Frage für Paris beim Thema NATO-Doppelbeschluss immer präsent. Sie stand sogar im Kern dieser Problematik. Am 28. Dezember 1978 verfasste Gabriel Robin eine Aufzeichnung: „Réflexions sur la zone grise.“ Das Problem war nicht die Modernisierung der sowjetischen Mittelstreckenraketen, die an sich ganz normal war (wie Moskau argumentierte). Das Problem war aus seiner Sicht die fehlende Reaktion der NATO. Die Erklärung dafür war rein politisch: Die Amerikaner hätten die Nachteile der vorgeschobenen Nuklearwaffen in Europa eingesehen, und zwar einerseits aufgrund des Zögerns der Europäer, diese Waffen stationieren zu lassen, andererseits aufgrund potenzieller sowjetischer Gegenmaßnahmen (z. B. in Kuba). Rekurrierend auf die „Flexible response“ und die Schlesinger-Doktrin, wollten die Amerikaner alle Stufen der Abschreckung und sämtliche Ziele mit strategischen Waffen abdecken können. Daher bestünde aus US-Sicht kein Bedarf mehr zur Modernisierung der FBS. Washington wolle so die Entscheidung über eine mögliche Eskalation fest in der Hand behalten.

Von Seiten Bonns sei die seit 1969 verfolgte Ostpolitik mit einer Nachrüstung nicht vereinbar gewesen. Deswegen habe die Bundesrepublik vor 1977 die Frage nicht gestellt. Warum aber werde die Frage deutscherseits jetzt gestellt? Nicht aus wehrtechnischen Über-

[11] Vgl. ebenda Aufzeichnung „der politischen Abteilung vom 30. November 1978, möglicherweise von Jacques Andreani, in: AN, 5AG3/894: „nous devons nous contenter, par l'orientation de nos questions, de préparer la voie à des observations plus complètes qui ne seraient présentées qu'à un stade ultérieur, si le besoin s'en faisait sentir. Eviter un sous-équilibre européen avec des sous-plafonds en fonction de la portée des armes. Eviter prise la prise en compte des forces tierces… Nous voulons à la fois ne pas être impliqués, même indirectement, dans les SALT, mais nous voulons conserver le moyen de peser sur des décisions qui peuvent influencer la sécurité de l'Europe.“

legungen: „Die Deutschen benehmen sich so, als ob nur die Erörterung des Problems sie interessiert, nicht aber seine Lösung." Sie wünschten Verhandlungen, keine Konfrontation. Die Bundesrepublik habe Probleme, ihre drei Ziele Sicherheit, Unabhängigkeit, Wiedervereinigung unter einen Hut zu bringen: „Ihr Problem lautet: Wie kann man die Wiedervereinigung vorbereiten ohne die Sicherheit zu gefährden und die Unabhängigkeit preiszugeben." Wenn die Bundesrepublik sich nur auf die Vereinigten Staaten stütze, dann opfere sie die Unabhängigkeit und die Wiedervereinigung. Wenn sie mit der UdSSR verhandele, dann bestehe die Gefahr ihrer Neutralisierung. Wenn die Bundesrepublik sich eigene Nuklearwaffen beschaffen wolle, wäre das mit unberechenbaren Risiken verbunden. „Es stellt sich das Problem des Status von Deutschland."

Das Spiel Bonns sei, die Amerikaner vor die schwierige Wahl zu stellen, entweder die Mittelstreckenwaffen zu modernisieren, oder die Deutschen in die Verhandlungen mit den Russen einzubeziehen. Dann könne Bonn ebenbürtig, trotz des Status als nicht-nukleare Macht, verhandeln. Es werde für Moskau wieder ein wichtiger Gesprächspartner und könne so die Ostpolitik wieder ankurbeln. Wenn aber die Amerikaner modernisieren wollten, könne Bonn entweder annehmen oder ablehnen, und daher könne die Bundesrepublik mit Moskau einen Kuhhandel starten: „Die Deutschen schlagen vor, Nachrüstung und Verhandlung gleichzeitig zu führen. In der Tat zielt aber diese Methode darauf, die Bedrohung mit der Nachrüstung als Zünder und Instrument der Verhandlung einzusetzen." Aber für richtige Verhandlungen solle man auch die britischen und französischen Kräfte einbeziehen! „Es liegt natürlich nicht in unserem Interesse, die Unabhängigkeit unserer Abschreckungsmacht preiszugeben, zugunsten einer Verhandlungslösung, welche die Chancen für eine Wiedervereinigung Deutschlands und eine Neutralisierung Europas erhöhen würde."

Frankreich dürfe sich dennoch nicht uninteressiert zeigen: „Wir können auch nicht offen sagen, wir sind mit einer Situation, in der Deutschland gleichzeitig geteilt, gefährdet und nuklearwaffenunfähig ist, zufrieden." Robin riet, Frankreichs Position gegenüber den Verbündeten sollte sein: „Wenn Sie meinen, die SS-20 stellen Sie vor ein Problem, dann rüsten Sie ruhig nach; das bedeutet, Washington wird die nötigen Waffen mit den Russen nicht wegverhandeln, und die Bundesrepublik wird keine Schwierigkeiten bei der Stationierung machen. Wir modernisieren unsererseits unsere Abschreckungsmacht weiter, das ist unser nützlicher Beitrag für die Allianz. Wir sind aber gegen spezifische Verhandlungen über eurostrategische Waffen: Sie führen zur Abkoppelung und zur Neutralisierung Europas. Daher werden wir weder direkt noch indirekt an den Verhandlungen teilnehmen."

Robin führte weiter aus: „Ich glaube nicht, dass die USA und die Bundesrepublik wirklich bereit sind nachzurüsten. Gleichwohl, weil wir diese Modernisierung empfohlen haben, aber nicht gehört worden sind, werden wir desto freier sein, uns von den Verhandlungen, auf deren Gefahren wir hingewiesen haben, fernzuhalten."[12] Robin empfahl das gleiche Verhalten wie bei den MBFR-Verhandlungen in Wien: keine Teilnahme Frankreichs. Diese Haltung wurde nicht von allen Verantwortlichen geteilt: Mein Vater, Jean-Marie Soutou, damals Staatssekretär im Quai d'Orsay, war mit dieser Aufzeichnung nicht einverstanden. Er glaubte nicht, dass Helmut Schmidt solche weit reichenden Ziele verfolge. Der Kanzler habe eher vor einem echten militärischen Problem gestanden. Nach der Blamage mit der Neutronenbombe war er sowohl gegenüber Washington als auch gegenüber der deutschen öffentlichen Meinung in einer schwierigen Situation. Wahrscheinlich

[12] Gabriel Robin, Réflexions sur la zone grise, am 28.12.1978, in: AN, 5AG3/894.

löste die Aufzeichnung von Robin eine lebhafte Kontroverse in der französischen Diplomatie aus. Doch abgesehen von den damaligen Aussagen meines Vaters, habe ich nichts darüber in den Akten gefunden.

Was dachte der Staatspräsident selbst? Man hat bisher keine einzige Aufzeichnung und keinen einzigen Randvermerk gefunden. Es gibt nur eine Aussage vor höheren Beamten am 9. Januar 1979 durch Außenminister Jean François-Poncet, nachdem Giscard d'Estaing ihm das Treffen auf Guadeloupe geschildert hatte: Giscard scheint danach weitgehend mit Gabriel Robin übereingestimmt zu haben[13]: Die Haltung der Bundesrepublik sei ziemlich heuchlerisch und im Rahmen „ihres Spiels mit den Russen" zu verstehen. Er sah keinen Vorteil für Frankreich, sich an der Diskussion innerhalb der Allianz oder an Verhandlungen mit der Sowjetunion zu beteiligen. Die französische Nuklearstreitmacht wäre anderer Natur als die eurostrategischen Waffen. Die Vorstellung, eine Reduzierung der SS-20 gegen einen Verzicht auf die Nachrüstung einzutauschen, interessierte ihn offensichtlich wenig. Er trete dafür ein, dass die anderen Alliierten nachrüsten.

## IV. Die Haltung Giscard d'Estaings und der Gipfel auf Guadeloupe

Die Reaktion Giscards war aber doch engagierter als die bloße Zurückhaltung, die ihm empfohlen wurde. Im Einvernehmen mit Schmidt lud er diesen neben dem amerikanischen Präsidenten Jimmy Carter und dem britischen Premierminister James Callaghan nach Guadeloupe ein. Dabei sollte es auch um die SS-20 gehen. Eine Einladung an die Bundesrepublik zu einem Treffen der „großen Vier" war damals noch ein politisches Novum. Gab es, abgesehen von der Einladung Schmidts zum Gipfel, deutsch-französische Vorbesprechungen über die Mittelstreckenwaffen? Nach den französischen Quellen scheint dies nicht der Fall gewesen zu sein[14]. Auch aus den veröffentlichten deutschen Dokumenten geht dies nicht hervor. Man kann sich jedoch fragen, ob der Gipfel auf Guadeloupe nicht sogar die Folge einer behutsamen französisch-amerikanischen Zusammenarbeit zur Abwendung der Gefahr einer neutralistischen Entgleisung der Bundesrepublik war[15].

Gesprächsprotokolle des Gipfels, der vom 4. bis 6. Januar 1979 auf Guadeloupe stattfand, existieren wahrscheinlich nicht. Es gab anscheinend keinen Protokollführer. Die Vier wurden von jeweils einem einzigen Berater begleitet und trafen sich ohne die Außenminister[16]. Heutzutage erinnern wir uns an diesen Gipfel hauptsächlich im Zusammenhang mit der Debatte über den NATO-Doppelbeschluss. Es ging jedoch auch um andere Themen wie SALT II, China (insbesondere das Problem der Lieferungen westlicher Waffen an China), das Verhältnis zur Sowjetunion im Allgemeinen und um Fragen der Weltwirtschaft. In seinen Memoiren beschreibt der französische Staatspräsident das Ergebnis von Guadeloupe mit gestochener cartesianischer Klarheit. Er habe die Kompromisslösung gefunden, das „sowohl als auch": Verhandlung mit der UdSSR, und Nachrüstung zu einem

[13] Dokumentation im Privatbesitz.

[14] Telegramm des Botschafters Brunet in Bonn am 28. 12. 1978: Der Kanzler beabsichtigt, die Grauzone zu erwähnen, in: AN, 5AG3/894.

[15] Brief des französischen Botschafters in Washington, François Lefebvre de Laboulaye, an Staatssekretär Jean-Marie Soutou, 21. 12. 1977, Dokumentation in Privatbesitz.

[16] Vgl. die meines Wissens beste Darstellung, John Newhouse, War and Peace in the Nuclear Age, New York 1989, S. 323–326.

festen Termin, falls die Verhandlungen scheitern sollten. So wäre prinzipiell der Doppelbeschluss der NATO vom Dezember 1979 entstanden. Der französische Präsident habe die westliche Eintracht gerettet[17].

Diese Version ist oft übernommen worden, zum Beispiel durch Strobe Talbott[18]. Man kann sich dennoch fragen, ob der Gipfel so viel Klarheit geschaffen hat und man so entschlussfreudig war, wie Giscard es darstellt. Carter wollte die Nachrüstung, die tatsächlich prinzipiell auf Guadeloupe akzeptiert wurde. Callaghan und Schmidt wollten aber vor allem, dass die SS-20 im Zuge der künftigen SALT-III-Verhandlungen verschwinden würden. Sie wurden aber von Carter überrumpelt, der die Blamage der Neutronenbombe wett machen und den Eindruck von Festigkeit gegenüber Moskau erwecken wollte, unter anderen um die Ratifizierung von SALT II zu erleichtern. Das Prinzip der Nachrüstung wurde auf Guadeloupe zwar angenommen, aber die Verhandlungsseite blieb recht vage[19].

Genau das erklärte Außenminister Jean François-Poncet den höheren Beamten des Quai d'Orsay am 9. Januar 1979, nachdem er vom Präsidenten unterrichtet worden war: „Rien de très clair" („Nichts sehr Eindeutiges"). Carter hatte ein Treffen der vier Außenminister vorgeschlagen, um die Verhandlungen mit Moskau vorzubereiten. Giscard lehnte dies ab, um die Sowjetunion nicht zu provozieren. Der zuständige Mitarbeiter des National Security Council (NSC), David L. Aaron, würde lediglich Gespräche in London, Bonn und Paris führen[20]. Auch eine Aufzeichnung von Gabriel Robin vom 30. Januar 1979 bestätigt, dass die Kompromisslösung des Sowohl-als-auch – Nachrüstung und Verhandlungen mit Moskau – nicht von Paris vorgeschlagen worden war, sondern durch Bonn und London[21].

## V. Die Haltung Frankreichs nach Guadeloupe: Vorsichtiges und leicht heuchlerisches Schweigen

Die grundsätzliche Haltung Frankreichs wurde bald nach dem Gipfel intern bestätigt und in einer Sprachregelung formuliert: Paris werde an einer SALT-III-Verhandlungsrunde nicht teilnehmen und werde auch eine indirekte Einbeziehung der Force de frappe nicht dulden. Die Nachrüstung werde Frankreich befürworten, ohne sich daran zu beteiligen. Es werde die Verbündeten dazu ermuntern, ihre Nuklearwaffen zu modernisieren, denn es liege im Interesse Frankreichs, dass die Amerikaner sich tatkräftig in Europa engagierten und dass sich die Deutschen sicher fühlten. Paris solle dafür plädieren, dass die eurostrategischen Waffen ausschließlich in amerikanischen Händen blieben[22].

Bekanntlich nahm Paris 1979 an den NATO-internen Diskussionen über den Doppelbeschluss nicht teil. Der Doppelbeschluss der NATO am 12. Dezember 1979 wurde deswegen sogar prozedural ein Unikum. Er wurde nicht vom Atlantischen Rat beschlossen, weil Paris

[17] Valéry Giscard d'Estaing, Le pouvoir et la vie, Bd. II, Paris 1991, S. 363ff.; Helmut Schmidt, Weggefährten. Erinnerungen und Reflexionen, Berlin 1996, S. 266–268; Georges-Henri Soutou, L'Alliance incertaine. Les rapports politico-stratégiques franco-allemands, 1954–1996, Paris 1996, S. 351ff.

[18] Strobe Talbott, Deadly Gambits The Reagan Administration and the Stalemate in Nuclear Arms Control, New York 1984, S. 35–37 (ohne Quellenangabe).

[19] Newhouse, War and Peace, S. 323f.

[20] Dokumentation in Privatbesitz.

[21] Ich bin Frau Dr. Veronika Heyde (IfZ München-Berlin) dankbar, dass sie mich auf dieses Dokument aufmerksam gemacht hat.

[22] Aufzeichnung von Gabriel Robin am 30. 1. 1979, in: AN, 5AG3/894.

nicht teilnehmen wollte. Er wurde auch nicht vom Ministerausschuss für Verteidigungsplanung (DPC) verabschiedet, trotz der Tatsache, dass Frankreich seit 1966 nicht mehr diesem Gremium angehörte. Doch dieses Gremium war zu zweitrangig für eine solch brisante Entscheidung. Deswegen traten die Außen- und Verteidigungsminister – ohne Frankreich – eigens dafür zusammen[23].

Es wäre zu prüfen, warum Bundeskanzler Schmidt Giscard nicht um ausdrückliche Unterstützung bat. Dagegen wünschte Moskau von Paris, dass Frankreich gegen den Doppelbeschluss Stellung nähme. Washington wiederum äußerte den gegenteiligen Wunsch: Paris solle sich stärker engagieren, oder zumindest die Bundesrepublik dazu ermuntern, den Doppelbeschluss zu implementieren[24].

Diese Zurückhaltung bezüglich des NATO-Doppelbeschlusses entsprach einer fest vereinbarten Linie. Sie wurde in einem Brief Giscards an Breschnew am 10. Dezember 1979 erläutert[25]. Frankreich wollte seine volle Handlungsfreiheit bewahren, und werde deswegen an den Gesprächen innerhalb der Allianz über die Modernisierung der Nuklearwaffen der NATO in Europa nicht teilnehmen. Über die bekannten Argumente hinaus (keine Berücksichtigung der französischen Nuklearstreitmacht usw.) verfolgte Frankreich in der Sache seine eigene Russlandpolitik. Ende April 1979 konstatierte Präsident Giscard d'Estaing nach einer Moskaureise mit Blick auf die UdSSR: „Frankreich stellt den stabilsten Teil ihrer Außenbeziehungen" dar[26]. Zurückhaltung im Zusammenhang mit dem Doppelbeschluss war da nützlich. Der Dialog mit Moskau erschien umso wichtiger, je mehr man davon überzeugt war, dass „die deutsch-sowjetische Intimität in der Zukunft nur wachsen" könne[27].

Zugleich fürchtete Paris die möglichen Konsequenzen der Verhandlungen über den Doppelbeschluss. Es schien eine Gefahr von dem auszugehen, was man damals in Paris als SALT III bezeichnete, nämlich ein wachsender Druck zur Einbeziehung der französischen Waffen in Abrüstungsverhandlungen. Man konnte sich nicht rein passiv verhalten. Man versuchte den französischen Vorschlag einer Konferenz über konventionelle Abrüstung in Europa im Gespräch mit den Russen am Leben zu halten, mindestens den Teil über die Vertrauensbildenden Maßnahmen[28].

Weiter erklärte Giscard d'Estaing Breschnew am 27. April 1979 zum Auftakt seines UdSSR-Besuchs, Paris wolle die Nuklearfragen nicht von Block zu Block erörtern, sei aber bereit, sie bilateral mit Moskau zu besprechen[29]. Am folgenden Tag, der zeitliche Zusammenhang ist hier bedeutend, wiederholte Giscard seine Haltung zur deutschen Frage (nie hatten sich Charles de Gaulle oder Georges Pompidou so eindeutig geäußert): „Wir wünschen die Erhaltung des Gleichgewichts in Europa, wie es heute besteht, d. h. mit der Teilung Deutsch-

---

[23] Vgl. David N. Schwartz, NATO's Nuclear Dilemmas, Washington 1983, S. 238–240.

[24] Henri Froment-Meurice, Vu du Quai. Mémoires 1945–1983, Fayard 1998, S. 557–558. Gespräch zwischen Jacques Wahl, Staatssekretär im Elysée, und dem amerikanischen Botschafter in Paris, Arthur Hartmann, am 14. 3. 1979, in: AN, 5AG3/AE 94.

[25] Brief von Giscard an Breschnew am 10. 12. 1979, in: AN, 5AG3/AE 133.

[26] Ministerrat am 2. 5. 1979, in: AN, 5AG3/AE 134.

[27] Aufzeichnung der Europaabteilung, 2. 2. 1979, in: ebenda.

[28] Osteuropa-Abteilung, 2. 2. 1979, Dokumentation in Privatbesitz. Am 25. 1. 1978 billigte der französische Ministerrat einen Bericht des Staatspräsidenten zur Abrüstungspolitik, in dem ein Vorschlag für eine Konferenz für (konventionelle) Abrüstung in Europa unterbreitet wurde, vgl. dazu Aufzeichnung des MD Blech, in: AAPD 1978, Dok. 27, S. 163–171. In einem Memorandum vom 19. 5. 1978 unterbreitete Frankreich diesen Vorschlag den KSZE-Mitgliedstaaten, vgl. Europa-Archiv (1980), D 506–509.

[29] Gesprächsprotokoll der Unterredung Giscard d'Estaings mit Breschnew am 27. 4. 1979, in: AN, 5AG3/AE 134.

lands. Sie sollen wissen, wir sind gegen die Wiedervereinigung. Ich schätze, das Gleichgewicht in Europa wäre durch die Wiedervereinigung der zwei deutschen Staaten tief erschüttert. Und die deutschen Verantwortlichen kennen unsere Haltung zu diesem Problem."[30]

Andererseits verstand Giscard, wo die größte Schwierigkeit des NATO-Doppelbeschlusses lag: Am 6. Juli 1979 erklärte er dem amerikanischen Senator und demokratischen Majority Leader, Robert C. Byrd, das Konzept des Doppelbeschlusses. Man verkünde, man werde nachrüsten, aber man sei bereit, darauf zu verzichten, wenn die Verhandlungen mit Moskau dies ermöglichten. Dadurch werde der „Westen in eine sehr schwache Position" gestellt. Denn man sollte zunächst einmal seine eigenen Waffen dislozieren, wenn man wünsche, die des Gegners wegzuverhandeln. Dies werde aber zwei bis drei Jahre in Anspruch nehmen. Erst danach könne man verhandeln. Demzufolge war Giscards Haltung auf Guadeloupe nicht so eindeutig für den Doppelbeschluss: Er unterstützte (aus der Ferne) die Nachrüstung, die Verhandlungen aber hielt er für gefährlich. Diese sollten so lange wie möglich vertagt werden[31].

Es ist offensichtlich, dass Paris mit dem NATO-Doppelbeschluss im Dezember 1979 nichts zu tun haben wollte, nicht nur um der indirekten Einbeziehung der Force de frappe zu entgehen, wie oft angenommen worden ist. Sondern weil dieser Beschluss an sich gefährlich und nicht überzeugend erschien. Auch die Orientierung nach Moskau Anfang 1979 war kurzlebig. Einerseits war nicht jeder in Paris mit dieser Orientierung einverstanden. Am 2. Februar 1979 schrieb Jacques Andreani, Leiter der Europaabteilung im Quai d'Orsay, man solle in der schwelenden Krise nicht nach Moskau schauen, sondern die Beziehungen zu Bonn vertiefen[32]. Und Moskau reagierte überhaupt nicht auf die französischen Avancen. Mit der Verschärfung des „neuen Kalten Krieges" nach dem Einmarsch in Afghanistan fürchtete Paris 1980 mehr und mehr, die UdSSR werde ihren Druck auf die Bundesrepublik erfolgreich erhöhen, um den Westen zu spalten und Europa von den amerikanischen Nuklearwaffensystemen abzukoppeln[33].

Es kann sein, aber dies würde den Rahmen dieses Aufsatzes sprengen, dass diese Überlegungen 1981 für Giscard ein Motiv darstellten, den Elysée-Vertrag durch eine enge militärische Zusammenarbeit mit Bonn zu erweitern[34]. Damit wird deutlich, und dies weist schon auf die Entwicklungen bis 1983 hin, wie groß der Einfluss des Doppelbeschlusses auf die Gestaltung des Dreiecksverhältnisses Paris-Bonn-Moskau war, das heißt, wie nachhaltig er eine der zentralen Grundstrukturen der französischen Außenpolitik in der Zeit des ganzen Kalten Krieges beeinflusste.

## VI. François Mitterrand erbt das Problem. Seine Anfangsposition

Anfänglich stand François Mitterrand für eine „ausgewogene" Lösung des Streites. Er lehnte sowohl die Null-Option, die der amerikanische Präsident Ronald Reagan demons-

---

[30] Ebenda.

[31] Gesprächsprotokoll der Unterredung Giscard d'Estaings mit Senator Byrd am 6. Juli 1979, in: AN, 5AG3/AE 94.

[32] Aufzeichnung von Jacques Andréani vom 2. 2. 1979, Dokumentation in Privatbesitz.

[33] Aufzeichnung der Leiterin des Referats für strategische Angelegenheiten und Abrüstung, Isabelle Renouard, 3. 7. 1980, in: AN, 5AG3/828.

[34] Wolfgang Jäger/Werner Link, Republik im Wandel 1974–1982. Die Ära Schmidt, Stuttgart 1987, S. 334f.

trativ forderte, indem er bei einer Abschaffung aller SS-20 den kompletten Verzicht auf eine amerikanische Nachrüstung anbot, als auch die Moskauer Vorschläge (keine zusätzlichen SS-20, aber überhaupt keine westlichen Waffen) ab. Er sprach sich für eine Zwischenlösung aus [35]. Andererseits wünschte er aber doch die Stationierung einer gewissen Anzahl von Pershing-II, weil die Bundesrepublik sonst möglicherweise in den Neutralismus abgleite[36].

Die Haltung der Diplomaten des Quai d'Orsay und der militärischen Führungsstäbe ist für die Frühphase der Ära Mitterrand aufgrund des gesperrten Zugangs zu den Akten noch schwer zu eruieren. Sie verfeinerten jedoch ihre Argumente seit 1979 ständig[37]. Der zentrale Gesichtspunkt war und blieb die Unabhängigkeit und Glaubwürdigkeit der französischen nuklearen Abschreckung. Deswegen wollte man keine explizite Einberechnung der französischen Mittelstreckenwaffen in die INF-Verhandlungen dulden. Sofern diese Einberechnung implizit erfolgte, wie 1972 beim SALT-I-Abkommen, war die Sache schwieriger. Man würde jedoch gegebenenfalls auf einer amerikanischen Erklärung bestehen, dass die französischen Kräfte durch das Abkommen nicht tangiert seien.

Die implizite Einberechnung war zweifelsohne der wunde Punkt der französischen Haltung. Aber ohne Reaktion seitens Paris werde sie in der Zukunft zu einem ständigen Druck seitens der UdSSR (und der Alliierten!) hinsichtlich der Entwicklung und Modernisierung der französischen Kräfte führen und so deren Unabhängigkeit und Glaubwürdigkeit beeinträchtigen. Der Grenzen der französischen Handlungsfreiheit in dieser Hinsicht war man sich vollkommen bewusst. Man glaubte aber an die Möglichkeit, die französischen Interessen zu wahren. Dafür wollte man die Modernisierung der eigenen Nuklearstreitkräfte rücksichtlos vorantreiben, um jeden Verdacht zu zerstreuen, Paris werde sich implizit an etwaige, ohne Mitwirkung Frankreichs verhandelte Grenzen halten. Just am 14. November 1981 (und vermutlich im engen Zusammenhang mit den oben angeführten Diskussionen) gab der Elysée-Palast bekannt, Frankreich werde seine Kräfte beträchtlich weiterentwicklen: Drei atomare U-Boote würden ständig im Einsatz gehalten (die Botschaft war, in allen Fällen die Fähigkeit der totalen Zerstörung des Moskauer Oblasts zu gewährleisten). Der Bau eines siebten U-Bootes werde vorangetrieben, eine neue bewegliche Rakete mit strategischer Reichweite entwickelt sowie ein Ersatz zum taktischen Träger Pluton mit größerer Reichweite.[38]

In Frankreich verstand man – vielleicht besser als anderswo im Westen –, dass es im Kontext der nuklearen Abschreckungsstrategie um Szenarien des Undenkbaren ging, bei denen die Frage der politischen Glaubwürdigkeit entscheidend war. Daher waren entschlossen wirkende französische Erklärungen über die Unabhängigkeit der Force de frappe letzten Endes der zentrale Punkt. Der zweite Gesichtspunkt war die Erhaltung der Abschreckungsfähigkeit der NATO, die im Interesse Frankreichs lag. Der dritte Gesichtspunkt war die Eindämmung neutralistischer Bestrebungen in Westeuropa (die von Paris mit großer Besorgnis verfolgt wurden). Es war ersichtlich, dass das politische Moment einer Spaltung der Atlantischen Allianz und einer entsprechenden Einflussnahme auf die Bundesrepublik für Moskau genauso wichtig war wie das strategische Moment der Abkopp-

---

[35] Vgl. Jacques Attali, Verbatim I, Paris 1996, S. 345.
[36] Ebenda, S. 375.
[37] Ich stütze mich hier auf Interviews.
[38] Vgl. das Kommuniqué des französischen Präsidialamts, 14. 11. 1981, in: Politique Étrangère, November/Dezember 1981, S. 12.

lung des europäischen Kriegsschauplatzes von den zentralen amerikanischen Waffen. Sorgfältig studierte Paris die entsprechende sowjetische Propagandaliteratur[39].

Unter Mitterrand war die französische Regierung wie unter Giscard d'Estaing der Meinung, Frankreich solle an den INF-Verhandlungen nicht teilnehmen. Doch es gab einen wesentlichen Unterschied. Während unter Giscard Bonn eher als der Urheber der ganzen Krise erschienen war, die wegen spezifisch deutscher nationaler Interessen ausgelöst worden sei, sah man unter Mitterrand die Bundesrepublik eher als Ziel und Opfer einer geschickten sowjetischen Kampagne. Daher widmeten französische Experten den sowjetischen Zersetzungsmanövern und Desinformationskampagnen große Aufmerksamkeit[40]. Militärisch wollte Frankreich sich weiter fernhalten, politisch aber nicht. Dies war der Grund für Mitterrands Bundestagsrede vom 20. Januar 1983, die seit 1981 vorbereitet worden war.

Andererseits schätzten die Experten unter Mitterrand die militärische Bedeutung der SS-20 geringer ein. Vor 1981 meinten viele in Paris, die SS-20 konfrontiere die NATO mit einem schwierigen Problem. Nach 1981 wurden diese Befürchtungen aufgrund eines gewandelten Verständnisses der Abschreckung relativiert. Denn anders als Giscard war der neue Präsident zur härtesten Abschreckung, ohne „Nuclear War-Fighting", d. h. ohne ein allmähliches Eskalationskontinuum, zurückgekehrt. Nie war die französische Doktrin so versteinert wie nach 1981. Das spiegelte sich im Streit um die SS-20 wider.

## VII. Mitterrands Bundestagsrede vom 20. Januar 1983

Die Rede im Bundestag am 20. Januar 1983 war zunächst Teil der Feierlichkeiten für den 20. Jahrestag des Elysée-Vertrags. Sie hatte anfänglich eher protokollarische Bedeutung. Sie nahm nur sehr spät die große außenpolitische Bedeutung an, die wir ihr heute beimessen[41]. Seit August 1982 signalisierte Mitterrands außenpolitischer Berater, Hubert Védrine, Bonn möge mehr als eine bloße Feier in Erwägung ziehen; man plane eine Vertiefung der Zusammenarbeit auf verschiedenen Gebieten. Die Nachrüstung fand aber zunächst noch keine Erwähnung.

Am 3. Dezember 1982 schlug der Staatssekretär im Präsidialamt, Jean-Louis Bianco, dem Präsidenten vor, eine gemeinsame Initiative im Rahmen der Europäischen Gemeinschaften am Jahrestag des Elysée-Vertrags zusammen mit Kohl zu lancieren. Noch fand der Doppelbeschluss keine Erwähnung, schien die Rede keinen Paukenschlag zu bedeuten! Dies änderte sich kurzfristig im Januar 1983[42].

Erst im Januar 1983 dämmerte es Paris, dass die Nachrüstung in Deutschland ein gefährliches Politikum erstes Ranges geworden war. Das Centre d'Analyse et de Prévision des

[39] Une menace pour l'Europe, Moskau 1981; Daniel Proektor, Le dilemme de l'Europe, Moskau 1981.
[40] Im ersten Kapitel seines Buches Petite histoire de la désinformation, Paris 1999, erzählt Vladimir Volkoff wie der Generaldirektor des französischen Auslandsgeheimdienstes Service de Documentation Extérieur et de Contre-Espionage (SDECE), Alexandre de Marenches 1979 an einer Bestandsaufnahme der sowjetischen Desinformationstechniken arbeitete. Ein von Volkoff herausgegebener Sammelband, La désinformation, arme de guerre, Paris 1986, sollte die breitere Öffentlichkeit darüber informieren.
[41] Noch am 3. 12. 1983 erwähnte eine Aufzeichnung von Bianco für Mitterrand nur eine Zeremonie in Bonn für den Jahrestag des Elysée-Vertrags, ohne große politische Rede, in: AN, 5AG/4 CD 174 Dossier 3.
[42] Für diesen Absatz, in: AN, 5AG4/CD 174, dossier 1.

Quai d'Orsay (CAP, Planungsstab) merkte an, die Sowjetunion sei im Begriff, im Zusammenhang mit der bevorstehenden Bonn-Reise Gromykos, in dieser Frage in der Bundesrepublik Fortschritte zu verbuchen[43]. Dagegen wurden die Anstrengungen Frankreichs zur Modernisierung des eigenen Nuklearsenals und die Haltung von Paris gegenüber SALT III „als ein Hindernis auf dem Wege eines Abkommens in Genf, und deshalb für deutsche Grundinteressen, gesehen". Am gleichen Tag fasste das CAP die Meinung der großen deutschen Medien zusammen: Entweder würden die französischen Nuklearwaffen eine europäische Aufgabe und Funktion („vocation") besitzen, dann sollten sie mit eingerechnet werden. Oder dies sei nicht der Fall – dann hätten die Deutschen keinen Grund, für sie die Möglichkeit eines Abkommens mit Moskau zu opfern.

Die Mitarbeiter im Elysée machten sich auf dieser Basis an die Arbeit. Es sind verschiedene Versionen der Rede überliefert, mit den Korrekturen von Mitterrand. Die Mitarbeiter waren offensichtlich skeptisch in Bezug auf die Fähigkeit Kohls, die Nachrüstung durchzusetzen. Sie wollten Vorschläge machen, um nach einem wahrscheinlichen Scheitern der Nachrüstung die Bundesrepublik aufzufangen und ihr Abgleiten in den Neutralismus zu verhindern. Bianco und Védrine schlugen Versionen vor, die ins Detail der INF-Verhandlungen in Genf gingen, und praktisch einen Kompromiss zwischen der Null-Lösung von Reagan und der Moskauer Position empfahlen. Das entsprach, wie gesagt, der anfänglichen Meinung Mitterrands.

Beide Versionen hätten Kohl nur wenig geholfen. Mitterrand strich alles eigenhändig weg und behielt nur einen Satz bei: Er wünsche den Erfolg der Verhandlungen in Genf. Voraussetzung dafür sei aber der entschlossene Wille des Westens nachzurüsten. Diese Aussage wurde zum der Kern der Rede. Diese verknappte Version Mitterrands war für Kohl sehr viel nützlicher als die ausführlicheren Versionen von Bianco und Védrine.

Der diplomatische Berater im französischen Präsidialstab, Pierre Morel, war besser über den „deutschen Moment" der Krise informiert als Bianco und Védrine. Man solle Bonn eine vertiefte, erneuerte Zusammenarbeit vorschlagen, um die von der Debatte um den NATO-Doppelbeschluss aufgerissene „psychologische Krise zu überwinden". Man brauche große Initiativen[44]. Da Morel von einem möglichen Scheitern der Nachrüstung ausging, schlug er vor, eine gemeinsame Initiative gegen die Arbeitslosigkeit und eine Initiative zur Sicherheit zu starten. Bei letzterer dachte er an eine Weiterentwicklung des Elysée-Vertrags mit neuen politisch-militärischen Bestimmungen in Richtung auf eine gemeinsame europäische Verteidigung. Als weitere Optionen schlug er einen neuen deutsch-französischen Vertrag vor oder eine Erneuerung der WEU.

In seiner Rede behielt Mitterrand den Passus über die Weiterentwicklung des Elysée-Vertrags im Sinne der deutsch-französischen strategischen Zusammenarbeit bei. In der Tat kam es in den folgenden Jahren zu einer Weiterentwicklung in diesem Bereich. Der zweite wichtige Punkt der Rede stammte jedoch ausschließlich aus Mitterrands Feder: die Erwähnung der Zugehörigkeit beider Länder „zu ein und demselben Bündnis – ich wiederhole: zu ein und demselben Bündnis[45]". Es gibt drei Fassungen des Manuskripts, bis sich Mitter-

---

[43] Aufzeichnung des Leiters des Planungsstabs, Jean-Louis Gergorin, am 17.1.1983, in: AN, 5AG4/CD 174 Dossier 1.

[44] Ebenda.

[45] Übersetzung der Rede des Staatspräsidenten Mitterrand, 20.1.1983, in: Deutscher Bundestag. Stenographische Berichte, 9. Wahlperiode, 142. Sitzung, S. 8985–8992, hier S. 8986. Die Rede wurde auf französisch vorgetragen, vgl. ebenda, S. 8978–8984.

rand schließlich zu dieser Formulierung durchrang, die damals einem diplomatischen Erdbeben nahe kommen sollte.

Gewiss, das war keine Rückkehr zum Atlantizismus. Mitterrand hob gleich darauf die bekannten Argumente für die Unabhängigkeit der Force de frappe und gegen die Einberechnung der französischen Waffen in die Genfer Verhandlungen hervor. Bald nach der Rede schickte er Außenminister Claude Cheysson nach Moskau, um den Dialog mit der Sowjetunion wieder aufzunehmen. Er bewegte sich weiter im Rahmen der Außenpolitik der Fünften Republik. Aber er hatte vermutlich verstanden, dass, um ein Abgleiten der Bundesrepublik in den Neutralismus zu vermeiden, der Elysée-Vertrag und die Europäischen Gemeinschaften nicht ausreichten: Man brauchte Amerika und die Atlantische Allianz. Der Politikwissenschaftler Raymond Aron hat es in einem seiner letzten Artikel auf den Punkt gebracht: Mitterrand, im Unterschied zu de Gaulle, hatte verstanden, dass eine feste deutsch-amerikanische Bindung im Interesse Frankreichs lag[46].

## VIII. Noch einmal die deutsche Frage: Sie bewegt sich noch![47]

Die deutsche Frage war ins Bewusstsein des Quai d'Orsay und des Elysée zurückgekehrt. 1982 startete der Planungsstab des französischen Außenministeriums eine große Bestandsaufnahme der deutschen Frage, auch im Zusammenhang mit der Doppelbeschlusskrise[48]. Fachleute wurden aufgefordert, Beiträge anzufertigen. 1982 verfasste ich für den CAP zwei Gutachten über den Sinn der damaligen Debatte in der Bundesrepublik um Preußen und die deutsche Nation und über die DDR und die deutsche Frage. Mein damaliges Fazit: Die deutsche Frage war gar nicht vom Tisch, auch nicht in der DDR. In Frankreich mutete damals eine solche Meinung noch fast abenteuerlich an.

Selbstverständlich beharrten viele auf der üblichen These von der dauerhaften Teilung. Das Referat Mitteleuropa behauptete während der Vorbereitung der Bundestagsrede, man solle den Ausdruck „Wiedervereinigung" vermeiden und lieber von „Vereinigung" sprechen, weil dies weniger an den Status quo ante erinnere. Man solle, im Unterschied zu Kohl, nie behaupten, die deutsche Frage sei „offen". Jede prinzipielle Stellungnahme für die deutsche Einheit solle sogleich von der Feststellung begleitet werden, dass diese unter den gegebenen Umständen nicht zu verwirklichen sei[49].

Andere waren aufgeschlossener: Ein junger Diplomat im CAP, Michel Duclos, schrieb, Paris solle sich kurzfristig für eine Annäherung von Washington und Bonn stark machen, um einen deutschen Neutralismus zu vermeiden. Langfristig solle jedoch Europa weiterentwickelt werden. Weil die Deutschen sich nicht ewig mit dem Atlantizismus begnügen würden, liege dies auch nicht im Interesse Frankreichs. Die einzige Möglichkeit, die deutsche Frage zu lösen, bestehe in ihrer „Europäisierung", in der Überwindung von Jalta, im Zusammenrücken der beiden Hälften Europas. Dabei solle man auf einen Erhalt der At-

[46] Express, 28.1.1983, abgedruckt in: Raymond Aron, De Giscard à Mitterrand (1977–1983), Paris 2005, S. 577–580.
[47] Für diesen Absatz, vgl. AN, 5AG4/CD 174, dossier 2.
[48] Notiz des Planungsstabs vom 22.12.1892, in: ebenda, für den Elysée, mit den Namen von Fachleuten Joseph Rovan, Alfred Grosser, Jacques Bariéty, Georges-Henri Soutou, François-Georges Dreyfus, Pierre Hassner, Anne-Marie Le Gloannec, Renata Fritsch-Bournazel, Henri Ménudier, Eric Lassère, François Bertaux.
[49] Aufzeichnung der Abteilung Mitteleuropa am 4. Januar 1983, in: AN, 5AG4/CD 174, dossier 1.

lantischen Allianz drängen, um ein Druckmittel gegen Moskau zu haben. Duclos berief sich dabei ausdrücklich auf de Gaulle.

Wir wissen, dass diese Aufzeichnung damals im Elysée vorlag.[50] Ihre Wirkung war vermutlich gering. Aber sie nahm, wenn man die weitere Entwicklung 1989/90 sieht, eine der möglichen Orientierungen im Elysée-Palast vorweg. Mitterrand selbst blieb damals offensichtlich noch vorsichtiger. In seiner Bundestagsrede erwähnte er die Teilung Deutschlands mit einem einzigen Satz: „Weil ich selbst in einem besetzten Frankreich gelebt habe, spüre ich tief in mir selbst, welches die Empfindungen der in der Teilung lebenden Deutschen sein können."[51]

Eine Umwälzung der französische Außenpolitik stellte die Rede nicht dar, auch wenn die Doppelbeschluss-Krise offenbart hatte, dass, wenn es hart auf hart ging, letztlich die westliche Allianz für Frankreich unentbehrlich und die deutsche Frage keinesfalls verschwunden war. Sämtliche Berater waren sich in einem Punkt einig gewesen: Man sollte den Elysée-Vertrag in Richtung auf eine intensivere strategische und militärische Zusammenarbeit weiterentwickeln. In den folgenden Jahren gab es Ansätze in dieser Richtung, wenn sie auch eng begrenzt blieben. Hinzu kam, dass mit dem Machtantritt von Michail Gorbatschow 1985 sich Paris an Moskau wieder annäherte. Von den vielen Impulsen aus Mitterrands Bundestagsrede vom Januar 1983 und den während ihrer Vorbereitung diskutierten Überlegungen sind zwei bis heute von herausragender historischer Bedeutung: die Unterstützung Kohls in der Debatte über den Doppelbeschluss – schließlich sprach Mitterrand in der letzten Sitzung des Parlaments vor den vorgezogenen Bundestagswahlen – und die Beschwörung der atlantischen Allianz[52].

## IX. Schlussbetrachtung

Theoretisch war die Stellung Frankreichs verständlich, aber politisch nicht sehr einfach vor den Partnern zu vertreten. Der Doppelbeschluss war die beste Lösung, aber die Nachrüstung (der anderen!) wünschte Paris mehr als die Abrüstungsverhandlungen. Dennoch war die Haltung Frankreichs widersprüchlich und für die Verbündeten nicht sehr überzeugend. Das betraf vor allem die Ablehnung einer auch indirekten Mitzählung der französischen Waffen. Und Paris blieb längere Zeit unentschieden zwischen den Gefahren des Außenstehens, bei dem man einen wachsenden Neutralismus in Westdeutschland befürchtete, oder der aktiven Unterstützung, bei der eine Mitzählung der Force de frappe bei den INF-Gesprächen drohte. Die einzige Lösung aus diesem Balanceakt bot ein „zurück zur Allianz". Das war der eigentliche Sinn von Mitterrands Bundestagsrede. Da sagte der Präsident offen, was sein Vorgänger doch behutsam praktizierte, wenn man die Vorgeschichte von Guadeloupe und den Gipfel selbst anschaut. Diese Offenheit und ein schärferer Sinn für die Deutsche Frage, weil die Gesamtsituation ernster geworden war, bildeten zwei wichtige Unterschiede zwischen den beiden Präsidenten, die Frankreichs Politik gegenüber dem NATO-Doppelbeschluss bestimmten.

---

[50] Aufzeichnungen von Michel Duclos (Planungsstab) am 1. und 31.12.1982, in: ebenda.

[51] Übersetzung der Rede des Staatspräsidenten Mitterrand, 20.1.1983, in: Deutscher Bundestag. Stenographische Berichte, 9. Wahlperiode, 142. Sitzung, S. 8991f.

[52] Für eine gut informierte damalige Bestandsaufnahme vgl. François Gorand, La France et les euromissiles, in: Commentaire 23 (Herbst 1983), S. 547–551.

# Abkürzungsverzeichnis

| | |
|---|---|
| AA | Auswärtiges Amt |
| AAPD | Akten zur Auswärtigen Politik der Bundesrepublik Deutschland |
| ABM | Anti-Ballistic Missiles |
| ACDA | Arms Control and Disarmament Agency |
| ACDP | Archiv für Christlich-Demokratische Politik |
| AdsD | Archiv der sozialen Demokratie |
| AdG | Archiv der Gegenwart |
| ADM | Atomic Demolition Munitions |
| AFSC | American Friends Service Committee |
| Agalev | Anders Gan Leven |
| AKW | Atomkraftwerk |
| ALBM | Air-Launched Ballistic Missiles |
| ALCM | Air-Launched Cruise Missiles |
| AN | Archives Nationales |
| APuZ | Aus Politik und Zeitgeschichte |
| ARP | Antirevolutionaire Partij |
| AWACS | Airborne Warning and Control System |
| BAB | Bundesarchiv Berlin |
| BBU | Bundesverband Bürgerinitiativen Umweltschutz |
| BKP | Bulgarische Kommunistische Partei |
| BMVg | Bundesministerium der Verteidigung |
| BSR | Bundessicherheitsrat |
| BStU | Bundesbeauftragte(r) für die Unterlagen des Staatssicherheitsdienstes der ehemaligen DDR |
| CALC | Clergy and Laity Concerned |
| CDA | Christen Democratisch Appèl |
| CDU | Christlich-Demokratische Union |
| CHU | Christen-Historische Unie |
| CIA | Central Intelligence Agency |
| CLW | Council for a Livable World |
| CM | Cruise Missile(s) |
| CND | Campaign for Nuclear Disarmament |
| CNN | Cable News Network |
| CPD | Committee on the Present Danger |
| CPN | Communistische Partij van Nederland |
| CTBT | Comprehensive Nuclear Test-Ban Treaty |
| DB | Drahtbericht |
| DC | Democrazia Cristiana |

| | |
|---|---|
| DDR | Deutsche Demokratische Republik |
| DDRS | Declassified Documents Reference System |
| DE | Drahterlass |
| DGAP | Deutsche Gesellschaft für Auswärtige Politik |
| DIA | Defense Intelligence Agency |
| DFU | Deutsche Friedensunion |
| DKP | Deutsche Kommunistische Partei |
| DPC | Defense Planning Committee |
| | |
| Ecolo | Écologistes confédérés pour l'organisation de luttes originales |
| EKD | Evangelische Kirche in Deutschland |
| ena | Evangelische Nachrichten-Agentur |
| END | European Nuclear Disarmament |
| epd | Evangelischer Pressedienst |
| ERRB | Enhanced Radiation Reduced Blast |
| ERW | Enhanced Radiation Weapon |
| EVP | Evangelische Volkspartij |
| | |
| FAS | Federation of American Scientists |
| FBS | Forward Based Systems |
| FDJ | Freie Deutsche Jugend |
| FNV | Federatie Nederlandse Vakvereniging |
| FOR | Fellowship of Reconciliation |
| FRG | Federal Republic of Germany |
| | |
| GAZ | „Grüne Aktion Zukunft" |
| GLCM | Ground-Launched Cruise Missile |
| GLU | Grüne Liste Umweltschutz |
| | |
| HLG | High Level Group |
| HSA | Helmut-Schmidt-Archiv |
| HSFK | Hessische Stiftung Friedens- und Konfliktforschung |
| | |
| IISS | International Institute for Strategic Studies (London) |
| IKV | Interkerkelijk Vredesberaad |
| INF | Intermediate-Range Nuclear Forces |
| | |
| KPČ | Kommunistische Partei der ČSSR |
| KPdSU | Kommunistische Partei der Sowjetunion |
| KPV | Kommunistische Partei Vietnams |
| KOFAZ | Komitee für Frieden, Abrüstung und Zusammenarbeit |
| KVP | Katholieke Volkspartij |
| KSE | (Vertrag über) Konventionelle Streitkräfte in Europa |
| KSZE | Konferenz über Sicherheit und Zusammenarbeit in Europa |
| KZSS | Kölner Zeitschrift für Soziologie und Sozialpsychologie |
| | |
| LRTNF | Long Range Theater Nuclear Forces |

| | |
|---|---|
| LTDP | Long-Term Defense Program |
| | |
| MBFR | Mutual and Balanced Force Reductions |
| MD | Ministerialdirektor |
| MDg | Ministerialdirigent |
| MfS | Ministerium für Staatssicherheit |
| MIRV | Multiple Independently Targetable Reentry Vehicle |
| MRVP | Mongolische Revolutionäre Volkspartei |
| MFO | Multinational Force of Observers |
| | |
| NATO | North Atlantic Treaty Organization |
| NBC | National Broadcasting Company |
| NPG | Nukleare Planungsgruppe |
| | |
| OSL | Oud-Strijders Legioen |
| | |
| PCF | Parti Communiste Français |
| PCI | Partito Comunista Italiano |
| PPR | Politieke Partij Radicalen |
| PRI | Partito Repubblicano Italiano |
| PSI | Partito Socialista Italiano |
| PSP | Pacifistisch-Socialistische Partij |
| PSR | Physicians for Social Responsibility |
| PvdA | Partij van de Arbeid |
| PVAP | Polnische Vereinigte Arbeiterpartei |
| | |
| RAF | Rote Armee Fraktion |
| | |
| SACEUR | Supreme Allied Commander Europe |
| SACLANT | Supreme Allied Commander Atlantic |
| SALT | Strategic Arms Limitations Talks |
| SANE | Committee for a Sane Nuclear Policy |
| SAPMO | Stiftung Archiv der Parteien und Massenorganisationen der DDR im Bundesarchiv |
| SCG | Special Consultative Group |
| SDI | Strategic Defense Initiative |
| SDS | Sozialistischer Deutscher Studentenbund |
| SED | Sozialistische Einheitspartei Deutschlands |
| SETAF | Southern European Task Force |
| SEW | Sozialistische Einheitspartei West-Berlins |
| SG | Special Group |
| SLBM | Submarine-Launched Ballistic Missiles |
| SLCM | Sea-Launched Cruise Missiles |
| SPV | Sonstige Politische Vereinigung |
| SNF | Short-Range Nuclear Forces |
| SoFd | Sozialer Friedensdienst |
| START | Strategic Arms Reduction Treaty |

| | |
|---|---|
| StUG | Gesetz über die Unterlagen des Staatssicherheitsdienstes der ehemaligen Deutschen Demokratischen Republik |
| TASS | Telegrafnoe Agentstvo Sovetskogo Sojuza |
| TNA | The National Archives |
| TNF | Theater Nuclear Forces |
| UCS | Union of Concerned Scientists |
| UNIFIL | United Nations Interims Force in Lebanon |
| USP | Umweltschutzpartei (Niedersachsen) |
| USPID | Unione Scienziati per il Disarmo |
| VfZ | Vierteljahrshefte für Zeitgeschichte |
| VLR | Vortragender Legationsrat |
| VLR I | Vortragender Legationsrat I. Klasse |
| VVD | Vereniging voor Vrijheid en Democratie |
| WEU | Westeuropäische Union |
| WILPF | Women's International League for Peace and Freedom |
| WRL | War Resisters League |
| ZAIG | Zentrale Auswertungs- und Informationsgruppe |

# Bibliographie

Akten zur Auswärtigen Politik der Bundesrepublik Deutschland (AAPD) 1967. Hrsg. vom Institut für Zeitgeschichte München-Berlin im Auftrag des Auswärtigen Amts, 3 Bde., bearb. von Ilse Dorothee Pautsch, Jürgen Klöckler, Matthias Peter und Harald Rosenbach, München 1998

Akten zur Auswärtigen Politik der Bundesrepublik Deutschland (AAPD) 1975. Hrsg. vom Institut für Zeitgeschichte München-Berlin im Auftrag des Auswärtigen Amts, 2 Bde., bearb. von Mechthild Lindemann, Michael Kieninger und Daniela Taschler, München 2006

Akten zur Auswärtigen Politik der Bundesrepublik Deutschland (AAPD) 1976. Hrsg. vom Institut für Zeitgeschichte München-Berlin im Auftrag des Auswärtigen Amts, 2 Bde., bearb. von Matthias Peter, Michael Ploetz und Tim Geiger, München 2007

Akten zur Auswärtigen Politik der Bundesrepublik Deutschland (AAPD) 1977. Hrsg. vom Institut für Zeitgeschichte München-Berlin im Auftrag des Auswärtigen Amts, 2 Bde., bearb. von Amit Das Gupta, Tim Geiger, Matthias Peter, Fabian Hilfrich und Mechthild Lindemann, München 2008

Akten zur Auswärtigen Politik der Bundesrepublik Deutschland (AAPD) 1978. Hrsg. vom Institut für Zeitgeschichte München-Berlin im Auftrag des Auswärtigen Amts, 2 Bde., bearb. von Daniela Taschler, Amit Das Gupta und Michael Mayer, München 2009

Akten zur Auswärtigen Politik der Bundesrepublik Deutschland (AAPD) 1979. Hrsg. vom Institut für Zeitgeschichte München-Berlin im Auftrag des Auswärtigen Amts, 2 Bde., bearb. von Michael Ploetz und Tim Szatkowski, München 2010

Akten zur Auswärtigen Politik der Bundesrepublik Deutschland (AAPD) 1980. Hrsg. vom Institut für Zeitgeschichte München-Berlin im Auftrag des Auswärtigen Amts, 2 Bde., bearb. von Tim Geiger, Tim Szatkowski und Amit Das Gupta, München 2011

Abeshouse, Michael A.,/Kohn, Howard, Growing Bold in Washington, in: Nuclear Times, Januar 1983, S. 6–9

Achromeev, Sergej F./Kornienko, Georgij M., Glazami maršalla i diplomata, Moskau 1992

Aleksandrov-Agentov, Andrej M., Ot Kollontaj do Gorbačëva. Vospominanija diplomata, sovetnika A.A. Gromyko, pomoščnika L.I. Brežneva, Ju.V. Andropova, K.U. Černenko i M.S. Gorbačëva, Moskau 1994

Alt, Franz, Frieden ist möglich. Die Politik der Bergpredigt, München 1983

Andert, Reinhold/Herzberg, Wolfgang, Der Sturz. Erich Honecker im Kreuzverhör, Berlin/Weimar 1990

Anderson, Martin/Anderson, Annelisa, Reagan's Secret War. The Untold Story of His Fight to Save the World from Nuclear Disaster, New York 2009

Angioni, Franco, Un soldato italiano in Libano, Mailand 1984

Andrew, Christopher/Mitrokhin, Vasili, The Sword and the Shield. The Mitrokhin Archive and the Secret History of the KGB, New York 1999

Andrews, Nicholas G., Poland 1980–81: Solidarity versus the Party, Washington 1985

Apel, Hans, Der Abstieg. Politisches Tagebuch eines Jahrzehnts 1978–1988, Stuttgart 1990

Apel, Hans, Die Bedrohung Westeuropas durch das militärische Potential der Warschauer-Pakt-Staaten, in: Die Neue Gesellschaft 29 (1982), Nr. 4, S. 315–32

Arbatov, Aleksej, Voenno-strategičeskij paritet i politika SSA, Moskau 1984

Arbeitskreis Greifswald, Bedürfnisbefriedigung als Basis der Macht. Kritik der Bedürfnisse als Beitrag zu einer gerechten und zukunftsgerechten Gesellschaft, in: Büscher/Wensierski, Beton ist Beton, S. 129–137

Archivy Kremlja i Staroj Ploščadi. Dokumenty po „Delu KPSS", Novosibirsk 1995

Aron, Raymond, De Giscard à Mitterrand (1977–1983), Paris 2005

Aron, Raymond, Frieden und Krieg. Eine Theorie der Staatenwelt, Frankfurt a. M. 1986 [zuerst Paris 1962]

Asmus, Ronald D., Bonn and East Berlin. The Politics of German Unity and Partition, phil. Diss. Johns Hopkins University, Bologna 1993

Attali, Jaques, Verbatim, Bd. 1: Chronique des années 1981–1986, Paris 1993

Auger, Vincent A., The Dynamics of Foreign Policy Analysis. The Carter Administration and the Neutron Bomb, Lanham 1996
Auswärtiges Amt (Hrsg.), Es geht um unsere Sicherheit. Bündnis, Verteidigung, Rüstungskontrolle, Bonn 1980
Auten, Brian J., Carter's Conversion. The Hardening of American Defense Policy, Columbia/London 2008

Bärwald, Helmut, Missbrauchte Friedenssehnsucht. Ein Kapitel kommunistischer Bündnispolitik, Bonn 1983
Bagnato, Bruno, L'Italia vista de Palazzo Farnese: La missione di Gilles Martinet (1981–1984), in: Di Nolfo, Ennio (Hrsg.), La politica estera italiana negli anni Ottanta, Bari 2003, S. 211–262
Bahr, Egon, Zu meiner Zeit, München 1996
Bahr, Egon, Entspannung ist unsere einzige Chance, in: Albrecht, Ulrich (Hrsg.), Deutsche Fragen – Europäische Antworten. Materialien zur 2. Europäischen Konferenz für Atomare Abrüstung, Berlin 1983, S. 76–84
Bahr, Egon, Neuer Ansatz der gemeinsamen Sicherheit, in: Die Neue Gesellschaft 29 (1982) Nr. 7, S. 659–668
Bahr, Egon, Zehn Thesen über Frieden und Abrüstung, in: Apel, Hans u. a., Sicherheitspolitik contra Frieden? Ein Forum zur Friedensbewegung, Bonn 1981, S. 10–17
Bald, Detlef, Politik der Verantwortung. Das Beispiel Helmut Schmidt. Der Primat des Politischen über das Militärische 1965–1975, Berlin 2008
Balistier, Thomas, Straßenprotest. Formen oppositioneller Politik in der Bundesrepublik Deutschland zwischen 1979 und 1989, Münster 1996
Bange, Oliver, „Keeping détente alive", Inner-German relations under Helmut Schmidt und Erich Honecker, 1974–1982, in: Nuti (Hrsg.), Crisis of Détente, S. 230–243
Baron, Udo, Kalter Krieg und heißer Frieden. Der Einfluss der SED und ihrer westdeutschen Verbündeten auf die Partei „Die Grünen", Münster/Hamburg/London 2003
Baron, Udo, Das KOFAZ, die „Grünen" und die DKP in der Friedenskampagne, in: Maruhn/Wilke (Hrsg.), Friedensbewegung, S. 67–95
Baron, Udo, Die verführte Friedensbewegung. Zur heute nachweisbaren Einflussnahme von SED und MfS, in: Die politische Meinung 48 (2003), H. 407, S. 55–61
Barrass, Gordon, The Great Cold War. A Journey Through a Hall of Mirrors, Stanford (Cal.) 2009
Bastian, Gert, Frieden schaffen! Gedanken zur Sicherheitspolitik, München 1983
Bastian, Gert, Die Nachrüstungs-Lüge, in: Jens, Walter (Hrsg.), In letzter Stunde. Aufruf zum Frieden, München 1982, S.27–62
Becht, Manfred, SPD, Ost-West-Konflikt und europäische Sicherheit. Sozialdemokraten und sicherheitspolitische Zusammenarbeit in Westeuropa, Aachen 1997
Becker, Frans, De jaren 1970–1994, in: Brinkman, Maarten/de Keizer, Madelon/van Rossem, Maarten (Hrsg.), Honderd jaar sociaal-democratie in Nederland 1894–1994, Amsterdam 1994, S. 239–295
Bender, Thomas, SPD und europäische Sicherheit. Sicherheitskonzept und Struktur des Sicherheitssystems in den achtziger Jahren, München 1991
Berger, Manfred u. a., Vor der Bundestagswahl 1980, in: Zeitschrift für Parlamentsfragen 11 (1980), S. 272–291
Bertram, Christoph, So war das, in: Helmut Schmidt. Würdigungen, Essays und Glückwünsche zum 90. Geburtstag, H. 1, Der Staatsmann (Beilage zu *Die Zeit*, 11. 12. 2008), S. 42
Besier, Gerhard, Der SED-Staat und die Kirche 1969–1990. Die Vision vom „Dritten Weg", Berlin/Frankfurt a. M. 1995
Besier, Gerhard/Stephan Wolf (Hrsg.), „Pfarrer, Christen und Katholiken": Das Ministerium für Staatssicherheit der ehemaligen DDR und die Kirchen, 2. Auflage, Neukirchen-Vluyn 1992
Bickhardt, Stephan, Recht ströme wie Wasser: Christen in der DDR für Absage an Praxis und Prinzip der Abgrenzung. Ein Arbeitsbuch aus der DDR, Berlin (West) 1988
Biermann, Harald, John F. Kennedy und der Kalte Krieg. Die Außenpolitik der USA und die Grenzen der Glaubwürdigkeit, Paderborn 1997
Bishop of Salisbury u. a. The Church and the Bomb: Nuclear Weapons and Christian Conscience, London 1982
Blažek, Petr/Laube, Roman/Pospíšil, Filip, Lennonova zed' v Praze. Neformální shromáždění mládeže na Kamp 1980–1989, Prag 2003

Bloem, D. J./Korthius, H./Barkman, C. D. (Hrsg.), Nederland en de kernwapens. Een studie over het Nederlands nucleair beleid 1972–1985, Alphen aan den Rijn/Brussel 1987
Bloem, Filip, Über die Unteilbarkeit von Frieden. Unabhängige Friedensgruppen und Wehrdienstverweigerung in der Tschechoslowakei, in: Horch und Guck 46 (2004), S. 47–50
Blum, Michael, Die Grünen in Skandinavien, in: Heinrich-Böll-Stiftung (Hrsg.), Die Grünen in Europa, Münster 2004, S. 92–95
Bluth, Christoph, Britain, Germany and Western Nuclear Strategy, Oxford 1995
Bölling, Klaus, Die letzten 30 Tage des Kanzlers Helmut Schmidt. Ein Tagebuch, Reinbek bei Hamburg 1983
Böske, Katrin, Abwesend anwesend. Eine kleine Geschichte des Intershops, in: Neue Gesellschaft für Bildende Kunst (Hrsg.), Wunderwirtschaft. DDR-Konsumkultur in den 60er Jahren, Köln u. a. 1996, S. 214–222
Borowsky, Peter, Deutschland 1969–1982, Hannover 1987
Bos, Bob van den, Can Atlanticism Survive? The Netherlands and the New Role of Security Institutions, Den Haag 1992
Bossel, Hartmut, Die vergessenen Werte, in: Brun, Rudolf (Hrsg.), Der grüne Protest. Herausforderung durch die Umweltparteien, Frankfurt a. M. 1978, S. 7–17
Boogman, Johan Christian, Die holländische Tradition in der niederländischen Geschichte, in: ders. (Hrsg.), Van spel en spelers, Den Haag 1982, S. 147–161
Bouvier, Beatrix, Die DDR – ein Sozialstaat? Sozialpolitik in der Ära Honecker, in: Timmermann, Heiner (Hrsg.), Agenda DDR-Forschung. Ergebnisse, Probleme, Kontroversen, Münster 2005, S. 351–362
Bouvier, Beatrix, Sozialpolitik als Legitimationsfaktor? Die DDR seit den Siebzigerjahren, in: Boll, Friedhelm/Kruke, Anja (Hrsg.), Der Sozialstaat in der Krise. Deutschland im internationalen Vergleich, Bonn 2008, S. 127–161
Bouwman, Roelof, De val van een Bergredenaar. Het politieke leven van Willem Aantjes, Amsterdam 2002
Boyer, Christoph/Skyba, Peter (Hrsg.), Repression und Wohlstandsversprechen. Zur Stabilisierung von Parteiherrschaft in der DDR und der ČSSR, Dresden 1999
Boyer, Josef/Heidemeyer, Helge (Bearb.), Die Grünen im Bundestag. Sitzungsprotokolle und Anlagen 1983–1987, 2 Bde, Düsseldorf 2008
Bozo, Frédéric, François Mitterrand, the Euromissiles, and the End of the Cold War, unveröffentlichtes Vortragsmanuskript, Rom, 10.–12. 12. 2009
Bräutigam, Hans Otto, Ständige Vertretung. Meine Jahre in Ost-Berlin, Hamburg 2009
Bradsher, Henry S., Afghan Communism and Soviet Intervention, Oxford/ New York 1999
Bramwell, Anna, The Fading of the Greens, New Haven (CT) 1994
Brand, Karl-Werner (Hrsg.), Neue soziale Bewegungen in Westeuropa und den USA. Ein internationaler Vergleich, Frankfurt a. M./ New York 1985
Brand, Karl-Werner/Büsser, Detlef/Rucht, Dieter, Aufbruch in eine andere Gesellschaft. Neue soziale Bewegungen in der Bundesrepublik, Frankfurt a. M. 1986
Brandt, Willy, Erinnerungen. Mit den ‚Notizen zum Fall G', München 2003
Brandt, Willy, Gemeinsame Sicherheit. Internationale Beziehungen und deutsche Frage 1982–1992, bearb. v. Uwe Mai/Bernd Rother/Wolfgang Schmidt, Bonn 2009 (Berliner Ausgabe, Bd. 10)
Brandt, Willy, Die Entspannung unzerstörbar machen. Internationale Beziehungen und deutsche Frage 1974–1982, bearb. v. Frank Fischer, Bonn 2003 (Berliner Ausgabe, Bd. 9)
Brandt, Willy, Die Partei der Freiheit. Willy Brandt und die SPD 1972–1992, bearb. v. Karsten Rudolph, Bonn 2002 (Berliner Ausgabe, Bd. 5)
Braun, Matthias, Kulturinsel und Machtinstrument. Die Akademie der Künste, die Partei und die Staatssicherheit, Göttingen 2007
Breyman, Steve, Why Movements Matter: The West German Peace Movement and U.S. Arms Control Policy, Albany 2001
Brians, Paul, Nuclear Holocausts: Atomic War in Fiction, 1895–1984, Kent 1987
British Council of Churches, The British Nuclear Deterrent, London 1963
British Council of Churches, Christians and Atomic War, London 1959
British Council of Churches, The Pattern of Disarmament, London 1962
Broer, Michael, Zwischen Konsens und Konflikt: Der NATO-Doppelbeschluss, der INF-Vertrag und die SNF-Kontroverse, in: Junker, Detlef (Hrsg.), Die USA und Deutschland im Zeitalter des Kalten Krieges. Ein Handbuch, Bd. 2: 1968–1990, Stuttgart 2001, S. 234–244

Brutenc, Karen N., Tridcat' let na Staroj Ploščadi, Moskau 1998
Brzezinski, Zbigniew, Power and Principle. Memoirs of the National Security Adviser 1977-1981, New York 1983
Buck, Hannsjörg F., Mit hohem Anspruch gescheitert – Die Wohnungspolitik der DDR, Münster 2004
Bürklin, Wilhelm P., Grüne Politik. Ideologische Zyklen, Wähler und Parteiensystem, Opladen 1984
Büscher, Wolfgang/Wensierski, Peter/Wolscher, Klaus (Hrsg.), Friedensbewegung in der DDR. Texte 1978–1982, Hattingen 1982
Büscher, Wolfgang/Wensierski, Peter (Hrsg.), Beton ist Beton: Zivilisationskritik aus der DDR, Hattingen 1981
Bukowski, Wladimir, Abrechnung mit Moskau. Das sowjetische Unrechtsregime und die Schuld des Westens, Bergisch-Gladbach 1996
Bulletin der Bundesregierung. Herausgegeben vom Presse- und Informationsamt, Bonn 1951ff.
Bundesministerium des Innern (Hrsg.), Linksextremistische Einflüsse gegen die NATO-Nachrüstung, Bonn 1983
Bundesministerium für innerdeutsche Beziehungen (Hrsg.), Innerdeutsche Beziehungen. Die Entwicklung der Beziehungen zwischen der Bundesrepublik Deutschland und der Deutschen Demokratischen Republik 1980–1986. Eine Dokumentation, Bonn 1986
Bundesministerium der Verteidigung (Hrsg.), Militärische Planungen des Warschauer Paktes in Zentraleuropa. Eine Studie, Bonn 1992
Bundesministerium der Verteidigung (Hrsg.), Weißbuch 1975/1976. Zur Sicherheit der Bundesrepublik Deutschland und zur Entwicklung der Bundeswehr, Bonn 1976
Bundy, McGeorge, Danger and Survival. Choices about the Bomb in the First Fifty Years, New York 1990
Bundy, McGeorge/Kennan, George F./McNamara, Robert S./Smith, Gerard, Kernwaffen und das Atlantische Bündnis, in: Europa-Archiv 37 (1982), S. 183–198
Burke, Patrick, A Transnational Movement of Citizens. Strategic Debates in the 1980s Western Peace Movement, in: Horn, Gerd-Rainer/Kenney, Padraic (Hrsg.), Transnational Moments of Change. Europe 1945, 1968, 1989, Lanham 2004, S. 189–206
Buro, Andreas, Friedensbewegung, in: Roth/Rucht (Hrsg.), Die sozialen Bewegungen, S. 272–291
Buro, Andreas, Das Jahrhundert der sozialen Bewegungen. Entstehungsgründe, Motivationen, Grenzen und Wirkungen, in: Forschungsjournal NSB 13 (2000), S. 5–16

Caligaris, Luigi, Western Peacekeeping in Lebanon: Lessons of MNF, in: Survival 26 (1984), S. 262–268
Callaghan, James, Time and Change, London 1987
Callahan, David, Dangerous Capabilities. Paul Nitze and the Cold War, New York 1990
Cannon, Lou, President Reagan. The Role of a Lifetime, New York 1991
Carter, Jimmy, Keeping Faith. Memoirs of a President, Toronto/New York/London/Sydney 1982
Carter, Jimmy, Public Papers 1977, 2 Bde., Washington 1978
Ceci, Giovanni Mario, „Pace nell sicurezza" o „sicurezza nella pace". Il mondo cattolico italiano e la democrazia cristiana di fronte alla sfida degli euromissili, in: Mondo contemporaneo, 1 (2005), Nr. 2, S. 67–95
Černjaev, Anatolij S., Moja žizn', moë vremja, Moskau 1995
Černjaev, Anatolij S., Na Staroj Ploščadi. Iz dnevnikovych zapisej, in: Novaja i novejšaja istorija, 1/2005, S. 102–121
Chappell, David L., The Triumph of Conservatives in a Liberal Age, in: Agnew, Jean-Christophe/Rosenzweig, Roy (Hrsg.), A Companion to Post-1945 America, Malden 2002, S. 303–327
Chmielewski, Wendy E., Resisting Nuclear Madness: The Utopian Vision of the Women's Encampment for a Future of Peace and Justice, unveröffentl. Vortragsmanuskript, Rutgers Center for Historical Analysis, o.J.
Ciarrapico, Antonio, Rapporti Est-Ovest 1977–79. La vicenda degli euromissili, in: Rivista di Studi Politici Internazionali (2002), S. 363–380
Clarridge, Duane R., A Spy for All Seasons. My Life in the CIA, New York 1997
Congressional Record, 111th Congress, 1st Session, Senate, 3. 6. 2009, S. 5989f., URL: http://thomas.loc.gov/cgi-bin/query/C?r111:./temp/~r111gAl3tI (3. 11. 2009)
Conze, Eckart, Die Suche nach Sicherheit. Eine Geschichte der Bundesrepublik von 1949 bis in die Gegenwart, München 2009

Conze, Eckart, Sicherheit als Kultur. Überlegungen zu einer „modernen Politikgeschichte" der Bundesrepublik Deutschland, in: Vierteljahrshefte für Zeitgeschichte 53 (2005), S. 357–380
Cooper, Alice Holmes, Paradoxes of Peace. German Peace Movements since 1945, Ann Arbor 1996
Coppik, Manfred, Schreiben an Willy Brandt vom 26. 1. 1982, in: ders./Hansen, Karl-Heinz (Hrsg.), Reden gegen den Strich. Für Abrüstung und Sozialismus, Köln 1983, S. 57–59
Cortright, David, Peace Works. The Citizen's Role in Ending the Cold War, Boulder 1993
Cortright, David/Ron Pagnucco, Transnational Activism in the Nuclear Weapons Freeze Campaign, in: Rochon/Meyer (Hrsg.), Coalitions and Political Movements, S. 81–94
Cortright, David/Ron Pagnucco, Limits to Transnationalism: The 1980s Freeze Campaign, in: Chatfield, Charles/Pagnucco, Ron/Smith, Jackie (Hrsg.), Transnational Social Movements and Global Politics. Solidarity Beyond the State, Syracuse 1997, S. 159–174
Craveri, Piero, La repubblica da 1958 al 1992, Turin 1992
Cremasco, Maurizio, Italy: A New Role in the Mediterranean ?, in: Chipman, John (Hrsg.), NATO's Southern Allies. Internal and External Changes, London/New York 1988
Czempiel, Ernst-Otto, Machtprobe. Die USA und die Sowjetunion in den achtziger Jahren, München 1989

Daalder, Ivo, The Nature and Practice of Flexible Response. NATO Strategy and Theater Nuclear Forces since 1967, New York 1991
Daalder, Ivo/Kelleher, Catherine McArdle, The United States and Theater Nuclear Modernization (paper prepared for „Second Nuclear History Program Study Review Conference" 1991)
Daschitschew, Wjatscheslaw, Moskaus Griff nach der Weltmacht. Die bitteren Früchte hegemonialer Politik, Hamburg/Berlin/Bonn 2002
Davis, Lynn, Limited Nuclear Options, Adelphi Paper No. 121, London 1975/76
DeBenedetti, Charles (mit Charles Chatfield), An American Ordeal. The Antiwar Movement of the Vietnam Era, Syracuse 1990
Diedrich, Torsten, Herrschaftssicherung, Aufrüstung und Militarisierung im SED-Staat, in: Ehlert, Hans/Rogg, Matthias (Hrsg.), Militär, Staat und Gesellschaft in der DDR. Forschungsfelder, Ergebnisse, Perspektiven, Berlin 2004, S. 257–283
Diepen, Remco van, Hollanditis. Nederland en het kernwapendebat 1977–1987, Amsterdam 2004
Diepen, Remco van, In de ban van de bom, in: Nieuwste Tijd 2 (2002), H. 1, S. 19–29
Dietrich, Christian/Schwabe, Uwe (Hrsg.), Freunde und Feinde. Dokumente zu den Friedensgebeten in Leipzig zwischen 1981 und dem 9. Oktober 1989, Leipzig 1994
Difesa, La: Libro Bianco, Rom 1985
Dijk, Ruud van, Explaining Dutch Reservations about NATO's Dual Track Decision, http://www.wilsoncenter.org/index.cfm?topic_id=1409&fuseaction=topics.publications&doc_id=606479&group_id=13349 (12. 5. 2010)
Dittgen, Herbert, Deutsch-amerikanische Sicherheitsbeziehungen in der Ära Helmut Schmidt. Vorgeschichte und Folgen des NATO-Doppelbeschlusses, München 1991
Dobrynin, Anatoly, In Confidence. Moscow's Ambassador to America's Six Cold War Presidents (1962–1986), New York 1995
Doering-Manteuffel, Anselm/Raphael, Lutz, Nach dem Boom. Perspektiven auf die Zeitgeschichte seit 1970, Göttingen 2008
Dohle, Horst, Grundzüge der Kirchenpolitik der SED zwischen 1968 und 1978, Diss. Berliner Akademie für Gesellschaftswissenschaften beim ZK der SED, Berlin (Ost) 1988
Drea, Edward, The McNamara Era, in: Schmidt, Gustav (Hrsg.), A History of NATO – The First Fifty Years, Band 3, Basingstoke/Hampshire/New York 2001, S. 183–195
Driver, Christopher, The Disarmers, London 1964
Dülffer, Jost, Europa im Ost-West-Konflikt 1945–1991, München 2004
Ducci, Roberto, L'Italia e il direttorio , Rom, o. D.
Dujardin, Vincent, From Helsinki to the Missiles Question. A Minor Role for Small Countries? The Case of Belgium (1973–1985), in: Nuti (Hrsg.), Crisis of Détente, S. 72–85
Duke, Simon, US Defence Bases in the United Kingdom, Basingstoke 1987
Dunk, Hermann Walter von der, Tussen welvaart en onrust. Nederland van 1955 tot 1973, in: Bijdragen en Mededelingen betreffende de Geschiedenis der Nederlanden 101 (1986), S. 2–20
Dunk, Hermann Walter von der, De verdwijnende hemel. Over de cultuur van Europa in de twintigste eeuw, Deel II, Amsterdam 2000

Eenennaam, Boudewijn J. van, Achtenveertig kruisraketten. Hoogspanning in de lage landen, Den Haag 1988
Ehlert, Hans Gotthard/Matthias Rogg (Hrsg.), Militär, Staat und Gesellschaft in der DDR. Forschungsfelder, Ergebnisse, Perspektiven, Berlin 2004
Ehmke, Horst, Mittendrin. Von der Großen Koalition zur Deutschen Einheit, Berlin 1994
Ehring, Klaus/Dallwitz, Martin (Pseudonym für Hubertus Knabe), Schwerter zu Pflugscharen. Friedensbewegung in der DDR, Reinbek 1982
Einicke, Ludwig/Mühlbauer, Hans-Ulrich, Die Grünen im politischen System der BRD und ihre Positionen zu den Grundfragen der Gegenwart. Politische und politisch-operativ bedeutsame Differenzierungsprozesse und Tendenzen, Potsdam 1989
Eisenfeld, Bernd, Aktionen und Reaktionen im Wandel – Opposition und Widerstand von 1961 bis zum Herbst 1989, in: Veen, Hans-Joachim (Hrsg.), Lexikon Opposition und Widerstand in der SED-Diktatur, Berlin 2000, S. 27–29
Elsner, Steffen, Flankierende Stabilisierungsmechanismen diktatorischer Herrschaft. Das Eingabenwesen in der DDR, in: Boyer/Skyba (Hrsg.), Wohlstandsversprechen, S. 75–86
Elvers, Wolfgang/Findeis, Hagen, Was ist aus den politisch-alternativen Gruppen geworden? Eine soziologische Auswertung von Interviews mit ehemals führenden Vertretern in Leipzig und Berlin, Leipzig 1990
Enders, Thomas, Die SPD und die äußere Sicherheit. Zum Wandel der sicherheitspolitischen Konzeption der Partei in der Zeit der Regierungsverantwortung (1966–1982), Melle 1987
Eppelmann, Rainer, Fremd im eigenen Haus. Mein Leben im anderen Deutschland, Köln 1993
Eppler, Erhard, Wege aus der Gefahr, Reinbek bei Hamburg 1985
Eppler, Erhard, Die tödliche Utopie der Sicherheit, Reinbek bei Hamburg 1983
Eppler, Erhard, „Die Bedrohung hat sich durch die SS-20 nicht erhöht". Spiegel-Gespräch mit Erhard Eppler, in: Bittorf, Wilhelm (Hrsg.), Nachrüstung. Der Atomkrieg rückt näher, Reinbek bei Hamburg 1981, S. 137–146
Everts, Philip, Public Opinion on Nuclear Weapons, Defense, and Security: the Case of the Netherlands, in: Flynn, Gregory/Rattinger, Hans (Hrsg.), The Public and Atlantic Defense, London/Canberra 1985, S. 221–275
Eyerman, Ron/Jamison, Andrew, Social Movements. A Cognitive Approach, Cambridge 1991

Faber, Mient Jan, Vooruitgeschoven spionnen. Bevrijd uit de boeien van de Koude Oorlog, Utrecht 2007
Faber, Mient Jan/Hagebrink, Laurens/Laak Jan ter/Veer, Ben ter, Zes jaar IKV-campagne, Den Haag 1983
Falk, Richard, Nuclear Weapons and the End of Democracy, in: Praxis International 1 (1982), S. 1–12
Falin, Valentin, Politische Erinnerungen, München 1993
Falcke, Heino, Gerechtigkeit, ökologische Lebensfähigkeit und Partizipation. Kriterien für das Handeln, in: Büscher/Wensierski (Hrsg.), Beton ist Beton, S. 205–215
Ferraris, Vittorio Luigi, Manuale della politica estera italiana 1947–1993, Rom 1993
Fischer, Ben B., A Cold War Conundrum. The 1983 Soviet War Scare. An Intelligence Monograph, Langley (VA) 1997
Fischer, Beth A., The Reagan Reversal. Foreign Policy and the End of the Cold War, Columbia/London 1997
Fischer, Beth A., Reagan and the Soviets. Winning the Cold War, in: Brownlee, W. Elliot/Graham, Hugh Davis (Hrsg.), The Reagan Presidency. Pragmatic Conservatism and its Legacies, Lawrence 2003, S. 113–132
Fischer, Frank, „Im deutschen Interesse". Die Ostpolitik der SPD von 1969 bis 1989, Husum 2001
Fogt, Helmut/Uttitz, Pavel, Die Wähler der Grünen 1980–1983. Systemkritischer neuer Mittelstand, in: Zeitschrift für Parlamentsfragen 15 (1984), S. 210–226
Forndran, Erhard/Krell, Gert (Hrsg.), Kernwaffen im Ost-West-Vergleich. Zur Beurteilung militärischer Potentiale und Fähigkeiten, Baden-Baden 1984
Foster, Catherine, Women for All Seasons: The Story of the Women's International League for Peace and Freedom, Athens (Ga.) 1989
François-Poncet, Jean, 37, Quai d'Orsay. Mémoires pour aujourd'hui et pour demain, Paris 2008
Freedman, Lawrence, The First Two Generations of Nuclear Strategists, in: Paret, Peter (Hrsg.), Makers of Modern Strategy from Machiavelli to the Nuclear Age, Oxford/New York 1991, S. 757–760

Freedman, Lawrence, The Price of Peace, London 1986
Freedman, Lawrence, Britain, the first ex-nuclear power?, in: International Security 6/2 (August 1981), S. 96–98
Frey, Eric G., Division and Detente. The Germanies and Their Alliances, New York/Westport/London 1987
Fricke, Karl Wilhelm, Bündnistreu und dialogbereit. Die Linie der SED nach dem 7. ZK-Plenum, in: Deutschland Archiv 17 (1984), S. 1–5
Friedrich, Walter, Mentalitätswandlungen der Jugend in der DDR, in: Aus Politik und Zeitgeschichte B 16–17 (1990), S. 25–37
Fröhlich, Stefan, „Auf den Kanzler kommt es an": Helmut Kohl und die deutsche Außenpolitik. Persönliches Regiment und Regierungshandeln vom Amtsantritt bis zur Wiedervereinigung, Paderborn 2001
Fröhlich, Stefan, Nuclear Freeze Campaign: Die Kampagne für das Einfrieren der Nuklearwaffen unter der Reagan-Administration, Opladen 1990
Froment-Meurice, Henri, Vu du Quai. Mémoires 1945–1983, Paris 1998

Gaddis, John Lewis, We Now Know. Rethinking Cold War History, New York 1997
Gaddis, John L., The United States and the End of the Cold War. Implications, Reconsiderations, Provocations, New York 1992
Gardner, Richard N., Mission: Italy. Gli anni di piombo raccontati dal'ambasciatore Americano a Roma, 1977–1980, Mailand 2004
Garthoff, Raymond L., The Great Transition. American-Soviet Relations and the End of the Cold War, Washington 1994
Garthoff, Raymond L., Détente and Confrontation. American-Soviet Relations from Nixon to Reagan, Washington 1985
Garton Ash, Timothy, Im Namen Europas. Deutschland und der geteilte Kontinent, München 1993
Garton Ash, Timothy, The Polish Revolution: Solidarity, London 1983
Gassert, Philipp, Anti-Amerikaner? Die deutsche Neue Linke und die USA, in: Behrends, Jan C./Klimo, Árpád von/Poutrus, Patrice G. (Hrsg.), Anti-Amerikanismus im 20. Jahrhundert: Studien zu Ost- und Westeuropa, Bonn 2005, 250–267
Gatti, Claudio, Rimanga tra noi. L'America, l'Italia, la „questione communista": i segreti di cinquant anni di storia, Mailand 1990
Gavin, Henry H., The History of the Euromissiles, 1. 9. 2003, http://www.worldsecuritynetwork.com/showArticle3.cfm?article_id=9148 (12. 5. 2010)
Geiger, Tim, Die „Landshut" in Mogadischu. Das außenpolitische Krisenmanagement der Bundesregierung angesichts der terroristischen Herausforderung, in: Vierteljahrshefte für Zeitgeschichte 57 (2009), S. 413–456
Genscher, Hans-Dietrich, Erinnerungen, Berlin 1995
Gieseke, Jens, Bevölkerungsstimmungen in der geschlossenen Gesellschaft. MfS-Berichte an die DDR-Führung in den 1960er- und 1970er-Jahren, in: Zeithistorische Forschungen 5 (2008), S. 236–257
Giscard d'Estaing, Valéry, Le pouvoir et la vie, Bd. II: L'affrontement, Paris 1991
Giscard d'Estaing, Valéry, Macht und Leben Erinnerungen. Frankfurt a. M., Berlin 1988
Glad, Betty/Garrison, Jean A., Ronald Reagan and the Intermediate Nuclear Forces Treaty. Whatever happened to the „Evil Empire", in: Schmertz, Eric J. (Hrsg.), President Reagan and the World, Westport 1997, S. 91–108
Glitman, Maynard W., The Last Battle of the Cold War. An Inside Account of Negotiating the Intermediate Range Nuclear Forces Treaty, New York 2006
Görtemaker, Manfred (Hrsg.), Britain and Germany in the Twentieth Century, Oxford 2006
Görtemaker, Manfred, Geschichte der Bundesrepublik Deutschland. Von der Gründung bis zur Gegenwart, München 1999
Gorand, François, La France et les euro-missiles, in: Commentaire 23 (1983)
Graaf, Beatrice de, Über die Mauer. Die niederländischen Kirchen, die Friedensbewegung und die DDR, Münster 2007
Grell, Gert, Plädoyer für Rüstungskontrolle. Zur Kontroverse um die „Nachrüstung" (HSFK-Report), Frankfurt a. M. 1981
Grinevskij, Oleg, Perelom. Ot Brežneva k Gorbačëvu, Moskau 2004
Gromyko, Andrej Andreevič. Vospominanija i razmyšlenija, Moskau 1997

Groom, Arthur John Richard, British Thinking about Nuclear Weapons, London 1975
Gurr, Ted, Why Men Rebel, Princeton (N.J.) 1970

Hacke, Christian, Die Außenpolitik der Bundesrepublik Deutschland. Weltmacht wider Willen?, Aktualisierte Ausgabe Frankfurt a. M. 1997
Hacke, Christian, Zur Weltmacht verdammt. Die amerikanische Außenpolitik von Kennedy bis Clinton, Berlin 1997
Haftendorn, Helga, Deutsche Außenpolitik zwischen Selbstbeschränkung und Selbstbehauptung 1945–2000, Stuttgart 2001
Haftendorn, Helga, Kernwaffen und die Glaubwürdigkeit der Allianz. Die NATO-Krise von 1966/67, Baden-Baden 1994
Haftendorn, Helga, Sicherheit und Stabilität. Außenbeziehungen der Bundesrepublik zwischen Ölkrise und NATO-Doppelbeschluß, München 1986
Haftendorn, Helga, Das doppelte Mißverständnis. Zur Vorgeschichte des NATO-Doppelbeschlusses von 1979, in: Vierteljahrshefte für Zeitgeschichte 33 (1985), S. 244–287
Haftendorn, Helga, Germany and the Euromissile Debate, in: International Journal 40 (1984/85), S. 68–85
Helga Haftendorn, Sicherheit und Entspannung. Zur Außenpolitik der Bundesrepublik Deutschland 1955–1982, Baden-Baden 1983, 2. Aufl. 1986
Halliday, Fred, The Making of the Second Cold War, 2. Aufl., London 1983
Hannemann, Karla, Der Doppelbeschluss der NATO. Genese, Motive und Determinanten einer umstrittenen bündnispolitischen Entscheidung, Diss. Universität München 1987
Hanrieder, Wolfram, Deutschland, Europa, Amerika. Die Außenpolitik der Bundesrepublik Deutschland 1949–1989, 2. Aufl., Paderborn 1995
Hansen, Jan, „Die SPD ist die eigentliche politische Friedensbewegung in unserem Land." Die Kontroverse um den NATO-Doppelbeschluss innerhalb der SPD 1979–1982, unveröffentlichte Magisterarbeit, Humboldt-Universität zu Berlin 2009
Hansen, Karl-Heinz, Sicherheitspolitik als Friedenspolitik, in: Thüsing, Klaus/Klönne, Arno/Hesse, Karl-Ludwig (Hrsg.), Zukunft SPD. Aussichten linker Politik in der Sozialdemokratie, Hamburg 1981, S. 39–64
Healey, Denis, A Labour Britain, NATO and the Bomb, in: Foreign Affairs 65 (1987), H. 4, S. 716–729
Heidemeyer, Helge, (Grüne) Bewegung im Parlament. Der Einzug der Grünen in den Deutschen Bundestag und die Veränderungen in Partei und Parlament, in: Historische Zeitschrift 291 (2010), S. 71–102.
Heidemeyer, Helge, Die Grünen im Bundestag 1983–1987. Einleitung, in: Boyer, Josef/Heidemeyer, Helge (Bearb.), Die Grünen im Bundestag. Sitzungsprotokolle und Anlagen 1983–1987, Bd. 1, Düsseldorf 2008, S. XI–LII
Heinrich-Böll-Stiftung (Hrsg.), Die Grünen in Europa. Ein Handbuch, Münster 2004
Hellema, Duco, Buitenlandse politiek van Nederland. De Nederlandse rol in de wereldpolitiek, Utrecht 2006
Hellema, Duco, Negentienzesenvijftig. De Nederlandse houding ten aanzien van de Hongaarse revolutie en de Suezcrisis, Amsterdam 1990
Hellmann, Kai-Uwe, Paradigmen der Bewegungsforschung. Forschungs- und Erklärungsansätze – ein Überblick, in: ders./Koopmans, Ruud (Hrsg.), Paradigmen der Bewegungsforschung. Entstehung und Entwicklung von Neuen Sozialen Bewegungen und Rechtsextremismus, Opladen 1998, S. 9–30
Henkys, Reinhard, Zwischen Militarismus und Pazifismus. Friedensarbeit der evangelischen Kirchen, in: Büscher/Wensierski/Wolschner (Hrsg.), Friedensbewegung in der DDR, S. 14–28
Herbstritt, Georg, Bundesbürger im Dienst der DDR-Spionage. Eine analytische Studie, Göttingen 2007
Herf, Jeffrey, War by Other Means. Soviet Power, West German Resistance and the Battle of the Euromissiles, New York u. a. 1991
Hertle, Hans-Hermann/Konrad Jarausch (Hrsg.), Risse im Bruderbund. Die Gespräche Honecker–Breshnew 1974 bis 1982, Berlin 2006
Herzinger, Richard, German Angst, in: Kursbuch 159 (2005), S. 12–21
Heuser, Beatrice, Partners in NATO: Britain, Germany and the ‚Nuclear issue', in: Görtemaker (Hrsg.), Britain and Germany, S. 145–184
Heuser, Beatrice, NATO, Britain, France and the FRG. Nuclear Strategies and Forces for Europe, 1949–2000, London 1997

Heuser, Beatrice, Containing Uncertainty. Options for British Nuclear Strategy, in: Review of International Studies 19/3 (1993), S. 245–267
Heuser, Beatrice, European defence before and after the 'turn of the tide, in: Review of International Studies 19/3 (1993), S. 409–419
Hirsch, Ralf, Die Initiative Frieden und Menschenrechte, in: Kroh, Ferdinand (Hrsg.), „Freiheit ist immer Freiheit…". Die Andersdenkenden in der DDR, Frankfurt a. M. 1988, S. 210–233
Hockenos, Paul, Joschka Fischer and the Making of the Berlin Republic. An Alternative History of Postwar Germany, Oxford 2008
Hockerts, Hans Günter (Hrsg.), Drei Wege deutscher Sozialstaatlichkeit. NS-Diktatur, Bundesrepublik und DDR im Vergleich, München 1998
Hockerts, Hans Günter, Soziale Errungenschaften? Zum sozialpolitischen Legitimationsanspruch der zweiten deutschen Diktatur, in: Kocka, Jürgen/Puhle, Hans-Jürgen/ Tenfelde, Klaus (Hrsg.), Von der Arbeiterbewegung zum modernen Sozialstaat. Festschrift für Gerhard A. Ritter zum 65. Geburtstag, München 1994, S. 790–804
Hoffmann, Heinz, Streitkräfte in unserer Zeit, in: Einheit 31 (1976), S. 354–363
Hoffmann, Hubertus, SS-20 Multiplies USSR's Nuclear Superiority, in: NATO's Fifteen Nations 23 (Dez. 1978/Jan. 1979), H. 6, S. 42–48
Hoheneder, Barbara, Von der parlamentsinternen Fleißarbeit zur Regierungsbeteiligung, in: Heinrich-Böll-Stiftung (Hrsg.), Die Grünen in Europa, S. 96–105
Holik, Josef, Die Rüstungskontrolle. Rückblick auf eine kurze Ära, Berlin 2008
Holm, Hans-Henrik/Petersen, Nikolaj (Hrsg.), The European Missile Crisis, London 1983
Holmes Cooper, Alice, Paradoxes of Peace. German Peace Movements since 1945, Ann Arbor 1996
Holzer, Jerzy, „Solidarität". Geschichte einer freien Gewerkschaft in Polen, München 1985
Hornbostel, Stefan, Spätsozialismus, Legitimierung und Stabilität, in: Boyer/Skyba (Hrsg.), Wohlstandsversprechen, S. 13–28
Horstmeier, Carel, Stop de Neutronenbom! The Last Mass-Action of the CPN and the Moscow-Berlin-Amsterdam Triangle, in: Horstmeier, Carel (Hrsg.), Around Peter the Great. Three Centuries of Russian-Dutch Relations, Groningen 1997, S. 65–77
Horstmeier, Carel, De moeizame betrekkingen tussen de CPN en de Sozialistische Einheitspartei Deutschlands (SED), 1946–1989, in: Voerman, Gerrit (Hrsg.), Documentatiecentrum Nederlandse Politieke Partijen. Jaarboek 1998, Groningen 1999, S. 231–257
Howard, Michael, European Perspective on the Reagan Years, in: Foreign Affairs 66 (1988), S. 478–493
Hüllen, Rudolf van, Ideologie und Machtkampf bei den Grünen. Untersuchung zur programmatischen und innerorganisatorischen Entwicklung einer deutschen „Bewegungspartei", Bonn 1990
Hüllen, Rudolf van, Der „Krefelder Appell", in: Maruhn/Wilke (Hrsg.), Raketenpoker, S. 216–253

Ilari, Virgilio, Storia militare della prima repubblica, 1943–1993, Ancona 1993
Incisa di Camerana, Ludovico, La vittoria dell'Italiana nella terza guerra mondiale, Rom 1996
Inglehart, Ronald, The Silent Revolution. Changing Values and Political Styles Among Western Publics, Princeton 1977

Jäger, Wolfgang/Link, Werner Republik im Wandel 1974–1982. Die Ära Schmidt, Stuttgart 1987 (Geschichte der Bundesrepublik Deutschland 5/II)
Janosik, Edward, The Nuclear Deterrent as an Issue in British Politics, in: Orbis 9/3 (Sommer 1966), S. 588–604
Jansen, Christian, Italien seit 1945, Göttingen 2007
Jarausch, Konrad H., Verkannter Strukturwandel. Die siebziger Jahre als Vorgeschichte der Probleme der Gegenwart, in: ders. (Hrsg.), Das Ende der Zuversicht? Die siebziger Jahre als Geschichte, Göttingen 2008, S. 9–26
Jeurissen, Ronald, Peace and Religion. An Empirical-Theological Study of the Motivational Effects of Religious Peace Attitudes on Peace Action, Kampen 1993
Joffe, Josef, Peace and Populism, in: International Security 11(1987), H. 4, S. 3–40
Johnson, Rebecca/Butler, Nicola/Pullinger, Stephen, Worse than Irrelevant? British Nuclear Weapons in the 21st Century, Acronym Institute for Disarmament Diplomacy 2006
Johnstone, Diana, The Politics of Euromissiles, London 1984
Jones, Peter, British defence Policy, in: Review of International Studies 13/2 (IV/1987), S. 111-131

Joppke, Christian, East German Dissidents and the Revolution of 1989. Social Movements in a Leninist Regime, New York 1995
Judt, Tony, Geschichte Europas von 1945 bis zur Gegenwart, München/Wien 2006
Junker, Detlef, Power and Mission. Was Amerika antreibt, Freiburg 2003
Junker, Detlef, Politik, Sicherheit, Wirtschaft, Kultur und Gesellschaft. Dimensionen transatlantischer Beziehungen, in: ders. (Hrsg.), Die USA und Deutschland im Zeitalter des Kalten Krieges. Ein Handbuch, Band I: 1945–1968, München 2001, S. 17–56

Kahl, Martin, Abschreckung und Kriegführung. Amerikanische Nuklearstrategie, Waffenentwicklung und nukleare Rüstungskontrolle von Kennedy bis Bush, Bochum 1994
Kaiser, Jens, Zwischen angestrebter Eigenständigkeit und traditioneller Unterordnung. Zur Ambivalenz von sowjetischer und DDR-Außenpolitik in den achtziger Jahren, in: Deutschland Archiv 24 (1991), S. 478–495
Kalinovsky, Artemy, Decision-Making and the Soviet Afghanistan War: From Intervention to Withdrawal, in: Journal of Cold War Studies 11 (2009), H. 4, S. 46–73
Kaminsky, Annette, Ungleichheit in der SBZ/DDR am Beispiel des Konsums. Versandhandel, Intershop und Delikat, in: Mertens, Lothar (Hrsg.), Soziale Ungleichheit in der DDR. Zu einem tabuisierten Strukturmerkmal der SED-Geschichte, Berlin 2002, S. 57–79
Karber, Phillip A., Die konventionellen Kräfteverhältnisse in Europa 1965–1980, in: Nerlich (Hrsg.), Sowjetische Macht und westliche Verhandlungspolitik, S. 49–133
Kennedy, James C., Nieuw Babylon in aanbouw. Nederland in de jaren zestig, Amsterdam/Meppel 1995
Kielmansegg, Peter Graf, Nach der Katastrophe. Eine Geschichte des geteilten Deutschland, Berlin 2000
Kissinger, Henry A., Die Vernunft der Nationen. Über das Wesen der Außenpolitik, Berlin 1994
Kittel, Manfred, Franz Josef Strauß und der Milliardenkredit für die DDR 1983, in: Deutschland Archiv 40 (2007), S. 647–656
Klandermans, Bert (Hrsg.), Tekenen voor de vrede. Het volkspetitionnement tegen de kruisraketten, Assen 1988
Kleinert, Hubert, Aufstieg und Fall der Grünen. Analyse einer alternativen Partei, Bonn 1992
Kleinert, Hubert, Vom Protest zur Regierungspartei. Die Geschichte der Grünen, Frankfurt a. M. 1992
Kleinmann, Hans-Otto, Geschichte der CDU, Stuttgart 1993
Kleßmann, Christoph, Zwei Staaten, eine Nation. Deutsche Geschichte 1955–1970, Bonn 1988
Knabe, Hubertus, Das MfS und die Partei der Grünen, in: Herbstritt, Georg/Müller-Enbergs, Helmut (Hrsg.), Das Gesicht dem Westen zu... DDR-Spionage gegen die Bundesrepublik Deutschland, 2. Auflage, Bremen 2003, S. 375–392
Knabe, Hubertus, Die unterwanderte Republik. Stasi im Westen, Berlin 1999
Knabe, Hubertus, West-Arbeit des MfS. Das Zusammenspiel von „Aufklärung“ und „Abwehr“, Berlin 1999
Knabe, Hubertus, Politische Opposition in der DDR, in: Aus Politik und Zeitgeschichte B 1–2 (1990), S. 21–32
Knabe, Wilhelm, Was erfuhr Erich Honecker vom MfS über Die Grünen? Erich Mielkes „Rotstrichberichte“, in: Deutschland Archiv 36 (2003), S. 206–219
Knopf, Jeffrey W., The Nuclear Freeze Movement's Effect on Policy, in: Rochon/Meyer, (Hrsg.), Coalitions and Political Movements, S. 127–161
Koch, Michael, Der Wehrunterricht in den Ländern des Warschauer Paktes. Eine Untersuchung im historischen und schulpolitischen Kontext unter besonderer Berücksichtigung der UdSSR und der DDR, Jena 2006
Kohl, Helmut, Mauerfall und Wiedervereinigung, in: Die Politische Meinung 54 (2009), H. 479, S. 5–12
Kohl, Helmut, Erinnerungen, Bd. 1: 1930–1982, München 2004
Kohl, Helmut, Erinnerungen, Bd. 2: 1982–1990, München 2005
Kornienko, Georgij. M., Cholodnaja vojna. Svidetel'stvo eë učastnika, Moskau 2001
Kornienko, Georgij. M., Glazami maršalla i diplomata, Moskau 1992
Korte, Karl-Rudolf, Deutschlandpolitik in Helmut Kohls Kanzlerschaft. Regierungsstil und Entscheidungen 1982–1989, Stuttgart 1998
Krabbendam, Hans/van Minnen, Cornelis A./Scott-Smith, Giles (Hrsg.), Four Centuries of Dutch-American Relations, 1609–2009, Amsterdam 2009

Krafft, Thomas, Das Wirksamwerden von feindlichen Kräften in der Partei Die Grünen der BRD und der Alternativen Liste – Berlin (West) im Sinne der Inspirierung und Organisierung politischer Untergrundtätigkeit in der DDR, Diss. MfS-Hochschule Potsdam 1989

Krah, Hans, Weltuntergangsszenarien und Zukunftsentwürfe. Narrationen vom ‚Ende' in Literatur und Film 1945–1990, Kiel 2004

Kramer, Mark, Jaruzelski, the Soviet Union, and the Imposition of Martial Law in Poland. New Light on the Mystery of December 1981, in: Bulletin of the Cold War International History Project 11 (1998), S. 5–14

Kramer, Mark, Poland 1980–1981, in: Bulletin of the Cold War International History Project 5 (1995), S. 116–160

Kramer, Mark, Soviet Deliberations during the Polish Crisis, 1980–1981. Cold War International History Project, Special Working Paper No. 1, Washington 1999

Krökel, Ulrich, „Bombe und Kultur". Künstlerische Reflexionen über die Atombombe von Hiroshima bis Černobyl, in: Salewski, Michael (Hrsg.), Das nukleare Jahrhundert. Eine Zwischenbilanz, Stuttgart 1998, S. 188–216

Kroes, Rob, The Great Satan versus the Evil Empire: Anti-Americanism in the Netherlands, in: Kroes, Rob/Rossem, Maarten van (Hrsg.), Anti-Americanism in Europe, Amsterdam 1986, S. 37–51

Kubbig, Bernd W., Amerikanische Rüstungskontrollpolitik: Die innergesellschaftlichen Kräfteverhältnisse in der ersten Amtszeit Reagans (1981–1985), Frankfurt a. M./New York 1988

Kühn, Hartmut, Das Jahrzehnt der Solidarność. Die politische Geschichte Polens 1980–1990, Berlin 1999

Kwizinskij, Julij A., Vor dem Sturm. Erinnerungen eines Diplomaten, Berlin 1993

Laqueur, Walter, Hollanditis: A New Stage in European Neutralism, in: Commentary 2 (1981), S. 19–26

Lafontaine, Oskar, Angst vor den Freunden. Die Atomwaffenstrategie der Supermächte zerstört die Bündnisse, Hamburg 1983

Lagorio, Lelio, L'ora di Austerlitz, 1980: La svolta che mutò L'Italia, Florenz 2005

Lagorio, Lelio, L'ultima sfida. Gli euromissili, Florenz 1998

Langguth, Gerd, Protestbewegung. Entwicklung, Niedergang, Renaissance. Die neue Linke seit 1968, Köln 1983

Lautsch, Siegfried, Zur operativen Einsatzplanung der 5. Armee der NVA im Rahmen einer Front der Vereinten Streitkräfte der Warschauer Vertragsorganisation in den 1980er Jahren, in: Wenzke, Rüdiger (Hrsg.), Die Streitkräfte der DDR und Polens in der Operationsplanung des Warschauer Paktes, Potsdam 2010, S. 35–59

Layritz, Stephan, Der NATO-Doppelbeschluss. Westliche Sicherheitspolitik im Spannungsfeld von Innen-, Bündnis- und Außenpolitik, Frankfurt a. M. 1992

Leavitt, Robert, Freezing the Arms Race: The Genesis of a Mass Movement, Manuskript 1983

Leif, Thomas, Die strategische (Ohn-)Macht der Friedensbewegung. Kommunikations- und Entscheidungsstrukturen in den achtziger Jahren. Opladen 1990

Leonhard, Wolfgang, Dämmerung im Kreml. Wie eine neue Ostpolitik aussehen müsste, Stuttgart 1984

Lettow, Paul, Ronald Reagan and His Quest to Abolish Nuclear Weapons, New York 2005

Lill, Rudolf, Italien als demokratische Republik, in: ders./Altgeld, Wolfgang, Kleine Geschichte Italiens, Bonn 2005, S. 455–473

Linn, Gottfried, Die Kampagne gegen die NATO-Nachrüstung. Zur Rolle der DKP, Bonn 1983

Link, Werner, Außen- und Deutschlandpolitik in der Ära Schmidt 1974–1982, in: ders./Jäger, Wolfgang, Republik im Wandel 1974–1982. Die Ära Schmitdt, Stuttgart/Mannheim 1987, S. 273–432

Linz, Juan J., Cleavage and Consensus in West German Politics. The Early Fifties, in: Lipset, Seymour M./Rokkan, Stein (Hrsg.): Party Systems and Voter Alignments. Cross-National Perspectives, New York 1967, S. 283–321

Longerich, Michael, Die SPD als „Friedenspartei" – mehr als nur Wahltaktik? Auswirkungen sozialdemokratischer Traditionen auf die friedenspolitischen Diskussionen 1959–1983, Frankfurt am Main 1990

Löwenthal, Richard, Der instabile Weltfriede. Von Sinn und Grenzen der Entspannung, in: ders., Weltpolitische Betrachtungen. Essays aus zwei Jahrzehnten, hrsg. und eingeleitet von Heinrich August Winkler, Göttingen 1983, S. 203–218

Lowry, Maggie, A Voice from the Peace Camps, in: Thompson (Hrsg.), Over Our Dead Bodies, S. 73–77

Loth, Wilfried, Helsinki 1. August 1975. Entspannung und Abrüstung, München 1998
Lütjen, Torben, Karl Schiller (1911–1994). „Superminister" Willy Brandts, Bonn 2007
Lundari, Guiseppe, Gli Italiani in Libano 1979–1985, Mailand 1986
Lutsch, Andreas, Die Bundesrepublik Deutschland und ihre außenpolitischen Verantwortungsträger im Übergang zur Entspannungspolitik. Wahrnehmungen, Positionen und Entscheidungen anhand der Auseinandersetzung um den Atomwaffensperrvertrag (1965–1969), Magisterarbeit Mainz 2009

Maar, Rimko van der, Dutch-American Relations and the Vietnam War, in: Krabbendam/van Minnen/Scott-Smith (Hrsg.), Four Centuries, S. 683–694
Maar, Rimko van der, Johnson War Criminal! Vietnam War Protests in the Netherlands, in: Klimke, Martin/Pekelder, Jacco/Scharloth, Joachim (Hrsg.), Between Prague Spring and French May. Opposition and Revolt in Europe, 1960–1980, New York, erscheint 2011
Maar, Rimko van der, Welterusten mijnheer de president. Nederland en de Vietnamoorlog, 1965–1973, Amsterdam 2007
Mann, James, The Rebellion of Ronald Reagan. A History of the End of the Cold War, New York 2009
Markovits, Andrei S./Gorski, Philip S., Grün schlägt Rot. Die deutsche Linke nach 1945, Hamburg 1997
Maruhn, Jürgen/Wilke, Manfred (Hrsg.), Die verführte Friedensbewegung. Der Einfluss des Ostens auf die Nachrüstungsdebatte, München 2002
Maruhn, Jürgen/Wilke, Manfred (Hrsg.), Raketenpoker um Europa. Das sowjetische SS 20-Abenteuer und die Friedensbewegung, München 2001
Mastny, Vojtech/Byrne, Malcolm (Hrsg.), A Cardboard Castle? An Inside History of the Warsaw Pact 1955–1991, Budapest/New York 2005
Mastny, Vojtech, „Able Archer". An der Schwelle zum Atomkrieg?, in: Greiner, Bernd/Müller, Christian Th./Walter, Dierk (Hrsg.), Krisen im Kalten Krieg. Studien zum Kalten Krieg, Bd. 2, Hamburg 2008, S. 505–522
Mastny, Vojtech, NATO in the Beholder's Eye, Cold War International History Project, Working Paper Nr. 35, Washington 2002
Matthée, Volker, Die Neutronenwaffe zwischen Bündnis- und Innenpolitik. Eine Studie über die Verknüpfung nationaler und allianzinterner Willensbildungsprozesse, Herford/Bonn 1985
McCrea, Frances B./Markle, Gerald E., Minutes to Midnight. Nuclear Weapons Protest in America, Newbury Park 1989
McKenzie, Mary M., International Change, Domestic Politics and the Inter-German Relationship: A Level-of-Analysis Comparison of the Two German States, 1982–1989, phil. Diss. Santa Barbara 1994
McNamara, Robert S., The Military Role of Nuclear Weapons. Perceptions and Misperceptions, in: Kegley Jr., Charles W./Wittkopf, Eugene R. (Hrsg), The Nuclear Reader. Strategy, Weapons, War, New York 1985, S. 153–167
Mechtenberg, Theo, Die Friedensverantwortung der evangelischen Kirchen in der DDR, in: Henkys, Reinhard (Hrsg.), Die evangelischen Kirchen in der DDR. Beiträge zu einer Bestandsaufnahme, München 1982, S. 355–399
Mechtersheimer, Alfred (Hrsg.), Nachrüsten? Dokumente und Positionen zum NATO-Doppelbeschluss, Reinbek bei Hamburg 1981
Meckel, Markus/Gutzeit, Martin, Opposition in der DDR. Zehn Jahre kirchliche Friedensarbeit. Kommentierte Quellentexte, Köln 1994
Meier, Ernst-Christoph, Deutsch-amerikanische Sicherheitsbeziehungen und der NATO-Doppelbeschluss, 2 Bde., Rheinfelden 1986
Mende, Silke, „Die Alternativen zu den herkömmlichen Parteien". Parlamentarismuskritik und Demokratiekonzepte der „Gründungsgrünen" in den siebziger und frühen achtziger Jahre, in: Bedorf, Thomas/Heidenreich, Felix/Obrecht, Marcus (Hrsg.), Die Zukunft der Demokratie, Berlin 2009, S. 28–50
Merck, Johannes, Klar zur Wende? Die FDP vor dem Koalitionswechsel in Bonn 1980 bis 1982, Berlin 1989
Merkel, Ina, Im Widerspruch zum Ideal. Konsumpolitik in der DDR, in: Haupt, Heinz-Gerhard/Torp, Claudius (Hrsg.), Die Konsumgesellschaft in Deutschland 1890–1990. Ein Handbuch, Frankfurt a. M./New York 2009, S. 289–304

Merkel, Ina, Utopie und Bedürfnis. Die Geschichte der Konsumkultur in der DDR, Köln/Weimar/Wien 1999
Meyer, David S., Protest Cycles and Political Process: American Peace Movements in the Nuclear Age, in: Political Research Quarterly 46 (1993), S. 451–475
Meyer, David S., A Winter of Discontent. The Nuclear Freeze and American Politics, New York 1990
Militärhistorisches Institut der Polnischen Armee/Militärgeschichtliches Institut der DDR (Hrsg.), NATO: Strategie und Streitkräfte, Berlin (Ost) 1976
Minrath, Axel, Der Friedenskampf. Die DKP und ihre Bündnispolitik in der Anti-Nachrüstungsbewegung, Köln 1986
Ministerium für Auswärtige Angelegenheiten der DDR/Ministerium für Auswärtige Angelegenheiten der UdSSR (Hrsg.), DDR-UdSSR. 30 Jahre Beziehungen. 1949 bis 1979. Dokumente und Materialien, Berlin (Ost) 1982
Mitter, Armin/Stefan Wolle, „Ich liebe euch doch alle…“: Befehle und Lageberichte des MfS: Januar-November 1989, Berlin (Ost) 1990
Möllemann, Jürgen, Klartext. Für Deutschland, München 2003
Moritz, Torsten, DDR-Opposition in Ostberlin. Die Umweltbibliothek, Diplomarbeit FU Berlin, Berlin 1993
Mooney, Bel, Beyond the Wasteland, in: Thompson (Hrsg), Over Our Dead Bodies, S. 5–14
Mühlberg, Felix, Bürger, Bitten und Behörden. Geschichte der Eingabe in der DDR, Berlin 2004
Müller-Enbergs, Helmut, Kleine Geschichte zum Findhilfsmittel namens „Rosenholz“, in: Deutschland Archiv 36 (2003), S. 751–761
Müller-Enbergs, Helmut, „Rosenholz“. Eine Quellenkritik, Berlin 2007
Müller-Rommel, Ferdinand/Poguntke, Thomas, Die Grünen, in: Oberreuter, Heinrich/Mintzel, Alf (Hrsg.), Parteien in der Bundesrepublik Deutschland, München 1990, S. 276–310

Nakath, Detlef/Stephan, Gerd-Rüdiger (Hrsg.), Die Häber-Protokolle. Schlaglichter der SED-Westpolitik 1973–1985, Berlin 1999
Nakath, Detlef/Stephan, Gerd-Rüdiger (Hrsg.), Von Hubertusstock nach Bonn. Eine dokumentierte Geschichte der deutsch-deutschen Beziehungen auf höchster Ebene 1980–1987, Berlin 1995
NATO Final Communiqués 1975–1980, Brüssel o. J.
NATO Final Communiqués 1981–1985, Brüssel [1985]
Nebiolo, Gino, Gli Italiani a Beirut, Mailand 1984
Negro, Chicco, Die Grünen im Süden zwischen Hoffnung und Realität, in: Heinrich-Böll-Stiftung (Hrsg.), Die Grünen in Europa, S. 121–130
Nehring, Holger, Politics, Symbols and the Public Sphere: The Protests against Nuclear Weapons in Britain and West Germany, 1958–1963, in: Zeithistorische Forschungen 2 (2005), S. 180–202
Nehring, Holger, Searching for Security: The British and West German Protests Against Nuclear Weapons and „Respectability“, 1958–1963, in: Ziemann, Benjamin (Hrsg.), Peace Movements in Western Europe, Japan and the USA during the Cold War, Essen 2007, S. 167–187
Nerlich, Uwe, Politische Symbolik der Einigung oder effektive Beschränkung: Das Beispiel des SALT-II-Abkommens, in: ders. (Hrsg.), Sowjetische Macht und westliche Verhandlungspolitik, S. 367–388
Nerlich, Uwe (Hrsg.), Sowjetische Macht und westliche Verhandlungspolitik im Wandel militärischer Kräfteverhältnisse, Baden-Baden 1982
Nerlich, Uwe, Theater Nuclear Forces in Europe, in: The Washington Quarterly 3/1 (Winter 1980), S. 100–125
Nelson, Daniel J., A History of U.S. Military Forces in Germany, Boulder 1987
Neubert, Ehrhart, Geschichte der Opposition in der DDR 1949–1989, Berlin 1997
Newhouse, John, War and Peace in the Nuclear Age, New York 1990
Nitze, Paul, From Hiroshima to Glasnost. At the Center of Decision. A Memoir, New York 1989
Njølstad, Olav, The Carter Administration and Italy: Keeping the Communists Out of Power without Interfering, in: The Journal of Cold War Studies 4 (2002), H. 3, S. 56–94
Noelle-Neumann, Elisabeth (Hrsg.), Allensbacher Jahrbuch der Demoskopie 8 (1978–1983), München 1983
Notz, Anton, Die SPD und der NATO-Doppelbeschluss. Abkehr von einer Sicherheitspolitik der Vernunft, Baden-Baden 1990
Nuti, Leopoldo (Hrsg.), The Crisis of Détente in Europe. From Helsinki to Gorbachev, 1975–1985, London/New York 2006

Leopoldo Nuti, The Origins of the 1979 Dual Track Decision – a Survey, in: ders. (Hrsg.), Crisis of Détente, S. 57–71
Nuti, Leopoldo, „Me too, please“: Italy and the Politics of Nuclear weapons, 1945–1975, in: Diplomacy and Statecraft 4 (1993), H. 1, S. 114–148

Oberdorfer, Don, From the Cold War to a New Era. The United States and the Soviet Union, 1983–1991, Baltimore/London 1998
Ohse, Marc-Dietrich/Pollack, Detlef: Dissidente Gruppen in der DDR (1949–1989), in: Roth/Rucht (Hrsg.), Die sozialen Bewegungen, S. 363–390
Oldenburg, Fred, Das Dreieck Moskau–Ost-Berlin–Bonn 1975–1989. Aus den Akten des SED-Archivs, Köln 1994
Oldenburg, Fred, Geht die SED eigene Wege im Sowjetimperium?, in: Deutschland Archiv 17 (1984), S. 491–496
Otto, Karl A., Vom Ostermarsch zur APO. Geschichte der außerparlamentarischen Opposition in der Bundesrepublik 1960–1970, Frankfurt a. M. 1977
Owen, David, Time to declare, London 1991

Pappi, Franz Urban, Sozialstruktur, gesellschaftliche Wertorientierungen und Wahlabsicht. Ergebnisse eines Zeitvergleichs des deutschen Elektorats 1953 und 1976, in: Politische Vierteljahresschrift 14 (1977), S. 195–230
Pas, Niek, Aan de wieg van het nieuwe Nederland. Nederland en de Algerijnse oorlog, 1954–1962, Amsterdam 2008
Passauer, Martin-Michael, „Schwerter zu Pflugscharen“. Vision und umstrittenes Symbol. Interview mit Ludwig Mehlhorn, in: Bickhardt, Stephan/Haeger, Monika/Poppe, Gerd/Richter, Edelbert/Tschiche, Hans-Jochen (Hrsg.), Spuren. Zur Geschichte der Friedensbewegung in der DDR. Vorgelegt zum Seminar „Frieden konkret VI“ 26.–28. 2. 1988 (Samisdat-Zeitschrift), Cottbus 1988, S. 55–60
Paul, Gerhard, Mushroom Clouds. Bilder des atomaren Holocaust, in: ders. (Hrsg.), Das Jahrhundert der Bilder, Band I: 1900 bis 1949, Bonn 2009, S. 722–729
Pedlow, Gregory W. (Hrsg.), NATO Strategy Documents 1949–1969, Brüssel 1997
Perdelwitz, Wolf, Wollen die Russen Krieg?, Hamburg 1980
Perdelwitz, Wolf/Bremer, Heiner, Geisel Europa, Berlin (West) 1981
Peters, Susanne, The Germans and the INF Missiles. Getting their Way in NATO's Strategy of Flexible Response, Baden-Baden 1990
Ploetz, Michael, Breschnews Langzeitstrategie im Spiegel von SED-Dokumenten, in: Timmermann, Heiner (Hrsg.), Deutsche Fragen. Von der Teilung zur Einheit, Berlin 2001, S. 53–77
Ploetz, Michael, Mit RAF, Roten Brigaden und Action Directe – Terrorismus und Rechtsextremismus in der Strategie von SED und KPdSU, in: Zeitschrift des Forschungsverbundes SED-Staat 22 (2007), S. 117–144
Ploetz, Michael/Müller, Hans-Peter, Ferngelenkte Friedensbewegung? DDR und UdSSR im Kampf gegen den NATO-Doppelbeschluss, Münster 2004
Ploetz, Michael, Die Rolle des DDR-„Friedensrates“ in der Kampagne, in: Maruhn/Wilke (Hrsg.), Raketenpoker, S. 254–269
Ploetz, Michael, Die Rolle des DDR-„Friedensrates“ in der SED-Kampagne, in: Maruhn/Wilke (Hrsg.), Friedensbewegung, S. 97–122
Ploetz, Michael, Wie die Sowjetunion den Kalten Krieg verlor. Von der Nachrüstung zum Mauerfall, Berlin/München 2000
Ploetz, Michael, Honeckers Siegeszuversicht, Die marxistisch-leninistische Strategie im Friedenskampf der frühen achtziger Jahre, in: Deutschland Archiv 31 (1998), S. 947–961
Pollack, Detlef, Politischer Protest. Politisch alternative Gruppen in der DDR, Opladen 2000
Pollack, Detlef, Kirche in der Organisationsgesellschaft. Zum Wandel der sozialen Lage der evangelischen Kirchen in der DDR, Stuttgart 1994
Pons, Silvio, Berlinguer e la fine del comunismo, Turin 2006
Poppe, Ulrike, „Der Weg ist das Ziel“. Zum Selbstverständnis und der politischen Rolle oppositioneller Gruppen der achtziger Jahre, in: Dies./Eckert, Rainer/Kowalczuk, Ilko-Sascha (Hrsg.), Zwischen Selbstbehauptung und Anpassung. Formen des Widerstandes und der Opposition in der DDR, Berlin 1995, S. 244–272
Potthoff, Heinrich, Im Schatten der Mauer. Deutschlandpolitik 1961–1990, Berlin 1999

Potthoff, Heinrich (Hrsg.), Bonn und Ost-Berlin 1969–1982. Dialog auf höchster Ebene und vertrauliche Kanäle. Darstellung und Dokumente, Bonn 1997
Potthoff, Heinrich (Hrsg.), Die Koalition der Vernunft. Deutschlandpolitik in den 80er Jahren. München 1995
Presse- und Informationsamt der Bundesregierung (Hrsg.), Aspekte der Friedenspolitik. Argumente zum Doppelbeschluß des Nordatlantischen Bündnisses, Bonn 1981
Proektor, Daniel, Le dilemme de l'Europe, Moskau 1981
Protokoll der Verhandlungen des IX. Parteitages der SED im Palast der Republik in Berlin, 18. bis 22. Mai 1976, Bd. 2, Berlin (Ost) 1976
Przybylski, Peter, Tatort Politbüro. Die Akte Honecker, Berlin 1990

Quinlan, Michael, ‚The silent alliance': UK/FRG Defence Relations, 1968–1989, in: Görtemaker (Hrsg.), Britain and Germany, S. 185–196
Quistorp, Eva, Frauen für den Frieden. Analysen, Dokumente und Aktionen aus der Frauenfriedensbewegung, Frankfurt a. M. 1982

Raithel, Thomas/Rödder, Andreas/Wirsching, Andreas (Hrsg.), Auf dem Weg in eine neue Moderne? Die Bundesrepublik Deutschland in den siebziger und achtziger Jahren, München 2009
Raschka, Johannes, Paragraphen für den Ausnahmezustand. Die Militarisierung der Strafgesetzgebung in der DDR, in: Ehlert/Rogg (Hrsg.), Militär, Staat und Gesellschaft, S. 419–438
Raschke, Joachim, Die Grünen. Wie sie wurden, was sie sind, Köln 1993
Raschke, Joachim, Krise der Grünen. Bilanz und Neubeginn, Marburg 1991
Raufer, Xavier, Une menace pour l'Europe, Moskau 1981
Rautenberg, Hans-Jürgen, Friedensbewegung und Nukleardebatte in westeuropäischen Nato-Staaten, in: Beiträge zur Konfliktforschung 13 (1988), H. 3, S. 123–156
Reagan, Ronald, The Reagan Diaries, bearb. und hrsg. von Douglas Brinkley, New York 2007
Reagan, Ronald, An American Life, New York 1990 (dt.: Erinnerungen. Ein amerikanisches Leben, Berlin 1990)
Reagan, Ronald, Public Papers of the Presidents of the United States: Ronald Reagan 1983, 2 Bde., Washington 1985; 1984, 2 Bde., Washington 1986; 1986, 2 Bde., Washington 1988 und 1989
Richter, Edelbert, Zeitzeugenbericht auf der 68. Sitzung der Enquête-Kommission „Aufarbeitung von Geschichte und Folgen der SED-Diktatur in Deutschland". Bd. VII/1: Widerstand, Opposition, Revolution, Baden-Baden 1995, S. 90
Righolt, Hans, Dutch-American Relations During the Second Cold War, in: Krabbendam/van Minnen/Scott-Smith, Four Centuries, S. 706–716
Rink, Dieter, Bürgerbewegungen und Kommunalpolitik in Ostdeutschland. Grün-bürgerbewegte Kommunalpolitik in Ostdeutschland?, Leipzig 1993
Risse-Kappen, Thomas, Die Krise der Sicherheitspolitik. Neuorientierungen und Entscheidungsprozesse im politischen System der Bundesrepublik Deutschland 1977–1984, Mainz 1988
Risse-Kappen, Thomas, Null-Lösung. Entscheidungsprozesse zu den Mittelstreckenwaffen 1970–1987, Frankfurt a. M. 1988
Rochon, Thomas R./Meyer, David S. (Hrsg.), Coalitions and Political Movements. The Lessons of the Nuclear Freeze, Boulder 1997
Rochon, Thomas R., Mobilizing for Peace. The Antinuclear Movements in Western Europe, Princeton 1988
Rödder, Andreas, Werte und Wertewandel: Historisch-politische Perspektiven, in: ders./Elz, Wolfgang (Hrsg.), Alte Werte – Neue Werte. Schlaglichter des Wertewandels, Göttingen 2008, S. 9–25
Rödder, Andreas., Westbindung und transatlantische Allianz – ein Relikt des Kalten Krieges?, in: Hertfelder, Thomas/Rödder, Andreas (Hrsg.), Modell Deutschland. Erfolgsgeschichte oder Illusion?, Göttingen 2007, S. 139–154
Rödder, Andreas, Sicherheitspolitik und Sozialkultur: Überlegungen zum Gegenstandsbereich der Geschichtsschreibung des Politischen, in: Kraus, Hans-Christof/Nicklas, Thomas (Hrsg.), Geschichte der Politik: Alte und neue Wege. München 2007, S. 95–125
Rödder, Andreas, Helmut Kohl, in: Bundeskanzleramt/Haus der Geschichte der Bundesrepublik Deutschland (Hrsg.), Die Bundeskanzler und ihre Ämter, Heidelberg 2006, S. 132–147
Rödder, Andreas, Das „Modell Deutschland" zwischen Erfolgsgeschichte und Verfallsdiagnose, in: Vierteljahrshefte für Zeitgeschichte 54 (2006), S. 345–363

Rödder, Andreas, Die Bundesrepublik Deutschland 1969–1990, München 2004
Röder, Hans-Jürgen, Signale an die Basis, in: Kirche im Sozialismus 8 (1982), S. 31–38
Rohaan, A.J., Verschoven grenzen, Hoogeveen 1991
Roik, Michael, Die DKP und die demokratischen Parteien 1968–1984, Paderborn 2006
Rojecki, Andrew, Freeze Frame: News Coverage of the Freeze Movement, in: Rochon/Meyer (Hrsg.), Coalitions and Political Movements, S. 97–126
Rose, François de, La France et la Défense de l'Europe, Paris 1976
Rostow, Eugene V., A Breakfast for Bonaparte. US National Security Interests from the Heights of Abraham to the Nuclear Age, Washington 1992
Roth, Roland/Rucht, Dieter (Hrsg.), Die sozialen Bewegungen in Deutschland seit 1945. Ein Handbuch, Frankfurt a. M. 2008
Rother, Bernd, Between East and West – Social Democracy as an Alternative to Communism and Capitalism: Willy Brandt's Strategy as President of the Socialist International, in: Leopoldo Nuti (Hrsg.), Crisis of Détente, S. 217–229
Rucht, Dieter (Hrsg.), Protest in der Bundesrepublik. Strukturen und Entwicklungen, Frankfurt a. M. 2001
Rucht, Dieter, Anti-Atomkraftbewegung, in: Roth/Rucht (Hrsg.), Die sozialen Bewegungen, S. 245–266
Rucht, Dieter, Öffentlichkeit als Mobilisierungsfaktor für soziale Bewegungen, in: KZSS 34 (1994), S. 337–358
Rucht, Dieter/Roland Roth (Hrsg.), Neue Soziale Bewegungen in der Bundesrepublik Deutschland, Frankfurt a. M. 1987
Rueckert, George L., Global Double Zero. The INF Treaty from its Origins to its Implementation, Westport 1993
Rüddenklau, Wolfgang, Störenfried. DDR-Opposition 1986–1989, Berlin 1992
Rühl, Lothar, Mittelstreckenwaffen in Europa: Ihre Bedeutung in Strategie, Rüstungskontrolle und Bündnispolitik, Baden-Baden 1987
Ruhfus, Jürgen, Aufwärts. Erlebnisse und Erinnerungen eines diplomatischen Zeitzeugen 1955–1992, Sankt Ottilien 2006

Sabin, Philip, The Third World War Scare, Basingstoke/London 1986
Sachse, Christian, Nach dem Krieg ist vor dem Sieg. Wehrerziehung in der DDR von 1952 bis 1978, in: Widera, Thomas (Hrsg.), Pazifisten in Uniform. Die Bausoldaten im Spannungsfeld der SED-Politik 1964–1989, Göttingen 2004, S. 43–72
Salewski, Michael (Hrsg.), Das nukleare Jahrhundert. Eine Zwischenbilanz, Stuttgart 1998
Samenwerkingsverband Stop de Neutronenbom-Stop de Kernwapenwedloop (Hrsg.), Stop de kernwapenwedloop, Amsterdam 1978
Savelyev, Aleksandr G./Detinov, Nikolay N., The Big Five. Arms Control Decision-Making in the Soviet Union, Westport (CN)/London 1995
Savranskaya, Svetlana/Blanton, Thomas (Hrsg.), The Reykjavik File, National Security Archive E-Book 203, http://www.gwu.edu/~nsarchiv/NSAEBB/NSAEBB203/index.htm (12. 5. 2010)
Scheer, Robert, With Just Enough Shovels: Reagan, Bush and Nuclear War, New York 1982 (dt.: Und brennend stürzen die Vögel vom Himmel: Reagan und der ‚begrenzte' Atomkrieg, München 1983)
Scheer, Hermann, Zweifel an der Ernsthaftigkeit des amerikanischen Verhandlungswillens, in: Seeliger, Rolf (Hrsg.), Amerikanische Raketen wider deutsche Interessen, S. 75–77
Schell, Jonathan, The Fate of the Earth, New York 1982 (dt. Das Schicksal der Erde, München 1982)
Schildt, Axel, Vor der Revolte. Die 1960er Jahre, in: Aus Politik und Zeitgeschichte B 22–23 (2001), S. 7–13
Schildt, Axel, Konservatismus in Deutschland. Von den Anfängen im 18. Jahrhundert bis zur Gegenwart, München 1998
Schmertz, Eric J. (Hrsg.), President Reagan and the World, Westport 1997
Schmidt, Gustav (Hrsg.), A History of NATO – The First Fifty Years, 3 Bde., Basingstoke/Hampshire/New York 2001
Schmidt, Helmut, Weggefährten. Erinnerungen und Reflexionen, Berlin 1996
Schmidt, Helmut, Menschen und Mächte, Berlin 1991

Schmidt, Helmut, Gleichgewicht ist eine ständige Aufgabe. Rede vor der 10. Sondergeneralversammlung der Vereinten Nationen zu Fragen der Abrüstung in New York am 26. Mai 1978, in: Die Neue Gesellschaft 25 (1978), S. 668–674
Schmidt, Helmut, Strategie des Gleichgewichts. Deutsche Friedenspolitik und die Weltmächte, Stuttgart 1969
Schmidt, Karl-Heinz, Dialog über Deutschland. Studien zur Deutschlandpolitik von KPdSU und SED (1960–1979), Baden-Baden 1998
Schmidt, Michael, Der Krefelder Appell, in: 1000 Schlüsseldokumente, URL: http://mdzx.bib-bvb.de/cocoon/de1000dok/dok_0023_kre.html?object=context&lang=de&teil=1
Schmitt, Rüdiger, Die Friedensbewegung in der Bundesrepublik Deutschland. Ursachen und Bedingungen einer neuen sozialen Bewegung, Opladen 1990
Schmunk, Günter/Tietze, Gerhard/Winkler, Gunnar (Hrsg.), Marxistisch-leninistische Sozialpolitik, Berlin (Ost) 1975
Schöllgen, Gregor, Willy Brandt. Die Biographie, Berlin 2001
Schönhoven, Klaus, Aufbruch in die sozialliberale Ära. Zur Bedeutung der 1960er Jahre in der Geschichte der Bundesrepublik, in: Geschichte und Gesellschaft 25 (1999), S. 123–145
Scholtyseck, Joachim, The United States, Europe and the NATO Dual-Track Decision, in: Schulz/Schwartz (Hrsg.), The Strained Alliance, S. 333–352
Schroeder, Klaus, Der SED-Staat. Partei, Staat und Gesellschaft 1949–1990, München 1998
Schürer, Gerhard, Planung und Lenkung der Volkswirtschaft in der DDR – Ein Zeitzeugenbericht aus dem Zentrum der DDR-Wirtschaftslenkung, in: Kuhrt, Eberhard/Buck, Hannsjörg F./Holzweißig, Gunter (Hrsg.), Die Endzeit der DDR-Wirtschaft. Analysen zur Wirtschafts-, Sozial- und Umweltpolitik, Opladen 1999, S. 61–98
Schulz, Matthias/Schwartz, Thomas A. (Hrsg.), The Strained Alliance. U.S.-European Relations from Nixon to Carter, New York 2010
Schumacher, Ulrike, Rüstungskontrolle als Instrument sowjetischer Außenpolitik, Herford/Bonn 1984
Schwabe, Klaus, Weltmacht und Weltordnung. Amerikanische Außenpolitik von 1898 bis zur Gegenwart. Eine Jahrhundertgeschichte, Paderborn 2007
Schwartz, David N., NATO's Nuclear Dilemmas, Washington 1983
Schwarz, Hans-Peter, Die Ära Adenauer 1949–1957, Stuttgart 1981 (Geschichte der Bundesrepublik Deutschland, Bd. 2)
Schwarz, Hans-Peter, Axel Springer. Die Biographie, Berlin 2008
Scott, Len, Labour and the bomb. The first 80 years, in: *International Affairs* 82 (2006), S. 692–700
Seebacher-Brandt, Brigitte, Willy Brandt, München 2004
Seeliger, Rolf (Hrsg.), Amerikanische Raketen wider deutsche Interessen. Argumente gegen die Stationierung neuer atomarer Mittelstreckenwaffen, München 1983
Sélitrenny, Rita/Weichert, Thilo, Das unheimliche Erbe. Die Spionageabteilung der Stasi, Leipzig 1991
Semjonow, Wladimir, Aus den persönlichen Tagebüchern des sowjetischen Diplomaten V.S. Semenov. Vorbereitet und kommentiert von Elenea Semenova und Boris Chavkin, in: Forum für osteuropäische Ideen- und Zeitgeschichte 8 (2004), H. 2, S. 231–266
Shapiro, Jerome, Atomic Bomb Cinema. The Apocalyptic Imagination on Film, London 2002
Shimko, Keith L., Images and Arms Control. Perceptions of the Soviet Union in the Reagan Administration, Ann Arbor 1994
Shultz, George P., Turmoil and Triumph. My Years as Secretary of State, New York 1993
Siegfried, Detlef, Time is on my Side. Konsum und Politik in der westdeutschen Jugendkultur der 60er Jahre, Göttingen 2006
Silomon, Anke, „Schwerter zu Pflugscharen" und die DDR. Die Friedensarbeit der evangelischen Kirchen in der DDR im Rahmen der Friedensdekaden 1980 bis 1982, Göttingen 1999
Sion, Angelo, Libano. Il contingente militare italiano in: Rivista Militare (1984), H. 1, S. 23–31
Skinner, Kiron K./Anderson, Annelise/Anderson, Martin (Hrsg.), Reagan. A Life in Letters, New York 2003
Skjelsbaeck, Kjell, The Multinational Force in Lebanon, Oslo 1988
Skyba, Peter, Die Sozialpolitik der Ära Honecker aus institutionstheoretischer Perspektive, in: Boyer/Skyba (Hrsg.),Wohlstandsversprechen, S. 49–62
Smith, Geoffrey, Reagan and Thatcher, New York 1991
Soell, Hartmut, Helmut Schmidt, Bd. 1: Vernunft und Leidenschaft 1918 bis 1969, München 2003

Soell, Hartmut, Helmut Schmidt, Bd. 2: Macht und Verantwortung. 1969 bis heute, München 2008
Solo, Pam, From Protest to Policy. Beyond the Freeze to Common Security, Cambridge (Mass.) 1988
Sommer, Theo, Le système bipolaire, in: Politique étrangère 42 (1977), S. 261–271
Soper, Kate, Contemplating a nuclear future, in: Thompson (Hrsg.), Over Our Dead Bodies, S. 169–179
Soutou, Georges-Henri, L'Alliance incertaine. Les rapports politico-stratégiques franco-allemands, 1954–1996, Paris 1996
SPD-Bundesvorstand (Hrsg.), Bundesdelegierten-Konferenz und Außerordentlicher Parteitag der Sozialdemokratischen Partei Deutschlands vom 18. bis 19. November 1983 in Köln. Protokoll der Verhandlungen und Dokumentarischer Anhang, Bonn 1983
SPD-Bundesvorstand (Hrsg.), Parteitag der Sozialdemokratischen Partei Deutschlands vom 3. bis 7. Dezember 1979 in Berlin, Bd. 1: Protokoll der Verhandlungen, Band 2: Angenommene und überwiesene Anträge, Bonn 1979
SPD-Bundesvorstand (Hrsg.), Parteitag der Sozialdemokratischen Partei Deutschlands vom 19. bis 23. April 1982 in München, Bd. 2: Angenommene und überwiesene Anträge, Bonn 1982
SPD-Bundesvorstand (Hrsg.), Das Regierungsprogramm der SPD 1983–1987, Bonn 1983
SPD-Landesvorstand Baden-Württemberg, Beschluss des Parteitages in Aalen, 24. 3. 1981
Spohr Readman, Kristina, Germany and the Politics of the Neutron Bomb, 1975–1979, in: Diplomacy and Statecraft 21 (2010), S. 259–285
Staadt, Jochen, Kommunizierende Röhren – SED, MfS und die elektronischen Medien, in: Schwarzkopf, Dietrich, für die Historische Kommission der ARD (Hrsg.), Die Ideologiepolizei. Die rundfunkbezogenen Aktivitäten des Ministeriums für Staatssicherheit der ehemaligen DDR in der DDR sowie in der Bundesrepublik Deutschland, Frankfurt a. M. 2008, S. 97–106
Staadt, Jochen, Die SED und die „Generale für den Frieden", in: Maruhn/Wilke (Hrsg.), Friedensbewegung, S. 123–140
Staden, Alfred van, De rol van Nederland in het Atlantisch bondgenootschap. Wat veranderde en wat uiteindelijk bleef, in: van Sas, Niek (Hrsg.), De kracht van Nederland. Internationale positie en buitenlands beleid, Haarlem 1991, S. 219–232
Staden, Alfred van, American-Dutch political relations since 1945. What has changed and why?, in: Bijdragen en Mededelingen betreffende de Geschiedenis der Nederlanden 97 (1982), S. 470–486
Staden, Alfred van, To Deploy or not to Deploy: the Case of the Cruise Missiles, in: Everts, Ph. P. (Hrsg.), Controversies at Home: Domestic Factors in the Foreign Policy of the Netherlands, Dordrecht 1985, S. 133–157
Staden, Alfred van, Een trouwe bondgenoot: Nederland en het Atlantisch bondgenootschap 1960–1971, Baarn 1974
Staden, Berndt von, Eiszeit und Tauwetter. Diplomatie in einer Epoche des Umbruchs. Erinnerungen, Berlin 2005
Steinmetz, Bert, Ruud Lubbers. Peetvader van het poldermodel, Amsterdam 2000
Stoddart, Kristan, Losing an Empire and Finding a Role? Nuclear Weapons and International Security since 1945 : Volume 3: October 1964–June 1970, Basingstoke (erscheint 2011)
Stoddart, Kristan, The Sword and the Shield, Nuclear Weapons and International Security since 1945, Volume 4: June 1970–March 1976, Basingstoke (erscheint 2011)
Stokes, Anne Marie, A Chink in the Wall. German Writers and Literature in the INF-Debate of the Eighties, Bern 1995
Stöver, Bernd, Der Kalte Krieg. Geschichte eines radikalen Zeitalters 1947–1991, München 2007
Stolpe, Manfred, Anmerkungen zur besonderen Gemeinschaft der evangelischen Kirchen in der Bundesrepublik, Berlin West und in der DDR. Vortrag in der Evangelischen Akademie Tutzing am 24. März 1984, in: Tutzinger Materialien Nr. 11 (1984): Zwei deutsche Staaten – ein deutscher Nationalismus?, S. 1–18
Stratmann, K.-Peter, Das eurostrategische Kräfteverhältnis. Zweifelhafte Bewertungen als Folge der Anwendung unterschiedlicher Kriterien, in: Europa-Archiv 36 (1981), S. 387–398
Stratmann, K.-Peter, NATO-Strategie in der Krise? Militärische Optionen von NATO und Warschauer Pakt in Mitteleuropa, Baden-Baden 1981
Subok, Wladislaw/Pleschakow, Konstantin, Der Kreml im Kalten Krieg. Von 1945 bis zur Kuba-Krise, Hildesheim 1997
Suckut, Siegfried, Seismographische Aufzeichnungen. Der Blick des MfS auf Staat und Gesellschaft in der DDR am Beispiel der Berichte an die SED-Führung 1976, in: Gieseke, Jens (Hrsg.), Staatssicherheit und Gesellschaft. Studien zum Herrschaftsalltag in der DDR, Göttingen 2007, S. 99–128

Süß, Dietmar, Die Enkel auf den Barrikaden. Jungsozialisten in der SPD in den Siebzigerjahren, in: Archiv für Sozialgeschichte 44 (2004), S. 67–104

Talbott, Strobe, The Master of the Game. Paul Nitze and the Nuclear Peace, New York 1988
Talbott, Strobe, Deadly Gambits. The Reagan Administration and the Stalemate in Nuclear Arms Control, New York 1984
Tatò, Antonio, Caro Berlinguer. Appunti e noste riversati di Antonio Tatò a Enrico Berlinguer, 1969–1984, Turin 2003
Taubman, William, Khrushchev. The Man and his Era, New York/London 2003
Taylor, Richard, Against the Bomb. The British Peace Movement 1958–1965, Oxford 1988
Telschow, Alex, Land hinter Dünen. Report aus dem Königreich der Niederlande, Leipzig 1986
Templin, Wolfgang, Bemerkungen zur politischen Orientierung in der Friedensbewegung, in: Bickhardt, Stephan u. a. (Hrsg.), Spuren. Zur Geschichte der Friedensbewegung in der DDR, Berlin 1988, S. 72–75
Templin, Wolfgang/Weißhuhn, Reinhard, Initiative Frieden und Menschenrechte. Die erste unabhängige DDR-Oppositionsgruppe, in: Müller-Enbergs, Helmut/Schulz, Marianne/Wielgohs, Jan (Hrsg.), Von der Illegalität ins Parlament. Werdegang und Konzepte der neuen Bürgerbewegungen, Berlin 1991, S. 148–165
Thatcher, Margaret, The Downing Street Years, London 1993 (dt.: Downing Street No. 10. Die Erinnerungen, Düsseldorf 1993)
Thakur, Ramesh Chandra, International Peacekeeping in Lebanon: United Nations Authority and Multinational Force, Boulder 1987
Thompson, Dorothy (Hrsg.), Over Our Dead Bodies: Women against the Bomb, London 1983
Thompson, Edward P./Smith, Dan (Hrsg.), Protest and Survive, London1980
Tschernjaew, Anatolij, Mein deutsches Tagebuch. Die deutsche Frage im ZK der KPdSU (1972–1991), Klitzschen 2005
Tschertok, Boris E., Raketen und Menschen, Bd. 3: Heiße Tage des kalten Krieges, Klitzschen 2001
Tuschhoff, Christian, Strategiepoker. Massive Vergeltung – flexible Antwort, in: Salewski, Michael (Hrsg.), Das Zeitalter der Bombe. Die Geschichte der atomaren Bedrohung von Hiroshima bis heute, München 1995, S. 167–188
Tuschhoff, Christian, Der Genfer „Waldspaziergang“ 1982. Paul Nitzes Initiative in den amerikanisch-sowjetischen Abrüstungsgesprächen, in: Vierteljahrshefte für Zeitgeschichte 38 (1990), S. 289–328

Uhl, Matthias, Krieg um Berlin? Die sowjetische Militär- und Sicherheitspolitik in der zweiten Berlin-Krise 1958 bis 1962, München 2008
Umbach, Frank, Das rote Bündnis, Entwicklung und Zerfall des Warschauer Paktes 1955–1991, Berlin 2005

Vance, Cyrus, Hard Choices. Critical Years in America's Foreign Policy, New York 1983
Vazansky, Alexander, An Army in Crisis: Social Conflicts in the United States Army, Europe and 7th Army, 1968–1975, Phil. Diss. Heidelberg 2009
Verhandlungen des Deutschen Bundestages. Anlagen zu den Stenographischen Berichten, Bonn 1950ff.
Verhandlungen des Deutschen Bundestages. Stenographische Berichte, Bonn 1950ff.
Verheugen, Günter, Der Ausverkauf. Macht und Verfall der F.D.P., Hamburg 1984
Verkuil, Dik, De grote illusie. De Nederlandse vredesbeweging na 1945, Utrecht 1988
Vilmar, Fritz, Was heißt hier kommunistische Unterwanderung?, Frankfurt a. M./Berlin (West)/Wien 1981
Vogtmeier, Andreas, Egon Bahr und die deutsche Frage. Zur Entwicklung der sozialdemokratischen Ost- und Deutschlandpolitik vom Kriegsende bis zur Wiedervereinigung, Bonn 1996
Vogel, Hans-Jochen, Nachsichten, Meine Bonner und Berliner Jahre, München/Zürich 1996
Vogel, Hans-Jochen, Friedenssicherung ist primär eine politische, nicht eine militärische Aufgabe, in: Seeliger (Hrsg.), Amerikanische Raketen, S. 49–59
Voigt, Karsten D., Wege zur Abrüstung, Frankfurt a. M. 1981
Voigt, Karsten D., Schrittweiser Ausstieg aus dem Rüstungswettlauf. Nach dem Berliner Parteitag der SPD, in: Die Neue Gesellschaft 27 (1980) Nr. 1, S. 47–51
Volkoff, Vladimir, Petite histoire de la désinformation, Paris 1999

Volkoff, Vladimir (Hrsg.), La désinformation, arme de guerre, Paris 1986
Voorhoeve, Joris J.C., Peace, Profits and Principles: A Study of Dutch Foreign Policy, Den Haag 1979
Voorst, Bruce van, The Critical Masses, in: Foreign Policy 48 (1982), S. 82–93
Vos, Jeanine de, De neutronenbom als splijtzwam. De Nederlandse oppositie tegen de neutronenbom, 1977–1978 (unveröffentlichte Magisterarbeit), Utrecht 2000

Walter, Franz, Die SPD. Vom Proletariat zur Neuen Mitte, Berlin 2002
Waller, Douglas C., Congress and the Nuclear Freeze. An Inside Look at the Politics of a Mass Movement, Amherst 1987
Wasmuht, Ulrike C., Friedensbewegungen der 80er Jahre. Zur Analyse ihrer strukturellen und aktuellen Entstehungsbedingungen in der Bundesrepublik und den Vereinigten Staaten von Amerika nach 1945. Ein Vergleich, Gießen 1987
Wasserman, Sherri L., The Neutron Bomb. A Study in Alliance Politics, New York 1983
Weber, Hermann, Einführung. Im Auftrag der Partei. Das Militär als Mittel der Herrschaftssicherung im SED-Staat, in: Ehlert/Rogg (Hrsg.), Militär, Staat und Gesellschaft, S. 253–256
Weber, Tim Matthias, Zwischen Nachrüstung und Abrüstung. Die Nuklearwaffenpolitik der Christlich Demokratischen Union Deutschlands zwischen 1977 und 1989, Baden-Baden 1994
Weber, Wolfgang (Hrsg.), Die Streitkräfte der NATO auf dem Territorium der BRD, Berlin (Ost) 1986
Wehler, Hans-Ulrich, Deutsche Gesellschaftsgeschichte. Fünfter Band: Bundesrepublik Deutschland und DDR 1949–1990, München 2008
Wehner, Herbert, Deutsche Politiker auf dem Prüfstand, in: Die Neue Gesellschaft 24 (1979), H. 2, S. 92–94
Wehr, Paul, Nuclear Pacifism as Collective Action, in: Journal of Peace Research 23 (1986), S. 103–113
Weinberger, Caspar W., Fighting for Peace. Seven Critical Years in the Pentagon, New York 1990
Wells, Samuel F., Reagan, Euromissiles and Europe, in: Brownlee, W. Elliot/Graham, Hugh Davis (Hrsg.), The Reagan Presidency. Pragmatic Conservatism and Its Legacies, Lawrence 2003, S. 133–154
Weltalmanach-Redaktion (Hrsg.): Die Fischer Chronik. Ereignisse Personen Daten. Deutschland 1949–1999, Frankfurt a. M. 1999, S. 695–751
Wendt, Hartmut, Die deutsch-deutschen Wanderungen – Bilanz einer vierzigjährigen Geschichte von Flucht und Ausreise, in: Deutschland Archiv 24 (1991), S. 386–395
Wengst, Udo/Wentker, Hermann (Hrsg.), Das doppelte Deutschland. 40 Jahre Systemkonkurrenz, Berlin 2008
Wentker, Hermann, Außenpolitik in engen Grenzen. Die DDR im internationalen System 1949–1989, München 2007
Wentker, Hermann, Die Staatsräson der DDR, in: Heydemann, Günther/Klein, Eckart (Hrsg.), Staatsräson in Deutschland, Berlin 2003, S. 153–157
Wettig, Gerhard, Entspannung, Sicherheit und Ideologie in der sowjetischen Politik 1969 bis 1979, in: Militärgeschichtliche Zeitschrift 68 (2009), S. 75–116
Wettig, Gerhard, Die Sowjetunion in der Auseinandersetzung über den NATO-Doppelbeschluss 1979–1983, in: Vierteljahrshefte für Zeitgeschichte 57 (2009), S. 217–259
Wettig, Gerhard, Die Entstehung der Voraussetzungen für das Ende der DDR, in: Jahrbuch für historische Kommunismusforschung (2009), S. 229–250
Wettig, Gerhard, Origins of the Second Cold War. The last Soviet Offensive in the Cold War. Emergence and Development of the Campaign against NATO Euromissiles, 1979–1983, in: Cold War History 9 (2009), S. 79–110
Wettig, Gerhard, High Road – Low Road. Diplomacy and Public Action in Soviet Foreign Policy, Washington 1999
Wettig, Gerhard, Die Instrumentalisierung von Bedrohungsvorstellungen und Streitkräftedaten im INF-Bereich, in: Forndran/Krell (Hrsg.), Kernwaffen im Ost-West-Vergleich, S. 339–414
Wettig, Gerhard, Niedergang, Krise und Zusammenbruch der DDR. Ursachen und Vorgänge, in: Kuhrt, Eberhard (Hrsg.), Die SED-Herrschaft und ihr Zusammenbruch, Opladen 1996, S. 379–455
Wettig, Gerhard, Sicherheitspolitische Leitvorstellungen, in: ders. in Zusammenarbeit mit Petersen, Phillip A. und Hines, John G., Sicherheit über alles! Krieg und Frieden in sowjetischer Sicht, Köln 1986, S. 11–58
Wiegrefe, Klaus, Das Zerwürfnis: Helmut Schmidt, Jimmy Carter und die Krise der deutsch-amerikanischen Beziehungen, Berlin 2005

Wielgohs, Jan/Schulz, Marianne, Die revolutionäre Krise am Ende der achtziger Jahre und die Formierung der Opposition, in: Deutscher Bundestag (Hrsg.), Materialien der Enquête-Kommission „Aufarbeitung von Geschichte und Folgen der SED-Diktatur in Deutschland", Band VII/2, Baden-Baden 1995, S. 1950–1994

Wilentz, Sean, The Age of Reagan. A History, 1974–2008, New York 2008

Williams, Geoffrey Lee/Williams, Alan Lee, The European Defence Initiative, London 1986

Winkelmann, Egon, Moskau, das war's. Erinnerungen des DDR-Botschafters in der Sowjetunion 1981 bis 1987, Berlin 1997

Winkler, Heinrich August, Der lange Weg nach Westen, Bd. II: Deutsche Geschichte 1933–1980, Bonn 2005

Winter, Reinier de, Hollanditis: de opkomst van een geuzennaam, in: Hollands Maandblad (1982) maart 1982, 412, S. 15–18

Wirsching, Andreas, Abschied vom Provisorium. Geschichte der Bundesrepublik Deutschland 1982–1990, München 2006

Wittner, Lawrence, Resisting the Bomb: A History of the World Nuclear Disarmament Movement, 1954–1970, Stanford 1997

Wittner, Lawrence, Toward Nuclear Abolition. A History of the World Nuclear Disarmament Movement 1971 to the Present, Stanford 2003

Wolf, Frieder Otto, Die Grünen in Frankreich, in: Heinrich-Böll-Stiftung (Hrsg.), Die Grünen in Europa, S. 83–91

Wolf, Markus, Spionagechef im geheimen Krieg. Erinnerungen, München 1997

Wolfe, Thomas W., The SALT Experience, Cambridge (Mass.) 1979

Wolfrum, Edgar, Die geglückte Demokratie. Geschichte der Bundesrepublik Deutschland von ihren Anfängen bis zur Gegenwart, Bonn 2007

Wolfrum, Edgar, Die Bundesrepublik Deutschland 1949–1990, Stuttgart 2005

Woller, Hans, Geschichte Italiens, München 2010

Wonneberger, Christoph, Ich habe immer tun müssen, was ich für richtig hielt, in: Lindner, Bernd (Hrsg.), Zum Herbst '89. Demokratische Bewegung in der DDR, Leipzig 1994, S. 192–199

Zander, Helmut, Die Christen und die Friedensbewegungen in beiden deutschen Staaten. Beiträge zu einem Vergleich für die Jahre 1978–1987, Berlin (West) 1989

Zaroulis, Nancy/Gerald Sullivan, Who Spoke Up? American Protest Against the War in Vietnam, Garden City 1984

Zatlin, Jonathan, Consuming Ideology. Socialist Consumerism and the Intershops, 1970–1989, in: Hübner, Peter/Tenfelde, Klaus (Hrsg.), Arbeiter in der SBZ-DDR, Essen 1999, S. 555–572

Zeman, Scott C./Amundson, Michael A., Atomic Culture: How we Learned to Stop Worrying and Love the Bomb, Boulder 2004

Ziemann, Benjamin, Peace Movement in Western Europe, Japan and the USA since 1945: Introduction, in: Mitteilungsblatt des Instituts für Soziale Bewegungen 32 (2004), S. 5–19

Ziemann, Benjamin (Hrsg.), Peace Movements in Western Europe, Japan and the USA during the Cold War, Essen 2008

Ziemann, Benjamin, Situating Peace Movements in the Political Culture of the Cold War. Introduction, in: ders. (Hrsg), Peace Movements, S. 11–38

Zilian, Jr., Fredrick, Gleichgewicht und Militärtechnologie in Mitteleuropa, in: Junker, Detlef (Hrsg.), Die USA und Deutschland im Zeitalter des Kalten Krieges, Bd. 2:1968–1990, Stuttgart/München 2001, S. 245–256

Zubok, Vladislav, A Failed Empire. The Soviet Union in the Cold War from Stalin to Gorbachev, Chapel Hill 2007

Zuijdam, Frank, Dutch Left-Wing Political Parties and NATO, in: Krabbendam/van Minnen/Scott-Smith (Hrsg.), Four Centuries, S. 652–662

# Autoren


Boll, Friedhelm, Prof. Dr., Bonn, Forschungsabteilung Sozial- und Zeitgeschichte der Friedrich-Ebert-Stiftung, Bonn; Universität Kassel, Neuere und Neueste Geschichte

Boot, Coreline, M.A., Leiden, Universität Leiden, Centre for Terrorism and Counterterrorism

Gassert, Philipp, Prof. Dr., Augsburg, Universität Augsburg, Geschichte des europäisch-transatlantischen Kulturraumes

Geiger, Tim, Dr., Berlin, Institut für Zeitgeschichte München-Berlin, Abteilung „Akten zur Auswärtigen Politik der Bundesrepublik Deutschland"

de Graaf, Beatrice, Dr., Leiden, Universität Leiden, Centre for Terrorism and Counterterrorism

Hanisch, Anja, M.A., Berlin, Institut für Zeitgeschichte München-Berlin, Abteilung Berlin-Lichterfelde

Hansen, Jan, M.A., Berlin

Heidemeyer, Helge, Dr., Berlin, Bundesbeauftragte für die Unterlagen des Staatssicherheitsdienstes der ehemaligen DDR, Abteilung Bildung und Forschung

Heuser, Beatrice, Prof. Dr., Reading, University of Reading, School of Politics and International Relations

Mausbach, Wilfried, Dr., Heidelberg, Ruprecht-Karls-Universität Heidelberg, Heidelberg Center for American Studies

Nuti, Leopoldo, Prof. Dr., Rom, Università Roma Tre, Dipartimento di Studi Internationali

Pollack, Detlef, Prof. Dr., Münster, Westfälische Wilhelms-Universität Münster, Institut für Soziologie

Ploetz, Michael, Dr., Berlin, Institut für Zeitgeschichte München-Berlin, Abteilung „Akten zur Auswärtigen Politik der Bundesrepublik Deutschland"

Richter, Saskia, Dr., Friedrichshafen, Zeppelin Universität Friedrichshafen, Lehrstuhl für Strategische Organisation und Finanzierung

Rödder, Andreas, Prof. Dr., Mainz, Johannes-Gutenberg-Universität Mainz, Historisches Seminar, Neueste Geschichte

Schwabe, Klaus, Prof. Dr. em., Aachen, Rheinisch-Westfälische Technische Hochschule Aachen, Historisches Institut, Neuzeit

Soutou, Georges-Henri, Prof. Dr., Paris, Université Paris IV, Histoire Contemporaine

Stoddart, Kristan, Dr., Aberystwyth, Aberystwyth University, Department of International Politics

Wentker, Hermann, Prof. Dr., Berlin, Institut für Zeitgeschichte München-Berlin, Abteilung Berlin-Lichterfelde; Universität Leipzig, Neueste und Zeitgeschichte

Wettig, Gerhard, Dr., Kommen

# Register

## Personenregister

## Sachregister